Bernd-M. Beyer

Der Mann, der den Fußball nach Deutschland brachte

Das Leben des Walther Bensemann

»Der Sport ist eine Religion,
ist vielleicht das einzige wahre
Verbindungsmittel der Völker
und Klassen.«

Walther Bensemann

Bernd-M. Beyer

Der Mann, der den Fußball nach Deutschland brachte

Das Leben des Walther Bensemann

Ein biografischer Roman

VERLAG DIE WERKSTATT

Bibliografische Information der Deutschen Bibliothek

Die Deutsche Bibliothek verzeichnet diese Publikation in der Deutschen Nationalbibliografie; detaillierte bibliografische Daten sind im Internet über www.dnb.ddb.de abrufbar.

2003 2004 2005 3 2 1

Lotzestraße 24a, D-37083 Göttingen
www.werkstatt-verlag.de

Satz und Gestaltung: Verlag Die Werkstatt, Göttingen
Druck und Bindung: Westermann Druck, Zwickau

ISBN 3-89533-408-1

Inhalt

Vorbemerkung

Walther Bensemann, dessen Lebensgeschichte hier erzählt wird, ist eine Person der Zeitgeschichte. Für das Jahrzehnt vor der Gründung des Deutschen Fußball-Bundes im Januar 1900 gilt er als einer der wichtigsten Fußballpioniere in Deutschland; in der Epoche der Weimarer Republik glänzte er als meisterhafter Sportjournalist.

Dass er der Mann gewesen sei, »der den Fußball nach Deutschland brachte«, wie es 40 Jahre nach Bensemanns Tod der renommierte Sport-Feuilletonist Richard Kirn formulierte, stimmt freilich nicht in dem Sinne, dass er als Erster einen Ball nach Deutschland importiert und die ersten Spiele arrangiert hätte. Eine solche Pionierrolle hat Walther Bensemann lediglich für Süddeutschland zu beanspruchen. Aber er war – betrachtet man sein gesamtes Lebenswerk – derjenige aus der Reihe der Pioniere, der eine klare Vision vom Fußballspiel nach Deutschland brachte: dass dieser Sport nicht nur ein Freizeitvergnügen privilegierter Jugendlicher, sondern ein klassenübergreifendes Massenereignis werden könne; dass Fußball zudem eine große soziale Rolle erfüllen könne, indem er die Jugend in Vereinen organisiert, sie zu ethischen Prinzipien wie Fairness oder Altruismus anhält und sie an internationalen Begegnungen teilhaben lässt, die der Völkerverständigung dienen. Aus diesem Sportverständnis formte Bensemann eine Mission, die er sein Leben lang verfolgte.

Die Darstellung in diesem Buch bemüht sich um große Authentizität in der Beschreibung von Bensemanns Lebensstationen, seiner Pläne, Ansichten, Hoffnungen – kurzum: seiner Persönlichkeit. Ebenso sind viele Personen, die seinen Lebensweg kreuzten und beeinflussten, nach bestem Wissen den historischen Vorbildern nachgestaltet. Bensemanns unglaublich produktive Publikationstätigkeit – allein in der Sportzeitung »Der Kicker« füllte er in den 13 Jahren seiner Herausgeberschaft nahezu 2.000 Seiten mit eigenen Artikeln – bildet eine reiche Quelle, aus der für dieses Buch geschöpft wurde. Die meisten Handlungsstränge, aber auch viele Dialoge gehen auf Texte Bensemanns zurück; nicht selten entspricht eine (fiktive) mündliche Äußerung in diesem Buch einer (realen) schriftlichen Passage aus Bensemanns Artikeln. Dort, wo der vorliegende Text direkt

Zeitungen und Zeitschriften zitiert, sind diese Passagen im Wortlaut authentisch; dies gilt in der Regel auch für Briefzitate.

Dennoch handelt es sich keineswegs um ein historisches Sachbuch. Handlungen und Lebensstationen wurden (auch) nach dramaturgischen Gesichtspunkten ausgewählt; vieles wurde nicht berücksichtigt, manches erfunden. Einige Personen in diesem Roman sind gänzlich fiktiv, andere haben mit ihrem historischen Vorbild nicht viel mehr als den Namen gemeinsam.

Vor allem ist das Bild, das hier von Walther Bensemann gezeichnet wird, nicht mehr als eine Annäherung, und keineswegs die einzig denkbare. Ich habe ihn in den Konturen geschildert, die bei der langjährigen Recherche in meinem Kopf entstanden sind. Ob sie in allen wichtigen Facetten der Realität tatsächlich entsprechen, vermag ich nicht zu sagen.

Die Leser/innen dieses Buches haben allerdings die Chance, sich ein eigenes Urteil zu bilden. Die umfänglichen Anmerkungen im Anhang geben zumindest Aufschluss darüber, welche Details des Buches durch Quellen belegt sind, also mutmaßlich den historischen Realitäten entsprechen, und welche der Fiktion des Autors entstammen. Zudem enthalten sie eine Reihe zusätzlicher Informationen und Kommentierungen. Niemand muss diesen Anhang lesen, um den Roman zu verstehen. Aber wer dieses Buch auch aus fußballhistorischem Interesse zur Hand nimmt, dem sei empfohlen, am Ende eines jeden Kapitels die zugehörigen Anmerkungen durchzusehen. Denn Bensemanns ungewöhnlicher Lebensweg gibt uns Einblicke in zwei der spannendsten Phasen der deutschen Sportgeschichte: zunächst in jene Frühzeit, in der kühne Pioniere, nicht selten wie Bensemann jüdischer Herkunft, den »english sports« den Weg nach Deutschland ebneten; dann in die Zwischenkriegsepoche, als der Fußball die Herzen der Massen eroberte. Es waren zugleich die Jahre, in denen um die Organisation und Ausprägung dieses Sports erbittert gestritten wurde und zwischen kosmopolitisch geprägten sowie nationalistisch orientierten Sportidealisten tiefe Gräben entstanden. Mit welchem Ausgang, ist bekannt.

Die Tatsache, dass es der Nationalsozialismus war, der Bensemann außer Landes trieb und seine Ideale diffamierte, verstellt leicht den Blick auf die anhaltende Aktualität jener Auseinandersetzungen vor 1933. Dass der Sport ein Instrument der Völkerverständigung sei, wie Bensemann es unablässig propagierte, ist eine auch heute häufig benutzte Formel, die leider oft zur scheinheiligen Floskel wird. Schon das Fußballweltmeisterschaftsturnier von 1934 – das letzte große internationale Sportereignis, dem Bensemann beiwohnen konnte – war nicht nur ein freundschaftliches Treffen von Sportnationen, sondern viel mehr noch ein Forum für die Selbstdarstellung der italienischen Faschisten, ähnlich, wenn auch nicht so perfekt inszeniert, wie die Olympischen Spiele 1936 in Berlin für ihre deutschen Gesinnungsgenossen. Bis heute hat der internationale Sportverkehr seine Janusköpfigkeit behalten. Einerseits vereint er die Menschen unterschiedlichster Kulturen in gemeinsamen, friedlichen, manchmal weltumspannenden Festivals, andererseits bietet er ein weites Feld dafür, nationale Egoismen oder rassistische Ressentiments zu schüren. Auch der deutsche Fußball, der seinen Marsch in die nationalsozialistische Gleichschaltung bis heute weitgehend unreflektiert lässt, hat sich nach 1945 in den internationalen Sportbeziehungen häufig genug auf jene Positionen zurückgezogen, die einst von Bensemanns deutschnationalen Gegenspielern vertreten wurden.

Im Fußball, so weiß jeder Fan, spielt Tradition eine mächtige und meist als positiv empfundene Rolle. Das schillernde und am Ende tragische Leben des Pioniers Walther Bensemann beweist, dass »Traditionspflege«, die Begegnung mit Heroen der Vergangenheit, mehr vermag als das Ausschlachten verklärter Mythen. Sie ist unterhaltsam, vor allem aber politisch aufschlussreich und intellektuell anregend. Auch im Fußball.

Prolog

Natürlich musste er abreisen, ihm blieb keine Wahl. Er würde den Zehn-Uhr-Zug in die Schweiz nehmen, wo ihn zuverlässige Freunde erwarteten. Das war arrangiert und nicht mehr umzustoßen, auch wenn in der vergangenen Nacht, die er in schlafloser Unruhe verbracht hatte, immer wieder Zweifel am Unabänderlichen aufgekommen waren. Doch nun verstrich der letzte Morgen in dem vertraut gewordenen Hotelzimmer, und wenn in wenigen Minuten der Dienstbote erschien, um den Koffer abzuholen, dann würde er mitgehen.

Walther Bensemann wendete den Blick vom Spiegel, aus dem ihn ein von Falten zerfurchtes Gesicht mit müden Augen und ergrautem Oberlippenbart melancholisch betrachtet hatte. Er trat ans Fenster. Sein Zimmer lag im ersten Stock des Grand Hotel Fürstenhof, einem wuchtigen Bau der Gründerzeit, vis-à-vis dem nicht weniger beeindruckenden Hauptbahnhof von Nürnberg. Diesen Blick hatte er immer genossen: über die belebte Straße hinüber zu jenem Bauwerk, das als historischer Ausgangspunkt und geografisches Zentrum des riesigen europäischen Eisenbahnnetzes gelten konnte. Beide Gebäude standen in idealer Nachbarschaft. Wer sich die wenigen Meter aus der gedämpften Noblesse des Foyers hinüber zum Bahnsteig bemühte, konnte alle Metropolen des Kontinents bequem mit dem Zug ansteuern. Seit Jahrzehnten beherbergte der Fürstenhof die Insassen der in den Bahnhof einfahrenden ersten Klasse, ehrenhafte Staatsmänner ebenso wie gewichtige Wirtschaftsmagnaten, zweifelhafte Diktatoren und gefeierte Künstler, internationale Sportgrößen und reiche amerikanische Urlauber.

Vielleicht war es das, was ihn so lange an dieses Hotel und an die Stadt gebunden hatte. Sicher, Nürnberg war auch der unbestrittene Mittelpunkt des deutschen Fußballs, und schon deshalb gehörte ein Mann wie er hierher. Doch was ihn hatte heimisch werden lassen, war der Fürstenhof: ein perfektes Asyl für Leute, die ihr Leben lang durch die Welt trieben und in Bahnwaggons oder Hotelzimmern eine passendere Heimat fanden als unter einer festen Adresse. Ein einladendes Quartier für Wanderer, wie er einer war. Seit fast sieben Jahren war er Stammgast, und länger hatte es ihn seit seiner Kindheit noch nirgendwo gehalten.

Es klopfte leise an der Tür, und deutlicher ein zweites Mal, da Bensemann nicht antwortete. Schließlich wurde die Tür vorsichtig geöffnet, und der Dienstbote erschien. Bensemann übergab ihm wortlos den großen Koffer, den er zuvor mit Mühe verschlossen hatte. Umständlich zog er sich Jackett und Mantel über die Weste und blickte an der Tür noch einmal zurück. Auf dem Schreibtisch und in einer Vitrine drängten sich Erinnerungsstücke eines unsteten Lebens: Fotos, Briefe, Plaketten, Vereinswimpel, Pokale aus ganz Europa. Eine schwarz-rote Collegemütze mit den Initialen WB. Eine Fotografie des Nationaltorwarts Willibald Kreß mit dessen Widmung: »Dem Papa Bensemann zu seinem 60. Geburtstag«. Ein Gebirge von alten Zeitungen.

Einen Moment zögerte der alte Mann, dann ging er noch einmal zurück, nahm ein kleines, in Öl gemaltes Landschaftsbild von der Wand, klemmte es sich unter den Arm und verließ schwerfällig den Raum. Im Foyer erwarteten ihn inmitten der Jugendstil-Möblierung Georges Richert, der Besitzer des Hotels, sowie der Chefportier, den die Stammgäste Gustav nannten.

»Ich hoffe, Sie bald wieder zu sehen, in besserer Verfassung und unter günstigeren Umständen«, sagte Richert, als er Bensemann die Hand schüttelte.

»Das hoffe ich auch. Wenn ich länger fortbleibe, können Sie über das Zimmer natürlich verfügen. Packen Sie den Plunder, der dort noch herumsteht, in eine Kiste, aber werfen Sie ihn bitte nicht fort.«

»Selbstverständlich«, antwortete Richert. »Und natürlich wird das Zimmer jederzeit für Sie bereit stehen, alter Freund.«

Bensemann nickte. »Ich danke Ihnen. In Zeiten wie diesen ist keine Freundschaft mehr selbstverständlich.«

Er wandte sich an Gustav, und sie absolvierten ihr allmorgendliches Ritual.

»Na Gustav, wie ist die Weltlage heute?«

»Ein wenig kühl für die Jahreszeit, Herr Bensemann. Aber trocken, und durchaus günstig für eine Wanderung.«

»Dann wollen wir mal.«

Er winkte dem Träger und schritt hinter ihm hinaus, eine große, dunkle Gestalt, die aufrecht und ein wenig ungelenk über die Straße schob, ohne sich noch einmal umzusehen. In der Bahnhofshalle kaufte er verschiedene ausländische Zeitungen und bestieg, nachdem er den Träger entlohnt hatte, ein Erste-Klasse-Abteil Richtung Karlsruhe.

Als der Zug sich in Bewegung setzte, blickte Bensemann nicht hinaus, sondern vertiefte sich in die Journale. Er war entschlossen, diese Reise nicht anders zu begehen als die unzähligen Fahrten zuvor, doch schon bald musste er einsehen, dass die Zeitungsseiten, die er sich vor die Augen hielt, mehr als Versteck denn als Lektüre dienten. Er las sie kaum, und alles war anders als sonst.

Er freute sich nicht über diese Fahrt. Weder spürte er die übliche Behaglichkeit, mit der er früher den Komfort der Abteile genossen hatte, noch fühlte er die Vorfreude, mit der er sonst einem Ziel entgegeneilte. In Wahrheit saß er in diesem Zug auch nicht, um irgendwohin zu kommen. Er reiste einfach nur fort.

»Sie fahren weiter weg?« Der rundliche Mann auf dem samtbeschlagenen Sitz gegenüber nickte vage in Richtung auf Bensemanns großen Koffer.

»Das ist eine Frage der Relationen«, antwortete er. »Es geht in die Schweiz.«

»Oh, das ist auch mein Ziel. Gestatten: Dombach, Prokurist der Firma Hüter und Partner.«

»Bensemann.« Er deutete eine Verbeugung an und hoffte, dass sein Gegenüber den Mund halten würde. Doch der unternahm, durch Bensemanns Schweigen gebremst, aber nicht entmutigt, hartnäckige Versuche, eine Konversation in Gang zu bringen.

»Was schreiben denn die ausländischen Zeitungen über uns? Ehrlich gesagt, mir persönlich ist die Meinung des Auslands völlig schnuppe. Ich meine, es ist ja nur Propaganda, und man hat sich heuer um Wichtigeres zu kümmern, wo es wieder vorangeht in Deutschland.«

Bensemann ärgerte sich. Weniger über den wortreichen Mitreisenden als darüber, dass er nicht den Weg über München, sondern den über Karlsruhe genommen hatte. Mit der Route durch den Südwesten Deutschlands verbanden ihn zu viele Erinnerungen, als dass er sie hätte verdrängen können. Zwischen Nürnberg und Freiburg gab es kaum eine Stadt, in der er nicht, zumindest auf einige Zeit, gewohnt hatte oder Freunde kannte. In den letzten Wochen hatte er viele dieser Freunde verloren, und die meisten seiner Gegner hatten sich in Feinde verwandelt. In jedem Bahnhof, an dem der Zug hielt, sann er über Namen, die er dort kannte, und über das Rätsel ihrer Häutung.

Als er in Karlsruhe umsteigen musste, heftete sich Dombach an seine Fersen und traktierte ihn mit Geschichten aus der hiesigen Filiale.

Bensemann resignierte. »Als Schüler ging ich hier aufs Gymnasium«, brummte er, um auch einen Beitrag zu leisten.

»Welch ein Zufall!« Dombach freute sich. »Dann haben Sie sicherlich die besten Erinnerungen an Karlsruhe. So nach Art der Feuerzangenbowle, nicht wahr?« Er zwinkerte mit den Augen und versuchte verschwörerisch zu wirken.

»Nun ja«, antwortete Bensemann gleichgültig. »Wir gründeten einen Fußballverein. Er ist später Deutscher Meister geworden.«

»Nicht möglich!« Dombach staunte. »Sie sind ein alter Sportsmann!«

»In der Tat, a real sportsman, wie mir die Engländer attestierten. Aber was zählt heutzutage noch, was das Ausland sagt, nicht wahr?«

Dombach äugte verunsichert und wechselte das Thema, doch im Zug nach Freiburg wählte er mit strahlender Miene das gleiche Abteil wie Bensemann.

Karlsruhe zu verlassen fiel ihm nicht leichter als die Abfahrt aus Nürnberg; vergebens bemühte sich Bensemann das wehmütige Gefühl eines Abschieds zu unterdrücken. Wie so häufig in den letzten Monaten fühlte er Schmerzen in der Herzgegend. Der alte Mann lockerte den steifen Kragen seines Hemdes und bekämpfte eine stille Panik, indem er nach seinem Puls am Handgelenk fühlte und den Herzschlag gleichmäßig, wenn auch ein wenig schnell fand.

Abschied, beruhigte er sich, ist noch nicht der Tod, sondern die Chance auf ein Wiedersehen. Er versuchte zu schlafen.

In Freiburg bestiegen Zollbeamte den Zug, um Pässe und Gepäck zu kontrollieren und an der Grenze, kurz vor Basel, wieder auszusteigen. Als sie die letzte Zollstation passiert hatten, bemerkte Bensemann halblaut und beinahe wie im Selbstgespräch: »Ich erinnere mich, dass ich vor einigen Jahren über eine solche Fahrt von Freiburg nach Basel berichtet habe. Ich schrieb damals, der badische Bahnhof gleiche einem düsteren Tempel, der an die Katakomben Roms gemahnt. Er hat etwas Grimmiges, nicht wahr, und unsichtbar steht über ihm: ›Hier ist nicht die freie Schweiz, hier herrscht die Or-ga-ni-sa-tion.‹ Über seinem Eingang sollte in großen Lettern prangen: ›Hier wird nicht bedient, sondern abgefertigt.‹«

Dombach glotzte ihn an. »Aber der Beamte eben war doch recht zuvorkommend.«

Bensemann nickte gedankenverloren. »Auch Charon, der Totenschiffer, soll ein freundlicher Mann gewesen sein.«

»Werter Herr, das klingt aber recht eigentümlich, beinahe, nun ja, subversiv, was Sie da sagen!«, meinte Dombach misstrauisch.

»Nur in Deutschland«, antwortete Bensemann, »klingt heute die Wahrheit subversiv.«

Es war der 30. März 1933. Seit zwei Monaten regierten in Berlin die Nationalsozialisten. Und Walther Bensemann, 60 Jahre alt, herzkrank und verbittert, ging zurück in jenes Land, aus dem er einst aufgebrochen war, Deutschland zu missionieren.

I

»Das Land der Jugend«

Montreux im Herbst 1886

Es war ein seltsames Spiel. Ein Dutzend junger Männer, manche fast noch Knaben, angetan mit verschmutzten Kniebundhosen, leichten Pullovern und runden Mützen, rannten auf einem abgesteckten Grasplatz wild durcheinander, drängten und fielen, feuerten sich an oder riefen heisere Flüche. Niemand war da, der das Geschehen koordinierte. Niemand gab Anweisungen, niemand befahl Bewegungsabläufe und Körperhaltung, niemand hatte Bahnen markiert, Figuren inszeniert oder Gruppen synchronisiert. Nur ein Ball gab den Rhythmus vor, eine zusammengeflickte Lederkugel, die, von kräftigen Fußtritten gestoßen, über die holprige Wiese sprang. Der Ball war die Autorität bei diesem Spiel, ein absoluter Herrscher, der ihnen Ziel und Richtung gab. Flog er nach links, auf eines der mit Holzstöcken markierten Ziele zu, so rannten sie ihm hinterher – einige, die ihn vorwärts zu stoßen trachteten, andere, die zu verhindern suchten, dass er das Ziel erreichte. Waren die Verteidiger erfolgreich und gelang es ihnen, die Richtung des Balles umzukehren, so änderten zwölf Spieler in einem augenblicklichen Einvernehmen die Orientierung, drehten sich um, drängten und rangelten in vertauschten Rollen. Wer eben noch vorwärts gestürmt war, wurde zum Verteidiger, wer vorher geblockt und gegrätscht hatte, ging nun schreiend und gestikulierend in die Offensive. Doch wo immer sie standen, liefen oder lagen: Ihr Blick war auf den Ball gerichtet, als erwarteten sie in jeder Sekunde von ihm einen neuen, geheimnisvollen Impuls.

»Ils sont fous«, sagte Walther zu John, der neben ihm stand und zuschaute. Doch John, dem Walther sonst die Welt erklären konnte, wusste dieses Mal Bescheid.

»They are playing Football, the Association Game«, rief er. Und, die Abmachung vergessend, untereinander nur Französisch zu reden, beschrieb er auf Englisch wortreich und ausholend die Regeln und Ziele des Spiels. Walther hörte lächelnd zu, warf ab und zu einen französischen Brocken in Johns Redefluss, doch er konnte ihn weder stoppen noch auf die zu übende Sprache lenken. Immerhin entwirrte sich ihm ein wenig das Tohuwabohu auf dem Spielfeld, und als es einer Partei gelang, den Lederball zwischen die Holzstöcke zu befördern, da wusste er, warum die einen Spieler ein lautes »Goal« über die Wiese brüllten, während die anderen enttäuscht die Köpfe senkten. Die Intensität ihrer Gefühlsausbrüche allerdings blieb ihm befremdlich.

Der Triumph der einen Seite hielt nicht lange an, denn diese musste nun den Ball dem Gegner überlassen, der ihn unbehelligt bis zur Mitte des Spielfelds tragen durfte und von dort seinen Angriff startete. Ein gewaltiger Stoß trieb den Ball nach vorne, doch tollkühn hielt jemand den Kopf in die Flugbahn, der Ball klatschte ab und rollte seitwärts vom Spielfeld, vor die Füße der beiden Zuschauer. Walther unterdrückte den raschen Impuls, die seltsame Lederkugel aufzuheben und näher zu betrachten. Er tat, was er gesehen hatte, suchte festen Stand mit dem linken Bein und wuchtete die rechte Fußspitze gegen den Ball. Doch er traf nicht richtig, das Bein hieb nahezu ungebremst in die Luft, während der Ball, nur leicht touchiert, ein paar Meter zur Seite hoppelte. Einer der Spieler kam angelaufen, ein großer, breitschultriger junger Mann, der als Einziger barfuß spielte. Er rief ein kurzes »Thank you, merci« und rannte davon, den Ball mit dem nackten Fuß sanft in Laufrichtung vorwärts treibend.

John lachte sein helles Jungenlachen, und Walther, belustigt und gedemütigt, sah grimmig auf ihn herunter, knurrte ein kurzes »Viens!« und trollte sich, John im Schlepp.

Sie befanden sich auf dem Rückweg von einer ihrer langen Wanderungen in die Berge rings um Montreux, als sie den Fußballern begegneten. Oft waren sie unterwegs, wenn der Schulbetrieb es zuließ: John, der elfjährige stille Engländer, der eigentlich Jonathan hieß, und Walther, der schwarz gelockte Deutsche, der seinem Freund um 20 Monate und eine Handspanne voraus war. Beide besuchten, wenn auch in unterschiedlichen Jahrgängen, das englische Internat von Burier, eine jener Einrichtungen, welche die reichen britischen Kolonisten neben dem Nachmittagstee, den anglikanischen Kirchen, dem Rudersport und schließlich dem Football in die Schweiz gebracht hatten. Auch das gesellschaftliche Leben in Montreux war geprägt durch die Gewohnheiten pensionierter Offiziere und Beamter, Kaufleute oder Bankiers von der Insel. Der Alpinismus gehörte zweifellos nicht dazu, denn den älteren Gentlemen schien es eine gänzlich nutzlose Tätigkeit, Berge zu erklimmen und auf dem gleichen Wege wieder herabzusteigen. Walther und John aber schritten hinaus in die Stille der Landschaft, wohin ihnen die Röcke der Flaneure, die Blicke der Lehrer und das Geplapper der Mitschüler nicht folgten. Sie suchten die Herausforderung schroffer Felsen, die Geborgenheit sanfter Täler, und sie suchten den weiten Blick auf den Genfer See, auf dessen riesiger Wasserfläche sich die Massive der Gipfel und der Glanz der Sonne gebrochen spiegelten.

Dort oben ruhten sie, suchten den Schatten zerzauster Fichten oder nahmen Sonnenbäder in einer Mulde mit blauem Enzian, und Walther rezitierte Cicero, um dem Jüngeren zu demonstrieren, was ihn im Lateinunterricht noch erwarten würde.

John schüttelte mutlos den Kopf. »Ich soll doch Offizier werden. Soll ich den Feind dann auf Lateinisch totschießen? Eher sterbe ich vorher selber an dieser Sprache.«

Beide schwiegen: Zu oft hatten sie über Johns Abneigung gegen den Wunsch seines Vaters gesprochen, eine militärische Laufbahn einzuschlagen.

Doch der Jüngere wusste Neuigkeiten. Es würde einige Prügelstrafen geben, wegen nächtlicher Abwesenheit und einem gehörigen Alkoholgelage. Als neuer Lehrer komme ein leibhaftiger Italiener. In Schlafsaal 4 sei Scharlach ausgebrochen. Christopher habe geheult, weil wieder kein Brief von zu Hause gekommen sei. Und: »Mr. Miller hat Freddy an den Hintern gefasst.«

Miller war einer der Schulpräfekten, eine Instanz zwischen Lehrern und Schülern im Internat. Da John und Walther bei Gasteltern wohnten, blieben ihnen die Geheimnisse der Schlafsäle verborgen, die traurigen, die heiteren und die rüden. John immerhin erfuhr einiges von seinen Mitschülern, mehr als Walther, der tolerierte Deutsche.

»Freddy sagt, Mr. Miller hätte es nicht zufällig getan, sondern mit schmutzigen Absichten. Aber Freddy ist sowieso ein Angeber.«

Walther zerpflückte die Blüte eines Enzians. »Früher, in Griechenland, haben viele große Lehrer und Philosophen ihre Schüler geliebt«, behauptete er. »Ich meine, so richtig geliebt. Man sagt es von Plato. Niemand fand es schlimm. Es ist eine Frage der menschlichen Kultur, und nicht eine Laune ihrer Natur.«

»Aber Freddy will nicht, dass Mr. Miller das macht.«

»Hat Freddy nicht neulich versucht, dich zu küssen?«

»Ja schon, aber das war etwas anderes. Da wollte er das ja.«

Walther ließ die Blütenfasern aus der Hand rieseln und stand auf.

»Wenn Miller ihm noch mal an den Hintern fasst, sollte er un pet lassen.«

»Was?«

»Un pet. Einen Furz. Und nun komm, wir müssen nach Hause.«

»Wollen wir schauen, ob die Fußballer wieder da sind?«

»Mais oui, Monsieur.«

Sie schritten los, zwei Stunden Wegstrecke vor sich, auf der sie keinen Menschen treffen würden, außer Sennen vielleicht und, wenn sie Glück hatten, geheimnisvollen Wilderern oder wen sie dafür hielten.

Walther orientierte sich an den Berggipfeln, die er unterscheiden konnte: dem schroffen Dent de Jaman, dem versteckten Dent de Lys oder dem majestätischen, schneebedeckten Grammont, der in der Ferne aus dem See wuchs. Grunot, sein Pflegevater, hatte sie ihm gezeigt und zu jedem eine Geschichte gewusst: von wilden Berggeistern und pelzigen Eistrollen, von tödlichen Lawinen, verirrten Wanderern und kühnen Kletterern, die in Abgründe stürzten. So hatte er die Berge entdeckt und die Wege zu ihnen, und er erzählte dem Engländer Grunots Märchen und fasste ihn dabei an die Hand: eine ferne Erinnerung an jene Geborgenheit, die er an der Hand der Mutter gefühlt hatte, als er klein war und mit ihr durch das menschenvolle Berlin gelaufen war. Er spürte den Reiz einer Vertraulichkeit, die ihn lockte, die kleine Hand des Jungen fester zu drücken, und die ihn zugleich zweifeln ließ, ob diese Geste noch schicklich sei.

Seitpferd und Barren waren seine Sache so wenig wie Algebra und Geometrie. Da musste er einen Punkt finden, den andere ihm vorgegeben hatten, und sich einen Weg entlangquälen, von dem abzuweichen verboten war. Er zog sich lieber in Bücher zurück: Was er dort suchte und fand, konnte niemand wissen, niemand jedenfalls, der nicht die Spielereien und Gedichte las, die er zuweilen niederschrieb. Doch die zeigte er keinem, nur dem staunenden John las er manches vor, auch wenn der nichts verstand vom deutschen Sprachklang und einzig die Tatsache bewundern konnte, dass sich die Zeilen am Ende wahrhaftig reimten.

Und es zog ihn zum Sport: zum Schwimmen im See, wo die Hände eine Wasserfläche zerteilten, in die keine Spuren gelegt waren, oder zum Wandern in die Berge, wo er seine Wege selber suchte und an den Kletterhängen immer neues, kaum vorauszuwissendes Körpergeschick gefordert war. Hier glaubte er in seinem zu groß und zu plump geratenen Körper Fähigkeiten zu entdecken, die am Barren fehlten, wenn er unglücklich zwischen den beiden Holmen hing und die Beine nicht vorschriftsgemäß gestreckt halten konnte.

Nicht dass er die absolute Autorität der Schule angezweifelt hätte. Die Gebote der Internatsordnung übertrat er selten und durchaus in dem Bewusstsein, etwas Unrechtes zu tun. Angespornt durch die Zeichnung eines Mitschülers, der in einem Schulheft Queen Victoria als Kröte dargestellt hatte, bemühte Walther sich an der Tafel um Bismarck als Boxerhund – ein Versuch, der zur Erheiterung seiner Klassenkameraden nicht sonderlich gelang und dennoch vom plötzlich eintreffenden Lateinlehrer mit einer gehörigen Strafarbeit geahndet wurde. Das vorgeschriebene »Thank you, Sir«, so versicherte Walther dem beeindruckten John, habe er durchaus ehrlich gemeint, denn: »Mr. Benson ist ein wahrer Gentleman. Hätte ich ebenfalls die Queen gemalt, bräuchte ich aus dem ›Bello Gallico‹ sicherlich nur zwei oder drei Seiten abzuschreiben. Aber Burier ist eine englische Schule. Wenn man hier einen ausländischen Staatsmann verächtlich macht, so wird dies umso härter bestraft. Also zehn Seiten. Das nenne ich Fair Play.«

John fand diese Logik etwas krude. Er kannte Walthers Zeichentalente und wandte ein, möglicherweise hätte man die Karikatur gar nicht erkannt. Überhaupt werde das Vollkritzeln der Tafel, egal womit, energisch geahndet. Doch Walther bestritt: »Benson ist ein scharfer Beobachter, er hat das Bild ebenso erkannt, wie er das ›God shave the Queen‹ heraushört, das manches Mal gesungen wird. Aber das bestraft er nicht, obwohl er Royalist ist. Schmähungen gegen den Gegner aber lässt er nicht zu. Das eben macht den Gentleman aus.«

John kapitulierte: Im Disput mit Walther war er chancenlos. Überdies wurde ihm peinlich bewusst, dass er nicht über Missetaten verfügte, mit denen er gegenhalten konnte. Seine schulischen Verfehlungen waren banal und kaum zur Prahlerei geeignet. Er pflegte morgens ein oder zwei Minuten zu spät zu kommen und dies mit einem schwachen »Sorry, Sir« zu entschuldigen. Alle Strafen hatten kaum Besserung gebracht, und am Ende folgte ein schriftlicher Verweis, der auch seinem Vater zur Kenntnisnahme geschickt wurde. Walther hielt in dieser Frage zur Schulleitung. »Du ruinierst dir deine Laufbahn, wenn du nicht auf Pünktlichkeit hältst. In diesem Punkt muss die Schule streng sein, weil jeder Offizier und jede Firma in diesem Punkt auch streng sein wird. Pünktlichkeit ist die Höflichkeit der Könige und zugleich der kategorische Imperativ aller Untertanen. Merke dir das.«

»Den Spruch hast du vom Rektor«, protestierte der Jüngere.

»Mag sein, und am Ende stammt er gewöhnlich von Shakespeare. Das macht aber keinen Unterschied. Ob meine Weisheit oder Williams, du solltest dich danach richten.«

John versprach es, und er gab sich Mühe, doch vor allem hatte er Angst vor der Reaktion seines Vaters. Jeden Abend ging er voller Furcht nach Hause, es könne ein Schreiben aus England eingetroffen sein, und je länger der Brief ausblieb, desto stärker wurde seine Besorgnis. Am nächsten Samstag aber begrüßte er den Freund mit ungewohntem Enthusiasmus und genoss es, mit exklusiven Neuigkeiten aufwarten zu können.

»In einer Woche gibt es ein öffentliches Football-Match. Zwischen La Villa und Château aus Genf. Es ist erst gestern Abend bekannt geworden, aber alle reden schon davon. Das wird ein Event, wie es Montreux noch nicht erlebt hat.«

»Ich wusste gar nicht, dass sie in La Villa Football spielen.«

»Nicht so eines, wie wir neulich gesehen haben. Sie spielen nach den Rugby-Regeln. So ähnlich wie Association Football, aber sie dürfen den Ball mit der Hand nehmen. Und den Gegner treten und umstoßen. Deshalb nehmen sie nur große Kerle in die Mannschaft. Nicht so einen wie mich.«

Walther kam pünktlich zur Wiese vor dem fremden Internat, auch wenn ihn das Geschrei, das er schon von weitem hörte, befürchten ließ, das Spiel habe bereits begonnen. 80 Schüler umstanden den Platz und machten ohne Unterlass Radau: »Play up, Montreux! Go, Moneypenny, go!«

Er grüßte einige bekannte Gesichter und fühlte sich merkwürdig exponiert, wenn auch nicht unbehaglich in seiner hellen Tweedjacke, die er wie zu einem gesellschaftlichen Ereignis angezogen hatte. Alle anderen, der Lehrkörper ausgenommen, trugen Schulfarben und demonstrierten damit ihre Unterstützung für das Team aus Montreux. Auch die Spieler der beiden Mannschaften hatten auf ihre einheitlichen Trikots die Wappen von La Villa oder Château genäht. Zu jedem Team zählten 15 Sportler, darunter, wie Walther bemerkte, auch Lehrer und Präfekten. Sie alle liefen auf dem abgesteckten Platz umher, spurteten und dehnten sich und nahmen schließlich in zwei Reihen Aufstellung. Walthers Blick fiel auf John, der ihn ebenfalls bemerkte und aufgeregt herbeigelaufen kam.

»Gleich geht es los«, rief er. »Siehst du die Captains? Der Größere ist Moneypenny, unser bester Spieler. Mit ihm können wir gar nicht verlieren.«

»Wer sagt das?«

»Alle sagen es. Er hat einen Punt wie kein anderer.«

»Einen was?«

»Einen Punt. Das ist, wenn er den Ball aus der Hand fallen lässt und ihn direkt mit dem Fuß schlägt. Außerdem ist er der Stärkste beim Crummage. Also wenn sich alle um den Ball drängeln.«

Und während die Spieler unter dem Lärm der Zuschauer das Match aufnahmen, sich der berühmte Moneypenny erstmals den Ball sicherte und damit auf die Torstangen der Genfer zurannte, bis er von einem Gegner umgerissen wurde, erklärte John dem Deutschen geduldig die Regeln. Warum der Ball pflaumenförmig und nicht rund, welche Gewalttätigkeit erlaubt und welche verboten sei, wie ein Goal oder Try erzielt werde, was ein Drop-out, ein Drop-Kick, ein Line-out, ein Touch, ein Fair Catch, ein Three-Quarter-Back oder ein Full-Back sei.

»Diese Rugby-Regeln scheinen mir etwas kompliziert zu sein«, spottete Walther.

»Sicher, es sind ja auch viel mehr als beim Association Game.«

So blieben Walther die Raffinesse der Spielzüge, der Sinn vieler Schiedsrichter-Interventionen und der Grund für manchen Jubelsturm des Publikums verborgen. Dennoch wurde er mitgerissen von der Leidenschaft der Mitschüler und dem Hetzen, Leiden und Jubeln der Spieler. Als La Villa Goal um Goal erzielte, schrie auch er, warf die Arme hoch und fühlte Stolz auf diese Mannschaft, die weder seine Schule vertrat noch ihm bekannt war und die er einzig deshalb anfeuerte, weil ihre Mitglieder vorübergehend in Montreux wohnten und nicht einige Kilometer entfernt in Genf.

»Es war«, so belehrte er später ein wenig altklug Grunot, »als ob ich vom Zuschauer zum Mitspieler würde. Ich stand nicht daneben und beurteilte die Leistungen der einen wie der anderen Seite. Vielmehr wurde ich ganz und gar ungerecht und parteiisch. Über eine gute Leistung des Gegners habe ich mich nicht gefreut, oh nein, ich habe gepfiffen und gespottet, um gerade sie zu verhindern. Ich habe mein Team sogar zum Foul aufgefordert, nur um ein Goal zu verhindern: Reiß ihn um, den Kerl, reiß ihn um! Und als ich die eigene Mannschaft anfeuerte, kam es mir vor, als ob ich sie damit kräftiger und schneller machen könnte. Selbst den Ball wollte ich beeinflussen. Als er ins eigene Tor zu fliegen drohte, brüllte ich: Nein, nein, und verrenkte mich, als könnte ich damit seine Flugbahn verändern. Es ist wie eine Magie. Und viel aufregender als jedes große Theater.«

Nach dem Spiel allerdings, als die große Euphorie sich langsam legte, bemerkte Walther, wie aus der tobenden Menge wieder bemühte Gentlemen wurden. Die Spieler gaben sich die Hände, die Schüler sangen Loblieder auf das Geschick und das Fair Play der fremden Mannschaft, und die Verletzten beider Teams wurden umsorgt und bemitleidet. Als die verschwitzten Helden verschwanden, um sich umzuziehen und das Ereignis beim gemeinsamen Dinner zu feiern, erkannte Walther unter den Zuschauern den Barfußspieler jener Football-Gruppe, der er kürzlich auf seiner Wanderung mit John begegnet war. Er ging auf ihn zu.

»Darf ich fragen, Sir, warum ich Sie nicht mehr Fußball spielen sehe?«

»Mr. Bensemann, I presume? Mein Name ist Des Barres und durch und durch so irisch, wie Ihrer deutsch ist. Wir besuchen übrigens das gleiche Internat.«

»Sorry, Sir.«

»Vergessen Sie das ›Sir‹, ich bin auch nur Schüler. Fußball spielen wir nicht mehr, nun, weil wir ohne Fußball eben nicht Fußball spielen können.«

»Ihnen fehlt ein Ball?«

»So ist es. Wir hatten nur für einige Tage das Vergnügen, einen wirklichen Fußball zu besitzen, denn leider hat ihn der verfluchte Georg, der uns besuchte, wieder mitgenommen.«

»Und es gibt auch keinen Rugby-Ball?«

Des Barres, ein riesenhafter 17-Jähriger mit hellem Lockenkopf, blickte belustigt. »Jeder Schüler von Burier würde lieber sterben als nach Rugby-Regeln Fußball spielen. Und wenn er nicht freiwillig stirbt, würde er ermordet.«

»Von wem?«

»Von mir, zum Beispiel«, knurrte Des Barres, versuchte sich an einem grimmigen Blick und gab Walther einen kräftigen Stoß. »Wie ist es mit Ihnen, Mr. German? Bevorzugen Sie Rugby oder Soccer?«

»Soccer?«

»Association Game.«

»Nun, ich weiß nicht, ich kenne ja beides nicht recht, aber ich würde dieses Soccer gerne einmal versuchen. Die Regeln erscheinen mir weniger kompliziert als beim Rugby. Auch das Publikum würde es schneller begreifen. Solch ein Event wie heute – mit Soccer könnte ich es mir noch großartiger vorstellen.«

»Eine gute Rede, Mr. German. Besorgen Sie einen Ball, und Sie bekommen Ihr Event. Nur rund muss er sein, keine missgeburtige Pflaume.«

Doch es erwies sich als unmöglich, einen Fußball zu beschaffen. Montreux besaß englische Teehäuser, französische Coiffeure, eidgenössische Juweliere und italienische Maßschneider. Aber keinen Flickschuster, der sich auf einen runden Ball verstanden hätte.

Als der lange alpine Winter am Genfer See begann und die Wiesen und Wege einfroren, kehrte der sportliche Ehrgeiz der Jungen auf traditionelles Terrain zurück, und sie glitten, johlend und wagemutig, auf Schlittschuhen über glattes Eis oder auf Holzschlitten endlose Hänge hinab, die sie zuvor im stundenlangen Aufstieg erklommen hatten. Nur John litt. In einem plötzlichen Aufbegehren gegen die eigene Schüchternheit hatte er sich, als am Internat von Burier die Vorbereitungen für eine Shakespeare-Aufführung begannen, um eine Nebenrolle beworben. Das Schülertheater bildete den vorweihnachtlichen Höhepunkt eines Schuljahres, zu dem sich alljährlich Eltern, Ehemalige und Gönner des Instituts einfanden. In diesem Jahr stand »Othello« auf dem Programm. John hatte sich, auf Drängen des Lehrers und unter dem Gelächter der Klassenkameraden, den Part der Kurtisane Bianca ausgesucht, eine Kühnheit, die er schon am gleichen Abend bereute. Zu seinem Entsetzen bekam er die Rolle jedoch tatsächlich zugesprochen, und seine Verzweiflung wuchs, als endlich der Brief des Vaters eintraf. Darin teilte ihm dieser mit, er werde zur Aufführung persönlich anreisen und bei der Gelegenheit den Sohn Genaueres über dessen Zukunft wissen lassen.

»Den 20. Dezember werde ich nicht überleben«, erklärte John seinem Freund. »Soll ich flüchten, sterbenskrank werden, mich erhängen? Alles wäre besser, als diesen Tag zu erleben.«

Auch Walther erwartete seinen Vater, der ihm zudem mitgeteilt hatte, die Mutter werde vermutlich wegen der beschwerlichen Anreise nicht mitkommen. Er hatte den Brief einige Male gelesen, und immer wieder war er an dem »vermutlich« hängen geblieben. Nicht dass er mit dem Besuch der Mutter gerechnet hatte. Ihm war klar, dass sie nicht kommen würde. Das »vermutlich« zerstörte aber die Gewissheit und schuf eine Hoffnung, die er nicht zulassen wollte, weil er sie für sinnlos hielt. Aber sie setzte sich fest, gegen seinen Willen und obwohl er den Brief zerriss.

Er fand seine Ruhe darin, John zu ermutigen. Dass der Vater sich herbeibemühe, sei ein gutes Zeichen, und die Rolle, no problem, werde er mit ihm proben, bis er eine vollendete Bianca abgebe und beifallumrauscht die Bühne verlassen könne. Dies sei überdies die beste Art, den Vater freundlich zu stimmen.

So übten sie, in freien Stunden in Johns engem Zimmer, die kurzen Szenen der Bianca, und Walther übernahm die übrigen Rollen, vor allem die des Leutnants und Geliebten Cassio.

»Lerne es erst einmal nicht auswendig. Lies deine Sätze einfach vom Blatt. Wichtig ist, dass du ein Gefühl für die Situation bekommst. Beide sind nur Figuren in Jagos Spiel, aber sie wissen es nicht. Und sie mögen sich, aber niemand soll es wissen.«

Er legte die Hand auf die Schulter des Jungen, und beide schauten auf den Text vor ihnen auf dem Tisch.

»I do attend here on the General / And think it no addition, nor my wish / To have him see me woman'd.«

»Why, I pray you?«

»Das solltest du etwas forscher sagen. ›Und nicht empfehlend wär mir's, noch erwünscht, / Fänd er mich so begleitet‹, sagt Cassio. Er will sie verleugnen, und sie begehrt kurz auf: ›Und warum nicht?‹ Also, sag's noch mal!«

»Why, I pray you?«

»Not that I love you not.«

»But that I love you not.«

»Hörst du, wie er sie vertröstet und sie sich darein schickt? Wichtig ist ihr letzter Satz, in dem sie resigniert: ›Man muss sich fügen in die Zeit.‹«

»'tis very good: I must be circumstanc'd.«

Sie übten die Szene einige Male, wobei sie die wenigen Sätze bald auswendig kannten und den Blick vom Buch wenden und sich anschauen konnten. Der Erfolg ihres Übens und die Intimität des Textes schufen eine gelöste Vertrautheit, in der sie ihre körperliche Nähe genossen und sich nach dem letzten Durchgang fröhlich anlächelten.

»So geht es gut, Walther. Jetzt lass uns noch die anderen Stellen proben.«

»Warte, John. Zum Schluss hast du den Ton getroffen, sicherlich. Nur anfangs musst du Bianca offener sprechen und fordern lassen. Damit klar wird, dass sie sich in eine Rolle fügt, die sie gar nicht will. Und dass sie ihre Liebe verheimlichen muss. Weißt du, Scheinbares und Wirkliches, das ist das Thema des Stücks. Das Scheinbare liegt offen zutage, doch es ist falsch. Das Wirkliche aber ist verborgen. Verstehst du das?«

John nickte, und Walther blätterte in dem Buch nach vorne.

»Shakespeare ist ein Meister darin, es auszudrücken. Gleich am Anfang legt er es dem schurkischen Jago in den Mund, der die Fäden spinnt. Hier: ›For when my outward action doth demonstrate / The native act, and figure of my heart / In complement extern, 'tis not long after / But I will wear my heart upon my sleeve / For daws to peck at; I am not what I am.‹ Das ist die beste Stelle im ganzen Stück.«

John blickte ihn unsicher an. »Warum gerade diese?«

»Weil sie die ganze Wahrheit sagt, John. ›Denn wenn mein äußres Tun je offenbart / Des Herzens angeborne Art und Neigung …‹ So nennt er das Geheimnis, das alle Menschen in sich tragen. ›Ich bin nicht, was ich bin.‹ Genau so ist es. Ich bin nicht, was ich bin. Das gilt für alle, John, auch für dich und mich.«

»Aber Jago sagt das, und Jago ist ein Schurke.«

Walther schaute ihn an und nickte. »Natürlich ist er ein Schurke.«

Er nahm den Arm von Johns Schulter und stand auf. »Vergessen wir Jago. Ich wollte nur sagen, dass euer William ein kluger Mann war. Ein sehr kluger, er schrieb sogar über den Fußball. Ehrlich, er hat's getan, im ›King Lear‹: ›Nor tripped neither, you base footballplayer.‹ Gut, was? Na ja, Schluss damit. Du hast Recht, wir sollten die übrigen Stellen noch proben. Auf dass du dich nicht blamierst, you base footballplayer.«

Natürlich entstieg nur der Vater der Pferdedroschke, die zwischen Lausanne und Montreux verkehrte und die Reisenden das letzte Stück ihrer Fahrt befördern musste, solange der Eisenbahnanschluss noch nicht fertig gestellt war. Berthold Bensemann, in einen dunklen Pelzmantel gehüllt, überragte deutlich seine Mitreisenden. Er blickte sich kurz um, verwies den wartenden Hoteldiener auf einen großen Koffer und umarmte dann Walther, der seine Enttäuschung im Pelz des Vaters verbarg. Die unsinnige Hoffnung, die Mutter werde »vielleicht« mitkommen, hatte seine Vorfreude in nervöses Warten verwandelt und das Wiedersehen in Sehnsucht. Erst als sie auf dem Weg zum Palace Grand Hotel waren, der Vater untergehakt beim Sohn, und der Klang der sonoren Stimme sich mit Walthers Erinnerungen traf, sah er den Vater an und fand die bekannte Müdigkeit in dem gealterten Gesicht. Die Berichte über die Mutter aber ließ er nicht an sich heran.

»Hast du eine gute Reise gehabt?«

»Nun, die Eisenbahnen bessern sich von Jahr zu Jahr. Nur statt der Droschke sollten sie besser einen Schlitten nehmen.«

»Hast du den Ball mitgebracht, um den ich dich gebeten habe?«

»Mein Junge, ich habe einen Ball. Aber ich fürchte, es ist nicht das, was du dir vorgestellt hast. Ich habe die Besorgung den Damen des Hauses überlassen, sie haben etwas eingepackt. Ich gebe es dir morgen, wenn ich zu den Grunots komme.«

Das Etwas erwies sich als handgestrickter, mit Fetzen gefüllter Stoffball, und Walther vergrub ihn, nachdem er ihn dankend entgegengenommen hatte, noch am gleichen Abend im Schnee.

Die Aufführung von »Othello« in der festlichen Aula des Instituts von Burier war ein überwältigender Erfolg, wie übrigens in jedem Jahr. Den Darstellern wurde begeistert applaudiert, nur die Rolle der Bianca war entschieden fehlbesetzt. John, der unter 300 Augenpaaren stetig das seines Vaters fühlte, stand stocksteif und mit gesenktem Blick auf der Bühne, sprach zwar fehlerfrei seinen Text, doch so monoton und verlegen, als rezitiere er die Internatsordnung. Nach seinem Auftritt flüchtete er und tauchte auch bei den fünf Vorhängen nicht mehr auf, die von den Zuschauern gutmütig gefordert wurden.

Walther hatte keine Möglichkeit, nach ihm zu suchen. Er musste an der Seite des Vaters bleiben und ihm Mitschüler, Präfekten und Lehrer vorstellen, die Büsten an den Wänden erläutern und ihm Klassenzimmer und Schlafsäle zeigen. Im Gedränge der durchschwitzten Uniformen, Gehröcke und Abendkleider traf er auf Des Barres. Der Ire begrüßte ihn wie einen alten Bekannten und ließ sich vorstellen.

»Ah, Mr. Bensemann aus Berlin. Meine Verehrung, Sir. Banken, Börse oder Eisenbahn?«

Der Vater lachte. »Das Erste, Mr. Des Barres. Und Ihre Eltern? Scheuen den Schweizer Schnee?«

»In der Tat. Denn sie haben jetzt Sommer. Sie sitzen in Neuseeland und schwitzen noch mehr als wir.«

»Was machen sie in Neuseeland?«, fragte Walther.

»Sie bringen den Maoris die Zivilisation bei. Oder rotten sie aus. Jedenfalls vertreten sie das britische Empire und unsere hochverehrte Mrs. Victoria, die Kaiserin von Indien.«

Des Barres grinste und schob seine breiten Schultern weiter.

»Übrigens«, er drehte sich noch einmal um und deutete auf einen jungen Mann in der Nähe, »das ist Mr. Tasker, unser neuer Präfekt und ein Gentleman mit einer bemerkenswerten Eigenschaft.«

»Und die wäre?«

»Er ist Besitzer eines Fußballs.«

Zwei Tage später reiste Berthold Bensemann ab, und Walther fühlte, als er die Droschke davonfahren sah, eine stille Erleichterung darüber, dass er das Weihnachtsfest ohne den Vater feiern würde. In dem Ritual von Christbaum und Kerzenschein, auf das er sich freute, weil es ihm vertraut geworden war, hätte der Vater als ein Fremder dabeigesessen und die Heimlichkeit des Abends gestört.

Sie waren sich in den vergangenen Tagen nicht viel näher gekommen als an jenem ersten Abend, als sie gemeinsam zum Hotel gegangen waren, und noch immer verschloss sich Walther den Berichten über das gesellschaftliche Leben in Berlin, über Klavierabende und literarische Soupers, denen sich vor allem die musisch aktive, aber kränkelnde Mutter widmete. Doch sie hatten eine vollkommene Übereinstimmung über Walthers Zukunft besiegelt. Seine Pläne, sich statt der Bankgeschäfte den Sprachen und der Literatur zu widmen, wurden vom Vater gleichmütig und ohne Begeisterung akzeptiert. »Französisch und Englisch werden dir immer die Türen öffnen, in die du eintreten willst, zumal du die Gabe der Rede geerbt hast, von wem auch immer. Du gehst in der Schweiz zur Schule, mein Sohn, weil hier die Kulturen zusammenfließen. In Burier treffen sich Homer, Rousseau und Manchester. Dass du dich für eines davon entscheidest, dieses Risiko bin ich eingegangen, als ich dich hierher schickte.«

»Mir scheint, Vater, dass wir vor allem von den Engländern lernen können. Sie haben eine noblere Art, die Welt voranzubringen, als andere Völker. Vielleicht weil sie auf ihrer Insel gelassen zusehen können, wie andere ihre Entdeckungen übernehmen: Shakespeare, Dampfmaschine, Eisenbahn, politische Freiheit und jetzt den Fußball.«

»Du hast den Tee vergessen«, meinte der Vater und deutete auf die Gläser auf dem Tisch. Sie hatten sich für ihr Gespräch in den Teesalon des Palace zurückgezogen, wo Cook und Nelson grimmig von der Wand auf die gediegene Eichenmöblierung herabschauten. Berthold Bensemann hatte als Gast des Hauses durch ein kurzes Kopfnicken Getränke geordert sowie eine dicke Havanna, mit der er jetzt umhernebelte.

»Wie auch immer«, fuhr er fort, »selbst bei den Engländern sollte man am besten von ihren Idealen lernen. Zweifellos reklamieren sie für sich den Gentle- und den Sportsman, und das klingt vorzüglich nach Toleranz und Fairness. Ob sie sich immer daran halten, ist eine andere Frage. Gleichwie, zumindest ist es ihnen mit dem letzten und wichtigsten Bekenntnis eines Gentleman ernst, und das lautet: Achte auch deine Feinde. Trete keinen Gegner, der vor dir besiegt am Boden liegt. Das ist nicht viel, weil es die Frage gar nicht stellt, warum dort einer liegen muss. Aber es zieht eine Grenze, die absolut ist. An Leute mit solcher Konfession sollten wir uns im Zweifel halten. Ich meine, wir als Juden.«

Beide schwiegen, und das Wort hing zwischen ihnen im Rauch der Zigarre, der in seltsamen Figuren nach oben trieb. Ein Kellner näherte sich, zweifellos die Gesprächspause zum Service nutzend, doch Berthold Bensemann verscheuchte ihn beiläufig mit einer knappen Handbewegung.

»Warum sagst du das?«, fragte Walther schließlich. »Ich meine, hier kennt mich kaum jemand als Jude. Und wenn, dann würde es ihn nicht interessieren.«

»Das ist einer der Gründe, weshalb du hier bist«, antwortete der Vater. »Du weißt, das ist nicht überall so. Und dass es genügend Leute gibt, die den Pöbel aufhetzen.«

Walther merkte, was kam: Vater zitierte aus seinen Briefen, die er dem Sohn aus Berlin geschickt und in denen er darauf verwiesen hatte, dass die Juden gerade zwei Jahre vor Walthers Geburt per Recht und Gesetz, wie er schrieb, »als vollwertige Menschen« anerkannt worden waren. Tatsächlich hatten sie erst in der Reichsverfassung von 1871 die vollen Staatsbürgerrechte im Deutschen Reich erhalten. Doch inzwischen gab es wieder eine starke antisemitische Strömung, die in den jüdischen Mitbürgern nichts weiter als Deutschlands Unglück sah. In Russland war die Lage der Juden in jenen Jahren sogar verzweifelt. Die Verfolgungen und Pogrome dort begannen 1881 nach der Ermordung von Zar Alexander II. durch Anarchisten. Große Teile der russischen Juden flüchteten nach Westen, nach Palästina oder in die USA. Es war die Zeit, in der ein neuer Begriff erfunden wurde: Antisemitismus.

»Aber ich fühle mich nicht als Jude«, erwiderte Walther. »Ich feiere bei Grunot Weihnachten wie die Christen, und Ostern auch. Natürlich bin ich kein Christ. Irgendetwas dazwischen. Und eigentlich ist es mir egal. Es sind nicht die Götter, die unser Leben auswürfeln.«

»Mir ist klar, dass du so denkst, deshalb habe ich es angesprochen. Wie du weißt, halten es auch deine Mutter und ich nicht allzu sehr mit der Religion. Aber das ist unbedeutend. Wir bleiben Juden bis ins zehnte Glied. Vor dem Herrn und besonders vor den Menschen. Dein eigener Wille spielt dabei überhaupt keine Rolle. Ob du die Synagoge besuchst oder nicht: Du wirst als Jude angesehen. Und du bleibst ein Mitglied der Gemeinschaft. Wo immer du bist, sind andere schon da. Du wirst sie treffen, und ihr werdet euch beraten. Das ist kein Gesetz und keine festgelegte Tradition, es ist einfach so. Es ist das Geheimnis eines verstreuten Volkes.«

Walther blies die Wolkenkreise in einen wilden Tanz und beobachtete sie dabei. »In Montreux gibt's keine Juden. Jedenfalls kenne ich außer mir keine.«

Der Vater nickte. »Das wird sich ändern mit den Jahren, und ich wäre froh, es noch mitzuerleben.«

Nun war er in die Droschke gestiegen und abgefahren, ein müder Mann mit gealtertem Gesicht, der es mit kurzen Gesten und knurrigen Worten noch immer verstand, Kutscher, Kellner und Pagen zu nervösen Sklaven zu machen, doch dessen Gedanken zu fern waren, um dies zu begreifen. Walther aber sah und bewunderte es, und er beschloss, künftig öfter im Palace einzukehren, wo man ihn, den Sohn jener Autorität, sicherlich genauso zuvorkommend behandeln würde, als säße der Vater noch neben ihm.

Auf dem Weg nach Hause, zu den Grunots in Territet, richtete er sich in seinem neuen Mantel hoch auf und ahmte den langsamen, gelassenen Gang des Vaters nach, um herauszufinden, auf welchem Geheimnis dessen Respekt fordernde Wirkung beruhte.

Als er wenig später das Wohnzimmer betrat, fand er einen besorgten und ratlosen Grunot vor, der sich über den im Sessel zusammengesunkenen John beugte. Walther schleppte den Freund in sein Zimmer. Nach wenigen Worten brach John in Tränen aus und war fortan kaum zu verstehen. Er hasse seinen Vater und werde ihn erschießen, oder aber sich selber. Nie wieder wolle er Theater spielen, und sowieso komme er auf eine Offiziersschule, im Sommer nämlich, und da gebe es dann keinen Shakespeare, und das sei ein Glück, ein riesiges Glück.

Walther hielt den zitternden Jungen still in den Armen, strich zärtlich über dessen zerzauste Haare und genoss bei allem Elend das Gefühl, John mit seiner Nähe, seiner Wärme und Vertrautheit trösten zu können.

Die braune Lederflickenkugel des Präfekten Tasker revolutionierte Burier. Da alle Ball spielen wollten, Rugby aber aus einem völlig unbekannten, unverrückbaren Grund verpönt war, verwandelten sich die Klassen über Nacht in Soccer-Teams, die am Nachmittag unter der Aufsicht von Lehrern und Präfekten hingebungsvoll trainierten. Die Schulleitung, vom Enthusiasmus überrascht, orderte weitere Lederbälle, die einige Wochen später auf dem Postweg aus England eintrafen. In den Klassen veränderten sich die Hierarchien: Wer gut Fußball spielte, stieg nach oben, wer auf dem Rasen versagte, sank herab. Schon dieser gnadenlose Mechanismus sorgte für Ehrgeiz und Trainingsdisziplin.

Und Walther lernte. Er lernte, den Ball so anzustoßen, dass er die gewünschte Richtung nahm. Er lernte, ihn zu stoppen, zu passen und mit dem Fuß in der Luft abzufassen. Er lernte, als Back den Centre zu attackieren, den Ball zu erobern und durch einen geschickten Stoß den Half ins Spiel zu bringen, damit der den Ball nach vorne treiben konnte. Er lernte, als Centre sich Platz zu verschaffen, den Ball vor den gegnerischen Backs abzuschirmen und in Richtung Goal zu schießen. Er lernte, dass es der Ball war, der das Spiel und den Willen eines Teams vermittelte, und dass es dennoch falsch war, in jeder Situation dem Ball hinterherzuhetzen, vielmehr dass er Spielzüge vorausberechnen, dass er als Back rechtzeitig dort stehen musste, wo die gegnerischen Forwards den Ball hintreiben würden, und dass er als Angreifer dorthin laufen musste, wo er ein Zuspiel der Mitspieler erwarten konnte.

Vor allem aber lernte er, dass jeder Ball eine Seele besaß, die zu respektieren war. Kein Ball ließ sich zwingen. Man konnte ihn nicht, wie beim Rugby, in die Hand nehmen und losrennen. Man musste exakt seine Form, seine Beschaffenheit, sein Gewicht und seine Sprungkraft beachten, sonst triumphierte der Ball über den Spieler, indem er zu weit oder zu kurz, senkrecht in die Luft oder seitwärts ins Gebüsch, unverhofft zum Gegner oder gar ins eigene Tor sprang. Wer den Ball und all seine Individualität nicht respektierte, wurde von ihm der Lächerlichkeit preisgegeben.

Es war – neben der sportlichen Bewegung und der spielerischen Spannung – jene Kombination aus individuellem Risiko und sozialer Disziplin, die Walther für den Fußball begeisterte. Im Moment der Ballannahme war jeder Spieler einsam auf sich selbst gestellt und auf die eigenen Fähigkeiten reduziert. Gab er den Ball wieder ab, zählte er dagegen nur noch als der elfte Teil eines Ganzen. Und die größte Kunstfertigkeit, die er dazwischen zeigte, war völlig vergebens, wenn sie nicht in die Logik des Teams einstimmte. Hatte er die Eigenarten dieses Teams nicht respektiert, und das Team nicht die seinen, so endete die Aktion unweigerlich mit einem Fehlpass. Fußball war der erste wirkliche Mannschaftssport, der ohne innere Uniform auskam, und gerade das machte ihn populär. Und jeder konnte ihn spielen, auf seine Art – der kleine John ebenso wie der große Des Barres.

Walther besaß kein begnadetes Fußballtalent. Vergebens versuchte er sich an der Fertigkeit einiger Mitspieler, den rohen Tritt gegen den Ball als vornehme und elegante Bewegung auszuführen. Doch was ihm an technischer Fähigkeit fehlte, glich er durch den energischen Einsatz des großen Körpers aus, den er als Waffe ins Getümmel warf, um sich Respekt und Raum zu schaffen. Dies und seine Fähigkeit, die Matches im Nachhinein wortgewandt zu analysieren, ließen ihn bald zum Captain der Klassenmannschaft aufsteigen. Wirkliche Autorität verschaffte ihm das nicht. Die übte Mr. Sinton aus, ihr zuständiger Präfekt und einer der wenigen, die das neue Spiel für eine plebejische Modetorheit hielten. Er bestimmte die Aufstellung und die Platzierung der Spieler mit boshafter Willkür, den Unmut seiner Schüler ignorierend. Es kam vor, dass er ein Match einfach abbrach, wenn es ihm zu wild wurde, und Proteste mit der denkbar schlimmsten Strafe ahndete: am nächsten Nachmittag kein Fußball. Sie hassten ihn alle.

»Seine Trainingsmethoden«, empörte sich Walther bei John, »sind lächerlich und stupide. Er macht sich einen Spaß daraus, ohne Ball zu üben. Statt Weitstößen und Dribblings nur Laufübungen, Schlagballwerfen und Gymnastik. Was hilft uns das Werfen beim Fußball? Ich sage dir, er macht die unmöglichsten Aufstellungen und freut sich darüber, wenn wir gegen andere Klassen verlieren. Ohne ihn wären wir längst besser. Außerdem verlangt er, dass wir in langen Hosen spielen. Mr. Sinton ist nichts als ein victorianisches Ärgernis.«

John fand im Fußball sein Gleichgewicht. Auf dem Platz vergaß er den Vater und die drohende Abreise nach England. Als er an sich selbst die Fähigkeit entdeckt hatte, den Ball gewandt und effektiv zu beherrschen, löste sich seine Verkrampfung in raschen Antritten und gekonnten Dribblings. Auf dem Platz war er beinahe glücklich. Für John wurde der Fußball zur Verheißung einer anderen Version seines Lebens.

»Wir müssten einmal gegeneinander spielen«, sagte er zu Walther. »Ich wüsste zu gerne, ob ich mit dem Ball an dir vorbeikäme.«

»Notfalls läufst du zwischen seinen Beinen durch«, ulkte Des Barres, der mit ihnen am Tisch des Teesalons im Palace saß. Walther hatte ihn eingeladen, entschlossen, die Freundschaft des Iren zu gewinnen. Ihn würde die gediegene Atmosphäre im Palace ebenso beeindrucken wie John. Die von langer Hand geplante Geste, die den Kellner herbeidirigieren sollte, blieb allerdings unbemerkt und wirkungslos in der Luft hängen: Die Bedienung kam, wenn sie es für richtig hielt, und Walther hoffte, dass sein missratener Wink dezent genug war, um auch von Des Barres nicht bemerkt zu werden.

»Wieso spielst du eigentlich barfuß?«

»Gott sei Dank spiele ich wieder barfuß, seit sich dieser verdammte Schnee endlich in die Berge verzogen hat«, brummte Des Barres. »Ich mag diese Schuhe nicht tragen. In Neuseeland hab ich mit den Maoris gespielt, und alle waren barfuß.«

»Du hast den Indianern das Fußballspielen beigebracht?«, fragte John ungläubig.

Des Barres grinste. »Maoris sind keine Indianer. Auch keine Neger. Irgendwas dazwischen, jedenfalls sind sie die Ureinwohner dort. Und sie haben es keineswegs von mir gelernt. Sondern mir beigebracht. Schließlich gibt's schon länger Briten auf Neuseeland. Heutzutage ist kein britisches Schiff mehr ohne Fußball unterwegs. Na gut, einige spielen auch Rugby, aber sie verlieren an Boden. Ich wette, in ein paar Jahren wird auf der ganzen Welt Soccer gespielt.«

»Jedenfalls an den Schulen«, meinte Walther. »Es ist unser Sport.«

»Keineswegs nur an den Schulen. Im Kingdom gibt's in jeder Stadt einen Haufen Fußballclubs. Da spielen alle, Arbeiter und Aristokraten. Hör zu, Walther, du hast dieses lausige Match zwischen La Villa und Château neulich ein Event genannt. Nun, für den Kontinent war's vielleicht eines. Auf der Insel nennen sie ein Event etwas anderes. Ein Cup-Final ist ein Event. Da treffen die beiden besten Mannschaften des Landes aufeinander. Ein Spiel zwischen England und Schottland ist ein Event. Da spielen die elf Besten beider Nationen gegeneinander. Zu solchen Matches kommen ein paar Tausend Menschen, um zuzuschauen. Fahren einen ganzen Tag mit der Eisenbahn, sehen 90 Minuten zu und fahren einen ganzen Tag wieder nach Hause. Diese Leute sind nicht bei Trost, sie sind sogar vollkommen verrückt, und ich wollte, ich gehörte zu ihnen.«

Ein Club: Walther biss sich daran fest. Ein eigener Fußballclub. Das Training ohne Mr. Sinton. Die Mannschaft nicht nach Klassen und Präfekten-Willkür aufgestellt, sondern so, wie sie es wollten. Ein eigener Vereinsname, Wappen und Farben, selbst organisierte Wettspiele. Doch Des Barres amüsierte sich. Man bräuchte einen festen Platz. Dazu Lederbälle, Trikots, Torstangen, Vorstand, Satzung, last not least eine gut gefüllte Kasse, aus der man zuweilen ein paar Gläser Wein bezahlen könne. »Und natürlich Mitglieder. Ein halb zivilisierter Ire, ein hosenscheißender Engländer und ein größenwahnsinniger Deutscher sind noch kein Fußballclub.«

»Wir holen Mr. Tasker dazu. Dann sind wir schon vier und haben einen Ball. Und außerdem komplett international, denn Tasker ist Schotte.«

»Und einen Namen haben wir damit auch«, rief John dazwischen, »International Football Club.«

»Es sollte nicht schwer sein, in Montreux Leute zu finden, die Fußball spielen wollen. Um Mitglieder mache ich mir am wenigsten Sorgen.«

Des Barres grübelte und versuchte vergebens, sich Tee nachzuschenken. »Mr. Garçon!«, rief er, ein wenig laut, wie der irritierte Walther fand, doch es kam ein Kellner herbeigeeilt, erledigte die Nachbestellungen und brachte dem Iren auch das verlangte Glas Cognac.

»Sie halten sich immer an den Ältesten«, erklärte Des Barres. »Weil sie denken, er zahlt.«

»Natürlich übernehme ich die Rechnung.«

»D'accord, mein Freund. Wenn du besorgen kannst, was wir für unseren Club brauchen, dann bin ich dabei.«

Grunot war der Erste, den Walther einspannen konnte. Der alte Mann verstand nichts von Sport und Fußball, wohl aber von der beredten Hartnäckigkeit seines Pflegesohnes, und so erklärte er sich bereit, nach einer geeigneten Wiese zu suchen, am besten, wie Walther ihm bedeutete, »mit Umkleidemöglichkeiten, einem Schuppen für die Torstangen und den Räumlichkeiten für ein Beisammensein nach dem Spiel«.

Die Satzung, die Walther entwarf und auf Englisch in seine Schulkladde eintrug, war denkbar kurz und enthielt vor allem den Hinweis, dass der International Football Club nach den Regeln der Football Association spielen würde, Wettspiele gegen andere Mannschaften auszutragen gedenke und die Mitgliedschaft für Schüler gratis sei. Um Mr. Tasker zu locken, hatte er für ihn das Amt des ersten Captains vorgesehen, für Des Barres das des zweiten. Für sich selbst schuf er das Amt eines Sekretärs,

John sollte Kassenwart werden. Einige Tage später trug er dem Schotten in aller Form das Ehrenamt an, und Tasker akzeptierte unter der Bedingung, dass tatsächlich ein Verein existiere und nicht nur eine Hoffnung darauf.

Auch Grunot konnte einen Erfolg vorweisen. Er führte Walther zur nahe gelegenen Wiese eines Bauern, die gelegentlich von Schafen bevölkert wurde, ansonsten aber zur Verfügung stand, und in deren Nähe ein Gasthof lag. »Es stimmt alles«, urteilte Walther. »Die Maße, die Umkleidemöglichkeit und so fort. Nur liegt dieser Platz an einem Hang. Monsieur Grunot, wir können Fußball schlecht bergauf und bergab spielen.«

Der Erwerb von Trikots überstieg Walthers Barmittel beträchtlich. So erschien er, im vornehmsten Anzug, beim Goldschmied Mayer, dem sein Vater einst einen Kredit verschafft hatte und der seither seine Geschäfte mit Erfolg ausgeweitet hatte. Mayer war nicht nur ein geachtetes Mitglied der Gemeinde von Montreux, sondern auch ein welterfahrener Mann, der reiche Lords ebenso zu seinem Kundenkreis zählte wie den italienischen Klerus. Walthers Argumente, Montreux dürfe seinen internationalen Besuchern nicht nur traditionelle Attraktionen bieten, sondern auch modernen Sport, für den sich die Jugend begeistere, leuchtete ihm durchaus ein.

»Aber«, sagte er zu Walther, während er ihm in der Werkstatt Skizzen und halb fertiges Geschmeide zeigte, »natürlich sind ein paar Jungen, die schreiend über eine Wiese rennen, noch keine Attraktion. Von Montreux wird Stil erwartet. Ob es sich dabei um goldene Broschen, den Fünf-Uhr-Tee oder um Sport handelt, ist zweitrangig. Entscheidend ist der Stil.«

»Mr. Tasker, unser erster Captain, ist Mitglied des Lehrkörpers von Burier. Er wurde eigens in England dazu ausgesucht, den Fußballsport in der Schweiz populär zu machen. Mr. Des Barres, unser zweiter Captain, zählte zu den besten Spielern der englischen Gemeinde auf Neuseeland. Mr. Jonathan Henderson schließlich, ebenfalls ein Gründungsmitglied, stammt nicht nur aus einer uralten englischen Adelsfamilie, sondern ist ein wirklicher Künstler am Ball. Ich behaupte, Monsieur, ihn spielen zu sehen ist ein ästhetischer Genuss, der dem Anblick meisterhafter Gemälde oder, verzeihen Sie, Ihrer wundervollen Broschen in nichts nachsteht.«

»Mag sein, Walther. Ich zweifele nicht, dass in Ihrem Club hervorragende Sportler und beste Absichten versammelt sind. Damit aber ist über die Form des Ganzen noch nichts gesagt.«

Dennoch näherte sich das Gespräch gemächlich jenem Punkt, an dem Walther es haben wollte, und er ließ sich, als der Punkt erreicht war, geduldig aufklären: nicht nur über Disziplin und Takt im Vereinsleben, sondern auch über die Notwendigkeit einer stilvollen Spielkleidung. Hier freilich intervenierte er und verwies darauf, dass der junge Sportclub noch keineswegs über die notwendigen Geldmittel verfüge, um an den Kauf solcher Trikots zu denken, zumal er, Walther, als Sekretär des Clubs sich an die Maxime von Thomas Jefferson halte, die sein Vater ihm zitiert habe: »Verfüge nie über Geld, ehe du es hast.«

Mayer lachte. »Sie sind geschickt im Argumentieren, wenn auch ein wenig umständlich. Als Freund Ihres Vaters hätten Sie mich direkt fragen können. Wie auch immer, Sie haben den ersten Förderer Ihres Vereins gefunden, und ich hoffe, ich werde dereinst in den Chroniken des Clubs gebührend erwähnt. Besorgen Sie also elf einfache, weiße Sporthemden, und ich sorge dafür, dass sie mit diesem Zeichen bestickt werden.« Er malte auf seinen Zeichenblock ein kunstvoll verschlungenes FCM.

»Aber unser Name ist International Football Club. IFC.«

»Keineswegs, Monsieur Bensemann, wenn Sie Bürger aus Montreux als Förderer suchen. ›International‹ klingt zu sehr nach England und nach Internat. Sie brauchen einen Namen, der Sie an die Gemeinde bindet. Deshalb sollten Sie Football Club Montreux heißen.«

»Somit also«, erklärte Walther seinen Mitstreitern, »hätten wir alles beisammen.«

»Was ist mit dem Spielfeld?«, fragte Tasker.

»Nun, wir können eine Wiese beim Hotel Cygne benutzen, unter der Voraussetzung, dass wir dort nach den Spielen einkehren.«

»Aber das Cygne ist eine Dreiviertelstunde zu Fuß von hier entfernt! Was ist mit den Torstangen?«

»Müssen jeweils hin- und wieder zurücktransportiert werden.« Walther bemühte sich um einen formellen Tonfall. »Ich bedauere diese vorübergehende Notlösung, aber die Alternativen, die ich im Auge habe, stehen momentan leider noch nicht zur Verfügung.«

Sie machten sich also daran, Mitglieder für den FC Montreux zu rekrutieren, was sich tatsächlich als einfach erwies. Der Reiz des neuen Spiels hatte in den vergangenen Monaten die Schulmauern verlassen, und jeder zweite Junge in Montreux probierte an allem, was rund war, den modernen Kick. Sogar der Stoffball, den die Mutter aus Berlin geschickt hatte, war offenbar nach der Schneeschmelze entdeckt und seiner Bestimmung zugeführt worden; Walther hatte ein paar Kinder darum rangeln sehen, aber den Mund gehalten. Seinem Vater schrieb er bald darauf über die Gründung des Vereins: »Sämtliche jungen Leute, die eine Sportmütze trugen oder so aussahen, als ob, wurden auf der Hauptstraße zwischen La Tour und Chillon angehalten und mit der stereotypen Frage begrüßt: Do you play football? Meistens sagte der Angeredete Ja; dann wurde er sofort einverleibt. Wenn er Nein sagte, musste er versprechen, Bekannte oder Verwandte zu schicken. Auf diese Weise bekamen wir in aller Kürze etwa 30 Mitglieder, was für unsere sportlichen Bedürfnisse vollkommen genügte.«

Walther rammte die dünne Holzstange ins Gras, an der oben ein Wimpel befestigt war. Dann zählte er 50 Schritte Richtung Osten, John, fünf weitere Stangen tragend, hinter ihm her. Sie fanden das grob markierte Loch in der Mitte der Seitenbegrenzung, drückten eine weitere Stange hinein und maßen abermals 50 Schritte ab. 78 Schritte nach Norden, 100 nach Westen und wiederum 78 nach Süden. Am Ende schaute Walther über den abgesteckten Platz Richtung Montreux.

»Sie müssten bald mit den Torstangen kommen«, meinte er.

»Es ist noch früh«, sagte John. »Das Spiel soll erst in drei Stunden beginnen.«

»Es muss perfekt werden«, knurrte Walther. »Wir haben alle eingeladen. Es darf keine Blamage werden.«

»Meinst du, wir haben eine Chance gegen La Villa?«

»Darauf kommt es nicht an. Das Spielergebnis ist vollkommen gleichgültig. Wir müssen guten Sport zeigen und perfekte Gastgeber sein. Das ist wichtig. Dann haben wir gewonnen.«

Nachdem Moneypenny die Schule verlassen hatte, war auch das Internat von La Villa zum Association-Spiel konvertiert. Der junge Leiter der Anstalt, Dr. Max Auckenthaler, hatte die neue Richtung befördert, teils weil sich zu viele Schüler beim Rugby verletzt hatten, teils weil er bei seinem letzten Besuch in Schottland selbst zum glühenden Soccer-Fanatiker geworden war. Die kampferprobte Rugby-Mannschaft hatte sich schnell an die neuen Regeln gewöhnt und bildete ein nahezu unschlagbares Team. Der FC Montreux würde keine Chance haben.

Endlich sahen sie ihre Mitspieler herankommen; je zwei von ihnen schleppten die schweren Torstangen, die nun ebenfalls in die vorgesehenen Löcher gerammt wurden. An ihrem oberen Ende wurden die Querbalken festgebunden.

»Verdammt, der ist schief.« Walther deutete auf das östlich gelegene Tor.

»Der ist immer schief, das muss so sein«, behauptete Des Barres.

»Im Training vielleicht. Beim Wettspiel nicht. Los, der rechte Torbalken muss tiefer.«

Sie gruben, und das Tor stand gerade, doch als sie nachmaßen, erwies es sich niedriger als die zweieinhalb vorgeschriebenen Meter.

»Los, alles noch mal raus und Erde in die Löcher«, befahl Walther.

»Bist du verrückt, wegen drei Zentimetern?«

»Und wenn sie nachmessen? Sind wir blamiert bis auf die Knochen. Es muss perfekt sein.«

Sie zogen die Balken wieder heraus, korrigierten die Löcher, setzten die Balken wieder ein, schwitzten, fluchten und brachten schließlich das Tor in die richtige Lage.

»Gut«, sagte Walther. »Jetzt lasst uns ins Cygne gehen. Alle bis auf Tasker und mich ziehen sich um. Aber lasst euch nicht blicken, bis wir einlaufen.«

Mit einigen Garderobenständern hatten sie in den Vorratskellern des Cygne eine Umkleidekabine improvisiert, deren eine Hälfte sie nun belegten, während Walther und Tasker sich auf die Hotel-Terrasse setzten, um auf La Villa zu warten. Nach und nach trudelten Vereinsmitglieder des FC ein, die nicht zum Spiel aufgestellt waren, dazu Freunde und Mitschüler von Burier.

»Was ist mit La Villa?«, fragte Walther und blickte auf seine Taschenuhr. Er schwitzte, weil der in der Sonne unpassende Gehrock ihn ebenso erhitzte wie die Spannung vor dem ersten Wettspiel des jungen Vereins.

»Sie werden schon kommen«, meinte gelassen wie immer Präfekt Tasker.

Und La Villa kam: ein Zug von 40 jungen Männern, der schon von weitem durch Lautstärke beeindruckte. An der Spitze, am steifen, aufrechten Gang erkennbar, Direktor Auckenthaler, dahinter einige Lehrer und schließlich, in Zweierreihen, die Schüler.

»My Goodness«, fluchte Tasker, »sie haben die ganze verdammte Schulleitung dabei.«

Doch Walther entspannte sich. »Très bien, mon ami. C'est une affaire pour moi.«

Er stand auf und begrüßte La Villa in ausgesuchtem Französisch. Bedankte sich für ihr Kommen, wies auf die bescheidene Umkleidekabine und bedauerte den mangelnden Komfort am Platze. Schließlich stellte er Tasker als seinen Captain vor und bat den Direktor zum Tee auf die Terrasse.

»Aber nein, verehrter Mr. Bensemann. Ich muss mich ebenfalls umziehen.«

»Ich verstehe nicht, Sir.«

»Ich bin der Center unseres Schulteams, Mr. Bensemann. Sie werden verstehen, dass ich in diesem Aufzug nicht spielen kann.«

So also liefen sie zum Spiel auf, La Villa in den traditionellen Schulfarben, der FC in weißen Trikots mit dem schwarzen, von Juwelier Mayer entworfenen Wappen. Als Walther an der Spitze seiner Elf in die Sonne trabte, sah er nervös auf die paar Dutzend Zuschauer ringsum. Auf der linken Seite das selbstbewusste Villa-Spektakel, rechts Burier und Zuschauer aus Montreux, weit ruhiger und mancher lächelnd über den ungewohnten Aufzug der Sportler. Mayer war darunter, und Grunot und manch anderer Bekannter. Wir müssen sie zum Schreien bringen, dachte Walther. Erst wenn sie schreien, gleichgültig ob vor Begeisterung, vor Spannung oder Entsetzen, erst dann haben wir sie gewonnen.

Aber das Spiel gehörte La Villa, so eindeutig, dass nur die linke Seite der Zuschauer Grund zum Lärmen hatte. Die Montreux-Spieler patzten und stolperten, und als sie zur Halbzeit in die Kabine liefen, lagen sie 0:5 zurück und hörten hämische Rufe und lautes Lachen von der rechten Seite.

Zwischen Schinken und Bierfässern verschnauften beide Teams, wortlos schwitzend, und Walther wusste, dass alles verloren war.

»Meine Herren vom Footballclub«, hörte er die energische Stimme Auckenthalers. »Mir scheint, Sie sehen in mir nichts weiter als den Leiter eines Internats. Ich muss Ihnen leider mitteilen, dass ich mich durch die Tatsache, dass niemand mich angreift und niemand mir in die Beine fährt, durchaus kompromittiert fühle. Ich bitte Sie, nach der Half-time zu berücksichtigen, dass ich auf dem Platz für Sie ein gegnerischer Spieler bin und nichts anderes.«

Tatsächlich hatte Auckenthaler wie ein Souverän das Spiel beherrscht, hatte nach Belieben Pässe geschlagen und Dribblings vollführt, ohne dass ein FC-Spieler ein energisches Tackling gewagt hätte.

Des Barres blickte auf seine nackten Füße. »Fein«, knurrte er und kratzte seine wirren blonden Haare, »dann soll er jetzt merken, was es heißt, einen Maori zum Gegner zu haben.«

Und fortan wich der stämmige Ire dem Direktor nicht von der Seite. Er rangelte mit ihm um den Ball, drückte ihn im Zweikampf zur Seite und blockte seine Dribblings ohne Rücksicht auf die ungeschützten Füße, denen nun freilich Auckenthaler zögernden Respekt entgegenbrachte, indem er die schweren Fußballstiefel ein ums andere Mal zurückzog, um den Gegner nicht zu verletzen.

Das Spiel war jetzt ausgeglichen. La Villa, des Regisseurs beraubt, verlor seine Überlegenheit, und Montreux erspielte sich Chancen. Endlich fand auch John sein Selbstbewusstsein. Er war es, der durch seine gewandten Sturmläufe den ersten, noch leisen Beifall bei den Zuschauern aus Montreux hervorrief. Als er auf der rechten Seite an drei Villa-Spielern vorbeizog, raunte es auch in deren Anhängerblock. Fast an der Eckfahne stieß John den Ball kraftvoll in die Mitte. Walther sah ihn auf sich zukommen. Er spürte, dass das Leder etwa drei Meter vor ihm auf den Boden aufspringen würde, rannte ihm entgegen, drängte dabei einen gegnerischen Back zur Seite und wuchtete den Fuß Richtung Ball. Er traf ihn genau, im richtigen Bruchteil einer Sekunde und im richtigen Winkel. Im Moment des Stoßes fühlte er, wie er seine gesamte Energie auf den Ball übertrug und ihn in Richtung Tor katapultierte. Noch bevor die Kugel am Villa-Torhüter vorbeischoss, schrie Walther ein triumphierendes »Goal«, und gleich darauf umarmte ihn der jubelnde John.

»Schau auf die Montreux-Leute«, rief Walther in Johns Ohr. »Hörst du es? Sie schreien, hörst du, sie klatschen. Egal wie das Spiel ausgeht, John, wir haben gewonnen, verstehst du, wir haben gewonnen!«

Und John heulte vor Glück und spielte das beste Match seines Lebens.

In Lord Jonathan Henderson senior sah Walther vor allem einen persönlichen Feind. Steif saß er neben ihm auf der Fahrt nach Lausanne, als er den Freund an einem heißen Sommertag bei dessen Abreise begleitete. Das Schuljahr war vorüber, und Henderson war gekommen, um seinen Sohn nach England zurückzuholen. Er war ein strenger, schweigsamer Mann, dessen abweisende Kälte eine Unterhaltung nahezu ausschloss. Walther und John sahen sich zuweilen stumm in die Augen, doch der Blick des Jungen wich aus und irrte ziellos über die Landschaft.

Walther wies auf die Berge ringsum: »Viele dieser Gipfel habe ich mit Ihrem Sohn bestiegen«, sagte er zu Lord Henderson.

»Es freut mich, das zu hören. Es dürfte seiner Kondition gut bekommen sein.«

»Mylord, er ist ein hervorragender Sportler geworden, besonders beim Fußball.«

Henderson blickte ausdruckslos auf die kleine Gestalt Johns, die im Takt der Kutsche hin und her schwankte. »Das dürfte ihm auf der Militärschule von Nutzen sein. Ich danke Ihnen, Mr. Bensemann.«

Damit unterband er weitere Gespräche, bis sie am Bahnhof von Lausanne ankamen. Sie nahmen John wie einen Delinquenten in die Mitte und betraten den Bahnsteig. Es war lange her, dass Walther das Schauspiel einer schnaufenden, unter Dampf stehenden Lokomotive gesehen hatte, und er betrachtete es ausgiebig, um das peinlich stumme Warten bis zur Abfahrt zu überbrücken. Als schließlich eine Bahnuniform zum Einsteigen rief, umarmte ihn John. »Denk an mich, Walther. Und besuche mich in England. Und schreib mir immer, wo du bist, damit ich zu dir flüchten kann, wenn ich muss.«

»Natürlich werde ich dir schreiben. Und ich komme nach England, ich verspreche es. Ich werde von dort den Football holen, und dich. Wir werden zusammen spielen, John, in der Schweiz, in Deutschland, in Frankreich, überall. Dann kannst du deine Militärschule vergessen. Wir werden Missionare des Soccer, du und ich. Und jetzt los, you base footballplayer.«

John lächelte und küsste ihn verstohlen auf die Wange. Dann drehte er sich um, stieg ein und starrte bei der Abfahrt, als auf dem Bahnsteig Hüte und Tücher geschwenkt wurden, reglos aus dem Fenster seines Abteils zum Freund hin, so lange, bis ihre Blicke getrennt wurden.

Auf dem Rückweg nach Montreux mied Walther die Kutsche und wanderte stundenlang am Genfer See entlang, dessen dunkelblaue, durch gewaltige Berge geschützte Fläche von weißen Segeln belebt wurde. In späteren Jahren würde er Hymnen auf diese Landschaft schreiben, würde sie mit Neapel, Como, Edinburgh oder dem Goldenen Horn vergleichen und feststellen: »Es gibt keinen schöneren Fleck in Europa als Montreux. Keine Farbenpracht der Adria vermag die silber-goldenen Schattierungen hervorzubringen, die ein Sonnenuntergang auf dem See von der Sousseau-Insel bis zum Hafen von Ouchy wirft. Hier, wo der Wasserspiegel die Bergriesen anzulachen scheint, ist das Land des Künstlers, des Siechen oder Genesenden, der eleganten Welt, des Seglers, des Alpinisten, Ruderers, Schwimmers, Radfahrers, vor allem – das Land der Jugend.«

Das alles ahnte und empfand er, ohne es ausdrücken zu können, auch an jenem Nachmittag, als John Montreux, die Berge und ihr Land der

Jugend verlassen hatte. Er lässt mich zurück an einem Ort von einzigartiger Schönheit, dachte Walther und ließ die Augen unter den stechenden Sonnenstrahlen tränen. Wahrhaftig, dies ist ein idealer Ort zum Wiederkommen und zum Nachhausefinden. Aber es ist kein Ort mehr zum Hierbleiben.

II

»Der Engländer und seine Narrentracht«

Karlsruhe im Herbst 1891

Trotz seines Kaiserbartes galt Direktor Wendt als ein für seine Zeit liberal denkender Pädagoge, der die klassischen griechischen Ideale hoch schätzte und dennoch mancher jugendlichen Torheit seiner Schüler väterliches Verständnis entgegenbrachte. Vor allem war er als ein Mann des Ausgleichs bekannt, den an seinem Großherzoglichen Gymnasium zu Karlsruhe nichts mehr störte als ein Konflikt, der nicht nötigenfalls durch eine knappe Prügelstrafe oder, in höheren Klassen, durch eine kurze Karzerzeit beizulegen war.

Nun aber hatte er einen solchen Konflikt. Die Gegenspieler waren Professor Julius Keller, der überaus verdienstvolle Mathematik- und Turnlehrer der Schule, und der Primaner Walther Bensemann, der in Karlsruhe den Ruf eines jugendlichen Bohemiens erworben hatte und als die Person galt, die den neumodischen Fußball in die badische Landeshauptstadt gebracht hatte. Professor Keller verachtete den Sport, durch den er seine Autorität als Lehrer bedroht sah, und er ärgerte sich über den Schüler Bensemann umso mehr, als er sich dessen jugendlicher Eloquenz nicht gewachsen fühlte. Deshalb missbilligte er offensichtlich auch die Maßnahme, die der ratlose Direktor Wendt ergriffen hatte, um den Konflikt durch einen Kompromiss zu lösen: nämlich eine Konferenz mit beiden Protagonisten abzuhalten, in der diese ihre Argumente austauschen und sich verständigen sollten.

Erregt hatte Keller gefordert, sämtlichen Gymnasialschülern das Fußballspiel zu verbieten, und dies sogar außerhalb der Unterrichtszeit. »Auch als Turnlehrer«, so argumentierte er, »habe ich ein Anrecht darauf, dass die Schüler am Nachmittag ihre Exercitien weiterführen. Mit dem so genannten Football tun sie aber das genaue Gegenteil. Wo ich mich bemühe, ihnen korrekte Körperhaltung und diszipliniertes Üben beizubringen, da laufen sie am Nachmittag ungestüm und in krummer Haltung über den Engländerplatz. Sie schubsen und drängeln sich, dass sie in lächerlichster Weise zu Boden fallen, und treten roh gegen den Ball, als ob sie gerade ihr eigenes Spielgerät verachten und gering schätzen. Wo ich sie zu aufrecht stehenden und denkenden Deutschen machen will, da erniedrigen sie sich mit ihrem tierischen Gehopse selber zu Gassenbuben, zu Lümmeln, zu …« Der Professor suchte einen passenden Begriff.

»Affen«, schlug Bensemann vor.

»Sehr wohl, mein Herr, zu Affen!«

Keller schwieg empört und irritiert. Seine Forderung nach einem Fußballverbot hatte durchaus Rückhalt im Kollegium, doch Direktor Wendt hielt sie für falsch und überdies gesetzlich undurchführbar. Aber er brauchte irgendein Einlenken des Schülers, um den Turnlehrer nicht der Lächerlichkeit preiszugeben.

»Nun, Bensemann, was sagen Sie zu diesen Vorwürfen?«

Der Primaner, der durch seine hoch gewachsene Gestalt und die ausgesucht gepflegte Kleidung eher einem Schulassessor glich, deutete eine Verbeugung an.

»Zunächst danke ich Ihnen, Herr Direktor und Herr Professor Keller, dass ich Ihnen hier meinen Standpunkt darlegen darf. Leider gehe ich mit der Meinung des geschätzten Professors nicht konform. Sicherlich ist der Fußballsport anders gestaltet als das Turnen am Barren oder am Reck. Aber etwas Schädliches kann ich nicht darin sehen. Auch der Tritt gegen den Ball hat nichts Rohes, wenn er gekonnt durchgeführt wird. Er bildet vielmehr eine vornehme und elegante Bewegung. Bedenken Sie bitte, dass dieser Sport von den besten englischen Public Schools stammt und zuerst in Eton, Harrow und Cambridge betrieben wurde. Der englische Adel hat diesen Sport gefördert, und ich selbst bin in der Schweiz durch den Lehrkörper der dortigen Privatschule darin unterwiesen worden. Ich denke nicht, dass Sie all diesen kultivierten Herrschaften vorwerfen können, Sie verführten die Schüler zu etwas Äffischem.«

»Natürlich, die Engländer«, grollte Keller. »Sind wir hier an einer englischen Schule? Keineswegs, wir sind ein deutsches Gymnasium. Da ist kein Platz für englische Krankheiten, von denen es wahrlich genug gibt. Internationaler Footballclub heißt dieser angebliche Verein, in dem die Schüler nachmittags spielen. Und die meisten der Mitglieder sind Engländer. Das sagt doch wohl alles.«

Wendt räusperte sich. »Wenn ich Sie recht verstehe, Herr Kollege, geht es Ihnen hauptsächlich um die Aufrechterhaltung der Schuldisziplin.«

»Sehr richtig, Herr Direktor. Aber nicht nur der Schuldisziplin, sondern der Disziplin im Allgemeinen. Wir haben die Schüler zu guten Untertanen zu erziehen, die klaglos und freudig dem Vaterlande dienen. Einem Turner, der mit durchgedrücktem Kreuz diszipliniert ans Reck schreitet, sieht jedermann den künftigen Offizier an. Eine Gruppe, die in derselben aufrechten Haltung nacheinander den Kasten überspringt, gleicht bereits vollendeten Rekruten. Vergleichen Sie das mit der egoistischen und würdelosen Treterei gegen den Ball! Und das in einem Aufzug, der nichts als Rebellion darstellt.«

»Sie übersehen«, erwiderte Bensemann, »dass der Fußball ein Mannschaftssport ist, bei dem das Team zusammenwirken muss …«

»Team!«, grummelte Keller. »Verschonen Sie mich damit!«

»Fußball«, dozierte sein Schüler unbeirrt, »ist keineswegs nur als Übung am Ball gedacht. Bei jedem Spiel stellt sich eine Vielzahl taktischer Aufgaben, die nur dann glücklich gelöst werden können, wenn der Einzelne in der Mannschaft aufgeht, wenn er also den Esprit de corps zeigt, und zwar aus freien Stücken. Hier, verehrter Herr Professor, haben Sie Ihre Vorbereitung auf die Pflichten des Lebens und des Staatsbürgers. Das Entscheidende ist die Freiwilligkeit dieser Unterordnung. Das hebt den Fußball über jede Turnübung und macht ihn zum König des Sports.«

Professor Keller hielt es nicht mehr. »Es ist in höchstem Maße ungehörig, das Turnen derart herabzusetzen«, grollte er. »Ich lehne es ab, mir so etwas anzuhören. Im Übrigen wissen Sie sehr wohl, dass ich der wahren Athletik höchste Wertschätzung entgegenbringe, der wahren, wohlgemerkt!«

»Gewiss«, entgegnete Walther, »leider aber nur für die Periode, die sich von Homer bis zu Perikles erstreckte.«

»Welche Impertinenz!« Keller verlor die Fassung. »Das ist ungeheuerlich. Eine Insubordination! Geradezu eine Insurrektion! …« Ihm gingen die Begriffe aus, und er wandte sich Hilfe suchend an seinen Direktor.

»Meine Herren, versuchen wir es bitte ohne Polemik«, appellierte Direktor Wendt. »Bensemann, eine solche Schmähung Ihres Lehrers kann ich keineswegs billigen. Sie wissen, dass ich bisher immer nachsichtig war, wenn aus der Bevölkerung Klagen gegen Ihr Fußballspiel kamen. Aber jede Toleranz hat ihre Grenzen, wo es um die Autorität des Lehrkörpers und um den Ruf der Lehranstalt geht.«

»Sehr richtig«, schnaubte der Professor grimmig.

Wendt suchte die Versöhnung. »Sie wissen, dass Professor Keller verlangt, dass Ihnen das Fußballspielen ganz untersagt werden soll. Ich bin in dieser Frage unentschieden. Ich werde Ihnen eine Bewährung zubilligen. Zum einen will ich künftig von weiteren Klagen über Provokationen der Karlsruher Bürger verschont werden. Zum anderen verlange ich, dass Sie den englischen Einfluss in Ihrem Club vermeiden. Wenn schon ein Verein, dann ein deutscher und kein internationaler. Ich hoffe, wir haben uns verstanden.«

Vielleicht hatte August Marx, der ihnen freundlich gesonnene Lehramtspraktikant der Schule, ja Recht mit seinem Schopenhauer. In den Kaffee und Cognac schlürfenden, von der Sinnlosigkeit ihres bürgerlichen Daseins überzeugten Zirkeln war der Philosoph noch immer en vogue, und auch Walther Bensemann schien Schopenhauers Erkenntnis verlockend, dass es der schiere Leib und Sexus war, der den menschlichen Willen steuere, und nicht der Intellekt. Nachts, wenn er im Bett verstörenden sexuellen Fantasien nachhing, schien ihm diese Vorstellung entlastender zu sein als jene Phrase, die er John einst aufgetischt hatte: dass sich nämlich in der Sexualität eines Menschen nicht seine eigene Natur offenbare, sondern die Kultur seiner Zeit. Und wenn sich in nächtlicher Einsamkeit die Fantasien in Verzweiflung und Sehnsüchte nach einem wie John wandelten, verbrüderte er sich mit der Skepsis des Philosophen über die Chancen persönlicher Glückshoffnungen. Da nahm er Schopenhauers Angebot an, in der Kunst, im reinen, interesselosen Kunstgenuss zumindest eine vorübergehende Erlösung vom destruktiven Weltgetriebe des Willens zu finden. Es war keine Frage für ihn, dass zu dieser Kunst auch das Fußballspielen zählte.

August Marx freilich, der fortschrittlich gestimmte Schulpraktikant, hatte sich bei Schopenhauer auf ganz andere Art bedient und seine fußballbegeisterten Schüler mit den zu Aphorismen geronnenen Lebensweisheiten des Philosophen ermuntern wollen. Jede erfolgreiche Bewegung, so zitierte er, durchlaufe drei Phasen: Verlacht, verfolgt, selbstverständlich. Zweifelsohne, dachte Walther im Amtszimmer des Direktors Wendt, war nun die zweite Phase erreicht.

Verlacht hatten ihn die Spießer im Stehkragen, nicht aber die Mitschüler, die den einen oder anderen Engländer in Karlsruhe schon hatten kicken sehen und nur zu warten schienen, dass einer die Initiative ergriff.

Walther mit seinem naiven Glauben, jeden Jugendlichen werde das Spiel so begeistern wie ihn und jede Stadt werde so leicht zu erobern sein wie Montreux, schien im richtigen Moment gekommen zu sein.

Wenn er tatsächlich Lehrer werden wolle, so hatte man ihm nahe gelegt, sei ein Abitur an deutschen Schulen sinnvoll, und Berthold Bensemann hatte Karlsruhe ausgesucht, wo er seinen Sohn als Pensionär in die Obhut des ihm bekannten Professors August Imgraben geben konnte. Im Sommer 1889 war Walther dort eingezogen und hatte sich auf Anhieb mit seinem Hauswirt verstanden. Imgraben, ein sozial gesonnener Altruist, war der Einzige der alten Lehrergeneration, der für den sportlichen Drang seines Untermieters echtes und freundschaftliches Verständnis zeigte und alle Beschwerdeführer höflich abwies, die bei ihm anklopften, um über die Missetaten seines Schützlings zu klagen.

Es hatte nicht lange gedauert, bis Walther in Karlsruhe zu einer zweifelhaften Berühmtheit geworden war. Nach seiner Ankunft galt er den Mitschülern zunächst als leibhaftiger Engländer und bunter Exot. Schon nach wenigen Wochen untermauerte er seinen Ruf mit einem ersten glanzvollen Auftritt am Gymnasium. Er beschrieb ihn stolz in einem seiner Briefe an John:

»Im September ließ ich aus der Schweiz einen Fußball kommen; der Ball wurde morgens vor der Schule aufgeblasen, und in der Zehn-Uhr-Pause musste bereits ein Fenster des Gymnasiums daran glauben. Der im Schulhof wandelnde Professor du jour, der Historiker Dauber, hielt eine Karzerstrafe für angemessen; allein Direktor Wendt erklärte sich mit der Bezahlung des Fensters einverstanden und schickte uns auf den kleinen Exerzierplatz, Engländerplatz genannt. Hier hatten zwei Jahre vorher einige Engländer, sowie Gymnasiasten, zu denen auch Prinz Max von Baden gehörte, Rugby gespielt; der Spielbetrieb war bald wieder eingeschlafen. Wenige Tage nach unserer Übersiedlung auf diesen Engländerplatz gründeten wir den Karlsruher International Football Club, der zuerst nur aus Pennälern bestand, dem aber in Kürze etwa 15 bis 20 Engländer beitraten.«

Tatsächlich hatte Walther, ohne es zu wissen, den ersten süddeutschen Fußballverein gegründet, der nach Association-Regeln spielte. Denn anders als in der englisch beeinflussten Schweiz hatte in München, Nürnberg oder Frankfurt noch kaum jemand von dem neuen Spiel gehört. Das erste Fußballzentrum des Deutschen Reiches lag in Berlin, wo – als Studenten, Diplomaten oder Kaufleute – viele Engländer wohnten, wo sich auch zahlreiche jüdische Jugendliche für den Sport begeisterten und wo bereits 1885 ein erster Verein gegründet worden war. Vier Jahre später existierte in der Hauptstadt bereits eine regelrechte Fußballszene, während im Süden des Reiches erst eine allerdings stürmische Gründerphase begann, die Süddeutschland bald zur zweiten fußballerischen Hochburg neben Berlin machen sollte. Und Karlsruhe war der Ausgangspunkt. Die Stadt war sich damals dieser Ehre keineswegs bewusst, anders als zwei Jahrzehnte später, als man die erfolgreiche Pionierrolle mit etlichen süddeutschen Meistertiteln und zwei Deutschen Meisterschaften eindrucksvoll demonstrierte. Doch das war Zukunft, und Walthers erster Coup fiel zweifellos in die früheste Phase des Schopenhauer'schen Bewegungsmodells: Er wurde verlacht.

Mancher amüsierte Spaziergänger machte sich seinen Spaß daraus, den Engländerplatz an der Moltkestraße just in dem Moment geruhsam zu passieren, als die Meute mit dem Leder angerannt kam. In das Gelächter über die bunten Sportmützen und die lockeren, unschicklich kniefreien Dresses mischte sich der Unmut der dunklen Gehröcke. Der Karlsruher Biedermann empörte sich, wenn die Sportler in ihren weißen Hosen über die Kaiserstraße und durch die blank geputzte Stadt liefen, die sich vornehm fächerförmig vor dem markgräflichen Schloss gruppierte. Dann erregten sich die Nachbarn bei Imgraben wieder einmal über »den Engländer und seine Narrentracht«, man informierte die Polizei, die Polizei unterrichtete die Schule, und das Kollegium sah sich zum Handeln gezwungen.

Professor Keller schrieb einen Brief: »Sie sind wieder außerhalb der Fastnachtszeit in einer auffallenden, durch die Gymnasialstatuten nicht genehmigten Kleidung gesehen worden. Dies verstößt gegen die Statuten der Anstalt und wird Ihnen im Wiederholungsfall drei Stunden Karzer eintragen.«

So mehrte sich Bensemanns Ruhm unter den Schülern. Er genoss das Gerede, wie er John gegenüber offen eingestand, und tat einiges dazu, den frisch erworbenen Mythos zu mehren. Wochenlang brachte er sich durch eine Wette ins Gespräch, die er mit einem Schulkameraden namens Lückhoff abgeschlossen hatte. »Es galt, innerhalb von 24 Stunden die Strecken Karlsruhe-Heidelberg und Heidelberg-Karlsruhe zurückzulegen und sofort den Unterricht im Gymnasium mitzumachen, ohne dabei einzuschlafen«, schrieb er an seinen englischen Freund. Sie waren früh am Morgen aufgebrochen, eine kurze Pause nur in Heidelberg, wo sie zum Beweis eine Karte kauften, und dann zurück: »Endloses Weitertraben auf harter Landstraße, unterbrochen durch ein Gespräch mit einem Viehtreiber, der mir auf die Auskunft meiner Berliner Provenienz tröstend sagt: ›Mei Küh' sind auch von Magdeburg.‹« Der Marsch durch die Nacht ging an die Grenzen auch des laufgewohnten Walther, vor allem das letzte Stück auf der endlosen Kaiserstraße in die Stadt hinein. »So wandere ich«, berichtete er stolz (und den gleichfalls geschundenen Lückhoff ignorierend) an John, »mit unzähligen Blasen an den Füßen in die Stunde des Professors Böckel, höre diesen ausgezeichneten Dozenten der klassischen Philologie schonend fragen, ob ich einen Rausch habe, und befinde mich dann vier Stunden im Kreuzfeuer der Fragen interessierter Pädagogen, die mir das Einschlafen vertreiben wollen. Dann zwei Stunden Schlaf, Essen, zwei Stunden Schlaf und um vier Uhr ein kreuzfideles Bad in der Militärschwimmschule.«

Die Kehrseite dieser Eskapaden war der ernste Verweis, den Direktor Wendt ihm erteilte, als er ihn nach jenem Gespräch mit Professor Keller beiseite nahm: »Ihr Klassenlehrer hat es taktvoll vermieden, darauf hinzuweisen, wie sehr Sie persönlich in die ganzen Affären verstrickt sind, Bensemann. Die meisten Klagen beziehen sich auf Sie. Und den Besuch diverser Schänken habe ich dabei noch gar nicht mitgerechnet.«

Meine Noten in Kellers Fächern auch nicht, dachte Bensemann.

»Hinzu kommen gerade mal genügende bis ungenügende Leistungen in den Fächern Mathematik und Physik. Ich weiß um Ihre hervorragenden Sprachkenntnisse, Bensemann. Aber dennoch sehe ich Ihr Abitur stark gefährdet, wenn Sie so weitermachen.«

Bensemann war überzeugt, die Dinge realistisch zu beurteilen. Einen Schulverweis konnte er sich ebenso wenig leisten, wie er vom Fußball lassen würde, doch er hielt sich für intelligent genug, beides miteinander vereinbaren zu können. Es lag allein an ihm selbst. Und Schopenhauer war nur für die Nacht.

Die Engländer stellten die Mehrheit im International Football Club von Karlsruhe, doch nicht sie bildeten die Opposition gegen Bensemanns Vorschlag einer rein deutschen Neugründung, sondern Ernst Langer, der Sohn des Karlsruher Forstrats, der auf kuriose Weise zum Verein gestoßen war. Der alte Langer, verantwortlich für die Wälder und Grünanlagen der badischen Hauptstadt, hatte vor Wochen einen forst- und wiesenamtlichen Brief geschickt und mit Entzug der Spielerlaubnis gedroht, weil ihre Torbalken und Eckstangen Löcher im Rasen des Engländerplatzes hinterließen, ein Ärgernis für Gärtner, Spaziergänger und die Karlsruher Feuerwehr, die auf der Wiese ihre Übungen absolvierte. Bensemann überredete den Mann zu einem Ortstermin; gemeinsam besichtigten sie die beanstandeten Löcher und einigten sich schließlich darauf, dass diese nach jedem Spiel zuzuschütten seien. Langer, vom Enthusiasmus des Jüngeren angetan, wurde fortan zum Fürsprecher der Sportbewegung, und seine fünf Söhne begeisterte Fußballer.

Nun aber, unter ihrem mächtigen Beratungsbaum an der Engländerwiese, schüttelte der junge Ernst Langer den Kopf. »Mir scheint, wir beugen uns nur vor den Vorurteilen irgendwelcher Spießer, wenn wir uns von den Boys trennen.«

»Keineswegs«, entgegnete Walther Bensemann, den sie inzwischen »Benses« nannten. »Denn die Vorurteile richten sich nicht gegen den Umgang mit den Engländern, den wir im Übrigen weiter pflegen werden. Nein, die Vorurteile richten sich ausschließlich gegen den Fußball als englischen Sport. Man fürchtet um das gute deutsche Turnen, und das ja nicht zu Unrecht. Nun, also machen wir aus Fußball auch einen deutschen Sport. Wir geben uns einen guten deutschen Namen. Verein muss es heißen statt Club, und Fußball statt Football. Also: Karlsruher Fußball-Verein. Der Sport bleibt natürlich vollkommen derselbe. Nur die Fassade wechselt.«

Zweifelnd sah ihn Ernst Langer an. »Du selbst hast den ›International Football Club‹ als Namen vorgeschlagen, gerade damit wir uns unterscheiden von der alten Vereinstümelei. Und das soll jetzt nicht mehr gelten?«

Bensemann argumentierte sanft. »Nimm deinen Vater, Ernst. Ich konnte ihn erst mit dem Argument überzeugen, dass im Fußball beste deutsche Tugenden stecken und der International eigentlich nichts anderes ist als ein Verein, nur ein wenig moderner. Mir geht es nicht um die Spießer, die sind mir gleichgültig. Aber du selber weißt, dass viele mit uns spielen wollen, aber nicht dürfen, weil es ihre Eltern nicht erlauben. Um die geht es mir. Sie sollten eine Chance haben, ihre Eltern umzustimmen. Wir sollten die Vorurteile nicht dort schüren, wo es überflüssig ist.«

Es war nicht die zuweilen beliebige Logik seiner Argumentation, die Walther schließlich siegen ließ, sondern, wie so oft, seine Beredtsamkeit an sich, die auch Ernst Langer schließlich verstummen ließ. Damit kam es zur Spaltung des International Football Club; die Engländer blieben, die Deutschen zogen aus, nachdem sie sich über die Aufteilung der Bälle und die Spielzeiten auf dem Engländerplatz geeinigt hatten. Im November 1891 gründeten Walther, Ernst und sieben andere den Karlsruher Fußball-Verein, und Bensemann, vom eigenen Opportunismus irritiert, besorgte hellblaue Trikots als Vereinsfarben. Die fielen auf wie blühende Rosen im Schnee, und Ernst zweifelte einige Tage ernsthaft am Verstand seines Freundes.

Die Engländer hatten die Trennung achselzuckend akzeptiert und sich nicht eingemischt. Die Deutschen mochten im Disput die Wortführer stellen, doch auf dem Platz blieben sie die Lehrlinge. Wenn sie alleine spielen wollten: Why not?

Natürlich hatte auch Samuel Hall nichts gesagt. Hall sagte nie etwas. Der riesige junge Mann mit den breiten Schultern und dem immer stolz erhobenen Kopf schien äußerlich wie geschaffen für die Rolle des Anführers. Doch in Wahrheit hielt er sich, unbewegt, stumm und unauffällig gekleidet, so sehr im Hintergrund, dass man ihn überhaupt nicht wahrnahm. Er redete selten auf Englisch und überhaupt nichts auf Deutsch, und wenn er angesprochen wurde, war ihm meist nicht mehr zu entlocken als ein lang gezogenes »Well ...«. Man mutmaßte, wenn man denn überhaupt über ihn mutmaßte, dass es sein starkes Lispeln war, das ihn den Mund halten ließ: Ein Engländer, der lispelte, schien denn doch zu kurios für deutsche Ohren. Das war, vermutete man weiter, wohl auch der Grund, warum er nie seinen Vornamen nannte und allenthalben nur Hall hieß.

Auf dem Fußballfeld spielte Hall den Back: ein Hektor vor den Toren Trojas, der die gegnerischen Stürmer durch seine schiere Erscheinung beeindruckte. Er stand mit der sanften Ruhe, die man von ihm erwartete, im Zentrum der Abwehr, um sich dann, als sei er plötzlich erwacht, mit blitzenden Augen machtvoll ins Getümmel zu stürzen. Dann war er nicht zu bremsen, bis er den Ball fortgeschlagen hatte mit einem jener kräftigen Stöße, die sonst kein anderer zuwege brachte. Dennoch erkannte man bald seine Schwäche: Sobald er einen Gegner aus Versehen zu hart attackiert hatte, entschuldigte er sich mit schamrotem Gesicht und agierte, vom Gewissen geplagt, für den Rest des Spieles so übervorsichtig, dass er in der Verteidigung ein Ausfall war.

Erst als Mitspieler von Bensemann gewöhnte Hall sich nach und nach an eine gewisse Konstanz in seinen Spielaktionen. Aus Gründen, die wie alle seine Motive im Verborgenen blieben, hatte er eine stille Zuneigung zu Walther entwickelt und sah auf dem Platz seine Aufgabe darin, ihm den

Rücken von gegnerischen Attacken freizuhalten. Hall wurde in Karlsruhe Bensemanns getreuester Paladin, saß neben ihm bei Zugfahrten und in Kneipen, meistens stumm die Szene betrachtend, doch zuweilen, wenn Heiterkeit aufkam, auch dröhnend und ausgelassen lachend. Und immer war er wie ein großer Schatten, der die helle Erscheinung des Herolds verdoppelte.

Als Walther sich von den Internationals lossagte, hatte Hall wie üblich geschwiegen und seine gewohnt unbewegte Miene gezeigt, doch ihre Wege kreuzten sich weiter, da Hall, wie auch Walther, die Routen und Gewohnheiten des anderen erahnte. Sie trafen sich in Lokalen und im Park, ohne dass sie sich verabreden mussten, und durchaus in gegenseitiger Achtung. Bei allem gegensätzlichen Naturell und ohne dass Worte oder Gesten es mitgeteilt hätten, erkannten sie sich als Brüder.

Der neue Karlsruher Fußball-Verein brachte nur mit Mühe eine komplette Mannschaft zusammen, und das erste Wettspiel bestritt das Team gegen den einzig in Karlsruhe verfügbaren Gegner, die Internationals: ein ziemlicher Reinfall, nicht nur weil die Briten 1:0 gewannen, sondern vor allem weil neben den Vereinsmitgliedern nur eine Hand voll Zuschauer erschienen war, unter denen eine große Stimmung nicht aufkam. Mehr als das Spiel sorgten die hellblauen Hemden für Aufsehen. Den meisten Mitschülern galten sie als chic, den sportfeindlichen Verbindungsburschen hingegen als Zielscheibe ständigen Hohns, und die Vorbehalte gegen den nun eingedeutschten Verein waren bei den Eltern nicht geringer geworden. Noch immer musste sich mancher junge Kicker heimlich zum hölzernen Feuerwehrturm am Engländerplatz schleichen, wo sie sich umziehen und, wenn nötig, ihre Trikots deponieren durften.

Martha Langer, die im Haus des Forstrats das Regiment führte und sich wie ihr gutmütiger Gatte zur Patronin der Sportler erhoben hatte, begann ihren Werbefeldzug, die Ironie nicht ahnend, dass ausgerechnet eine Frau jenem Spiel den Weg bahnte, das in den kommenden 100 Jahren eine Männerdomäne bleiben sollte. Mit unbeirrbarer Freundlichkeit beschwatzte sie die Mütter fußballinteressierter Schüler und stellte am Engländerplatz spöttelnde Passanten zur Rede. Den Schutzmann Meyerling, der die Schulleitung über eine Erregung öffentlichen Ärgernisses informiert hatte, begangen von den Primanern Bensemann und Langer, suchte sie auf der Wache heim. Als sie wieder ging, hatte Meyerling öffentlich kapituliert und war, wie Walther spottete, im Geheimen ein entschiedener Gegner des neuerdings wieder diskutierten Wahlrechts für Frauen geworden.

Der Vorfall, der den Schutzmann auf den Plan gerufen hatte, bestand darin, dass ein Ball auf die Straße gesprungen war und ein Pferd erschreckt hatte, das mitsamt seiner Droschke durchging und deren Insassen heftig schüttelte. Die Meldung an die Schulleitung war bereits erfolgt, und so wurde die bewährte Martha Langer mit großem Hut und energischem Schritt auch noch im Direktorzimmer des Gymnasiums vorstellig.

»Ich freue mich darauf, diese Affäre aufklären zu können, lieber Herr Direktor. Aber zunächst möchte ich Sie von meinem Mann grüßen.«

»Meinen Dank, verehrte Frau Forstrat«, antwortete Dr. Wendt. »Und natürlich lasse ich den Herrn Gemahl ebenfalls herzlich grüßen.«

»Und auch der Herr Professor Imgraben lässt grüßen.«

Der Direktor nickte misstrauisch.

»Ebenso der Hofrat Dr. Zimmer, dessen Sohn auch bei den Fußballern ist.«

Dr. Wendt nahm den Kneifer ab und wartete.

»All diese Herren verstehen nicht die Aufregung um das Pferd, Herr Direktor.«

»Verehrte Frau Forstrat, verzeihen Sie, aber es geht keineswegs um das Pferd. Es geht um Sitte und Anstand und um den guten Ruf der Schule. Ich habe die Schüler, und leider auch Ihren ansonsten geschätzten Sohn, wiederholt davor gewarnt, sich mit ihrem Sport so zu exponieren, dass die Bürger in Karlsruhe Anstoß nehmen. Aber gerade dies geschieht immer wieder. Nun hat uns erneut die Polizei angeschrieben. So Leid es mir tut, aber das muss für die Schüler Folgen haben, denn sonst hat es für die Anstalt Folgen.«

»Aber die Polizei weiß von nichts, Herr Direktor.«

»Ich verstehe Sie nicht, Frau Forstrat.«

»Der Schutzmann Meyerling hat sich geirrt. Er bedauert das Missverständnis. Ich war bei ihm, Herr Direktor. Man muss sich nur die Mühe machen, die Dinge aufzuklären. Er zieht seine Meldung zurück.« Frau Langer lächelte nachsichtig: »Die Sache ist also erledigt.«

Dr. Wendt hob ratlos die Hände: »Aber der Kutscher, der die Polizei gerufen hat …«

»Eine förmliche Anzeige ist nicht erfolgt, und ohne die, sagt Hofrat Dr. Zimmer, sei ohnehin nicht zu urteilen. Der Kutscher war aus Heidelberg.

Freilich, wenn Sie sich dorthin begeben wollen, um Gründe für eine Bestrafung der Jungen zu suchen …«

Die Standuhr tickte ins peinliche Schweigen.

»Lassen Sie den Kindern ihren Spaß, Herr Direktor«, sagte Martha Langer versöhnlich. »Sehen Sie, ich habe fünf Jungen, die ich anständig großziehen muss, und alle fünf wollen Fußball spielen. Wissen Sie was: Das ist mir lieber, als wenn sie eines Tages bei diesen Verbindungen mitmachen, sich mit Bier voll laufen lassen und mit Schwertern aufeinander losgehen.«

»Degen, Frau Forstrat, es sind bestenfalls Degen. Aber lassen wir das. Ich verstehe ja Ihren Standpunkt. Ich habe nichts gegen Fußball. Ich bin nur …«

»Das freut mich zu hören«, unterbrach ihn Martha Langer. Sie stand auf und strahlte fröhlich. »Die Jungen werden Ihnen dafür dankbar sein.«

Sie wandte sich zum Gehen, und Dr. Wendt verbeugte sich.

»Ach ja, noch eine Sache, ganz im Vertrauen. Ich hörte, Bensemanns Abitur sei gefährdet?«

Wendt räusperte sich warnend. »Nun, er hat weder in Physik noch in Mathematik zuletzt genügende Leistungen gezeigt. Aber ich fühle mich nicht befugt, dies mit Ihnen zu erörtern, verehrte Frau Forstrat. Das ist allein Sache des Klassenlehrers, der zugleich auch Fachlehrer ist.«

»Aha, und das ist doch der Professor Keller, der vom Fußball so gar nichts hält?«

»Frau Forstrat, wollen Sie damit andeuten …«

»Keineswegs, Herr Direktor, keineswegs. Was ich Ihnen sagen will, aber ganz unter uns: Professor Imgraben unterrichtet Walther persönlich in Mathematik. Er ist von seinen Leistungen überzeugt. Wie Sie wissen, ist er in der Lehrerausbildung tätig und kann sich ein Urteil zutrauen. Er wäre nun höchst verwundert, um nicht zu sagen empört, wenn sein Kollege Keller anders urteilen würde als er …«

Ernst Langer lachte, bis er sich am Wein verschluckte. »Du siehst, Benses, diese Dame, welche ich meine Mutter nenne, ist mit allen Wassern gewaschen.« Er hockte am selben Abend mit Walther zusammen und berichtete ihm ausführlich von der Aussprache. »Ich sage dir, Benses, Direktor Wendt hatte schon kapituliert, als meine Mutter hereingeschneit kam und ihm die Hand entgegenstreckte. Da musste er erst mal buckeln.« Ernst bediente sich aus der von Walther organisierten Weinflasche und genoss beim Erzählen die Details, die ihm zur Hälfte die Mutter anvertraut und die er zur anderen Hälfte ausgemalt hatte. Schließlich schlug er dem Freund auf die Schulter. »Zu guter Letzt hat uns die Dame nicht nur vor dem Karzer bewahrt, sondern nebenbei auch noch dein Abitur gerettet. Du solltest ihr im Schlosspark ein paar Blumen klauen, aber möglichst so, dass mein Vater den Verlust nicht bemerkt.«

Anfang April traf aus England endlich jenes Paket ein, das Bensemann ungeduldig erwartete: John hatte, von Walther eindringlich erbeten, ein paar Fußballstiefel geschickt, mit einer langen Entschuldigung, es habe ihn einige Mühe gekostet, das Geld dafür aufzubringen, da der Vater ihn knapp halte. Walther betrachtete zufrieden die dunkelbraunen Schnürschuhe, die in der Verpackung zum Vorschein kamen: ein Modell von Walker, Kemp & Stevens aus Leicester, das Beste, was zurzeit auf dem Markt war, mit verstärkter Kappe und Knöchelschutz. Unter die Sohlen waren, um die Trittfestigkeit zu verbessern, kleine Platten genagelt, wie Walther sie aus Montreux kannte. Er hatte seine viel zu engen Schweizer Stiefel getragen, solange es ging, zuletzt unter Schmerzen. Schließlich hatte er sich mit den in Karlsruhe üblichen Wanderschuhen begnügen müssen. Auf die konnte er nun endlich verzichten. Er schmierte die neuen Stiefel mit reichlich Fett ein. Beim nächsten Training würden sie ihm die Aufmerksamkeit sichern.

Natürlich: Es ging nicht nur um den sportlichen Nutzen der neuen Schuhe. Walther Bensemann kannte seine eigenen kleinen Eitelkeiten, und er hatte nichts dagegen. Es schien ihm gerechtfertigt, gewisse Äußerlichkeiten in Übereinstimmung mit jenem Stil zu bringen, den er sich selber zusprach. Als er nach Karlsruhe gezogen war, hatte er darauf bestanden, seinen Vornamen künftig als »Walther« zu schreiben, mit einem vornehmen »h«. Den formellen Geburtsnamen, dem dieser unscheinbare Buchstabe fehlte, hielt er für allzu gewöhnlich. Und als er feststellen musste, dass er kurzsichtig wurde und kaum lesen konnte, was in der Schule an die Tafel geschrieben wurde, lehnte er es kategorisch ab, sich eine Brille zuzulegen. Lieber, so schrieb er an John, wolle er bisweilen im Nebel stochern, als seine sportliche Erscheinung durch eine Prothese zu beleidigen.

Es dauerte nicht lange, da kannte sich der Lehramtspraktikant August Marx in der Theorie des Sports bedeutend besser aus als in Schopenhauers Aphorismen. Da Professor Keller misstrauisch seine Domäne des

Turnunterrichts bewachte, schloss sich Marx dem jungen Fußballverein an, um dessen Mitglieder mit Wissen über das Spiel zu versorgen. Marx hatte sich gründlich über den Fußball in England informiert, und nur Bensemann war zuweilen in der Lage, eigene Kenntnisse aus seiner Internatszeit beizusteuern.

Der britische Fußball hatte eine rasante Entwicklung durchlaufen. Anfangs war er ein Spiel der Schüler und Studenten aus besseren Kreisen gewesen, die auch Regeln festgelegt und erste Vereine gegründet hatten. Zu den Pionieren des Association Game zählten die Eliteschüler von Harrow, und die Besten von ihnen spielten ab 1864 im berühmtesten Verein der Insel, dem Wanderers Football Club. Sie nannten sich Wanderers, weil sie mit dem Umzug nach London heimatlos und ohne eigene Platzanlage waren. Viele Vereine kopierten später diesen Namen, vor allem Arbeitervereine, denen das Geld für ein eigenes Stadion fehlte und die daher von Platz zu Platz »wanderten«. Doch niemand reichte an den Londoner Wanderers F.C. heran, der 1872 den ersten Cup der Football Association, der »F.A.«, gewann und diesen Triumph in den folgenden sechs Jahren viermal wiederholte. Mehr eine Mannschaft als ein Verein, lösten sich die Wanderers auf, als die Spieler in die Jahre kamen; Lord Kinnaird, einer ihrer Spielführer, wurde 1890 Präsident der F.A. Als ihre legitimen Nachfolger galten die Corinthians, die ein strenges Amateurideal pflegten und sich sogar weigerten, an Wettspielen teilzunehmen, in denen es um Pokale und Titel ging. Obwohl sie daher niemals den F.A.-Cup gewinnen konnten, waren sie in den neunziger Jahren der Stolz des englischen Fußballs und stellten einige Male die komplette Nationalmannschaft.

Dennoch sank zu dieser Zeit bereits der Stern der großen Teams aus Amateuren und Gentlemen. 1883 siegte mit Blackburn Olympic erstmals ein Arbeiterteam im Cup-Finale. Die Elf hatte in der Woche vor dem entscheidenden Match auf Kosten der örtlichen Eisengießerei ein Trainingslager absolvieren können. Dies war die Geburtsstunde der Profis, die bald den britischen Fußball revolutionieren sollten.

Obwohl das Spiel auf der Insel also dabei war, ein Massenspektakel zu werden, gab es eine kleine publizistische Opposition, die auch von den Soccer-Skeptikern in anderen Ländern dankbar registriert wurde. Zweifelhafte medizinische Traktate verbreiteten Schauergeschichten über den angeblich brutalen Fußball. »Eben von diesen Blättern«, so referierte August Marx vor seinen Schülern, »von diesen Blättern, die in England natürlich niemand ernst nimmt, holen deutsche Zeitungen, inspiriert von einer antienglischen Spielclique, die nur für Einführung deutscher Spiele schwärmt und der jedes Mittel recht ist, dem Ausländer eins auszuwischen, ihre Schauermärchen und setzen sie ihren Lesern als neueste Ente vor, welche der Durchschnittsphilister als volle Wahrheit hinnimmt; er hat nichts Eiligeres zu tun, als über den verdammten Fußball zu schimpfen und seine Kinder von den Spielplätzen zu nehmen.«

Marx lies das Blatt sinken, von dem er abgelesen hatte, und schaute lächelnd auf die feixenden und applaudierenden Jugendlichen. »Meine Herren, das sind nicht meine Worte. Ich geben Ihnen die Ausführungen des bekannten Kollegen Philip Heineken zur Kenntnis, der in Stuttgart den Fußball propagiert. Wohlgemerkt, ich habe ihn nur zitiert. Bitte berücksichtigen Sie das, wenn Sie diese Argumente weitertragen.«

Bensemann war beeindruckt. Weniger vom Stil des vorgelesenen Textes, den er sich durchaus selber zutraute. Was ihn faszinierte, war die Wirkung beim Publikum, die ihm größer erschien, als wenn beispielsweise er, Walther, dasselbe gesagt hätte. Da den Autor das Geheimnis einer fremden Koryphäe umgab und weil die schriftliche Dokumentation den Gedanken ihre Flüchtigkeit nahm, beklatschte man nicht nur die Pointe als solche, sondern vor allem ihren propagandistischen Effekt. Und während Marx über die Full-Backs dozierte (»Man verlangt von diesem Manne eine kräftige Postur, die ihn instand setzt, tüchtige Püffe von Seiten der Gegner auszuhalten und selbst auch austeilen zu können.«) und mit den Worten Heinekens die Tätigkeit der Stürmer sezierte (»Das Passen des Balles geschieht am besten vermittelst rascher Einwärtsbewegung des Fußes mit dessen Innenseite.«), formulierte Bensemann im Kopfe einen Beitrag für die »Badische Presse«, der dem Text des Philip Heineken nicht unähnlich war, ihn aber an humanistischer Gelehrsamkeit und polemischer Sprengkraft weit übertraf. Als sich die Schüler schließlich aufstellten, um unter Marxens Aufsicht das zielgerichtete Stoßen des Balles zu üben, hatte Bensemann seinen Artikel bereits fertig erdacht; er war gesetzt, gedruckt und ausgeliefert, und am folgenden Tag nichts weniger als das beherrschende Gesprächsthema in Karlsruhe. Sein Abitur wäre endgültig im Eimer, aber seine Karriere als Fußballprophet gesichert. Walther lächelte über diesen Gedanken, als er an die Reihe kam, seine Schusskünste zu erproben.

Die Lederkugel flog, von der Kuppe seines neuen Stiefels kräftig gestoßen, unbestimmt in Richtung des markgräflichen Schlosses, jedenfalls weit weg vom bezeichneten Mal. Lehramtspraktikant Marx blickte missbilligend dem Ball hinterher und dann auf den Schüler, der ein unbestrittener Sprecher des Vereins und des Teams war, aber mit seinen spielerischen Leistungen deutlich hinter Langer, Zimmer und anderen zurückblieb. »Gute englische Schuhe«, knurrte Marx, »machen noch keinen guten Fußballer.«

Mit Silberbesteck und Blumenpracht gab es im Hause Langer ein erlesenes Mahl, das der Bedeutung des Anlasses angemessen war: Wildbrühe zum Entree, Hirschpastete als Horsd'œuvre, und für den Hauptgang gefüllten Fasan, selbst geschossen, wie der Forstrat behauptete, und eine Seltenheit auch für die an Wildbret gewohnten Langer-Söhne. Die saßen wie Orgelpfeifen an der festlichen Tafel, zur Nachfeier des zu Ostern 1891 bestandenen Abiturs ihres Bruders Ernst. Ihre Ehrengäste waren Professor Imgraben, dessen Rauschebart wie üblich bis auf den kleinen, von einer allzu straffen Weste beengten Kugelbauch reichte, und Walther Bensemann, der sich aus Anlass der gleichfalls erfolgreichen Reifeprüfung mit englischem Tuch neu eingekleidet hatte.

Der alte Langer entkorkte einen 89er Beaujoulais. »Ein exquisiter Wein«, verkündete er, »ist das edle Zentrum jeder Abendgesellschaft. Der falsche Tropfen verdirbt alles. Merkt euch das, meine Herren Walther und Ernst, die ihr an der Schule vieles, aber längst nicht alles fürs Leben gelernt habt. Das Wissen über edle Weine, verzeihen Sie, Herr Professor, scheint mir mindestens so wichtig wie der Satz des Pythagoras. Und nun lasst uns anstoßen, auf das Abitur und eure Zukunft.«

Sie tranken und aßen, und das Gespräch schlenderte, von Anekdote zu Anekdote, durch 13 Jahre Schule. Dann bissen sie sich fest an Bensemanns Sprachgewandtheit; ihm, der beim philosophischen Redeakt des Gymnasiums die silberne Medaille errungen hatte, trauten sie alles zu. Er musste rezitieren, auf Deutsch, Englisch, Französisch und in jenen paar Brocken Italienisch, die er am Schweizer Internat aufgesammelt hatte. Und, natürlich, auf Griechisch und Lateinisch.

Nur eine Sprache, behauptete Walther, sei ihm unmöglich zu erlernen, noch dazu die wichtigste von allen, nämlich den badischen Dialekt.

»Er scheint mir der eleganteste und zugleich schwierigste von allen. Wissen Sie, neulich spielten wir auf dem Engländerplätzle gegen eine Klassenmannschaft des Gymnasiums, nun ja, wir waren natürlich überlegen und wischten ihnen auf den Flügeln immer wieder durch. Da rief der Kapitän des gegnerischen Teams seinen Verteidigern zu: ›Heb sie doch!‹

Worauf diese erwiderten: ›Heb du sie doch, wannd ihne nachkommscht!‹ Sehen Sie, so schön könnte ich es nie sagen.«

Die Runde lachte, die Älteren der Pointe wegen, und die Jüngsten, weil es die Großen taten. Damit waren sie nach Fasan und Dessert beim Fußball, wo Walther das Wort führte und vom großen Moneypenny und von Des Barres, dem irischen Maori, erzählte. Der Rest der Gesellschaft machte es sich mit Wein und Saft bequem und genoss. Besonders beeindruckt war Imgraben: »Ein Glück, dass dieser Ire nicht hier in Karlsruhe ist. Der arme Schutzmann Meyerling hätte völlig die Contenance verloren.«

»Das mit Sicherheit, bei Des Barres' irischem Schandmaul. Aber dem Meyerling haben wir auch so genug zugesetzt, nicht wahr, Ernst?«

Ernst Langer nickte, geheimnisvoll grinsend, und Bensemann, auf den die Augen gerichtet blieben, fuhr fort.

»Nur eine Geschichte von vielen. Wie Sie, verehrte Frau Langer, wissen, gibt es jeden Tag auf der Engländerwiese Kämpfe mit Passanten, die niemals um das Spielfeld herumgehen, sondern mitten hindurch, weil ja leider auch der Fußweg quer über die Wiese führt. Also fühlen sie sich im Recht, und ständig gibt es Krach und eben auch Polizeistrafen. Das Publikum wird freilich von unseren Außenspielern jedes Mal höflich gewarnt, aber, nun ja, mancher will nicht hören. Eines Nachmittags machte sich also eine gute, aber resolute Dame mit aufgespanntem Sonnenschirm auf die gefährliche Reise zwischen beide Mannschaften. Unser lieber Kamerad Zimmer erhob seine – ich versichere Ihnen – freundliche und beschwörende Stimme. Die Dame ließ sich durch keinen SOS-Ruf halten, unbeirrt schritt sie durch, wie Luther zum Reichstag. Aber das Unglück schritt schneller: Ein scharfer Pass von Lückhoff verwandelte den altertümlichen Parapluie, oder besser gesagt Parasol, in eine Vogelscheuche.«

Die Kinder kicherten, Martha Langer stöhnte. »Und dann?«

»Nun, dann ging ein furchtbares Gekreisch los: ›Überhaupt sollte Sie sich schäme, in Ihrem Alter noch so 'me Ball nachzuspringe. Sie werde mir mei Schirm ersetze.‹«

Walther machte eine kurze Kunstpause. »Auf das Geschrei war bereits niemand anders als Meyerling erschienen, zur Aufnahme des Tatbestandes. Die Vernehmung freilich gestaltete sich schwierig. ›Wie heißen Sie?‹ – ›Walter Lückhoff.‹ – ›Wo sind Sie her?‹ – ›Fauresmith.‹ Ratlosigkeit, Nachfrage: ›Wo liegt das?‹ – ›Oranjefreistaat.‹ Kopfschütteln. ›Was sind Sie?‹ – ›Unterprimaner im Gymnasium.‹ – ›Sind Sie verheiratet?‹ Darauf sagt Lückhoff doch wahrhaftig: ›Aber Herr Polizeirat, *so etwas* dürfen wir doch nicht!‹«

Der Professor hielt sich den Bauch. »Köstlich!«, rief er, »Polizeirat Meyerling, so etwas dürfen wir doch nicht! So etwas! So etwas!« Er lachte, dass sein Bart wippte, und die Kinder sahen ihn an und kicherten Tränen.

»Nichtsdestotrotz«, rief Bensemann und erhob sich, »trinken wir auf den braven Schutzmann Meyerling, der zu guter Letzt sicherlich noch den Grund allen Anstoßes, nämlich den Ball, verhaftet und der Gerichtsamkeit zuführt, auf dass er hinter Gittern über seine Untaten nachdenken möge.«

Die anderen erhoben sich schmunzelnd, um anzustoßen, und dann scheuchte die Mutter ihre protestierenden Kinder hinaus, denn die Uhr ging auf Mitternacht.

»Walther«, strahlte sie, »Sie sind ein wahrer Magnet für meine Jungs. Ein Glück, dass Sie Lehrer werden. Die Schüler werden Sie lieben.«

»Wahrhaftig«, stimmte ihr Mann zu, »bei Ihren Talenten werden Sie es weit bringen.«

Er holte den Cognac hervor und schenkte ein. »Die Mathematik lassen wir einmal beiseite. Das haben Sie hinter sich. Sie können auch ohne Algebra Schulleiter werden, eines Tages. Freilich, Sie sind Jude. Aber was zählt das heute noch, zumal im liberalen Baden?«

»Sein Vater ist Jude«, warf Imgraben ein.

»Na sehen Sie! Dann ist diese Angelegenheit ganz unbedeutend, meine ich. Das steht Ihnen auf keinen Fall im Weg.«

Langer lehnte sich zufrieden zurück und nippte an seinem Schwenker.

Imgraben nutzte die Pause zu einem Themenwechsel.

»Das ›so etwas‹ interessiert mich nun aber doch noch mal, Jungs. Heraus mit der Sprache: Wie sieht es aus mit der schönen Weiblichkeit? Ein stattlicher Abiturient wie Sie, Ernst. Verraten Sie uns ein wenig über les affaires d'amour, mein Walther ist in dieser Hinsicht mehr als verschwiegen.«

Ernst verdrehte die Augen und ließ seine Mutter ans Wort.

»Die jungen Damen sind ja ganz verrückt nach unseren Sportsmännern, glauben Sie mir das.« Sie lächelte verschwörerisch. »Na, das kann ich wohl verstehen! Aber vorgestellt hat er uns noch keine.«

»Ich versichere dir, das war noch nicht nötig. Wenn du Schwiegermutter wirst, sag ich dir Bescheid.«

»Sehen Sie, Herr Professor, so sind die jungen Leute. Man erfährt nichts mehr. Passen Sie nur auf Ihren Herrn Mieter auf, sonst ist er unter der Haube, bevor Sie sich versehen. Nicht wahr, Walther?«

»Werte Frau Langer, so lange ich Ihre Gastfreundschaft genießen darf, wüsste ich nicht, was mir die Ehe zu bieten hätte.«

»So etwas«, dröhnte der Forstrat dazwischen, »nicht wahr, Herr Professor, *so etwas* hat sie zu bieten!« Er lachte laut. »Tun Sie nicht so unschuldig, mein lieber Walther. Sie sind gestellt wie ein Rothirsch unterm Hochsitz! Lenken Sie jetzt nur nicht ab!«

Doch Bensemann änderte die ganze Richtung, indem er die vorzügliche Bewirtung pries, einen Toast auf die Köchin ausbrachte, dem niemand widersprechen konnte, und sich dann elegant empfahl: Es sei viel gefeiert worden in den letzten Tagen, er müsse sich leider zurückziehen, so gelungen der Abend auch sei. Und Walther ging, den verunsicherten Professor im Sessel zurücklassend.

In Gedanken treibend, strich Walther durch die nächtliche Stadt, am Schloss vorbei und durch leere Straßen, die vom Schein einzelner Gaslaternen schwach beleuchtet wurden. Aus einem Weinlokal kamen betrunkene Burschenschaftler gepoltert, die ihn lauthals erkannten: »Ah, schau, da geht der Engländer. Der Jud'. Der Narr.«

Bensemann wich ihnen aus; er suchte weder Gesellschaft noch Händel. Schließlich kam er zum baumumstandenen Engländerplatz, den er langsam überquerte, um sich unter die große Kastanie zu setzen, unter der sie im vergangenen Jahr den Verein gegründet hatten. Es war kühl, eine klare Nacht, in der sich ein endloser Sternenhimmel öffnete. Walther sah lange hinauf. Es ist wie eine Metapher auf das Leben, John. Wenn die Nacht beginnt, siehst du nur einzelne Sterne, die hellsten und die größten, du kennst sie und kannst sie zählen. Später, wenn es dunkler wird, wächst ihre Zahl. Längst kennst du nicht mehr alle Namen, aber du entdeckst ihre Strukturen und weißt, wohin sie gehören. Die Sternbilder, John, die ich dir in Montreux gezeigt habe, der Wagen, der Stier, die Zwillinge. Dann aber werden es immer mehr, Hunderte, Tausende, unzählbar viele, und die Ordnung verliert sich. Je mehr du entdeckst, John, desto weniger verstehst du. Was dir am Anfang vertraute Ordnung war, wird zu einem unentwirrbaren Rätsel, und du weißt: Selbst dort, wo du nichts erkennen kannst, auch dort ist etwas, nicht verborgen, nur ungesehen. So spiegelt der Himmel das Leben, John. Und kein Engel, der dir den Weg weist …

Nun also, die Schule hat mich gnädig entlassen, und ich bin frei, mich zu entscheiden. Ist es nicht egal, wohin ich gehe? Ich nehme ohnehin alles mit, was von Bedeutung ist. Ich packe mir den Tornister auf die Schultern, John, und verrate niemandem, was drinnen ist. Dann treibe ich, von Stern zu Stern, und überall warten Fußballer und Philister.

Was aber dann? Weißt du noch, was Jago sagte, Jago, der Verschlagene, der Othello in den Wahnsinn trieb? »Denn wenn mein äußres Tun je offenbart / Des Herzens angeborene Art und Neigung / In Haltung und Gebärde, dann alsbald / Will ich mein Herz an meinem Ärmel tragen / Als Fraß für Kräh'n. Ich bin nicht, was ich bin!« Er kannte das Leben, der alte William. Er kannte sich aus, in den offenen Geheimnissen und in den wirklichen.

Was also dann, John? Ich werde weiterziehen, bevor mein Herz am Ärmel hängt. Weiter von Platz zu Platz, wie eure wunderbaren Wanderers. Du wirst sie kennen, John. Hast du sie schon gesehen, die Wanderers aus Bolton oder aus Wolverhampton oder von welchem Stern auch immer? Kennst du sie, die grandiosen Gentlemen von den Londoner Wanderers, die den Cup holten, als du noch nicht einmal geboren warst? Fünfmal, John, fünfmal holten sie ihn, ohne Platz, ohne Vorstand, ohne Kassierer, ohne das ganze alberne Zuhause.

Ich werde Mitglied bei den Wanderers, John, ich werde wandern, und das Ziel ist völlig gleichgültig, denn ich komme ja doch niemals an. »Willst du besser sein als wir, lieber Freund, so wand're!« Wir haben auch unseren Shakespeare, John, er heißt Goethe und war auch ein kluger Mann.

Walther saß noch da, träumend und weinend, als die Sterne nach und nach verblassten, die klare Schwärze des Himmels zerfloss und die Häuser aus dem Dunkel traten. Da stand er auf und ging, bevor er Meyerling auf dessen morgendlicher Inspektionstour begegnen konnte.

Wenige Jahre darauf hatte Bensemann in Lausanne ein Sprachstudium aufgenommen und war dem dortigen FC Cantonal beigetreten, ohne seine Mitgliedschaft im Karlsruher Verein aufzugeben, war später in Freiburg vom Studium ausgeschlossen worden, da er, wie man behauptete, Schüler zum Fußballspiel angestiftet und Trinkgelage nach den Spielen geduldet hatte, war als Verfasser eines in der Lehrerschaft ungnädig aufgenommenen Traktates namens »Public School und Gymnasium« aufgetreten, hatte sich eine Weile als Missionar in den überschaubaren Fußballszenen von Heidelberg und Baden-Baden herumgetrieben und war schließlich, noch immer Student, ins damals deutsche Straßburg gewechselt, wo er sich an der Gründung eines Football Clubs beteiligte, der vornehmlich aus Gymnasialschülern bestand und bald das Misstrauen von Behörden und Schulleitung erregte. Bensemann war ein Wanderer geworden.

III

»Ein System der Freiheit«

Karlsruhe im Herbst 1893

Am Samstagvormittag war das Restaurant im Hauptbahnhof von Karlsruhe nur halb gefüllt, und so konnte Bensemann, der einen Tisch für sich hatte, bei Milchkaffee und Gebäck korrespondieren. Es war seine Gewohnheit geworden, unterwegs nach Möglichkeit zu schreiben oder, wenn er in rumpelnden Zügen oder überfüllten Wartesälen saß, zu lesen. Selten war er ohne einen Stapel Zeitungen oder ein Notizheft unterwegs, und die Stunden, die er auf Reisen war, erschienen ihm zugleich als nützliche Arbeitszeit.

Der Zug aus Straßburg hatte Verspätung, die Zeit zog sich. Schließlich faltete Bensemann den halb fertig geschriebenen Brief zusammen, steckte ihn ein und begann, auf einigen leeren Zetteln wenig gekonnt, aber mit raschem Strich grafische Entwürfe zu skizzieren. Er machte ein paar Versuche, verglich sie und winkte den Kellner heran, der den Gast kannte und sich bemühte.

»Sagen Sie, Herr Ober, welcher Entwurf erscheint Ihnen am gelungensten?«

Verlegen starrte der Mann auf die Papiere. »Nun, sie scheinen mir alle recht gelungen.«

»Besten Dank, mein Freund. Aber für einen sollten Sie sich entscheiden.«

»Nun, wenn der Herr mich so fragen, vielleicht dieser?«

Er deutete vage auf eines der Blätter. Bensemann lehnte sich zurück, hielt es hoch und kniff die Augen zusammen.

»Keine schlechte Wahl. Ich danke Ihnen. Übrigens werde ich gleich einen Freund vom Zug abholen und bitte Sie darum, den Tisch während meiner kurzen Absenz zu reservieren. Und bringen Sie mir derweil eine Zigarre.«

Der Freund, den er erwartete, hieß Ivo Schricker und war, obwohl vier Jahre jünger, der Mann, mit dem Bensemann seine Pläne zu verwirklichen hoffte. Ivo Schricker gab den Mittelläufer im Straßburger Team, ein hoch aufgeschossener, sportlicher Gymnasiast, den Bensemann neidlos als den talentiertesten Fußballer anerkannte, dem er bislang begegnet war, sämtliche Engländer in Montreux und Lausanne eingeschlossen. Schricker spielte auf eine Art, die er auch außerhalb des Fußballfeldes pflegte: elegant, ideenreich, beherrscht und von äußerster Fairness. Er empfand es als Selbstverständlichkeit, über die es zu reden nicht lohne, dass er noch nie einen Gegner ernstlich gefoult hatte. Zum Ärger seines Vaters, eines Straßburger Geheimrates, hatte er sich zusammen mit seinem Bruder Erwin für den neuen englischen Sport begeistert, das väterliche Vertrauen aber bald zurückgewonnen, da er sich entschlossen zeigte, das Gymnasium über dem Fußball keineswegs zu vernachlässigen. Es stand außer Frage, dass er einem guten Schulabschluss und einem seriösen Jurastudium entgegenstrebte. Ivo Schricker war alles andere als ein Fantast, und gerade deshalb brauchte ihn Bensemann.

Als der Zug endlich kam, hatten der große, massige Bensemann und der lange Schricker sich im Gewühl der Fahrgäste bald gefunden und ins Bahnhofsrestaurant zurückgezogen.

Dort begann Bensemann ohne Umschweife zu erzählen. Seit er sich nur noch gelegentlich in Karlsruhe aufhielt, hatte Lehramtskandidat Marx faktisch die Führung des Karlsruher Fußball-Vereins übernommen. Marx war nun auf die unselige Idee verfallen, keine Wettspiele mehr abzuhalten. Auf der Suche nach einem Arrangement mit Behörden und Turnern, vielleicht auch auf der Suche nach einem neuen Sportlerideal, propagierte er reine Übungsspiele, und die ausschließlich an Werktagen. Das Echo unter seinen Kickern war verheerend. Bensemann führte den Aufruhr an und wusste dabei nahezu die gesamte Mitgliedschaft hinter sich.

»Marx wird kaum noch eine einzige Mannschaft zusammenhalten«, meinte er. »Dabei kommt es mir keineswegs darauf an, den Verein zu zerschlagen. Aber Sport ohne Wettkämpfe, ohne echtes Kräftemessen, ist wie Tanz ohne Musik. Sinnlos. Und wir haben nun die Gelegenheit, etwas Besseres zu schaffen, etwas ganz Neues. Ich habe dir geschrieben, was ich vorhabe: die Besten von allen in einer einzigen Mannschaft. Ein ganz neuer Typus von Club. Du und dein Bruder Wini aus Straßburg, die Langers und ich vom KFV, Hall von den Internationals und noch einige aus Baden-Baden und Heidelberg. Die Elite aus Süddeutschland.«

»Die Straßburger wären erledigt, wenn Wini und ich dort ausstiegen«, warf Schricker ein.

»Das braucht ihr nicht. Auch ich bleibe selbstverständlich Mitglied im Straßburger F.C. Die Kickers wären etwas anderes, kein Verein, eher eine Art ständige Auswahlmannschaft. Ein Team, wie es auf dem Kontinent noch keines gibt. Schau her.«

Er zog das Blatt heraus, das der Kellner ausgewählt hatte. Es war der Entwurf eines Briefkopfes: oben zwei große, verschlungene »K«, darunter kleiner gesetzt: »Karlsruher Kickers. Meisterclub des Kontinents«.

Schricker blickte nachdenklich auf den Zettel. »Was den Namen angeht, d'accord. Er ist geschickt gewählt, hat Schwung und trägt etwas Neues in sich. Die englische Adaption ist ein wenig gewagt, nun gut. Doch der ›Meister des Kontinents‹ scheint mir ein wenig übertrieben.«

Er sah Bensemann mit jener Andeutung eines spöttischen Lächelns an, das seine Gegenüber gewöhnlich irritierte, doch Walther kannte es und hatte es erwartet.

»Natürlich lasse ich den Meister erst einmal weg. Aber nicht für lange. Ich bin mir sicher, dass wir auf dem Kontinent keine Mannschaft zu fürchten haben. Und ich habe einige gesehen in den letzten Jahren. Am weitesten sind natürlich die Engländer in der Schweiz. Die Franzosen spielen, wie du weißt, hauptsächlich Rugby, die Italiener beginnen erst. Zu beachten haben wir die Wiener, die Berliner und die Holländer. In erster Linie aber die Schweizer. Ich habe eines ihrer stärksten Teams bereits eingeladen, das von Villa Longchamps in Lausanne.«

»Kennst du sie?«

»Natürlich, einige von ihnen spielen wie ich gelegentlich beim FC Lausanne. Ich bin sicher, sie werden kommen. Es wäre der erste internationale Vergleich in dieser Ecke des Kontinents.«

Eine Weile überließen sie sich den gedämpften Geräuschen plaudernder Gäste und servierender Kellner. Bensemann wusste, dass sich sein Plan jetzt entscheiden würde. Mit seiner Einladung an Longchamps hatte er sich eigenmächtig vorgewagt, doch Schricker war jemand, der mit vollendeten Tatsachen umzugehen verstand.

»Solch ein Arrangement ist aufwändig. Die Gäste müssen angemessen aufgenommen und bewirtet werden.«

»Das alles regele ich, Ivo, auch das Finanzielle.«

Schricker nickte nachdenklich.

»Wen hast du den Schweizern als Gegner zugesagt?«

»Eine süddeutsche Spielerauswahl.«

»Nicht deine Kickers?«

»Die gibt es ja noch nicht. Wir werden sie bei der Gelegenheit gründen, und es wird fast die gleiche Mannschaft sein. Aber den Schweizern habe ich explizit eine Auswahl annonciert.«

»Und bekommen wir sie zusammen?«

Bensemann hatte das »wir« verstanden. »Mit euch aus Straßburg, ja.«

Ivo Schricker war dabei, auch wenn er bedächtig die Idee seines Freundes nach Schwachstellen absuchte und auf Einwände nüchterne Antworten verlangte. Als Bensemann den Kellner herbeiwinkte und mit reichlich Trinkgeld entließ, waren sie sich einig.

Bensemann führte seinen Freund durch das sonntägliche Karlsruhe, um der Familie Langer seine Aufwartung zu machen und die Brüder in die neuen Pläne einzuweihen. Walther zweifelte nicht, dass Ernst und der junge Fritz zu gewinnen wären, zumal der Konflikt im Karlsruher Verein einen sicheren Ansatz bot. Tatsächlich waren sie von der Idee einer überregionalen Mannschaft ebenso angetan wie ihre Mutter von der eleganten Höflichkeit Schrickers: »Walther, wo haben Sie diesen jungen Gentleman bloß aufgetrieben!« Sie drängte fürsorglich zur Mittagstafel, doch die Gäste, bei Imgraben angemeldet, konnten knapp entkommen. Der Professor, ein Freund der Pünktlichkeit, erwartete sie bereits, freilich ohne Vorwurf, zumal sie die Verspätung der Eisenbahn anlasten konnten. Weniger nachsichtig zeigte sich Alma Katner, die allgewaltige Haushälterin Imgrabens, die ihren freien Sonntagnachmittag schrumpfen sah und grimmig das Essen auftrug.

»Jetzt weißt du, warum ich die Dame Alma Mater nenne«, stichelte Bensemann, wofür Alma ihn mit einem bitteren Blick bedachte.

Die Unterhaltung bei Rinderbraten und badischem Wein drehte sich um die komplizierten politischen Verhältnisse im Elsass, der Heimat des jungen Gastes. Schricker beklagte, das Deutsche Reich unternehme zu wenig, um die Bevölkerung der Region für sich zu gewinnen. Immerhin war es gerade 23 Jahre her, dass die deutsche Armee Straßburg verheerend bombardiert und den Elsass annektiert hatte. Berlin rühmte sich, in Straßburg eine deutsche Universität eingerichtet zu haben, doch im Elsass war man eher verärgert darüber, dass man der Region keine Landesverfassung und keine Selbstverwaltung zugestand, dafür aber den Zwang zum Militärdienst eingeführt hatte.

In der Tatsache, dass der Elsass zum ewigen Zankapfel zwischen Frankreich und Deutschland geworden war, sah Bensemann die Chance für ein Signal: Genau dort sei das Feld für Begegnungen zwischen beiden Völkern und der Boden für eine deutsch-französische Versöhnung.

»Ich habe«, erklärte er, »darüber nachgedacht, französische Fußballer nach Straßburg einzuladen, zu einem Spiel gegen unsere Kickers, und ich bin gespannt, was sie mir antworten werden. Immerhin wäre es die erste derartige Veranstaltung. Seit dem Krieg hat man außer einigen Herrenreitern, die zu den Rennen in Iffezheim kamen, noch keinen französischen Sportsmann in Deutschland gesehen.«

»Vielleicht«, pflichtete Imgraben bei, »kann der Sport wirklich seinen Beitrag zu einem neuen Miteinander leisten. Zumal der Fußball. Wenn ich's richtig sehe, kann kein Land auf dem Kontinent diese Fußballerei als seinen eigenen nationalen Sport reklamieren. Gerade das könnte seine Zukunft sein.«

Alma Katner unterbrach den Professor, bevor er in Fahrt kam. Sie ließ wissen, dass das Dessert ausfalle und die Herren sich zu verändern hätten, da sie abräumen wolle.

Ein halbherziger Protest des Professors endete mit seiner umgehenden Kapitulation, und so führte er seine Gäste in ein geräumiges, aber infolge eines unüberschaubaren Durcheinanders von Büchern kaum begehbares Zimmer, in das er die Haushälterin nicht ohne Aufsicht eindringen ließ und, wie Bensemann wusste, zu dem er nur alten Freunden Zutritt gewährte. Schricker zeigte sein bekanntes Lächeln: »Impressionnant.«

»Hier sind wir sicher vor der Dame«, sagte der Professor fröhlich. »Räumen Sie die Schwarten weg und setzen Sie sich.« Er bot ihnen eine Zigarre an, die Schricker dankend ablehnte, Bensemann aber annahm. Imgraben fahndete nach Streichhölzern, Aschenbecher und Zigarrenschneider.

»Erzählen Sie, Monsieur Schricker, wie haben Sie unseren gemeinsamen Freund eigentlich kennen gelernt?«

»Natürlich durch den Fußball.«

»Natürlich. Von dieser Prämisse gehe ich bei all seinen Bekanntschaften aus.«

»Nun, eines Tages tauchte Walther in Straßburg auf und kündigte an, dass er am Nachmittag jedermann kostenlos das neue Spiel vorführen wolle. Association Fußball nannte er das. Unter den 60 Neugierigen war auch ich. Walther erklärte uns die wichtigsten Regeln, teilte den ganzen

Haufen in zwei Teile, und los ging's. So lernte ich das Fußballspielen und Walther kennen.«

»Charmant. Und was sagt Ihr Herr Vater zu Ihrem Engagement, Ivo?«

»Sie meinen den Sport?«

Imgraben nickte, die noch immer kalte Zigarre im Mund, während er in der Schublade seines dunklen Schreibtischs wühlte.

»Nun, sagen wir, er hat akzeptiert. Nicht gerade freudig, aber doch akzeptiert. Freilich gab es kürzlich eine Auseinandersetzung, als er erfuhr, dass der Verein sich gegen das Verbindungswesen stellt. Er fühlt sich da zugehörig, müssen Sie wissen.«

»So, tut der Verein das.« Der Professor hatte endlich die Utensilien beisammen und gab Bensemann Feuer.

»Nun, es gibt in den Statuten einen Passus, demzufolge die Zugehörigkeit zu einer Verbindung zum Ausschluss führt.«

»Parfait!« Imgraben paffte kräftig, lehnte sich bequem zurück und knöpfte die Weste über dem Bauch auf. Seine leicht hervorquellenden Augen funkelten. »Dieser Passus gefällt mir ganz ausgezeichnet. Vor allem wenn man weiß, dass aus diesen Kreisen die Angriffe gegen den ausländischen Sport kommen. Ausgerechnet! Ha, wenn ich die Wettkämpfe der Geschicklichkeit und der Ausdauer bei euch Fußlümmeln vergleiche mit dem Saufen, Prassen und den Mensuren der Mehrzahl unserer deutschen Studenten, ja, dann frage ich mich wirklich, wer den richtigen Idealen nachstrebt. Nein, nein, sich von diesen teutschen Duellraufbolden abzusetzen ist weiß Gott nicht verwerflich. Richten Sie das, ein wenig gemäßigter, Ihrem Herrn Vater als Gruß von mir aus, Ivo.« Er wog nachdenklich den Kopf hin und her. »Oder vielleicht doch nicht. Wenn er ein Verbindungsmann ist, wollen wir ihn nicht beleidigen.«

Imgraben stand auf und begann wieder zu suchen, diesmal im unteren Teil seines Sekretärs. »Man war ja mal selber so einer.«

Er zog eine vergilbte Burschenschaftsmütze hervor, drückte sie sich auf die schütteren Haare und lächelte verlegen, als habe er einen albernen Jungenstreich begangen.

»Nun ja, es ist lange her. Seitdem hat sich doch einiges verändert. Du hast mir von diesen politischen Implikationen noch gar nichts erzählt, Walther.«

»Das habe ich wohl versäumt. Aber der Passus kam auch auf Ivos Initiative zustande. Wie übrigens auch die Androhung eines Vereinsausschlusses beim Kneipen nach dem Spiel.«

»Aha, und damit tust du dich schwer, nicht wahr, mein Sohn?«

Der Professor lachte fröhlich.

»Nun, meine Freunde, bevor ihr geht, erlaubt mir eine kurze Conclusio und kleine Belehrung. Als Professor darf man so etwas.«

Und er nahm sich Zeit für sein Vorrecht. Lobte die großen Ziele, die seine Besucher mit ihrem Sport verfolgten: internationalen Verkehr ohne chauvinistischen Beigeschmack, ein Vereinsleben, wie er sagte, ohne die deutschnationalen Polterer aus dem Verbindungswesen. Als Mann des sozialen Ausgleichs störte ihn freilich noch die elitäre Prägung der jungen Bewegung. Zweifelsohne herrschte im deutschen Turnen eine Überheblichkeit der gebildeten Stände, und manche Sportvereine verfolgten eine ähnliche Tendenz, indem sie nur Mitglieder aufnahmen, die ein Gymnasium besucht hatten.

»Der Sport«, deklamierte Imgraben, »muss allen offen stehen, auch denen, die mit ihrer Herkunft weniger Glück hatten als ihr. Die Forderungen der Arbeiterschaft auf Gleichberechtigung … sehen wir einmal über gewisse vulgäre Formen hinweg«, murmelte er zerstreut, »müssen sich auch im Sportleben niederschlagen. Versteht ihr? Der Sport sollte Vorbild werden, ein System der Freiheit, Toleranz und Gerechtigkeit.«

Der Professor redete sich in Rage und zielstrebig Richtung März 1848. Er war erneut aufgestanden, um hinter seinem Schreibtisch auf und ab zu schreiten wie hinter einem Katheder, die Burschenschaftsmütze immer tiefer in den Nacken rückend. Über Friedrich Ludwig Jahn, der ihm weniger Turnvater denn Reaktionär, Franzosenhasser und Judenfeind war, kam er unabwendbar auf die Égalité der französischen Verfassung und das »All men are created equal« der Amerikaner. Da plötzlich hielt er inne, verstöpselte den Mund mit der Zigarre, murmelte eine Entschuldigung und wiegelte alle Beteuerungen seiner Zuhörer ab, man finde seinen Vortrag durchaus anregend und spannend. Er schob sie zur Tür: »Der heilige Sonntag ist schließlich vorlesungsfreier Tag. Hinaus mit euch!«

Versonnen sah er den beiden hinterher, wie sie die breite Bürgerstraße Richtung Innenstadt gingen. Vielleicht ahnten sie, was sonst kaum einer wusste: Imgraben, der honorige Pädagogik-Professor, war im Herzen ein Mann der Revolution. Und niemanden verehrte er mehr als jenen Friedrich Hecker, der mit der Fahne der Demokratie vor 45 Jahren zum Helden der Karlsruher Straßen geworden war und der, bevor er ins Exil nach Amerika musste, den trunksüchtigen Großherzog Leopold in seinem Schloss das Fürchten gelehrt hatte.

In den folgenden Wochen ignorierte Bensemann sein in Straßburg ohnehin nur halbherzig betriebenes Studium vollständig. Er reiste nach Lausanne, um mit dem Direktor von Villa Longchamps die notwendigen Absprachen zu treffen, fand bei seiner Rückkehr seine selbst entworfenen Briefköpfe gedruckt vor und schrieb auf ihnen, in perfektem Französisch und Englisch, Einladungen an die berühmten Corinthians in England sowie an den französischen Verband, die L'Union des Sociétés Françaises de Sport Athlétiques. Beiden sicherte er gastfreundliche Aufnahme und finanzielle Garantien zu. Außerdem telegrafierte er an John, den er dringend darum bat, einige Lederbälle sowie einen Satz Trikothemden zu besorgen, gleich welcher Farbe, nur schnell müsse es gehen. Schließlich reservierte er im Hotel Zum Markgrafen den Saal für ein formidables Abendessen von 30 Personen und besorgte sich, mit einiger Mühe, ein Seil von gut 300 Metern Länge.

Hall war der Einzige, an dessen Seite Bensemann den Mund halten konnte. Wenn er mit ihm alleine war, legte sich die sanfte Schweigsamkeit des großen Engländers wie eine weiche Decke dämpfend auf alle Gesprächsversuche. Ebenso schien Hall durch sein meist stoisches Wesen völlig unempfindlich gegen Provokationen wie gegen Prahlereien oder Belehrungen, so dass Walther seine Monologe unterließ und sich der gelassenen Wortlosigkeit des Freundes anpasste.

In harmonischem Schweigen zogen sie an einem sonnigen Herbsttag aus Karlsruhe heraus, über Feldwege und leer getriebene Weiden ins hügelige Umland. Hall trug seine Staffelei und die Palette, Bensemann Farbkasten und Malholz. Die zweite Leidenschaft des Engländers, die Malerei, hatte Walther entdeckt, als er Hall in dessen Zimmer besuchte: eher ein Atelier als die Lernstube eines Ingenieurstudenten. An den Wänden hingen seine Malversuche, Bleistiftskizzen und in leuchtend bunten Farben hingetupfte Landschaftsbilder, für die er sich Motive in Karlsruhes Umgebung gesucht hatte. Es war kein Wunder, dass Hall mehr an der Karlsruher Kunstakademie zu sehen war als am Polytechnikum.

Jetzt führte er den Freund auf eine Anhöhe. Sie gestattete einen weiten Blick ins Land, das Walther als Idylle erschien: beschauliche, mit Büschen und Bäumen bestandene Hügel, brache Äcker und eine Stadt, die sich unscheinbar in die Umgebung duckte, während die Türme ihrer Kirchen und ihres Schlosses sich in scharfer Vertikale abhoben und doch überragt wurden von den fernen Bergen.

Hier baute Hall seine Staffelei auf und begann, ohne zu skizzieren, mit kühnem Pinselstrich zu malen. Bensemann, im Hintergrund auf einem Baumstumpf sitzend, verglich die Natur mit dem langsam vor seinen Augen entstehenden Abbild. Er hatte weder Buch noch Notizblock dabei, schloss zuweilen die Augen und überließ sich ganz der Situation: den wärmenden Sonnenstrahlen, dem Gesang der Vögel, dem reifen Duft des Bodens. Bald fühlte er in sich eine Ruhe, die ihn an die Wanderungen mit John erinnerte, an grandiose Fernblicke und vertraute Gespräche während der Gipfelrast. Je deutlicher er die Bilder zurückholte, desto mehr verstand er, dass es keiner wirklichen Berge und keines Johns bedurfte, um diesen Frieden zu empfinden. In einer Stille, wie Hall sie schuf, reichte ihm auch die Illusion davon.

Der Engländer brauchte Stunden, um die Landschaft unscharf auf das Holz zu porträtieren. In seinem Bild steckte eine Heiterkeit, die Bensemann überraschte, die aber, wie er zugeben musste, in dem leuchtend bunten Herbstlaub, dem strahlenden Blau des Himmels und dem Schwung der Hügel durchaus zu entdecken war. »Du hast dem Herbst die Melancholie geraubt«, lächelte er, und der Künstler lächelte wortlos zurück.

Als er zusammenpackte, begann Hall zu singen, und Walther lernte die dritte Leidenschaft kennen, der sich der Freund hingeben konnte. Er sang mit seiner dröhnenden Stimme ohne Pause Volkslieder und Shantys, sehnsüchtige, raue und fröhliche, und als sie zurück in die Stadt marschierten, brachte er Walther »Marie's wedding« bei, einen lärmenden Refrain, den sie wieder und wieder übten: Step to gaily on we go / heel and heel / and toe for toe / arm in arm / and row and row / all for Marie's wedding.

So kamen sie am Abend nach Karlsruhe, ein grölendes Duett, das im Takt seines Liedes vorwärts tanzte und umso ausgelassener wurde, je verständnisloser man sie anstarrte. Sie schwenkten die Staffelei und das frische Bild umher und drehten sich mit ihnen, all for Marie's wedding, als seien es ihre Bräute beim Hochzeitstanz.

Die Weigerung des Lehramtskandidaten Marx, den Karlsruher Verein an Wettspielen teilnehmen zu lassen, hätte den jungen Club beinahe ruiniert. Der größte Teil der Mitglieder, darunter die Langer-Söhne, schlossen sich Bensemanns Opposition an und traten aus. Nur ein Dutzend Spieler hielt dem idealistischen und trotz allem nicht verbitterten Marx die Treue, darunter allerdings mit Richard Ehlenburg ein Mann von Gewicht. Ehlenburg war nicht nur ein guter Fußballer, sondern ein intelligenter Redner und begnadeter Spötter. Überdies besaß er, wie Bensemann heimlich einräumte, eine persönliche Ausstrahlung und männliche Schönheit, die allenfalls durch seinen Zwirbelbart geschmälert wurde. Zwischen beiden existierte eine unübersehbare Konkurrenz, und es war beinahe unumgänglich, dass sie in nahezu allen Fragen des Lebens, die sie gelegentlich am Stammtisch geistreich und polemisch erörterten, gegenteiliger Ansicht waren. Ob beim Fußball Zuschauer erwünscht seien oder nicht, ob Gottlieb Daimlers Automobil revolutionärer sei als Julius Maggis Speisewürze, ob Wagner von Verdi oder Verdi von Wagner abgeschrieben habe und ob es sich lohne, Karl May zu lesen – alle diese Fragen endeten gewöhnlich in einer sarkastischen Kontroverse und im Grundsätzlichen. Einig waren sie sich lediglich in ihrer Bewunderung für die Corinthians, die sie für die beste Fußballmannschaft der Welt und die legitimen Nachfolger der London Wanderers hielten. Da die Corinthians Wettspiele zwar nicht generell ablehnten, aber doch solche, in denen es um Pokale ging, lieferten sie beiden Kontrahenten Argumente für ihr Gefecht.

»Nur weil sie Wettspiele durchführen«, behauptete Bensemann, »wissen wir überhaupt, dass sie die Besten sind.«

»Wenn sie nicht den Zirkus mit Pokalen und Titeln verachten und sich auf den wahren Sport konzentrieren würden«, konterte Ehlenburg, »wären nicht die Besten bei ihnen versammelt.«

»Wir wüssten es aber nicht.«

»Wenn wir sie sehen könnten, wüssten wir es.«

»Wenn, wenn! If we had some eggs, we could have ham and eggs …«

»… if we had some ham!«, ergänzte Hall und grinste breit.

Für einen Moment blickte Ehlenburg beeindruckt auf den Engländer, von dem er fünf Worte an einem Stück noch nicht gehört hatte. Dann wandte er sich wieder angriffslustig an Walther: »Excuse me, Mr. Bensemann, ich wusste nicht, dass eine einfache Kausalität Sie überfordert. Offenbar benötigen Sie Ihre Bestätigungen. Aber lassen Sie mich aus dem Spiel, ich brauche die nämlich nicht. Den Streit um Ham und Eggs überlasse ich ganz allein Ihrer Wettspielmannschaft. Nur fürchte ich, werden die englischen Schweizer demnächst alles verfrühstücken: den Schinken, die Eier und die famosen Kickers.«

»Nun sehen Sie, jedenfalls dafür könnte ein Wettspiel etwas taugen: um Ihnen die Freude zu machen, uns verlieren zu sehen. Leider werden wir Ihnen diesen Genuss nicht gönnen.«

Zumindest dieser Streitpunkt, entschieden die Zuhörer, werde sich demnächst klären: ob die Schweizer oder die Kickers stärker seien. Nach reichlich Bier und zu vorgerückter Stunde schlossen Bensemann und Ehlenburg eine Wette auf den Ausgang des Treffens und besiegelten sie durch Handschlag, stehend und mit alkoholgetränkter Feierlichkeit. Bensemann setzte natürlich auf die Kickers, Ehlenburg auf Longchamps, und im Falle einer Niederlage würde Ehlenburg seinen Zwirbel verlieren, Bensemann hingegen müsste sich einen wachsen lassen.

Als er am nächsten Morgen die Dinge nüchtern sah, betrachtete Walther zweifelnd sein glatt rasiertes Gesicht im Spiegel und fand, dass der Wetteinsatz kaum höher hätte sein können.

Die süddeutsche Mannschaft traf sich am Morgen vor dem Spiel, elf ausgesuchte junge Männer, die Walther als Erstes zum Fotografen Brentze dirigierte. Dort hatte er einen Termin vereinbart, zu dem er geheimnisvoll einen Koffer anschleppte. Im Kreis der Spieler öffnete er den Deckel und zeigte den Inhalt: elf Trikothemden, jedes zur Hälfte weiß und zur Hälfte schreiend rot, die Ärmel wiederum in der Gegenfarbe abgesetzt. John hatte sie bei irgendeinem Londoner Vorstadtclub ergattert, das Erste, was er in der Schnelle auftreiben konnte, und Bensemann erklärte sie als exklusiven englischen Import zur angemessenen Spielkluft der Kickers.

»Extraordinaire«, knurrte Ivo Schricker, aber niemand stellte sich gegen Walthers Begeisterung, und so arrangierten sie sich unter seiner Intendanz zum Gruppenfoto vor aufgemalter Waldkulisse: links sitzend in aristokratischer Lässigkeit der lange Schricker, neben ihm, ein wenig tiefer, sein Bruder Erwin. Rechts unten kükenhaft der kleine Fritz Langer, dahinter stehend das mannschaftliche Mittelfeld um Ernst Langer. Im Zentrum, den rechten Arm energisch in die Hüfte gestemmt und den linken souverän auf einen Ball gelegt, der Mannschafts-Captain, flankiert nur vom unvermeidlichen Hall, der den rechten Arm um seine Schultern legte. Bensemann blickte starr nach oben, zur Wand des Studios, während die Kamera gerichtet wurde und der Blitz explodierte. Unsicher, in welchem Moment die Szene verewigt wurde, gab er die Pose erst auf, als sich die anderen in befreiendem Gelächter lockerten. Fotograf Brentze erhielt einen Auftrag über elf Abzüge und, wenn das Bild gelungen war, den Druck als Postkarte, die Bensemann künftigen Korrespondenzen der Kickers beilegen wollte. Dann marschierten sie, fröhlich lärmend, zur Engländerwiese. Der Platz musste hergerichtet werden, mit Torstangen und Eckfahnen, die der freundliche Marx aus den Beständen seines Vereins herausgerückt hatte, und mit jenen 300 Metern Seil, die Bensemann besorgt hatte und die er nun um das Feld spannen ließ: »Damit nicht wieder ein Parapluie zerschossen wird!«

Inzwischen waren aus Frankfurt und Baden-Baden drei Spieler eingetroffen, die aus den Kickers eine süddeutsche Auswahl machen sollten, und schließlich auch die drei offenen Kutschen, die Bensemann gemietet hatte, um Longchamps vom Bahnhof abzuholen.

Doch der Captain war noch dabei, die Mannschaftsaufstellung zu bestimmen und letzte Orders zu geben: »Gebt vor allem auf Chevalier Acht. Er ist Lehrer in Longchamps und vielleicht der beste Spieler, der heute für einen schweizerischen Club spielt. Er ist ein alter Cambridge-Football-und-Tennis-Mann und hat einen kolossalen Schuss. Er kann Flanken mit derartiger Kraft abdrehen, wie ich es sonst noch nicht gesehen habe.«

Die Kutscher warteten.

»Übrigens spielt er auch beim F.C. Lausanne, dem ich angehöre, wie ihr wisst. Vor ein paar Monaten, zu Ostern, hatte ich das Glück, neben ihm aufgestellt zu sein. Die Liste der elf Glücklichen, die ausgewählt waren, hing übrigens in der englischen Apotheke dort im Schaufenster. So machen sie es in Lausanne. Jedenfalls spielten wir gegen Zürich, die Kerle nennen sich Grasshoppers und hatten St. Gallen schwer geschlagen, schienen also gut zu sein. Na ja, sie hatten aber keinen Chevalier. Die Hoppers kamen, sahen – und wir siegten 9:0. Die St. Galler waren gerächt, und Chevalier hatte gezeigt, wozu er fähig war.«

Der kleine Fritz Langer kannte die Geschichte schon: »Den Rest solltest du aber auch noch erzählen, Benses.«

Walther lachte. »Lieber nicht. Nun ja, wir waren natürlich froh wie die Schneekönige. Leider. Denn die große Freude artete nach dem Bankett aus, und es gab eine Affäre, bei der einige Rippen und einige Polizeimützen draufgingen. Erspart mir Einzelheiten, aber drei aus unserer Mannschaft mussten 2.000 Franken Buße berappen. Dass mir das aber hier keiner weitererzählt, sonst zieht die Polizei ihre Erlaubnis für das Spiel zurück und schickt den unvermeidlichen Meyerling los.«

Das Team jubelte.

»Und dann«, rief Fritz, »war in Lausanne eine Frau über das nächtliche Randalieren so wütend, dass sie die ganzen Farben, mit denen sie gerade Ostereier anmalte, nach euch warf.«

»Stimmt«, ergänzte Bensemann, »und am nächsten Tag sah man einen Teil der Hoppers in äußerst farbenprächtigen Anzügen herumlaufen. Obwohl sie gar keine Schuld traf! Solche Geschichten erlebt man mit Chevalier. Obwohl er Lehrer ist. Also passt auf ihn auf!«

»Wenn du dich nicht sputest«, erklärte Schricker in das Gelächter, »ist dein Ritter wieder fortgezogen, weil ihn keiner vom Bahnhof abgeholt hat.«

»Keine Sorge, ich eile. Auf die Eisenbahn ist ohnehin Verlass: Sie kommt niemals pünktlich.«

Das Publikum war nicht sehr zahlreich, als das Spiel angepfiffen wurde, und an einer Ecke gab es sogar Schmährufe gegen die Süddeutschen. Da stand Ehlenburg mit seinen Leuten; sie feuerten Longchamps an und hatten einen Reim mitgebracht: »Bensemann, Bensemann, wann holt dich der Sensenmann?« Der Captain der Deutschen hatte sich selbst wie gewohnt ins Sturmzentrum gestellt, wo er sich durch Körperfülle und kräftigen Einsatz einigen Raum zu verschaffen pflegte. Da die Abseitsregel sehr streng gehandhabt wurde – man durfte den Ball nur vom Mitspieler annehmen, wenn man noch drei Gegner vor sich hatte –, wurde vor dem Tor wenig kombiniert und viel auf eigene Faust unternommen: eine Kunst, die Bensemann zuweilen übertrieb. Während er seine Mitspieler ständig und lautstark zum Passen aufforderte, zeigte er sich, wenn er einmal im Besitz des Balles war, meist entschlossen, diesen auf keinen Fall mehr herauszurücken und ihn auf Biegen und Brechen selbst ins gegnerische Tor zu befördern. Gegen Longchamps allerdings gelang ihm nicht allzu viel, er rannte sich an der Abwehr fest oder stand offside. Als er zweimal den Ball verstolpert hatte, waren die Hohngesänge vom Spielfeldrand kaum zu überhören. In ihm kochte es. Die souveräne Gelassenheit, die er an einem wie Ivo Schricker bewunderte, gelang ihm selber nur, wenn er mit der eigenen Leistung zufrieden war. Ansonsten fasste ihn ein eigensinniger Ehrgeiz, spielte er hastig und ruppig und dann erst recht erfolglos. Zweifellos lag es an ihm, dem Captain, dass seine Kickers, die den größten Teil des süddeutschen Teams stellten, bis jetzt keineswegs wie ein Meisterclub gespielt hatten.

Langer schlug einen Pass, den Bensemann erlaufen konnte, doch ebenso der Back von Longchamps. Im Zweikampf um den Ball stieß der energische Captain den Gegner zur Seite und hatte freie Bahn zum Tor, jedoch vergebens, denn der Schiedsrichter intervenierte, und die Horde vom Rand schrie umso lauter nach dem Sensenmann. Da endlich hatte er ein Einsehen und bewies doch noch taktisches Geschick: Rückzug ins Mittelfeld und ins Mittelmaß, ein unauffälliger Einsatz, der den Spielfluss nicht störte und Ehlenburg keinen Anlass mehr gab. Der verstummte, zumal die Leistungen der übrigen Spieler begeisterten. So wurde das Spiel noch zum Erfolg.

Chevalier machte sein Tor, obwohl er Hall als Gegner hatte, doch die Süddeutschen herrschten in der zweiten Halbzeit. Sie hatten sich als Team eingespielt, und Grevé von den Kickers und Stasny aus Frankfurt schossen zwei Tore zum 2:1-Sieg. Der wahre Ritter auf dem Feld aber hieß Ivo Schricker. Als eleganter Mittelläufer gab er ihrem Spiel die Ideen, zeigte lange Dribblings und schlug kluge Pässe. Er wurde zum geistigen Mittelpunkt des Spiels, übrigens auch, unauffälliger als Bensemann und Chevalier, beim anschließenden Dinner im »Markgrafen«, wo er mit den Gästen gewandt in ihrer Landessprache parlierte und den lauten Toasts auf die süddeutsch-schweizerische Freundschaft einen leisen, aber wirksamen Unterbau gab. Die Atmosphäre war gelöst, doch in Anwesenheit von Honoratioren wie Forstrat Langer, Direktor Wendt und Professor Imgraben nicht ausgelassen. Meyerling brauchte nicht in Aktion zu treten. Am Ende umarmte ein glücklicher Bensemann seinen Freund Ivo: »Alles war parfait. Und niemand hat mich mehr vor dem Sensenmann gerettet als du. Jetzt wird Ehlenburg die Sense selber spüren, nämlich an seinem Bart.«

Doch das überlegte er sich anders. Chevalier hatte in Imgrabens Haus übernachtet, Bensemann brachte ihn am nächsten Morgen zum Bahnhof, wo sie den Rest des Lausanner Teams trafen und sich würdevoll verabschiedeten, mit dem feierlichen Versprechen, die Pioniertat alsbald auf Schweizer Boden zu wiederholen: Helden, die Geschichte schreiben. Da schien Walther die Posse um Ehlenburgs Bart freilich lächerlich. Er schickte ihm eine Erklärung, in der er in aller Form auf die Einlösung der Wettschuld verzichtete, wodurch Ehlenburgs Ruf als Ehrenmann in keiner Weise angetastet werde. Das trug ihm einige Anerkennung in den Café-Zirkeln ein und die endgültige Feindschaft Ehlenburgs.

Das öffentliche Echo auf das erste internationale Spiel einer süddeutschen Auswahlmannschaft war denkbar gering, wenn es auch später tatsächlich als Pioniertat in die Annalen der Fußballhistorie eingehen sollte. Die badischen Zeitungen ignorierten das Ereignis fast vollständig, obwohl Bensemann beträchtliche Anstrengungen unternommen hatte, die Redaktionen von der Bedeutung des Spiels zu überzeugen.

Auch die weitere Zukunft der Karlsruher Kickers war nicht ganz so glanzvoll, wie Bensemann gehofft hatte. Man verlor sogar das erste Match gegen den Karlsruher Fußball-Verein, der sich überraschend durch Spieler aus dem inzwischen aufgelösten International F.C. verstärkt hatte, gewann danach aber mehrmals sowohl gegen den KFV wie auch gegen eine englische Auswahl aus Freiburg und gegen Clubs aus der Schweiz. Das reichte nun endlich, um zwischen »Wohlthätigkeitskonzert« und Diebstählen in der »Badischen Presse« die Zwei-Zeilen-Meldung zu lancieren, die Kickers hätten die »Kontinentalmeisterschaft» errungen, und diesen Titel selbstbewusst im Briefkopf zu etablieren. Schließlich unternahm man bei einem Match in Karlsruhe sogar das Wagnis, das Spielfeld mit großen Tüchern zu verhängen und von den wenigen Zuschauern, die das Geschehnis jenseits dieser Verdeckung sehen wollten, Eintritt zu verlangen. Man nahm 94 Mark ein, die eben die Unkosten dieser Aktion deckten. »Immerhin«, kommentierte Bensemann danach sarkastisch, »haben die Leute, die bisher schon an unserer Zurechnungsfähigkeit gezweifelt haben, jetzt das angenehme Bewusstsein, dass wir reif für die Illenau sind.« Die Illenau war nichts anderes als die größte Heil- und Pflegeanstalt in Baden.

Nach nur zwei Jahren lösten sich die »Bensemann-Kickers«, wie man in der süddeutschen Sportszene die Mannschaft in spöttischer Bewunderung nannte, schließlich auf, und Walther schloss sich mit dem Stamm seiner Spieler wieder dem Karlsruher Fußball-Verein an, mit dem es im Schatten der schillernden Kickers steil bergab gegangen war. Inzwischen hatten Marx und Ehlenburg den Verein verlassen, nun wurde Bensemann wieder zum Spiritus Rector, der den Verein zum Wettspielbetrieb zurückführte, einige internationale Matches gegen Teams aus der Schweiz, Österreich und Belgien organisierte und ihm den Ruf eines süddeutschen Spitzenclubs verschaffte.

Dennoch war er in jenen Jahren nur noch selten in Karlsruhe, und wenn, dann meist auf eine gedrängte Visite aus Anlass eines wichtigen Spiels. Walthers Ehrgeiz, Deutschland für den Fußball zu missionieren, führte ihn weiterhin durch nahezu alle größeren Städte des Südens, wo er zum Mitbegründer von Vereinen in Frankfurt, Baden-Baden, Mannheim oder Heidelberg wurde. In München wohnte er mitten im nachtaktiven Schwabing, zählte zu den ersten Kickern des örtlichen Männerturnvereins und diskutierte mit seinen Mitspielern deren Überlegungen, sich von den ungeliebten Turnern abzulösen, einen eigenen Verein zu gründen und ihn selbstbewusst Fußball-Club Bayern zu nennen.

Energisch entwarf und verfolgte Bensemann zudem Pläne, die jungen süddeutschen Vereine in einer gemeinsamen Organisation zusammenzuführen, was unter seiner sprunghaften Ägide freilich nur vorübergehend gelang: Dazu bedurfte es geduldigerer Naturen als Walther.

Häufig tauchte er auch in Berlin auf, das er im Zentrum der sportlichen Entwicklung sah und in dessen Fußballkreisen es heftige Diskussionen darum gab, ob man einen reichsweiten Dachverband schaffen könne. Als selbst ernannter Botschafter der Süddeutschen bemühte Bensemann sich in der Hauptstadt darum, den überregionalen Spielbetrieb anzukurbeln. Er bot den Berlinern einen Besuch süddeutscher Mannschaften an, doch da die Reisekosten nicht übernommen wurden, scheiterte dieser Plan. Umgekehrt aber ließ sich der Thor- und Fußballclub Victoria, der damalige Berliner Meister, zu einer Fahrt in den Süden überreden. Am Silvestertag 1894 und, nach einer fröhlichen Nacht, am Neujahrstag 1895 verloren die Karlsruher trotz der Schricker- und der Langer-Brüder mit 1:5 und 0:6. Bensemann buchte die Unternehmung dennoch als Erfolg. Die Berliner hatten in Süddeutschland einiges Aufsehen erregt, was sie offensichtlich ebenso begeisterte wie die badische Gastfreundschaft. Jedenfalls las er mit Genugtuung ihre Notiz im Spielbericht: »Herr Bensemann und seine Leute sind eben ganz famose Wirte.« Das mehrte seinen Ruf auch in Berlin und verlängerte die Liste seiner diversen Clubmitgliedschaften, denn die große Victoria ließ es sich nicht nehmen, den famosen Wirt zum Ehrenmitglied zu ernennen.

Seinen Plan aber, prominente Mannschaften aus Frankreich und England zu holen, hatte Bensemann vorerst ad acta legen müssen. Zuerst meldeten sich die Corinthians mit einer höflichen Antwort, sie seien zur Anreise bereit, sofern die Garantiesumme von 400 englischen Pfund aufgebracht werde, doch das war ein horrender Betrag, der die schwankenden finanziellen Möglichkeiten Bensemanns weit überschritt. Zumal er, von John zaghaft ermahnt, endlich auch die englischen Trikots zu begleichen hatte und auf seinem Schreibtisch noch beträchtliche Rechnungen diverser Festlichkeiten lagen, vor allem vom »Markgrafen«. Besorgt war dessen Besitzer inzwischen bei Imgraben vorstellig geworden, und der Professor hatte, verlegen und zornig zugleich, die offenen Beträge vorgestreckt. Aber damit war die Sache keineswegs aus der Welt; was den Vater und Imgraben betraf, so hatte Bensemann seinen Kreditspielraum verloren. An die Finanzierung der Corinthians war nicht zu denken.

Von der französischen Sportunion in Paris kam erst gar keine Antwort und dann eine formlose Absage – ohne Begründung, doch nicht ohne Begleitmusik. Schricker brachte, ein spöttisches »Aux armes, Citoyens« summend, diverse französische Zeitungen bei Bensemann vorbei, die den Fall kommentierten: Es sei ein Affront, Franzosen ausgerechnet ins Elsass einzuladen. »Wenn wir nach Straßburg kommen, werden wir mit unseren Kanonen erscheinen«, womit keineswegs Sportskanonen gemeint waren. Das für Straßburg so fürchterliche Jahr 1870 hatte man in Frankreich offensichtlich noch längst nicht verdaut.

Bensemann las die Kriegserklärung, von Schricker diskret beobachtet. Er bemühte sich, in die gelassene Ironie seines Freundes einzustimmen. »Nun gut. Wenn die Pariser nicht zu uns kommen, dann erscheinen wir eben bei ihnen. Ohne Kanonen, aber mit Ball.«

Als Bensemann im Frühjahr 1895 von einer Reise zurückkehrte, fand er in seinem Zimmer bei Imgraben das Bild vor, das Hall an jenem sonnigen Herbsttag auf dem Hügel vor Karlsruhe gemalt hatte. »Ein Herr hat es für Sie abgegeben«, berichtete ihm Alma Katner, die energische Haushälterin, »aber nichts weiter dazu gesagt.«

Da wusste Bensemann, dass Hall fort war. Niemand kannte den Grund und das Ziel seines Umzugs. Jahre später erfuhr er, dass Hall in Wien gelebt hatte und von dort ebenso geheimnisvoll verschwunden war wie aus der badischen Hauptstadt.

IV

»Ein Sieg von 7 zu 0 Malen«

Berlin im Winter 1898

Die Eisenbahn hatte Europa kleiner gemacht. Um von Paris nach Berlin zu kommen, brauchte man nur noch eine Nacht und einen Tag, die, wenn man es sich leisten konnte, komfortabel in Schlafabteilen, Polstersesseln und Speisewagen verbracht wurden. Auch in der dritten Klasse, die Walther Bensemann mit seiner Mannschaft abends in Paris bestieg, wurde es bequemer, als sich in Meaux die Abteile leerten, so dass sie sich auf den harten Bänken ausstrecken konnten, um endlich zu schlafen. Nur Bensemann starrte noch eine Weile in die Dunkelheit, in der entlang der Marne eine ihm unsichtbare und unbekannte Landschaft vorbeizog, von der er nur ferne Lichter und Schatten sah. Ihm war, als flöge der Zug durch eine schwarze Ödnis von einem Planet zum anderen.

Sie hatten in Paris gespielt, die ersten Begegnungen von Teams aus Frankreich und Deutschland, und nie hatte Walther so lange daran gearbeitet, eine Idee gegen festgewachsene Vorurteile durchzusetzen. Es hatte keinen großen Bahnhof gegeben, und es hatten keine Friedensglocken geläutet; auf irgendeiner Wiese in dieser riesigen Stadt hatten sie einfach gekickt und sich in irgendeinem Lokal des Nachts mit den französischen Fußballern verbrüdert: auf dem Spielfeld und im Suff ein fröhliches Friedensfest.

Schade, dass Coubertin nicht dabei gewesen ist, dachte Bensemann, zumindest tagsüber hätte es ihm gefallen. Im Trubel der Begegnungen hatte er keine Zeit gefunden, dem französischen Sportpionier seine Aufwartung zu machen, um ihm zu versichern, dass sie vollkommen im Einklang mit seinen waghalsigen olympischen Ideen nach Paris gekommen waren. Und vielleicht auch, um mit dem Baron einige Unstimmigkeiten aus der Welt zu schaffen.

Denn vier Jahre zuvor, im Frühjahr 1894, hatte Pierre de Coubertin auf gut Glück einige Briefe nach Deutschland verschickt, in denen er für den

Plan eines internationalen olympischen Sportturniers geworben hatte. Zu seiner Enttäuschung war die Resonanz denkbar gering. Auch Bensemann hatte zu den Empfängern gehört, doch statt sich den Plänen des Barons zu widmen, bat er ihn seinerseits um Beihilfe für seinen eigenen Plan: dem Fußballvergleich zwischen einem deutschen und einem französischen Team. Nun war es Coubertin, der geschwiegen hatte, obwohl Bensemann sogar die International Sporting Association in London um Vermittlung bat. Als er zudem von dem Gerücht hörte, dass Coubertin keine deutschen Teilnehmer zum olympischen Vorbereitungskongress eingeladen habe, war Bensemanns Verstimmung komplett, und er zog öffentlich über den »von Internationalität und Sportbegeisterung triefenden Mr. Pierre de Coubertin« her. Doch dieser Ärger hielt sich nicht lange. Das Gerücht stellte sich bald als falsch heraus, und als im deutschen Lager ein bitterer Streit zwischen Olympiabefürwortern und deutschnationaler Turnerschaft ausbrach, drängte es ihn zur Parteinahme. Gemeinsam mit dem Berliner Fußball- und Cricket-Bund stellte Bensemann für die Athener Spiele 1896 eine Auswahl zusammen: darunter die Schricker-Brüder als Läufer, Ernst Langer als Stürmer und sich selbst als Captain. Obwohl potente Finanziers das Unternehmen absicherten, zerschlug es sich in letzter Minute, denn das olympische Fußballturnier wurde kurz vor dem Beginn der Spiele abgesagt. Die deutsche Olympia-Expedition fuhr ohne Bensemann nach Athen.

Doch die Mannschaft, die er auf dem Papier zusammengebaut hatte, ließ ihn nicht los. Mit einem solch hochkarätigen Auswahl-Team konnte er den Versuch wiederholen, namhafte französische oder englische Gegner zu finden. Als weitere Korrespondenzen nach Frankreich erfolglos blieben, hatte er sich kurz entschlossen auf den Weg nach Paris gemacht, dort wochenlang das Terrain sondiert und war auf mehr Skepsis als Begeisterung gestoßen. Am Ende halfen ihm die Engländer. Die White Rovers, ein überwiegend englischer Club, der dreimal das Finale um die Pariser Meisterschaft bestritten hatte, konnten überzeugt werden.

Überraschend tauchten die eigentlichen Schwierigkeiten dann in Deutschland auf: Es fand sich kein Verband, der das internationale Treffen befürworten wollte, denn die Beziehungen zum französischen Nachbarn waren noch immer politisch heikel, und für den Fall einer Niederlage fürchtete man den Gesichtsverlust. Wenige Tage vor dem Match stand Bensemann ohne Mannschaft da.

Immerhin erklärten die Berliner sich bereit, ihn anzuhören. Er organisierte den letzten verzweifelten Versuch mit einem festlichen Dinner im Weißen Hirsch, dem Berliner Verbandslokal, wo ihm ein glückliches Geschick Ivo Schricker zur Seite stellte. Der Straßburger studierte wie sein Bruder Erwin inzwischen in Berlin und erwies sich im nächtlichen Rededuell als ebenso hartnäckiger wie gewiefter Diplomat. Am frühen Morgen erhielt das Unternehmen ein offizielles Plazet: »Man hat am Ende vor Erschöpfung Ja gesagt.« So hatten sich am 9. Dezember 1898 neben Bensemann elf deutsche Spieler in Bewegung gesetzt, aus Hamburg der reichsweit gerühmte Torhüter Ludwig Friese, aus Karlsruhe der Flügelstürmer Rudolf Wetzler, und ansonsten nur Berliner Spieler, unter ihnen auch die beiden Schricker-Brüder.

Zweimal hatten sie in Paris gespielt und zweimal gewonnen, und als sie schließlich erschöpft und glücklich die nächtliche Heimfahrt antraten, hatten sie allen Grund, auf den Holzbänken ihres Abteils in zufriedenen Schlaf zu fallen. Lediglich Bensemann dachte über die erregende Aussicht nach, dass dies alles nur der schwierige Anfang einer wunderbaren Zukunft gewesen war. Das war eine Vorstellung, die er durch den Schlaf nicht verlieren wollte.

Morgens erreichten sie Karlsruhe, wo Walther Bensemann und Ivo Schricker sich von den Kameraden verabschiedeten, um Professor Imgraben auf einige Stunden zu besuchen und Bericht abzustatten. Dann, im nächsten Fernzug von der Holz- in die zweite Klasse gewechselt, reisten sie weiter nach Berlin.

Die deutsche Hauptstadt hatte in den vergangenen zwei Jahrzehnten eine rasante Entwicklung genommen. Die Einwohnerzahl war sprunghaft gestiegen, Warenhäuser und riesige Fabriken waren aus dem Boden gewachsen. Die Elektrifizierung schritt stürmisch voran, und auf den Straßen sah man die ersten Automobile als Vorboten einer neuerlichen Revolution im Verkehrswesen.

Von Paris allerdings waren Bensemann und Schricker ungleich stärker beeindruckt worden. Sie hatten eine Metropole erlebt, die in der Belle Époque stolz die historischen Zeugnisse einer Grande Nation vorzeigte und zugleich die moderne Zeit aufsaugte wie kaum ein anderer Ort. Sich rüstend für die Weltausstellung zur Jahrhundertwende, lebte die Stadt im Baufieber. Paris erhielt mit der Métropolitaine die erste U-Bahn der Welt, und allein für die Ausstellungsbesucher baute man den prunkvollen Gare d'Orsay und die breite Jugendstilbrücke Alexandre III, so wie zur Weltausstellung zehn Jahre zuvor der Eiffelturm errichtet worden war, ein stählernes Wahrzeichen kühner Ingenieurkunst, im Übrigen aber skandalös funktionslos. Die Boulevards und Plätze um die Cité hatten ihren Charme bewahrt und die Vorstädte ihr Elend, doch Paris war auf dem Kontinent eindeutig die Hauptstadt des Fortschritts.

Fauchend schob der Zug sich in das gewaltige Hallengewölbe des Anhalter Bahnhofs, wo Bensemann seinen Freund mit einer Umarmung verabschiedete und sich in einer Droschke zur Familienvilla bringen ließ. Inzwischen war die Mutter gestorben, ein Verlust, den er als schmerzhaft empfunden hatte, auch wenn die Ablösung schon Jahre vorher vollzogen worden war. Die Endgültigkeit ihres Fehlens jedoch beunruhigte ihn unerwartet heftig.

Der Vater war schwer erkrankt und bettlägerig. Das große Haus, einst strahlender Mittelpunkt eleganter Gesellschaften, lag düster und still. Er ließ sich Gepäck und Mantel abnehmen und schritt hinauf ins Zimmer des Vaters. Berthold Bensemanns Gesicht war faltig und erschöpft, das Gesicht eines Mannes, der sein Leben hinter sich weiß. Aber er begrüßte Walther mit kraftvoller Freude und ließ die Fragen nach seiner gesundheitlichen Verfassung unbeantwortet.

»Halte dich nicht mit den Klageliedern eines Greises auf. Sage mir lieber, ob du in Paris Erfolg hattest.«

»Oh ja, wir haben zweimal gewonnen, Vater.«

»Ich gratuliere.« Berthold Bensemann schloss die Augen. »Erzähle mir von deiner Unternehmung. Erzähle mir ausführlich. Und sprich weiter, auch wenn es dir scheint, als ob ich schlafe. Ich höre dir zu.«

Und Walther erzählte, ratlos die Bitte des Kranken erfüllend, dem doch alles so fremd sein musste. Er ließ nichts aus, die Probleme und Unwägbarkeiten nicht, die der Fahrt vorausgegangen waren, und nicht die Mühen, sie zu überwinden. Einige Male sah der Vater kurz hoch, als schienen ihn Walthers Verwicklungen zu irritieren, doch er fragte nichts und schloss die Augen wieder mit einem leichten Nicken, so als habe er verstanden.

Leise monologisierte Walther gegen die drückende Stille des Krankenzimmers und mühte sich, durch eine heitere Schilderung ein wenig Lebendigkeit hereinzuholen. Vielleicht war es ja das, worauf sein Vater hoffte.

»Am vorigen Freitagabend also sind wir unter den brausenden Hurras der versammelten Freunde nach Paris abgedampft«, berichtete er, »und am Samstagabend, nach 21-stündiger Fahrt und einem guten Empfang, im Hotel Britannia abgestiegen.« Am Sonntag besuchten sie nach Eiffelturm und Notre-Dame eine Ausstellung von Paul Cézanne, der ihnen als Genremaler des Sports gepriesen worden war und in dessen Bildern Bensemann den Stil seines Freundes Hall wiederfand. Nachmittags endlich begann das erste Match, nicht gerade unter regulären Bedingungen. Das Spielfeld der White Rovers war schmal wie ein Handtuch und leicht abschüssig. Die Spieldauer hatte man, der frühen Dämmerung wegen, auf zweimal 35 Minuten verkürzt.

Walther hielt inne. Offenbar beeindruckten diese absonderlichen Umstände den Vater nicht weiter, denn er blieb regungslos, und erst als die Erzählung seines Sohnes stockte, ermunterte er ihn mit einem leisen Murmeln.

Das Spiel, so berichtete Walther, wurde ein Triumph für die Berliner. Zur allgemeinen Überraschung blieben die englischen Franzosen, die deutsche Kraftpakete und keine Techniker erwartet hatten, ohne Chance: Die Schrickers organisierten mit dem Berliner Paul Kralle eine faire und effektive Abwehr, vorne schossen Willer und Jestram elegante Tore. Am Ende stand es 7:0, einige hundert Zuschauer applaudierten, und Bensemann eilte sich, ein Telegramm aufzugeben, das den Triumph nach Berlin meldete.

»Eigentlich wollten wir am gleichen Abend Paris verlassen. Aber es meldeten sich einige Herren bei mir, die andere Vereine vertraten und ein Match gegen ein Pariser Scratchteam anboten, also ein Auswahlteam. Natürlich habe ich sofort akzeptiert, zumal sich auch Ivo dafür aussprach.«

Also blieben die Deutschen und ließen sich ins liberale Pariser Nachtleben einweisen. Sie hörten von den ersten Filmvorführungen eines Monsieur Pathé und von Puccinis Skandaloper »La Bohème«, diskutierten über das »J'accuse« des Emile Zola in der Dreyfus-Affäre und erkundeten im Übrigen das »gai Paris«.

Als Walther den Namen Dreyfus erwähnte, wartete er auf eine Reaktion des Vaters. Die Verurteilung des jüdischen Artillerie-Offiziers, der für die Deutschen spioniert haben sollte und noch immer in der Verbannung saß, obwohl längst seine Unschuld bewiesen war, hatte auch in Frankreich jenen latenten Antisemitismus offenbar werden lassen, den Berthold Bensemann in Deutschland wachsen sah. Doch der Vater blieb stumm, und so fuhr Walther mit seinem Bericht fort.

»Wir hatten also die anstrengende Aufgabe, das Pariser Volk bei Nacht zu belauschen, und unsere Verfassung am nächsten Morgen war nicht superbe.« Das galt vor allem für zwei Spieler, die frühmorgens in einer Absinth-Kneipe gelandet waren. Walther lächelte, als er daran zurückdachte. Sie hatten die beiden so lange mit kaltem Wasser übergossen, bis das Badezimmer einem kleinen See glich, sie aber nur mühsam wieder auf die Beine gebracht. »Wir mussten mit unseren Absinth-Leichen antreten, die sich erst nach der Pause einigermaßen erholt hatten.« Gegen die rasch zusammengetrommelte Pariser Auswahl schafften die verkaterten Deutschen dennoch ein mühevolles 2:1, auf das sie stolzer waren als auf das 7:0 vom Vortag: »Als wir vom Platz gingen, zogen die Zuschauer ihre Hüte und beglückwünschten uns unter lautem Bravo. Es war ohne Zweifel das beste Spiel, das ich auf dem Kontinent erlebt habe.«

Walther Bensemann schwieg und blickte auf den Vater, der ruhig atmend im Bett lag.

»Vater?«

Berthold Bensemann war längst eingeschlafen. Sein Sohn stand auf, ging auf dem dicken Teppich leise aus dem Zimmer und ließ sich unten das Abendessen servieren.

Die Redaktion der »Spiel und Sport« bestand lediglich aus drei Räumen. In einem davon residierte John Bloch, der englische Besitzer und Herausgeber der Zeitung, ein untersetzter, breitschultriger 48-jähriger Mann mit einem milderen Gemüt, als es seine forsche Erscheinung vermuten ließ. Bensemann schrieb seit einiger Zeit für das Berliner Blatt, mit dessen Besitzer ihn der sportliche Pioniergeist und die jüdische Herkunft verbanden. Bloch bot ihm, wonach er seit langem gesucht hatte: eine publizistische Plattform. »Spiel und Sport« druckte nahezu alles, was aus seiner Feder stammte, und Walther dankte es dem Herausgeber, indem er sich nicht nur mit dessen Zeitung bedingungslos identifizierte, sondern überdies Blochs Rivalität zur Konkurrenzzeitung »Sport im Bild« übernahm. Auch »Sport im Bild« wurde durch einen in Berlin lebenden Briten herausgegeben, den Schotten Andrew Pitcairn-Knowles, und die beiden Zeitungsmänner von der Insel waren sich in herzlicher Abneigung verbunden.

»Liegt der Bericht aus Paris vor?« Bensemann hatte Blochs Büro gestürmt, ohne anzuklopfen.

Der Engländer lächelte nachsichtig. »Willkommen zu Hause, mein Freund, und herzlichen Glückwunsch zu deinem Erfolg. Der Bericht liegt nicht nur vor, sondern ist schon redigiert und im Satz. Morgen wird gedruckt, ich warte nur noch auf die Korrekturfahnen. Inzwischen berichte über alles, was du in deinem Artikel verschweigen musstest.«

Doch bevor Bensemann antworten konnte, zog Bloch einen Zettel hervor. »Warte, ich habe noch etwas für dich. Als am Samstagabend dein Telegramm im Weißen Hirsch eintraf, herrschte beim Berliner Verband natürlich Begeisterung. Du kannst dir vorstellen, dass sie erleichtert waren, sie hatten ja mit dem Schlimmsten gerechnet. Demmler hat stante pede ein Telegramm an den Kaiser abgeschickt, um ihm die frohe Botschaft zu verkünden.«

»Das war so abgesprochen.«

»Der Text auch?«

»Nur grob. Hast du ihn vorliegen?«

Bloch reichte Bensemann den Zettel. »Sr. Majestät dem Kaiser, Potsdam, unterbreiten unterthänigst die Vertreter der maßgebenden Vereine des deutschen Fußballsportes Berlins die gehorsamste Mitteilung, dass heute in Paris zum ersten Male eine aus allen deutschen Gauen zusammengesetzte Fußballmannschaft über einen hervorragenden französischen Fußballverein einen Sieg von 7 zu 0 Malen errungen hat! Eurer Majestät geloben die auf dem Tempelhofer Feld übenden deutschen Fußballspieler, wo es auch sei, mit Gut und Blut für Kaiser und Reich einstehen zu wollen. Georg Demmler, Marienfelde bei Berlin.«

Bensemann nickte. »Nicht schlecht.«

»Sicher nicht schlecht, aber ein wenig übertrieben, nicht wahr? Aus allen deutschen Gauen wart ihr wohl kaum zusammengesetzt.«

»Nun, es waren Berlin vertreten, Norddeutschland und Süddeutschland. Was den Fußball angeht, sind das die wichtigsten Gaue.«

Bloch blieb skeptisch. »Setzen wir darauf, dass Seine Majestät keine Ahnung von Fußballpolitik hat. Und das ›Gut und Blut‹, war das abgesprochen?«

»Das ist Demmler. Aber wie ihr Engländer sagt: Right or wrong, my country. Wenn wir Majestät für den Fußball gewinnen wollen, müssen wir ihm Honig geben. Hat er schon reagiert?«

»Er hat, jedenfalls in Gestalt seines hochwohlgeborenen Hofmarschalls. Demmler liegt ein Glückwunsch-Telegramm vor, aber ich habe den Wortlaut noch nicht.«

Es klopfte an der Tür, und ein Bote brachte die Korrekturabzüge der Zeitung. Bloch legte die beiden Seiten mit dem Reisebericht auf den

Schreibtisch, und sie beugten sich darüber. Bensemann verlangte einige kleinere Änderungen. Als er zum Ende des Artikels kam, schüttelte er den Kopf. »Der Dank an die tüchtige deutsche Elf et cetera geht in Ordnung. Der Dank an meine Wenigkeit auch, aber das scheint mir noch unvollständig. ›Wir haben an dieser Stelle im Namen aller Sportsfreunde dem Organisator und Arrangeur der Tour, Walther Bensemann, unseren Dank auszusprechen, der nach langjährigen Bemühungen seine Lieblingsidee endlich verwirklichen konnte.‹ So weit, so gut, doch ich denke, es sollte auch darauf hingewiesen werden, dass ich weder Kosten noch Mühen gescheut habe, um den Plan erfolgreich umsetzen zu können. Immerhin war es eine aufwändige und teure Angelegenheit, lieber Bloch. Allein die Fahrt samt erstklassigem Hotel hat mich 3.000 Mark gekostet.«

Bloch hob die Hände. »Es ist dein Kind und dein Triumph, Walther. Und es ist dein Recht, ihn endlich zu genießen. Also hinein mit den Kosten und Mühen, und dann ab damit in den Druck.«

Als Bensemann die Redaktion verließ, stieß er mit einem kräftigen Mann zusammen, der gerade zur Tür hereinstürmen wollte.

»Heaven and hell«, brüllte Des Barres und nahm seine dicke Schirmmütze ab, »noch immer der alte Mittelstürmer. Lass dich umarmen, old boy.«

Bensemann schaute verblüfft. »Der alte Maori! Ich fasse es nicht. Was machst du denn in Berlin?«

»Ich suche dich. Man sagte mir, dass du hier anzutreffen wärest. Nun ja, Männer mit zweifelhaftem Ruf findet man immer schnell.«

Des Barres lachte und hieb Bensemann begeistert auf die Schulter. Er bewegte sich selbstsicher, beinahe ungeniert, und hatte sich eine Stimme zugelegt, die keinen Widerspruch duldete. Walther zog ihn in eine Ecke der Redaktionsräume, wo der Ire sich aus seinem langen Mantel pellte. Er war geschäftlich in Berlin, seit einigen Tagen schon. »Nachdem ich mich beim Ingenieurstudium davon überzeugt habe, dass ich von der Technik die Finger lassen sollte, verkaufe ich jetzt das Zeug, das andere basteln. Gute englische Signaltechnik für eure Eisenbahnen.« Beim Besuch in der Berliner Filiale seiner Firma war Des Barres an einige Footballmen geraten. »Natürlich erzählten sie mir von einem verrückten Deutschen, der zugleich ein englischer Schweizer sei, und von seinen internationalen Plänen. Berlin, Fußball, verrückt und ein Engländer aus der Schweiz – das konntest nur du sein.«

»Es ist in der Tat einiges los. Wir sind gerade aus Paris zurück.«

»Schon gehört, lieber Freund. Es hat sich herumgesprochen. Meine Hochachtung. Fußball ist ein ganz durchtriebener Vorwand, um nach Paris zu kommen. Hat es sich gelohnt?«

»Jedenfalls war es eine großartige Erfahrung. Und gewonnen haben wir zum Glück auch.«

»Gratuliere. Bist du schon mal mit einem Motorwagen gefahren?«

Bensemann schüttelte irritiert den Kopf.

»Dann komm mit. Du wirst begeistert sein.«

Auf der Straße stand, begafft von einigen Kindern, ein imposanter Phönix-Wagen von Daimler, eher eine offene Kutsche mit Frontmotor, aber zweifellos das Modernste, was die jungen Automobilwerkstätten zu bieten hatten. Des Barres stapfte stolz um das Gefährt.

»Unsere Leute in Berlin meinen, sie könnten ihre Kunden damit beeindrucken.« Er klopfte gegen die Messinglampen. »Kostet ein Heidengeld. Und hat diese modernen französischen Gummireifen, damit man nicht so herumhoppelt. Ich hab's mir gleich ausgeliehen. Hab erst mal zwei Pferdekutschen gerammt, aber jetzt kann ich's. Knöpf dir deinen Mantel zu und steig ein, wenn du dich traust. Wir machen eine Ausfahrt.«

Des Barres drehte kräftig an der Kurbel, die vorne am Motor befestigt war. Nach einigen Versuchen begann der Wagen zu knattern und zu vibrieren, schließlich kam der Motor auf Touren.

»Los, hinauf mit dir!«, schrie Des Barres in den Lärm, während er selber auf den gepolsterten Sitz sprang. Nachdem er die Bremse gelockert hatte, setzte sich der Wagen ruckelnd in Bewegung. Des Barres ließ die Hupe tröten, um die Zuschauer zu verscheuchen. Der Phönix rappelte über das Pflaster.

»Man muss erst einmal rauskriegen, das Ding zu lenken. Dann geht es ziemlich einfach«, brüllte Des Barres. »Natürlich ist es nichts für lange Strecken. Viel zu ungemütlich und kein Vergleich mit der Eisenbahn. Schon gar nicht im Winter. Aber im Nahverkehr hat es eine Zukunft. Das wissen auch die Kutscher, deshalb gucken sie alle so pferdemäulig.«

Bensemann genoss die Fahrt und die Aufmerksamkeit der Passanten, die je nach Naturell spöttisch, bewundernd oder wütend blickten: ein Aufsehen, das ihn an die frühe Fußballzeit in Karlsruhe erinnerte. »Narrentracht und Narrenkutsche«, sagte er auf Deutsch, doch Des Barres verstand nicht. Sie tuckerten durch die Stadt, über den Kurfürstendamm, wo Des Barres mützenschwenkend andere Automobile begrüßte, und vorbei am neuen Sportfeld, auf dem eine Fußballmannschaft trainierte. Des Barres grüßte die Spieler mit einer quäkenden Hupe, was ihm einige obszöne Gesten als Antwort einbrachte. Er winkte spöttisch zurück, und, dadurch abgelenkt, wäre er fast in ein entgegenkommendes Pferdefuhrwerk hineingerauscht. Die Gäule scheuten, der Kutscher fluchte berlinerisch, Des Barres irisch, und schließlich gab er Gas, um den Kartoffeln zu entkommen, mit denen der Kutscher sie bewarf.

»Wenn ihr euch verstanden hättet, wäre ein britisch-deutscher Krieg ausgebrochen«, lachte Bensemann. »Aber lassen wir es dabei, wir sollten uns an einem ungefährlicheren Ort aufwärmen. Du hast die Wahl. Entweder ich zeige dir eines dieser neuen jüdischen Kaufhäuser. Wertheim heißt es, und dort bekommen wir den besten englischen Tee des ganzen Kontinents. Oder wir wagen uns ins Café des Westens, wo du verrückte Künstler und schöne Frauen sehen kannst. Man nennt es auch Café Größenwahn.«

»Café what?«

»Größenwahn. Megalomania.«

»Oh, ich verstehe. Aber da ich mich mit dir befassen will, old boy, sollte ich mich von schönen Frauen nicht ablenken lassen. Zeig mir also den Weg zu Mr. Wertheim.«

Das Warenhaus an der Leipziger Straße hatte vor einem Jahr eröffnet, ein gewaltiger Bau, der mit seinen senkrecht gegliederten Fassaden und den runden Arkadenbögen mehr an eine gotische Kathedrale als an einen Konsumtempel erinnerte.

»Looks like Oxford«, knurrte Des Barres, als er seinen Motorwagen vor dem Gebäude abgestellt hatte und sie den gediegenen Eingang des Hauses betraten.

Später, bei Tee und alten Zeiten, kamen sie auf John zu sprechen. Bensemann hatte ihn vor einigen Monaten gesehen, als er für seinen Karlsruher Verein nach englischen Gegnern suchte, vergebens allerdings. Auch das Treffen mit John war enttäuschend verlaufen. Fritz Langer war nach England mitgefahren, und in seiner Gegenwart blieb John reserviert. Im Wiedersehen waren sie sich fremder gewesen als in ihren Briefen.

Der inzwischen hoch aufgeschossene John hatte sich mit der Militärlaufbahn arrangiert, wenn er auch nichts mehr fürchtete, als in einer Schlacht seine neu erworbenen Fähigkeiten unter Beweis stellen zu müssen. Da in Südafrika der Konflikt mit den Buren eskalierte, war diese Sorge durchaus berechtigt. Es schien nur noch eine Frage der Zeit, dass die britische Armee in einen Krieg ziehen würde, in dem es um Gold, Diamanten und um die Abschaffung des von den Buren praktizierten Sklavensystems ging.

Auch Bensemann kam der Konflikt ungelegen. Angesichts der Tatsache, dass der Kaiser sich den teils deutschstämmigen Buren verpflichtet fühlte, befürchtete er politische Spannungen zwischen London und Berlin und sah seine Chancen sinken, eine englische Mannschaft nach Deutschland zu holen.

Des Barres' dicke Kantholzfinger griffen vorsichtig nach der zierlichen Tasse, und er schlürfte genießerisch.

»Das Empire ist groß, mein Freund. Es lässt sich durch ein paar verrückte deutsche Bauern nicht aus der Fassung bringen.«

»Buren heißen die Leute, und die meisten stammen aus Holland.«

Des Barres zuckte gleichgültig die Achseln. »Mag sein. Aber kläre mich lieber darüber auf, worum es bei deinen Plänen geht.«

»Ich möchte ein Treffen von Auswahlmannschaften hinbekommen. London gegen Berlin. Oder noch besser: All-England gegen All-Germany. Das wäre etwas.«

»Ein Event, nehme ich an.«

Bensemann musste lächeln. »Du hast ein gutes Gedächtnis. Tatsächlich, ein Event. Es wäre das erste Mal, dass ein englisches Auswahlteam auf den Kontinent käme. Sie könnten uns in Deutschland zeigen, was wahrer Fußball ist. Und der Sport wäre ein Stück weiter darin, die Völker einander näher zu bringen.«

»Das besorgt zuallererst die Eisenbahn, muss ich dir als Geschäftsmann sagen. Aber das nur nebenbei. Bei dem, was du vorhast, kommst du an Frederick J. Wall nicht vorbei. Er ist der Sekretär der Association, und sein Wort gilt.«

Bensemann wusste das: Die Präsidenten der F.A. waren noble Gentlemen, doch Wall war der Kopf des Verbandes. Er hatte schon vor drei Jahren an ihn geschrieben, allerdings hinhaltende Antworten bekommen.

»Wenn du an Wall heranwillst, brauchst du zweierlei: Erstens einen Fürsprecher. Den hast du.«

»Wen?«

»Mich«, sagte Des Barres trocken. »Natürlich würde er nicht auf einen simplen Eisenwarenhändler wie mich hören. Aber die Firma, der ich die Ehre habe anzugehören, ist eine großzügige Förderin des Football, und der Besitzer ist der honest Mr. Applegate, wie der Zufall so spielt, ein

Freund meines Vaters. Vergiss also Punkt eins. Wichtiger ist der zweite. Wall wird nie mit einem Privatmann verhandeln. Du brauchst einen Namen, den du dir an den Hut klemmen kannst. Einen Verband, ein Komitee, was auch immer. In dieser Hinsicht hast du ja Fantasie. Warst du in Montreux nicht schon Clubsekretär, bevor der Club überhaupt existierte?«

»Du bist zu liebenswürdig, alter Freund, aber auch ein kluger Ratgeber. Ich werde darüber nachdenken.«

Und das tat er, so unvermittelt und intensiv, dass er sogar Des Barres irritierte. Dem passierte es nicht oft, dass man seine Gegenwart übersah.

»Aber bevor du London eroberst«, stöberte er nach einer Weile Bensemann auf, »solltest du erst einmal Paris verdauen. Und nun komm, es sieht draußen nach Regen aus. Wenn wir uns nicht beeilen, säuft meine Motorkutsche ab wie Napoleons Flotte vor Trafalgar.«

Paris aber war so leicht nicht zu verdauen. Wieder einmal war es Ivo Schricker, der mit einer Zeitung und schlechten Nachrichten kam. Einen Tag nach Des Barres' überraschendem Besuch saß Bensemann mit Ette Boxhammer und anderen Berliner Fußballern in einer der Kneipen am Tempelhofer Feld, die sie nach dem Training zu bevölkern pflegten und in denen sie nächtens unter Rauchschwaden den Fußball die Welt erobern ließen. Boxhammer, ein Pragmatiker, der so aussah, wie er hieß, und der neben dem modisch gekleideten Bensemann in seinem abgetragenen Zwirn ein wenig proletarisch wirkte, verkörperte eine vor der Jahrhundertwende häufige Personalunion von aktivem Allround-Sportler, umtriebigem Funktionär und unorthodoxem Propagandisten des Spiels. Er war der führende Kopf des Berliner Verbandes, dem Bensemann in nächtlicher Sitzung die Zustimmung zur Paris-Fahrt abgetrotzt hatte. Neben ihm saßen der schalkhafte Paulchen Neumann, der vornehme Hutti Demmler und all die anderen Mitstreiter, nicht einer über 30 Jahre, außer dem Ollen Bartsch, dem ewigen Verteidiger, der zwar ein junges Herz, aber wenig Haare besaß und über den der scharfzüngige Neumann gegen drei Uhr morgens das Gerücht zu verbreiten pflegte, Bartsch sei in Wahrheit der Großvater von Boxhammer. Trotz ihrer Jugend fühlten sie sich bereits als verdiente Pioniere, die Berlin zur deutschen Fußballbastion gemacht und mit dem Paris-Abenteuer neues, unbekanntes und umstrittenes Land betreten hatten. Nun forderten sie Bericht und bekamen ihn, ausführlich, selbstbewusst, witzig, mitreißend. Bensemann verstand es als Erzähler glänzend, Spannung und freudige Euphorie zu verbreiten, so dass selbst Paul Kralle, der mit am Tisch saß und bereits alles wusste, gebannt zuhörte. Natürlich wollten sie Einzelheiten über die Spiele wissen, vor allem aber Details vom nächtlichen Paris und, das allerdings vergebens, die Namen der beiden Absinth-Leichen.

Die Stimmung war bestens, bis Schricker kam, die »Sport im Bild« unterm Arm und mit einem milden Lächeln, das Bensemann warnte. Er machte sich auf Attacken gefasst. Pitcairn-Knowles, der Herausgeber des Blattes, war mit nach Frankreich gereist, doch nach dem ersten Spiel hatten sie ihn abgehängt und über das zweite gar nicht erst informiert. Diesen Affront würde er kaum auf sich sitzen lassen.

»Na, hat uns der alte Pitbull-Knowles gebissen?«

»Oh, er fand durchaus lobende Worte. Auch für dich, Walther. Hör zu: ›Jedenfalls hat sich Herr Bensemann durch das Arrangement des ersten derartigen Wettkampfes in Paris um unseren Fußballsport sehr verdient gemacht.‹«

»Danke für die Blumen. Aber das ›Jedenfalls‹ will mir nicht schmecken. Was hat ihm nicht gepasst?«

»Er ist der Meinung, in Paris sei zu wenig Propaganda für das Spiel gemacht worden. Keine Plakate und kaum etwas in den Zeitungen.«

»Unsinn. In der Redaktion bei Bloch liegt ein Artikel der ›Revue des Sports‹, der ausführlich berichtet. Wir werden ihn demnächst abdrucken.«

»›Revue des Sports‹ erscheint in Brüssel, Walther.«

»Wenn schon. Ich bin sicher, die Pariser Blätter haben auch berichtet, oder werden es noch tun. Was schreibt Pitcairn-Knowles über die Matches?«

»Er ist durchaus angetan. Eines der fairsten und vornehmsten Spiele, die man bisher in Paris gesehen hat, meint er. Nur ein Passus ist etwas rätselhaft.«

»Lies vor.«

Schricker blätterte umständlich in der großformatigen Zeitung. »Also: ›Die Helden des Tages waren Jestram, Willer und Kralle, doch auch die anderen gaben ihr Bestes her, obgleich ein Spieler in der Mannschaft war, welcher absolut nicht in dieselbe hineingehörte und dessen Spiel oft geradezu komisch wirkte.‹«

Bensemann riss Schricker die Zeitung aus der Hand: »Dieser Hund!«

Er las den Satz, halblaut murmelnd, wieder und wieder, während die anderen verlegen schwiegen und warteten. Dann sagte er mürrisch: »Er meint natürlich mich. Jeder versteht das, und er weiß es. Er hat es genau so beabsichtigt. Dass er meinen Namen nicht offen erwähnt, macht den Skandal nur noch größer.«

Schricker relativierte. »Vielleicht meint er ja nur deine Spielkluft.«

Denn alle waren in schwarzer Spielkleidung aufgelaufen, mit schwarz-weiß-roter Binde am Arm, nur Bensemann, der Captain, hatte für sich eine auffallende weiße Hose ausgesucht.

»Unsinn, er meint mein Spiel. Dieser Sauhund. Ich habe das Match initiiert, ich habe die Reise organisiert, ich habe alles bezahlt. Und er macht mich zum Clown. Zum Gespött des deutschen Fußballs. Was bildet er sich ein, dieser, dieser … Brite? Was maßt er sich an, so über den deutschen Fußball zu schreiben? Er hat wohl vergessen, dass er nichts ist als ein geduldeter Gast in Deutschland! Nun gut, er soll wissen, was es heißt, sich mit mir anzulegen.«

Die Freunde konnten ihn nicht mäßigen. Das dubiose Wort »komisch« hatte ihn gefasst. Es war gedruckt, tausendfach verbreitet und nicht mehr aus der Welt zu schaffen, und diese ausweglose Lage schürte in ihm eine verzweifelte Wut, die ein Ventil brauchte.

»Ich werde ihn fordern. Jawohl, ich werde Satisfaktion fordern!«

Sie redeten auf ihn ein: Er solle Größe zeigen, solle Knowles ignorieren, solle sich nicht selbst in Lebensgefahr bringen, solle sich mit dem Duell nicht strafbar machen. Alles umsonst.

»Wenn ihr meine Freunde seid, überbringt ihr ihm meine Forderung. Auf der Stelle. Ich verlange Säbel ohne Binden und Bandagen. Als Kompromittierter habe ich das Recht, die Waffe zu wählen. Der Kerl soll spüren, worauf er sich eingelassen hat.«

Schricker war es schließlich, der sich erbarmte und auf den Weg machte, um Schlimmeres zu verhüten. Als er fort war, hüllte Bensemann sich in trotziges Schweigen, das auch Boxhammer und den sonst fröhlichen Neumann verstummen ließ. Hin und wieder griffen sie zum Bierkrug, um die Peinlichkeit zu überspielen. Nach gut einer Stunde war Schricker retour, mit verschlossener Miene, ein neutraler Bote in heikler Mission.

Pitcairn-Knowles hatte abgelehnt, natürlich. Er blieb bei seiner Darstellung: Bensemann habe so schlecht gespielt, dass er in die Mannschaft nicht hineingehörte. Nur um ihn zu schonen, habe er den Namen nicht genannt.

»Im Übrigen«, ergänzte Schricker ruhig, »zweifelt er deine Satisfaktionsfähigkeit an.«

Das reichte. Bensemann schwor, allen Warnungen zum Trotz, dem Journalisten eine Tracht Prügel zu verabreichen, griff seinen Mantel und stürmte hinaus. Mit einer Droschke ließ er sich zur Englischen Bar bringen, in der, wie er wusste, sein Kontrahent des Nachts zu verkehren pflegte. Der hagere Schotte saß mit anderen Gästen an einem der hinteren Tische. Alle Formen missachtend, polterte Bensemann wütend quer durch den Club.

»Mr. Pitcairn-Knowles, Sie haben es abgelehnt, mir für Ihre infame Beleidigung Satisfaktion zu gewähren.«

»Bensemann!« Der Journalist sah überrascht hoch. »Ich habe diesen Unsinn dankend abgelehnt, in der Tat.«

»Dann fordere ich Sie auf, vor die Tür zu kommen. Dort können wir die Sache auf englische Art regeln, sofern Sie kein Feigling sind.«

»Sieh an, Sie wollen sich prügeln. Nun ja, Mut zeigt selbst der Mameluck, nicht wahr.«

Er grinste, und die Runde am Tisch brach in lautes Gelächter aus. »Ich lehne nochmals dankend ab, verehrter Herr Bensemann. Ich denke, Sie haben sich auf dem Spielfeld genügend der Lächerlichkeit preisgegeben und sollten es auf gesellschaftlichem Parkett nicht auch noch tun.«

In den folgenden Ausgaben schilderten beide Zeitungen zur Erheiterung des deutschen Sportpublikums die Affäre genauestens aus ihrer jeweiligen Sicht und trieben sie weiter. Bensemann warf Pitcairn-Knowles Bestechlichkeit vor, indem er ihm nachsagte, er habe ursprünglich 100 Mark für einen Bericht über das Paris-Spiel verlangt. Das stimmte zwar, doch Ivo, an den die Forderung gestellt war, hatte keinen Zweifel daran gelassen, dass das ganze nur ein Scherz gewesen sei. »In deinem Artikel stellst du es jedoch als ernsthafte Forderung dar«, beschwerte er sich bei Walther. »Knowles muss annehmen, dass ich es war, der die Dinge verdrehte und dich falsch informierte. Es ist wenig rücksichtsvoll von dir, dass du mich ohne mein Wissen so in die ganze Affäre hineinziehst.«

Doch Bensemann weigerte sich zu widerrufen und schloss seine Polemik in »Spiel und Sport« mit der Versicherung ab, der Kontrahent sei künftig Luft für ihn und habe in keinem Fall mehr die Ehre einer Antwort zu erwarten. Pitcairn-Knowles wiederum raunte in »Sport im Bild« geheimnisvoll, Bensemann genüge nun hoffentlich diese Lektion, ansonsten »werden wir uns nicht scheuen, in schonungsloser Weise den Schleier der Vergangenheit zu lüften«. Wenn auch Bensemann diese Drohung für reine Rhetorik hielt, so fühlte er sich doch neuerlich verwundet, zumal ihm nicht klar war, worauf der Schotte anspielte.

Knowles, beruhigte er sich, weiß nichts, nichts Wirkliches. Er meint Banalitäten, ein paar Schulden, ein paar Zerwürfnisse, ein abgebrochenes Studium, einen Rauswurf in Freiburg. Was sich an Scherben angesammelt hat in den vergangenen unruhigen Jahren. Er ist kleinkariert. Er sieht nicht die historische Seite: die ersten internationalen Spiele, die erste Reise einer deutschen Mannschaft zum französischen Erzfeind. Das wird bleiben, als ewige Tatsache, auch wenn jetzt mehr über die Duellforderung palavert wird als über das Pariser Spiel. Das Match aber ist Geschichte, der Rest eine Fußnote.

Freilich waren selbst Walthers Freunde der Fußnoten inzwischen überdrüssig, Ivo Schricker über den falschen Bericht sogar ernsthaft verärgert. Zu Bensemanns Bestürzung bestand er auf einer Entschuldigung. »Du verlangst von mir, dass ich mich bei Pitcairn-Knowles dieser Blamage aussetze?«

»Genau das«, antwortete Ivo Schricker, »das und noch mehr.«

Dem besonnenen Schricker war längst klar, dass Walthers ungestümes Vorgehen und sein großspuriger Boheme-Stil ein Ballast geworden waren für ihre Pläne, dem Fußball einen anerkannten gesellschaftlichen Status zu gewinnen. Die Zeiten hatten sich geändert, die Bewegung formierte sich. Bei allem revolutionären Pioniergeist verlangte man jetzt nach Seriosität und Organisation, nach Verbänden, denen Honoratioren vorstanden, und nach Vereinen, die ihre Förderer fanden. Auch eine reichsweite Union, mehrfach versucht, mehrfach gescheitert, war letztlich nur eine Frage der Zeit.

Bensemann freilich war überzeugt, dass all diese Organisationen vorerst mit sich selbst beschäftigt sein würden, gefesselt von interner Abstimmung, von Proporzen und vorsichtig taktierender Führung. Für mutige, unkonventionelle Ideen wie das Paris-Spiel waren selbst kühne Köpfe wie Boxhammer und Neumann nur schwer zu gewinnen gewesen, und der auf Reputation bedachte Vorstand des süddeutschen Verbandes schon gar nicht. Dort hatte seit kurzem Friedrich-Wilhelm Nohe das Sagen, ein Sprachlehrer, der nach Karlsruhe mit der Empfehlung eines mehrjährigen England-Aufenthalts gekommen war. Er setzte sich an die Spitze des Vereins und des Verbandes, ohne einen Hehl daraus zu machen, dass er von Bensemanns Extratouren nicht viel hielt. Selbst ernannte Eliteteams, wie sie einst die Kickers verkörperten und wie sie jetzt in Paris gespielt hatten, waren Nohes Sache ebenso wenig wie Beschlussfassungen zwischen zwei

Menügängen. In dem neun Jahre jüngeren Bensemann sah er vor allem einen Wirrkopf, der den Sport eher durcheinander als voranbrachte.

Es gab keinen Zweifel: Die Zeit der eigenmächtigen Pioniere, die die Szene aufgrund ihrer Tatkraft und Fantasie bestimmt und beflügelt hatten, lief ab. Das letzte, freilich große und für Bensemann ausschlaggebende Feld, auf dem noch Platz für einen Wanderer wie ihn war, lag im Internationalen.

Was aber, wenn ...? Bensemann trank Cognac, ein einsamer Säufer im stillen Kämmerlein. Vor einigen Stunden hatte er sich vor Pitcairn-Knowles entschuldigt und gedemütigt, jetzt mühte er sich, Scham und Selbstzweifel zu ersäufen.

Was aber, wenn die Affäre an ihm hängen blieb? Wenn Schricker Recht hatte mit seinen Warnungen und Mahnungen? Wenn Boxhammer und Neumann und die anderen das Vertrauen in ihn verloren? Wenn er seinen Kredit verspielte, bei Gläubigern und Freunden, und niemand mehr die Visionen eines Outsiders für voll nahm?

Was aber, wenn Pitcairn-Knowles doch etwas ahnte von dem, was keiner wissen durfte?

Bensemann soff und beschloss, dass es nicht sein könnte. Pitcairn-Knowles' Andeutungen waren heiße Luft, Schüsse ins Blaue, das Geraune eines Unwissenden. Er konnte nichts erfahren haben von Walthers geheimen Erkundungen in der Subkultur des Berliner Milieus, von seinen nächtlichen, unbefriedigenden Streifzügen durch Bars und Lokale in den dämmrigen Seitenstraßen von Schöneberg, in denen neben parfümierten Mädchen auch kräftige Jungen ihren Leib zur Stundenmiete anboten. Und niemand, schon gar nicht Pitcairn-Knowles, sah ihn in jenen einsamen Stunden, wenn sich im Kopf die Schleusen öffneten und seine Gedanken fortgezogen wurden aus den Zonen des Anstands und des Tolerierten.

Bensemann soff und fand, dass es Zeit war, Berlin zu verlassen: zu viele Straßen, in denen man sich verlaufen konnte. Er hatte nicht vor, vom Außenseiter zum Paria zu werden.

Bensemann rang mit Boxhammer, der für Berlin der entscheidende Mann war, wurde vorstellig beim süddeutschen und beim Hamburger Verband, korrespondierte, hausierte, fraktionierte für seine Idee, gegen ein englisches Auswahlteam zu spielen. Dann verschwand er eine Weile aus Berlin, um, zum ersten Mal in seinem Leben, eine bürgerliche Stellung anzutreten. In Frankfurt am Main wurde er Hauslehrer für die Söhne eines wohlhabenden jüdischen Bankiers, der weitläufig mit dem Vater bekannt war. Diese Beschäftigung freilich ließ ihm Zeit, nicht nur, um seine englischen Pläne weiterzutreiben, sondern gleichfalls um in Frankfurt alte Bekanntschaften und Verbindungen fortzuspinnen, die er bei seinem ersten Aufenthalt drei Jahre zuvor geknüpft hatte. Frankfurt, bei allem Großstädtischen, erinnerte ihn eher an Karlsruhe als an Berlin. Mühelos schaffte er den Übergang vom Berliner Labyrinth in die Übersichtlichkeit des süddeutschen Bürgertums, in dem er als weit gereister und welterfahrener, leicht versponnener Flaneur einen exotischen Tupfer setzte, ohne wirklich anzuecken.

Obwohl es in Frankfurt bereits eine Reihe von Vereinen gab, kreierte er seinen eigenen Club, die Kickers, die mit den einstigen Karlsruhern freilich nur den Namen und nicht den elitären Hintergrund gemein hatten. Mit Adler-verzierten schwarz-weißen Trikots, englischen Lederbällen sowie dem Renommee des internationalen Pioniers brachte er von den Fußball spielenden Schülern auf der Hundswiese die Besten in seine Reihen, so dass die Kickers, obschon vom Gründer kaum beabsichtigt, sich zu einer ähnlich erfolgreichen Unternehmung entwickelten wie der Karlsruher Fußball-Verein oder der Straßburger F.C.

Einige der Fäden, die Bensemann hier knüpfte, würden Jahrzehnte halten, zum jungen David Rothschild beispielsweise, der später den Frankfurter Vereinen als Mäzen seine Taschen öffnete, oder zum kleinen, rundlichen Isenburger, der ihm Treue schwor und hielt, oder zum spielstarken Philip Wolf, der später über jenen Sommer 1899 begeistert schrieb: »Nun trat ein Mann auf den Plan, der sich die größten Verdienste um den deutschen Fußballsport erworben hat und der es wohl verdient hat, dass ihm der DFB dereinstmals ein Denkmal setzt. Dieser Mann war Walther Bensemann, und mit ihm zog ein neuer Sportgeist in unsere Reihen. Was waren das für reizende Dinners im Frankfurter Hof, zu denen eine große Anzahl der damaligen Frankfurter Prominenz geladen waren, und dann die gemütlichen Five o'clock Teas in der Leerbachstraße! Jetzt begegnete man auch schon einem größeren Verständnis bei den Eltern. Welche Kämpfe und Überredungen waren vorher mit den Eltern der einzelnen Spieler nötig, wenn unsere Mannschaft auswärts spielen musste!«

Bensemann hatte sich auf vertrautes Parkett zurückgezogen. Sein Ziel aber blieb England.

V

»Britannia rules the waves«

Berlin im Sommer 1899

Er saß mit Boxhammer in einer ruhigen Ecke jenes Lokals, das zum Ausgangspunkt der unseligen Duell-Geschichte geworden war und das aus nahe liegenden Gründen »Im Dusteren Keller« hieß. Zwischen ihnen stand ein Tisch, auf dem bei allem Blankscheuern die eingeritzten Grüße und Albernheiten von Studenten und Sportlern nicht zu tilgen waren, wenn auch vergilbte Lampen sie in mildes Dämmerlicht hüllten. Der Schankraum war gut gefüllt, doch es herrschte ein gedämpftes Treiben, das jedem Gast seinen Platz ließ und in dem unauffällige Kellner die leeren Bierkrüge aufmerksam durch eine Füllung Potsdamer Stangenbiers ersetzten, eine der ältesten und besten Sorten in Berlin. Der Dustere Keller am Tempelhofer Feld war, trotz seines finsteren Namens und seiner von Alkoholdunst und Tabakrauch gesättigten Luft, alles andere als eine Spelunke. Knapp zwei Jahre zuvor war hier in angemessenem Rahmen der Berliner Verband gegründet worden, eine gutbürgerliche Unternehmung, die sich zunächst ein wenig hochtrabend Verband Deutscher Ballspielvereine und später Verband Berliner Ballspielvereine nannte und dem inzwischen Boxhammer vorstand.

Dessen derb geschnittenes Gesicht zeigte eine Miene, bei der Kellner in der Regel klaglos ihre Hoffnung auf ein Trinkgeld fallen ließen oder, wenn sie es doch erhielten, in ungläubiger Dankbarkeit entgegennahmen. Er dachte nach, und niemand, der ihm dabei zusah, erwartete von ihm ein gefälliges Zugeständnis. Bensemann war sich klar darüber, dass er überzeugen musste.

Die Chancen für ein repräsentatives Spiel gegen England waren in den vergangenen Monaten nicht gerade gestiegen. Die Hamburger hatten ihre Teilnahme definitiv abgesagt. Die Süddeutschen zierten sich noch, aber die Mehrheit im Verbandsvorstand war dagegen. Nohes Ansicht, Privatspiele könne man gegen wen auch immer veranstalten, aber bitte ohne offiziellen Anstrich, schien sich durchzusetzen. Blieb also nur noch Berlin.

»Die Hauptstadt«, lächelte Bensemann, »hat die einmalige Chance, sich mit der Einladung an die Engländer zu profilieren.«

»Oder zu blamieren«, meinte Boxhammer.

»Keineswegs, Ette, wenn wir nämlich die Möglichkeit eines deutschen Sieges von vornherein ausschließen. Wenn wir das Match als Demonstrations- und Lehrspiel deklarieren. Demonstration englischer Fußballkunst für die Zuschauer und Lehrstunde für die deutschen Spieler. Du weißt doch selbst, dass wir hier im Grunde seit Jahren auf der Stelle treten. Es gibt mehr Vereine und Verbände, gewiss. Aber wenn die Fußballbewegung wirklich Erfolg haben soll, muss sie sportlich attraktiver werden und ihr spielerisches Niveau heben. Dazu brauchen wir die Hilfe der Engländer.«

»Dafür täte es auch eine englische Vereinsmannschaft.«

»Das ist richtig, aber das Aufsehen und die Wirkung wären nicht halb so groß, der Aufwand jedoch derselbe.«

Bensemann zog seine erste Karte aus dem Ärmel: Er war sich sicher, für ein Spiel gegen die Engländer den Reichskanzler zu Hohenlohe als Schirmherrn gewinnen zu können. Der Fürst galt als Befürworter internationalen Sportverkehrs und hatte sich 1896 bereits für eine Teilnahme an den Olympischen Spielen ausgesprochen. Eine Zusage gab es zwar noch nicht, aber Demmler, der über beste Verbindungen verfügte, war vom Erfolg seiner Bemühungen überzeugt.

Boxhammer leerte nachdenklich seinen Krug. Vage Aussichten reichten ihm nicht, denn anders als Bensemann setzte er nicht nur den eigenen Ruf aufs Spiel, sondern auch den seines Verbandes. Und der wäre blamiert, wenn die Engländer auf seine Einladung nicht eingingen.

Während Bensemann mühsam eine Zigarre in Gang setzte, spielte er seine zweite Karte: das Zentralkomitee für internationale Fußballwettspiele, das anstelle des Berliner Verbandes öffentlich tätig werden könnte. Hinter dem hochtrabenden Namen verbarg sich nicht mehr als ein halbes Dutzend Köpfe, die bereit waren, öffentlich für die Idee der England-Spiele einzustehen. Doch selbst deren Namen waren kaum mehr als Hoffnungen.

Bensemann setzte darauf, dass Fritz Langer mitmachen würde. Langer war inzwischen Captain des Karlsruher Fußballbundes, einem Dachverband der örtlichen Vereine, in dem Nohe noch keine Mehrheit hatte.

Ebenso Oscar Gutmann vom Mannheimer Fußballbund, einer ähnlichen Konstruktion. Und natürlich Ivo Schricker, der wahlweise als Berliner oder Straßburger durchgehen konnte. Zwar hatte sich Ivo bislang zurückhaltend gezeigt, da er ein Wiederaufleben der peinlichen Streitigkeiten um ein solches Spiel befürchtete, doch Bensemann war zuversichtlich, dass er ihn umstimmen würde. Sofern er Boxhammer gewinnen könne.

»Du würdest natürlich als Präsident fungieren.«

Boxhammer wischte das fort. »Was ist mit Manning?«

Gustav Manning, Sohn eines jüdischen Kaufmanns und junger Doktor der Medizin, hatte sich während seiner Schülerzeit in den Berliner Fußballerkreisen bekannt gemacht und verfügte, ebenso wie sein gleichfalls Fußball spielender Bruder Fred, über einigen Einfluss. Wichtiger aber war, dass er inzwischen in Süddeutschland als Größe galt, wo er den Freiburger Fußball Club führte und als Schriftführer des Verbandes wirkte.

»Gus Manning sieht man im Süden an der Seite von Nohe, und in Berlin in der Redaktion von Pitcairn-Knowles. Von ihm ist nichts zu erwarten, höchstens Ärger. Aber wir brauchen ihn nicht. Schricker, Langer, du und ich, das sind gute Namen, die völlig ausreichen.«

»Und du garantierst mir, dass die F.A. uns in dieser Konstellation akzeptiert?«

»Das kann ich natürlich nicht. Aber so ist die Chance am größten. Und das Risiko für den Berliner Verband am geringsten.«

Boxhammer nickte. »Mag sein. Die Blamage für die Berliner würde dann an mir persönlich kleben, als Präsident des famosen Komitees. Netter Gedanke.«

Er stand auf und verkündete, dass er seine Überlegungen vorübergehend auf dem Pissoir fortsetzen werde.

Bensemann qualmte allein an seinem Tisch, darüber rätselnd, wie viele bedeutende Entscheidungen in der Menschheitsgeschichte auf dem Klo und damit wirksam abgeschirmt gegen letzte Einflüsterungen von Ratgebern und Schmeichlern gefällt würden. Es wäre, dachte er, interessant, zu wissen, ob sich diese Entscheidungen letztlich als die weiseren herausstellten. Aber über diesen Punkt schwieg die historische Forschung vermutlich.

Boxhammer kam mit verschlossener Miene zurück, einen Kellner mit frischem Bier im Schlepp. »Es gibt noch einen Punkt zu klären«, sagte er und deutete damit an, dass er den Rest geschluckt hatte. »Das so genannte Komitee ist natürlich vorläufig nicht viel mehr als eine Fata Morgana.

Nichts, was handlungsfähig wäre. Wer also organisiert die ganze Chose, die Einladung, die Reise, die Unterbringung, die Matches et cetera. Und vor allem anderen: Wer bezahlt?«

Bensemanns letzte Karte war ein Bluff.

»Ich«, sagte er.

Es ist nicht sonderlich angenehm, an einem kalten, stürmischen Oktobertag in zehnstündiger Fahrt auf einer Fähre den Kanal von Vlissingen nach Queensborough zu überqueren, selbst wenn man weniger von Seekrankheit gepeinigt wird als andere Passagiere. Bensemann war froh, als das Schiff im dritten Anlauf endlich durch die Hafeneinfahrt in ruhiges Gewässer glitt, die Übelkeit sich legte und er in das bequeme Zugabteil Richtung London umsteigen konnte. In seiner angespannten Erwartung freilich nahm er die Mühsal der Fahrt kaum zur Kenntnis. Er hatte eine Einladung der Football Association in der Tasche, das alleine zählte. Sofort nach Boxhammers Zusage war das »Deutsche Centralcomité für internationale Fußballwettspiele« in seine Gründungsphase getreten, die vor allem aus dem Druck eines vornehm wirkenden Briefkopfes bestand. Darunter hatte Bensemann eine höfliche Einladung an die F.A. formuliert, die er auf der Stelle abschickte, während er eine Abschrift Des Barres und John zukommen ließ.

John würde den Brief nie erhalten, denn inzwischen war tatsächlich ein beträchtlicher Teil der britischen Streitkräfte zur Unterdrückung des Burenaufstandes nach Südafrika geschickt worden. Auf einem der Schiffe, die das Kap der Guten Hoffnung ansteuerten, befand sich auch Lieutenant Jonathan Henderson.

Es war also Des Barres, der ihn in London erwarten würde, nicht John, worüber Bensemann, bei aller Melancholie über den vorläufigen Verzicht auf die intimen Korrespondenzen, dieses Mal erleichtert war: Er hatte vor, sich ausschließlich auf die Verhandlung mit der Association zu konzentrieren, und in dieser Angelegenheit war Des Barres ein besserer Ratgeber als John. Zudem nahm ihm der Ire mit seiner respektlosen Art die Ehrfurcht vor den F.A.-Göttern.

»Einerseits«, erklärte er, »sind sie Idealisten, und als solche begeistern sie sich natürlich für das Ideale. Andererseits sind sie Briten und als solche Realisten. Wenn du hehre Ideen und nüchternen Pragmatismus stilvoll unter einen Bowler-Hat bringst, hast du sie in der Regel für dich gewonnen.«

Es war diese distinguierte Gelassenheit, die Bensemann in der englischen Gesellschaft zu erkennen glaubte und schätzte und die er überall in der Stadt wiederfand. Die Engländer hatten keinen König gestürzt, um anschließend Kaiser zu inthronisieren; sie hatten keine Republik ausgerufen, um Republikaner zu köpfen; und sie hatten nicht Europa erobert, um danach selbst erobert zu werden. Der Buckingham Palace war eine ebenso selbstverständliche Institution wie die Houses of Parliament oder Speaker's Corner am Hyde Park, und die Beefeater würden noch in tausend Jahren tagtäglich ihre völlig sinnlose Schlüsselübergabe im Tower inszenieren.

Great Britain definierte sich nicht nur geografisch als Insel; selbst Ereignisse wie die Buren-Krise beeinträchtigten, Des Barres hatte es vorausgesehen, das gesellschaftliche Leben nicht wirklich. »Wenn sie ›Britannia rules the waves‹ singen«, höhnte der Ire, »meinen sie das keineswegs als Anspruch, sondern als ewig gültiges Naturgesetz. Und die Britischen Inseln sind ihnen der Beweis dafür, dass es Schiffe gibt, die niemals untergehen.«

Die Football Association, für britische Verhältnisse mit 36 Jahren eine junge Institution, empfand sich als fester Bestandteil englischer Tradition. Ihr Führungsanspruch für die globale Fußballgemeinde war so selbstverständlich, dass sie ihn gar nicht erst thematisierte und zudem darauf verzichtete, ihrem Namen eine Länderbezeichnung beizufügen. Auch die Regelkommission, der International Football Association Board, ging in aller Gelassenheit davon aus, dass ihr Regelwerk, das mit Schottland, Irland und Wales ausgehandelt wurde, vom Rest der Welt zu akzeptieren sei.

Bensemann empfand dieses Selbstverständnis keineswegs als arrogant. Er glaubte fest an eine berechtigte Führungsrolle der Engländer im internationalen Fußball, nicht nur weil das Spiel auf der Insel entstanden war, sondern vor allem weil ihm der englische sportsman als Verkörperung ethischer Ideale erschien, als Fleisch gewordene Ehrlichkeit, Fairness und Toleranz. Die schwärmerische Verehrung, die er schon als Jugendlicher diesen »englischen Tugenden« entgegengebracht hatte, war zwar ein wenig nüchterner, doch keineswegs geringer geworden. »Bei uns in Deutschland«, notierte er sich, »bedeutet der Ausdruck ›Sportsmann‹, dass das so bezeichnete Individuum irgendeinen Sport betreibt. In England ist dies anders. In dem englischen Wort ›sportsman‹ liegt bereits eine Unsumme von Eigenschaften inbegriffen, die sich weit weniger auf die praktische Ausübung des Sports erstrecken als vielmehr auf den Geist, in dem derselbe ausgeübt wird, oder auf den Charakter des Betreffenden. Wenn ein Engländer von einem anderen Menschen sagt: ›He is a sportsman‹, dann würde die korrekte Übersetzung dafür lauten: ›Er ist ein patenter Kerl.‹«

Die Gentlemen der F.A., daran glaubte er fest, waren nicht nur die organisatorischen, sondern vor allem die moralischen Führer ihrer Bewegung.

Bensemanns wohl formuliertes Understatement, mit dem er einen Tag später vor diesen Gentlemen die Verhältnisse in Deutschland umriss, war daher durch und durch ehrlich. Man hatte ihn nicht, wie erhofft, vor das Präsidium der Association geführt, sondern vor das International Selection Committee, das die Auswahl der Spieler zu bestimmen hatte und in formaler Hinsicht jenem deutschen Komitee entsprach, das er selbst repräsentierte.

Bensemann redete frei und gewandt, den Vorteil seiner englischen Erziehung geschickt erwähnend und nutzend. Er räumte ein, dass Spiele gegen die Deutschen den Engländern sportlich nicht viel einbrächten und der »immaterielle Reinertrag« eines Rencontres zweier gleichwertiger Mannschaften größer sei. Umso dankbarer sei er dafür, dass sich die F.A. überhaupt mit dem Antrag befasse. Internationale Wettspiele zweier Auswahlmannschaften seien freilich in politischer Beziehung von nicht zu unterschätzendem Einfluss auf die öffentliche Meinung. Selbstredend seien absolute Gastfreundschaft, angemessene Unterbringung sowie freundliche Aufnahme beim Publikum garantiert.

Den Schlusssatz hatte er im Kopf, schon auf der Hinfahrt formuliert, verworfen, erneut hervorgekramt, ausgefeilt und in bestem Englisch festgeklopft: »Das Comité ist der Überzeugung, dass wir nicht imstande sein werden, allen Ansprüchen gerecht zu werden. Aber wir glauben, bei allen Sportsfreunden, ja bei allen verständnisvollen Leuten Unterstützung zu finden für eine Sache, die uns mehr als ein Fortschritt an der ethischen Kulturarbeit der Völker anmutet als ein sportlicher Fortschritt.«

Die Gentlemen hatten ihm mit freundlicher Aufmerksamkeit zugehört, wobei Bensemann nicht entgangen war, dass vor allem dann zufrieden genickt wurde, wenn er sich einer geschickten englischen Umschreibung bediente. Des Barres, sein Ratgeber, hatte offensichtlich auch darin Recht behalten: »Idealismus hin, Pragmatismus her – was sie am meisten beeindrucken wird, ist dein sauberes Englisch. Außer Wall, natürlich.«

Der F.A.-Sekretär war es, der das anschließende Palaver der ehrenwerten Komitee-Mitglieder abrupt verkürzte, indem er sich erhob und Bensemann in sein Arbeitszimmer führte. Dort bat er ihn, in einem der ledernen Clubsessel Platz zu nehmen. Frederick J. Wall glich auf bestürzende Weise der Karikatur eines englischen Gentleman. Seine Hakennase ragte als Erker über einem gewaltigen Schnäuzer, der die Lippen vollständig bedeckte. Wall war von großer Statur, hielt den Oberkörper stocksteif und weigerte sich, sein Gesicht durch irgendeine Form von Emotion zu beleben. Wenn er ausging, trug er für gewöhnlich einen Bowler-Hat, doch selbst diese Tatsache ließ ihn, auch in kontinentalen Augen, keineswegs lächerlich wirken. Wall war eine Persönlichkeit, die ihre Umgebung durch schiere Anwesenheit beeindruckte, und Bensemann bildete in dieser Hinsicht keine Ausnahme.

»Nun, Mr. Bensemann«, begann Wall ruhig, nachdem er Tee geordert und ebenfalls in einem Sessel Platz genommen hatte, »Ihre Vorstellung war außerordentlich interessant. Nur bleiben natürlich einige Fragen offen, die besser im kleinen Kreis zu erörtern sind.« Er machte eine längere Pause, die Bensemann schweigend ertrug. Schließlich öffnete sich die Tür, die Sekretärin brachte den Tee, schenkte ein und zog sich zurück.

»Sie sind«, fuhr Wall fort, »26 Jahre alt und damit 15 glückliche Jahre jünger als ich. Und Sie sind Student. Fühlen Sie sich wirklich imstande, eine solche Unternehmung zu arrangieren?«

»Ich war 14, als ich in Montreux meinen ersten Verein gründete, Mr. Wall, und 16, als ich den überhaupt ersten Club in Süddeutschland ins Leben rief, übrigens zusammen mit Engländern. Fußball ist in Deutschland ein junger Sport, Mr. Wall. Ein sehr junger. Mit 26 Jahren gehöre ich dort zu den ältesten Pionieren.«

Der Sekretär nickte bedächtig. »Das erkenne ich an. Dennoch müssen wir sichergehen, dass Ihre Organisation in der Lage ist, ihre Versprechungen zu halten. Insbesondere müssen wir wissen, dass einer englischen Auswahl auch eine repräsentative deutsche Auswahl gegenüberstehen würde.«

Damit waren sie beim entscheidenden Punkt. Natürlich wusste Wall, dass in Deutschland noch keine Institution existierte, die mit der Association vergleichbar war. Doch das zählte zu den unvermeidlichen Umständen einer im Aufbau begriffenen Sportbewegung. Es schien Bensemann nicht schwer, das neu konstituierte Komitee als das beste aller denkbaren Provisorien darzustellen, zumal einige seiner Mitglieder bereits an der erfolgreichen Fahrt nach Paris beteiligt waren.

Freilich war ihm klar, dass Wall noch mehr wusste: In Deutschland gab es endlich Erfolg versprechende Bemühungen, schon bald einen einheitlichen Dachverband zu schaffen, der dann natürlich auch für internationale Spiele zuständig wäre. Bensemann saß auf Glatteis, als Wall dies ansprach, und wägte jedes Wort.

»Es ist richtig, dass es diese Bestrebungen gibt. Doch erstens ist nicht sicher, ob der Verband wirklich zustande kommt. Es ist ja keineswegs der erste Versuch. Die Bewegung ist noch sehr dezentral, und es gibt durchaus widerstrebende Kräfte, vor allem in Süddeutschland und in Westdeutschland. Zweitens würde es Jahre dauern, bis der Verband international handlungsfähig wäre. Und drittens ist nicht sicher, dass er überhaupt international aktiv werden will. Sie wissen sicherlich, Mr. Wall, dass die deutsche Turnbewegung jeden internationalen Kräftevergleich ablehnt. Sie wissen auch, dass alle Turner und Sportler, die vor drei Jahren an den Olympischen Spielen in Athen teilgenommen haben, aus ihren Verbänden ausgeschlossen wurden. Deutschland, Mr. Wall, pflegt im Unterschied zu England einen Nationalismus, der ein wenig narrow-minded ist. Meine Absicht ist es gerade, durch ein praktisches und überzeugendes Beispiel für den Internationalismus im Sport zu werben.«

Wall ließ sich mit der Antwort Zeit. Wieder zwang sich Bensemann, den Mund zu halten, um nicht in fortgesetztem Argumentieren Unsicherheit zu verraten. Vor ihm erkaltete der Tee, den er, Walls Beispiel folgend, nach einem kurzen Höflichkeitsschluck nicht mehr angerührt hatte. Die große Standuhr tickte, fünf Minuten lang, ohne dass ein Wort fiel. Dann räusperte sich Wall.

»Well, Mr. Bensemann, für den Fall, dass unser Komitee zustimmt und eine Auswahl benennt, wäre noch die finanzielle Seite zu klären. Sie schlagen vier Spiele vor, zwei in Berlin, eines in Prag und eines in Karlsruhe. Die Kosten für eine solche Tournee sind natürlich beträchtlich. Selbst wenn die Association einen Teil der notwendigen Mittel selbst aufbringt, können wir nicht umhin, eine Garantiesumme von, sagen wir, 200 englischen Pfund anzunehmen.«

200 Pfund waren 2.000 Goldmark, ein kleines Vermögen, aber Wall hätte jede andere Summe nennen können: Bensemann war nicht bereit, über Zahlen nachzudenken.

»Natürlich haben wir mit einer solchen Forderung gerechnet«, sagte er gelassen. »Unser Komitee wird selbstverständlich für diese Summe bürgen.«

»Diese Versicherung reicht leider nicht. Es liegt mir fern, die Bonität des Komitees anzuzweifeln. Aber wenn ich es richtig sehe, handelt es sich nicht um eine Körperschaft im juristischen Sinne. Wir benötigen vor unserem endgültigen Beschluss eine private Bürgschaft, und die Summe muss vor der Abreise unseres Teams überwiesen sein.«

»Auch das ist kein Problem. Ich bürge persönlich. Da mein Vater im Bankgeschäft tätig ist, kann ich Ihnen versichern …«

»Ich kenne Ihren persönlichen Hintergrund«, unterbrach ihn Wall. »However, betrachten wir diesen Punkt vorläufig als besprochen. Warten Sie also die Entscheidung des Auswahlkomitees ab, Mr. Bensemann, und erzählen Sie mir vorerst ein wenig über den *jungen* Fußball in Deutschland.«

Die Betonung des »jungen« war die einzige Andeutung eines Scherzes, die sich Wall in diesem Gespräch erlaubte.

Bensemann verließ das Büro der F.A. in euphorischer Stimmung, denn allein die Tatsache, bis hierher vorgedrungen und mit Wall geredet zu haben, erschien ihm als grandioser Triumph. Als er jedoch, am Royal Court of Justice vorbei, die Chancery Lane hinab Richtung Themse schlenderte, kamen ihm Zweifel. Je länger er nachdachte, desto mehr irritierte ihn, dass Wall mit keiner Silbe und keiner Geste Zustimmung signalisiert hatte. Am Abend fand Des Barres seinen Gast in tiefer Niedergeschlagenheit vor: Bensemann hatte alle Phasen des Gesprächs mehrfach rekapituliert und glaubte inzwischen fest an das Scheitern der Mission.

»Unsinn, Walther. Wall gehört zu der Sorte Mensch, die dir eine Ablehnung glatt ins Gesicht sagen. Bei einer Zustimmung aber lassen sie dich ein wenig zappeln. Das gehört zu seinem Verhandlungsstil, genau wie das Tete-a-Tete im Büro. Glaube mir, die Zusage der Association ist jetzt nur noch eine Formsache.«

Immerhin hatte Des Barres sich schon mehrfach als zuverlässiger Wahrsager erwiesen. Bensemanns Stimmung hob sich, von einigen Gläsern Wein gefördert, doch am nächsten Morgen war seine Zuversicht wieder so gründlich verflogen, dass er Pläne zu schmieden begann, wie er ohne größeren Gesichtsverlust aus der Affäre herauskäme. Vier Tage wartete er in London zwischen Resignation und Hoffnung, bis endlich am Nachmittag des fünften Tages ein Bote klingelte und einen Brief der F.A. überbrachte. Den legte Bensemann ungeöffnet auf den Zigarrentisch in Des Barres' Gesellschaftszimmer, setzte sich davor und starrte ihn mutlos an. Schließlich riss er den Umschlag auf und zog den Briefbogen heraus. »My committee will have pleasure in sending a team to Germany ...«

Es hielt ihn nicht in seinem Sessel. Er sprang auf, hüpfte und tigerte glücklich durch das Zimmer, den entscheidenden Satz immer wieder halblaut zitierend. Die Einwilligung der F.A. war an die Bedingung geknüpft, 200 Pfund zu erhalten und ein repräsentatives Team vorzufinden. Er hatte nicht das Geld und schon gar nicht die Mannschaft. Aber fürs Erste zählte allein die Zusage.

Durch die Londoner Straßen fegte ein Sturm, der auch in der Victoria-Station die Zeitungen auseinander wirbelte und beide Männer zwang, ihre Hüte festzuhalten, als sie sich voneinander verabschiedeten.

»Du hast viel für uns getan, mein lieber Des Barres. Ich weiß kaum, wie ich dir danken soll. Ich hoffe, wir sehen uns bald wieder. Fußball-Berlin würde dir zu Füßen liegen.«

»Genug des Honigs, Walther. Wir alten Burier-Leute müssen eben zusammenhalten, nicht wahr.« Er zeigte sein offenes Grinsen. »Eine Hand wäscht die andere. Solltest du jemals ein Eisenbahnsignal brauchen, dann denke an mich und meine Firma. Und nun rein mit dir in den Zug, bevor wir hier weggeweht werden.«

Bensemann wuchtete erst den Koffer und dann sich selbst in den Waggon. Als der fauchende Zug das Abfahrtssignal erhielt, brüllte der Ire noch hutschwenkend hinterher: »Du hast eine stürmische Überfahrt vor dir, old boy. Wenn du über der Reling hängst und in die Wellen kotzt, dann weißt du Bescheid: Britannia rules the waves!«

Wie üblich nach einer längeren Reise, suchte Walther nach der Rückkehr zunächst den Vater auf. Berthold Bensemanns Verfassung hatte sich so weit stabilisiert, dass er, in einem tiefen Sessel versunken, seinen Sohn in der Bibliothek empfangen konnte. Wortlos, doch mit einer zufriedenen Heiterkeit im Gesicht hörte er sich den Bericht über London an; die bekannte Müdigkeit kehrte erst in seine Augen zurück, als Walther offen die finanziellen Aspekte seiner Unternehmung ansprach.

»Du weißt, dass du in dieser Hinsicht nicht mehr auf mich zählen kannst«, sagte er leise. Berthold Bensemann finanzierte den aufwändigen Lebensstil seines Sohnes durch monatliche Zuwendungen, doch er hatte ihm kein Vermögen übertragen und würde es auch nicht mehr tun. Einerseits misstraute er Walthers Geschick im Umgang mit Geld, zum anderen war das familiäre Vermögen bei weitem nicht mehr so groß, wie es nach außen schien. Im Wesentlichen beschränkte es sich auf Bensemanns Anteile an der Bank, das Haus sowie einigen industriellen Aktienbesitz. Die private Rente, die ihm seitens der Firma zugebilligt war, würde nach seinem Tod entfallen; der Familienbesitz ging ab diesem Zeitpunkt in die Verwaltung der Bank über. Auch dann also würde Walther sein Leben so weiterführen können wie bisher, aber ein vermögender Mann würde er nie sein.

»Ich hatte«, fuhr der alte Mann fort, »genug damit zu tun, deine Außenstände nach der Paris-Fahrt abzulösen. Du musst lernen, diese Dinge selber zu klären, Walther. Du hast in finanzieller Hinsicht stets zu sorglos leben können, und das war vermutlich mein Fehler.«

»Aber die England-Spiele sind mein Lebenstraum, Vater!«

»Das war auch Paris, und das wird bald ein anderes Ziel sein. Ich verstehe deinen Enthusiasmus, obwohl ich vom Sport wahrhaftig nichts weiß. Aber ich billige deine Motive. Ich will deine Unternehmungen keinesfalls behindern. Vielmehr musst du lernen, sie realistisch zu planen, nur dann werden sie von Bestand sein. Ansonsten werden sie dich ruinieren. Ein Jude, der Geld verleiht, macht sich verdächtig. Ein Jude, der Schulden hat, macht sich unmöglich.«

Nach dieser Bemerkung war Walther nahe daran, zu resignieren: Wenn sein Vater Anspielungen auf den vermeintlich herrschenden Antisemitismus machte, war ihm mit vernünftigen Argumenten nicht mehr beizukommen. Walther hielt solche Befürchtungen für überzogen und weltfremd. Zwar gab es nach wie vor einige Wirrköpfe, die gegen das Judentum hetzten. Aber andererseits war nicht zu bestreiten, dass Berthold Bensemann selbst der beste Beweis dafür war, dass es Juden zu etwas bringen und Teil der besseren Gesellschaft werden konnten. »Er ist ein kranker Mann, der die Düsternis des nahen Todes auf das Leben überträgt«, dachte Walther, doch er hütete sich, das auszusprechen.

»Du magst Recht haben, Vater. Das Finanzielle liegt mir tatsächlich nicht, und es ist wohl geboten, dass ich mich künftig enger beraten lasse. Nur bin ich momentan in der Situation, den Engländern gegenüber eine Bürgschaft übernommen zu haben. Die muss ich einhalten, sonst ist mein Ruf perdu.«

Berthold Bensemann hatte mit geschlossenen Augen zugehört, und er öffnete sie auch nicht, als er dem Sohn antwortete. Es schien, als ob er damit eine Distanz schuf: kein Vater, sondern ein nüchterner Bankmann, der sich von persönlichen Gefühlen nicht dazu verleiten lässt, den Absturz eines Kunden durch finanzielle Stützungen hinauszuzögern.

»Es tut mir Leid, es bleibt dabei: Du musst das Problem selbst lösen, Walther. Du wirst nicht mit mir rechnen können, denn das wäre nur für dieses Mal eine Lösung und nicht für die vielen nächsten Male, die danach folgen.«

Eine Weile schwieg er, dann öffnete er die Augen wieder. Als er seinen sprachlos-niedergeschlagenen Sohn vor sich sah, huschte ein fast unmerkliches Lächeln in sein Gesicht.

»Davon abgesehen, kann ich dir mitteilen, dass Tantchen Jenny aus Breslau, die unlängst bedauerlicherweise gestorben ist, dich mit einer Summe bedacht hat, die für deine Bürgschaft so eben ausreichend sein dürfte. Vermutlich wirkt es nicht sonderlich fromm, aber du solltest ihr ein Dankgebet schicken, dass sie im rechten Moment gestorben ist.«

Berthold Bensemann räkelte sich beinahe wohlig in seinem mit weichen Kissen voll gestopften Sessel. »Und nun geh in den Keller und öffne uns einen Châteauneuf-du-Pape. Der Arzt hat mir selbstredend das Weintrinken verboten, und die Dame, die mich als Krankenschwester entmündigt, hält sich daran. Mit dem Trinken mag der gute Doktor ja Recht haben. Aber von Kostproben hat er nichts gesagt.«

Den finanziellen Punkt hielt Bensemann vorerst für geklärt, doch als er in bester Stimmung in der Redaktion der »Spiel und Sport« auftauchte, den Artikel über die England-Reise unterm Arm und in Erwartung vielfacher Glückwünsche, empfing ihn Bloch mit besorgter Miene.

»Es wird gegen die England-Spiele intrigiert, dass es eine Schande ist.«

»Was ist passiert?«

»Vor allem die Manning-Brüder sind aktiv geworden. Kaum war dein Telegramm aus London eingetroffen und bekannt geworden, erschien Fred Manning bei mir mit einem Brief, den er im ›Sportsman‹ abdrucken lassen will.«

»Das weiß ich. Ich habe das Blatt mitgebracht.«

Der »Sportsman« war die wichtigste Sportzeitung Englands, und es war bekannt, dass die Manning-Brüder, die in London geboren waren, über beste Verbindungen zur Insel verfügten. In seiner Zuschrift behauptete Fred, in Deutschland hielten bis auf die Berliner, die undecided seien, alle wichtigen Verbände die ganze Idee der England-Spiele für falsch und verfrüht. Zudem stände der einzige umzäunte Platz, der in Deutschland für solche Spiele geeignet sei, nämlich der am Kurfürstendamm, nicht zur Verfügung.

»Das Einzige, was mich daran irritiert, ist die Platzfrage«, meinte Bensemann.

Bloch nickte. »Ich hörte, dass dabei Pitcairn-Knowles seine Fäden spinnt. Er war bei den Aktionären des Platzes und hat ihnen in den schwärzesten Farben die ganze Affäre um die Paris-Matches nachgekaut. Er behauptet, sie würden sich kompromittieren, wenn sie sich auf dich und deine Pläne einlassen. Entsprechend hat er auch an Schricker geschrieben.«

»An Ivo wird er sich die Zähne ausbeißen. Manning und Pitcairn-Knowles, das ist ein nettes Gespann. Was sagt Boxhammer zu der Platzfrage?«

»Er ist optimistisch, aber nicht sicher.«

»Nun, die ganze Sache kann ohnehin nur gelingen, wenn wir von einem Gelingen ausgehen. Und wir sollten mit offenen Karten spielen. Druck ihn ruhig ab, den famosen Brief des Herrn Manning.«

»Das muss ich ohnehin tun, Walther. Das Ganze ist ja keine Privataffäre mehr. Wenn Verbände wie die Hamburger oder die Süddeutschen opponieren, dann muss ich sie zu Wort kommen lassen, sonst ist die Zeitung erledigt.«

»Das Publikum wird sein eigenes Urteil fällen, da bin ich sicher. Das Wichtigste ist erst einmal, dass wir von der Zusage der Association berichten …«

Bloch unterbrach ihn: »Meinst du, dass diese Zusage Bestand hat?«

»Glaub mir, die Engländer sind besser informiert, als wir in Deutschland denken. Sie haben gewusst, worüber sie entscheiden. Es war nicht schwer für mich, sie zu einer Kundgebung zu bringen, dass sie unserem Komitee vertrauen. Die Erklärung der F.A. erscheint im nächsten ›Sportsman‹. Wir werden sie zusammen mit meinem London-Bericht und Mannings Brief abdrucken. Und Manning muss natürlich eine gebührende Antwort bekommen. Halte eine Seite dafür frei, ich werde sie dir morgen bringen.«

»Nun gut, aber morgen Mittag ist der letzte Termin. Willst du etwa selber antworten?«

»Natürlich nicht.«

»Und wer wird dann schreiben?«

»Das wird sich zeigen, Mr. Editor.«

Tatsächlich erschien Bensemann am nächsten Vormittag mit einem längeren und vor Empörung bebenden Traktat gegen den Manning'schen Brief. Als Autoren waren Fritz Langer, Oscar Gutmann und Julius Zinser ausgewiesen. Unter Fritz Langers Namen stand die Bezeichnung »Captain des Karlsruher Fußballbundes«, die anderen beiden waren prominente Spieler aus Mannheim und Karlsruhe. Misstrauisch betrachtete Bloch die Namen.

»Wie hast du das denn so schnell arrangiert?«

»Die Herren sind einverstanden, John. Das muss dir genügen.«

Der Herausgeber schüttelte resigniert den Kopf und rief nach dem Boten.

Am Abend ging der nächste Zug nach Prag, mit Bensemann in einem Schlafwagenabteil. Es war der 20. Oktober 1899. Seit seiner Rückkehr aus England waren nur drei Tage vergangen, doch schneller und ergebnisloser, als ihm lieb war. Die Tournee der Engländer musste zwischen dem 20. und 28. November stattfinden; eine Terminverschiebung kam wegen der Spielpläne in England nicht infrage. Bensemann hatte also keine Zeit zu verlieren.

In Böhmen sah man die Dinge entspannter als in der deutschen Hauptstadt. Die wichtigste Figur der dortigen Fußballszene war der ehrwürdige Professor Ferdinand Hueppe, ein Schüler des großen Robert Koch, Sanitätsoffizier und Autor des dickleibigen »Handbuchs der Hygiene«. Hueppe, der dem Deutschen Fußball-Club in Prag angehörte, war von der Idee beseelt, die deutsche Fußballbewegung in Böhmen der reichsdeutschen anzuschließen. Schon deshalb faszinierte ihn der Plan, dass die Deutschland-Tournee der Engländer nach Prag führen sollte, wenn auch, worauf die Engländer bestanden, für dieses Match eine »deutsch-österreichische« Auswahl aufgeboten werden musste. Doch darin sahen die Prager ebenso wenig ein Problem wie in den Berliner Grabenkämpfen. Bensemann konnte auf sie zählen.

In Karlsruhe, wohin Bensemann am 23. Oktober weiterreiste, lagen die Dinge anders. Die süddeutsche Fußballwelt war in Aufruhr, und die Befürworter und Gegner der England-Spiele bekämpften sich erbittert. Inzwischen war die »Spiel und Sport« eingetroffen und gelesen worden, was zu weiteren Erschütterungen führte, die auch das Heim der Forstratsfamilie Langer erreichten. Bei den Langers, deren Haus in der Karlstraße zum Mittelpunkt der Karlsruher Fußballgemeinde geworden war, traf Bensemann auf Willy, einen der jüngeren Söhne, der sich zu einem hervorragenden Keeper entwickelt hatte und Bensemann glühend verehrte, sowie auf einen fassungslosen Fritz.

»Ich weiß kaum, wie mir geschieht. Erst diese Stellungnahme in ›Spiel und Sport‹, über die du mich wirklich unzureichend informiert hast. Nach deinem Telegramm war ich im Glauben, mit vielen anderen eine Erklärung für die England-Tournee zu unterzeichnen. Aber dass die Sache so exponiert ist – ich weiß nicht, das hättest du mir darstellen müssen. Julle Zinser sieht es ebenso.«

»Mit Julle rede ich noch. Hört zu, Fritz und Willy, ihr müsst das richtig sehen: Die England-Spiele hängen an einem seidenen Faden. Nohe, Manning und Konsorten versuchen sie mit allen Mitteln zu hintertreiben. Es kann nicht nur mein Name dagegen stehen, das reicht nicht. Ich musste schnell handeln, und ich wusste, dass ich mich auf euch verlassen kann. Wenn nicht auf euch, auf wen denn sonst?«

Die Tür ging auf, und Ernst stürmte herein.

»Ich hörte, dass du hier bist, Walther. Deshalb komme ich, obwohl ich wahrlich Dringlicheres zu tun hätte.«

»Schön, dich zu sehen«, sagte Bensemann, dessen Verhältnis zum ältesten der Langer-Brüder sich in den letzten Monaten abgekühlt hatte.

»Walther, als einer deiner besten Freunde hier muss ich dich warnen. Du überziehst die Dinge. Privatmatches gegen England wären kein Problem, für niemanden. Aber du machst eine Staatsaffäre daraus, und zwar auf eigene Faust. Es musste dir klar sein, dass die Verbände dabei nicht mitmachen. Nohe denkt so, Manning ebenfalls und, bei aller Freundschaft, ich auch.«

»Das ist doch alles nichts Neues, Ernst. Du weißt selbst, dass es unmöglich wäre, alle Verbände zu solch einer Unternehmung zusammenzubringen. Andererseits brauchten wir einen repräsentativen Veranstalter, darauf besteht die Association. Deshalb haben wir das Komitee gegründet. Ohne Komitee keine England-Spiele, so simpel ist die Sachlage. Und im Komitee kann jeder mitmachen, der will. Die Berliner sind dabei, die Prager sind dabei, die Mannheimer sind dabei und ein Teil der Karlsruher auch. Wie deine Brüder Fritz und Willy.«

»Lass bitte Fritz aus dem Spiel. Dass sein Name und der von Julle unter dieser Erklärung in ›Spiel und Sport‹ steht, hat alles schlimmer gemacht. Natürlich weiß hier jeder, dass die Erklärung nicht von ihnen ist. Dennoch sind wir jetzt gezwungen, gegen die beiden vorzugehen. Verstehst du: Der

Karlsruher Bund wird Fritz als Captain disqualifizieren. Und ich werde als Schriftführer des KFV offiziell gegen ihn stimmen müssen. Verstehst du: gegen meinen eigenen Bruder.«

»Ist das wahr?«

Fritz nickte beklommen. »Ich wollte es dir soeben erzählen. Sie tagen heute Abend.«

»Wunderbar, wirklich grandios. Erst kürzlich habt ihr mich zum Ehrenmitglied des Bundes gemacht. Und nun das. Dabei bräuchten die Karlsruher nur in das Komitee einzutreten, und alles wäre bereinigt. Wisst ihr was: In Wahrheit wollt ihr die Engländer gar nicht. Ihr seht nur eure partikularistischen Vereinsinteressen und nicht das Große. Aber das sage ich euch: Wenn dieser Beschluss gegen Fritz und Julle durchkommt, lege ich die Ehrenmitgliedschaft nieder, mit großem Pomp und Getöse.«

Ernst wurde wütend. »Wenn du diese Konfrontation weitertreibst, bekommst du in Karlsruhe keinen Platz, auf dem das Spiel stattfinden könnte. Womöglich nicht einmal einen Ball.«

»Diese Intrige versuchen sie in Berlin auch. Allein, ich schwöre euch, die Engländer werden kommen, und die Spiele auch, und es wird der Tag anbrechen, an dem ihr mir dankbar dafür seid.«

Sie erregten sich weiter, und der Versöhnungskuchen, mit dem Mutter Langer hereinplatzte, bewirkte eher einen verlegenen Waffenstillstand als eine Verständigung. In seinem Zorn erwog Bensemann, abends auf der Sitzung des Karlsruher Fußballbundes aufzukreuzen, doch am Ende schien es ihm ein sinnloses Unterfangen, Nohe und seine Leute umzustimmen. Er hatte genug zu tun, die eigenen Reihen zu schließen. Fritz Langer bewog er zu einer Erklärung, in der dieser sich zu dem umstrittenen Artikel in der »Spiel und Sport« bekannte; Julle Zinser würde eine solche Erklärung ebenfalls abgeben. Am gleichen Abend würde er nach Mannheim weiterreisen, um Oscar Gutmann zu überzeugen. Dann musste er dringend zurück nach Berlin.

Nur Imgraben war ihm noch einen Umweg und eine Verzögerung wert. Der Professor hatte von den Konflikten nur am Rande gehört, doch aus seiner voll gestopften Studienstube heraus betrachtete er sie mit der Distanz des Philosophen, und seine Sympathien waren klar verteilt. »Scheue dich nicht, für eine große Idee zu streiten«, riet er. »Kühne Männer sind meistens ihrer Zeit voraus. Was sie bei ihren Zeitgenossen ernten, ist gewöhnlich nichts als Ärger. Denn ein Prophet gilt nirgends weniger denn in seinem Vaterlande.«

In Berlin erwartete Bensemann eine Liste unerledigter Aufgaben. Die Platzfrage war ungelöst, die Hotelreservierungen gestalteten sich schwierig, da die Spieltermine im Einzelnen noch nicht fixiert waren, und ein Schneider musste gefunden werden, der an die vorgesehenen schwarzen Trikots rot-weiße Streifen auf die Ärmel nähte, als Reverenz an die deutschen Reichsfarben. Doch welche Mannschaft diese Kluft benutzen würde, war völlig offen. Da nach der Bestrafung Fritz Langers feststand, dass Spieler, die gegen England aufliefen, möglicherweise mit Sanktionen zu rechnen hatten, bildeten allein die Berliner eine berechenbare Größe. Der Hamburg-Altonaer Fußballbund dagegen hatte seinen Mitgliedern definitiv untersagt, an den Spielen teilzunehmen, und angekündigt, »Zuwiderhandlungen« würden hart bestraft. Mit Hamburger Spielern war also nicht mehr zu rechnen. Selbst Ivo Schricker schwankte noch immer. Schließlich kam aus Breslau die Nachricht, dass die Erbschaft der verstorbenen Tante Jenny vorläufig nicht ausgezahlt werden könne. Ohne es nach außen zu zeigen, begann Bensemann am Gelingen seiner Pläne zu zweifeln.

Positives hörte er allein aus London. Zur Delegation der Association würden mit Alcock und Sherrington zwei ihrer Vizepräsidenten gehören und damit den offiziellen Charakter unterstreichen. »Umso größer die Blamage, wenn die Sache schief geht«, knurrte Boxhammer.

»Umso größer unser Triumph, wenn es funktioniert«, antwortete Bensemann.

Einige Tage später, Anfang November, ließ Bloch ihn in die Redaktion rufen. Da extra ein Bote geschickt war, hatte Bensemann keinen Zweifel, dass es irgendwo brannte. Der Engländer empfing ihn aufgeregt. In der Hand schwenkte er ein Papier, und sein Gesicht war vor Empörung rot.

»Es ist unglaublich. Die Süddeutschen machen gegen dich mobil, Walther. Sieh dir diesen Beschluss hier an, aber setz dich vorher hin.«

Später noch, als er, um sich abzukühlen, über den Rasenplatz am Kurfürstendamm stapfte, hatte Bensemann das Schreiben Wort für Wort im Kopf. Absender war der Vorstand des Verbandes Süddeutscher Fußballvereine, und der hatte, wie er in bestem Amtsdeutsch mitteilte, »in Erwägung dass

1. Herr Walter Bensemann einen sportlich und moralisch gleich verderblichen Einfluss auf Verbandsvereine und Verbandsmitglieder ausgeübt hat; dass

2. Herr Walter Bensemann durch Drohungen, lügnerische Darstellungen, Gehässigkeiten und Täuschungen aller Art innerhalb und außerhalb des Verbandes Süddeutscher Fußballvereine diesen schwer zu schädigen versuchte; dass

3. Herr Walter Bensemann durch Annahme der von der English Football Association gestellten Bedingungen, zwei ganz Deutschland repräsentierende Mannschaften aufzustellen, sich mit den Beschlüssen des Verbandes Süddeutscher Fußballvereine wesentlich in direkten Widerspruch gesetzt hat, folgenden Beschluss gefasst:

1. Der Verband verhängt über Herrn Walter Bensemann die Strafe des Ausschlusses;

2. Der Verband untersagt sämtlichen Verbandsvereinen und Verbandsmitgliedern bei Strafe der Disqualifikation jedweden sportlichen Verkehr mit Herrn Walter Bensemann.«

Außerdem bekräftigte der Vorstand seine Ablehnung der England-Spiele. Unterschrieben hatten Nohe als Vorsitzender und Gus Manning als Schriftführer des Verbandes. In einem zweiten Schreiben mit gleichem Datum bestätigte der Karlsruher Fußball-Verein diese Sichtweise und verbot seinen Mitgliedern ebenfalls jedweden sportlichen Verkehr mit Bensemann. Unterschrieben hatte in diesem Fall neben Nohe als Vereinsvorsitzendem auch Ernst Langer als Schriftführer.

Bensemann, der einsam wanderte, blickte über den Rasenplatz, auf dem nach seinen Plänen drei Wochen später die Spiele gegen die englische Auswahl stattfinden sollten. »Das ist endgültig eine Kriegserklärung«, dachte er und bekämpfte mühsam seinen Zorn. »Sie wollen mich zum Aussätzigen erklären. Mich, der den Verein gegründet hat. Der den Fußball nach Süddeutschland gebracht hat. Der ihn dort groß gemacht hat. Und nun soll es ehrenrührig sein, mit mir zusammenzuarbeiten. Bei meinen England-Spielen mitzumachen. Mit mir zu verkehren. So wollen sie alles verhindern.«

Er sah zwei Schülermannschaften zu, die miteinander wetteiferten, indem sie um den rollenden Ball tanzten wie ein hungriger Mückenschwarm um sein Opfer. »Keine richtige Aufteilung auf dem Platz«, dachte er. »Sie müssen taktisch noch lernen.« Vielleicht würden sie ja als Zuschauer kommen, um die Engländer zu sehen, um ein Fußballereignis zu genießen, wie es in Deutschland noch keines gegeben hat, und ohne sich dafür zu interessieren, warum honorige Männer dafür und dagegen im Schlamm gewühlt hatten. »Sie müssen aufpassen«, murmelte er grimmig, »vielleicht hält Herr Dr. Manning ja das Zusehen schon für sportlichen Verkehr mit mir. In diesem Fall hätten sie strengste Bestrafung zu befürchten.«

Vielleicht hätte er in diesem Moment resigniert, wenn er inzwischen nicht Ivo Schricker hinter sich gewusst hätte. Der Elsässer zählte zu den wenigen, die in dieser Konfrontation für unparteiisch und unbeeinflussbar gehalten wurden. Wie üblich hatte er sich schließlich pragmatisch entschieden: Erstens wollte er eine Blamage vor der F.A. vermeiden. Und zweitens war er der festen Meinung, dass der Streit sich erledigen würde, wenn die Engländer erst einmal im Lande seien. »Dann möchte ich den deutschen Fußballer sehen, der es wagt, sie zu desavouieren«, argumentierte er. »Und das bedeutet: Wir müssen Tatsachen schaffen.«

Tatsachen schaffen hieß: Sie mussten die Termine bestimmen und die Mannschaft, auch wenn die vorerst nur aus Berlinern bestehen sollte. Sie mussten Reklame für die Spiele machen, den Reichskanzler endgültig als Schirmherrn gewinnen und für das Karlsruhe-Spiel auf das Engagement der jüngeren Langer-Brüder setzen. Als sich Boxhammer, Bensemann und Schricker zur abendlichen Lagebesprechung trafen, waren sie sich in ihrem Vorgehen einig. Boxhammer hatte sogar eine gute Nachricht mitgebracht: Der Platz am Kurfürstendamm war auf sein Drängen hin endlich zugesagt worden. Die schlechte Nachricht behielt Bensemann für sich: Die Auszahlung von Tante Jennys Erbschaft verzögerte sich noch immer.

In den folgenden Ausgaben der »Spiel und Sport« tobte spaltenlang der Streit. John Bloch schlug sich für Bensemann, Nohe und die Manning-Brüder gegen ihn. Boxhammer, Schricker und Bensemann beschränkten sich auf offizielle Ankündigungen zu den Spielen und erweckten damit das Bild unbeeindruckter Zielstrebigkeit. Sie veröffentlichten die Spieltermine und die Liste des englischen Aufgebots, in dem sich Mitglieder der berühmten Corinthians ebenso fanden wie altgediente Internationale: James Crabtree von Aston Villa beispielsweise, ein Allround-Sportler, Fußballer, Cricketer und Läufer, der dreimal gegen Schottland und zweimal gegen Wales gestanden hatte. Oder Stanley Briggs von Clapton, ein junger Zweimeterriese, der zum Teamcaptain ernannt worden war. Vor allem aber Billy Bassett von West Bromwich Albion, der als einer der besten Außenstürmer galt, die je in England spielten und der seit zehn Jahren alle Spiele gegen Schottland, Irland und Wales absolviert hatte. Da England gegen andere Gegner noch nie angetreten war, schien diese Liste durchaus beeindruckend, auch wenn einige der Besten fehlten.

Weniger klangvoll las sich naturgemäß die Aufstellung der deutschen Teams, die das Komitee nun endlich bestimmt hatte. Ivo Schricker war zum Captain ernannt und lief sowohl in Berlin wie in Karlsruhe auf. Der Einsatz Bensemanns kam nicht zur Sprache. Er selbst hatte auf eine Aufforderung gewartet, entschlossen, diese mit Hinweis auf seine repräsentativen Pflichten abzulehnen. Boxhammer und Schricker aber übergingen das Thema.

Im ersten Spiel, am 22. November im Sportpark Kurfürstendamm, sollten ausschließlich Berliner Spieler als »Norddeutschland« auflaufen, darunter Erwin Schricker, Paul Kralle und Paul Jestram, die schon nach Paris mitgefahren waren. Willy Langer und Eugen Link vom Karlsruher Fußball-Verein sollten am zweiten Tag hinzustoßen und das Team in »Alldeutschland« verwandeln. In Prag, am 25. November, wurde »Deutsch-Österreich« vor allem durch Spieler des Deutschen Fußball-Clubs Prag repräsentiert. Für das Spiel am 28. November in Karlsruhe hatten sich, trotz des offiziellen Verdiktes, gleich sechs Spieler vom Karlsruher Fußball-Verein aufstellen lassen, darunter Fritz und Willy Langer, Rudolf Wetzler sowie Julle Zinser. Sie hatten sich überzeugen lassen, dass der Verband, wenn das F.A.-Team erst einmal im Lande sei, ihr Engagement tolerieren müsse, befolgten aber sicherheitshalber Bensemanns Rat: Für die Zeit der England-Spiele traten sie kurzerhand aus dem Verein aus. Zweifelsohne war ihnen das Ereignis einigen Ärger wert.

Diese Einstellung verbreitete sich allmählich, vor allem in Süddeutschland. Dabei hatte, ohne es recht zu wissen, wieder einmal Des Barres geholfen. Der Ire brachte in einem Artikel im »Sportsman« die Dinge auf den Punkt, und Bensemann sorgte dafür, dass der Artikel in Deutschland Verbreitung fand. In seiner unverblümten Art erklärte Des Barres, es sei »ganz reizend, auf englischer Seite vernehmen zu müssen, dass in Deutschland die elementaren Grundsätze des Sports scheinbar nicht bekannt sind, von Vernunft ganz zu schweigen. Ist es nicht ein erstaunliches und ohne Beispiel dastehendes Vorkommnis, dass es Spielern von ihren Verbänden absolut untersagt wird, sich mit einigen der besten Fußballer, die es je gegeben hat, zu messen? Was haben wir getan, um diese auffallende Beleidigung zu verdienen?«.

Da der Artikel anonym erschienen war, gab es ausgiebig Spekulationen um die Autorenschaft, die von Bensemann bis zu Wall persönlich reichten, doch blieb man, bis die Tournee gelaufen war, nun doch vorsichtiger: Eine Beleidigung englischer Gäste wollten sich Nohe und Manning nicht vorwerfen lassen.

Die Umtriebigkeit, mit der das Deutsche Centralcomité für Internationale Fußballwettspiele Namen, Daten und Termine für Commers und Soupers veröffentlichte, verdeckte drei äußerst unangenehme Tatsachen. Die erste hatte ein beschämter Demmler überbracht. Seine geheimnisvollen Drähte hatten nicht funktioniert, Fürst zu Hohenlohe sagte ab. Die Antwort des Reichskanzlers war eine glatte Ohrfeige für das Komitee. Hohenlohe verweigerte nicht nur die Schirmherrschaft, sondern er riet sogar dringend, die Spiele zu verschieben. Die anti-englische Stimmung sei derzeit so ausgeprägt, dass die Gäste Gefahr liefen, insultiert zu werden.

»Insultiert!«, ereiferte sich Bensemann im Dusteren Keller gegenüber seinen Freunden. »Wenn einer die Engländer beleidigt, dann Hohenlohe. Und genau dort, bei der Reichsregierung ist auch die vermeintliche anti-englische Stimmung platziert, wo sonst! Jetzt hat mich der verdammte Burenkrieg am Ende doch noch erreicht.«

Tatsächlich hatte die britische Intervention in Südafrika zu einer diplomatischen Abkühlung zwischen Berlin und London geführt. Die deutsche Reichsregierung sah sich in diesem Konflikt eher den – wenn auch nur in kleinen Teilen – deutschstämmigen Buren verpflichtet und verurteilte das Vorgehen der Briten, zumal sie sich in Rivalität zu deren Kolonialpolitik sah. Die Absage Hohenlohes war ein nur schlecht getarnter Affront gegen Großbritannien. Der Blamierte war Bensemann, der auch gegenüber der F.A. angekündigt hatte, eine »hoch gestellte Persönlichkeit« werde die Tournee der Engländer protegieren.

Die zweite Hiobsbotschaft an jenem Abend im Dusteren Keller hatte Boxhammer eröffnet. Der Berliner Polizeipräsident untersagte das Match am 22. November; dies sei der Bußtag und damit ein kirchlicher Feiertag, an dem ein solches Vergnügungsspiel nicht angemessen sei.

»Lässt sich dagegen etwas machen?«, fragte Bensemann resigniert.

»Mit Sicherheit nicht«, antwortete Boxhammer. »Die Verfügung ist eindeutig. Wir müssen beide Berliner Matches um einen Tag verschieben.«

»Dann kommen die Engländer nicht mehr rechtzeitig nach Prag.«

»Sie können es schaffen, wenn wir das zweite Spiel auf einen Vormittag legen.«

»Himmel, wer soll um diese Zeit zuschauen? Wir hatten uns den Feiertag ausgesucht, damit die Leute Zeit haben. Dieser Vorteil fällt nun fort. Wenn wir dann noch am Vormittag spielen …«

In Wahrheit regte ihn dieser Umstand kaum auf. Denn was vor allem zählte, war das dritte Missgeschick, und das war nur ihm bekannt: Die Engländer würden vermutlich überhaupt nicht kommen. Und zwar deshalb, weil er die Garantiesumme nicht aufbringen konnte. Die Erbschaft ließ weiter auf sich warten, den Vater, dem es wieder schlechter ging, konnte er nicht belästigen, und seine eigenen Barmittel waren für die übrigen Organisationskosten längst aufgebraucht. Sich von privater Seite Geld zu leihen kam in Berlin nicht infrage: Sobald seine momentane Zahlungsunfähigkeit ruchbar würde, wäre er ein geschlagener Mann. Selbst Boxhammer würde sich abwenden. In Deutschland und England wäre er fortan zweifelsohne eine Persona non grata. Kurzum: Die Situation war hoffnungslos.

Einen Moment lang erwog er, Boxhammer und Demmler die fürchterliche Tatsache zu eröffnen, in der Hoffnung, dass sie ihm, um nicht in den Sog der Blamage zu geraten, aushelfen würden. Aber erstens glaubte er nicht daran, dass die beiden über 2.000 Mark verfügen konnten, jedenfalls nicht binnen zweier Tage. Und zweitens hätte er in jedem Fall seinen Kredit verspielt: Für ihn persönlich hätte ein Offenbarungseid keine andere Wirkung als die Absage der Engländer.

Als er sich im Dusteren Keller verabschiedete, ging er ein letztes Mal im Kopf alle Namen durch, die ihn vielleicht noch retten könnten. Imgraben? Hatte kein Vermögen. Mayer in Montreux? Zu weit fort vom Geschehen. Forstrat Langer? Vermutlich ebenfalls nicht vermögend genug, außerdem würde es dann Ernst Langer erfahren. Des Barres? Zu spät, zu weit fort, zu nah an Wall. Als Letzter, der ihm einfiel, blieb Ivo Schricker. An diesem Abend war Bensemann verzweifelt genug, sich dem Freund anzuvertrauen.

Zum ersten Mal erlebte Schricker einen Walther Bensemann, der nur stammelnd reden und kaum den Sachverhalt erklären konnte. Sie saßen, noch in derselben Nacht, auf harten Stühlen in Schrickers einfachem Studentenzimmer und leerten eine Cognac-Flasche, die zwischen ihnen auf dem Boden stand.

»Es gibt einfach keine Lösung«, wiederholte Bensemann. »Ich habe alles überdacht. Alles. In zwei Tagen muss ich das Geld einzahlen. 2.000

Goldmark, keinen Penny weniger. Und Tante Jenny ... Ich habe auf ihre Erbschaft gesetzt, verstehst du. Und nun ... Die Blamage wird ungeheuerlich sein. Zwischen Prag und London wird man über mich lachen. Der großspurige Bensemann, und am Ende war alles nur heiße Luft. Die Association zum Narren gehalten. Ich kann das nicht ertragen, Ivo. Nach all dem, was ich unternommen habe, diese Blamage.«

In Schricker hatte er einen stummen, besorgten Zuhörer, und Bensemann sprach in einem fort.

»Du weißt, was passiert ist, als Knowles mich beleidigte. Weißt du noch? Ich war bereit, auf Leben und Tod meine Ehre wiederherzustellen. Wegen dieser Nichtigkeit. Da kannst du dir denken, wie ich mich jetzt fühle. Ich schwöre dir, Ivo, wenn es keinen Ausweg mehr gibt, werde ich mich erschießen. Ich schwöre es.«

Als er endlich ausgeredet hatte, antwortete Schricker mit strenger Stimme, weder verständnis- noch vorwurfsvoll, sondern fast befehlend.

»Zuallererst: Niemand außer uns darf etwas erfahren. Zweitens: Das nächste Mal informierst du mich rechtzeitig. Drittens: Wenn die Tournee platzt, sind Boxhammer und ich nicht besser dran als du. Dein Selbstmord würde uns auch nicht helfen. Und viertens: Du musst das Geld beschaffen.«

Bensemann lachte sarkastisch. »Und von wem, wenn ich fragen darf?«

»Von meiner Familie. Damit bliebe es unter uns.«

»Dein Vater würde mir das Geld leihen?«

»Mein Vater nicht. Du kennst seine Einstellung zum Fußball. Wenn, dann hilft dir meine Mutter. Wie du weißt, hat sie eigenes Vermögen.«

»Das kann ich nicht verlangen, Ivo, wirklich nicht, ich wage nicht einmal daran zu denken. Deine Mutter hat mir bereits vor einem Jahr bei der Paris-Fahrt ausgeholfen, und es war mir peinlich genug. Selbst wenn ich dieses Mal die Sicherheit der Erbschaft zu bieten habe: Ich kann dich nicht noch einmal mit solch einer Mission nach Straßburg schicken.«

»Das sollst du auch nicht«, sagte Schricker, und in seinen Augen glomm es. »Denn du bist es, der fahren und um Kredit bitten wird. Ich habe dir nur einen freundschaftlichen Rat gegeben, damit das Komitee nicht die unangenehme Aufgabe hat, seinen Schriftführer zu beerdigen.«

Am nächsten Morgen saß Bensemann verkatert und übermüdet im Zug nach Straßburg, in seinem Koffer Cut und Zylinder. Er wusste, dass die gnädige Frau Professor Schricker vornehmes Auftreten schätzte. Dieser

Umstand entschied auch seine Überlegungen, ob er die Dame mit seiner Selbstmorddrohung erschrecken sollte oder nicht. Was ihm letzte Nacht noch als ernst gemeintes Vorhaben, ja nahezu als unausweichliche Tatsache erschienen war, hatte sich nach seinem Gespräch mit Ivo Schricker wieder zur theoretischen Möglichkeit verflüchtigt, zum tragischen Epilog eines Dramas, das er zwar zitieren, aber nicht durchleben würde. So war er im Schricker'schen Salon bei einer Tasse Mokka und im Angesicht einer mitfühlenden Frau Professor in der Lage, den Hinweis auf einen Selbstmord in angemessener Form anzubringen: nicht als Verzweiflungstat eines Bloßgestellten, sondern als unausweichliche Konsequenz für einen Gentleman, der anders seine Ehre und seinen Ruf nicht retten kann.

Zu keinem Zeitpunkt zweifelte Bensemann am Erfolg seiner Reise: Ivo hätte ihn nicht für zwei Tage nach Straßburg geschickt, ohne sich sicher zu sein, dass seine Mutter erneut einspringen würde. Und das tat sie denn auch. Das Einzige, was Bensemann störte, war der Umstand, dass sie ihre Zusage mit jenem unscheinbaren Lächeln um die Augen gab, das er von ihrem Sohn zur Genüge kannte.

Die Kapelle im Speisesaal des Hotels Monopol stimmte »God save the Queen« an, zum zweiten Mal schon, nachdem sie zuvor versehentlich eine höchst irritierte russische Handelsdelegation mit der Hymne begrüßt hatte. Nun aber betraten die Engländer den Saal, Alcock und Sherrington, die F.A.-Vizepräsidenten an der Spitze, dahinter unübersehbar der riesige Briggs und die übrige Mannschaft. Ihnen zu Ehren absolvierte das Orchester sein gesamtes englisches Repertoire, »For he is a jolly good fellow«, sogar »Britannia rules the waves«, danach fünf weitere Stücke und schließlich alles da capo. Auf den Tischen waren Bronzestatuetten aufgebaut, die mit den deutsch-englischen Fahnen geschmückt waren, und die Atmosphäre war überwältigend herzlich, so wie schon Stunden zuvor am Bahnhof Friedrichstraße, als die Gäste unter lautstarken Hochrufen der Deutschen aus dem Zug geklettert und in die wartenden Pferdedroschken geleitet worden waren. Bensemann zeigte sich als strahlender, kaum zu bremsender Gastgeber, der souverän die Dienstboten des Hotels dirigierte und für einen beständigen Nachschub an Zigarren und Alkoholika sorgte. Im Übrigen sprach er an diesem Abend fast nur englisch, parlierte mit Alcock und Sherrington, brachte Toasts aus und hielt eine feierliche Rede auf die englisch-deutsche Sportfreundschaft. Die allgemeine Völkerverbrüderung wurde geografisch noch beträchtlich ausgedehnt, als ein amerikanischer Student unverhofft aufstand und ein »Hands across the sea« anstimmte. Gerührt fiel Bensemann mit ein, während ringsum Beifall aufbrandete und die ganze Gesellschaft auf Hoteltische stieg, um nacheinander die deutsche, englische und amerikanische Nationalhymne abzusingen. Alles war weit besser, als er es sich vorgestellt hatte.

Natürlich waren auch die Schricker-Brüder anwesend, mit ihnen die Berliner Fußball-Prominenz wie Boxhammer, Neumann und Demmler, außerdem eine Hand voll britischer Kaufleute, unter ihnen Des Barres' Berliner Leute, die geräuschvoll mit ihrem Motorwagen vorgefahren waren. Schließlich diverse Pressevertreter, darunter sogar ein etwas verkniffener Pitcairn-Knowles. Die Aufmerksamkeit der englischen Gäste allerdings konzentrierte sich auf Bensemann, in dem sie Kopf und Herz des Unternehmens sahen. Die Absage des Reichskanzlers dagegen hatte sie nicht sonderlich erschüttert. »Der Sport sollte sich ohnehin von der Politik frei halten«, erklärte Alcock seinem Gastgeber. »Dass wir mitten im Burenkrieg einen so freundlichen Empfang in Berlin erfahren können, beweist mir die überlegene Ethik des Sports.«

»Und das«, raunte Bensemann dem erleichterten Demmler zu, »ist genau die Antwort, die ich von einem englischen Gentleman erwartet habe.«

Zu dem ungünstigen Termin am Nachmittag eines Werktages hatte sich noch unangenehmes Wetter hinzugesellt, kalter Wind und Regen. Als das Spiel um 14 Uhr beginnen sollte, drängten sich lediglich tausend Zuschauer um den abgegrenzten Platz am Kurfürstendamm, eine Zahl, mit der Bensemann angesichts der widrigen Umstände dennoch zufrieden war. Am Tag zuvor hatte er bereits mit den Engländern den Platz inspiziert. Bei ihrem Eintreffen war der Spielbetrieb dort zusammengebrochen, die englischen Spieler wurden umringt und gedrängt, auf der Stelle ein kleines Match einzugehen. In Hut, Mantel und Straßenschuhen hatten sie lachend mitgemacht, ein paar Tricks gezeigt und sich ansonsten zurückgehalten. Nach zehn Minuten hieß es Abpfiff und 0:1 gegen die Engländer, weil Waller, ihr Keeper, vergeblich versucht hatte, den einzigen Ball, der sein Tor erreichte, mit dem Hut einzufangen.

Nun war es 14 Uhr, die Zuschauer warteten ebenso wie das deutsche Team, denn die Engländer fehlten.

»Vielleicht irren sie sich in der Uhrzeit«, bemerkte ein unruhiger Bensemann zu Alcock, der neben ihm stand.

»Oh, ich habe sie genauestens instruiert«, antwortete der Brite und öffnete seinen Schirm, da der Regen wieder stärker wurde.

»Oder sie haben den vergangenen Abend noch nicht verdaut.«

»Das könnte man bei eurer Gastfreundschaft tatsächlich vermuten. Aber die meisten müssen den Commers überlebt haben, denn ich sah sie heute Morgen noch.« Alcock blickte streng über den Platz. »Ich fürchte fast, sie haben es mit der Angst zu tun bekommen. Nach der Niederlage gestern … Ich fürchte wirklich, sie sind heimlich abgereist, um eine Blamage zu vermeiden.«

Irritiert sah Bensemann sich um. Er war sich nicht sicher, ob der F.A.-Mann scherzte. Endlich hörte er unter den Zuschauern ein Raunen und Hurra-Rufe: Das englische Team rückte an, und der grinsende Captain erklärte die Verspätung: Da von den Spielern keiner deutsch sprach, habe der Kutscher sie nicht verstanden.

Mit 38 Minuten Verspätung gab Schiedsrichter Taylor, ein altgedienter Corinthian, das Zeichen zum Anfang. Endlich begann das Spiel, das im Vorfeld die deutsche Fußballszene gespalten und Bensemann fast den Kopf gekostet hatte. »Jetzt«, dachte er grimmig, »ist es an den Engländern, eine sportliche Antwort zu geben.« Und das taten sie. Obwohl die Deutschen nach dem Anstoß kurz den Ball ergatterten, vergingen nur drei Minuten bis zum ersten Goal der Gäste: Chadwick schob nach einem Einwurf lässig ein. In der Zeit danach kamen die Deutschen kaum aus ihrem Strafraum, immer wieder retteten sie sich nur dadurch, dass sie den Ball irgendwie wegdroschen. Eichelmann im Tor war der Erste, der sich auszeichnen konnte, als es ihm gelang, einen scharfen Schuss um den Pfosten zu lenken. Das Publikum jubelte, wie es zuvor die Engländer beklatscht hatte. Nun war klar, dass sie zwar hoch, doch in Ehren verlieren würden.

»Ihr spielt besser, als wir erwartet haben«, behauptete Alcock in der Halbzeitpause, obwohl es da bereits 6:0 für seine Leute stand. »Vor allem der Tormann und der Captain gefallen mir außerordentlich.«

Tatsächlich war Ivo Schricker einer der wenigen deutschen Spieler, der seinen Gegnern nahezu ebenbürtig war, was die technischen Fertigkeiten und das Kombinationsspiel anging. Ansonsten bewiesen die Engländer die Überlegenheit eines systematischen, auf jahrzehntelanger Erfahrung beruhenden Trainings. Sie waren physisch stärker, vor allem schneller als die Deutschen. Ihr Kombinationsspiel begann bereits in der eigenen Verteidigung und variierte nach unsichtbaren, aber effektiven Regeln zwischen Innen- und Außenspiel. Während die Deutschen erst einmal durchatmeten, wenn sie den Ball abgegeben hatten, liefen die Engländer weiter, um sich möglichst rasch wieder in eine gute Position zu bringen. Damit schufen sie sich in fast jeder Situation eine taktische und numerische Überlegenheit.

»Es scheint mir, als ob mehr Spieler von eurem Team auf dem Platz stehen als von unserem«, kommentierte Bensemann. »Ich habe wahrhaftig die Mannschaften durchgezählt, aber es sind beide elf. Es muss an eurer Spielkunst liegen.«

»Anscheinend kennt ihr das three-inside forward play noch nicht«, entgegnete Alcock. »Unsere spielen es recht ansehnlich, auch wenn wir auf der Insel Männer haben, die es noch besser können.«

Auf diese Variante jedenfalls fielen die Deutschen immer wieder herein: Die drei Innenstürmer kombinierten untereinander mit flachem Zuspiel, langsam nach vorne rückend, und zogen die gegnerischen Spieler damit auf sich. Im entscheidenden Moment öffneten sie das Spiel durch einen Pass auf die Außen, die nun Raum hatten, nach vorne zu stürmen. Auf diese Art wurden die meisten Goals vorbereitet. Die Sturmversuche der Deutschen hingegen folgten meist dem simplen Schema des »Kick and Rush«: Einer haute den Ball weit nach vorne, und die Stürmer mühten sich, das Leder zu erwischen – da sie ihren Gegnern an Schnelligkeit unterlegen waren, in der Regel erfolglos.

Den größten Vorsprung allerdings hatten die Engländer in der Ballbehandlung. Während die Deutschen meist mit der Schuhspitze droschen, beherrschten die englischen Spieler perfekt den Spannschlag, wodurch ihr Zuspiel bedeutend genauer war. Außerdem vermochten sie, mit dem Ball am Fuß schnell zu sprinten, bei Dribblings Körpertäuschungen zu vollführen, hoch zugespielte Bälle mit dem Fuß zu stoppen und die Lederkugel mit dem Kopf platziert zu stoßen. Alles in allem taten die Engländer genau das, was man von ihnen erwartete: Sie zeigten eine Lehrstunde und begeisterten Zuschauer wie Gegenspieler.

Immerhin gelang den Deutschen vor allem in der zweiten Halbzeit gelegentlich ein Spielzug, der ihnen die Anerkennung des Publikums und schließlich auch zwei Goals einbrachte. Beim ersten war Jestram, der schon in Paris getroffen hatte, im englischen Strafraum ausnahmsweise schneller als Crabtree, und aus zehn Metern hämmerte er den Ball an Waller vorbei. Das zweite Tor erzielte Bock, den Ivo Schricker mit einem langen, hohen Pass bedient hatte. Am Ende hieß es 13:2 für die Engländer, doch die Deutschen auf dem Platz und am Spielfeldrand waren keineswegs unzufrieden.

Drei Tage später saß ein gut gelaunter Bensemann bei Imgraben, um Bericht zu geben. »In zwei Tagen haben wir mehr Neues, mehr Kombination, mehr Tricks und mehr brillantes Einzelspiel zu sehen bekommen als in den vergangenen sechs Jahren«, schwärmte er. »Ich bin sicher, die Ansichten über das Fußballspiel werden sich hierzulande gründlich ändern. Man wird den englischen Lehrmeistern nachzueifern versuchen und sich damit entscheidend verbessern. Sogar Pitcairn-Knowles musste das zugeben. Aber auch für die Engländer war es ein Ereignis. In allen großen englischen Sportzeitungen werden lange Berichte von den Spielen stehen. Der ›Sportsman‹ und die ›Athletic News‹ haben eigens Korrespondenten geschickt.«

Der Professor suchte, wie gewöhnlich um diese Jahreszeit, die Nähe des Ofens, auf den er einen Aschenbecher für seine Zigarre stellte.

»Wie ist denn das zweite Match ausgegangen?«

»Die Engländer gewannen 10:2. Was erstaunlich ist, weil sie kaum geschlafen hatten. Sie wollten abends früh in ihre Zimmer verschwinden, aber das haben wir natürlich nicht zugelassen. Auch wenn sie sich beklagten: ›Ihr meint es zu gut mit uns. Unsere Leistung wird von Spiel zu Spiel abnehmen, wenn es so weitergeht!‹« Bensemann lachte zufrieden. »Manche kamen erst morgens um sieben ins Hotel zurück, und um zehn mussten sie schon wieder auf dem Platz stehen, denn um halb eins ging ihr Zug nach Prag. Sie hatten hinterher gerade noch Zeit, sich umzuziehen. Ich wette, sie haben die ganze Fahrt verschlafen.«

»Wie hat sich Willy Langer im Tor gehalten?«

»Sehr gut, aber ihm unterliefen einige Patzer, über die er untröstlich war. Er hat sich an Eichelmann gemessen, der im ersten Spiel überragend war. Aber er hat ja morgen noch einmal Gelegenheit, sich auszuzeichnen.«

Genüsslich drückte Imgraben den Hintern gegen die warmen Kacheln.

»Über das Spiel in Prag weißt du noch nichts?«

»Der Deutsche Fußball-Club hat aus Prag ein paar Zahlen nach Berlin telegrafiert. Die Engländer siegten 8:0, aber das Wichtigste ist, dass 4.500 Zuschauer dabei waren. Ich kann mich nicht entsinnen, dass wir in Deutschland je eine solche Zahl zusammenbekommen haben. Freilich, sie haben am Sonntag gespielt, da haben die Leute Zeit.«

»Ich schätze, hier in Karlsruhe werden ebenfalls Scharen kommen. Man redet viel über das Match, und unsereins hat sich ein wenig umgehört. Man wird noch sportlich, auf seine alten Tage. Jedenfalls heißt es, der gesamte Vorstand des süddeutschen Verbandes werde kommen, inklusive Kollege Nohe und Gus Manning.«

»Es sollte mich freuen«, sagte Bensemann gelassen. »Aber ich werde kaum Zeit haben, sie zu begrüßen. Denn ich werde selbst auf dem Platz stehen.«

»Spielst du etwa mit?«

»Ich stelle den Referee und will hoffen, dass ich dabei nicht wieder einen komischen Eindruck hinterlasse.«

Der offizielle Aufmarsch des süddeutschen Vorstandes war etwas kurios, da er zuvor nicht nur seinen Mitgliedern die Teilnahme an dem Match untersagt hatte, sondern überdies nicht bereit war, einen Spielplatz zur Verfügung zu stellen. Zu Bensemanns Glück war dem Karlsruher FV inzwischen ein gewichtiger Rivale entstanden, der F.C. Phönix, der mit dem energischen Nohe seit Monaten über Kreuz lag. Den Phönix-Leuten erschien der Multifunktionär, der gleichzeitig den Verband wie den KFV repräsentierte, allzu eigenmächtig, und das war wohl auch ein Grund, weshalb sie sich im Streit um die England-Spiele auf Bensemanns Seite schlugen. Da Nohe den Engländerplatz nicht herausrückte, sprang der F.C. Phönix mit seiner bescheidenen Anlage ein, die allerdings einen äußerst holprigen Boden und nicht einmal eine Absperrung besaß. Immerhin hatten die Phönix-Leute die Pritschenwagen einer Karlsruher Spedition angemietet, die als Tribünen dienten, und einige Seile grenzten den Spielplatz ab. Dennoch blieb der Eindruck eines hastigen Provisoriums. Dem Verbandsvorstand um Nohe war die Peinlichkeit bewusst, dass er diese klägliche Situation zu verantworten hatte, und er hielt sich möglichst unscheinbar im Hintergrund.

Unter den Zuschauern standen Fußballer aus ganz Süddeutschland und sogar eine Delegation der Züricher Grasshoppers. Auch Karlsruher Schüler fanden sich zahlreich ein, einige hatten klassenweise geschwänzt, um das Match mitzubekommen. Vollständig angetreten war natürlich die Familie Langer, deren Sprösslinge Willy und Fritz in der deutschen Auswahl standen – ein Ereignis, das die aufgeregte Frau Langer veranlasste, fortgesetzt von jenen Anfangsjahren zu reden, in denen sie Spaziergänger vom Spielfeld verscheuchen musste. Der Forstrat verzog sich unauffällig, während Imgraben, den die Familie inzwischen adoptiert hatte, geduldig zuhörte. Mitten in ihrem Redefluss winkte sie begeistert Schutzmann Meyerling zu, der würdevoll das Spielfeld umrundete und dafür Sorge trug, dass kein Zuschauer die Seitenbegrenzung übertrat. Als es auf zwei ging und das Spiel beginnen sollte, stellte Ernst Langer schließlich mit Entsetzen fest, dass er mit einem Teil seiner Prophezeiungen offenbar Recht behalten hatte: Auf dem Spielfeld fehlte der Ball!

Schiedsrichter Bensemann hatte das Missgeschick erst bemerkt, als er an der Spitze der Spieler auf den Platz laufen wollte. »Merde«, entfuhr es ihm, doch er beruhigte sich, als der große Briggs, der heute pausierte, ihm versicherte, nun sei man quitt, nachdem die Engländer den Beginn des ersten Spieles in Berlin verpatzt hätten. Eilends wurden Kutsche und Radfahrer losgeschickt, das Spielgerät zu besorgen, aber es dauerte eine Viertelstunde, bis ein keuchender Radler den Ball an Bensemann übergeben konnte: »Er gehört dem KFV.«

»Dann macht er sich jetzt strafbar«, knurrte der Schiedsrichter, nahm ihn aber trotzdem und trabte aufs Feld.

Vor den 1.500 Zuschauern verlief das Spiel kaum anders als die vorherigen, abgesehen davon, dass den Engländern inzwischen ein wenig der Elan fehlte und die deutschen Verteidiger nicht mehr so leicht zu narren waren wie im ersten Match. Vor allem Erwin Schricker konnte immer wieder erfolgreich abblocken. Vorne dagegen verzweifelte Julle Zinser. Sein Gegenspieler war Jonny Holt von Everton, fast zwei Köpfe kleiner als Zinser, aber ein Läufer von unglaublicher Schnelligkeit. Als er dem Deutschen zum 20. Male den Ball abknöpfte und davoneilte, schrie Zinser wütend ein »Leck-mich-im-Arsche« über den Platz – ein Verhalten, das Schiedsrichter Bensemann durch eine Ermahnung rügte, obwohl er, wie er später gestand, »auch als Schiedsrichter ein Gefühl der Ungerechtigkeit darüber spürte, dass dem Kleinen alles gelang und dem Großen nichts«.

Den größten Beifall erhielt der junge Willy Langer, nicht nur, weil er der Liebling seiner Stadt war, und auch nicht, weil seine Mutter durch frenetisches Klatschen den Applaus immer wieder neu anstachelte. Vielmehr hielt er ausgezeichnet – »wirklich brillant«, urteilte später der englische »Sportsman« – und konnte sich für das Berlin-Spiel überzeugend rehabilitieren. Beeindruckt waren die Zuschauer vor allem von der Wucht seiner Faustabwehr: Der 1,90 Meter große Willy boxte den Ball mit den Fäusten so weit ins Spielfeld zurück, als habe er ihn volley mit dem Fuß gedroschen.

Am Ende wurde es das Match, in dem die Gäste die wenigsten Tore ihrer Tournee schossen, nämlich sechs, während die Deutschen überhaupt nicht scoren konnten. Die heroischste Tat allerdings vollbrachten an diesem Tag die Engländer, als sie sich nach dem Spiel erneut durch Festreden, Toasts und eine Reihe von Kneipen kämpften, bis sie am frühen Morgen endlich ihr Hotel Germania wiedersahen. Fast wäre es noch zu einem nächtlichen Eklat gekommen, als sie im Kabarett Colosseum einen Komiker unpassend vom Burenkrieg singen hörten und beinahe von der Bühne geholt hätten. Die deutschen Freunde und einige Liter badischen Weins verhinderten Schlimmeres.

Im dichten Nebel des darauf folgenden Herbsttages verschwanden zuerst die Qualmwolken der Lokomotive und allmählich der ganze Zug, in dem die Engländer Richtung Nordsee dampften. Als er endgültig außer Sicht war, schlug Ivo Schricker erleichtert auf Bensemanns Schulter.

»Gratuliere, mein Freund. Du hast es geschafft. Vor einem Vierteljahr hätte ich nicht auf ein Gelingen gewettet. Aber nun ist alles besser geworden, als man erhoffen konnte.«

»Es hätten mehr Zuschauer kommen können«, erwiderte Bensemann trocken.

»D'accord, doch daran ist der Erfolg nicht zu messen. Außerdem waren es über 8.000 in vier Spielen. Wann wurde diese Zahl schon einmal erreicht?«

»Der größte Zulauf war in Prag.«

»Zugegeben, aber dort ist der Fußball ohnehin weiter als hier. In ein paar Jahren werden wir sie eingeholt haben, und ein großer Schritt dazu wurde gerade getan.«

Zusammen verließen sie den Bahnhof, um sich in Karlsruhe von ihren Freunden zu verabschieden.

»Lass uns eine Droschke mieten und alle abklappern. Der Kutscher kann vor den Wohnungen auf uns warten. Das sollten wir uns heute gönnen.«

Während die Pferdedroschke über das Kopfsteinpflaster rumpelte und sie ihre Hüte tiefer drückten, nahm Bensemann den Gesprächsfaden wieder auf.

»Es war aber ebenso dein Erfolg, Ivo. Du warst der Einzige, der mit den Engländern mithalten konnte. Ohne Zweifel bist du der beste Mittelläufer, den wir in Deutschland haben.«

»Um das wirklich zu wissen, bräuchten wir einen reichsweiten Wettbewerb wie in England. Nur dann könnten wir die Besten vergleichen. Das wäre doch eine neue Aufgabe für dich, Walther?«

»Bewahre, Ivo, dafür sollen sich andere blutige Köpfe holen. Ich brauche dringend eine Pause. Und nun los, wir sind in der Karlstraße und müssen aussteigen zur ersten Abschiedsrunde bei den Langers. Lass es uns kurz machen, und dann ab nach Berlin, zum letzten Gefecht.«

»Meinst du, Manning zieht noch einmal zu Felde? Jetzt, wo alles perfekt gelaufen ist?«

»Wie ich ihn kenne, fängt er jetzt erst richtig an.«

Schricker blieb vor der Kutsche stehen und fasste den Freund am Arm.

»Ich finde, du solltest diesem Streit ein Ende machen, Walther. Zügele dein Temperament und lass die Giftpfeile an dir abprallen. Diese Streitigkeiten schaden uns mehr, als sie nützen.«

»Du hast gut reden, Ivo, bei deiner Natur. Wenn an dir etwas abprallt, dann fällt es schlaff zu Boden und ward nicht mehr gesehen. Ich bin nun einmal anders gebaut. Wenn an mir etwas abprallt, dann wird es mit doppelter Stärke auf den Absender zurückgeschleudert.«

Im voll besetzten Dusteren Keller saß Bensemann und hielt einen Monolog von zwei vollen Stunden, bei dem keiner seiner Weggefährten, die bei Bier und Rollmops zuhörten, die Chance hatte, zu Wort zu kommen, und Bensemann nur dann für Sekunden verstummte, wenn er den Krug ansetzte oder an der Zigarre zog.

Die wichtigsten Requisiten seiner Aufführung bildeten einige Ausgaben der »Spiel und Sport«, die er vor sich aufgeblättert hatte und in denen längst alles publiziert war, was er im Streit um die England-Spiele zu sagen hatte. Dennoch drängte es ihn, die Wirkung seiner Argumente vor Publikum zu erproben; er war überzeugt, dass nicht nur deren Inhalt, sondern vor allem ihr Stil eine intellektuelle Souveränität ausstrahlte, an die keiner seiner Gegner heranreichte.

Natürlich rieb er sich vor allem an Nohe, der den Karlsruher Fußball-Verein für eine erneute Erklärung gegen Bensemanns Unternehmung gewonnen und dem er via Zeitung geantwortet hatte: »Es ist eigentlich unrichtig, von einer Erklärung zu reden, eine Zwangsprytanee kann nichts erklären. Sie ähnelt dem Chor der attischen Tragödie, der bald stumm wehklagend, bald maßvoll jubelnd die Stimmung der handelnden Personen wiedergibt. In unserem Falle ist Herr F. W. Nohe der Held im griechischen Sinne. Der Verein ist dem ›Hoc volo, sic jubeo‹ seines Herrn und Meisters gefolgt, und da wir den ersten Teil des Juvenal'schen Zitats gebracht haben, wollen wir auch den Schluss bringen, ›stet pro ratione voluntas‹, was auffallend gut zur Herrn Nohes Ausspruch passt, ›Wenn ich wollte, könnte ich den größten Blödsinn in meinem Verein durchbringen.‹ Die Überherodisierung des Gedankens ist eingetreten; sie liegt inbegriffen in der ganzen Politik, welche der Präsident des Clubs seit mehreren Wochen in Verband, Bund und Verein getrieben hat. Eine captatio benevolentiae sei dem Vereinspapst, dessen Unfehlbarkeit eine dreigeteilte ist, gewidmet: Er hat mit Übertrumpfung des Goethe'schen Dulders drei Seelen in seiner Brust, eine Verbandsseele, eine Bundesseele und eine Vereinsseele, und es ist nur schade, dass sich diese Seelen nicht schon lange voneinander geschieden haben. Ich weiß nicht, welche Seele ihm den Einfall brachte, den KFV gegen mich in Aktion zu setzen, vermute jedoch, dass es die Seele des alten Remigius war, die zu ihm sprach: ›Incende, quod adorasti.‹«

Nach dieser verheißungsvollen Ouvertüre hatte sich sein Artikel mit Nohes konkreten Vorwürfen befasst, beispielsweise dem, er habe dem KFV durch eine Intrige Mitglieder abspenstig gemacht.

Bensemann tippte auf die entsprechende Passage in der »Spiel und Sport« und blickte in die Runde. »Und was nennt Nohe eine Intrige? Dass ich den Spielern, die zu den englischen Matches aufgestellt waren, gesagt habe: Wenn ihr spielen wollt, müsst ihr für die Dauer der Spiele aus dem KFV austreten. Grund: das Verbot des süddeutschen Verbandes. Eine schöne Intrige, ein schöner Vorwurf, eher eine unfreiwillige Selbstsatire des KFV. Nun ja, für den Verein gab es keine Wahl, nein, wirklich nicht. Die Stellung seines autokratischen Leiters schnitt ihm jede Möglichkeit ab, den illiberalen Tendenzen des Verbandsvorstands energischen Widerstand entgegenzusetzen. Fritz Langer und Julle Zinser haben den Verein im Zorn verlassen, die besten Stürmer also sind fort, und aus dem alten Ruhm des KFV ist eine Chimäre geworden. Mit tut es Leid um ihn, aber lassen wir das.

Denn der nächste Akt des grausigen Dramas hat schon stattgefunden. Herr Nohe hat den F.C. Phönix aus dem Karlsruher Bund hinausgeworfen. Das ist nun freilich ein merkwürdiger Usus: einen ganzen Club aus einer Körperschaft zu dimittieren, nur weil es einige polemische Zeitungsartikel gab. Stellt euch vor, liebe Freunde, im ›Vorwärts‹ erscheint ein Artikel gegen die Geschäftsführung des Reichstagspräsidenten, und der verbündet sich daraufhin mit den Nationalliberalen und Konservativen und wirft die komplette sozialdemokratische Fraktion aus dem Parlament. Da haben wir das Vorgehen des Herrn Nohe: Erst redet er von Lenz und Liebe, und beim kleinsten Krach sind die anderen die größten Schurken.«

Nohes Sündenregister hielt Bensemann damit für erledigt; er setzte eine neue Zigarre in Gang, nicht ohne sich dabei fortwährend zu räuspern, um anzudeuten, dass er längst nicht am Ende war. Dann wandte er sich Dr. Gus Manning zu, der ihn in der letzten »Spiel und Sport« am heftigsten attackiert hatte. Manning bekannte offen, es gehe ihm darum, »gegen das Treiben des Herrn Bensemann Front zu machen«, und unter diesem Treiben verstand er keineswegs nur die England-Spiele, sondern auch diverse Schandtaten aus der Vergangenheit. Dabei war er so sehr in persönliche Details eingetreten, dass sich Herausgeber Bloch entschlossen hatte, den Beitrag um einige Passagen zu kürzen: »Das Manuskript, welches zweieinhalb Schreibseiten umfasst, bezieht sich auf Herrn Bensemann als Privatmann, und eine vollständige Veröffentlichung würde uns sowie auch den Verfasser mit den Gesetzen in Berührung bringen.«

Dennoch, was schließlich im Blatt stand, war heftig genug. Bensemann suchte die Passage heraus und las vor:

»›Statt die Schülerjugend für sich zu gewinnen, verleitete Herr Bensemann sie, alle Schulgesetze zu übertreten, nahm Schüler ohne Erlaubnis der Eltern und Schule mit auf Reisen, beleidigte die deutsche Lehrerschaft durch eine Broschüre und brachte es so weit, dass die süddeutsche Lehrerschaft jeden Verkehr mit Herrn Bensemann untersagt, besonders in Baden-Baden und Freiburg. Der Baden-Badener F.C. war vernichtet, da der Zuzug aus Schülerkreisen verboten war, in Freiburg war das Fußballspiel einige Zeit ganz verboten. Schließlich verfiel Herr Bensemann auf die Idee seiner nationalen und internationalen Fußballpolitik; das Match gegen einen englischen Club in Paris kam erst in letzter Stunde zustande, nachdem Herr Bensemann von wohlbekannter dritter Seite nach seinem missglückten Pumpversuche anderwärts das Geld geliehen hatte. Schließlich kamen die deutschen-englischen Wettspiele, die ihm viele Unannehmlichkeiten in Berlin und Karlsruhe eingetragen haben.‹«

Bensemann blickte auf. »Mit der wohlbekannten dritten Seite spielt er auf dich an, Ivo, und mit den vielen Unannehmlichkeiten meint er wohl meinen Rauswurf durch ihn selbst und Nohe. Dazu fällt ihm übrigens noch folgender netter Passus ein, den ihr euch am günstigsten anhört, indem ihr eure Becher leert: ›Wenn ich – also Manning – auch lebhaft bedauere, dass eine solche Arbeitskraft – also meine Wenigkeit – diesem Organismus verloren gegangen ist, so werde ich stets, als entschiedener Gegner der Ausübung des Fußballsportes mit dem obligaten Freibier, Commersbegeisterung, Champagnersoupers etc., die keiner bezahlt, in unserem süddeutschen Verbande darauf achten, dass diese und ähnliche Tendenzen nicht wieder Eingang finden.‹«

Genüsslich leerte Bensemann sein Glas und grinste in die Runde.

»Das ist eine kleine Kostprobe, liebe Freunde, wie gesagt, ich habe wörtlich zitiert, und überlasse euch das Urteil. Ihr wisst besser als Herr Manning, dass vieles in Wahrheit genau anders herum war: Bei manchen Lehrern war früher der Fußball verpönt, bevor wir dafür warben. Und dass unser Kampf nicht ohne Erfolg war, sieht man am besten daran, dass es heutzutage niemanden mehr in den Sinn kommt, dem Fußballspiel Hindernisse in den Weg zu legen. Und was die Pumpversuche angeht: Ja, Herr Doktor, zum Pumpen gehört Kredit! Wenn man den nicht hat, kann man nicht zehn Jahre lang einen Sportzweig füttern! An die 4.000 Mark habe ich im Laufe der Zeit allein in den Karlsruher Fußball gesteckt. Das nur nebenbei. Übrigens bietet meine Person zweifellos Gewähr dafür, dass ich meine Verpflichtungen innehalte. Der Kredit unseres Sports im Auslande beruht nicht zum geringsten Teil auf der richtigen Erfüllung meiner Abmachungen.

Ich glaube, in Wahrheit stört sich Herr Manning an den großen Zielen, die ich mit dem internationalen Sport verbinde. Ich meine das Bemühen, die Begriffe der Freiheit, der Toleranz, der Gerechtigkeit und des Nationalgefühls ohne chauvinistischen Beigeschmack dem Auslande gegenüber zu wahren. Das ist mein Ziel und mein Leitfaden, und in diesem Geist habe ich, wie ihr wisst, allein bis heute 18 internationale Wettspiele durchgeführt. Deshalb kann mich Herrn Mannings Verachtung gar nicht treffen. In 50 Jahren wird, wenn von mir als einem der ersten Organisatoren und Förderer des Fußballspiels gesprochen wird, Herr Doktor Manning nur dann genannt werden, wenn man von denen redet, die nicht fähig oder nicht gewillt waren, eine großartige Fußballpolitik zu treiben, oder auch, weil er mich angegriffen hat. Cuius vis hominis est errare, nullius, nisi insipientis in errore perseverare.«

Dies war das Finale seiner Artikel wie auch der Schlusspunkt seiner Rede. Bensemann schaute erwartungsvoll Boxhammer an, der ihm direkt gegenübersaß, doch der hatte im Lateinunterricht meist geschlafen und erwiderte den Blick nur mit einem unbestimmten Lächeln.

Geräuschlos und effektiv beendete Ivo Schricker, ehemaliger Captain der deutschen Mannschaft, Präsident des Akademischen Sportclubs Berlin und angehender Doktor der Rechtswissenschaften, die Manning'sche Fehde gegen seine Person. In einem weiteren Artikel, abgedruckt in der Zeitung »Sport im Wort«, hatte Manning behauptet, es sei »keine Ehre für die England repräsentierende Mannschaft gewesen«, gegen ein Team zu spielen, das teils schon vom Verband disqualifiziert sei, teils einer Bestrafung entgegenzusehen hätte. Schricker sah darin einen Angriff auf seine persönliche Ehre und ließ dies in einem unterkühlten Schreiben wissen. Manning gab klein bei. Selbstredend, so beeilte er sich zu veröffentlichen, habe kein Mitglied der deutschen Mannschaft durch etwaige Maßregelungen oder vorübergehenden Austritt aus dem Verband »oder durch sonst etwas irgendeine Einbuße seiner Ehre erlitten«.

Unter diese von Manning unterzeichnete Klarstellung setzte Schricker ein Postskriptum: »Die Angelegenheit ist somit erledigt.«

Im Februar wurde Montreux noch immer vom Schnee beherrscht. Während früher der Winter rings um den Genfer See die Geschäftigkeit dämpfte und die Menschen in ihren Häusern hielt, hatte seither der Wintersport die Verhältnisse gründlich verändert. Zwischen Dezember und März sah man in Montreux nicht weniger Besucher als im Sommer; sie tummelten sich tagsüber auf den Hängen und Eisflächen und füllten abends die neu erbauten Gaststätten, Cafés und Hotelsäle. Unter ihnen befand sich im ersten Februar des neuen Jahrhunderts auch Walther Bensemann.

Wie einst sein Vater hatte er sich im Palace Grand Hotel einquartiert, wo er sich vorerst von alten Freunden und Bekannten fern hielt. Er suchte nicht nur den Abstand vom Nebel in Berlin, sondern auch die Annäherung an das, was er in Jugendtagen als Zuhause empfunden und seither nur in kurzen Besuchen wieder gesehen hatte. Es war keine Rückkehr, aber doch eine Vergewisserung alter Erinnerungen. Vorbei an den Touristen auf den weißen Hängen rings um Montreux glitt er auf seinen Skiern weiter hinaus in stillere Regionen, um Stellen zu sehen, an die ihn lange vergrabene Gedanken banden. Wenn er sie von früher auch geheimnisvoller und einsamer im Gedächtnis hatte, so beeindruckte ihn doch unter dem klaren Himmel die gewaltige Größe und Ferne der verschneiten

Berge. Verglichen mit der Heiterkeit des Bildes, das Hall von den Hügeln um Karlsruhe gemalt hatte, wirkte diese Landschaft unnahbar und verschlossen, dennoch behagte ihm die Umkehr der Verhältnisse: dass Karlsruhe Erinnerung und dies hier die Gegenwart war.

Auf dem Rückweg, beinahe angelangt an jenen Plätzen, auf denen man sich tummelte, grüßte ihn eine weibliche Stimme. Erst beim näheren Hinsehen erkannte er in der vermummten Gestalt die junge Schönheit vom Nachbartisch des Speisesaals, wo sie braun gelockt und munter plaudernd ihre mitgereiste Mutter in den Schatten stellte. Beim Petit déjeuner und beim Diner hatte man sich formell gegrüßt, doch erst die Begegnung auf Skiern brachte Gelegenheit zum Gespräch, das von Tisch zu Tisch beim Abendessen fortgesetzt wurde und auch die Mutter einbezog, die sich von der perfekten Zweisprachigkeit des Deutschen höchst angetan zeigte und ihm dankbar die Beschwerde beim Kellner über das angeblich zu scharf gebratene Filet de bœuf überließ. Die Damen kamen aus Zürich, Gattin und Tochter eines Fabrikanten, der zum Urlauben keine Zeit hatte, »aber erwartet«, wie Katharina augenzwinkernd verriet, »dass wir mit einem Schwiegersohn zurückkommen«. Und zum Entsetzen der Mutter fügte sie noch munter hinzu: »Woraus wohl nichts wird, denn ich sehe weit und breit niemanden, der infrage käme.«

Eher zufällig traf man sich am folgenden Tag erneut am Skihang und später, nun schon verabredet, beim Konzertabend mit der Sopranistin Mitrelli, die Arien des unvergleichlichen Giuseppe Verdi vortrug. Dort saß Bensemann zwischen Mutter und Tochter, genoss den Gesang und versorgte Katharina, die zu Desdemonas Lied vom Weidenbaum hingebungsvoll weinte, mit seinem Kavalierstuch.

»Bei diesem Lied kann ich mich einfach nicht zurückhalten«, gestand sie später im Teesalon des Palace. »In Mailand war es noch schlimmer, aber da haben wir ja auch die ganze Oper gesehen.«

»›Othello‹ ist wahrhaftig ein gewaltiges Stück«, meinte Bensemann. »In meiner Internatszeit ganz hier in der Nähe spielten wir es, freilich in der Theaterfassung. Ein Freund von mir gab übrigens die Bianca.«

»Wie befremdlich. Sie sollten in der Wahl Ihrer Freunde vorsichtiger sein, Monsieur.«

»Katharina!«, rief Madame Sanders dazwischen.

»Nun, in Ermangelung von Mädchen im Internat wurden alle weiblichen Rollen von Jungs gespielt. Übrigens hat er seinen Part ziemlich vermasselt.«

»Das beruhigt mich«, lächelte Katharina gnädig.

Ihre Mutter interessierte sich vor allem für Bensemanns Internatserziehung, von der sie mit sichtlicher Genugtuung hörte, bevor sie sich frühzeitig zur Nachtruhe zurückzog.

Katharina blickte ihr strahlend nach. »Dass sie mich mit Ihnen allein lässt, beweist, dass Sie ganz oben auf ihrer Liste stehen, Monsieur.«

»Auf welcher Liste?«

»Der Heiratskandidaten.«

»Oha«, entfuhr es Bensemann, und Katharina lachte.

»Nehmen Sie es nicht tragisch. Sie hat schon viele Kandidaten gelistet, alle ohne Erfolg.«

Dennoch mühte sich Bensemann dezent, von der fraglichen Liste gestrichen zu werden, indem er selbstironisch auf seine hoffnungslose berufliche Situation und seinen unsteten Wandergeist verwies.

»Die Natur«, meinte er schließlich vorsichtig, »hat mich mit allen möglichen Talenten versorgt. Das Talent, die Irrungen und Wirrungen der Liebe zu bestehen, gehört leider nicht dazu.«

Katharina kringelte ihre Locken. »Sie sollten die Lage nicht missverstehen. Mama ist es, die einen Mann für mich sucht, nicht ich. Schon aus Opposition gegen diese Peinlichkeit werde ich hier nicht fündig werden. Insofern freue ich mich durchaus über Ihr Bekenntnis, es macht die Situation einfacher. Jedenfalls wenn es ehrlich ist und keine Koketterie.«

Sie nippte an Bensemanns Cognac. »Vielleicht zählen Sie ja zu den seltenen Exemplaren von Männern, die einer Frau gegenüber zur Freundschaft fähig sind. Echte Freundschaft scheint mir wertvoller zu sein als Liebe. Jedenfalls braucht sie nicht diese formelle Bestätigung der Ehe, bei der man für die Zeiten vorsorgt, in denen die Liebe perdu ist. Freundschaft muss sich aus sich selbst beweisen. Da zählt kein Zwang, kein Nutzen und keine Etikette. Finden Sie das nicht auch ein wesentlich höheres Gut, Monsieur?«

»Freundschaft hält stand in allen Dingen, nur in der Liebe Dienst und Werbung nicht. Sagt Shakespeare«, antwortete Bensemann.

»Männer retten sich immer in Sprüche und Zitate, wenn sie einmal offen sein sollen«, grantelte Katharina.

Bensemann deutete eine entschuldigende Verbeugung an. »Nun gut, Mademoiselle, auch ich schätze den Wert der Freundschaft hoch ein, und es wäre mir eine Ehre, mich als Ihren Freund bezeichnen zu können.«

»Für den Anfang nicht schlecht, aber noch ein wenig förmlich. Wollen sehen, wie wir vorankommen.«

Am nächsten Morgen überraschte sie ihn mit der Einladung zu einer Rodelfahrt, und zwar keineswegs, wie er hoffnungsvoll vermutete, in einem Pferdeschlitten, sondern die Hänge hinunter. Vorher aber, darauf bestand sie am Fuße des Aufstiegs, musste ein Schneemann gebaut werden. So rollten und stemmten sie Schneekugeln, drei übereinander, und am Ende ritzte Katharina einen traurigen Mund in den Schneemannkopf.

»Das ist nämlich Guido«, erklärte sie.

»Wer ist Guido?«

»Der Favorit meines Vaters. Als Schwiegersohn, meine ich. Ein widerlicher Kerl mit nichts als Zahlen im Kopf. Wir werden ihn mit dem Schlitten rammen und umstoßen.«

»Mademoiselle, ich bewundere Ihr Talent für Symbolik, aber ich fürchte, wir haben den Herrn zu stabil gebaut.«

»Der Schneemann und Guido sind sich durchaus ähnlich. Kommen Sie, wir werden ja sehen.«

Skeptisch blickte Bensemann auf die ferne Figur mit dem traurigen Gesicht, als sie oben am Hang losrodelten. Während der Fahrt versuchte er heimlich zu bremsen, erntete aber Proteste.

»Genau drauf zu und volle Fahrt!«, rief Katharina. Sie prallten gegen den Schneemann, wurden nach vorn geschleudert und fielen übereinander, so dass sie sich in einer schmerzhaften Umklammerung auf dem Schneeboden wiederfanden. Für Sekunden, bevor sie sich voneinander lösten, blickten sie sich in die Augen, und Bensemann spürte, dass er die weiche Wärme der Umarmung genoss, dass ihn aber die Schönheit der jungen Frau auch in dieser intimen Nähe nicht beeindrucken konnte.

Lachend standen sie auf, rieben sich die geschundenen Arme und klopften sich den Schnee aus den Mänteln. Der unterste Teil des Schneemanns stand noch, die oberen beiden Kugeln jedoch hatten sie im Sturz umgerissen und auseinander gebrochen.

»Der arme Guido«, meinte Bensemann. »Er existiert nur noch als Unterleib.«

»Das ist mehr als genug«, antwortete Katharina. »Aber zu wenig für mich. Einen Bauch heirate ich nicht.«

Als sie auf dem Rückweg durch Montreux bummelten, blieb sie vor dem Schaufenster eines Uhrmachers stehen und starrte in die Auslagen.

»Diese Uhren hier gehen alle unterschiedlich. Skandalös. Übrigens, was den Wert und die Dauer von Freundschaften angeht, über die wir gestern sprachen: Ich fürchte, ich werde Sie in die Pflicht nehmen.«

Sie schwieg eine Weile, der Mann neben ihr auch.

»Was haben Sie mir dazu heute zu sagen?«

»Sie würden mich glücklich machen, liebe Katharina.«

»Schon besser, mein Freund, schon viel besser.«

Einige Tage später war sie abgereist, zusammen mit vielerlei gegenseitigen Versprechungen und einer enttäuschten Mama, während sich Bensemann nun endlich umschaute nach alten Bekannten. So saß er auch im Haus des Juweliers Mayer, ihm gegenüber sein ehemaliger Pflegevater Grunot und ringsum die inzwischen zu Wohlstand gekommene Familie, deren Sohn, der neunjährige Albert, sich bei dem Gerede der Erwachsenen herzhaft langweilte. Irgendwann stand er auf, verschwand durch die Tür, und es dauerte nicht lange, da hörte die Gesellschaft ein Poltern und sah einen bunten Stoffball ins Zimmer geflogen kommen, der knapp den gedeckten Kaffeetisch verpasste und neben dem Sofa austrudelte.

»Albert, ich bitte dich!«, rief Frau Mayer. In gespielter Strenge wandte sie sich an Grunot: »Ihr Geschenk ruiniert mir noch die ganze Wohnungseinrichtung.«

Der alte Mann schmunzelte zufrieden. »Das tut mir aufrichtig Leid. Aber immerhin hat es seine Bestimmung gefunden.«

Irritiert blickte Bensemann auf den Ball: Es war derselbe, den ihm seine Mutter vor 13 Jahren zu Weihnachten gestrickt und den einige Jungs aus Grunots Nachbarschaft nach der Schneeschmelze aufgefunden hatten. Für ein paar Zuckerstangen hatte der alte Mann ihn damals heimlich zurückgekauft. Bensemann hob das runde Bündel auf und lächelte.

»Wenn Sie ihn als Andenken zurückhaben wollen, gehört er natürlich Ihnen«, meinte Madame.

»Vielen Dank, aber der Junge weiß mehr damit anzufangen als ich. Ich wäre Ihnen nur dankbar, wenn Sie ihn in Ehren hielten und nicht wegwerfen würden, falls der Junge seiner überdrüssig wird. Immerhin ist Albert ja groß genug für richtige Bälle.«

»Keine Sorge«, meldete sich der Goldschmied. »Natürlich spielt er im Sommer draußen mit Lederbällen, und zwar nicht ohne Talent, wie Sie feststellen werden. Eine echte Nachwuchshoffnung für den Montreuxer Football Club, denke ich. Aber im Winter drinnen im Haus muss ihm der Stoffball genügen. Sonst läge bald alles in Scherben.«

Es klingelte, und kurz darauf führte Frau Mayer einen Gast herein, bei dessen Anblick Bensemann den bunten Stoffball fallen ließ und überrascht aufsprang: Es war Tasker, der ehemalige Präfekt und Captain ihres ersten Fußball-Teams in Montreux. Der Schotte arbeitete inzwischen als Lehrer am Internat Château de Lancy in Genf, wo ihn Mayer aufgestöbert und als Überraschungsgast nach Montreux geladen hatte. Taskers gewachsene Körperfülle zeugte davon, dass er sportlich nur noch selten aktiv war, doch er interessierte sich lebhaft für das Fußballgeschehen und zeigte sich bestens informiert: vom Aufschwung des Spiels in Deutschland, den er augenzwinkernd dem von ihm selbst im Jahre 1886 nach Montreux importierten Ball zuschrieb; von den England-Spielen, über die er ausführlich im »Sportsman« gelesen hatte, und ebenso von der nachfolgenden Gründung des Deutschen Fußball-Bundes, dem endlich konstituierten Pendant zur englischen Association.

Zu den jungen Pionieren, die im Januar 1900 in Leipzig den Verband ins Leben gerufen hatten, gehörte auch Walther Bensemann, der als Vertreter des Karlsruher F.C. Phönix auftrat. Obschon er seit den Karlsruher Anfängen für eine überregionale Organisation des Fußballs eingetreten war, stand er der Gründung des DFB zum jetzigen Zeitpunkt skeptisch gegenüber. Noch fehlten ihm reichsweit verbindliche Statuten und Spielregeln. Mit dem Verband, so argumentierte er, baue man ein Dach, bevor das Fundament fertig sei. In einer erregten Debatte rangen Bensemann und die Berliner Delegierten heftig um jenen organisatorischen Freiraum, der kürzlich die Spiele gegen die Engländer ermöglicht hatte. Gerade diese Spiele allerdings wurden von Gustav Manning, der in Leipzig ebenfalls anwesend war, als Gegenbeweis angeführt: Anlässlich der internationalen Spiele habe sich das Fehlen einer obersten Behörde schmerzlich bemerkbar gemacht. Zwar hielt Boxhammer dagegen, die letzten Monate hätten eben gezeigt, dass zwischen den Regionalverbänden überhaupt noch nichts geklärt sei. Doch der Hamburger Delegierte Sommermeyer kam am Ende mit einem Argument, gegen das kaum anzureden war: Er erinnerte an das »große historische Beispiel, die Gründung des Deutschen Reiches 1870/71, wo die Begeisterung die untergeordneten Fragen überlaufen« habe. Die Vertreter der untergeordneten Fragen unterlagen in der Abstimmung kurz vor dem Mittagessen mit 64:22 Stimmen.

Nur einmal gelang es Bensemann, die Zustimmung der Delegierten zu erlangen, dies zwar einhellig, aber in einer eher nebensächlichen Frage: Man akzeptierte seinen Vorschlag, aus dem ursprünglich geplanten Namen »Allgemeiner Deutscher Fußball-Bund« das »Allgemein« zu streichen.

»Somit«, beendete Bensemann seinen Bericht an Mayers Kaffeetisch, »kann ich in aller Bescheidenheit sagen, dass ich dem Fußball-Bund seinen endgültigen Namen verpasst habe.«

Albert, der sich die Zeit langweiliger Reden damit verkürzt hatte, unauffällig mit dem zurückeroberten Ball zu jonglieren, warf das bunte Bündel zu Bensemann, der es geschickt auffing. Mayer wollte einschreiten, bremste sich aber, als er den Deutschen zustimmend lächeln sah.

»Sicherlich haben Sie eine Funktion in dem neuen Bund übernommen«, fragte er stattdessen.

Bensemann warf den Ball zu Albert zurück. »Keineswegs. Sehen Sie, ich bin kein Mann, der sich in das Korsett eines Verbandes zwängen lässt. Das liegt mir nicht und würde nur in einem Streit enden, der alles lähmt.«

Er schob den Ball, den er erneut aufgefangen hatte, unter die Weste, so dass er einen Spitzbauch bekam.

»Überdies bin ich wirklich der Ansicht, dass durch die übereilte Gründung der Karren wohl auf Jahre hinaus verfahren ist. Der Bund wird sich in Debatten ergehen, und die wichtigen Aufgaben werden liegen bleiben.«

Albert versuchte zaghaft, unter Bensemanns Weste zu langen, was ihm eine Warnung des Vaters und die Kapitulation Bensemanns einbrachte. Der Ball war wieder frei und wurde Grunot zugeworfen, der ihn, mit einem verlegenen Blick auf Madame, vorsichtig auf den Boden legte.

»Letztlich geht es auch um einen anderen heiklen Punkt«, sagte Bensemann nachdenklich. »Während ich den reichsweiten Verband für verfrüht halte, hält die Gegenseite die internationalen Spiele für verfrüht. Sehen Sie, darin äußert sich ein gänzlich unterschiedliches Verständnis des Sports. Mir geht es in erster Linie um Wettspiele als Mittel der Begegnung: zwischen Städten, zwischen Regionen und zwischen Ländern. Sozusagen ein Kulturaustausch, an dem möglichst viele teilhaben sollen, sei es als Spieler, sei es als Zuschauer.«

Aus den Augenwinkeln beobachtete er Albert, wie der sich auf allen vieren hinter dem Sofa an die Beute heranschlich.

»Ich möchte also internationale Wettspiele von Auswahlmannschaften, und ich möchte eine Beteiligung an den Olympischen Spielen Coubertins in diesem Jahr in Paris. Meine Gegner wollen dies alles nicht, zumindest jetzt noch nicht. Zuerst wollen sie aus dem Fußball einen ordentlichen deutschen Sport machen. Dazu sollen vor allem die englischen Spielausdrücke ausgemerzt werden.«

Albert schnappte sich den Ball und versteckte sich hinter dem Sofa.

»Da kommt man mit kuriosen Vorschlägen. ›Offside‹ soll in Deutschland ›spielfremd‹ heißen, und einen ›Drop-out‹ will man ›Lager-Tritt‹ nennen, alles unsinnige Kunstworte. Und wenn dann die peinliche englische Herkunft des Soccer vernebelt ist, wird er natürlich in gewissen Kreisen salonfähiger. Wer weiß, vielleicht können sich sogar die Turner dafür erwärmen.«

Der Ball kam unter dem Sofa hervorgekullert, verfolgt von fünf erwachsenen Augenpaaren.

»Man hat nur ein Problem: Jedes Spiel gegen eine englische oder schottische Mannschaft würde offenbaren, wer die wirklichen Meister dieses Sports sind. Das wäre nun peinlich fürs deutsche Gemüt. Deshalb verschiebt man solche Spiele lieber auf den Sankt-Nimmerleins-Tag. Oder, was vielleicht dasselbe ist, auf den Tag, an dem man sich den britischen Sportlern ebenbürtig wähnt.«

Mit Unschuldsmiene kam Albert hinter dem Sofa hervor, setzte sich auf einen freien Stuhl und begann, mit dem Fuß nach der Stoffkugel zu angeln. Madame räusperte sich warnend, während die Herren tiefsinnig schwiegen.

»Ich höre eine gewisse Resignation in Ihren Worten«, meinte Mayer schließlich.

»In der Tat, so kenne ich dich von früher nicht«, ergänzte Tasker.

»Keine Resignation«, entgegnete Bensemann und nickte Albert zu, dessen Zehenspitzen den Ball erreicht hatten. »Mir hat die englische Association die goldene Ehrennadel verliehen, als erstem und bisher einzigem Deutschen übrigens, und das ist eine Bestätigung, die alles aufwiegt. Deshalb besteht kein Grund zum Resignieren. Ich ziehe mich nur eine Zeit lang vom Schlachtfeld zurück. Ich hätte nicht übel Lust, für eine Weile statt verstockter Funktionäre junge Schüler zu unterrichten.«

»Ausgezeichnet«, rief Tasker begeistert. »Du wärst mit Sicherheit ein prächtiger Lehrer. Und wie der Zufall so spielt: An meinem Internat ist eine Präfektenstelle frei. Sport könntest du dort sicherlich auch unterrichten. Wie ist es: Soll ich mit dem Direktor reden?«

»Es ist eine verlockende Idee. Vor allem bliebe ich hier am Genfer See. Frage den Herrn, und dann werden wir sehen.«

Albert war es gelungen, den Ball zwischen seine Füße zu klemmen. Er schleuderte ihn ruckartig in die Luft, um ihn mit den Händen aufzufangen, doch unglücklicherweise nahm der Ball eine falsche Richtung und hüpfte über den Tisch, eine Spur der Verheerung hinter sich lassend. Das

Ehepaar Mayer sprang entsetzt auf. Vor einer Maulschelle aber rettete den Jungen die Anwesenheit der Gäste: Schließlich waren es Grunot, der ihm den Ball geschenkt, und Bensemann, der ihn ermuntert hatte.

VI

»Die Lehren der Selbstzucht«

Schottland im Frühjahr 1902

»Ihre Post, Sir!«

Dezent klopfte Walker, der school porter, an die Tür von Bensemanns kleinem Zimmer im Westflügel der Dollar Academy, einem düsteren Backsteinbau im Herzen Schottlands, in dem britische und amerikanische Zöglinge auf ihr Leben als Bankiers, Gutsbesitzer oder Müßiggänger vorbereitet wurden. Bensemann unterrichtete sie in Französisch, und in gewisser Weise hatte er diese Stelle seinem Fußballenthusiasmus zu verdanken. Nachdem er knapp zwei Jahre zuvor als Präfekt am Château de Lancy in Genf angestellt worden war, hatte er das Fußballspiel dort derart engagiert eingeführt, dass der Direktor der Anstalt zunächst bestürzt klagte: »Vous me faites la révolution dans mon école, Monsieur.« Doch die Tatsache, dass Bensemanns Schülerelf auf Anhieb einen begehrten Sportpokal erringen und dabei die Mannschaft einiger konkurrierender Internate besiegen konnte, versöhnte die Schulleitung nicht nur mit den Aktivitäten des Gastlehrers, sondern verschaffte diesem überdies eine wärmstens formulierte Empfehlung für seine Bewerbungen auf der britischen Insel. Hier, in jenem Land, das er als Jugendlicher schwärmerisch verehrt hatte und das er noch immer als Homeland des fairen Sportsgeistes schätzte, hoffte Bensemann, eine Laufbahn als Lehrer einschlagen zu können. Vor allem seinen perfekten Sprachkenntnissen und seinen gekonnten Umgangsformen hatte der Deutsche es zu verdanken, dass er, obwohl nur im Status eines Aushilfslehrers, an der Dollar Academy schon bald wie ein vollwertiges Mitglied des Lehrkörpers behandelt wurde. Und damit genoss er auch das Privileg, sich die eingehenden Briefe aufs Zimmer bringen zu lassen.

»Sir, Ihre Post!«

Es galt unter den Lehrern in Dollar als geschätzter Brauch, zuweilen das erste Klopfen zu überhören, um zu demonstrieren, mit welcher Konzentration man bei der Arbeit war. Als Bensemann schließlich die Tür öffnete und den Brief entgegennahm, wedelte er allerdings mit einer Sportzeitung, die er gerade gelesen hatte.

»Nun, Mr. Walker, diese Saison sieht es für Ihre Rangers aber nicht gut aus. Sie haben letzten Samstag das Duell gegen Celtic verloren.«

Der alljährliche Zweikampf der Glasgower Teams Celtic und Rangers um die schottische Meisterschaft faszinierte und spaltete die Fußballgemeinde Schottlands in zwei unversöhnliche Lager. Während Celtic der Verein der irisch-katholischen Immigranten war, stand hinter den Rangers die protestantische Mehrheit des Landes.

Walker grinste verlegen, als habe er die Niederlage persönlich zu verantworten.

»Diese Iren«, behauptete er, »holen sich eben die besten Leute aus ihrer Heimat. Celtic ist mehr oder weniger ein irisches Auswahlteam, Sir. Wie soll ein einzelner Verein dagegen ankommen?«

»Vielleicht sollte er darauf verzichten, die Spieler nach der Konfession statt nach ihrem Können auszuwählen«, meinte Bensemann.

»Oh, Sir, das tun wir nicht«, versicherte Walker. »Wir suchen sie nach Konfession *und* Können aus.«

Lachend schlug Bensemann dem einen Kopf kleineren Schuldiener auf die Schulter und schob ihn sanft zur Tür hinaus. Dann setzte er sich an den schmalen Schreibtisch, der neben Bett, Kleiderschrank und Kohleofen gerade noch ins Zimmer passte, und öffnete den Brief. Er war von Des Barres und enthielt, neben allerlei Berichten über die geschäftlichen Unternehmungen des Iren, vor allem zwei Mitteilungen. Die erste betraf das in einigen Wochen im Glasgower Ibrox Park stattfindende Länderspiel gegen England, zu dem Des Barres ihn einlud. Obwohl Bensemann bereits eine offizielle Einladung des schottischen Verbandes vorlag, freute er sich über die Aussicht, den Iren wiederzusehen. Vor allem aber fieberte er dem Spiel selbst entgegen: Ein vergleichbares Fußball-Ereignis hatte er bisher noch nicht erlebt.

Die zweite Nachricht umfasste nur zwei Sätze, die jede Vorfreude auf Glasgow sofort verdrängten und seine Gedanken in die Vergangenheit wandern ließen: John war zurück aus dem Burenkrieg, »äußerlich unversehrt«, wie Des Barres geheimnisvoll anmerkte, ehrenvoll aus der Armee entlassen und heimgekehrt auf das Familiengut in Northumberland.

John war zurück. Seit über zwei Jahren hatte er nichts mehr von ihm gehört, hatte ihm zweimal nach Südafrika geschrieben ohne die Hoffnung, dass der Brief den Freund erreichen würde, und hatte sich darauf eingestellt, John für immer verloren zu haben.

Dass er nun hier in Schottland lebte, keine Tagesreise von Johns Zuhause entfernt, hatte mit der alten Bindung nichts zu tun. Es hatte ihn fortgetrieben aus Deutschland, in dem er für sich keine Nische mehr sah. Nun, da die anarchische Pionierzeit vorbei war, fürchtete er die Rolle eines ewigen Außenseiters, der im Fußball nichts mehr bewirken konnte und dem es für eine angemessene bürgerliche Existenz an den notwendigen Voraussetzungen fehlte: ausreichendes Startkapital oder wenigstens eine abgeschlossene Universitätsausbildung. Im Ausland dagegen wog der formelle Unterschied zwischen akademischer Bildung und akademischem Grad nicht so schwer wie zu Hause. Und vielleicht fand sich hier auch die Basis für eine Rückkehr, irgendwann, als Trainer, als Schulgründer, als Journalist, als Geschäftsmann in Sachen Sport, wer weiß. Viele Ideen und Pläne streiften durch seinen Kopf, doch alle begannen auf der britischen Insel.

Hier fand er Internate, in denen er sich heimisch fühlte, hier gab es den professionellen Fußball, in dem einfallsreiche Köpfe ihr Auskommen fanden, und hier erschienen florierende Sportzeitungen, deren Auflagen in die Hunderttausende gingen. Er war überzeugt, dass all diese Einrichtungen des ehrwürdigen wie des modernen Kingdom über kurz oder lang in Deutschland kopiert würden. Dann könnte er, mit dem Renommee des Insiders, bereitstehen.

Vorerst jedoch, so schrieb er an Ivo Schricker, »bin ich der deutschen Fußballwelt ziemlich entwachsen und fühle mich in dieser Rolle ausgezeichnet«. Den letzten Ausschlag für diese Entfremdung gab das Gerangel um den Gegenbesuch eines deutschen Teams in England, mit dem die Deutschland-Tournee der F.A.-Auswahl erwidert werden sollte. Im Sommer 1901 hatte Bensemann, noch immer als Schriftführer des Deutschen Centralcomités für internationale Fußballwettspiele, mit Frederick J. Wall zwei Spieltermine und finanzielle Garantien vereinbart, allerdings verknüpft mit einer Bedingung, die Wall in seiner trockenen Art unmissverständlich formulierte: Sein Verband werde nicht 200 englische Pfund als Garantiesumme aufbringen, nur um ein zweitklassiges Team auf die Insel zu holen. Das aber hieß: Es musste zumindest eine Kombination aus Berliner und Karlsruher Spielern anreisen, die als die derzeit besten in Deutschland galten.

Genau hier lag das Problem. Beim Karlsruher FV pflegte man noch immer die Fehde mit Bensemann und weigerte sich kategorisch, Spieler für die Tournee abzustellen. Wie schon vor den Pariser und den Berliner Spielen stand Bensemann wenige Wochen vor dem vereinbarten Termin ohne eine Mannschaft da, und wieder einmal drohte eine Blamage. Wobei die Tatsache, dass er fernab vom Geschehen in Schottland saß, alles noch komplizierter machte. Kaum ein Tag verging, ohne dass er einen Stapel Briefe nach Deutschland oder London abschickte, und hauptsächlich ruhten seine Hoffnungen auf Ivo Schricker.

»Falls die Karlsruher forwards nicht spielen«, warnte er den Freund, »wird die F.A. unbedingt allen englischen Clubs verbieten, gegen deutsche Clubs Matches zu arrangieren.« Doch obwohl sogar Wall den Vorsitzenden des jungen Deutschen Fußball-Bundes, Professor Hueppe, um Vermittlung bat, obwohl die Karlsruher Spieler selbst darauf brannten, nach England zu fahren, blieben ihre Vorstände stur. Erst als Bensemann seine Funktion im Wettspiel-Komitee niedergelegt und auf jedes öffentliche Auftreten verzichtet hatte, erst als er Schricker mit den Worten »Versprich den Karlsruhern alles« Generalvollmacht erteilt hatte, erst da lenkten die Süddeutschen ein. Sie schickten vier Spieler, darunter Fritz Langer und Julle Zinser. Und im September 1901 führte Ivo Schricker als Captain das deutsche Team auf die Insel, wo es gegen die Profis mit 0:10 und gegen die Amateure mit 0:12 unterlag.

Ohne dass es ihn bedrückt hätte, hielt Bensemann sich davon fern. Er war froh, dass er Wall gegenüber seine Zusagen einhalten konnte und sich mit Anstand aus einer hoffnungslosen Situation gerettet hatte. Den Preis, den er dafür zahlen musste, den weitgehenden Bruch mit der deutschen Fußballszene, konnte er ertragen. Zweifellos entfremdete er sich der alten Heimat in dem gleichen Maße, wie er sich im Kingdom zu Hause fühlte.

Mit John hatte das alles nichts zu tun. Aber als Walther an jenem Morgen des Frühjahrs 1902 die Mitteilung von dessen Rückkehr las, war es ihm, als habe er zwei Jahre nur auf diesen Moment gewartet.

Zehn Tage später fuhr Bensemann mit dem Nachmittagszug nach Perth und von dort weiter ins englische Carlisle, wo er den Rest der Nacht gemeinsam mit einem anglikanischen Geistlichen sowie einem betrunkenen Handelsreisenden im Wartesaal verbrachte, um am Sonntagmorgen den ersten Zug Richtung Newcastle zu besteigen. Am kleinen Bahnhof von Chesters erwartete ihn John mit einer Pferdekutsche.

Obwohl sich die Freunde lächelnd umarmten, blieb ihre Begrüßung förmlich und abtastend. John hatte sich, von seiner sonnengebräunten Haut abgesehen, äußerlich kaum verändert, und dennoch war Bensemann irritiert von einer Wandlung, die er sofort wahrgenommen hatte. Es war der Ausdruck in Johns Augen, vielmehr ihre völlige Ausdruckslosigkeit, die jede Regung der Gesichtszüge relativierte und auch seinem Lächeln jede Ausstrahlung nahm. 14 Jahre zuvor hatte Bensemann in Montreux diesen kalten, gleichgültigen Blick an Lord Henderson, Johns Vater, bemerkt, und er war ihm als drohendes Signum für die Zukunft des Freundes in Erinnerung geblieben. Auch wenn der erwachsene John, wie Bensemann bald feststellen konnte, seiner Mutter außerordentlich ähnlich sah, verliehen ihm seine Augen auf unangenehme Art die Wesenszüge des Vaters.

Von John gelenkt, bog die Kutsche in eine breite, von Buchenkronen überdachte Toreinfahrt, um bald darauf auf dem kiesbedeckten Hof des Henderson'schen Anwesens zum Stehen zu kommen.

Bensemann blickte auf die gelb getünchte, von langen Fensterreihen und einem hohen Eingangsportal durchbrochene Fassade des Herrenhauses.

»Nicht schlecht«, brummte er und beendete damit das Schweigen, das ihre Fahrt begleitet hatte.

»Das ist Westgate«, antwortete John ohne jeden Anflug von Stolz. »Gutshaus und Wirtschaftsgebäude samt 200 Hektar Ackerland und noch dreimal so viel Weidefläche respektive Wald. Aber das werde ich dir später zeigen. Zunächst erwartet uns meine Mutter.«

Lady Henderson, die sie in der großzügigen Eingangshalle trafen, erwies sich als eine Dame von freundlicher Noblesse, die den Gast herzlich begrüßte und ihren Mann entschuldigte, der nach dem Kirchgang noch einige Gespräche zu führen habe und daher erst am Nachmittag eintreffen könne. Walther nickte bedauernd und atmete innerlich auf, da er ein beklemmend-förmliches Mittagsmahl mit einem missmutigen Lord am Kopfende der Tafel befürchtet hatte und nun zwischen Maräne und Kaninchen die Lady mit Geschichten aus dem Internatsleben trefflich unterhalten konnte. Schweigend hörte John zu, warf nur, wenn er gefragt wurde, eine kurze Bemerkung ein und stand, als die abschließende Creme gereicht war, abrupt auf, um die einseitige Unterhaltung zu beenden und Walther zu einem Spaziergang über das Anwesen einzuladen.

Schweigend wanderten sie einen heckenbestandenen Weg entlang frisch gepflügter Äcker. Von Westen zog ein unangenehmer Wind über die Hügel, der Wolken vor sich hertrieb.

»In Afrika«, begann Walther vorsichtig, »war es gewiss um etliches wärmer.«

»Das ist es«, erwiderte John trocken, »was man in Europa über Afrika weiß, und es stimmt sogar, wenn auch für Südafrika nicht überall.«

»Man weiß auch, dass der Krieg dort in höchstem Maße abscheulich ist. Freilich kenne ich eher die deutsche Version. Und die ist geprägt davon, dass mancher, der aus Deutschland stammte, auf den Schlachtfeldern umgekommen ist.«

Ohne Walther anzusehen, schritt John schweigend voraus, auf eine Anhöhe zu, welche die Landschaft ringsum überragte. Nur langsam und mit sanfter Ermunterung gelang es Bensemann, den Freund aus seiner abweisenden Einsilbigkeit zu holen. Dann aber, als er die Bilder seiner Erinnerungen in Worte zu fassen begann, redete John mit wachsender Erregung und immer deutlicher einer inneren Not folgend. Sie hatten sich auf einen umgestürzten Baumstamm gesetzt, ohne sich darum zu kümmern, dass es inzwischen unangenehm zu nieseln begonnen hatte. John berichtete von den Grausamkeiten des Krieges, die er, wenn auch als Stabsoffizier, auf verwüsteten Kampfstätten und in überfüllten Lazaretten erlebt hatte. Und er erzählte von jenen Brutalitäten, von denen Walther auch in Deutschland gehört hatte, zu denen er die Engländer aber nicht für fähig gehalten und die er daher als Übertreibung abgetan hatte, bis er nun dasselbe von John erfuhr und es daher glauben musste, allein mit der freilich bedeutungslosen Einschränkung, dass die Buren kaum weniger brutal vorgegangen waren.

»England«, sagte John leise, »hat die Gesetze der Zivilisation gebrochen. Die Buren mögen starrsinnige Wirrköpfe sein, und sie mögen die Verachtung aller zivilisierten Menschen verdienen. Alles zugestanden. Aber das gibt uns nicht das Recht, sie so unmenschlich zu behandeln, auch als Kriegsgegner nicht. Manches Mal wurden keine Gefangenen gemacht, Walther, jedenfalls keine männlichen. Männer wurden erschossen, Farmen angezündet, Frauen und Kinder in riesige Lager hinter Stacheldraht eingesperrt. Die Engländer haben das Land gründlicher verbrannt, als es die afrikanische Sonne je vermochte.«

Johns Stimme wurde rauer. »Und es gab genügend, die Spaß daran hatten. Spaß am Töten, Walther. Ich war beim Stab, ich habe Männer vor und nach einem Kampf gesehen. Und ich weiß nicht, was schlimmer war: die kalte Berechnung, mit der die Grausamkeiten befohlen wurden, das rachedurstige Vergnügen, mit dem einige Kameraden diese Befehle ausführten, oder die trostlose Gebrochenheit derer, die sich dabei schuldig fühlten oder einfach Angst hatten.«

»So wie du, John?«

»So wie ich.«

John schwieg einen Moment, dann plötzlich begann er heftig zu weinen und ließ sich von Walther in die Arme nehmen. Auch John hatte getötet in diesem Krieg. In Notwehr zwar, das eigene Leben rettend, indem er ein anderes zerstörte. Doch er fand kein Argument, mit dem er sich entlasten konnte.

»Alles im Krieg ist Notwehr, Walther. Oder Vergeltung. Oder Prophylaxe. Oder Abschreckung. Es gibt keine Grausamkeit, die nicht auf irgendeine absurde Art gerechtfertigt werden kann. Aber das hilft mir nicht, und den Menschen, die ich getötet habe, erst recht nicht.«

Walther streichelte ihm tröstend über den Kopf. »Aber es ist jetzt vorbei, John. Du bist wieder in England, du bist zu Hause, und wir sind zusammen. Der Krieg ist für dich vorbei, für immer.«

»Solange ich es nicht vergessen kann«, sagte John, »ist es nicht vorbei. Und ich glaube kaum, dass ich es jemals vergessen werde.«

Noch nie hatte Bensemann eine solche Verzweiflung erlebt, und an sich selber eine solche Unfähigkeit, Trost zu spenden. Und doch fühlte er, wie damals in Montreux, als er John über die Nachricht seines Schulwechsels half, in der Offenbarung des Freundes zugleich die Bestätigung ihrer alten Vertrautheit, die jetzt, 14 Jahre nach ihrer unfreiwilligen Trennung, wiederzuentstehen schien. Bei allem Mitgefühl genoss Walther die Intimität ihres Gesprächs und das Bewusstsein, der Einzige zu sein, dem John seine Qualen eröffnet hatte.

Doch es war John, der diese Nähe zerstörte, indem er sich plötzlich aufrichtete, sich Walthers Umarmung entzog und mit dem Ärmel das Gesicht trocknete.

»Ich muss dir noch etwas mitteilen«, sagte er mit resignierter, nun wieder ruhiger Stimme. »Ich werde demnächst heiraten.«

Bensemann erstarrte. »Heiraten? Du? Aber John, das kannst du nicht, ich meine, du … du bist nicht geschaffen für eine Ehe.«

John nickte. »Das mag so sein. Ich werde es trotzdem tun.«

»Und wen?«

»Das spielt keine Rolle. Man hat die Betreffende ausgesucht, als ich noch in Afrika war. Kein Adel, aber Tochter eines erfolgreichen Geschäftsmannes.«

Er wehrte mürrisch Walthers Erwiderung ab. »Komm mit, ich zeige dir etwas.«

Damit stand er auf und schritt den Weg weiter zu der Anhöhe, die schon zuvor sein Ziel gewesen war. Bensemann folgte wortlos.

Von oben blickten sie auf eine weit ausgebreitete, hügelige Landschaft von grünen Weiden und braunen Äckern, die von buschigen Hecken unterteilt und von Unterholz durchbrochen wurde. Der graue Himmel mit seinem sanften Regen verlieh dem Panorama etwas Melancholisches, wie einem Bild, dem es nicht an Schönheit, aber an Glanz fehlt.

John beschrieb mit der Hand einen Halbkreis.

»Das alles ist Westgate, Walther, unser Besitz seit 250 Jahren. Irgendwann in den Wirren der Cromwell'schen Revolution wurde durch eine günstige Heirat aus einem reichen Bauern Lord Henderson. Seitdem folgte eine Generation der anderen, hütete das Erbe und hielt den Besitz beisammen. Ob man dabei glücklich wurde oder nicht, war nicht von Bedeutung. Ein Henderson lebt nicht zum Vergnügen, sondern um seine Pflicht zu tun. Das Empire, lieber Walther, gründet sich auf die Anerkennung solcher Tradition, und diese Anerkennung verlangt Disziplin. Das ist der Moment, wo aus einer gescheiten Phrase die jämmerliche Wirklichkeit wird.«

»Das Empire wird nicht zusammenbrechen, weil der zwölfte Lord Henderson desertiert«, antwortete Bensemann, »genauso wenig wie das internationale Finanzkapital ruiniert wurde, weil Bensemann junior sich weigerte, Nachfolger seines Vaters zu werden.«

»Ich weiß, was du sagen willst, und ich kann dir versichern, dass ich dich glühend bewundert habe für die Konsequenz in deiner Lebensführung. Aber dafür muss man geschaffen sein, muss man ein Mann von Ideen und Tatkraft und vor allem von sich überzeugt sein. Das alles bin ich nicht. Ich weiß nicht, was ich der Welt geben könnte, wenn ich wollte, und ich weiß nicht, was ich von dieser Welt zu erwarten hätte. Aber ich weiß, was sie von mir erwartet. Und daran halte ich mich im Zweifel.«

»Dein Vater ist nicht die Welt, John.«

»Mein Vater ist Westgate, und am Ende zählt nur das. Du hast Recht: Das Empire würde nicht zusammenbrechen, wenn ich das Erbe ausschlagen würde, wenn ich keine Geldheirat eingehen und nicht den nächsten Erben in die Welt setzen würde. Das Empire nicht, aber Westgate. Und Westgate ist unser Empire.«

So standen sie unglücklich nebeneinander auf dem Hügel von Johns Königreich: zwei Männer, die sich ihrer Zuneigung gewiss waren und dennoch auseinander strebten – und zwar unabänderlich, wie Walther es sich auf der Rückfahrt im Zugabteil klar machte und zum Diktum erhob. Auch wenn John ihn beim Abschied beschworen hatte, den Kontakt nicht abreißen zu lassen: Er hatte nicht vor, Zeuge einer Posse zu werden, bei der er am Ende auch sich selbst zum Narren machte. Vor den eigenen Augen ohnehin, womöglich aber auch vor denen anderer.

Als er am späten Abend in Perth ausgestiegen war und, da der Zug nach Dollar am Sonntag nicht verkehrte, 20 Meilen durch den Regen wanderte, versicherte er sich mit verzweifeltem Sarkasmus, dass ein Kollege, der ihm jetzt zufällig begegnen könnte, die Tränen im Gesicht für nichts anderes als Regentropfen halten würde.

In den folgenden Tagen begegnete Bensemann seinen Schülern mit einer ungewohnten Gelassenheit, ja Gleichgültigkeit, die von den Jungen erst zögernd, dann immer offener zu Streichen und Flegeleien ausgenutzt wurde. Eine Weile nahm er das nahezu unbeteiligt hin, dann plötzlich verkehrte sich seine Haltung, und er wurde strenger als zuvor. Disziplin und Bestrafungen, selbst maßvolle Prügelstrafen hatte er nie prinzipiell abgelehnt, auch wenn er solche Sanktionen, da er sie in seiner eigenen Schülerzeit als völlig nutzlos erlebt hatte, persönlich nur selten praktizierte. Im Zweifelsfall bevorzugte er einen ordentlichen Tritt in den Hintern und war der festen Überzeugung, dass dies von den Schülern zwar als ebenfalls schmerzhafte, aber dennoch ungleich liebevollere Züchtigung empfunden wurde als der Stock. Sein Paradebeispiel war Arnold Lumm, ein schulbekannter Witzbold und Mitglied seiner Klasse. »Unsere erste Begegnung war sehr prägnant«, pflegte er zu berichten. »Eine halbe Minute nachdem die anderen Schüler bereits Platz genommen hatten, öffnete sich die Tür, und der mir völlig unbekannte Lumm kam herein. Er zog seinen linken Fuß nach wie ein Zirkusclown. Ich wartete, bis er in die Nähe meines Pults gekommen war, und landete dann mit der Sohle meines Stiefels auf einem nicht allzu edlen Teils seines Körpers, worauf er durch das halbe Klassenzimmer flog. Der Junge war sehr indigniert und protestierte lebhaft, bis ich ihm sagte, ›es tut mir Leid, dass mein Fuß ausgerutscht ist; ich habe dich gar nicht kommen sehen‹. Seit diesem kleinen Zwischenfall waren unsere Beziehungen die denkbar besten.«

An der burschikosen Art seiner Maßregelungen änderte Bensemann wenig, doch begann er nun lebhafter als zuvor, die Tugenden der Disziplin einzufordern: Pünktlichkeit, Gehorsam und Höflichkeit den Älteren gegenüber, Anerkennung der schulischen Hierarchien und Vorschriften. Fast schien es, als wolle er damit Johns pflichtergebenen Opfergang bestätigen. Und in gewisser Weise war es auch so. Hatte er, der ehemalige Schulrebell, das Einfordern von Disziplin zunächst selbst als einen Zwang empfunden, der ihm in seiner neuen Rolle als Lehrer auferlegt war, so erkannte er nun darin eine formende Macht, die es ihm erlaubte, auf die Persönlichkeit seiner Schüler einzuwirken.

Bestürzt von Johns Leidensweg, lehnte er ein sinnentleertes Pflichtbewusstsein jedoch ab, verband es hingegen mit jenen Idealen, die er selbst schätzte und nach wie vor zu den Grundfesten der britischen Gesellschaft zählte. »In der Schule muss der Bub die innere Politur erwerben; hier muss er durch den täglichen Verkehr mit seinesgleichen geformt werden; hier muss er die großen Lehren der Selbstzucht, des Opfersinnes, der Fairness, des Altruismus, der Toleranz, der Humanität einsaugen«, notierte er als Versatzstück seiner eigenen Pädagogik. Seine Schüler, die ihn bislang eher als nachsichtigen Kumpel, zuweilen auch augenzwinkernden Mitwisser erlebt hatten, überraschte er nun mit Ansprachen: »Die Schule ist vor allem dazu da, dass aus einem kleinen ungehobelten Frechdachs ein kleiner Kavalier wird. Dazu gehören saubere Ohren und Zahnpflege am Morgen. Dazu gehört es, manierlich zu essen, nicht zu schmatzen und nicht den Teller abzuschlecken wie ein Vierfüßler. Dazu gehört, dass ihr, wenn ihr mit Älteren zusammen seid, den Mund haltet und euren weisen Rat nur erteilt, wo er gewünscht wird. Und dazu gehört, dass ihr euch bei solchen Gelegenheiten Vorurteile über Kameraden, über Nationen, Religionen oder Stände gefälligst abgewöhnt. Und dass ihr euch ebenfalls abgewöhnt, die Fehler immer überall anders zu suchen, nur nicht bei euch selbst.«

»Letzteres«, erklärte daraufhin Witzbold Lumm, »ist vor allem eine Tugend, die ich mir von den Lehrern wünsche, wenn sie meine Arbeiten benoten.«

Bensemann ließ das durchgehen, denn offenbar hatte eine höhere Macht diesem Jungen die Fähigkeit versagt, seinen Mund zu halten. Es waren ohnehin nicht Predigten, welche die Jungen formten, sondern Lehrpläne und Unterrichtsmethoden, und nichts schien ihm dabei wichtiger als neue Sprachen und Sport: die Sprachen, um sich von anderen Ländern ein eigenes Bild machen zu können; der Mannschaftssport, um soziale Einbindung und Härte gegen sich selbst zu erlernen. Schon nach wenigen Monaten an der Dollar Academy war er davon überzeugt, dass sie wie die meisten britischen Schulen in dieser Hinsicht vorbildlich war. »Im hochkultivierten England«, notierte er zufrieden, »wird in sämtlichen Schulen der Fußballsport nicht nur gepflegt, sondern auch als ein unumgängliches Mittel der besten Erziehung zum Manne betrachtet.« Die pädagogischen Überlegungen zum Wert des Sportunterrichts, die Bensemann einst als Schüler in Karlsruhe kühn seinen Lehrern unterbreitet hatte, sah er nun glänzend bestätigt.

Natürlich brannte er darauf, am sportlichen Unterricht selbst teilzuhaben, wenn ihm auch klar war, dass ein britischer Sportsmann kaum bei einem Ausländer in die Lehre gehen würde. »Die Deutschen können doch nur paradieren und Purzelbäume schlagen«, hörte er im Stimmengewirr seiner Schüler, und er hatte den Verdacht, dass seine Kollegen kaum anders dachten. Freilich konnte man seine Bitte nicht abschlagen, an den beliebten Matches Lehrer gegen Schüler teilzunehmen, zumal nachdem bekannt geworden war, dass er zum Länderspiel in Glasgow eine offizielle Einladung des Verbandes erhalten und sich damit als Fußballprominenz erwiesen hatte. Als er dann zum ersten Mal auf dem Platz stand, beobachtet durch einige Hundert Schüler, da beeindruckte er schon durch Körpergröße und Masse. »This German is a Man-Mountain«, keuchte sein körperlich unterlegener Gegenspieler, den er kaum an den Ball ließ, und diese Ehrenbezeichnung blieb fortan an Bensemann hängen. Nach dem Spiel war es keine Frage mehr, dass er als Sportlehrer akzeptiert war.

In Schottland und später in England lernte er die Methode kennen, den Schulsport durch ältere Schüler, so genannte Monitoren, organisieren zu lassen – eine Funktion, die er selber, wenn auch ohne offizielle Billigung der Schule, bekanntlich in Karlsruhe mit Begeisterung ausgeübt hatte. Euphorisch urteilte er daher: »Im freien Spiel, unter sich, sind die Buben weit bessere Erzieher als alle alten Pädagogen. In einem Schulstaate, der sportlich von den Schülern selbst geleitet wird, entwickelt sich sehr bald ein äußerst peinliches Gerechtigkeitsgefühl, das nur in einer sportlichen Vereinigung aufkommen kann.« Noch zwei Jahrzehnte später, als er in

Deutschland für die Einführung des Schulsports stritt, würde Bensemann immer wieder auf das englische Modell verweisen.

Bei seinen Grübeleien, in die er nach dem Besuch in Westgate verfallen war, kreisten seine Gedanken immer wieder um das Spannungsverhältnis zwischen einer Opferbereitschaft, wie John sie in sich trug, und jener Individualität, die er selber in jugendlichen Jahren ausgelebt hatte. Im Sport, wo sonst, glaubte er nun die Synthese gefunden zu haben. »Der Sport entwickelt neben dem so notwendigen körperlichen auch ein moralisches Rückgrat, und damit erfüllt er seine hauptsächliche Aufgabe. Alle jene Eigenschaften, welche den menschlichen Verkehr angenehm und nutzbringend gestalten sollen, zieht der richtig betriebene Sport groß; jene Idee des Fair Play, die auf der Schule in die Seelen der Kinder gepflanzt werden muss, ist auch der alleinige Gradmesser im späteren Leben. Wer als junger Sportsmann auf der Schule gelernt hat, dass die Achtung vor dem Gegner und die Unterordnung unter den Schiedsrichter gleichsam natürliche Begriffe sind, der wird auch in seinem späteren Beruf die traditionelle Überzeugung mitnehmen, dass der Unterschied der Meinung keine Missachtung in sich bergen darf, und dass es gewisse Momente im Leben gibt, in denen der Gehorsam gegen die staatliche Ordnung nicht etwas Erzwungenes, sondern etwas Naturgemäßes ist. Der junge Sportsmann, der seine Aufgabe bereits in zartem Alter eingeimpft bekommen hat, wird das entwickeln, was man im allgemeinen Leben Charakter nennt. Er wird nicht zulassen, dass Schwächere oder Tiere gequält werden, er wird offen Einspruch erheben, wenn ein Werturteil laut wird, das seiner Meinung nach ungerecht ist, er wird den Unterschied zwischen der Phrase und der Wahrheit abschätzen lernen, und vor allen Dingen wird er loyal denken lernen.«

In stillen Momenten mochte Bensemann zugeben, dass die Betonung von Ordnung und Pflichtbewusstsein auch einem autoritären Zug in seinem eigenen Wesen entgegenkam, vor allem, wo es nicht mehr nur darum ging, guten Fußball zu organisieren, sondern sich als Internatslehrer zu profilieren. Doch zweifelsohne sah er darin eine unabdingbare Erziehung zu jener Selbstzucht, die aus der Göre den Gentleman machte und aus dem Opportunisten einen Mann mit Rückgrat. So wandelte er sich im Klassenzimmer zur Respektsperson. Und Edward Kennington war der Erste, der Bensemanns neues Faible für die Tugenden der Disziplin kennen lernen sollte.

So wie Arnold Lumm von dem unbezwingbaren Drang befallen war, den Scherzbold zu geben, so war Edward Kennington ein hoffnungsloser Zuspätkommer. Es verging kaum ein Tag, an dem er nicht mit einer absurden Entschuldigung auf den Lippen einige Minuten verspätet ins Klassenzimmer gehastet kam. Er war weder faul noch unzuverlässig und im Übrigen ein sympathischer Junge. Nur konnte er einfach nicht pünktlich sein.

Bisher hatte Bensemann, wie die meisten Lehrerkollegen, über diese Nachlässigkeit gnädig hinweggesehen. Doch nun setzte er Edward ein Ultimatum: Sollte er vor den Osterferien noch ein einziges Mal zu spät kommen, hätte er 300 Zeilen Griechisch abzuschreiben, »und zwar mit Akzenten«. Drei Tage ging alles gut, am vierten kam der Junge, puterrot und verlegen, zwei Minuten zu spät. Also 300 griechische Zeilen mit Akzenten. Den Rest der Stunde verfiel Edward in trostloses Schweigen, um sich in der anschließenden Pause höflich zu entschuldigen. Leider zu spät, wie Bensemann ihm ebenso höflich eröffnete.

Nun wohnte Edward bei einem Professor, der schon 30 Jahre in Dollar lehrte und am Institut zu den tonangebenden Männern zählte. Der alte Herr bemühte sich in Bensemanns kleines Privatzimmer, erneuerte die Entschuldigung und verlangte die Reduzierung der Strafe. Ansonsten werde er sich beim Rektor beschweren. Bensemann lehnte ab. Der Rektor wurde informiert und ließ sich von den übrigen Kollegen Pünktlichkeitsatteste über den Jungen ausstellen. Als die Antworten auf dem Schreibtisch lagen, rief er den Delinquenten zu sich. Ergebnis: 600 Zeilen Griechisch mit Akzenten, abzuliefern bei ihm persönlich.

»Was lernen wir daraus?«, erklärte Bensemann hernach seinen Schülern. »Ihr kennt mich als nachsichtigen Lehrer und wundert euch, warum ich plötzlich in diesem einen Punkt so streng geworden bin. Ganz einfach: weil Pünktlichkeit zu den Tugenden gehört, die euch unbedingt in Fleisch und Blut übergehen müssen. Unpünktlichkeit gegenüber Verabredungen heißt immer auch Unzuverlässigkeit und Missachtung des anderen. Und Unpünktlichkeit im Beruf wird euch später jede Karriere zerstören. Glaubt eurem Französischlehrer: L'exactitude est la politesse des rois. Pünktlichkeit ist die Höflichkeit der Könige – und zugleich der kategorische Imperativ aller Untertanen.« Den Spruch hatte er aus Burier importiert in der Hoffnung, dass er hier noch unbekannt sei.

Lumm zog Grimassen.

»Irgendwelche Einwände, Lumm?«

»Nein, Sir.«

»Was also ist der kategorische Imperativ der Untertanen?«

»Der schottischen, Sir?«

»Natürlich auch der schottischen.«

»Nun, dass sie am Samstag das Länderspiel gegen England gewinnen, Sir.«

Und das war nun etwas, wogegen auch Bensemann nichts mehr zu sagen wusste.

Einer Einladung von Mac Dowall, dem Sekretär des schottischen Fußballverbandes, folgend, fand sich Bensemann bereits am Freitagabend vor dem Spiel in den Empfangsräumen des imposanten St. Enochs Hotels ein. Mac Dowall hatte den Deutschen berücksichtigt, zum einen weil Bensemann in britischen Fußballerkreisen nach wie vor als der Mann bekannt war, der als Erster eine Auswahlelf von der Insel gelockt hatte. Zum anderen war es Bensemann selbst gewesen, der sich kurz nach seiner Ankunft in Schottland mit einem Besuch beim Verband in Erinnerung gebracht hatte. Ähnlich wie die Engländer drei Jahre zuvor zeigten sich auch die Schotten von der Weltläufigkeit des Deutschen beeindruckt. Zudem bereitete es ihnen, wie Bensemann vermutete, ein nicht geringes Vergnügen, die englischen Gäste mit der Tatsache zu verblüffen, dass der junge Pionier vom Kontinent nunmehr in Schottland heimisch war.

Die Überraschung gelang, zumal neben Frederick J. Wall, der freilich bei der Begrüßung keine Miene verzog, auch Alcock und Sherrington anreisten, noch immer die Vizepräsidenten der Association und in jenen fünf Tagen des Novembers 1899 zumeist an Bensemanns Seite. Alsbald hockten die Herren zusammen und setzten ihre Beziehung in jenem Geist fort, der zweieinhalb Jahre zuvor die Kondition des englischen Teams heftig untergraben hatte. Als am nächsten Morgen Des Barres in Bensemanns Hotelzimmer auftauchte, fand er den Deutschen bei zugezogenen Vorhängen bleischwer im Bett.

»Heraus, mein Freund, wenn du rechtzeitig zum Ibrox kommen willst.«

»Oh Gott, der verdammte Maori. Mach bloß nicht so einen Lärm.«

»Was haben sie denn mit dir gemacht? Mit dem Zeug abgefüllt, von dem die Schotten behaupten, dass es Whiskey sei?«

»Keine Ahnung!« Bensemann stöhnte. »Meine Erinnerung an das Fest und den Heimweg ist so dunkel wie die Glasgower Gassen.«

Er erhob sich ächzend, um sich an der Waschschüssel zu erfrischen.

Des Barres lachte. »Hättet ihr irischen Whiskey getrunken, ginge es dir nicht so schlecht.«

»Unsinn«, brummte Bensemann. »Die Wirkung des Alkohols ist genauso universal wie der Fußball.«

»Womit wir die beiden wichtigsten kulturellen Errungenschaften der Menschheit beisammen hätten«, meinte Des Barres sarkastisch.

»Eben. Es gibt aber noch eine dritte, und die werde ich jetzt in Anspruch nehmen.«

Bensemann verschwand auf den Hotelflur, um die Tür mit der Aufschrift »Water Closet« zu suchen.

Als die beiden Freunde sich dem Ibrox Park näherten, fanden sie sich in einem Strom von Menschen, die dasselbe Ziel hatten. Aus dem Osten Schottlands, aber auch aus England waren Sonderzüge eingetroffen, deren Insassen sich zu einer gewaltigen Prozession vereinigten. Es waren fast ausschließlich Männer, junge Burschen oder Väter mit kleinen Söhnen, und unter ihnen überwogen die Schirmmützen und die grobe Kleidung der Arbeiterklasse. Noch hörte man kaum einen lauten Ruf, noch zog die Menge in fast andächtiger Ruhe zum Stadion, vor dessen Toren sich lange Schlangen gebildet hatten. Des Barres führte den Deutschen zu einem besonderen Einlass für Besucher der Ehrentribüne, für die er selbst auf geheimnisvollen Wegen eine Karte ergattert hatte.

Als sie ins Innere des Parks gelangten, verschlug es Bensemann für einen Moment den Atem. Das gewaltige Oval des Ibrox war bereits zu drei Vierteln gefüllt, und immer mehr strömten hinein. Über 68.000 würden es schließlich sein, die die Ränge in ein Meer von Köpfen, Mützen und Leibern verwandelten, in ein bewegliches Mosaik von Menschen, die hin und her wogten und in fieberhafter Erwartung raunten, riefen und sangen. Die Mehrzahl von ihnen waren schottische Rangers-Anhänger, denn ihr Verein war hier im Ibrox zu Hause, und sie forderten mit Scotland-Rufen und der Nationalhymne den englischen Anhang heraus. Vereinzelt hörte man Celtic-Anhänger, ein kleiner Block stimmte sogar eine irische Hymne an, doch er wurde übertönt und zurückgeholt in die stimmgewaltige Rivalität zwischen den englischen und schottischen Zuschauern.

Nie zuvor hatte Bensemann etwas Vergleichbares erlebt. Der Ibrox Park, erst zweieinhalb Jahre alt und eine der modernsten Arenen des Kingdom, erschien ihm wie ein geschlossenes Universum, das auf die Außenwelt keinen anderen Blick gestattete als den in den rußgeschwängerten Himmel über Glasgow. Man sah weder die Dächer der Arbeiterviertel noch die Kräne am Hafen, weder Kirchtürme noch Fabrikschlote. Es gab nichts anderes als die gewaltige Menge rings um eine noch leere Rasenfläche. Für die kurze Spanne von zwei Stunden war eine eigene Welt entstanden, die 68.000 Zuschauer in ihrer Leidenschaft vereinte und die ihre eigenen Regeln, Gesetze und Rituale besaß.

In Deutschland hatte es so etwas noch nicht gegeben. Auch zwei Jahre nach den England-Spielen zogen Spitzenbegegnungen, vor allem die Auswahlspiele zwischen großen Städten, nicht mehr als wenige Tausend Zuschauer an. Es existierte auch kein Stadion, das größere Publikumsmassen hätte aufnehmen können. Noch immer trennte man für große Sportereignisse den Rasenplatz durch Zäune oder Stricke ab, und nur hier und dort gab es einen kleinen Erdwall als kümmerliche Tribüne. Zwar wusste Bensemann von vagen Plänen beim Karlsruher Fußball-Verein, einen neuen Platz als Ersatz für die Engländerwiese anzulegen. Doch auch der wäre, verglichen mit dem Ibrox, nicht mehr als ein Trainingsplatz für eine Schülerelf. Wieder einmal, vielleicht mehr denn je zuvor, wurde Bensemann bewusst, welchen Vorsprung der Fußball in Großbritannien hatte.

»Imgraben hat Recht«, murmelte er vor sich hin. »Fußball hat keine Zukunft ohne die Masse der Arbeiter.«

»Pardon?«, fragte Des Barres.

»Nichts. Eine beeindruckende Kulisse. Nicht vorstellbar in Deutschland.«

»Oh, zum Cup-Final in England kommen in der Regel noch ein paar mehr. Aber es stimmt, für Schottland ist es recht ordentlich.«

»Welcher Seite gehören heute deine Sympathien, als Ire?«

»Du musst wissen, mit den Iren ist es nicht so einfach. Die protestantischen wären am liebsten selber Engländer, werden aber wohl zu den Schotten halten, weil sie die für konsequentere Anti-Katholiken halten. Die katholischen Iren müssten aus den gleichen Gründen für England sein, was aber unter Landesverrat fallen würde. Also sind auch sie für Schottland. Ein bisschen kompliziert, aber im Ergebnis eindeutig.«

»Und du?«

»Bin für Neuseeland«, sagte Des Barres genüsslich, und beide lachten.

Der Ire hatte seinen Platz zwei Reihen vor Bensemann, der zwischen Mac Dowall und der englischen Delegation saß. Sie waren gerade noch rechtzeitig gekommen, um die Mannschaften aufs Spielfeld laufen zu sehen. Der Lärm auf den Zuschauerrängen verdoppelte sich und ließ wieder nach, um bei jeder noch so unbedeutenden Aktion auf dem Spielfeld erneut anzuschwellen: dem Shakehand der Captains, der Seitenwahl, dem Anpfiff, dem ersten schottischen Ballkontakt, dem ersten, noch völlig ungefährlichen Vorstoß zum englischen Tor. Wer einem ins Aus rollenden Ball hinterherhetzte, wurde, auch wenn er ihn nicht mehr erreichte, ebenso frenetisch gefeiert wie ein Spieler, der einen kühnen Pass schlug oder einem Engländer in die Beine grätschte. Verlagerte sich das Spielgeschehen aufs rechte Tor, geriet die Masse auf der Gegengeraden in gefährliche Schwingungen, weil jeder sich vorbeugte, um besser sehen zu können. Wurde der Ball dann nach links, vor das englische Tor geschlagen, entstanden neue Wellenformen, bei denen Bensemann beinahe befürchtete, sie könnten irgendwann, dem Gesetz der Schwerkraft folgend, nach unten kippen und das Spielfeld mit menschlichen Leibern überfluten. Fasziniert schaute er über die wogende Menge und vor allem auf die riesige Tribüne hinter dem westlichen Tor, auf der sich alleine 30.000 Menschen drängten.

Alcock bemerkte seinen Blick. »Ein beachtliches Bauwerk«, meinte er nüchtern. »Eine reine Konstruktion aus Stahl und Holz. Neulich las ich einen Zeitungsartikel, in dem vor dem Betreten dieser Tribüne gewarnt wurde.«

»Wieso? Ist sie nicht sicher?«

»Es wurde behauptet.«

Sie wurden unterbrochen durch einen Aufschrei aus 68.000 Kehlen. Es war, als geriete das Stadion aus den Fugen, als sei all das Lärmen und Wogen zuvor nur ein Aufwärmen gewesen für diese eine Eruption. Schottland hatte ein Tor geschossen, Schottland führte 1:0, und die Helden wurden gefeiert.

Angespannt verfolgte Bensemann die perfekten Spielzüge durch sein Fernglas, ohne das er in Großbritannien kein größeres Spiel mehr besuchte: Seiner Kurzsichtigkeit blieben ansonsten zu viele Details verborgen. Plötzlich bemerkte er, wie einige Dutzend Zuschauer aufs Spielfeld rannten und den Schiedsrichter umringten. Mac Dowall blickte sorgenvoll nach unten.

»Oh, they are mobbing the referee«, knurrte er und lieh sich Bensemanns Fernglas, um besser sehen zu können. Es waren jedoch keine Randalierer, die auf den Rasen gestürmt waren. Sie schwirrten aufgeregt umher, gestikulierten und deuteten auf die große Westtribüne. Andere kamen die Stufen zur Ehrentribüne hochgehastet.

»Ärzte«, schrien sie, »wir brauchen alle verfügbaren Ärzte.«

Einige Herren erhoben sich, auch Mac Dowall, der mit ihnen nach unten verschwand. Natürlich war das Spiel unterbrochen, aber im Stadion brodelte es nach einer kurzen Irritation weiter. Schottische Anhänger maßen sich mit englischen, um sich schließlich in einem gemeinsamen, ohrenbetäubenden »Go on!« zu vereinen. Erst als vor der Westtribüne eine Prozession von Sanitätern erschien, die auf ihren Bahren Verletzte davontrugen, wurde aus dem schneidenden Stakkato ein vielstimmiges, verwirrtes Raunen.

Mac Dowall kehrte zurück und wurde sofort umringt. Er wirkte erschüttert.

»Eine fürchterliche Katastrophe«, erklärte er mit rauer Stimme. »An der großen Tribüne ist ein drei mal sechs Yards großes Bodenstück eingebrochen wie eine Falltür und hat über 100 Menschen rund 50 Fuß tief nach unten gerissen. Die Unglücklichen sind mitsamt den Holzbohlen erst in die Eisenkonstruktion und dann auf die darunter Stehenden gestürzt. Es ist entsetzlich. Viele sind tot, erschlagen oder an Eisenstangen aufgespießt. Mehrere Hundert dürften verletzt sein. Das Ausmaß des Unglücks ist noch gar nicht abzusehen. Es ist entsetzlich.«

Ringsum herrschte betroffenes Schweigen, in das hinein Alcock, der englische Delegationsleiter, bewegt forderte: »Wir müssen das Match sofort abbrechen. Unter solchen Umständen ist ein Weiterspielen unmöglich.«

Doch Mac Dowall schüttelte den Kopf und deutete auf die Zuschauermenge, aus der inzwischen wieder Sprechchöre ertönten, die eine Fortsetzung des Spiels forderten.

»Wenn wir jetzt abbrechen«, entschied er, »würde dies die Katastrophe möglicherweise noch vergrößern. Kaum jemand im Stadion ahnt, was wirklich geschehen ist. Ein Spielabbruch würde entweder Tumulte hervorrufen oder, noch schlimmer, eine Panik. Und selbst wenn das vermieden werden könnte, würden die abziehenden Menschenmassen den Abtransport der Verletzten in die Spitäler behindern. Uns bleibt keine Wahl: Wir müssen das Match fortsetzen.«

Im Stillen gab Bensemann ihm Recht, doch für die, die Bescheid wussten, hatte das Spiel jede Bedeutung verloren und wirkten die Anfeuerungsrufe der Menge wie eine Verhöhnung der Opfer. Er war froh, als Des

Barres auftauchte und in knappen Worten erklärte, unten helfen zu wollen; spontan schloss er sich dem Iren an.

Die Umkleidekabinen unterhalb der gemauerten Seitentribüne boten den grauenvollen Anblick eines Feldlazaretts. Auf Tischen und Bänken, selbst auf dem Boden lagen blutende Verletzte, zuweilen mit grotesk verrenkten Gliedern, stöhnend und schreiend vor Schmerzen. Zwischen ihnen Tote und mit dem Tode Ringende – es war unmöglich, einen Überblick zu bekommen. Krankenwagen, Droschken und Privatautos kamen mit dem Abtransport in die Krankenhäuser nicht nach, und noch immer trugen Helfer auf improvisierten Bahren neue Verletzte herbei, die nur notdürftig versorgt werden konnten.

Bensemann war den Anblick von Blut und Tod nicht gewohnt. Als er einen verletzten Jungen sah, nicht älter als acht Jahre, dessen rechter Arm grausam zertrümmert war, wurde ihm schwindelig. Er bekämpfte eine würgende Übelkeit, indem er sich von den Opfern abwandte und auf die logistische Seite der Katastrophe konzentrierte. Zusammen mit Des Barres schnappte er sich eine Holzleiter, die in der Ecke stand, und folgte den davoneilenden Helfern. Sie kamen von hinten an den Ort des Unglücks heran; ein Gewirr von Eisenstangen und Holzbohlen, dazwischen eine noch immer unübersehbare Zahl von Verletzten. Einige wenige Ärzte, die im Ausgehanzug herbeigeeilt waren, leisteten erste Hilfe, entschieden, wer sofort ins Spital und wer unter die Seitentribüne zu bringen sei. Verzweifelte Väter suchten nach ihren Söhnen, weinende Jugendliche nach ihren Freunden. Doch über all dem Unglück raunte und bebte eine Menschenmenge, die sich keine fünf Meter von der Unglücksstelle entfernt auf der Tribüne neu formiert hatte und nach vorne starrte und rief – dorthin, wo das Spiel lief.

Des Barres schüttelte den Kopf. »Sie haben keine Ahnung, was hier in Wahrheit los ist«, sagte er wie zur Entschuldigung. »Los, fass an.«

Sie hoben einen jungen Mann mit gebrochenem Bein vorsichtig auf die Leiter und bahnten sich mühsam einen Weg durch die Trümmer. Als sie ihn in der Umkleidekabine des englischen Teams vorsichtig auf den Boden gelegt hatten und sich erneut zur Westtribüne aufmachen wollten, trafen sie an der Kabinentür auf die hereinpolternde Elf der Engländer: Draußen war zur Pause gepfiffen worden.

Steve Bloomer, der Captain, kam zuerst, und niemand hatte ihn vorbereitet auf das, was ihn erwartete. Entsetzt starrte er auf die Szenerie vor sich, schrie seinen Teamkameraden ein »Keep out« zu und sah dabei aus, als würde er auf der Stelle ohnmächtig werden. Jemand drückte ihn sanft auf einen Stuhl, ein anderer drängte die verwirrten Mitspieler nach draußen, wo sie auf ihre gleichfalls konsternierten schottischen Gegner trafen.

»Bloomer weigert sich weiterzuspielen!« Plötzlich war Mac Dowall wieder aufgetaucht. »Kann jemand einen Cognac und Spiritus besorgen?«

Und inmitten all der Verletzten und Sterbenden gaben sie dem kalkweißen Bloomer Cognac zu trinken, rieben seinen Oberkörper mit Spiritus ein und beschworen ihn, das Spiel fortzusetzen.

Das Match endete 1:1, ein Resultat, das am nächsten Tag selbst die verbohrtesten Sportzeitungen für kaum erwähnenswert halten würden angesichts der 26 Toten und 500 Verletzten, die das Unglück gekostet hatte. Es wurde die Frage nach den Verantwortlichen gestellt, die aber auch nach vielen Jahren und einer Reihe von Prozessen nicht geklärt werden würde. Die Opfer und Hinterbliebenen würden entschädigt werden, doch für Jahrzehnte blieb ein Schatten über dem großartigen Ibrox Park hängen.

Bensemann aber, der am späten Sonntagabend in Perth erschöpft den Zug verließ und sich, wie einige Wochen zuvor, auf den 20 Meilen langen Fußmarsch nach Dollar machte, dachte darüber nach, dass offenbar kein guter Stern über den Unternehmungen lag, die ihm diese nächtliche Wanderung wert waren. Ihn verfolgten die blutigen Szenen aus dem Stadion, und er musste an John denken, der Ähnliches gesehen hatte, jedoch ohne die beruhigende Möglichkeit, sich fernab vom Geschehen, in einer friedlichen Nacht, zu sammeln und das Entsetzen zu verdrängen.

Nein, John hatte Schlimmeres erlebt: keinen einmaligen Unfall, sondern einen nicht enden wollenden Krieg, einen Alptraum, in dem die Angst vor dem nächsten Tag den Schrecken des vergangenen noch übertraf. Während um ihn herum die Gewalt herrschte und alle menschlichen Werte sich auflösten, hatte er, der Friedfertige, nach einer Ordnung gesucht, an die er sich klammern konnte und die ihm die Zuversicht zurückgab. Er hatte sie in Westgate gefunden, in der Hoffnung auf eine ruhige Geborgenheit und in den Träumen von einer stillen Landschaft ähnlich der, die Bensemann jetzt durchquerte. In diesem Moment, als einsamer Wanderer auf mondbeschienener Landstraße, begann Walther seinen Freund zu verstehen.

VII

»Die Gesänge Homers«

Schweiz im Frühjahr 1908

Auch wenn Bensemann in den folgenden Jahren als Lehrer in Großbritannien blieb, hielt es ihn selten an einem Ort. Teils weil er nur vertretungsweise unterrichtete, teils aus freien Stücken wechselte er häufig die Internate, arbeitete in Staffordshire, Harrow, Bedfort oder Cheltenham. Zudem trieb es ihn immer wieder über den Kanal auf den Kontinent. Einige dieser Fahrten unternahm er mit Schülern, für deren Rugby- und Soccer-Teams er beständig Gastgeber in Frankreich oder Deutschland suchte. Während der Schulferien aber oder in den Monaten ohne Anstellung reiste er allein und führte auf dem Kontinent das angenehme Leben eines Flaneurs. Da die regelmäßigen Einkünfte aus dem väterlichen Erbe sich nun um sein Gehalt als Lehrer vermehrten, konnte er sich ausgedehnte Bahnfahrten erster Klasse und den Besuch nobler Hotels leisten. Er schlenderte durch Paris oder Rom und übte sich in Monaco vergebens darin, die Spielbank zu sprengen.

Seine Beziehungen zur süddeutschen Fußballszene hatten sich im Laufe der Jahre wieder entspannt. Man schätzte seine hervorragenden Verbindungen ins englische Mutterland des Soccer, die es ermöglichten, spielstarke britische Mannschaften nach Deutschland zu verpflichten oder erfahrene Trainer für ein Engagement auf dem Kontinent zu gewinnen. Der süddeutsche Verband hatte ihn in Ehren wieder aufgenommen, und selbst mit Nohe, der diesem noch immer vorstand, kam es zu einer Aussöhnung. Man versicherte sich der gegenseitigen Achtung und Freundschaft, die freilich schon bald hart erprobt wurde.

Diese Probe bestand in einem gewaltigen Rededuell der beiden vor dem süddeutschen Verbandstag, das sie wie üblich als Kontrahenten ausfochten, an dessen Ende aber, anders als bisher üblich, eine Versöhnungsgeste stand. Nohe hatte den kühnen Plan gefasst, seinen Verband aus dem DFB herauszuführen. Die Süddeutschen stellten den weitaus größten

Regionalverband und fühlten sich in der Dachorganisation nicht ausreichend repräsentiert. Auf dem süddeutschen Verbandstreffen im Jahr 1907 warb Nohe voller Zorn für seinen Austrittsantrag. Bensemann, der das letzte Wort ergattert hatte und für einen Verbleib im DFB eintrat, zeigte sich ihm jedoch rhetorisch überlegen. Als er seine Rede beendet hatte, herrschte im Saal kein Zweifel mehr, dass Nohe verloren hatte; er legte auf der Stelle sein Amt nieder. Bensemann aber ging auf ihn zu und reichte ihm, wie die Umstehenden gerührt notierten, »in sachlicher Vornehmheit sofort die Hand«.

Zu jener Zeit wohnte Bensemann für einige Monate in Karlsruhe bei Imgraben und registrierte mit Erleichterung, dass auch beim Karlsruher Fußball-Verein die vergangenen Jahre einige Gräben zugeschüttet hatten; selbst mit Ernst Langer war wieder zu reden. Als der ihn bat mitzuhelfen, seinen alten Club vor dem Ruin zu retten, sagte Bensemann umgehend zu.

Der KFV hatte eine glänzende sportliche Karriere hinter sich, war einige Male Süddeutscher Meister geworden und hatte im Jahre 1905 sogar im Endspiel um die Deutsche Meisterschaft gestanden, das allerdings verloren ging, trotz Julle Zinser im Sturm, Ivo Schricker als Läufer und Willy Langer in der Verteidigung. Kurz darauf verließ Schricker Karlsruhe wieder einmal Richtung Ägypten, die überalterte Mannschaft brach auseinander, und niemand wusste, wie die Lücke zu schließen wäre. In einer ausweglosen finanziellen Situation holten die Mitglieder jenen Mann zurück, der den Verein einst gegründet hatte.

Zu den Maßnahmen, die Bensemann zur Sanierung der Vereinsfinanzen ergriff, gehörte vor allem der Bau einer Tribüne. Zwar besaß der KFV inzwischen ein modernes Stadion auf dem Exerzierplatz des Großherzoglich-Badischen Leibgrenadier-Regiments. Es verfügte bei seiner Eröffnung über einen beachtlichen Komfort, hatte großzügige Umkleideräume, Waschgelegenheiten und sogar Duschen, doch eine Tribüne fehlte; wie beim England-Spiel 1899 mussten noch immer Pritschenwagen als Provisorien herhalten. Mit dem Tribünenbau wurde Julle Zinser beauftragt, der inzwischen Architektur studiert und sein Können immerhin beim Bau des Karlsruher Bahnhofsklosetts unter Beweis gestellt hatte. Im Sommer 1907 war seine Tribüne fertig, von wohlmeinenden Spöttern »Starenkästchen« getauft, von eher nüchternen Besuchern als »wackeliger Holzkasten« wahrgenommen. Jedenfalls konnte Bensemann dem adeligen Förderer des Vereins, Prinz Max von Baden, auf dem merkwürdigen Bauwerk Mr. Geoffrey Foster vom Oxforder Universitätsclub vorstellen, eine der Größen im englischen Fußball. Dessen Gentleman-Amateure siegten eher knapp mit 2:0, während wenig später die Profis aus Newcastle die Karlsruher mit 7:1 vom Platz fegten. Beide Teams hatte Bensemann nach Süddeutschland geholt.

Dennoch endete sein Karlsruher Engagement im Streit. Gewohnt, seine Entschlüsse eigenmächtig zu fassen, überwarf er sich innerhalb weniger Monate mit fast allen Mitstreitern. Selbst wer ihm früher noch den stürmischen Pioniergeist nachgesehen hatte, rieb sich nun an Bensemanns autokratischem Führungsstil. Bevor der Streit zum Biertischklatsch reifte, hatte Bensemann das Feld geräumt und war aus dem KFV ausgetreten, gerade rechtzeitig, um die alten und die aufgefrischten Freundschaften noch zu retten. Er kehrte nach England zurück ohne Groll, doch mit der endgültigen Gewissheit, dass er für die Arbeit in Vereinen und Verbänden nicht der richtige Mann war.

Ein Jahr später war er wieder in Karlsruhe, wenn auch nur auf der Durchreise, nötigte Professor Imgraben zum Kofferpacken und verschleppte ihn eilig in die Schweiz. Denn dort, im April des Jahres 1908, sollte ein historisches Ereignis stattfinden, das er auf keinen Fall verpassen wollte. Der Deutsche Fußball-Bund hatte es endlich geschafft, das erste offizielle Länderspiel zu arrangieren, und Bensemann hielt seine Anwesenheit für unentbehrlich: für die eigene Neugierde wie für das Gelingen der Premiere. Mit dem Professor allerdings hatte er andere Pläne.

Selten bereiste Bensemann den Kontinent und schon gar nicht die Schweiz, ohne Montreux aufzusuchen. Dort genoss er bei seinem alten Ziehvater Grunot die Vertrautheit eines Haushalts, in dem seit seiner Kindheit kein Schrank verrückt und kein Bild ausgetauscht worden war, wo Jahr für Jahr der Weihnachtsbaum auf gleiche Art geschmückt und das Essen auf gleiche Weise zubereitet wurde. Wenn er sah, wie der alte Mann im behaglichen Lehnstuhl am warmen Kamin schlummerte, dann wirkte ihm dieses Bild wie für die Ewigkeit angeordnet. In Bensemanns unstetem Leben war Grunots Haus wie ein verborgener Hafen, an dem die Veränderungen der Welt spurlos vorbeizogen.

Öfter allerdings war er in Montreux beim Juwelier Mayer zu Gast, wo er das sich stets wandelnde Durcheinander einer Familie erlebte, das bei jedem seiner Besuche Neuigkeiten bereithielt. Mayers Geschäfte florierten, seine Familie hatte sich um Sohn Otto vergrößert, und Albert war inzwischen ein groß gewachsener, durchtrainierter junger Mann. Ihn umgab eine für sein Alter erstaunliche Kühle, doch er ließ keinen Zweifel daran, dass er Bensemann als Gesprächspartner und Freund der Familie schätzte. Wenn sie angeregt über den Sport parlierten, über die Berge oder über den einst von Bensemann gegründeten FC Montreux, für den jetzt Albert aktiv war, dann verschwand der Altersunterschied zwischen dem 35-jährigen Deutschen und dem 17 Jahre jüngeren Schweizer beinahe vollständig.

»Der Junge ist intelligent, sportlich und höflich«, schwärmte Bensemann gegenüber Katharina. »Drei erfreuliche Eigenschaften, die sich selten in einer Person vereinen. Ich bin sicher, er wird in der Zukunft eine der wichtigsten Figuren im Schweizer Fußball sein, wenn nicht als Sportler, dann als Administrator.«

Katharina lächelte. »Vielleicht sollte ich den Wunderknaben um seine Hand anhalten?«

Zum Ärger ihrer Eltern war sie noch immer ledig, ein Umstand, der ihr zu Hause ständig vorgehalten wurde, der sie aber gleichgültig ließ. Der freundschaftliche Kontakt zwischen ihr und Bensemann war nie abgerissen, zumal sie mit Begeisterung Briefe verfasste und erhielt. Doch jetzt, im Frühjahr 1908, war es das erste Mal seit ihrem Kennenlernen, dass sie sich wiedertrafen. In diesen acht Jahren hatte sich Katharina kaum verändert. Noch immer tanzte sie mit ihrem impulsiven Wesen und ihren unorthodoxen Ansichten auf einem schmalen Grat zwischen Skandal und Verzauberung. Dass sie dabei nicht stürzte, verdankte sie hauptsächlich ihrer unbekümmerten und heiteren Art, auf Menschen zuzugehen und ihnen die Meinung zu sagen. Auch wer sich düpiert fühlte, reagierte mit jener Nachsicht, die man gegenüber extravaganten und bewunderten Operndiven aufzubringen pflegte.

Hingerissen von ihr war Professor Imgraben. Bensemann hatte den Gelehrten zur Fahrt nach Montreux überredet, wo er drei Zimmer im Grand Hotel Richelieu reserviert hatte. Er war sich sicher, dass Katharina und Imgraben voneinander begeistert sein würden, und er hatte sich nicht getäuscht. Dem Professor, den die elegante Umgebung des Richelieu verunsicherte und verärgerte, erschien Mademoiselle Sanders schon nach wenigen Stunden als der einzige Mensch, mit dem sich eine Unterhaltung lohnte.

»Die übrigen Gäste«, klagte er, »beschränken ihr Dasein darauf, zu beweisen, dass sie zur besseren Gesellschaft zählen. Sie reden nasal, lachen geziert und speisen, statt zu essen. Die Kellner wiederum erscheinen mir wie Polizisten, die darauf achten, dass man sich konform verhält. Sie scheinen nur darauf zu warten, dass ich mich durch die Wahl eines unpassenden Weines lächerlich mache und als Plebejer entlarve. Ja, und der Hoteldirektor, den man in Deutschland zuweilen als Mann von Vernunft kennen lernt, scheint hier eine vollständige Persona incognita zu sein.«

»Richtig, Professor«, antwortete Bensemann heiter. »Den Mann auf dem Throne sehen Sie nie, außer Sie sind Multimillionär oder von tiefblauem Geblüt. Der Mann hält sich lieber im Hintergrund, und ich kann es ihm nicht verdenken. Was soll er in diesem Publikum auch für Konversationsthemen beibringen? Politik ist ausgeschlossen, Zeitungen sind höchst gefährlich. Bleibt ihm das persönliche Element. ›Wie geht es Ihrer verehrten Frau Schwiegermutter?‹ – ›Ist Ihr reizendes Hündchen, das neulich unseren Perser beehrte, inzwischen stubenrein?‹ – ›Welch ein Zufall, dass die Firma, die neulich an Ihrem Wohnort Pleite machte, den gleichen Namen hat wie Sie!‹ Lauter riskante Themen. Da bleibt man lieber im Büro sitzen, als eine Serie von Fauxpas zu begehen.«

Der Professor brummte. »Was holt er sich auch eine solche Klientel ins Haus? Ein weniger delikates Publikum wäre mir wahrhaftig auch lieber.«

»Sie dürfen nicht so streng sein mit Ihren Mitmenschen, lieber Herr Professor«, mahnte ihn sanft Katharina. »Dieses Hotel ist nun einmal von einer Gloriole der Tradition umgeben, und die Gäste versuchen, dem gerecht zu werden. Schauen Sie, dort auf der Terrasse ist Elisabeth von Österreich jahrelang einhergeschritten, mit Fächer und Sonnenschirm, auf der linken Seite den griechischen Vorleser, der ihr im Gehen die Gesänge Homers rezitierte.«

»Ich bin beeindruckt«, meinte der Professor. »Konnte sie nicht selber lesen?«

»Daneben sah man Fürst Liechtenberg, die Kinskys, Clary Aldringen, Schwarzenberg, Meerfeld, Dampierre und Breuilpont, die Colonna und die Trubetzkoys und die Obolenskis …«

»Hören Sie auf!«, rief der Professor entsetzt, »Sie zitieren ja den gesamten Gotha'schen Hofkalender. Das ist keine Gesellschaft, auf die ich Wert lege.«

Bensemann sprang ein. »Natürlich trifft man hier auch die Koryphäen der Medizin: Leyden, Jaffé, Marc Duffour, Kocher, Roux, Liebreich. Oder den Wiener Juristen Grünhut. Oder Lord Goschen, den ersten englischen Seelord.«

»Oder die Franzosen Aragon und Jean Hugo, die Enkel Victor Hugos«, ergänzte Katharina.

»Oder, wenn Ihnen das mehr zusagt, die schönsten Frauen Europas: Jeanne de Fougères, Ethel Heard und Lady Florence Cole.«

»Du vergisst Mademoiselle Katharina Sanders, mein Junge«, meinte Imgraben in einem kühnen Anflug von Charme, der aber sein Unbehagen nicht überdecken konnte. Er seufzte. »Ich fürchte, ich bin hier fehl am Platze. Ich halte den Portier für einen Offizier und bedanke mich beim Pagen mit herzlichen Worten statt mit barem Geld. Eine Todsünde, wie mir Walther eröffnete.«

Der Professor starrte betrübt durch die Fensterscheiben in den Regen, der eine Flucht nach draußen verhinderte.

»Ganz zu schweigen davon, dass man sich bei den hiesigen Preisen gar nicht traut, einen Cognac zu bestellen.«

»Kommen Sie«, sagte Walther aufmunternd, »wir wechseln hinüber in den großen Saal. Dort beginnt jetzt der Nachmittagstanz, und das niedere Volk aus den übrigen Herbergen ist auch zugelassen.«

Im Tanzsaal des Richelieu, der von prächtigen Lüstern und Palmenpflanzen beherrscht wurde, intonierte die Kapelle soeben einen leichten Walzer. Wegen des ungemütlichen Wetters waren die Tische gut besetzt, und die ersten Paare strebten auf das glänzende Parkett der Tanzfläche.

»Wie wär's?«, fragte Katharina, kaum dass sie Platz genommen hatten.

Der Professor wehrte energisch ab. »Ich tanze schlechter, als der Schneider von Ulm geflogen ist. Also sozusagen überhaupt nicht. Der einzige Erfolg wäre, dass ich Ihnen Füße und Schuhwerk ruiniere.«

Er blickte missbilligend über Seidenkleider und Smokings. »Das alles sieht mir sehr nach den Gesellschaftsspalten unserer Klatschblätter aus. Ich vermisse das versprochene gemeine Volk.«

»Schauen Sie dort hinüber.« Bensemann wies auf einen entfernten Tisch, an dem einige Männer saßen.

»Und was bringt die Herren in den Verdacht, nicht dazuzugehören?«

»Ich nehme an, es handelt sich um reiche Bauern aus der Umgegend. Sie trinken Wein! Zum five o'clock!«

»Und das soll eine Sünde sein? Man sollte meinen, ein guter Wein schmeckt zu jeder Tageszeit.«

»Nun, in diesem Rahmen hier ist es eine Frage der Konvention, wann der Wein schmeckt. Wer beim Tanztee Wein trinkt, vertritt eine andere Weltauffassung.«

»Was uns zu der Frage bringt, was den einfachen Mann vom hochwohlgeborenen unterscheidet.« Den Professor drängte es zur Soziologie.

»Ist es die Physiognomie, der Geschmack, das Verhalten, der Intellekt? Oder doch nur der Geldbeutel?«

»Letzteres«, behauptete Katharina. »Denn vom Geld hängt alles andere ab. Ohne das Kapital meines Vaters, das mir Schulbildung und Haute Couture verschafft, würde ich an Ihrer Seite entweder für eine Maitresse oder eine Kuhmagd gehalten.«

Die Herren protestierten gleichzeitig, der Professor wegen der Maitresse, Bensemann aus prinzipiellen Gründen.

»Ich behaupte, einen wahren Aristokraten auch dann zu erkennen, wenn er in Lumpen daherkommt. Ihn umgibt eine angeborene Würde, die nicht erlernt werden kann, wenn man sie nicht mit der Muttermilch eingesogen hat.«

Er blickte über die wiegenden Paare auf der Tanzfläche.

»Schauen Sie sich die beiden dort rechts an. Er ist groß und breit; man schließt auf einen früheren Konservenpacker, zwischen Niederlipp und Chürzibüzzli beheimatet. Ich nehme an, er hat es wohl zum Prokuristen gebracht, doch beim Tanzen scheint er sich immer noch mit der Schulter gegen ganze Waggonladungen Nestlé'scher Milch zu stemmen. Er wirkt wie ein Atlas, der den Kuhsaft der ganzen Welt auf seinem Nacken trägt! Seine Partnerin ist nett und klein, wie Efeu an einer knorrigen Eiche, aber ihr Rock ist zu lang für diesen Palais de Danse. Das Paar fällt sofort auf unter all den Earls of Blackandwhite, Mister und Mistress Schupisser aus Oregon oder derer von Schweinau.«

Bensemann wartete auf eine Antwort, doch die beiden anderen starrten sprachlos auf den tanzenden Packer und seine Frau.

»Übrigens«, fuhr er versöhnlich fort, »ist damit natürlich nichts über den Charakter gesagt. In allen Ständen gibt es gute und schlechte Menschen.«

»Letzteres ist richtig«, entgegnete der Professor und bestellte sich beim irritiert blickenden Kellner verwegen einen Schoppen Wein. »Dennoch muss ich als Freund der Aufklärung darauf bestehen, dass alle Menschen gleich geboren werden. Und dass wir gerade in Deutschland genügend Edelleute kennen, die sich von den Nachkommen inzestuöser Hinterwäldler nur durch die gepuderte Perücke unterscheiden.«

Seine Gegenüber lachten. »Sie müssen wissen«, rief Bensemann, um die einsetzende Kapelle zu übertönen, lauthals zu Katharina, »der Professor ist ein fanatischer Republikaner. Wenn nicht sogar ein heimlicher Sozialdemokrat.«

»Um Gottes willen, Junge, schweig stille!« Der Professor blickte verlegen um sich, ob die Ketzerei an den Nachbartischen vernommen worden war.

Katharina drückte ihm einen Kuss auf den Backenbart. »Keine Bange, Professor, wir Schweizer halten es bekanntlich schon seit langem mit der Republik. Den europäischen Adel lieben wir nur in dem Maße, wie er sich bereitwillig von uns ausnehmen lässt.«

»Ja, schon, gewiss!« Imgraben senkte seine Stimme, drang jedoch auf Klarstellung. »Walthers Scherz ist wahrhaft symptomatisch für uns Deutsche. Wer auf der unzweifelhaften Tatsache besteht, dass die Égalité der Menschen das Natürliche ist und die Séparation durch die Stände etwas Künstliches, der gerät unweigerlich in den Verdacht, ein Umstürzler zu sein. Und das volle 100 Jahre nach Kants Tod!«

Bensemann lächelte. »Ich räume ein, auf Deutschland bezogen, mögen Sie im Recht sein. Bei uns gibt es wahrhaftig ein merkwürdiges Kastenwesen, vergleichbar mit dem der alten Inder. Die Vornehmsten sind, wie eben ehemals bei den Indern, die Priester und Krieger, nur mit dem Unterschiede, dass bei uns die Brahmanen erst an zweiter Stelle kommen. Man findet diese Hegemonie offenbar natürlich, und die Aristokraten sehen sich zuallererst als Offiziere. Auf der Straße herrscht die Uniform, im Theater füllt sie die drei ersten Sperrsitzreihen, und das zweifarbige Tuch dominiert im sozialen, politischen und sogar ästhetischen Leben.«

Er lauschte eine Weile der Kapelle, die eine flotte Polka angestimmt hatte.

»Das ist eben der Unterschied zum Empire. Die Uniform, die der Engländer nach getanem Dienst mit Smoking oder Frack vertauscht, darf bei uns auf höheres Geheiß nicht abgelegt werden. Sie ist das Symbol Deutschlands, des Gottesgnadentums, der ersehnten und doch nie erreichbaren Weltherrschaft. Quod erat demonstrandum.«

»Genau so ist es!«, stimmte der Professor zu. »Und weder bei Wilhelm noch in seinem Stab findet sich etwas, was du aristokratisch nennen würdest. Er ist weltfremd, größenwahnsinnig und ein sprunghafter Fantast, und in seiner Umgebung herrscht das Kriechertum der Speichellecker. Im Bürgertum übrigens auch, bedauerlicherweise.«

»Meine Herren«, erklärte Katharina Sanders, »das scheinen mir alles höchst interessante Ansichten. Ich kenne hier im Saal einige erlesene Damen und Herren, die sie sicherlich gerne hören würden.«

»Nur das nicht, verehrte Mademoiselle«, beschwichtigte Imgraben erschrocken. »Verzeihen Sie einem alten Mann, der von seinem jungen Schüler provoziert, vom Wein mitgerissen und von der Kapelle glücklicherweise lautstark gedeckt wurde. Kein Wort kommt zu diesem Thema mehr über meine Lippen.«

Er leerte irritiert sein Glas.

»Sie hätten auf Walther hören sollen, lieber Imgraben. Wein passt nicht zum Nachmittagstee.«

»Zudem ist Ihnen ein ausgezeichneter Accord Royal entgangen, Jahrgang 1885«, erklärte Bensemann behaglich und lüftete seinen Schwenker. »Aber Sie haben Recht, lassen wir die Politik aus dem Spiel. Um auf den Ausgangspunkt der natürlichen Standesunterschiede zurückzukehren, so will ich gerne zugeben, dass ich zu sehr an die englischen Verhältnisse gedacht habe. Sie sind wohl nicht übertragbar, zumal dem kleinen Engländer Anstand, Benehmen und Altruismus gewöhnlich auf der Schule eingeimpft wird. Vielleicht sollte ich vor Ihren Überzeugungen kapitulieren, liebe Freunde, und vielleicht wollte ich in der Tat nur ein wenig den Agent provocateur spielen. Ich kenne ja selber genügend Gegenbeispiele für meine These. Des Barres, den Iren, der aus bestem irischen Hause stammt, eine vollendete Schulbildung genoss und doch das Gebaren eines zu Reichtum gekommenen Preisboxers niemals ablegen wird. Er würde Ihnen gefallen, Katharina.«

»Ich danke für das Kompliment. Jetzt kommen Sie mir auch noch mit Kandidaten.«

»Ich werde Ihren Eltern die Adresse zukommen lassen. Aber im Ernst, das beste Gegenbeispiel ist mein guter Grunot. Alter Schweizer Geldadel, doch wer ihn sieht, hält ihn für einen bescheidenen und einfachen Senn.«

»Ich wusste, es ist ein Mann nach meinem Geschmack«, meinte Imgraben. »Ich brenne darauf, ihn zu sehen.«

Grunot war der Köder gewesen, mit dem Walther den Professor aus seiner Studierhöhle gelockt hatte. Er wollte schon seit langem jenen Mann sehen, der gleich ihm und »in loco parentis«, wie er zu sagen pflegte, den jungen Bensemann wie einen Sohn beherbergt hatte.

»Grunot«, sagte Walther nachdenklich, »erinnert mich an die Geschichte eines Pfarrers, der in einer schottischen Kleinstadt seine Schäfchen hütet. Und mit dieser Geschichte sollten wir unsere Erörterungen vielleicht zu einem versöhnlichen Ende bringen. Also, ich kam mit dem jungen Gottesmann ins Gespräch darüber, wie er an diesen Sprengel geraten sei, und er erzählte mir Folgendes: Als er sich dort beworben hatte, bestand das ganze Wahlkomitee aus drei Grubenarbeitern. Er präsentierte sich zusammen mit zwei anderen Kandidaten, sie predigten nacheinander am Sonntag früh, und alle predigten gut. Montag sollte die Abstimmung stattfinden. Am Sonntagnachmittag wanderte unser Reverend in einen nahe gelegenen Wald, nachdenklich und etwas aufgeregt. Mitten in seinem Spaziergang überfiel ihn, nun ja, ein menschliches Rühren. Er setzte sich, da kein Häuschen in der Nähe war, unter das Laubdach der Bäume und verrichtete seine Aufgabe gründlich und, wie er dachte, ungesehen. Aber am Montagabend, als die Bergleute zusammenkamen, da sagten sie: ›Den wollen wir nehmen, der macht's gerade so wie wir.‹«

Katharina applaudierte. »Eine wunderschöne Geschichte, ebenso anrüchig wie lehrreich. Also bestens geeignet für meine Damen im Salon.«

Sie stand auf und verbeugte sich vor dem Professor.

»Nun aber wollen wir unserer Anwesenheit in diesem Saal einen Sinn geben. Herr Professor, darf ich bitten?«

Imgraben lief rot an und wand sich vor Verlegenheit. »Ich bitte Sie, nehmen Sie mit Walther vorlieb!«

»Keinesfalls, Monsieur. Wie er mir berichtete, hat man in England entdeckt, dass er in Wahrheit kein Mensch ist, sondern ein Man-Mountain, und mit Bergen tanze ich nicht. Also bleiben nur Sie.«

»Aber Katharina, Sie wissen doch ...«

Aber sie beharrte unbarmherzig, und so musste er mit und über die Tanzfläche tapsen. Als er nach zwei Walzern zurückkehrte, fiel er erschöpft auf seinen Stuhl, wischte sich umständlich den Schweiß von der Stirn und lockerte bedenkenlos seinen Stehkragen.

»Deine Theorie ist endgültig erledigt, Walther«, stöhnte er. »Sie hat wahrhaftig etwas von einer Kuhhirtin. Sie hat mich bei den Hörnern gepackt und vorwärts getrieben, als ging's zu einem Almauftrieb. Ich möchte nicht wissen, wie vielen Nachbarn ich auf den Füßen herumgetrampelt bin.«

»Keine Sorge«, lächelte sie in seinem Rücken, »als man die Stampede bemerkte, wahrte man Abstand und verfiel in lebhafte Diskussionen darüber, ob Professoren und Rindviecher nicht doch von gleichem Stande sind.«

Am nächsten Tag führte Bensemann den Professor zu Grunot, und wie es zu erwarten war, hatten sich die Herren vieles zu sagen, Imgraben mehr und Grunot weniger, aber unverkennbar war man sich sympathisch. Bensemann zog sich bald zurück, da er zu Recht annahm, dass er der Hauptgegenstand der Gespräche war. Er wunderte sich nicht, als Imgraben ihm am Abend eröffnete, er werde seinen Besuch in Montreux um einige Tage verlängern, jedoch aus dem Hotel zu Grunot übersiedeln. Ohnehin mussten sie Abschied voneinander nehmen, denn am nächsten Morgen ging Bensemanns Zug nach Basel, während Katharina Sanders nach Paris aufbrach. Dort beabsichtigte sie, durch Montmartre und den Bois de Boulogne zu spazieren, in der Hoffnung, wie sie sagte, »dass mich dabei kein menschliches Rühren, gleich welcher Art, überkommt«.

Der deutsche Fußball hatte die internationale Begegnung lange gescheut, und die umstrittenen Auswahlspiele gegen England um die Jahrhundertwende waren ein einmaliges Ereignis geblieben. Auch nach der Gründung des DFB verhinderten die Furcht vor allzu hohen Niederlagen, aber auch Finanznöte und Eifersüchteleien zwischen den Regionalverbänden weitere internationale Aktivitäten. Resigniert hatte Bensemann miterlebt, dass andere Länder schneller waren, selbst wenn man Großbritannien nicht mitrechnete. Österreich und Ungarn beispielsweise hatten sich schon im Jahre 1902 erstmals miteinander gemessen. Zu einem Katalysator für den internationalen Fußballbetrieb entwickelten sich vor allem die Olympischen Spiele, aber auch dort fehlte bisher eine deutsche Elf. Nach dem vergeblichen Anlauf 1896 hatte Bensemann vier Jahre später im soeben gegründeten DFB energisch für eine Teilnahme an der Olympiade in Paris geworben und sich dafür sogar mit seinem alten Gegner Gustav Manning verbündet. Doch ihre Initiative auf der Hauptversammlung des DFB, wortgewaltig vorgetragen, aber schlecht vorbereitet, wurde mit großer Mehrheit abgelehnt. In Paris kickten dann die Engländer, Franzosen und Belgier; die Deutschen hielten sich international zurück, und zwar so eigensinnig, dass die FIFA, als sie im Jahre 1906 erste Pläne für ein eigenes Weltturnier vorlegte, Deutschland dabei erst gar nicht berücksichtigte. Zwar scheiterte diese Initiative, doch für die vierten Olympischen Spiele, die im Jahre 1908 in London stattfinden sollten, war nun endlich ein wirklich großes internationales Fußballturnier vorgesehen. Und Deutschland würde wieder nicht vertreten sein.

Dennoch hatten sich die Verhältnisse inzwischen geändert. Längst waren internationale Spiele zwischen deutschen und ausländischen Vereinen zur Selbstverständlichkeit geworden. Und mit Gottfried Hinze stand nun ein Mann an der Spitze des DFB, der dem Gedanken einer Auswahlmannschaft bedeutend aufgeschlossener begegnete als sein Vorgänger Nohe. Als die Schweiz ihr Interesse an einem Länderspiel signalisierte, sah man auch im DFB keinen Grund mehr, diese Einladung abzulehnen. Allerdings folgte eine erbitterte Auseinandersetzung innerhalb des Verbandes, wer für die Zusammenstellung der deutschen Elf zuständig wäre. Wie so oft, wenn Gremien streiten, einigte man sich schließlich auf einen unseligen Proporz: Den einzelnen Landesverbänden wurden Spielerpositionen zugeteilt – Torwart, Verteidiger, Läufer oder Stürmer –, für die sie nach eigenem Gutdünken Spieler benennen konnten. Und so trat am 5. April 1908 in Basel tatsächlich eine repräsentative, keineswegs aber die beste Ländermannschaft zur Premiere gegen die Schweizer Nationalelf an.

Obwohl Bensemann von deutscher Seite keine Einladung erhalten hatte, war er der festen Überzeugung, dass er bei diesem Ereignis nicht fehlen dürfe, denn er sah darin eine späte, aber dennoch logische Fortführung seiner England-Spiele acht Jahre zuvor. Zudem war man beim Schweizer Verband durchaus erfreut über seine Anwesenheit, denn man schätzte ihn als einen Mann, der nicht nur die schweizerischen wie die deutschen Verhältnisse kannte, sondern der in der Organisation internationaler Spiele über beträchtliche Erfahrungen verfügte. So stand er am Mittag des 4. April auf dem Bahnsteig des Baseler Bahnhofs und sah den Fernzug aus Berlin einfahren, in dem eine Reihe von deutschen Spielern vermutet wurde. Der Erste, der ihm über den Weg stolperte, war der 19-jährige Primaner Fritz Becker.

Als Bensemann den jungen Mann sah, der, einen abgewetzten Koffer in der Hand und zögernd umherschauend, aus dem Waggon kletterte, ging er auf ihn zu, stellte sich vor und erntete einen erleichterten Blick.

»Herr Bensemann, welch ein Glück, dass ich Sie hier treffe.«

»Kennen wir uns, junger Herr?«

»Ich bin Fritz Becker, von den Frankfurter Kickers. Sie wissen, der Verein, den Sie mitgegründet haben. Als kleiner Junge bin ich Ihnen auf dem Sportplatz oft über den Weg gelaufen. Aber Sie können sich wohl nicht erinnern.«

Bensemann lächelte und schwieg lieber.

»Jedenfalls freue ich mich, Sie zu sehen. Ich habe schon befürchtet, dass ich mich weiterhin alleine durchschlagen müsste.«

»Sind denn keine Mannschaftskameraden mit im Zug?«

»Ich weiß nicht, ich kenne sie ja nicht.«

»Quel malheur!« Bensemann lachte. »Die ganze Reise allein veranstaltet, obwohl zwei Wagen weiter die Kameraden sitzen. Schauen Sie!«

Er deutete auf eine Gruppe junger Männer, die ebenfalls den Zug verlassen hatten und von einigen Schweizern begrüßt wurden.

»Da haben wir ja schon ein kleines Team beisammen. Für ein Fußballspiel sind's noch nicht genug, aber fürs Bankett würde es zur Not reichen.«

Tatsächlich hatte Fritz Becker seine Mitspieler aus Berlin zuvor noch nie gesehen. Sie machten sich bekannt, und die ganze Gesellschaft kutschierte ins Hotel Metropol, wo Zimmer bestellt waren.

»Fünf Spieler und ein Frankfurter Würstchen«, bemerkte Bensemann zu Max Dettinger, als sie sich in den Polstern des Entrees niederließen. Er kannte Dettinger flüchtig aus alten Pioniertagen; der groß gewachsene, bärtige Mann aus Pforzheim war inzwischen Vorsitzender des süddeutschen Verbandes und fungierte bei dem Spiel als Delegationsleiter. »Wollen wir hoffen, dass der Rest noch eintrudelt, sonst müssen wir Alten mit auf den Platz.«

Dettinger lächelte gemütlich. »Sie werden schon kommen. Ich vermisse allerdings Seine Majestät Herrn Kubaseck.«

Hugo Kubaseck, ein Hamburger Fußballfunktionär, hatte sich als Vorsitzender des Bundesspielausschusses mit seinen DFB-Vorstandskollegen eine erbitterte Schlacht darum geliefert, wem das Recht gebührte, die Mannschaft zusammenzustellen.

»Ist er so schlimm, wie ich es herauszuhören meine?«

»Schlimmer«, erklärte Dettinger. »Er hat die Mannschaftsaufstellung zur Staatsaffäre gemacht, und darüber wäre beinahe das ganze Spiel geplatzt.«

»Derlei Entscheidungen sollte man in die Hand eines Trainers legen«, kommentierte Bensemann.

»Eine Ihrer englischen Ideen, nicht wahr?«

»Wenn wir unser Spiel voranbringen wollen, müssen wir von denen lernen, die es am besten verstehen. Es gibt durchaus Vereine, die das begriffen haben. Julle Zinser engagierte kürzlich für den KFV den alten Blackburn-Spieler William Townley als Trainer.«

»Ich hörte davon. In Karlsruhe wächst nun einmal Ihre Saat und sieht man sich seit jeher als Avantgarde. Aber ich glaube nicht, dass wir einen

Trainer für die Auswahlmannschaft brauchen. Geschweige denn, dass wir es uns leisten können. Und geschweige denn, dass es von Herrn Kubaseck akzeptiert würde.«

Er blickte auf die Wanduhr am Empfang.

»Ich fürchte, wir müssen wieder Richtung Bahnhof. Demnächst kommt der Zug aus München.«

Am Abend war die Mannschaft dann tatsächlich beisammen, und gegen zehn kam auch Kubaseck hereingerauscht, ein energischer Mann mit entschlossenen Bewegungen, tadelloser Kleidung und dem offenbar notorischen Drang, seine goldene Taschenuhr zu inspizieren. Nach einer kurzen Begrüßung blickte er missbilligend auf die Spieler an den Nachbartischen.

»Mir scheint, sie sollten allmählich zu Bett gehen.«

Er ließ den Deckel seiner Uhr aufspringen und musterte das Zifferblatt.

Bensemann zwinkerte ihm zu. »Bislang fehlte eben die Aufsichtsbehörde. Nun, da sie anwesend ist, wird natürlich zum Zapfenstreich geblasen.«

Sanftmütig scheuchte Dettinger die Spieler auf ihre Zimmer.

»Die Disziplin«, erklärte Kubaseck, »muss mustergültig sein, vor und nach dem Spiel und natürlich während desselben. Ich hoffe, dass sich die Jungen willig fügen und gut benehmen. Es ist schließlich unser erstes internationales Auftreten, und damit geht es um das Ansehen des ganzen Bundesverbandes.«

»Sie sagen es.« Bensemann lächelte. »Ceterum censeo, nun, da die Jugend in Morpheus' Armen liegt, sollte das Alter zu seinem Recht kommen. Ich kenne um die Ecke eine nette Lokalität, in dem ein reizendes Quartett singt, das sich passenderweise die Old Boys nennt. Die Herren werden auch morgen beim offiziellen Bankett einiges zum Besten geben, daran mögen Sie ihre Qualität ermessen. Es wäre also einen Besuch wert.«

Theatralisch breitete Kubaseck die Arme aus.

»Nach allem, was ich von Ihnen weiß, verehrter Herr Bensemann, kann man sich in diesen Fragen auf Ihr Urteil verlassen. Also gut, wollen wir uns die Old Boys anhören.«

Es dauerte vier Stunden, bis die Herren ins Hotel zurückkehrten und in ihre Betten wankten.

Am nächsten Morgen wählte Bensemann einen hellen Straßenanzug, den er sich bei Tadpole & Tadpole in London hatte anfertigen lassen, und geriet damit in einen Auflauf, den es vor Dettingers Zimmer gab. Die Mannschaft war angetreten zur Trikotanprobe und wuselte in weißer Unterkleidung durch den Raum. Dettinger verteilte die dunklen Sportanzüge mit dem großen Adler auf der Brust.

»Die haben mit zu vielen Eins-neunzig-Leuten gerechnet«, raunte Fritz Becker verschwörerisch zu Bensemann hinüber. »Einigen von uns werden die Hosen bis an die Knöchel reichen.«

»Solange ihr nicht darüber stolpert, wird es schon gehen«, grinste Bensemann und sah sich amüsiert um. Becker war kräftiger, als es in seiner einfachen Kluft am Vortag erschienen war. Glücklich ergatterte er ein halbwegs passendes Trikot, in dem er sich stolz präsentierte. Ein naiver Adonis, der durch das Sonnenlicht flattert, dachte Bensemann und zog sich zurück.

Gegen zehn Uhr standen die Schweizer vor dem Hotel, an ihrer Spitze Verbandspräsident Paul Buser, und luden zur Kutschfahrt durch die Stadt. Bensemann saß im ersten Wagen neben Kubaseck, der dem Nieselregen mit einem hohen Zylinder trotzte und zuweilen forschend auf den Konvoi zurückblickte. Nach dem Frühstück hatte er eine Mannschaftsbesprechung abgehalten, allerdings nicht über das Spiel geredet, sondern über diszipliniertes Auftreten und ordentliches Benehmen beim Bankett: kein ungehöriges Lachen, nicht zu viel Alkohol, Smoking, äußerste Höflichkeit bei allen Zusammentreffen mit den Schweizer Gastgebern: »Zeigt euch der Ehre würdig, dass ihr Deutschland vertretet.« Nun wachte er darüber, ob sich die Jungen daran hielten, und ließ sie nur ungern aus seiner Obhut davonfahren, als Bensemann die Offiziellen zum Dinner in das »Drei Könige« lud.

»Meine Herren«, erklärte der, ein Glas Burgunder in der Hand, »Reden werden wir wohl heute Abend noch genügend hören, deshalb für den Moment nur so viel: Niemanden freut es mehr als mich, dass beim DFB die herrschenden Verhältnisse nun erkannt wurden und der internationale Spielverkehr in Gang gekommen ist. Und niemanden freut es mehr als mich, dass die Schweiz der erste Gastgeber ist. Schließlich habe ich vor nunmehr 15 Jahren das erste internationale Spiel zwischen einer deutschen und einer Schweizer Mannschaft arrangiert und gehofft, dass aus diesem bescheidenen Anfang im Geiste der Völkerverständigung einmal das wird, was uns heute zusammenführt.«

Als alle zustimmend nickten, setzte er hinzu: »Und heute hoffe ich, dass wir uns in diesem Esprit auch bei den Olympischen Spielen in London wieder begegnen.«

Er grüßte kurz mit seinem Glas, trank und ließ auftischen.

»Sie sollten wissen«, raunte ihm Kubaseck durch das dezente Klappern der Bestecke zu, »dass weder die Schweizer noch wir für das Turnier in London gemeldet haben.«

Natürlich weiß ich das, dachte Bensemann. Deshalb habe ich es erwähnt.

Vernehmlich fragte er: »Ach ja?«

»Es erscheint uns verfrüht, daran teilzunehmen. Wir haben ja praktisch noch keine Erfahrung mit internationalen Spielen.«

Nachdem man acht Jahre untätig hat verstreichen lassen.

»Freilich wäre es eine exzellente Gelegenheit, Erfahrungen zu sammeln.«

»Wir spielen ja in zwei Wochen in Berlin gegen die Engländer, und weitere Freundschaftsspiele sind geplant. Aber ein Turnier …«

So begründet sich Mutlosigkeit aus Untätigkeit und ein Versäumnis aus dem vorherigen.

»Da fürchtet man natürlich die Blamage.«

Kubaseck räusperte sich. »Sie sagen es. Eine Niederlage gegen die Engländer ist nichts Ehrenrühriges. Aber die deutsche Mannschaft als Prügelknabe eines großen Turniers … An dem zudem noch die Franzosen teilnehmen …«

Wäre eine interessante Prüfung für die olympische Idee.

»… wäre ein Rückschlag für den Fußballsport in Deutschland. Gesellschaftlich gesehen.«

»Genauso ist es. Gesellschaftlich gesehen.« Kubaseck nickte erleichtert. »Ich sehe, Sie sind ein verständiger Mann, Herr Bensemann.«

»Sagen wir: ein Mann, der verstanden hat. Aber nun wollen wir unsere Schweizer Gastgeber nicht länger mit innerdeutschen Fragen langweilen. Wie ist Ihre Meinung, Herr Buser, mit wie vielen Zuschauern ist heute Nachmittag zu rechnen – trotz des unseligen Regens?«

Obschon Kubaseck später begeistert von »endlosen Reihen von Menschen« berichtete, durch die das deutsche Aufgebot in ihren Kutschen zum Sportplatz Landhof gefahren sei, schienen die 4.000 Zuschauer, die sich schließlich dort einfanden, für Bensemann eher der enttäuschende

Beweis, dass der Fußballsport in diesem Teil Europas seit fast einem Jahrzehnt stagnierte. Noch befremdlicher, wenn auch nicht unangenehm wirkte auf ihn die Stille, die über dem kleinen Stadion hing und nur durch gelegentlichen Beifall unterbrochen wurde, mit dem die Besucher gelungene Aktionen gleich welcher Mannschaft begleiteten.

»Ein solch faires Publikum findet man in England nur noch, wenn die besten Amateurclubs antreten«, erklärte er Buser, der auf der überdachten Holztribüne neben ihm saß. »Bei den Spielen der Profis setzt sich immer mehr die Parteinahme durch.«

»Right or wrong – my team, nicht wahr?«, meinte Buser.

»Right or wrong!«, bestätigte Bensemann, aber er war sich, als er an die spannungsgeladenen englischen Derbys dachte, keineswegs sicher, ob es nicht doch die hingebungsvolle Leidenschaft der Zuschauer für eines der Teams war, die jene unvergleichliche, der realen Welt entrückte Atmosphäre im Stadion schuf und aus dem Fußballspiel ein sich selbst inszenierendes Ereignis machte. Eine Wahrnehmung des Spiels, die sich keiner Mannschaft, sondern dem Können und der Fairness der einzelnen Akteure verpflichtet fühlte, entsprach dem sportlichen Ideal des Association Football zweifellos in weit höherem Maße, aber Bensemann war sich darüber im Klaren, dass eine solche Haltung allein in der Exklusivität des Gentleman-Sports zu bewahren war. Nur die Identifikation mit einer der Parteien zog die Massen an, begeisterte sie für das Spiel und machte sie zugleich blind für dessen wahre Schönheit. Dieser Widerspruch schien ihm die größte Herausforderung, der sich der Fußball zu stellen hatte.

Das Schweizer Publikum jedenfalls befleißigte sich, wenn auch nicht sonderlich fachkundig, äußerster Fairness, und der erste Beifall brandete auf, als nach fünf Minuten den Deutschen ein Goal gelang. Es war, wie Bensemann vergnügt und beinahe selbstzufrieden bemerkte, ausgerechnet der junge Fritz Becker, der getroffen hatte. Vor dem Schweizer Tor erwischte er einen abgefälschten Ball und schoss ihn ein – kein sonderliches Kunststück, aber, wie Bensemann ihm später versicherte, durchaus eine historische Tat, denn es war das erste Tor, das in einem offiziellen Länderspiel des DFB erzielt wurde.

»Der Schweizer Torwächter«, erzählte Becker immer wieder mit stolzrotem Kopf, »glaubte gar nicht eingreifen zu müssen. Aber er unterschätzte meine Schnelligkeit. Ja, damit hat er nicht gerechnet, dass ich den Ball noch ins Tor lenken würde!«

Er war, zumal ihm ein weiterer Treffer gelang, der glücklichste deutsche Spieler an diesem Nachmittag, denn ansonsten lief nicht viel zusammen in seiner Mannschaft. Es war offensichtlich, dass sich das Team nicht kannte und weder über ein gemeinsames Spielverständnis noch über eine gemeinsame Taktik verfügte. Nur selten gelang ein Kombinationsspiel. Unter den gegebenen Umständen, so räumte Bensemann ein, hielt sich zumindest der Sturm noch ordentlich, während die Abwehr weitgehend versagte und an der 3:5-Niederlage die Hauptschuld trug. Der freundliche Dettinger schien nahezu erleichtert über den Schweizer Sieg, der ihm Gelegenheit gab, Buser mit demonstrativer Fairness zu gratulieren, während Kubaseck unter seinem Zylinder umso angespannter wirkte, je näher das Bankett heranrückte. Er traf als erster Gast im Festsaal des Metropol ein, unruhig seine Taschenuhr ziehend und in tiefer Besorgnis darüber, ob die Mannschaft rechtzeitig erscheinen würde. Die Spieler waren, von Regen und Hagel völlig durchnässt, zurück ins Hotel gefahren, um sich dort zu waschen und umzuziehen, was freilich auch bei den Schweizern einige Zeit in Anspruch nahm, so dass die Teams beide mit gehöriger Verspätung auftauchten.

Man hatte sie in strenger Tischordnung abwechselnd platziert, neben jeden Schweizer einen Deutschen, wobei die Gäste, auf Anordnung des DFB allesamt in Smoking gekleidet, befangen wirkten und kaum den Mund aufmachten. Erst während der Reden – je einer kürzeren von Buser und Bensemann sowie einer längeren von Kubaseck – lockerte sich die Stimmung, da Schweizer wie deutschen Spielern der Magen knurrte und sie leise frotzelten, ob denn der kleine Toast, der anfangs gereicht worden war, der karge Lohn für die Mühsal des Spiels gewesen sei und ob sich in der ganzen Schweiz kein Rindvieh zum Schlachten habe finden lassen. Dettinger musste mehrmals dezent ermahnen, während Kubaseck gestenreich seine Rede hielt und sich darin zum Glück so berauschte, dass er die Unruhe im Saal nicht bemerkte. Als er eine kleine Pointe einbaute, entlud sich die aufgestaute Heiterkeit in einem gewaltigen, schier endlosen Gelächter, das ihn zwar ein wenig verblüffte, das er aber fraglos seinem gekonnten Witz zuschrieb.

Endlich waren die Redner am Ende, und Gesottenes wurde aufgetragen, während die Spieler erwartungsvoll mit lautem Beifall lärmten, was aber, wie Kubaseck zufrieden bemerkte, offenbar von den Schweizern angestoßen wurde und seinen Spielern daher kaum angelastet werden konnte.

»Solange sie fraternisieren«, beruhigte ihn Bensemann, »ist doch alles perfekt und kaum zu tadeln. Es ist geradezu das Ziel derartiger Rencontres.«

Dennoch zog Kubaseck nervös seine Uhr auf. »In einer Stunde treten die Old Boys auf«, sagte er. »Dann dürfte das Schwerste überstanden sein.«

Am Ende fand er seinen Frieden in Wermut und Wein und in den Bensemann'schen Berichten über ähnliche, wenn auch ausgelassenere Begegnungen in England und Frankreich. Mitten in das vergnügte Palaver der Offiziellen, etwa gegen drei Uhr morgens, erklang plötzlich lautes Geschepper und Gejohle.

»Um Gottes willen!« Kubaseck fuhr von seinem Stuhl hoch, um sich alsbald erleichtert wieder zurücksacken zu lassen. »Zum Glück, der Schweizer Torwart.«

Denn der hatte darauf bestanden, noch einmal seine Spezialparade zu demonstrieren, ein rasches seitliches Grätschen mit Arm und Bein, wobei er versehentlich ein Tablett mit Saucen und Senf vom Tisch fegte. Die ganze Melange landete auf dem Smoking des armen Fritz Becker, der tapfer grinsend die Heiterkeit seiner Mitspieler über sich ergehen ließ, am Ende aber vollkommen geknickt Bensemann sein Elend klagte: »Der Anzug ist doch nur geliehen. Jetzt ist er vollkommen ruiniert. Welch eine Blamage! Was werden meine Eltern sagen?!«

Bensemann winkte beschwichtigend ab: »Das ist eine Sache der Reinigung, die bekommen das schon wieder hin, glaube mir, ein alltägliches Malheur. Aber zum Trost mache ich dir einen Vorschlag: Bleib noch zwei Tage hier als mein Gast. Du hast ohnehin Ferien, und die weite Reise soll sich doch lohnen. Ich zeige dir einige schöne Winkel in der Schweiz. Also, mein Junge, wie wär's?«

Und Becker, verwirrt und ein wenig überrumpelt, willigte ein.

Am nächsten Mittag saßen sie im Zug nach Montreux, für den Bensemann erste Klasse spendiert hatte. Fritz Becker blickte staunend auf das vorüberziehende Bergpanorama.

»Der Anblick schneebedeckter Gebirgsmassive«, kommentierte Bensemann, »gehört zum Besten, das die Schweiz zu bieten hat. Vielleicht schaffen wir es noch, einen der Berge zu besteigen. Wer als Deutscher länger hier wohnt, findet allerdings ganz andere Dinge ebenso faszinierend. Beispielsweise die babylonische Vielfalt der Sprachen. In der Schweiz spricht man deutsch, französisch, oberländisch und italienisch, dazu in manchen Gegenden natürlich englisch. Für die Schweizer gibt es nur wenige Ecken in Europa, in denen sie nicht eine Sprache hören, die irgendein Landsmann zu Hause als Muttersprache hat. Sie haben gelernt, das zu akzeptieren, und vielleicht sind sie deshalb solch ein friedliches Häuflein.«

Als Becker dazu schwieg, fragte ihn Bensemann: »Welche Sprachen lernt ihr an eurem Gymnasium?«

»Griechisch und Lateinisch.«

»Ich habe es mir gedacht.« Bensemann nickte. »Nichts gegen diese Sprachen, man muss sie zweifellos kennen und seinen Vergil und Homer gelesen haben. Nur leider herrscht an den deutschen Schulen die Mentalität vor, es dabei zu belassen. Immer noch finden wir dort den alten Hannibal, der mit seinen karthagischen Truppen die Alpen überschreitet. Aber wenn du jetzt nach Montreux kommst, kannst du dir im Laden keine Zahnbürste und keinen Schuhbändel kaufen. Ihr deutschen Buben könnt im Ausland nicht einmal eine Tageszeitung lesen, weil ihr im Banne des alten Hannibal und seiner Karthager lebt, die eigens dazu ausgezogen waren, euch mit Jahreszahlen und lateinischer Grammatik zu quälen.«

Bensemann lachte über seinen Scherz, und Becker nickte eifrig. »Genauso schlimm ist es mit dem Sportunterricht. Da lebt die Schule auch im Vorgestern. Stellen Sie sich vor, als Obersekundaner habe ich im Palmengarten mit Freunden von den Frankfurter Kickers an einer Laufstaffel teilgenommen, und übrigens gewonnen. Am nächsten Tag musste ich zum Direktor der Schule. Er verhängte drei Stunden Karzer, weil ich ohne seine Genehmigung an einer öffentlichen Schaustellung teilgenommen habe.«

»Aha, ich sehe, es hat sich tatsächlich wenig verändert an den Schulen. Einige Zeit bevor ich deine famosen Kickers in Frankfurt gegründet habe, ist mir in Karlsruhe Ähnliches passiert. Das ist die Ignoranz der Spießer, mein Junge, die ist hartnäckig. Aber tröste dich: Das Spiel, an dem du gestern teilgenommen hast, ist der beste Beweis, dass sich eben doch etwas ändert. Vor gerade einmal zehn Jahren bin ich sogar unter den Sportlern verfemt gewesen, als ich meine internationalen Begegnungen durchführte.«

Becker druckste ein wenig verlegen. »Nun, andererseits finde ich, hat der DFB dieses Spiel nicht gut organisiert. Wahrscheinlich waren Ihre Spiele gegen die Engländer viel besser vorbereitet.«

»Nur weiter, sag, was du sagen willst, ich bin nicht der Spielausschussvorsitzende.«

»Sehen Sie, von meiner Aufstellung habe ich zufällig aus einer Frankfurter Zeitung erfahren. Das fand ich schon mal merkwürdig. Dann hörte ich eine Woche lang nichts mehr darüber. Erst am letzten Donnerstag kam ein Brief, in dem aber nichts von einem Treffpunkt der Mannschaft, Anreise und so weiter stand. Sondern lediglich, dass ich für das Bankett einen Smoking mitbringen sollte. Den habe ich mir dann auch gleich geliehen. Aber als ich erst einmal nichts weiter hörte, dachte ich mir schon, dass an der Sache etwas nicht stimmen könnte. Die Männer im Verein schüttelten den Kopf, meine Eltern, die ja die zwölf Mark Leihgebühr für den Smoking übernommen hatten, wurden misstrauisch, und die Freunde begannen mich zu verulken. Erst am Freitagnachmittag kam ein Bescheid, ich solle mich am Samstag an der Bahnhofsperre einfinden, dort würde ich die Fahrkarte für die Reise nach Basel erhalten.«

»Und dann?«

»Und dann stand ich da, und die Leute stiegen ein und aus, und niemand kümmerte sich um mich. Schließlich lief ich verzweifelt den Zug entlang. Und da traf ich endlich einen älteren Herrn, der war schweißgebadet wie ich selbst. ›Sind Sie das Beckerchen?‹, fragte er mich, und als ich bejahte, machte er mir Vorwürfe, drückte mir eine Fahrkarte in die Hand und verschwand wieder im Getümmel. Ich finde nicht, dass so etwas eine ordentliche Art und Weise ist, ein internationales Spiel vorzubereiten. Verloren haben wir ja schließlich auch noch.«

Bensemann verräucherte mit seiner Zigarre das Abteil.

»Du hältst es für dilettantisch?«

»Nun ja …«

»Du hast Recht, das ist es. Und es ist keineswegs der einzige Dilettantismus, den sich die Herren des DFB erlaubt haben. Die Zusammenstellung der Mannschaft, das Fehlen eines gemeinsamen Trainings und einer Spieltaktik, der Verzicht auf einen Trainer, die Abwesenheit des Bundesvorsitzenden – alles Dilettantismus. Und trotzdem waren hier Männer mit Energie, Mut und seltenem Weitblick am Werke. Denn sie sind die Ersten, die für den DFB ein solches Spiel arrangiert haben, und sie werden diesen Weg der internationalen Begegnungen weitergehen. Alle Umstände, über die du dich so bitter beklagst, sind demgegenüber Petitessen. Sie sind nur Ausdruck einer Tatsache, die du selbst an deiner Schule erlebt hast: dass nämlich der Fußball noch immer ein Enfant terrible ist, dessen gesellschaftliche Stellung mehr als fraglich erscheint. Es mangelt an erfahrenen Leuten, an Geld, an Stadien, an allem. Wir sind hier nicht in England, Fritz. Aber ich kann dir sagen, dass ich dort erlebt habe, was wir in Deutschland auch noch erleben werden: Der Fußball wird nicht nur hoffähig werden, sondern zum König des Sports. Er wird all jene Kreise erfassen, die sich heute noch ablehnend oder gleichgültig verhalten, die Arbeiter auf der einen Seite, die Industriemagnaten, Offiziere und Gelehrten diverser Observanzen auf der anderen. Sie alle werden dereinst vom König Fußball sprechen. Und weißt du, warum? Weil der Fußball die Ideale der Ritterlichkeit und des Altruismus verkörpert wie kein anderer Sport.«

Fritz Becker begann plötzlich leise zu kichern. Bensemann sah ihn irritiert an: »Worüber lachst du?«

Der Junge bekam vor Verlegenheit einen roten Kopf. »Ich musste gerade an den verschmutzten Smoking im Koffer denken. Und wie der wohl jetzt stinkt. Verzeihen Sie.«

»Nun ja.« Bensemann räusperte sich konsterniert. »Da landet man nun mit seiner Weisheit. Du sublime au ridicule il n'y a qu'un pas. Das wusste schon Napoleon. Aber ich werde mich hüten, es dir zu übersetzen.«

Am Abend trafen sie bei Grunot ein, der noch immer Professor Imgraben beherbergte und diesem unverhofft raschen Wiedersehen mit dem freundlichen Gleichmut eines Einsiedlers begegnete, in dessen Hütte sich des Nachts verirrte Wanderer einfinden. Zuvor hatte Bensemann bereits Familie Mayer besucht und eine Bergtour verabredet, die ihn am folgenden Tag gemeinsam mit Albert und Fritz auf die schneebedeckten Höhen des Dent de Lys führen sollte – ein Unterfangen, dem sich Imgraben mit einem forsch deklamierten »Mens sana in corpore sano« anzuschließen gedachte.

»Sie sollten bedenken«, warnte ihn Bensemann, »dass der Umkehrschluss keineswegs zwingend zutreffen muss. Nicht jeder gesunde Geist wird von einem gesunden Körper beherbergt.«

»Ich vermisse bei dir eine sportliche Attitüde«, rügte der Professor. »Ich werde vom Gipfel auf euch herablachen.«

Als er freilich am nächsten Morgen, abenteuerlich gekleidet in Grunots altertümliche Bergsteigerkluft, hangaufwärts stieg, wurde er nach einer halben Stunde stürmischen Drängens stiller und langsamer.

»Auf eine Kletterpartie, wie sie sonst nur Gämsen vollbringen, war ich natürlich nicht vorbereitet«, murrte er unwirsch, obwohl sie sich erst am Fuß des Steilhanges befanden. Er blickte zweifelnd zu Fritz und Albert hinauf, die inzwischen enteilt waren und sich den im Sonnenlicht glitzernden Schneefeldern näherten.

»Vielleicht wollen wir besser umkehren. Sie sollten sich nicht zu viel zumuten«, meinte Bensemann.

»Unsinn, nur das Tempo sollten wir meinem Alter anpassen. Zumal mich Grunots Gastfreundschaft außer Form gebracht hat.« Er strich über seinen beachtlichen Bauch, der sich unter der viel zu engen Filzjacke wölbte, und setzte sich wieder in Bewegung.

»Freilich, vielleicht hast du Recht.« Schon nach wenigen Minuten stockte er erneut. »Mit Kreislauf und Herz ist nicht zu spaßen, selbst wenn die Beine noch können. Und außerdem ist es Grunot gegenüber unfreundlich, ihn allzu lange allein zu lassen. Vielleicht sollten wir tatsächlich umkehren. Die jungen Leute kommen sicherlich auch ohne uns zurecht, nicht wahr?«

Er blieb stehen, offenbar entschlossen, eher die Schmach der Niederlage zu tragen als noch einen Schritt weiterzugehen.

Bensemann schaute hinüber zu Fritz und Albert, die, in ein eifriges Gespräch vertieft, nebeneinander bergauf stiegen. Obwohl man dem jungen Schweizer die bessere Übung ansah, ähnelten sie sich in ihrer athletischen Gestalt und den geschmeidigen Bewegungen wie zwei Brüder. In einigen Minuten würde er sie nicht mehr voneinander unterscheiden können. Auch Fritz, dachte Bensemann, hätte das Zeug zu einem echten sportsman. Er mag aus bescheidenen Verhältnissen stammen, aber er ist ausgestattet mit wohltuender Zurückhaltung, Intelligenz und ehrlichem Wissensdrang. Zudem zeigte er sich beim Fußballspiel fair und uns Älteren gegenüber höflich. Er besitzt die allerbesten Anlagen. Nur an Sprachgewandtheit mangelt es ihm noch, aber das wäre nachzuholen. Ein paar Wochen, und ich könnte aus ihm einen kleinen Gentleman machen, der neben Albert bestehen würde.

Er erinnerte sich an das verzweifelte Gesicht des jungen Mannes, als dieser ihm den Ruin jenes Anzugs demonstrierte, der jetzt saucenbefleckt im Koffer knüllte. Und an das triumphierende Strahlen, als er von seinem ersten Tor im Länderspiel berichtete. Du bist ein wenig sensibel, mein Junge, und ohne Zweifel ein Romantiker. Das unterscheidet dich von Albert, aber es macht dich nicht weniger sympathisch.

Bensemann winkte den beiden zu, dass sie allein weitergehen sollten, und blickte ihnen mit zusammengekniffenen Augen nachdenklich hinterher. Zum ersten Mal bedauerte er es, nach England zurückzukehren.

Schließlich verschloss er seine Gedanken und drehte sich um: »Dann wollen wir mal den Rückzug antreten, gescheiterte Himmelsstürmer, die wir sind.«

Liebevoll nahm er den Professor beim Arm und führte ihn hinab zu Grunots Haus, wo neben offenem Kaminfeuer ein bequemer Sessel wartete.

VIII

»Jahre der Trauer«

Würzburg im Winter 1916

Niemals zuvor hatte er Briefe gefürchtet. Briefe waren ihm vertrauliche Gespräche, waren Monologe, Debatte, Nachricht, Polemik und intimes Geständnis. Vielleicht die unerwartete Meldung eines verschollenen Freundes oder die Retourkutsche eines Gegners. Vielleicht auch die Rechnung eines Hoteliers, die Anfrage der Steuerbehörde oder die Mahnung seines Schneiders. Aber auf die eine oder andere Art waren Briefe immer Lebenszeichen gewesen. Jetzt, wo der Krieg auf der ganzen Welt tobte, fürchtete er sie als Todesboten.

Immer wenn Direktor Adam die Lehrer seiner Würzburger Anstalt zur Konferenz rief und einen Stapel Post vor sich liegen hatte, meinte er an dessen Gesicht ablesen zu können, ob dieses Mal wieder eine Benachrichtigung darunter war: ein Schüler, ein ehemaliger Schüler, ein Kollege, heldenhaft fürs Vaterland gefallen auf dem Feld der Ehre. Bisher hatten sie fünf solcher Nachrichten erhalten, und hinterher schämte er sich seiner stillen Erleichterung, wenn kein Name genannt worden war, der ihm nahe stand.

Immer wenn er selber Post erhielt, aus Karlsruhe, aus Berlin oder von Des Barres, der ihm gelegentlich über die Schweiz Nachrichten zukommen ließ, zögerte er, das Couvert zu öffnen, und versuchte, an der Art, wie die Adresse geschrieben war, oder an der Dicke des Briefes auf seinen Inhalt zu schließen. Schlimme Mitteilungen, so mutmaßte er, wurden kurz abgefasst und hastig adressiert.

In den vergangenen Monaten hatte der Krieg an Heftigkeit zugenommen, und die Zahl der Opfer stieg ins Unvorstellbare. Allein in den verbissenen Stellungsschlachten bei Verdun und an der Somme waren beinahe zwei Millionen Soldaten gestorben, ohne dass eine Seite für sich den Sieg oder auch nur einen Vorteil hätte beanspruchen können. In der Presse, gleichgültig ob deutsche oder englische Blätter, fand Bensemann unter den Listen der Gefallenen immer häufiger Namen, die ihm etwas bedeuteten, und die Lektüre von Zeitungen, die er in Friedenszeiten überaus genießen konnte, wurde ihm nun so verleidet wie der Empfang von Briefen. Jede Siegesmeldung der einen Seite bedeutete nicht mehr als eine Niederlage der anderen und einen Berg von Toten für beide. Engländer, Franzosen und Deutsche schlachten sich gegenseitig sinnlos ab, dachte er verbittert und resigniert, kultivierte Völker, die nichts trennt als die Ignoranz.

Er war sich darüber im Klaren, dass er denselben Krieg als Engländer hätte erleben können, denn er hatte während seiner Jahre auf der Insel zuweilen erwogen, die Staatsbürgerschaft zu wechseln. Nicht als Distanzierung von den Deutschen, sondern um die formale Staatszugehörigkeit seinen realen Lebensverhältnissen anzupassen. Er hatte bereits ein Jahrzehnt in Schottland und England gelebt, als ihm im Jahr 1910 eine Stelle an der Birkenhead School bei Liverpool angeboten wurde, einem renommierten, von Lord Birkenhead protegierten Institut, in dem er als Französischlehrer unterrichten konnte. In den nächsten Jahren würde er dort bleiben, und zum ersten Mal hatte es den Anschein, dass er sich nach der langen Zeit des Umherziehens mit einem festen Ort arrangieren könnte. Das spitzgiebelige, einem alten englischen Landschloss ähnelnde Schulgebäude gab ihm das Gefühl, an einem Ort tätig zu sein, der in ruhiger Abgeschiedenheit die großen Ideale der englischen Society bewahrte. Zugleich war es von hier aus nur ein kurzer Weg in die Innenstadt von Liverpool, dessen Hafen von den größten Schifffahrtslinien der Welt angefahren und dessen Hotels von wohlhabenden Reisenden aus Amerika und Frankreich bevölkert wurden. Dort fand er, was der unstete Wanderer in ihm suchte.

An Birkenhead knüpften sich für Bensemann heitere Erinnerungen, die er sich im kriegsgestimmten Deutschland mit Wehmut zurückholte und gelegentlich im Schüler- und Kollegenkreis als Aufmunterung zum Besten gab. Über eine Posse freilich bewahrte er Schweigen, obwohl sie sich für einen abendlichen Tratsch im Weinlokal bestens geeignet hätte.

Als er seine letzte Stelle in Birkenhead antrat, hatte er sich trotz seiner sprunghaften Arbeitsverhältnisse ein gewisses Renommee als moderner und engagierter Pädagoge erworben, und es eilte ihm der Ruf voraus, er sei an jeder Schule, an der er unterrichte, in der Lage, die »Vase de Sèvres« zu gewinnen, einen Preis, den der Präsident der französischen Republik für die erfolgreiche Vermittlung der französischen Sprache ausgelobt hatte. Tatsächlich erhielt er diesen Preis auch in Birkenhead zweimal, wenn auch in einem Fall nur mithilfe einer kleinen Sünde, die später ruchbar, aber aus wohlverstandenem Anstaltsinteresse nicht weiter geahndet wurde.

Durch Zufall hatte er im Zimmer des Direktors von Birkenhead einen Blick in die Prüfungsaufgaben werfen können, die dort aufgestapelt auf dem Schreibtisch lagen: »Appelez quelque noms des oiseaux ...«

Dieser Versuchung vermochte er nicht zu widerstehen. Beim nachmittäglichen Rugby-Training stellte er sich neben den quadratischen Peter, seinen Abwehrrecken, den er für den Verschwiegensten in der Klasse hielt.

»Kennst du die Vögel, die dahinten fliegen?«

Peter sah ihn erstaunt an. »Nun, Krähen, nehme ich an.«

»Auf Französisch, du Dummkopf.«

»Nein, Sir.«

»Das solltest du aber. Mir scheint, es gibt Prüfer, die auf die Namen von Vögeln Wert legen.«

Der Junge starrte eine Weile ratlos auf die Krähen, dann ging ein schlaues Lächeln über sein Gesicht.

»Verstanden, Sir. Jetzt habe ich verstanden.« Und noch am gleichen Abend hatte es der Rest der Klasse auch verstanden.

Am Prüfungstag nahmen sie ornithologisch geschult und selbstbewusst die Aufgaben entgegen. »Appelez quelque noms des oiseaux chanteurs!«

Bensemann fluchte heimlich in sich hinein. Den Zusatz, dass *Sing*vögel gefragt wurden, hatte er übersehen. Vielleicht war das letzte Wort verdeckt gewesen, vielleicht hatte ihn seine Kurzsichtigkeit gefoppt. Quel malheur. Seine Schüler freilich nahmen es nicht so genau, und so gelangten an diesem Vormittag Spatzen, Raben, Krähen und Schwäne in den Rang von »oiseaux chanteurs« – eine kleine biologische Unkorrektheit, die von den Prüfern gnädig übersehen wurde.

Es waren, neben seinem sportlichen Enthusiasmus, solche gelegentlichen Komplizenschaften, die Bensemann bei den Schülern beliebt machten, ohne dass sie seine Autorität untergruben. Denn er ließ keinen Zweifel daran, dass es allein sein Recht als Lehrer war, sich oder den Schülern zuweilen Regelverstöße zu genehmigen, und so regierte er seine Klassen mit einer populären Mischung aus Kumpelhaftigkeit und Autokratie.

Jetzt aber, am Würzburger Adam-Institut und mitten im Krieg, schien ihm der Sinn seiner Tätigkeit zweifelhaft wie nie zuvor. Zwar trieb ihn sein ruheloser Geist dazu, neuartigen Schulsport zu konzipieren oder mitten im Krieg zwei Lehrwerke über den Sprachunterricht zu publizieren. Doch im Stillen fragte er sich, weshalb er seine Schüler Englisch lehren solle, wenn sie, statt mit Engländern zu sprechen, auf diese schießen würden? Warum sollte er ihnen Opferbereitschaft, Altruismus und Mut beibringen, wenn sie diese Eigenschaften im Kampf an der Front verschwenden würden? In seinen halb wachen Alpträumen verfolgten ihn Fantasien, wie Peter, sein athletischer Full-Back aus Birkenhead, in blutigem Ringen Max umklammert hielt, seinen schmächtigen, kindlichen Primaner aus Würzburg, der vor einigen Wochen angstvoll in den Krieg gezogen war: beide von Befehlen getrieben, beide in Notwehr, beide darauf bedacht, den anderen zu töten.

Gewiss, es würde eine Zeit kommen, da der Krieg Geschichte war und die Völker sich wieder nähern mussten, eine Zeit, in der Sprachkenntnisse, Sportverkehr und das Prinzip der Fairness die Verständigung befördern und dauerhaft machen konnten. Es gab gute Gründe, den Jungen auch im Krieg Französisch beizubringen und sie das Fußballspielen zu lehren, dagegen keinen Grund, am Institut Adam einen anderen Unterricht zu betreiben als an der Birkenhead School. Aber die optimistische Heiterkeit jener Jahre in England war verloren.

Der Tag, an dem sich das Ende seiner Zeit in England entschieden hatte, war der 28. Juni 1914. Wie immer, wenn ihn Geschäfte nach Liverpool führten, war Des Barres in Birkenhead aufgetaucht. Er kam mit Nachrichten von gemeinsamen Freunden und mit einer gut begründeten Vorfreude auf einen angenehmen Abend im »Adelphi«, einem Hotel in der Liverpooler Innenstadt, das für seine französische Küche gerühmt wurde. Hier pflegte Bensemann zuweilen üppige Dinner-Partys zu veranstalten, zu denen er neben alten Freunden und begüterten Vätern seiner Zöglinge auch Offizielle der Sportvereine oder, wenn es sich ergab, Zufallsbekanntschaften aus Übersee einlud.

»Falls du jemals wieder den Wohnort wechseln solltest«, sagte Des Barres an jenem Abend im Juni, »dann wird das Adelphi wohl schließen müssen, weil seine Haupteinnahmequelle versiegt ist.« Grinsend blickte er über den üppig gedeckten Tisch, um den sich etwa zehn bestens gelaunte Herren versammelt hatten.

»Danke für das Kompliment«, lachte Bensemann und orderte zu Des Barres' Ehren eine Flasche irischen Whiskeys, einen 50 Jahre alten Marlfield, der so teuer war wie das Fünf-Gänge-Menü zuvor. »Aber keine Sorge: Solange sich hier alljährlich die Amerikaner einfinden, um das ›Grand National‹ in Aintree zu besuchen, dürfte dieser Tempel sein Auskommen haben.«

Tatsächlich überquerten nicht wenige betuchte US-Bürger den Atlantik ausschließlich, um sich das berühmte Pferderennen anzusehen. Für Soccer hingegen interessierten sie sich nicht. Der führte in der Neuen Welt ein klägliches Schattendasein als Immigrantensport, obwohl ein alter süddeutscher Pionier nicht wenige Anstrengungen unternommen hatte, diesen Zustand zu ändern: Dr. Gus Manning war als Arzt in die USA übersiedelt, wo er rasch zu einer zentralen Figur in der kleinen Soccer-Szene geworden war. Im April 1913 hatte er die Gründung eines US-amerikanischen Dachverbandes betrieben und war zu dessen erstem Präsident gewählt worden. Die vagen Überlegungen Bensemanns, selbst den nordamerikanischen Kontinent zu erobern, waren damit obsolet geworden: Er hatte keine Lust, dem alten Widersacher in die Quere zu kommen.

Versonnen kippte er einen Whiskey. »Lassen wir also Amerika jenseits des Teiches. Erzähle mir lieber von gemeinsamen Bekannten auf unserer kleinen Insel.«

Das war der Code dafür, dass er etwas über John hören wollte. Seit jenem unseligen Treffen auf Westgate hatten sie sich nicht mehr gesehen. Zwar schrieben sie sich hin und wieder, aber die Briefe enthielten kaum persönliche Mitteilungen und erinnerten in keiner Weise an ihre frühere, intime Beziehung.

Doch auch Des Barres hatte wenig Neues zu berichten. John, so erzählte er in seiner respektlosen Art, hocke in seinem Schloss und werde dem alten Lord immer ähnlicher. Den kleinen Sohn habe man aufs Internat geschickt, und seither sei Westgate ein ebenso einsamer wie kalter Ort.

»Man wird freundlich empfangen und mit erlesenen Speisen bewirtet«, berichtete Des Barres. »Aber ansonsten: alles Maskerade, wenn du mich fragst. Nachdem John seine Lady geschwängert hatte, war's vorbei mit dem Eheleben. Die Dame dorrt dahin, denn ihr Lord verbringt seine Nächte lieber über den Wirtschaftsplänen. Ein Jammer, wo er seine Schusskraft doch zumindest auf dem Fußballplatz bewiesen hat.« Des Barres grinste anzüglich in sich hinein.

»Vielleicht sollte ich ihn doch noch einmal besuchen.«

»Tue es, wenn du Sehnsucht nach einem Jammertal hast.«

In diesem Moment stürmte Parker herein, ein Kollege Bensemanns an der Birkenhead School, der gleichfalls geladen war.

»Tut mir Leid, dass ich so spät komme. Hier ist die Ursache der Verzögerung.«

Er schwenkte eine Abendzeitung. »In Sarajewo ist Franz Ferdinand ermordet worden.«

Für einen Moment schwieg die eben noch fröhliche Runde betroffen. Dann schwirrten Fragen:

»Der österreichische Thronfolger?«

»Ebender. Und seine Gattin auch.«

»Von wem? Von Anarchisten?«

»Angeblich von serbischen Nationalisten.«

»Und keine Hoffnung, dass er überlebt?«

»Mit welcher Waffe wurde er ermordet?«

»Hat man die Täter gefasst?«

»Was sagt Österreich dazu?«

»Spricht man von Krieg?«

Auf dem Balkan gärte schon lange eine Krise, denn der Zerfall des früheren Türkischen Reiches hatte dort ein Machtvakuum hinterlassen, um das sich die großen europäischen Mächte stritten. Die österreichischen Annexionen von Bosnien und Herzegowina hatten nicht nur Serbien provoziert, sondern auch Russland und Frankreich. Die Türkei, die um die Reste ihres Einflusses kämpfte, suchte im Deutschen Reich einen Rückhalt. Diese Konstellation beschwor die Gefahr herauf, dass sich ein Krieg zwischen Serbien und Österreich nicht auf diese beiden Länder beschränken würde.

»Ist denn bewiesen, dass die serbische Regierung in das Attentat verwickelt ist?«, fragte Bensemann.

»Das nicht«, erwiderte Parker. »Aber wie die Dinge stehen, ist das für Österreich unerheblich.«

»Ich fürchte, wenn sie etwas gegen Serbien unternehmen, werden sie auf die Hilfe der Deutschen zählen.«

»Und das bedeutet?«

»Das bedeutet viel. Es bedeutet Krieg oder Frieden. Von der deutschen Entscheidung wird es abhängen.«

»Und wie wird sie ausfallen?«

»Man kann nur hoffen, dass die Vernunft die Oberhand behält.«

Des Barres zog ihn knurrig beiseite: »Du hast doch eine Meinung, mein Freund.«

Bensemann hatte eine, doch die war so ungünstig, dass er sie dem Freund nur zögernd eröffnete. Die gesamte Regierungszeit Wilhelms II. hielt Bensemann für nichts weniger als eine Periode autokratischer Herrschaft und, viel schlimmer, kriechender Adulation. Im Inneren wie im Äußeren sah er den Kaiser eine sprunghafte Politik verfolgen, unerreichbar für jede Form der Kritik. Der Freisinnige galt als Mensch zweiter Kategorie, der Sozialdemokrat als Schädling der menschlichen Gesellschaft. Nahm man die herrschende Meinung, so jubelte ganz Deutschland dem Kaiser zu als einer Mischung aus Cäsar, Napoleon und Bismarck, und ganz Deutschland taumelte in Hurra-Stimmung durch eine Epoche der Weltmission.

»Man hält sich als Deutscher für das Salz der Erde, und die restlichen Völker, nun ja …«, brummte Bensemann und goss dem Freund einen Whiskey nach. »Mit frommem Abscheu zählt der deutsche Spießer die, sorry, galanten Abenteuer des siebenten Eduard auf. Mit mitleidigem Lächeln gedenkt er des armen Zaren und des von Anarchisten bedrohten Italienerkönigs. Frankreich? 1870, Kommentar überflüssig. England: degeneriertes Krämervolk. Schweiz und Holland: dürfen nicht mucksen. Wir sind alles, wir können alles, wir wissen alles. Wir sind das Salz der Erde. So, mein Freund, ist die Stimmungslage in Deutschland. Ich fürchte, vor diesem Hintergrund ist man dort nur allzu gern bereit, sich in militärische Abenteuer zu stürzen.«

Des Barres revanchierte sich, was den Whiskey anging. »Ich danke dir für die offenen Worte, auch wenn sie wenig erfreulich sind. Indes muss ich zugeben, dass die Situation in anderen Ländern kaum besser ist. Ein gewisser überheblicher Nationalismus findet sich in England genauso wie in Frankreich. Und wenn wir die Frage der Kolonien mit einbeziehen, wird die Analyse noch hoffnungsloser. Für heute Abend scheint mir der einzige Trost in der Qualität einer weiteren Flasche Marlfield zu liegen. Die nächste geht auf meine Rechnung.« Des Barres winkte dem Kellner mit der leeren Flasche und sammelte sichtlich angestrengt seine Gedanken. »Und trotzdem scheint auch mir momentan von größter Bedeutung zu sein, was die Boches unternehmen. Wenn sie Österreich zum Eingreifen ermuntern, ist ein Krieg in der Tat unvermeidbar. Prost.«

»Ich werde dir Genaueres sagen können, wenn ich aus Deutschland zurückkomme. In vier Wochen beginnen die Ferien, dann fahre ich hin.«

Des Barres' Zunge wurde schwerer. »Alter Freund, vielleicht solltest du das gar nicht. Ich meine, rüber über den Kanal. Vielleicht solltest du besser in merry old England bleiben.«

Und der Ire, besessen von der Idee, den deutschen Freund im Lande zu halten, sprach fortan nicht mehr von Serbien und der Kriegsgefahr, sondern von den Vorteilen eines Lebens in England, gerade in Zeiten wie diesen. Sein Alkoholkonsum, wie der aller Gäste, nahm bedenkliche Ausmaße an, und zum Entsetzen der Hoteldirektion brachte er am Ende die Gesellschaft dazu, auf den gerührten Bensemann ein lautstarkes »For he is a jolly good fellow« anzustimmen, dem sich nahezu übergangslos ein ebenso kräftiges »God save our gracious King« anschloss.

Natürlich blieb Des Barres' wohlmeinende Intervention erfolglos. Am Mittag des 28. Juli 1914 betrat Bensemann im Hafen von Folkestone die Fähre, um auf den Kontinent überzusetzen. Während sich hinter ihm die englische Küste im Dunst auflöste, saß er mit einem Stapel Zeitungen im Bordrestaurant und schaute nicht zurück. Er hatte den Kanal um die 80 Mal überquert und fühlte sich nicht wie jemand, der Abschied nimmt. Er konnte nicht wissen, dass er an diesem Tage zum letzten Mal auf englischem Boden gestanden hatte.

Als Bensemann in Ostende von Bord ging, verkündeten aufgeregte Zeitungsverkäufer die Sondermeldung, dass Österreich soeben Serbien den Krieg erklärt hatte. Vier Tage später, am 1. August, erging eine Kriegserklärung des Deutschen Reiches an Russland. Am 2. August marschierten deutsche Truppen in Luxemburg und Belgien ein, einen Tag später kam die Kriegserklärung gegen Frankreich, und wiederum 24 Stunden darauf trat England gegen Deutschland in den Krieg ein. Europa wurde zum Schlachtfeld.

In diesem Krieg nahm er keine andere Haltung ein als die eines stillen Kriegsgegners. In den ersten Monaten der raschen deutschen Erfolge war Bensemann stumm geblieben, bis er die chauvinistische und kriegerische Euphorie ringsum nicht mehr ertragen mochte: »Von jedem Fest, gleichviel ob Krieger- oder Stenografenvereine, ob Kegelclubs oder Turner, kommen an den Kriegsherrn Huldigungsdepeschen alleruntertänigster Art, mit großem Hurra-Geschrei und den bindendsten Gelübden ewiger Treue.« Und zwar auch, wie er verbittert feststellte, von den Fußballern. »Durch den Sport wurdet ihr für den Krieg erzogen, darum ran an den

Feind, auf ihn und nicht gezittert«, tönte der norddeutsche Verband, und was vom DFB zu hören war, klang nicht viel besser. Es war nicht die Zeit, auf die Stimmen der Verständigung zu achten. Der Herausgeber der Hamburger Fußballzeitschrift »Turnen, Spiel und Sport«, Cordua, schrieb bündig, Bensemann sei schlimmer als die Engländer, und das Beste sei es, ihn zurück über den Kanal zu transportieren.

Zornig erlebte er, wie die Idee des Sports als Schule des Fair Play und der Völkerverständigung unter die Soldatenstiefel geriet und alle guten Sitten der Gastfreundschaft vergessen waren. Die englischen Trainer, hörte er, die bei Kriegsausbruch in Deutschland lebten, waren unter schändlichen Umständen interniert worden. Seine Trainer! Denn er hatte geholfen, die Idee eines Trainerengagements in den Verbänden zu säen, ihn hatte man beauftragt, englische Trainer auszuwählen und zu verpflichten. Er hatte mit Wall gesprochen, mit englischen Vereinsoffiziellen, hatte 57 Kandidaten inspiziert und schließlich für Süddeutschland Fred Pentland, Wolstenholme für Hamburg, Reynolds für das Rheinland und Chadwick für den DFB vermittelt. Bei Kriegsausbruch wurden aus den umworbenen Sportlehrern unerwünschte Personen, potenzielle Spione, Feinde. William Townley, der erst den KFV zur Deutschen Meisterschaft und dann Fürth in die süddeutsche Spitze geführt hatte, gelang rechtzeitig die Ausreise, ebenso Reynolds. Chadwick war noch in England, aber Pentland und Wolstenham wurden für die Dauer des Krieges interniert und unter erbärmlichen Umständen in einem umgebauten Pferdestall festgesetzt, wo Pentland lebensgefährlich erkrankte. Im Krieg waren die Gesetze der Gastfreundschaft außer Kraft gesetzt, und Bensemann, der die Gäste geladen hatte, fühlte sich in seiner Machtlosigkeit persönlich verantwortlich.

Es war Ivo Schricker gewesen, der ihm einige Monate nach Kriegsausbruch vom Schicksal der englischer Trainer berichtet hatte. Schricker war aus Ägypten zurückgekehrt, wo er vertrauensvoll mit englischen Geschäftsfreunden zusammengearbeitet hatte, und wie Bensemann fehlte auch ihm jedes Verständnis für die Feindseligkeiten. Sie trafen sich in einer Phase, in der die Tage der raschen Siege vorbei, die Euphorie der vielen und die Empörung der wenigen verraucht war, die Zeit der Leiden aller aber noch nicht begonnen hatte. Der Krieg im Westen trat auf der Stelle, und in Karlsruhe füllten sich wieder die Weinlokale und die Fußballplätze. Bensemann und Schricker saßen beisammen und verglichen sich, 15 Jahre nach ihrer letzten Begegnung.

»Obwohl du so lange in Afrika warst«, bemerkte Bensemann, »bist du einem englischen Aristokraten ähnlicher geworden. Ich hingegen war die ganze Zeit im Kingdom und besitze inzwischen die Statur eines polnischen Großbauern.«

Tatsächlich wirkte er, obwohl von nahezu gleicher Größe, neben dem hageren, markant profilierten und stets distinguiert zurückhaltenden Schricker bedeutend stämmiger, fast rustikal. Die üppigen Dinners im Adelphi hatten unübersehbare Spuren im Bauchbereich und am Nacken hinterlassen, während das rundliche, vom Stehkragen hochgedrückte Gesicht sich rasch vor Lebensenergie rötete. Alles in allem war sein Übergewicht beachtlich.

»Wenn dem so ist«, erwiderte Schricker, »verstehst du es bestens, den Bauern hinter feinem Zwirn und guten Manieren zu verbergen.«

»Es gibt Themen, bei denen ich diese Manieren vergesse.«

»Das, alter Freund, ist keineswegs neu an dir. Im Falle der englischen Trainer durchaus gerechtfertigt, aber wie üblich wenig Erfolg versprechend. Ich werde sehen, ob ich über meine Kontakte zum Standortkommandanten zumindest die ärztliche Versorgung für Pentland verbessern kann. An der Internierung selbst lässt sich nichts ändern. Übrigens hätte dir, wenn du nicht auf Urlaub in Deutschland geweilt hättest, das gleiche Schicksal in England geblüht.«

»Mag sein«, brummte Bensemann. »Des Barres schrieb mir, kurz nach Kriegsbeginn sei ein Geheimpolizist an der Birkenhead School aufgetaucht und habe den Direktor mit dem Verdacht konfrontiert, ich sei ein deutscher Spion gewesen.«

»Interessant«, meinte Schricker, »gerade du, der ohne eine Brille ohnehin kaum etwas sieht. Was waren seine Belege?«

»Zweierlei. Einmal meine pünktliche Abreise nach Deutschland unmittelbar vor Kriegsbeginn.«

»Weil du im Geheimen wusstest, dass Franz Ferdinand ermordet werden sollte.«

»Richtig. Und das Zweite: Ich hätte auffällig oft die Schiffswerft von Cammel Laird besucht.«

»Und hast du?«

»Pass auf, was weiter passierte. Der Schuldirektor lässt sich mit dem geschäftsführenden Direktor von Cammel Laird verbinden, mithilfe eines dieser neuartigen Fernsprechapparate.«

»Ich hörte davon.«

»Jedenfalls sagte der eine Direktor zum anderen: Natürlich hat Mr. Bensemann als Gast in unserem Hause verkehrt, zumal zwei unserer Söhne von ihm unterrichtet wurden. Nur auf der Werft selbst ist er nie gewesen. Und der Mann des Gesetzes – zieht betrübt ab.«

»So ist die Logik dieser Zeit: Die Engländer halten dich für einen deutschen Spion, die Deutschen hingegen für einen englischen Saboteur. Aber in Wahrheit bist du ein polnischer Bauer und hast allen Grund, die Dinge gelassen zu sehen.«

»Tue ich«, brummte Bensemann. »Ich werde meine schlichte Ruhe bewahren, wenn ich als Bäuerlein auch nicht wissen kann, dass ich damit echt horazisch handele: Si fractus illabatur orbis, impavidum ferient ruinae.«

»Mein Latein habe ich zum Glück vergessen«, erklärte Schricker.

»Selbst wenn der Weltbau krachend einstürzt, treffen die Trümmer ein furchtloses Herz.«

Wenig später, im Frühjahr 1915, war er auf Empfehlung von Professor Imgraben von Karlsruhe nach Würzburg an das Institut Adam übergesiedelt, wo man sich vergleichsweise fern vom Kriegsgeschrei fühlte und er als Sportlehrer sogar ein Fußballtraining aufziehen konnte. Noch hielt sich das militaristische Geklingel in Grenzen. Zwar war die Festung Marienberg hoch über der Stadt ein Anziehungspunkt für Kriegspropagandisten jeglicher Couleur, doch die gemütliche Innenstadt blieb von der offenbar unumstößlichen Tatsache geprägt, dass sich in Würzburg das Zentrum des fränkischen Weinhandels befand. Bensemann jedenfalls wusste, wo er angenehme Abende verbringen konnte, und, den Krieg vorübergehend verdrängend, verfasste er an Katharina, die wie üblich mit hartnäckiger Neugier Auskunft über seinen Aufenthalt verlangte, einen heiteren Brief.

»Würzburg? Hat eine Festung und ein Käppele, hat 38 Kirchen, unter denen der Fromme am Sonntag die Wahl treffen und vielmal 38 Wirtshäuser, in denen der Durstige sich am ›Stein‹ oder am ›Lump‹ laben kann. Schöne Stadt, mit engen Straßen und weiten Brücken, mit dem im Mai so duftenden Glacis, mit den Fresken des Tiepolo und Riemenschneiders Kostbarkeiten; mit dem Weihrauch des Mittelalters, den Backfischen der Schiffsbäuerin und dem goldgelben Tropfen, den man in Schnabels Marmorsäulen schlürft. Und die Leute? Als man Leonhard Franks ›Räuberbande‹ zum ersten Mal las und das Buch geschlossen hatte, sagte man sich unwirsch: Das ist ja Blödsinn, solche Leute gibt es gar nicht. Das waren Typen, die uns so fremd vorkamen wie die Ibsen'schen Gestalten aus ›Hedda Gabler‹ und den ›Stützen der Gesellschaft‹. Allein, es gibt sie, und wenn man nun durch die Stadt geht, muten einem diese unterfränkischen Figuren wie alte Bekannte an. Man hatte sie alle schon einmal getroffen: beim Maulaffenbäck, im Walfisch, beim schönen Töchterlein der Frau Nüchtern (wo die Gosche das Lied vom Sekretär zu singen pflegt), im Bratwurstherzle (wo der Brichet nur mit Hemd und Gasmaske bekleidet ins neue Jahr hineintanzt), in der Alhambra (wo der Schuchbauer die Hände rieb und alle Anstalten machte, meine Tante mit deiner Tante bekannt zu machen); unten am Main, wo die Flößer einkehren und sich wie das Wüstentier auf 40-tägige Fahrt zu stärken; kurzum Unterfranken, durstig, bereit, dem Papst zu geben, was des Papstes ist, redselig auf Stichwort, vorsichtig, aber nicht gerissen, dem Weine gewogener als dem Wasser und mit einem Dialekt, den man nie lernen, nur bewundern kann.«

Eine Weile fühlte er sich hier wohl, auch wenn Leonhard Frank, der querköpfige unterfränkische Dichter, aus Protest gegen den Feldzug längst emigriert war und nun auch in Würzburg die Kriegervereine mit Säbeln rasselten. Direktor Adam war diesbezüglich von wohltuender Zurückhaltung, aber er konnte schließlich die ehemaligen Schüler nicht abweisen, die in ordensgeschmückten Uniformen als Kriegshelden zu Besuch kamen, um die Jüngeren fürs Schlachtgetümmel zu begeistern, und schon gar nicht konnte er verhindern, dass später, als die Kriegshelden gefallen waren, die Jüngeren zur Fahne gerufen wurden. Das war dann die Zeit, da die Gosche nicht mehr sang, der Brichet nicht mehr tanzte und der Schuchbauer sich nicht mehr die Hände rieb. Es war die Zeit, als man Briefe zu fürchten begann.

Am 28. November 1916 teilte Direktor Adam dem entsetzten Kollegium mit, dass der Primaner Max Sondermann im Alter von 18 Jahren im tapferen Kampf für Kaiser und Vaterland an der Westfront gefallen war. Nur eine Woche darauf erfuhr Bensemann aus Karlsruhe vom Tod des jüngsten der Langer-Brüder, Erwin. Und wiederum drei Tage später erhielt er ein über die Schweiz geleitetes Telegramm, in dem Des Barres ihm in knappen Worten mitteilte, dass John während der Somme-Offensive ums Leben gekommen sei.

In den folgenden Tagen blieb Bensemann der Schule fern und mied jede Begegnung mit bekannten Gesichtern. Die meiste Zeit verbrachte er allein in seinem kleinen, spärlich möblierten Zimmer und verlor sich in sinnlosen Grübeleien.

Seit Wochen schon lebte er in dem sicheren Gefühl, dass eine solche Katastrophe unvermeidlich sein würde, und es war ein nichtiger Anlass gewesen, der aus vagen Ahnungen Gewissheit gemacht hatte. Als er eines Morgens das Klassenzimmer betreten hatte, bemerkte er an der Tafel noch die Anschrift der vorherigen Lateinstunde, die ein säumiger Schüler wohl vergessen hatte wegzuwischen. Es war ein an den Schulen oft gelehrter Zweizeiler, den Cicero aus dem Griechischen übertragen hatte, und er erinnerte sich, dass er selbst ihn als Schüler einst lernen musste: »Dic, hospes, Spartae nos te hic vidisse iacentes, / Dum sanctis patriae legibus obsequimur.« Am Karlsruher Gymnasium hatten sie, weitgehend den Sinngehalt des Gedichtes ignorierend, Ciceros Verse sowohl mit dem griechischen Original wie mit Schillers deutscher Übersetzung verglichen: »Wanderer, kommst du nach Sparta, verkündige dorten, du habest / Uns hier liegen gesehn, wie das Gesetz es befahl.«

Möglicherweise hatte der Kollege mit dem Zitat seiner vaterländischen Pflicht genügen wollen, möglicherweise verstand er es auch als milde Subversion gegen den Krieg, Bensemann wusste es nicht. Er ließ die Zeilen fortwischen, doch in seinen Gedanken nahm er sie aus dem Unterricht mit, als enthielten sie gerade für ihn eine Botschaft aus dem fernen Niemandsland des Krieges und von einem Freund, der verloren war.

An der Wand in seinem Zimmer hing ein Bild seiner Schülermannschaft, das er immer wieder betrachtete. Es war vor einem Jahr aufgenommen worden, auf einer Ferienfahrt nach Fürth, Stuttgart und München. Neben ihm selbst saß darauf, in vertraulicher Haltung zum Lehrer hingeneigt, der kleine Max, der zu den älteren Schülern zählte, aber wie der jüngste wirkte. Er hatte mit großen Augen alles in sich aufgesogen, alles geglaubt, das personifizierte Staunen über diese Welt. Und niemals hatte er sich aufgelehnt: Darin glich er dem jungen John.

Von Des Barres hatte er seinerzeit erfahren, dass John als Reserveoffizier schon bei der ersten Mobilmachung einberufen worden war. Natürlich hätte er beim Stab unterkommen können. Doch da er, wie Des Barres schrieb, entweder des Gefängnisses von Westgate überdrüssig oder aber von einem selbstzerstörerischen Drang zur Pflichterfüllung besessen sei, hatte er sich zum Dienst an der Front gemeldet. Wie das Gesetz es befahl.

Nun lagen sie beide tot: Max und John, und viele andere.

Erst als der Schuldiener an die Tür klopfte – er überbrachte eine Anfrage des besorgten Direktors –, zwang sich Bensemann aus seinem Dämmerzustand. Er kleidete sich neu ein, rasierte sich und verließ das Zimmer, um endlos und ohne Plan durch die Hügel der Umgegend zu streifen, immer darauf bedacht, allein zu bleiben. Die Fantasiebilder seiner Trauer aber begleiteten ihn. Wenn er an John dachte, dann stets an den Jungen, den er in Montreux kennen und lieben gelernt hatte und der sich in der Erinnerung mit Max zu einer einzigen Person verband: zum Ideal eines Menschen, der ihm blind vertraut hatte und der in seiner Unschuld und Kindlichkeit das verlorene Gewissen dieser Welt abbildete. Nun war er gefallen, zweifach derselbe Junge, auf beiden Seiten der Front.

Bensemann wanderte, bis er die Kuppe eines Hügels erreicht hatte, von der aus er die in der Dämmerung verschwimmende Stadt und die auf der gegenüberliegenden Mainseite dunkel gegen den Abendhimmel aufragende Festung Marienberg sehen konnte. »Dic, hospes, Spartae nos te hic vidisse iacentes …«

Wem aber sollte er verkündigen, was er gesehen hatte, und wie?

Als der Krieg vorbei, die Toten gezählt und der Friedensvertrag von Versailles unterschrieben war, schickte Bensemann einen langen Brief an Frederick J. Wall, den Sekretär der Football Association. Er verfasste ihn zu einem Zeitpunkt, da er sich entschlossen hatte, nach den schrecklichen Erfahrungen der vergangenen Jahre umso hartnäckiger im Fußball eine Waffe gegen den Krieg zu sehen. Da Vorurteile, Hass und Militarismus nur möglich waren, solange die Ideale eines grenzüberschreitenden, dem Fair Play verpflichteten Sports sich nicht in den Köpfen festgesetzt hatten, erschien ihm die Förderung des Fußballspiels vordringlicher denn je, gleichgültig ob an den Schulen, in Vereinen oder in internationalen Turnieren. Die englischen Fußballer allerdings hatten aus den Geschehnissen des Weltkrieges eine andere Konsequenz gezogen: Sie weigerten sich fortan, mit den Deutschen sportlich zu verkehren, und verlangten von den übrigen Ländern der FIFA energisch, diesen Bannstrahl zu übernehmen. Da Bensemann zu Recht annahm, dass Frederick J. Wall, den er als Autorität des internationalen Fußballs geachtet hatte wie keinen anderen Funktionär, als Urheber des fatalen Beschlusses anzusehen war, verfasste er voller Zorn und Enttäuschung jenen Brief, den er nicht nur nach London schickte, sondern auch im Nachkriegsdeutschland veröffentlichte.

»Ich bin nie ein Fanatiker gewesen, Mr. Wall. Da wir uns seit 25 Jahren kennen, wissen Sie das so gut wie ich. Im Gegenteil: Niemand, weder Deutscher noch Franzose oder Belgier hatte, wie ich, Gelegenheit, Ihres Landes Kultur kennen zu lernen, zu bewundern und in Wort und Tat zu preisen. Die politische Freiheit Englands, die so vielen zum Asylrecht verhalf, hat mir stets als Leitstern der Toleranz vorgeschwebt; die vornehme Form westländischer Kultur, die nach meiner Überzeugung in Großbritannien ihren Höhepunkt erreicht hat, galt mir stets als Muster weltmännischer Weisheit, Selbstzucht, Mäßigung. Die Jugenderziehung in den Public Schools lernte ich als das Alpha und Omega aller Charakterbildung, als das Leitmotiv richtiger Durchbildung zum aristotelischen Staatsbürgertum kennen; der englische Sport und vor allem der Geist, in dem er betrieben wurde, hat mein Leben zum großen Teil gestaltet und ausgefüllt. Ich habe die englische Nation geliebt, weil ich in ihr die Nährmutter von Idealen verehrt habe, in denen ich als kleines Kind aufgewachsen bin. Dann kam der Krieg.

Ich habe ihn doppelt empfunden: Es waren Jahre der Trauer um meine eigenen Landsleute, deren Pyrrhussiege mir das Ende nicht verschleiern konnten; Jahre der Trauer um liebe Kollegen, liebe Schüler, aus meiner 15-jährigen Tätigkeit in England. Jedesmal wenn die ›Times‹ oder der ›Daily Mail‹ kamen, fand ich die Namen derer, die ich jahrelang, Tag für Tag, auf der Schulbank, auf dem Fußballplatz, im Refektorium, in den Schlafsälen aus kleinen Buben zu Oxforder und Cambridger Studenten, Offizieren in Sandhurst oder Woolwich, Kaufleuten in der City heranwachsen gesehen, und die jetzt in der flandrischen Ebene oder in Mesopotamien, kaum flügge geworden, ihr junges Leben ausgehaucht hatten; dazu kamen auf unserer Seite deutsche – Würzburger, Karlsruher, Straßburger – Freunde aus meiner Studentenzeit, Schüler aus den letzten Jahren, die, eben der Schulbank entwachsen, der großen Armee eingereiht wurden – nutzlose Opfer einer verlorenen Sache. […]

Der Weltkrieg hat mir daher nicht nur auf beiden Seiten meine besten Freunde geraubt: Er hat auch eine große Hoffnung endgültig begraben. Bei jedem Tagesbericht, bei jeder Torpedierung habe ich stets das Gefühl gehabt, dass die Kluft, die gähnende Kluft, sich weiter spaltet – bis sie nicht mehr zu überbrücken ist.

Auf den Geburtsort eines Menschen kommt es so wenig an wie auf den Punkt, von wo er in den Hades fährt, Mr. Wall. Ich bin in Berlin geboren, Sie, soviel ich weiß, in Battersea. Was liegt daran?

Sie haben viel für den internationalen Sport getan, Mr. Wall; niemand weiß es besser als ich, von den Tagen an, wo Sie mit mir in Chancery Lane die Entsendung einer englischen Elf auf den Kontinent beschlossen. Erinnern Sie sich, dass Charlie Alcock Ende der neunziger Jahre schrieb: ›Niemand hat so viel für internationalen Fußball getan wie W. Bensemann.‹ Seitdem haben wir oft zusammen über Länderwettspiele beraten; Sie waren jederzeit vernünftig, zuvorkommend, taktvoll; das erkenne ich gerne an. Das letzte Mal, dass ich mit der englischen Nationalelf zusammenkam, war in Berlin, 1913; ich habe als Andenken daran ein Zigaretten-Etui, auf dem zu lesen steht: ›In Erinnerung an bewiesene Freundlichkeit. Von der Football Association. Berlin, 1913‹. Die guten Beziehungen waren also gegenseitige, Mr. Wall. [...]

Heute muss ich Ihnen sagen: Sie haben Ihr Gesicht verändert; sehr zu Ihrem Nachteil. Sie haben mit den besten Traditionen des englischen Sportsgeistes gebrochen, Mr. Wall. Sie haben gegen drei Ihrer alten Prinzipien verstoßen, die da heißen: 1. Don't kick a man, when he is lying down. 2. Mind your own business. 3. Sport has nothing to do with politics.

Man kann nach einem Weltkrieg nicht verlangen, dass der Sieger zum Besiegten kommt und ihm, wie nach einem Boxkampf, die Hand schüttelt. Allein man kann wenigstens von einem kulturell so hoch veranlagten Volk, wie den Engländern, etwas Reserve voraussetzen. [...] Sie und der Vorstand der Football Association haben gegen die besten Traditionen des englischen und gegen die besten Interessen des kontinentalen Sports gehandelt, indem Sie sich als Pharisäer gebärdeten; statt als Sportsleute die hohe Ethik des gemeinschaftlichen Bandes zu einem Symbol des Fußball-Völkerbundes zu erheben, haben Sie es für richtig befunden, den Krieg in den Sport zu verpflanzen. [...]

Aus Ihren Handlungen spricht nicht der Geist der englischen Public Schools. Könnten die Hunderte von Public School Men, die heute der grüne Rasen deckt, aufstehen und zu Ihrem Vorgehen Stellung nehmen, dann würden Sie keine Sanktion finden, Mr. Wall.

Von meinen vielen Freunden in England sind die meisten gefallen; von denen, die am Leben blieben, habe ich nicht einen verloren. Es kommt eben nicht auf den Geburtsort an, Mr. Wall, sondern auf die gemeinsame Lebensauffassung. Ich bedauere die Ihrige, und mit diesem Gefühl des Bedauerns, nicht des Hasses, sehe ich Sie aus meinem Leben verschwinden, bis wir beide uns in einer andern Welt treffen. In dieser möchte ich mit Ihnen nicht mehr zusammenkommen.«

IX

»Lieblich pfeift der Spatz«

Konstanz im Frühjahr 1920

In den Revolutionswirren, die der deutschen Niederlage im Weltkrieg folgten, errang in München ein Mann die politische Macht, dem nichts ferner zu liegen schien als die Rolle eines bayerischen Volkshelden. Kurt Eisner war ein Berliner Jude, den es erst mit 40 Jahren als Literaten und Theaterkritiker nach München verschlagen hatte, wo er sich gerne in der Schwabinger Boheme-Szene herumtrieb: ein Schöngeist mit wirrem Bart und Brille, dessen Herz eher unbestimmt für die linke Sache schlug. Dennoch war es Eisner, dem 1918 beinahe im Alleingang der Coup gelang, in München den König zu vertreiben, die Republik und den Freistaat Bayern auszurufen, die Garnisonen für den politischen Wandel zu gewinnen, eine provisorische Regierung zu bilden und freie Wahlen abzuhalten. In dieser Umwälzung war kein Schuss gefallen und kein Tropfen Blut geflossen. Die Novemberrevolution in München war das politische Kunststück einer einzigartigen Persönlichkeit, und es war kein Wunder, dass Walther Bensemann, der Jude aus Berlin mit einem Hang zum Bohemien, sich für Eisner interessierte.

Soweit es die Umstände der damaligen Zeit erlaubten, hatte Bensemann sein früheres Wanderleben wieder aufgenommen. Nach München zogen ihn weniger die politischen Ereignisse als der Umstand, dass dort die Redaktion der Zeitschrift »Fußball« ihren Sitz hatte, für die er zuweilen Artikel verfasste. Zudem kannte er Kurt Landauer, einen jüdischen Kaufmann, der vor dem Krieg Präsident des FC Bayern München gewesen war und diese Funktion im Januar 1919 wieder übernahm. Mit der asketischen Korrektheit Landauers, der Tabakrauch und Wettspiele verabscheute, konnte Bensemann persönlich nicht viel anfangen. Doch er teilte mit dem Vereinspräsidenten die Vision von einem dynamischen und kosmopolitisch orientierten Fußballbetrieb ebenso wie die Sorge, die sozialistischen Revolutionäre könnten die bürgerlichen Sportvereine unter das

Kommando der linken Arbeitersportbewegung stellen. Kurz entschlossen ersuchten Landauer und Bensemann gemeinsam um eine Unterredung mit dem Ministerpräsidenten, und zu ihrer Überraschung wurde ihnen das Treffen für den übernächsten Tag gewährt.

Fast zwei Stunden gab ihnen der gehetzte, aber aufmerksam zuhörende Eisner, um sich von der unpolitischen Tendenz der von ihnen vertretenen Sportbewegung überzeugen zu lassen. Am Ende hörten sie eine vage, aber aus Eisners Mund glaubhaft klingende Zusicherung, dass er die Unabhängigkeit der Sportler unangetastet lassen werde. Mehr als diese Versicherung hatte sie jedoch Eisners Präsenz beeindruckt.

»Er hat zweifellos das Zeug zu einem großen Führer«, meinte Bensemann. »Ein Radikaler zwar, aber er besitzt eine Mischung aus Idealismus, Tatkraft und Humanismus, die bei Politikern sonst selten ist.«

»Darin gebe ich Ihnen Recht«, erwiderte Landauer, »und dennoch hat er einen entscheidenden Fehler. Die Unabhängigen Sozialdemokraten, denen er angehört, werden im Parlament nur eine Splittergruppe bilden. Er verficht eine aussichtslose Sache.«

»Aber er weiß die Räte hinter sich, und einen großen Teil der Masse.«

»Die Masse vielleicht«, sagte Landauer. »Aber nicht die Macht.«

Drei Wochen später wurde Eisner ermordet. Auf dem Weg zur ersten Sitzung des neuen Landtags jagte ihm ein rechtsextremer Attentäter aus nächster Nähe zwei Revolverkugeln in den Kopf. Tausende folgten bei der Beerdigung Eisners Sarg, eine merkwürdig gemischte Trauergemeinde, der sich revolutionäre Münchner Arbeiter ebenso anschlossen wie erzkatholische bayerische Gebirgsbauern mit Gamsbärten und in Lederhosen. Die gewaltsamen Unruhen, die auf Eisners Tod folgten, endeten erst, als preußische und württembergische Freikorps in München einmarschierten und unter den Anhängern der Räterepublik ein Blutbad anrichteten.

Ein gutes Jahr später berichtete Bensemann vier alten Freunden in Karlsruhe von der Begegnung mit dem sonderbaren Revolutionär.

»Wenn wir mehr verständige Führer hätten wie Eisner«, erklärte er ihnen, »dann stünde es heute um die Fußballbewegung besser.«

Mit ihm am Tisch saßen Ernst und Fritz Langer, Karl Geppert sowie Ivo Schricker, die er ins Weinlokal Goldrebe geladen hatte, nicht ohne bestimmte Absichten, aber bislang doch lediglich auf einen politischen Commers.

»Heute herrscht bei den Sozialdemokraten nur noch ideologische Engstirnigkeit«, fuhr Bensemann fort. »Uns Fußballern machen sie den Vorwurf, wir würden die jugendliche Arbeiterschaft politisieren. Und die anderen Parteien sind nicht besser. Die Deutschnationalen sind nur für Wehrkraft und Parademarsch zu haben. Die Zentrumsleute eifern gegen den Sport als anstößig und unkirchlich. Und alle zusammen sind sie gegen den Fußball, vor allem gegen den Fußball als Schulsport. Ja, wenn es einen Mann vom Schlage Eisners noch gäbe …«

Bensemann schwieg, und die Freunde warteten. Kurt Eisner war kein Politiker nach ihrem Geschmack, auch wenn sie seinen gewaltsamen Tod verabscheuten.

»Wie ihr wisst, habe ich in England und Deutschland fast 20 Jahre lang als Sportlehrer gearbeitet. Ich kann die pädagogische Wirkung des Fußballs beurteilen. Die Jugend will den Sport. Und sie braucht ihn. Disziplin, Toleranz und Fair Play: Wer könnte das besser vermitteln als der Sport? Auf dem Sportplatz treffen sich Kaufleute, Beamte, Arbeiter und Studenten kameradschaftlich und in größter Gleichheit. Der Sport gibt den Söhnen der ärmeren Kreise die Möglichkeit, sich in Licht, Luft und Spiel gesund zu halten.«

Bensemann wedelte mit der Hand, um den Rauch seiner Zigarre zu vertreiben. »Aber statt den Sport der Jugend zu fördern, wird er ihr erschwert. Sportplätze werden bebaut, sonntags das Spielen untersagt und vor allem: An den meisten Schulen ist Fußball nicht erlaubt, in Bayern hat ein absurdes Dekret sogar allen Schülern unter 17 Jahren den Sport verboten. Und das in einer Zeit, wo die Massen endlich zum Fußball hinströmen, als Zuschauer wie als Aktive.«

»Du willst doch nicht etwa Politiker werden?«, fragte Ivo Schricker trocken.

Bensemann bemerkte den kleinen Stich, denn Ivo lag so weit nicht daneben. Er hatte eine politische Karriere ernsthaft erwogen, doch da er die Parteien verabscheute, ließ er die Idee wieder fallen. Dennoch drängte es ihn auf neue Bahnen. Hinter seinem Lehrerkatheder fühlte er sich abgeschnitten von der rasanten Entwicklung, die der Fußball nach dem Krieg genommen hatte. Das Spiel war unter den Soldaten populär geworden, und wer das Gemetzel an der Front überlebt hatte, brachte die Fußballbegeisterung mit nach Hause. Überall in Deutschland erhielten die Vereine riesigen Zulauf, füllten sich die Stadien. Die meisten Zuschauer kamen in zerschlissenen Anzügen, und manchem abgemagerten Spieler sah man die Entbehrungen der Kriegs- und Hungerjahre an. Aber sie waren mit dem Enthusiasmus neu gewonnener Jünger dabei, und Bensemann hatte nicht vor, abseits zu bleiben.

Ihm war klar, dass er in Vereinen und Verbänden nichts zu suchen hatte; ein Engagement dort würde zweifelsohne in den bekannten Querelen enden. So wählte er eine Alternative, bei der Eigensinn und Formulierungslust gefragt waren: Er wurde Publizist.

Im Sommer 1919, nach dem blutigen Ende der Münchener Räterepublik, trat Bensemann in die Redaktion des »Fußball« ein, jenes Sportblattes für Süddeutschland, das Eugen Seybold seit neun Jahren mit Erfolg herausgab. Doch schon nach einigen Wochen war klar geworden, dass die Zusammenarbeit nicht funktionieren konnte: Seybold und Bensemann waren sich in ihrem Selbstverständnis als Grandseigneurs des Sports zu ähnlich. In allem Anstand gingen sie auseinander, ohne dass Seybold ahnte, dass Bensemann beschlossen hatte, dem »Fußball« mit einem eigenen Unternehmen Konkurrenz zu machen.

Den Plan einer selbstständigen Zeitung hatte Bensemann bereits vor zwei Jahrzehnten erwogen, als er sich bei Bloch in der Berliner Redaktion der »Spiel und Sport« umgeschaut hatte. Doch aus jener Zeit wusste er zugleich um die Schwierigkeiten, die es bereitete, ein wöchentliches Periodikum herauszubringen. Die ersten Seiten mit brillanten Artikeln zu füllen hielt er für das geringste Problem, was seine Person anbetraf. Doch er brauchte auch ein Netz von Korrespondenten, die das Blatt mit Nachrichten vom Fußballgeschehen in Europa versorgten. Er brauchte Fotografen, die dramatische Bilder lieferten. Er brauchte einen Vertrieb, der die Zeitung an den Mann brachte. Und natürlich brauchte er Startkapital. Vor all diesen Problemen hatte er seinerzeit kapituliert, und auch heute, im Frühjahr 1920, waren seine Voraussetzungen nur wenig besser.

»Ich weiß nicht, ob ich eine sichere Lehreranstellung aufgegeben hätte für ein solches Abenteuer«, war Fritz Langers erste Reaktion, nachdem Bensemann seine vier Freunde in der »Goldrebe« eingeweiht hatte.

»Hättest du wirklich erwartet, dass unser Freund vor der Schultafel Wurzeln schlägt, während die Massen zum Fußball strömen?«, lächelte Ivo Schricker.

»Wahrhaftig, nein«, stimmte Ernst Langer zu. »Nun also: Welcome home, old boy. Ich freue mich, dass du wieder bei uns bist und uns mit deinen Einfällen um die Fassung bringst.«

So saßen sie zusammen wie in ihren seligen Karlsruher Tagen. Karl Geppert war der Jüngste; er hatte als Siebenjähriger die Gründung des Karlsruher FV miterlebt und zählte seither zu Bensemanns treuesten Vasallen. Ivo Schricker war inzwischen ein angesehener Justiziar, der dem Fußball jedoch verbunden blieb. Im süddeutschen Verband galt er inzwischen als der kommende Mann. Fritz Langer, wie sein Bruder Ernst ein Ingenieur und renommierter Schiedsrichter, amtierte mittlerweile als Vorsitzender des Karlsruher FV. Vom schweigenden Geppert abgesehen, gingen sie Richtung 50, ihre Köpfe begannen honorig zu ergrauen, und über den Lippen wuchsen situierte Schnurrbärte. Doch nun heckten sie mit Inbrunst über Bensemanns kühnem Plan wie damals, als er ihnen mit der Gründung der Karlsruher Kickers gekommen war.

»Keine Frage, dass ich dir das zutraue«, erklärte Schricker. »Aber bist du sicher, dass es in Süddeutschland Platz genug gibt für zwei Sportzeitungen? Mir scheint, der ›Fußball‹ ist gut eingeführt, und immerhin ist er das offizielle Organ des Verbandes.«

»Das lässt sich ändern. Außerdem spielen im Süden mittlerweile 200.000 Menschen in Vereinen Fußball. Das sollte für beide Zeitungen reichen. Davon abgesehen, mangelt es Seybold an drei Dingen: Er vernachlässigt die südwestdeutschen Vereine. Er hat zu wenig internationale Korrespondenten. Und er ist zu zahm. Ich bin sicher, dass ich ihn in kürzester Zeit überflügeln werde.«

Die Schwächen des »Fußball« waren Bensemanns Stärken. In aller Stille hatte er alte Beziehungen und Drähte neu geflochten. Im Süden gab es kaum eine Stadt, in der nicht ehemalige Schüler saßen, die er trainiert oder zum Kicken angestiftet hatte. Jetzt waren sie Rechtsanwälte, Unternehmer oder Regierungsräte, Familienväter und Honoratioren, aber sie fühlten sich noch immer als alte Pioniere der Fußballbewegung verpflichtet. Manchen reizte, was Bensemann ihm bot: eine in Stil und Inhalt unabhängige, ehrenamtliche Berichterstattung über das Sportgeschehen vor Ort.

Anders als Seybolds Kontakte reichten Bensemanns Beziehungen auf vielen Pfaden ins Ausland. Obwohl es nicht einmal zwei Jahre her war, dass der Krieg Europa zerrissen hatte, konnte er in Städten wie London, Paris, Zürich, Wien, Prag oder Budapest auf die Mitarbeit alter Freunde zählen. Sein größtes Kapital aber war sein Ruf als legendärer Querkopf, der die Fußballszene in Süddeutschland mehr als einmal durcheinander gebracht hatte und um den sich mittlerweile allerlei Geschichten und Mythen rankten. Er wusste, dass man von ihm alles andere als eine sachlich-nüchterne oder gar langweilige Zeitung erwarten würde. Und er war entschlossen, diese Erwartungen zu erfüllen.

»Natürlich werden wir dein Projekt unterstützen«, erklärte Fritz Langer feierlich. »Die ersten drei Abonnements kannst du für den KFV buchen.« Karl Geppert nickte lebhaft. »Und eines für mich persönlich!«

»Ich nehme an, du benötigst noch Kapital«, erkundigte sich Schricker fürsorglich, wenn auch nicht ohne eine gewisse Ironie.

»Keine Sorge, alter Freund, eure Familienkasse bleibt diesmal unangetastet«, entgegnete Bensemann heiter. »Man ist ja ein wenig gereift in all den Jahren. Ich fasse nur noch Dinge an, die ich auch bezahlen kann.«

Freilich war das nur die halbe Wahrheit. Bensemann hatte seine Zeitungsgründung mit einem Kapital von gerade mal 1.130 Mark ausgestattet, mehr war nicht angespart. Diese Summe reichte knapp aus, um die erste Nummer in den Druck zu geben.

»Überdies«, fuhr er fort, »will ich der Zeitung größtmögliche Unabhängigkeit erhalten, und das geht nur, wenn kein fremdes Geld darin steckt. Nein, ich brauche kein Kapital, sondern Abonnenten. Und deshalb wäre ich euch unendlich dankbar, wenn ihr für den ›Kicker‹ Reklame macht.«

»Für den was?«

»Für den ›Kicker‹. So wird das Blatt heißen.«

Die drei anderen sahen sich verblüfft an. »Das ist nicht dein Ernst.«

»Mein voller Ernst!« Bensemann lehnte sich genüsslich zurück. »Was spricht gegen diesen Namen? Haben wir nicht seinerzeit mit großem Erfolg die Kickers als Verein gegründet?«

»Das waren andere Zeiten«, sagte Schricker ernst. »Damals konnte ein bisschen Provokation nichts schaden. Wir waren jung und die anderen die Spießer. Du weißt selbst, dass die Dinge heute anders stehen. Heute spielt die große Masse Fußball, und zu Recht verlangt die Bewegung eine seriöse Anerkennung. Das ist ja auch dein Anliegen. Dann darfst du aber nicht mit einer Zeitung kommen, die einen so lässigen englischen Namen hat.«

Ernst Langer pflichtete bei: »Uns selbst mag ›Kicker‹ etwas bedeuten. Für andere klingt es ziemlich … nun, eben englisch.«

»Ominös«, erklärte sein Bruder.

»Richtig, englisch und ominös.«

»Wieso englisch, wieso ominös?«, fragte Bensemann und paffte behaglich. »›Kicker‹ ist doch längst ein Begriff in Deutschland. Wir hatten die Karlsruher Kickers und die Frankfurter Kickers, wir haben heute noch die

Würzburger Kickers, um nur einige zu nennen. In England dagegen, versichere ich euch, gibt es keinen einzigen Verein, der ›Kicker‹ heißt. Wanderers, Rovers, Ramblers oder Pilgrims, alles gibt es dort, aber keine Kickers. Übrigens auch keine Zeitung diesen Namens. Ich kenne überhaupt nur eine Zeitung, die so heißt, nämlich den ›Arizona Kicker‹, und das ist wahrhaftig eine jener amerikanischen Zeitungen, die eine eigene Meinung hat und sich nichts gefallen lässt. Also scheint es mir alles in allem ein sehr ehrenwerter Name.«

Und als die Freunde keineswegs überzeugt schienen, legte er nach: »Außerdem geht es mir darum, den internationalen Charakter unserer Bewegung herauszustellen. Der ›Kicker‹ wird die Deutschen über den Fußball im Ausland informieren, und das Ausland über den Fußball in Deutschland. Und das Wort, das sie in England genauso verstehen wie in Frankreich oder in Ungarn, ist nun einmal: Kicker.«

Konstanz am Bodensee ist nicht gerade ein Ort, der sich als Sitz einer Fußballzeitung aufdrängt. Dass Walther Bensemann hier seine Redaktion einrichtete, war ebenso nüchtern wie zufällig begründet. Die umtriebige Katharina hatte ihn mit dem Besitzer der Druckerei Reuss & Itta, nämlich Eduard Reuss, bekannt gemacht, der zu dem Risiko bereit war, Woche für Woche eine Zeitung zu drucken und auf die gelegentliche Begleichung der Rechnung zu hoffen. Zwar schien das riesige Interesse, das der Fußball neuerdings erfuhr, Bensemanns unternehmerischen Optimismus zu rechtfertigen. Doch Weltkrieg, Reparationszahlungen und die innenpolitischen Kämpfe um die junge Republik hatten das Land ausgeblutet. Die Arbeitslosigkeit war eine ebenso erschreckend selbstverständliche Erscheinung wie der Hunger, und der Kauf einer Sportzeitschrift war für viele Deutsche ein unerschwinglicher Luxus. Es war nicht eben eine günstige Zeit dafür, mit schmaler Kapitalbasis und ohne jede kaufmännische Erfahrung ein Zeitungsunternehmen zu gründen.

Bensemanns Firmensitz bestand vorerst nur aus drei Räumen oberhalb der Druckerei, die mit je einem Schreibtisch und einigen leeren Aktenschränken bescheiden eingerichtet waren. Dennoch gab es Platz genug: Der »Kicker« war zum Zeitpunkt seiner Gründung ein reines Einmann-Unternehmen.

»Vor Ihnen steht«, erklärte Bensemann, als ihn Katharina in Konstanz besuchte, »sozusagen die gesamte Belegschaft meines Unternehmens. Ich bin Korrespondent, Redakteur, Herausgeber, Geschäftsführer und Verkaufsleiter in einer Person. Und wie es aussieht, werde ich wohl die erste Nummer auch eigenhändig expedieren müssen.«

Die Schweizerin lachte. »Hauptsache, Sie sind nicht auch der einzige Leser.«

Katharina von Steinhof, geborene Sanders, war mittlerweile eine 39-jährige, selbstbewusste Frau, die sich noch immer weigerte, ihre jugendliche Unbekümmertheit und Extravaganz aufzugeben. Vor einigen Jahren war sie zur Erleichterung ihrer Eltern endlich eine Ehe eingegangen, ohne freilich ihren Lebensstil sonderlich zu ändern. Ihren Mann, einen Diplomaten im Dienst des Schweizer Außenministeriums, sah sie höchst selten, da entweder sie oder er auf Reisen waren. Bei aller Wertschätzung füreinander waren beide Partner mit diesem Arrangement höchst zufrieden.

Katharina liebte es, allein zu reisen und in den Hotelsalons durch indiskrete Bemerkungen oder die Lektüre anarchistischer Schriftsteller ein gewisses Tuscheln auszulösen. Auch im biederen Konstanz, das sie sich von Bensemann zeigen ließ, schaffte sie es mühelos, mit ihrem eigenwilligen grünen Sommerkleid und ihrem grotesk geformten Hut kopfschüttelndes Aufsehen zu erregen. Erst in Bensemanns kargem Büro nahm sie das gelbe Ungetüm vom Kopf und setzte sich an einen der leeren Schreibtische.

»Nun, Herr Schriftleiter, haben Sie eine Mitarbeiterin und sind gezwungen, eine Konferenz abzuhalten. Erörtern wir also das Thema der ersten Nummer unseres ›Kicker‹.«

Lächelnd ging Bensemann auf das Spiel ein. »Wie der Zufall so spielt, verehrte Kollegin, findet einige Tage vor dem Erscheinen der Zeitung das erste internationale Spiel der deutschen Nationalelf nach dem Kriege statt. Erfreulicherweise gegen die Schweiz, und das auch noch in Zürich, sozusagen vor Ihrer Haustür. Darüber müssen wir natürlich groß berichten.«

»Wahrhaftig, ich habe davon nichts gehört. Aber natürlich werde ich bei dem grandiosen Ereignis dabei sein. Monsieur, ich rechne auf Ihre Begleitung.«

»Sehr schmeichelhaft, aber leider unmöglich. Ich bin sozusagen offiziell dort.«

»Nun gut, ich werde mir diesen Affront merken. Fahren wir also fort mit der Konzeption der Zeitung.«

»Das Wichtigste ist zweifelsohne der Verbandstag der süddeutschen Fußballer, der in einigen Wochen in Ulm stattfinden wird. Dazu müsste es einen Vorbericht und einen Kommentar geben.«

»Sehr gut«, erklärte Katharina. »Und dieser Kommentar scheint mir bestens geeignet, die programmatische Linie der Zeitung zu proklamieren. Damit jeder Leser weiß, woran er beim ›Kicker‹ ist.«

Bensemann nickte vergnügt. »Das ist in der Tat so beabsichtigt. Daneben werden natürlich noch Korrespondentenberichte aus verschiedenen Städten und Personalnotizen über namhafte Sportler veröffentlicht. Persönliches interessiert die Leute immer.«

»Beginnen wir also«, verkündete Katharina, »mit dem Vorbericht auf den Verbandstag. Wer trifft sich wann, wo und warum, und was steht auf der Tagesordnung?«

»So prosaisch zu beginnen, meine Liebe, wäre grundfalsch, denn so beginnt jede andere Zeitung ihren Artikel auch, und es gäbe keinen Grund, gerade den ›Kicker‹ zu lesen. Nein, wir müssen so anfangen, dass schon in der ersten Zeile der ersten Ausgabe klar wird: Hier ist etwas Neues.«

Katharina nahm sich Stift und Papier. »Ich höre.«

»Lassen Sie mich überlegen. Was fällt Ihnen beim Namen Ulm ein?«

»Nicht viel, denn ich war nie dort. Das Münster natürlich. Die sprichwörtlichen Spatzen. Und das arme Schneiderlein, das fliegen wollte und in die Donau purzelte, gerade wie der Professor Imgraben aufs Tanzparkett.«

»Nun gut, beginnen wir die Sache vielleicht mit den Spatzen. Sind Sie bereit?«

Katharina nickte, und Bensemann begann zu diktieren.

»Lieblich pfeift der Spatz; von den Türmen des Münsters, das gotische Baukunst noch vollkommener schuf als die Abtei der heiligen Gundula in Brüssel oder Mailands an einen Hochzeitskuchen gemahnenden Dom, klingen die Glocken des Willkommens; vom Hotel Mezer bis zum Donauufer rüsten sich die Gaststätten, um die Vertreter der süddeutschen Vereine zu beherbergen, und ich würde mich nicht wundern, wenn der Ratsschreiber in der Amtstracht des 15. Jahrhunderts, von zierlichen Pagen begleitet, mit Trompetenschall in allen Herbergen laut verkündete: Nun trinket doch, und esset euch satt, was euch der Ulmer Magistrat bescheret hat.«

Bensemann machte eine Pause, in der nur das Kratzen des Schreibgeräts zu hören war. »Trefflich formuliert, aber es klingt nicht gerade nach Fußball«, meinte Katharina kopfschüttelnd, als sie aufgeholt hatte. »Der Leser wird meinen, er habe sich in einen literarischen Reisebericht verirrt.«

»Genau das soll er. Und gerade, wenn er sich dareingefunden hat und alles für harmlose Nettigkeiten hält, folgt der Paukenschlag. Schreiben Sie also weiter: ›Gar übel passt zu Renaissancestil und Festesfeier die Parteipolitik, die Kriegspsychose kleiner und großer Koterieen. Im hastenden Trubel der Vorberatungen zum Spielsystem, im Geltendmachen von Maximalforderungen, an deren Erfüllungsmöglichkeit niemand glaubt und niemand glauben kann, zeigt sich derselbe Mangel an politischer Reife, an Kompromisskunst, an dem unser ganzes staatliches Leben krankt. Und willst du nicht mein Bruder sein, dann schlag ich dir den Schädel ein, heißt das Leitmotiv, nach dem das Ulmer Konzert ausklingen soll.‹«

»Ich sehe, jetzt wird's ernst«, kommentierte Katharina, während sie schrieb. »Aber geht es nicht ein wenig zu weit, den Verband so heftig zu kritisieren, bevor die Tagung überhaupt begonnen hat? Und gehört das nicht eigentlich in Ihren Kommentar?«

Bensemann schüttelte den Kopf. »Das eigensinnige Denken der Verbandsdelegierten ist eine Tatsache. Zwar keine, die man gerne hört und die man abstreiten wird, aber eben doch eine Tatsache. Und an unbequeme Wahrheiten wollen wir die ›Kicker‹-Leser gewöhnen. Also weiter im Text.«

Bensemann diktierte den kurzen Leitartikel weiter: eine einzige Anklage gegen den Egoismus der Vereine, die eigensinnig über Nebensächliches stritten und nicht an gemeinsame Interessen dächten. Schließlich sagte er: »Zum Schluss wollen wir versöhnlich werden und auch eine kleine Reverenz an meine fabelhafte Sekretärin nicht vergessen. Also schreiben Sie: ›Beschränkung, nicht Beschränktheit wird auch in der alten schwäbischen Stadt den Meister ergeben, und alle Vereinsvertreter, die im Schatten des mittelalterlichen Domes zur Beratung versammelt sind, werden gut tun, das Sprichwort zu beherzigen: Il faut souffrir, pour être beau – man muss leiden können, um schön zu sein.‹«

Katharina notierte den Schlusssatz unter Protest: »Was soll das heißen? Ich leide ganz und gar nicht. Bin ich deshalb etwa hässlich? Mir scheint, wenn einer leiden muss, um Schönheit zu erringen, dann unser Schriftleiter, wenn er nämlich seinen Bauch abhungert.«

»Ich gebe zu, es passt nicht ganz auf Ihre Person«, räumte Bensemann ein. »Statt ›schön‹ müsste es ›skandalös‹ heißen. Aber die alten Philosophen konnten nicht wissen, dass es einmal Frauen wie Sie geben würde.«

»Vor allem wussten sie nichts von jenen merkwürdigen Männern, die in kurzen Hosen hinter einem Lederball herlaufen und eine Philosophie daraus machen. Bedauerlicherweise. Denn sonst wäre ihnen sicherlich eine passende Gemeinheit dazu eingefallen.«

Mittlerweile hatte Bensemann seine Zeitungsgründung öffentlich gemacht, wobei er mehr Skepsis als Zuspruch erntete; zwei Fußballblätter für Süddeutschland schienen den meisten denn doch übertrieben. Seybold schickte ein höfliches Schreiben, worin er neben kollegialen Glückwünschen die Überzeugung äußerte, der »Kicker« werde das erste Jahr nicht überstehen. Und der DFB abonnierte ein Exemplar zur Probe.

Seine Belegschaft hatte Bensemann um eine Schreibkraft erweitert, die Werbebriefe versandte und seine Diktate aufnahm, außerdem leistete er sich ein Telefon mit der Nummer 154. Unverhofft trat schließlich noch ein 17-jähriger Schüler dem kleinen Unternehmen bei: Hans-Jakob Müllenbach stand eines Tages schüchtern im Büro des »Kicker« und versicherte, für sein Leben gern Fußballjournalist werden zu wollen. Vorerst, bis die Schule abgeschlossen sei, könne er nur gelegentlich mitarbeiten, doch sei er ohne Entgelt zu allen denkbaren Tätigkeiten bereit. Der schmale, hoch aufgeschossene Junge mit dunklen Haaren und unruhigem Blick erinnerte Bensemann sofort an John, weniger vom Äußeren als in seinem Wesen. Körperhaltung, Mimik und Stimme verrieten jene eifrige Hilfsbereitschaft und opferwillige Treue, mit der sich John einst an Bensemann geschmiedet und ihre Freundschaft begründet hatte. Spontan fasste er den Jungen ins Herz. Er konnte jede Hilfe gebrauchen, doch auch wenn das anders gewesen wäre, hätte er ihm auf der Stelle zugesagt.

Während der nächsten Tage verbrachte Müllenbach seine gesamte Freizeit in der Redaktion, wo er sich mit Enthusiasmus in alle ihm übertragenen Pflichten einarbeitete. Anders als Bensemann schaffte er es trotz seiner Jugend, so etwas wie eine Ordnung in die Verwaltung des Unternehmens zu bringen, was ihn binnen kurzem nicht nur zum selbstverständlichen, sondern sogar unentbehrlichen Teil des Betriebes machte. Zu seinen wichtigsten Aufgaben zählte es zudem, Bensemann unliebsame Besucher und vor allem die Drucker vom Hals zu halten.

»Der Meister aus der Druckerei meint, er bräuchte jetzt endlich das letzte Manuskript.«

»Er soll sich zum Teufel scheren. Es dauert noch ein Weilchen.« Bensemann schmierte über das Papier. »Ich brauche noch ein gutes Zitat, um Linnemann für seine dürre Rede in Zürich eins zu verpassen. Du kennst Linnemann?«

Müllenbach schüttelte verzweifelt den Kopf.

»Einer der ungeschicktesten Köpfe im neuen DFB-Vorstand. Zu ihm fällt mir nur etwas ein, das ich besser nicht schreibe: ›O quantum est in rebus inane?‹ Das kannst du dir ohnehin als Lebensweisheit merken: ›Oh wie viel Leeres gibt es in der Welt.‹«

»Herr Bensemann, der Meister sagt, wenn die Zeitung morgen gedruckt werden soll, braucht er den letzten Text jetzt sofort. Und im Kopf der Zeitung fehlt noch der Preis.«

»Mir scheint, er ist nicht nur ein Meister des Tiefdrucks, sondern auch einer des Zeitdrucks. Also gut, verzichten wir auf den Hieb gegen Linnemann. Der Künstler resigniert, wo die Technik triumphiert. Hier hast du meine Ergüsse. Und der Preis? Hatten wir doch festgelegt, oder?«

»1,50 Mark das Einzelheft und 13 Mark das Quartalsabonnement.«

»Also sei's drum. Wie viele Abonnenten haben wir denn inzwischen?«

Müllenbach wusste es auswendig. »25 Abonnements von 17 Abonnenten.«

»Grandios!« Bensemann deutete auf das Telefon an der Wand. »Die 17 könnten wir auch mit diesem neumodischen Ding hier informieren und den Druck der Zeitung sparen. Wer sind denn die Glücklichen?«

»Am meisten hat der FC Bayern bestellt, nämlich vier.«

»Ich weiß, auf Landauer ist eben Verlass. Und der KFV drei, nicht wahr?«

»Ja, und ebenso viele der süddeutsche Verband. Dann haben die Stuttgarter Kickers zwei und einige Vereine ein Einzelabonnement.« Müllenbach blickte unglücklich. »Herr Bensemann, die Drucker warten.«

»Also los, dann bring ihnen den Text, bevor sie vor Zeitdruck platzen.«

Die ersten acht Seiten der Zeitung waren ausschließlich mit Artikeln von Bensemann gefüllt. Der Einleitung zum Ulmer Verbandstag, die er Katharina diktiert hatte, folgte tatsächlich ein Kommentar, der eher einer programmatischen Grundsatzerklärung des Herausgebers glich. Den eigentlichen Zweck des Kongresses, ein geeignetes Ligasystem für Süddeutschland zu finden, hielt Bensemann für nebensächlich und die diversen Anträge dazu für pure Vereinsegoismen. Stattdessen müsse sich die Fußballbewegung der sozialen Aufgabe widmen, möglichst vielen Kindern und Jugendlichen Sportmöglichkeiten zu eröffnen. Insbesondere an den Schulen müsse Fußball eingeführt werden, allerdings auf freiwilliger Basis: »Den Geist, der die Sache lebensfähig macht, den müssen die Buben selbst schaffen, die ja unter sich, im freien Spiel, weit bessere Erzieher als alle alten Pädagogen sind. Diese Buben würden dem neuen Deutschland die Bürger geben, die es braucht: Der Zwang wird sie nie bilden helfen, nur der freie Wille.«

Übrigens hatte Bensemann nicht vor, es bei einem schriftlichen Kommentar bewenden zu lassen. Er kündigte an, auf dem Verbandstag selbst entsprechende Anträge einzubringen. Wenn er als Zeitungsmann schon Zutritt zu allen wichtigen Ereignissen hatte, dann war er entschlossen, diese nicht nur vom Rande zu beobachten und zu kommentieren, sondern sie aktiv zu beeinflussen.

Auch zum Länderspiel gegen die Schweiz fuhr er weniger als Betrachter denn als Beteiligter. Für das isolierte Nachkriegsdeutschland bedeutete dieses Spiel einen diplomatischen Triumph der Sportpolitik, den Bensemann zwar nicht eingefädelt, aber doch befördert hatte. Niemand in Deutschland verfügte über bessere Kontakte zur Schweizer Fußballszene als er, und wie selbstverständlich mischte er sich am Spieltag auf der Ehrentribüne unter die Offiziellen. Dort, und auch beim anschließenden Bankett im Elite-Hotel, war er für die Schweizer ein gefragterer Mann als der deutsche Delegationsleiter Felix Linnemann, was dieser missmutig registrierte. Der Funktionär war ein ernst blickender Mann mit strengem Spitzbart und einem Hang zur Pedanterie. Als national gesinnter Konservativer liebte er Ordnung und Unterordnung, pflegte eine eiserne Etikette und hielt mit seiner ungewöhnlichen hohen Stimme Reden, die meist an gestelzte Verlautbarungen erinnerten. Einzelkämpfern und Hasardeuren misstraute er zutiefst, und es war offensichtlich, dass er zu ihnen auch Bensemann zählte.

Linnemanns Ärger sollte sich beträchtlich vergrößern, als er später im »Kicker« den Bericht über das Spiel las: Dass Deutschland trotz vermeintlich besserer Spieler mit 1:4 verloren hatte, schrieb Bensemann zwar auch dem Umstand zu, dass die Mannschaft weisungsgemäß äußerst zurückhaltend agiert habe: »Nie hat eine internationale Elf fairer und mustergültiger gespielt als unsrige in Zürich.« Aber ausschlaggebend für die überraschende Niederlage sei denn doch die Inkompetenz der Funktionäre gewesen: »Wäre der Deutsche Fußball-Bund meinem Rate gefolgt und hätte er drei Tage vor dem Spiel die ganze Mannschaft Townley in Kur gegeben, dann wäre uns die hohe Niederlage erspart geblieben; eine internationale Elf gehört in letzter Instanz in die Hände eines erfahrenen Trainers und nicht in die Obhut von lauter Verbands- und Bundesbeamten, deren Kenntnisse, wenn sie jemals erstklassig waren, weit zurückliegen.«

Linnemann, der Kriminalbeamter war, verstand die doppelbödige Anspielung sehr gut, zumal er feststellen musste, dass seine Bankettrede mit einem einzigen dünnen Satz erwähnt war, diejenigen der Schweizer dagegen überschwänglich gelobt wurden. Überdies polemisierte Bensemann eine Seite weiter gegen Robert Hefner, einen Vorstandskollegen Linnemanns, der im DFB gleichfalls für die Auslandsbeziehungen zuständig war. Hefner hatte auf einer DFB-Bundestagung einige heftige Worte gegen die Staaten gefunden, die momentan den Sportverkehr mit Deutschland ablehnten. Voll Hohn hatte Bensemann formuliert, Hefner sei kein »ministre des affaires étrangères«, also kein Minister für auswärtige Angelegenheiten, sondern ein »étranger aux affaires«, und behauptet, »dass die Art und Weise, wie Herr Hefner den DFB im Ausland vertritt, gänzlich verkehrt ist. Herr Hefner hat das getan, was wir mit Recht bei den andern tadeln: Er hat die Politik in den Sport hineingezogen; er hat damit unsern Interessen im Ausland schlecht gedient. Wir in Süddeutschland verstehen nicht die Mentalität eines auf dem Boden Liegenden, der die eine Hand nach Nahrung und Rohstoffen ausstreckt, damit unsere Kinder und Greise nicht zugrunde gehen, und mit der andern geballten Faust dem Sieger droht«.

Offenbar war Bensemann entschlossen, jene Konfrontation wieder aufzunehmen, die ihm bereits 20 Jahre zuvor, anlässlich der Spiele gegen die Engländer, die Gegnerschaft der meisten Verbandsfunktionäre in Deutschland eingetragen hatte.

Am Abend des 13. Juli 1920, einem Dienstag, rollte ein von Hand gezogener Transportwagen aus dem Druckhaus Reuss & Itta. Beladen war er mit den ersten Stapeln des druckfrischen »Kicker«. Quer durch Konstanz zog der Herausgeber nebst Müllenbach und einigen Hilfskräften der Druckerei das Gefährt, hin zum Grenzübergang ins schweizerische Kreuzlingen, wo neben Zollbeamten auch ein Fotograf wartete. Die erste Partie »Kicker« ging ins Ausland, und Bensemann gedachte dieses Ereignis gebührend festzuhalten. »Heute«, meinte er zu Müllenbach, als sie sich für den Fotografen hinter dem Handwagen aufbauten, »erscheint dir das Foto vielleicht profan. In 30 Jahren aber wird es denselben historischen Rang haben wie das Foto auf unserer ersten Titelseite«. Denn dort hatte Bensemann in dem ihm eigenen Geschichtsverständnis jenes Bild platziert, für das die erste Mannschaft der Karlsruher Kickers im Jahre 1893 beim Fotografen Brentze vor dessen gemalter Waldkulisse posiert hatte.

Das Echo auf die erste Ausgabe seiner Zeitung war keineswegs so gewaltig, wie Bensemann erhofft hatte. Es gab einige begeisterte Zuschriften, wobei der Brief des Professors Imgraben an Lobeshymnen alle anderen übertraf. Einige störten sich an der Polemik oder dem englischen Titel »Kicker«. Insgesamt überwog höfliches Wohlwollen, das sich in den folgenden Wochen durchaus festigte, weil es Bensemann gelang, einige halbwegs namhafte Gastautoren für den Leitartikel zu gewinnen, so den ehemaligen bayerischen Justizminister Ernst Müller, den Gründer der Berliner Hochschule für Leibesübungen, Carl Diem, oder den Karlsruher Bürgermeister Kleinschmidt. Doch die Zahl der Abonnenten blieb erschreckend gering. Jeden Morgen befragte Bensemann seinen Helfer Müllenbach, der inzwischen zum Leiter der Expedition ernannt worden war, nach den eingegangenen Bestellungen, und jedes Mal antwortete ihm der junge Mann so verlegen, als trage er die Schuld daran, mit einer peinlich niedrigen Zahl. Einige Zeit ignorierte Bensemann diese Entwicklung in der Hoffnung auf Besserung. Dann, eines Abends beim Wein mit Freunden, platzte der Ärger aus ihm heraus, hielt sich bis zum nächsten Vormittag und wurde zu Papier gebracht: Bensemann lag es nicht, nach einer Stammtischtirade die Dinge am folgenden Morgen in einem milderen Licht zu sehen. Also diktierte er, da die Schreibkraft fehlte, dem verblüfften Müllenbach die Geschichte des englischen Rugby-Pioniers Percy Coles, der mit spendabler Unterstützung nahezu aller großen Rugby-Clubs in England eine neue Sportzeitung gegründet hatte, und fuhr dann fort:

»Ein Pendant. Als ich vor 14 Tagen das Debüt des Kicker feierte, sandte ich den sämtlichen Verbandsvereinen gleichzeitig mit dem Blatt Sammellisten für Abonnenten. Von den 700 und etlichen Clubs, an die der Ruf erging, haben Stuttgarter Sportclub 1900, Truchtelfingen, Ebingen, VfR Mannheim, Bayern, Konstanz, Villingen, Regensburg 61, Pirmasens, 1860, Fürth und Stadtturnverein Singen reagiert; die übrigen 689 und etliche hüllen sich in tiefes Schweigen. Man kann nun nicht gut behaupten, dass ich weniger für den deutschen Sport getan habe als Coles für den englischen; zum Zweiten weisen zahlreiche Zuschriften deutscher und schweizerischer Intellektueller auf die Qualität des neuen Organs hin. An mir liegt es also nicht, sondern einzig und allein an den Vereinsleitungen, die in rührender Apathie gegen alles, was nicht unmittelbar in den Vereinsrahmen passt, anderes schlankweg ad acta legen. So handeln 1920 die Fußballvertreter des ideal denkenden deutschen Volkes, das sich aus lauter ›heimlichen Königen‹ zusammensetzt und sich – risum teneatis! – auch heute noch als das Salz der Erde preist.«

»Soll das wirklich ins Blatt?«, wagte sich Müllenbach vor, ohne den Blick vom Papier zu nehmen.

»Wieso nicht?«

»Ich meine, wenn die Vereine so polemisch angegriffen werden, wollen sie erst recht nicht bestellen.«

»Nicht bestellt haben sie bis jetzt auch. Es kann also nur besser werden. Und Polemik, junger Freund, Polemik ist etwas anderes. Polemisch werde ich in der nächsten Ausgabe auch, aber nicht gegen die Vereine, sondern gegen diese Bürokraten und Politiker, die gegen den Sport sind und uns die Spielflächen in den Städten wegnehmen. Die heiße ich Menschen, die...« Er kramte in seinen Manuskriptseiten. »... ›die jahrzehntelang, mit verschwitztem Hemd und offenem Schillerkragen an den eleganten Ausland-Tables d'hôte Meyer und Schulze über vier Tische weg anprosteten und im Kasernenhofton nach dem Kellner brüllten‹. Ich nenne sie ›die Kulis einer Epoche, da der Untertan schweifwedelnd seine Inspiration von einer höheren Affenkaste empfing!‹. Und ich nenne sie Menschen, ›die jahrzehntelang nur Rülpse und Blähungen für alles das hatten, was Sport, Körperkultur, Reinlichkeit, Rückgrat und eigene Meinung heißt‹. Das, mein lieber Müllenbach, ist Polemik.«

Morgens, wenn Bensemann in die Redaktion eilte, hatte er in der Regel wichtige Passagen seiner geplanten Artikel schon im Kopf, hatte Sarkasmen oder Wortspiele an Stammtischen erprobt oder auf Spaziergängen ausgetüftelt. Dennoch merkte er bald, dass die Formulierungen noch zusätzlichen Schliff erhielten, wenn er sie dem beeindruckten Müllenbach vortrug, der ihm in seiner naiven Ahnungslosigkeit einen ideellen Durchschnittsleser ersetzte. So gewöhnte er es sich an, den Jungen von Zeit zu Zeit an der Entstehung wichtiger Artikel teilhaben zu lassen. Nach den Sommerferien hatte Müllenbach sich entschlossen, seine schulische Laufbahn vorerst zu unterbrechen und sich ganz dem »Kicker« zu widmen. Trotz der Berge von Büroarbeit, die täglich zu bewältigen waren, genossen es Herausgeber und Handlanger, sich hin und wieder einen vollen Vormittag freizuhalten, an dem ein dozierender und diktierender Bensemann dem wissbegierigen Müllenbach die Kunst der Journalistik erklärte.

»Du weißt, dass ich in jede Ausgabe meine Glossen setze. Glossen sind ein himmlisches Geschenk für Redakteure, denn darin dürfen sie alles. Sie dürfen kurz oder lang schreiben, sie dürfen mit der Nadel stechen oder mit dem Beil exekutieren, sie dürfen sachlich bleiben oder ironisch werden. Sie dürfen sogar auswählen, welches Faktum sie zu glossieren belieben. Nur eben das Faktum als solches muss gegeben sein. Es kann durchaus schon bekannt sein. Als Wochenzeitung kommen wir dem Leser meistens mit einer Neuigkeit, die keine mehr ist, weil er sie schon aus der Tagespresse kennt. Entscheidend ist, dass wir sie dem Leser in einem neuen Licht vorsetzen und in einer Form, die ihn entweder erzürnt oder belustigt. Ein sattsam bekanntes Faktum ist beispielsweise das unsägliche bayerische Fußballverbot für Schüler, das man nicht genug glossieren kann. In der letzten Nummer schrieb ich darüber, dass es ein Narr dekretierte und andere Narren seitdem nicht aufgehoben haben. Nun, heute haben wir eine neue Wendung in der langen Geschichte dieses Verbotes, nämlich einen Erlass aus dem bayerischen Staatsministerium für Unterricht und Kultus mit der Nummer 24566. Darin heißt es zunächst, wie nicht anders zu erwarten: ›Gegen das Fußballspiel jugendlicher Schüler sind seinerzeit schwerwiegende Bedenken, nicht bloß in Bayern, laut geworden.‹ Nun aber will der Herr Staatsminister Dr. Matt an einigen Schulen das Spiel unter gewissen Bedingungen versuchsweise erlauben und verlangt in seiner Akte am Ende: ›Über die mit dem Fußballspiel etwa gemachten Erfahrungen ist bis 15. Juli 1921 zu berichten.‹ Merke dir diesen Satz, wir kommen auf ihn zurück. So weit also das Faktum. Was schreiben wir nun dazu?«

Müllenbach dachte nach. »Vielleicht, dass es ein Schritt in die richtige Richtung ist?«

Bensemann nickte. »So könnte man es sehen. So ist es aber nicht. Um dies den Lesern klar zu machen, lassen wir erst einmal den ganzen Erlass beiseite. Dazu kommen wir später. Erst einmal geht es darum, zu zeigen, in welchem Geist dieser Erlass formuliert wurde. Er stammt von Männern, die schon zu Kaisers Zeiten auf dem Stuhl saßen, den sie heute mit ihrem Hintern bedecken. Sie leben in einer Welt, die mit der wirklichen wenig zu tun hat, und nichts scheuen sie mehr, als dass sich etwas ändert. Solange sie dort sitzen, wird sich daher nicht viel ändern, und darum sollten wir uns nicht scheuen, sie gehörig lächerlich zu machen. Beginnen wir also damit, dem Leser zu erklären, wen er vor sich hat, und zwar mit dem Mittel der Persiflage. Nun darfst du notieren: ›Die Referenten und Staatsräte in den Ministerien stammen aus einer Ära, die den Größenwahn als Emblem vor die Nationalflagge gesetzt hatte und die dem Stew aller Länder und Staaten das Salz der Erde als unverdauliche Beigabe zu mischen suchte.‹ Stopp. Du weißt, worauf ich anspiele? Die deutsche Überheblichkeit. Gut, also weiter. ›Die Repräsentanten dieser großen Zeit, deren Weltfremdheit und Mangel an Psychologie uns eine so herrliche Zukunft bereitet hat, haben kein Verständnis für die Probleme der Renaissance; selbst der Wiener Wunderdoktor könnte sie nicht verjüngen, denn sie haben, wie so mancher ohne Blinddarm, stets ohne die bekannte Drüse gelebt.‹«

Bensemann wartete, bis Müllenbach zu Ende geschrieben hatte. »Verstehst du es bis jetzt?«

»Ehrlich gesagt, nicht ganz.«

Bensemann grinste. »Das macht nichts. Es gehört zum Wesen der Glosse, dass sie manchem zunächst rätselhaft erscheint. Aber schön, werden wir konkreter in der Charakterisierung unserer Bürokraten. Bitte schreibe: ›Am Tage haben sie Akten studiert, verübt, gezeichnet, in einem Deutsch, das sich in Konditional-, Konzessiv- und Kausalsätzen erschöpft; und wenn sie müde vom Büro heimgeschlichen waren und dann abends mit der ehelich angetrauten Frau Oberregierungsrat oder Frau Mandarinenrat beim milden Lampenschein Langeweile austauschten, dann fasste die Frau, die das Fazit des Lebens schneller und besser zu ziehen gewohnt ist, das Resultat von anderthalb Menschenaltern zusammen und meinte wohl: Siehst du, Eduard, wenn ich nicht meinen Papagei hätte und du deine Hämorrhoiden, dann wären wir sehr einsam.‹«

Müllenbach glotzte ihn fassungslos an. »Das geht aber sehr weit weg vom Thema.«

»Das denkt sich der Leser auch, das soll er auch denken. Und gerade wenn es ihm reicht, dann kommen wir mit dem eigentlichen Faktum. Schreib also: ›Aus diesem Geist heraus wurde Nr. 24566 geboren: das Aktenstück, mit dem Herr Dr. Matt den Jungbayern aufwartet.‹«

Bensemann diktierte den gesamten Wortlaut des Erlasses und begann dann, ihn zu zerpflücken. Schließlich biss er sich am Schlusssatz fest, an den zu meldenden »etwa gemachten Erfahrungen«.

»Jetzt kommen wir zum Höhepunkt und Ende«, erklärte er. »Jetzt wird es dramatisch und lächerlich zugleich. Denn um mitzuteilen, wofür dieser Erlass als Einziges taugt, konfrontieren wir das erhabene Schauspiel des Staatsministers mit dem menschlichsten aller Bedürfnisse. Den Anlass liefert uns das so merkwürdig und aufschlussreich eingefügte Wörtchen ›etwa‹. Also notiere: ›Homerische Partikel und Cäsars Adjektive besagen nichts neben diesem ›etwa‹. Des Meeres und der Liebe Wellen verrauschen klanglos neben diesem ›etwa‹. In diesem ›etwa‹ steckt der ganze heilige Bürokraz. Wie sagte der unterfränkische Bauer zu seinem Gast aus der Stadt, der ein menschliches Rühren spürte: Rechts über d' Stiegn, und wenns't ›etwa‹ Papier brauchst, nachha ruafst.‹«

Müllenbach schrieb und schwieg.

»Nun?«

»Tja, sehr trefflich und lebendig formuliert, aber auch etwas, äh, ungewöhnlich.«

»Genau, ungewöhnlich. Das soll es auch sein. Müllenbach, das bayerische Fußballverbot besteht seit 1912, und seit diesem Tage wird zu Recht dagegen polemisiert. Wenn wir die altbekannten Argumente herunterbeten, würde das keinen mehr interessieren. Nein, wir werden dieses absurde Verbot noch häufig angreifen, und zwar immer so, dass die einen lachen und die anderen schamrot werden. Nur so bringen wir es auf die Dauer zu Fall.«

Begeistert von der Passage zeigte sich übrigens Katharina, die ihn wieder einmal auf eine Gesellschaft in Zürich eingeladen hatte, diesmal verbunden mit der Drohung, wenn er erneut absage, sei ihre Freundschaft ernstlich gefährdet. So kam er und hörte Hymnen auf sein Werk.

»Die Frau, die das Fazit des Lebens schneller und besser zu ziehen gewohnt ist«, sagte Katharina, »das habe ich meinen Damen neulich vorgelesen, und es hat ihnen ausgezeichnet gefallen. Zum Glück war keine dabei, die einen Papagei zu Hause hat, dafür aber einige, deren Männer sich mit Hämorrhoiden plagen. Sie haben trotzdem gekichert.«

»Das freut mich zu hören, auch wenn die Damen nicht ganz mein Zielpublikum sind.«

»Oh, sagen Sie das nicht. Heute Abend wird uns meine Freundin Elisabeth, wie ich hoffe, mit ihrem Gesang erfreuen. Sie hat durchaus mit Sport zu tun, denn ihre Ehe ist eine Menage à trois. Sie ist freiwillig mit einem Mann verheiratet und unfreiwillig mit dessen Fußball.«

»Kenne ich ihn? Wie heißt er?«

»Genau wie seine Frau, nämlich Bauwens. Nur der Ball heißt vermutlich anders.«

»Bauwens, der vor zehn Jahren gegen Belgien spielte?«

»Mein lieber Freund, er spielte vermutlich vor 20 Jahren mit Zinnsoldaten, aber mehr weiß ich wirklich nicht von seinen Gewohnheiten.«

»Das muss er sein. Er kommt aus Köln?«

»Sie kommen beide aus Köln, und wir wollen nicht vergessen, dass Elisabeth heute Abend den Mittelpunkt der Gesellschaft bilden wird.«

Es war tatsächlich Dr. Peter-Josef Bauwens, genannt Peco, ehemaliger Nationalspieler, erfolgreicher Bauunternehmer, persönlicher Freund des Kölner Oberbürgermeisters Konrad Adenauer und ein hoch geschätzter Schiedsrichter. Als Katharina sie einander vorstellte, zeigte sich, dass Bauwens den »Kicker« ebenso kannte wie seinen Herausgeber. »Ich wünschte mir, im Westen hätten wir ein wenig von Ihrem frischen Geist. Unsere Verbandszeitung, der ›FuL‹, singt doch arg im Chor derer, die den Verlust des Kaiserreiches nicht verkraftet haben.«

Zwar war Bauwens kein Freund allzu polemischer Attacken, zumal er sich dem Nationalen stärker verpflichtet fühlte als offenbar der »Kicker«. Dennoch fand Bensemann in ihm einen Mann, mit dem zu reden sich lohnte und der die internationalen Probleme des Fußballbetriebes mit einem realistischen Blick sah. Die Herren disputierten so intensiv, dass Katharina, die sie auf der Terrasse ihres Hauses aufstöberte, zweimal warnend hüsteln musste, um sie auf den bevorstehenden Auftritt der Sängerin hinzuweisen.

Die 40-köpfige Gesellschaft hatte sich um einen Flügel geschart, neben dem Elisabeth in einem langen schwarzen Kleid stand. Sie begann mit romantischen Liedern von Schumann, wechselte dann ins Französische, streute eine polnische Mazurka ein, bei der ihr Mann die Klavierbegleitung übernahm, und schloss mit zwei jiddischen Liedern, die am stärksten beeindruckten. Auch Bensemann lauschte gebannt ihrer angenehmen Alt-Stimme, die unscharfe Erinnerungen an ähnliche Gesellschaften wachrief, zu denen vor über 40 Jahren die Mutter in ihr Berliner Haus geladen hatte. Jene ferne Szenerie hatte er nicht mehr wirklich vor Augen, aber er formte sich im Laufe der Zeit eine feste Vorstellung davon, wie ein Bild, das man sich von den ersten, kaum erinnerten Jahren seines Lebens malt. Im Salon der Katharina von Steinhof und beim Gesang der Elisabeth Bauwens fand er sich plötzlich mitten in dieses Bild versetzt, und für einen Moment erschütterte es ihn, zu bemerken, wie weit sein eigenes Leben sich von dem seines Elternhauses entfernt hatte. Als die Lieder ausgeklungen waren, verließ er unauffällig die Gesellschaft, ohne sich zu verabschieden.

Nach vier Ausgaben des »Kicker« war die finanzielle Lage der neuen Zeitung Besorgnis erregend; nach der sechsten Ausgabe war sie katastrophal, und nach der zehnten hoffnungslos. Mit seinem Startkapital hatte Bensemann die erste Druckrechnung rasch beglichen, doch bis aus den Einnahmen auch die zweite Nummer bezahlt werden konnte, dauerte es bereits mehrere Wochen, die Bensemann mithilfe eines Bankkredits überbrückte. Doch das war keine Lösung von Dauer. Da neue Abonnements noch immer spärlich eingingen, reichten die Umsätze gerade aus, um die laufenden Kosten für Büro und Schreibkraft zu decken. Der besorgte Herr Reuss von der Druckerei Reuss & Itta überzeugte ihn schließlich, sich Erhard Walter anzuvertrauen, dem Prokuristen einer Konstanzer Firma, der im Ort als Genie in Sachen Finanzen und Vertrieb galt.

Eines Vormittags kam Walter herbeigeeilt, ein kugelrunder, energischer Mann, dem Eile die passende Fortbewegungsart und knappe Sätze die angemessene Form einer Unterhaltung zu sein schienen. Er war vorinformiert und bat Bensemann um Einblick in Finanzen und Buchhaltung, in Kalkulationen und Liquiditätspläne. Verlegen musste der Herausgeber einräumen, dass nichts davon existierte.

»Das habe ich mir gedacht«, bemerkte der Prokurist und blätterte in dem einzig verfügbaren buchhalterischen Requisit, einem von Müllenbach geführten Kassenbuch, das am Monatsende unglücklicherweise ein Minus auswies und daher offenbar fehlerhaft war.

»Sie haben zwei Möglichkeiten«, sagte Herr Walter, nachdem er aus dem Tohuwabohu der Papiere mühsam einige Daten wie offene Verbindlichkeiten und Abonnementzahlen ermittelt hatte. »Entweder Sie machen so weiter. In diesem Fall landen Sie vor dem Richter. Oder Sie führen das Unternehmen nach wirtschaftlichen Notwendigkeiten. Dann hätten Sie eine kleine Chance.«

»Und das bedeutet?«

»Das bedeutet erstens solide Buchhaltung. Das bedeutet zweitens energisches Eintreiben offener Forderungen. Das bedeutet drittens Reklame, Reklame und nochmals Reklame. Und das bedeutet viertens Veränderungen am Inhalt der Zeitung.«

Natürlich biss sich Bensemann am letzten Punkt fest. Erhard Walter forderte eine stärkere Berichterstattung über die süddeutschen Vereine: »Wer in der Zeitung steht, kauft sie auch!« Außerdem brachte ihm der »Kicker« zu viele internationale und belehrende Berichte. Ein wenig pathetisch lehnte Bensemann schlankweg ab und zitierte dabei seinen im letzten Heft abgedruckten Disput mit einem Leserbriefschreiber, der folgendes Verslein eingesandt hatte:

»Wer wird nicht unsern ›Kicker‹ loben!
Wird ihn die *Masse* lesen? Nein!
Es sollte weniger erhoben
Und fleißiger gelesen sein.«

In seiner Glosse hatte Bensemann geantwortet: »Sehr richtig; es fehlen die epischen Heroengesänge. ›In der 37. Minute durchbrach der Halbrechte, Kaspar Kanalgeruch von Kleinläuselsbach, die feindliche Verteidigung und sandte einen seiner 42er mit so unheimlicher Wucht ins Netz, dass der zufällig anwesende II. Vorsitzende des F.C. Radikalinski in Jekaterinoslaw ihm sofort eine Vakanz in seinem Verein mit 2 Kilo Papiergeld pro Woche in Aussicht stellte.‹«

»Ich kenne das Opus«, antwortete der Prokurist ungeduldig. »Aber ich sitze hier nicht als Ihr künstlerischer Berater. Sie wollten die Meinung eines Kaufmannes, und ich habe sie Ihnen gegeben. Zumindest sollten diese unsäglichen Leitartikel der diversen Gastautoren nach hinten verschoben werden. Aufsätze über Kommunalpolitik und Sport. Sehr rührend, aber langweilig. Über Hungergefahr und Elend in Deutschland, sehr ehrenwert, aber nicht das, was Leser in einer Sportzeitung sehen wollen. Ihr wahres Kapital sind Ihre eigenen Artikel, die Glossen. So etwas findet sich nur im ›Kicker‹. Das wird gelesen, und das muss ganz vorne im Blatt stehen. Und zwar ausführlich. Rät Ihnen der Kaufmann.«

Das nun freilich war ein Vorschlag, mit dem Bensemann sich arrangieren konnte, und so begann der energische Herr Walter in den nächsten Wochen damit, Ordnung in die Anarchie des Zeitungsbüros zu bringen. Er erwirkte einen längerfristigen Zahlungsaufschub bei der Druckerei, brachte die Geschäftsbücher auf den Stand, verschickte wirkungsvolle Mahnbriefe und organisierte einen Werbefeldzug. An den Verkaufsstellen wurden große Plakate aufgehängt, bei wichtigen Fußballspielen junge Männer engagiert, die mit Reklameschildern herumliefen. Bensemann wiederum verlängerte seine Glossen, die er fortan auf die Kopfseite der Zeitung rückte, und im Oktober kam der Moment, wo sich diese Maßnahmen glücklich ergänzten. Denn die Polizei trat auf den Plan.

Sie kam in Gestalt des Kriminalwachtmeisters Sauter, der, wenn auch ein wenig verlegen, sich amtlich räusperte und folgende Anschuldigung vorbrachte: Am vorletzten Sonntag sei bei einem Spiel des VfB Stuttgart ein Reklameläufer des »Kicker« festgenommen und seine Schilder konfisziert worden. Er sei beauftragt zur Feststellung der Personalien und zu Erhebungen darüber, warum respektive zu welchem Zweck verbotenerweise an einem Sonntag die Schilder herumgetragen worden seien.

»Donnerwetter«, sagte Bensemann. »Sie sind sicher, dass Sie Sauter heißen und nicht Meyerling?«

Der Kriminalmann bejahte ein wenig verwirrt und räumte eilig das Feld, als der Herausgeber ihn kühl an seine Rechtsanwälte verwies. Erhard Walter sah die Sache kaufmännisch und war begeistert, zumal sich herausstellte, dass die Stuttgarter Polizei den »Kicker«-Mann gefesselt abgeführt und über 50 Stunden arrestiert hatte, ohne ihn, wie gesetzlich vorgeschrieben, zu verhören.

»Das ist kostenlose Reklame für uns«, befand er fröhlich. »Einen besseren Dienst hätte uns die Polizei nicht erweisen können.«

Bensemann dagegen schäumte vor Wut, als er die Details erfahren hatte. »Bei der Stuttgarter Polizei herrscht ein Geist, der uns den unauslöschlichen Hass des gesamten Auslands gesäet hat«, dachte, erklärte und schrieb er, was dem Fall beträchtlichen Schwung verlieh, denn nun erging gegen ihn eine Strafanzeige wegen Beleidigung von Staatsorganen. Der »Kicker« erhielt Leserbriefe, die von rabiaten Übergriffen der Stuttgarter Polizisten im Allgemeinen und gegen Sportler im Besonderen berichteten; ein Betroffener hatte aus Beamtenmund die Chiffre »Sportsmann, also gemeingefährliches Individuum« gehört. Bensemann druckte alles und ritt fortan auf dem »gemeingefährlichen Individuum« herum, während Walter dafür sorgte, dass die Affäre gebührend an die Öffentlichkeit kam. Sie wurde zum Dauerbrenner, der immer wieder aufflackerte und erst eineinhalb Jahre später milde verglühte: Wegen seiner despektierlichen Angriffe auf die Polizei wurde Bensemann schließlich zu einer Geldstrafe von 300 Mark verurteilt.

Schon nach einigen Wochen hatten sich die Maßnahmen der Finanzmannes ausgezahlt. Die verkaufte Auflage des »Kicker« stieg ebenso stetig wie die Zahl der Abonnenten, die Finanzlage war überschaubar, wenn auch nach wie vor ernst. Auf Walters Drängen hin ging Bensemann das Wagnis ein, einen Fachmann für die Expedition einzustellen, der Müllenbachs eifrige, aber dilettantische Arbeit übernahm und es binnen kurzem schaffte, eine Reihe von Inserenten für das Blatt zu gewinnen. Der junge Müllenbach blieb der Mann für alle Fälle, war aber höchst zufrieden damit, mehr Zeit für seine journalistische Lehre zu gewinnen.

»Hier haben wir«, eröffnete ihm Bensemann eines Tages, »zwei Meldungen, die der Kommentierung bedürfen. Die erste ist äußerst erfreulich. In Berlin hat ein Spiel stattgefunden zwischen dem dortigen Militärmeister und dem englischen Marinemeister. Meines Wissens ist es das erste Spiel seit dem Krieg zwischen Engländern und Deutschen, und aufgrund des englischen Boykotts eigentlich verboten. Vermutlich wird man die Schiffstommys nach ihrer Rückkehr am Trafalgar Square vor Nelsons Statue vierteilen. Wie auch immer, wir haben einen hübsch sachlichen Bericht dazu vorliegen, dem ich einen einzigen Satz vorwegstelle. An diesem kannst du einen weiteren Kunstgriff der Glosse lernen, nämlich den der Andeutung. Lies.«

Bensemann reichte dem jungen Mann ein halb beschriebenes Blatt: »Die Weltgeschichte schreitet schnell; sie reißt Wall und Wälle ein; ewiger als Bombengeschwader, Unterseeboote und das Gift der Verleumdung zieht der Fußballsport seine Weltenbahn.«

»Nun, worauf spiele ich also an?«

»Auf den Krieg.«

»Das versteht sich. Aber das ist es nicht. Denke an meinen Leitartikel zwei Nummern zuvor.«

»Der mit dem Titel ›Der Engländer und der Krieg nach dem Krieg‹?«

»Genau derselbe. An wen war er gerichtet.«

Müllenbach strahlte. »Natürlich, es war Ihr Brief an Frederick J. Wall. Wall! Das ist es. Mit ›Wall‹ in der Einleitung ist sowohl eine Mauer wie der F.A.-Sekretär gemeint!«

Bensemann nickte zufrieden. »Richtig. Und was meint ›Wälle‹?«

»Nun, vermutlich alle Leute, die so denken wie Frederick J. Wall.«

»Ich sehe, ich werde verstanden, mein Sohn«, sagte Bensemann. »Eine Anspielung darf erst im zweiten Lesen auffallen, aber dann sitzt sie umso mehr. Gerade dass der Sünder nicht genannt wird, ja, gar nicht genannt zu werden braucht, aber dennoch jeder weiß, dass er gemeint ist, macht die Sache umso schlimmer für ihn. Und ausgerechnet Wall. Es ist ein Jammer.«

Einen Moment blätterte Bensemann zerstreut in seinen Papieren.

»Hier nun haben wir den zweiten Fall. Der badische Landtag hat sich nicht entblödet, auf Antrag eines Zentrum-Mannes namens Schofer das Fußballspielen an hohen Feiertagen zu verbieten. Ein Skandal sondergleichen. Natürlich gehe ich auch sachlich darauf ein, aber dir will ich zunächst etwas anderes zeigen.«

Wieder wanderte ein Zettel über den Schreibtisch, wieder las Müllenbach halblaut vor: »Jedes, auch das verrückteste Verbot, entspringt einem Motiv. Das Motiv der badischen Abgeordneten war nicht etwa der Ausfluss religiöser Bedenken, sondern einzig und allein die Sucht, eine Tat zu tun. Der große Napoleon und der kleine Raskolnikow haben genau dasselbe empfunden, wie die um Schofer, und die Etappen, die zwischen Genie und Irrsinn liegen, sind unermesslich. ›So kann es nicht weitergehen‹, argumentierten die Volksvertreter; ›dieses Gemisch von Friedensverträgen, Hungersnot, Rohstoffmangel, Valutatiefstand, Vergnügungsfimmel und Schieberei ist der Untergang Deutschlands. Etwas muss geschehen. Wir brauchen eine Tat.‹ Die Gebirgsmassive barsten in Geburtswehen; ein lächerliches, winziges Mäuschen kam zur Welt. So entstand das Fußball-Verbot.«

Müllenbach war beeindruckt. »Das trifft aber!«

»Dies ist das Mittel der politischen Satire«, erklärte Bensemann. »Ein weiteres Werkzeug aus der großen Folterkammer der Glossen. Wir überzeichnen ein wenig, um den Tatbestand als solchen hervorzuheben: nämlich dass es verdammt noch mal Wichtigeres zu tun gibt als das, was unsere Herren Politiker kümmert. Aber wenn wir das direkt sagen, wirkt es plump und ein wenig eingeschnappt. Mit der Satire haben wir einen Degen, mit dem wir die Herren just dort treffen, wo bei der Abstimmung ihr Gehirn saß: nämlich am Hintern.«

Anfang 1921, ein halbes Jahr nach der Gründung, war Bensemann noch immer der einzige Redakteur seines Blattes, und die Arbeit hing ihm an wie ein Klotz, der ihn täglich für zwölf Stunden an den Bürostuhl fesselte, manchmal auch länger. Morgens erwartete ihn ein Schreibtisch, auf dem sich ausländische Sportzeitungen, Leserbriefe, Korrespondentenberichte, Bittbriefe von klammen Vereinen und arbeitslosen Trainern, Rechnungen, Mahnungen und Steuerbescheide stapelten: die Post eines einzigen Tages. Schon das war ein kaum zu bewältigendes Pensum, obwohl Müllenbach den Posteingang zuvor gesiebt hatte. Daneben musste er seine Leitartikel, Glossen und Personalnotizen schreiben, Satzfahnen korrigieren, Fotos bestellen und auswählen, den Umbruch abzeichnen. Und ständig klingelte das Telefon: Abonnenten beschwerten sich, weil die Zeitung nicht pünktlich geliefert worden sei. Ivo Schricker regte eine inoffizielle Besprechung zur Lage im Verband an. Josef Kirmaier, der Münchner Korrespondent, meldete, Townley habe beim FC Bayern angeheuert. Kurt

Landauer rief in gleicher Sache an und bat um Rat in der Gehaltsfrage. Die Druckerei wies darauf hin, dass bei drei Rechnungen längst das Zahlungsziel überschritten sei.

»Halte mir alle Irren auf die nächsten zwei Stunden vom Leibe«, sagte Bensemann zu Müllenbach. »Sonst gibt es den nächsten ›Kicker‹ ohne Glossen.«

In diesem Moment ging die Tür auf, und ohne anzuklopfen stapfte Imgraben herein, eine weißbärtige, altersgebeugte Erscheinung von Irgendwo.

»Herr Professor«, rief Bensemann überrumpelt. »Wie kommen Sie hierher?«

»Deine Überraschung überrascht nun wiederum mich«, sagte Imgraben und setzte sich ächzend auf einen freien Stuhl. »Eigentlich hatte ich dich am Bahnhof erwartet.«

»Aber lieber Imgraben, wie konnte ich ahnen, dass Sie heute kommen?«

Der Professor wedelte mit der Hand herum. »Keine Ausflüchte. Wahrscheinlich vergessen vor lauter Arbeit, nehme ich an. Ich habe dir jedenfalls vor einigen Tagen einen Brief geschrieben. Moment, ich kann ihn dir zeigen.«

Er suchte in der Innentasche seines Gehrocks und förderte einen zerknitterten Umschlag zutage, den er mit wachsendem Zweifel anstarrte.

Plötzlich ließ er die Hand mit dem Brief schlaff herunterbaumeln und sank auf einem Stuhl zusammen. »Es ist nicht möglich. Was für einen Unsinn habe ich da wieder verzapft.«

Bensemann lachte. »Ärgern Sie sich nicht. Zerstreutheit ist das natürliche Vorrecht eines Professors.«

»Eine Karikatur!«, stöhnte Imgraben. »Ich bin eine empörende Karikatur meines Berufsstandes. Das Alter, es ist das Alter, man ist ja bald 70. Es wäre eine gerechte Strafe gewesen, wenn ich dich nicht angetroffen hätte. Nun, zum Glück bist du da, zumal ich dir in dem Brief auch das Kommen von Frau von Steinhof angezeigt habe. Wir wollten uns hier bei dir treffen.«

»Reizend zu hören, dass Katharina auch kommt. Müssen wir sie vom Bahnhof abholen?«

Nach einem leisen Klopfen ging erneut die Tür auf, und einer der Metteure aus der Druckerei kam herein, eine Satzfahne in der Hand.

»Der Chef lässt fragen, ob das so stehen bleiben soll.«

»Moment«, sagte Bensemann und blickte zum Professor. »Bahnhof?«

»Sie kommt mit dem Auto«, antwortete Imgraben.

»Gut. Sehr gut. Was also soll stehen bleiben oder nicht?«

Er las und lachte.

»Hören Sie sich das an, Professor. Da haben wir die Zuschrift eines Lesers, der sich über gelegentliche Setzfehler beschwert. ›Dein Setzerknabe ist anscheinend im ersten Lehrjahr‹, hat er geschrieben, und ich hab's so in den Satz gegeben. Nun hat unser guter Setzer das nicht auf sich sitzen gelassen, sondern in Klammern seinen Kommentar dazu gestellt. Hören Sie: ›Die Herren Korrespondenten und Redakteure dürfen bloß eine anständige leserliche Schrift und gut Deutsch schreiben, und keine Hieroglyphen malen, dann kommt so etwas nicht vor. Anmerkung des Setzers.‹ Punkt, Zitat Ende. Nett, nicht wahr? Sagen Sie Ihrem Chef, es muss unbedingt drinbleiben.«

Der Metteur verschwand und wurde alsbald durch die angekündigte Katharina ersetzt, die noch einen grämlich wirkenden Herrn mit Bowler-Hut im Schlepp hatte.

Bensemann erhob sich: »Grüezzi, gnädige Frau. Vor fünf Minuten erfuhr ich von Ihrem Kommen. Leider hat der Portier heute Ausgang. Darf ich um den Mantel bitten?«

»Ich dachte, ich sei angekündigt?« Katharina lächelte, während Imgraben verzweifelt murmelte.

»Gehen wir souverän über diesen peinlichen Punkt hinweg. Moment bitte.« Das Telefon klingelte. »Bensemann, Kicker.« Er wimmelte einen Grossisten ab, der die Beanstandung einer Abrechnung seinerseits beanstandenswert fand.

»Ich fürchte, wir sind heute ungelegen«, stellte Imgraben vorsichtig fest.

»Keineswegs. Da ich ohnehin nur nachts zum Arbeiten komme, steht mir der Tag zur Verfügung. Darf ich euch einen Kaffee anbieten?«

»Sie dürfen«, erklärte Katharina. »Vorausgesetzt, Sie müssen das nicht auch noch selber tun. Ansonsten lassen Sie sich nicht stören. Ich genieße den realistischen Einblick in Ihr tägliches Tun. Und falls Sie eine Schreibkraft brauchen …«

»Verbindlichsten Dank, Verehrteste, inzwischen besitzen wir hier eine Schreibkraft, die an ihren besten Tagen auch Kaffee zubereiten kann. Versuchen wir unser Glück … Oh Verzeihung, beinahe hätte ich Sie übersehen.« Bensemann deutete auf den Mann unter dem Bowler-Hut. »Herr Meyer, ein Angestellter meiner Hausbank. Was kann ich für Sie tun?«

»Herr Direktor Sommer bittet Sie um eine Unterredung, Herr Bensemann.«

»Nun, wenn ich meine Kontoauszüge betrachte, habe ich vollstes Verständnis für seinen Wunsch. Vermutlich werde ich ihm nicht helfen können, aber bestellen Sie ihm, morgen früh um acht.«

Er schob Meyer mit sich hinaus ins Vorzimmer, wo er neben der Schreibdame und Müllenbach noch einen erregten Herrn Walter antraf, zunächst »drei, nein, inzwischen vier Kaffee« orderte und mit Walter in sein Büro zurückkehrte.

»Herr Meyer, wie haben Sie sich verändert!«, spöttelte Katharina.

»Das ist nunmehr Herr Walter, mein Retter und Finanzberater«, stellte Bensemann vor. »Diese Dame ist Katharina von Steinhof, unüberhörbar eine alte Freundin. Und dort sitzt Professor Imgraben, mein geistiger Beistand und moralisches Gewissen.«

In seiner knappen Art verbeugte sich Walter, wobei er ein wenig verlegen wirkte. »Ich habe vertraulich mit Ihnen zu reden. Vielleicht komme ich besser zu einem späteren Zeitpunkt.«

»Ich fürchte, wir sind wirklich sehr, sehr ungelegen«, ließ sich Imgraben wieder hören.

»Oh, es gibt unter uns keine Geheimnisse. Diese beiden alten Freunde sind gekommen, um mir bei der täglichen Arbeit zuzusehen. Wir wollen sie nicht enttäuschen.«

»Nun denn.« Walter hatte ein wenig Fahrt verloren und räusperte sich. »Es geht um Ihren Artikel im letzten Heft. Der mit der Überschrift ›Mangelnde Kinderstube‹.«

»Ja?«

»Ich habe mich über den Inhalt an sich nicht zu äußern. Die politische Färbung Ihrer Zeitung ist mir in gewissen Grenzen gleichgültig. Aber ich berate Sie kaufmännisch, und als Kaufmann muss ich Ihnen sagen, ist dieser Artikel verheerend. So etwas dürfen Sie nicht tun.«

»Wenn Sie ihm so etwas sagen, tut er es erst recht«, belehrte ihn Katharina.

Bensemann setzte sich. »Soweit ich weiß, kam gerade von Ihnen, Herr Walter, der Rat, meine persönlichen Beiträge stärker herauszustellen. Und zwar gerade solche, in denen Pfeffer steckt. Weil das der Reklame diene.«

»Aber doch nicht so, Herr Bensemann, doch nicht so.«

Der Herausgeber des »Kicker« hatte ein ironisches Traktat verfasst, in dem er das überhebliche und unsensible Auftreten von Deutschen im Ausland glossierte. »Wie oft hat nicht fast jeder Deutsche während des Krieges schaudernd den Ausländer oder den Auslandsdeutschen gefragt: Sagen Sie mal, warum sind wir überall eigentlich so unbeliebt?« Um diese Frage zu klären, hatte er dem Herrn Revisor Kuhwedel nachgespürt, einer Kunstfigur, die er zuweilen auftreten ließ, wenn es ihm um den typischen Deutschen ging. Selbst über den ehemaligen Kaiser hieß es im »Kicker« einmal, er sei »ein typischer gekrönter Kuhwedel« gewesen. Der Herr Revisor Kuhwedel jedenfalls reiste nebst Gattin durch die Hotels dieser Welt, und mit ihm reiste das Bewusstsein eines erhabenen Volkes: »Wir haben Goethe, Beethoven, Wagner und Hunderte von Geistesheroen und Genies; wir haben Walhalla und die Siegesallee, Kempinski und Aschinger, die Pinakothek und das Hofbräuhaus, Ordnung und Organisation. Bei uns wird protokolliert, gestanzt und gelocht, dass es ein wahrer Staat ist. Wir sind das Volk, das die Welt herrlichen Tagen entgegenführen wird; es fehlt nur eines: Es hat sich im Ausland noch nicht so herumgesprochen.«

Empört hatte Finanzmann Walter diesen Passus zitiert. »Werter Herr Bensemann, hier geht es ja nicht mehr darum, sich über fußballfeindliche Behörden zu mokieren oder das Spiel einer Mannschaft XY zu glossieren. Hier werden die Deutschen in toto angesprochen und abgeschossen, wenn ich so sagen darf. Denn dies war erst der Anfang. Nun reist dieses besagte Ehepaar Kuhwedel hierhin und dorthin und blamiert sich überall mit Taktlosigkeiten sondergleichen. Sie sind zu laut im Restaurant, herrschen die Kellner an, reden dummes Zeug und wissen alles besser, nur nicht, sich zu benehmen. Alles soll am deutschen Wesen genesen, ich zitiere: ›der spleenige Engländer, der fanatische Franzose, der hinterlistige Italiener, der dumme Russe‹. Herr Bensemann, ich bestreite ja nicht, dass es solche Einstellungen gibt. Aber dies pauschal allen oder doch fast allen Deutschen zu unterstellen – ich vermute, Sie selbst nehmen sich aus – ist denn doch des Guten zu viel. Das wird der Zeitung verübelt werden und zu Empörung und Abbestellungen führen, das garantiere ich. Vom Geschäftlichen her ist der Artikel eine Katastrophe und das Gegenteil von Reklame. Zumal ich ja noch längst nicht am Ende bin. Ich nenne nur noch die folgende pikante Passage.«

Walter suchte nach dem inkriminierten Absatz und las vor: »Wir haben schon angedeutet, dass auch ein Kuhwedel menschliche Bedürfnisse hat; seine bessere Hälfte sagt es, und der wollen wir es aufs Wort glauben. Nur das Kamel kann für 40 Tage Flüssigkeit ungestraft aufnehmen. Kuhwedel verschwindet majestätisch und begibt sich dahin, wohin ihn die Not des Leibes treibt. Hier vergisst er – Philosophen können nicht an alles denken – die Kette zu ziehen und das Fenster aufzumachen. Erst wenn der Nächste eintritt, merkt er, dass die Verdauung eines Revisors auch ihre Schattenseiten hat.«

»Oh«, machte Katharina.

Für einen Moment verlor Herr Walter die Fassung. »Verzeihen Sie, gnädige Frau von Steinhof. An Ihre Gegenwart hatte ich in meiner Erregung gar nicht gedacht. Wie konnte ich nur ... Ich meine, ich hätte das natürlich niemals vorlesen dürfen. Allein, Herr Bensemann hat es in seiner Zeitung abgedruckt und damit auch seinen weiblichen Lesern zugemutet.«

»Das habe ich in der Tat«, erklärte Bensemann aufgeräumt. »Und dazu stehe ich. Man mag sagen, dies habe in einer Sportzeitung nichts zu suchen. Allein, zum Sport gehört ganz wesentlich der Verkehr mit dem Ausland. Man dient seinem Land in der Fremde aber nur, wenn man sich zu benehmen weiß. Das ist keine Frage der Politik, Herr Walter. Es ist eine Frage des Anstands. Davon mag sich angesprochen fühlen, wer sich ertappt sieht. Wie sehen Sie die Sachlage, Herr Professor?«

»Difficile est, non satirem scribere«, antwortete der alte Gelehrte rätselhaft.

Die Gelassenheit, mit der die gnädige Frau und der Professor Bensemanns Sarkasmen aufnahmen, besänftigten den Prokuristen ein wenig. Die Störung entschuldigend, machte er sich davon, nicht ohne Frau von Steinhof mit einem eleganten Handkuss zu beehren. Als er gegangen war, lachte Bensemann.

»Er ist ein glänzender Finanzberater. Aber vom Journalismus versteht er nichts. Nun gut, bis der nächste Störenfried in der Tür steht, liebe Freunde, sagt mir, was euch zu mir geführt hat.«

Mit einem verlegenen Blick auf Katharina antwortete Imgraben: »Tja, was wir wollten ... Ich fürchte, das wäre jetzt unpassend, nicht wahr, meine Teuerste?«

Doch sie schüttelte den Kopf: »Es passt sogar ganz vortrefflich. Sie müssen wissen, lieber Freund, Professor Imgraben schickte mir vor einigen Tagen den Text eines Freundes ...«

»Uebelhör«, rief der Professor dazwischen, »Dr. Max Uebelhör!«

»... also eines alten Freundes. Er bat mich um meine Meinung, ob es für den ›Kicker‹ geeignet sei, bevor er es Ihnen direkt anbieten wollte. Meine Ansicht ist: ja!«

»Haben Sie ihn dabei?«

Kopfschüttelnd zog Imgraben ein Manuskript aus seiner Aktentasche und überreichte es Bensemann. »Nun, da ich die Ansichten deines Finanzberaters kenne, rate ich dir allerdings nicht mehr zu einem Abdruck.«

Bensemann knurrte und las. Der Artikel des politischen Autors Uebelhör mit dem Titel »Der deutsche Jammer« war eine wütende, wenn auch eingestanden hilflose Anklage gegen den Militarismus, »denjenigen made in Germany«, wie es hieß, »also den einzig existierenden«. Dieser habe sich vor dem Krieg verbreitet, »von der Eiterbeule Berlin aus über das ganze Reich«, habe im Krieg »chloroformierte Jünglinge zu vielen Zehntausenden sinnlos ins Feuer geschickt« und kümmere sich nach dem Krieg keinen Deut um die Not der hungernden Kinder im eigenen Land.

»Das bringe ich«, erklärte Bensemann ohne zu zögern, nachdem er den Text gelesen hatte. »Und zwar ganz vorne auf Seite eins.« Er lächelte. »Es fehlte mir ohnehin noch eine gewürzte Glosse.«

Imgraben wirkte besorgt. Er wollte den »Kicker« keinesfalls in Schwierigkeiten bringen und hätte am liebsten den Artikel wieder in seiner Aktentasche verschlossen. Doch Bensemann hatte zugepackt und blieb dabei: »Auch so etwas müssen meine Leser ertragen, oder sie haben den ›Kicker‹ nicht verdient.«

Wie angekündigt, erschien der Beitrag im nächsten Heft auf der Titelseite, und wie erwartet, brach ein Sturm der Entrüstung über die Redaktion herein. Jeden Morgen schichtete ein besorgter Müllenbach die eingegangenen Leserbriefe auf Bensemanns Schreibtisch, die der Herausgeber mit der grimmigen Genugtuung durchlas, es vorher gewusst zu haben. »Den ›Kicker‹ habe ich heute zum letzten Mal gekauft. Jeder echte Deutsche wird dasselbe tun.« – »Bensemann und Uebelhör, Sie sind beide Schurken und verdienen, am nächsten Laternenpfahl gehängt zu werden.« – »Was haben Sie eigentlich für eine Zeitung? Eine politische oder Fußball?« – »Können Sie es wirklich mit Ihrem nationalen Gewissen vereinbaren, unserer Jugend eine so ekelhafte Kost vorzusetzen?«

»Nun, Müllenbach, was sagen wir zu all dem?«

Wie üblich hatte Müllenbach wenig dazu zu sagen. Auch Bensemann hielt sich zunächst in Deckung, ließ einige drastische Zuschriften abdrucken und nochmals darauf hinweisen, dass der fragliche Artikel keineswegs aus seiner eigenen Feder stamme. Doch da einige seiner zuvor erschienenen Glossen kaum weniger polemisch geklungen hatten, half das nichts. Allmählich wurde Bensemann klar, dass man ihn als Initiator einer Kampagne ansah, die politischer wirkte, als er sie gemeint hatte. Zwar hatten sich vornehmlich deutschnationale Kreise empört, deren Meinung ihn wenig beeindruckte. Der Nachhall dieser Proteste war allerdings für den »Kicker« bedrohlich. Einige Hundert Leser kündigten ihr Abonnement, was für die wirtschaftliche Basis der Zeitung einen entschiedenen Verlust bedeutete. Sowohl die Druckerei wie seine Hausbank sprachen zwar die Affäre nicht direkt an, zeigten sich aber reserviert auf eine Art, die eindeutig war.

Er war zu weit gegangen und hatte zu viele Fehler gemacht. Nun sah es so aus, als sollte seine Zeitung das erste Jahr nicht überstehen.

X

»Die Religion der Völker«

Konstanz im Frühjahr 1921

Seit Walther Bensemann vor über 20 Jahren in Des Barres' Motorkutsche durch Berlin gezuckelt war, hatte sich im Automobilbau eine rasante technische Entwicklung vollzogen. Der weiße, elegant ausgestattete Mercedes 28, mit dem sich Katharina von Steinhof zum Büro des »Kicker« chauffieren ließ, erinnerte nur noch wenig an die Pioniermodelle des vergangenen Jahrhunderts, doch waren solche Karossen immer noch auffallend und revolutionär genug, um Katharinas Neugierde und Begehrlichkeit zu wecken. Sie fuhr mit dem gleichen Enthusiasmus in schnellen Autos, wie sie für das Wahlrecht der Schweizer Frauen stritt oder die vor zwei Jahren ermordete Rosa Luxemburg verehrte.

Ohne Widerrede zu dulden, hatte sie Bensemann zu einer Fahrt in die Berge eingeladen, um ihn für einen Tag von seiner Zeitung zu trennen. Tatsächlich hatte der Redakteur in den vergangenen Monaten Konstanz kaum verlassen können. Die redaktionelle Arbeit ließ ihm selten Zeit dafür. Selbst das Länderspiel der Deutschen in Wien hatte er verpasst. Einzig ein Treffen mit Ivo Schricker und anderen alten Freunden in Karlsruhe hatte sich arrangieren lassen sowie ein Spielbesuch in Nürnberg, wo der neue Deutsche Meister gegen den Rivalen und ehemaligen Meister spielte: Der 1. FC Nürnberg gewann gegen die Spielvereinigung Fürth mit 1:0.

Doch das war zu wenig, um die ihm wichtigen Kontakte zu knüpfen und zu festigen oder auf langen Bahnfahrten über Dinge nachzusinnen, für die sich im eiligen Tagesgeschäft keine Zeit fand. Katharina gab ihm diese Zeit; vorläufig saßen sie schweigend nebeneinander, während entlang der Straße die Schneedecke wuchs und der Wagen sich St. Gallen näherte. Ein gutes Stück vor dem Ort steuerten sie einen hoch gelegenen Gasthof an, in dem sie abstiegen, um das Panorama des Gebirges zu betrachten und ein Essen einzunehmen.

In ihrer Unterredung bei Kalbsbraten und Wein kamen sie bald auf den umstrittenen Uebelhör-Artikel und seine fatalen Folgen, die Bensemann vor allem der Tatsache zuschrieb, dass beim Abdruck der Name des Autors vergessen worden war. So musste zunächst der Eindruck entstehen, er selbst habe den Leitartikel verfasst. Ansonsten war dem Herausgeber nicht nach Reue zumute.

»Es muss im ›Kicker‹ möglich sein, das Publikum mit abweichenden Meinungen zu konfrontieren, ob links oder rechts. Wer mir darüber Vaterlandsverrat vorwerfen will, der wird es ohnehin tun, auch wenn es mir um das Gegenteil geht.«

Bensemann aß mit routinierter Eleganz und unterbrach das Gespräch nur einmal kurz, um den Kellner dafür zu rügen, dass der Wein nicht recht temperiert sei. »Ihr Schweizer, liebe Katharina, mögt besonnener sein, aber bei dem Deutschen ist es nun einmal so, dass er entweder gar nicht oder nur in Extremen denkt. Vor allem denkt er nicht daran, seine Vorzüge wie die berühmte Gründlichkeit auf eine Weise zu präsentieren, die seine Mitwelt ertragen kann. Das aber muss er lernen, sonst ist er verloren. Deshalb, Katharina, beharre ich auf einer Diskussion darum, in welchem Geist wir dem Ausland gegenübertreten und in welchem Geist wir unsere Jugend erziehen. Und dieser Geist muss ein sportlicher sein, wenn ich so sagen darf.«

Katharina schnitt ohne Appetit an dem Kalbsbraten und kaute bedächtig.

»Sie kennen die Relativitätstheorie des Dr. Einstein?«

Irritiert nickte Bensemann. »Jeder Kutscher debattiert im Moment darüber, ob diese Theorie richtig ist.«

»Und verstanden hat sie natürlich niemand, ich weiß.« Katharina lächelte. »Ich übrigens auch nicht. Aber der Gedanke der Relativität fasziniert mich. Sehen Sie, verglichen mit einem dieser ewigen Berge da draußen ist ein Mensch wie Sie ein mobiles Wesen. Natürlich nicht mehr so mobil wie vor 20 Jahren, aber immerhin, Sie können an dem Berg vorbeilaufen, links oder rechts, er wird Ihnen nicht folgen können. Vom Standpunkt eines anderen Sterns aber ist dieser Unterschied bedeutungslos. Der Berg rast genauso wie Sie mit unglaublicher Geschwindigkeit durch das All und wird dabei noch gedreht wie ein Karussell. Aus dieser Sicht bringt Ihre Mobilität überhaupt nichts ein.«

»Mag sein«, brummte Bensemann, bevor er sich den letzten Bissen in den Mund schob. »Aber ist das nicht ein relativ anderes Thema?«

»Eben nicht. Denn was heißt das für unsere Händel? Doch wohl, dass wir nicht nur unsere eigene Perspektive gelten lassen dürfen. Mit der Elle gemessen, die Sie bei unserem Besuch in Konstanz zur Hand hatten, war es sicherlich berechtigt, den Uebelhör-Artikel abzudrucken. Aber es gibt andere Maßstäbe. Das Wohl der Zeitung. Ihre wahren Ziele als Herausgeber. Daran gemessen war der Abdruck ein unsinniger Schritt.«

»By the way«, erklärte Bensemann, »die Relativitätstheorie ins Weltliche gewendet, lautet: Die Fähigkeit des Menschen zur Nahrungsaufnahme verhält sich relativ zu seiner Körperfülle. Da Restaurants die Angewohnheit haben, die Portionen ohne Rücksicht auf diese Relativität zu bemessen, sollte dieses Versäumnis im Nachhinein korrigiert werden können.«

Katharina lachte und schob ihm die Bratenplatte zu. »Bedienen Sie sich, ich will Ihrem Sturm auf die 100-Kilo-Grenze nicht im Wege stehen.« Dann wurde sie ernster. »In Ihren Glossen zum Jahresausklang, die übrigens wunderbar nachdenklich und kein bisschen polemisch waren, haben Sie einen Satz geschrieben, der mir aufgefallen ist: ›Der ›Kicker‹ ist ein Symbol der Völker-Versöhnung durch den Sport.‹ Das ist ein schöner und wahrer Gedanke, der wohl für Ihre Zeitung weiter trägt als innenpolitischer Streit. Aber diese Idee drückt sich noch zu selten in der Zeitung aus. Sicher, Sie berichten ausführlich über das Ausland ...«

»Und es gibt wahrhaftig genügend Leser, die darüber murren!«, unterbrach Bensemann sie kauend. »Aber Sie haben natürlich Recht. Über der Erbauung an gewissen deutschen Tugenden sollte nicht in den Hintergrund treten, was ich für das Wesentlichste am Sport halte: dass er eine Religion ist, die alle Völker und Klassen verbinden kann, weil sie sich hier zu einem friedlichen Wettstreit treffen und alle die gleiche Sprache sprechen. Dies ist ein Erbe der alten Pionierzeit des Fußballs, das vermutlich diejenigen am besten verstehen würden, die nicht mehr aus dem großen Krieg zurückgekehrt sind.«

»Und eben deshalb ist es so aktuell«, ergänzte Katharina. »Es reicht nicht aus, diesen Gedanken abstrakt zu propagieren. Wenn Sie Ihre Pionierzeit erwähnen, so frage ich, warum denn heute die praktische Tat fehlt. Wo bleibt die Initiative für ein Spiel gegen England oder gegen Frankreich, wie Sie es vor zwei Jahrzehnten betrieben haben? Ist nicht heute die Situation nahezu ähnlich?«

»Komplizierter, liebe Katharina, sie ist viel komplizierter. Wall und Rimet haben sich festgelegt, und der DFB vermutlich auch. Länderspiele zwischen diesen Staaten kann es vorerst nicht geben, das wird noch langer

Diplomatie bedürfen. Ich tue, was in meiner Macht steht. Ich vermittele englische Trainer an deutsche Vereine. Ich schreibe ausländische Vereine an, um sie für Freundschaftsspiele in Deutschland anzuwerben. Allein, von Konstanz aus ist wenig zu bewegen. Und fort kann ich bestenfalls für einen Tag in der Woche. Das ist recht wenig für einen, der lieber in Hotelzimmern und Eisenbahnwaggons wohnen würde, als an den Ufern des Bodensees festzuwachsen.«

»Was hindert Sie, einen Redakteur einzustellen, der Ihnen einen Teil der Arbeit abnimmt?«

»Nun was wohl?« Bensemann schob seinen Teller beiseite. Er spürte, dass Katharina ihn sanft zum Ziel ihrer Nachfragen gebracht hatte. Natürlich fehlte es ihm am Geld, um die Zeitung so zu betreiben, wie er es für angemessen hielt. Gegenwärtig belief sich die verkaufte Auflage auf 10.000 Hefte pro Woche, bedeutend mehr als am Anfang, aber völlig unzureichend für eine personelle Erweiterung der Redaktion.

Tatsächlich bot Katharina ihm eine finanzielle Beteiligung an, nicht als Freundschaftsdienst, wie sie behauptete, sondern um sich geschäftlich als stille Teilhaberin zu engagieren. Einzige Bedingung sei die Einstellung eines Redakteurs. Als Bensemann seine Zigarre in Gang setzte, um Zeit zu gewinnen, stellte sie ihm ein Ultimatum: »Sie haben genau eine Stunde, um sich zu zieren. So lange werden wir jetzt gemeinsam durch den Schnee spazieren. Danach sind Ihre Halbschuhe hinüber, aber Ihre Zeitung ist um einige Tausend Mark reicher. Denn ich zweifele nicht daran, dass Sie zusagen. Allein die Aussicht, wieder reisen zu können, wird Sie überzeugen.«

Draußen, auf der Terrasse des Gasthofes, warf sie mit Schneebällen nach ihm, und als sie ihn genau am Kopf traf, lachte sie, als sei sie 20 Jahre jünger.

Im März 1921 entschloss sich Bensemann endlich, einen Hilfsredakteur einzustellen, den er in dem bescheidenen Hans Fischer aus Darmstadt fand. Ausführlich wies er ihn an, die eingehenden Artikel zu redigieren und dabei, wie er spöttisch anmerkte, »die unangenehme Aufgabe zu übernehmen, gerade die Teile sämtlicher Berichte zu streichen, auf welche unsere Korrespondenten augenscheinlich am meisten Wert legen«.

Zur gleichen Zeit setzte der »Kicker« einen Pokal im Wert von 3.000 Mark aus für das erste Wettspiel zwischen dem elsässischen und dem badischen oder bayerischen Meister. Bedingung war, dass ein Schweizer Schiedsrichter das Spiel leiten und die Reineinnahmen dem Roten Kreuz in Genf zufließen würden. Außerdem ließ Bensemann einen »Versöhnungspokal« anfertigen, dessen Deckel ein energisch dribbelnder Fußballer zierte. Diese zweite Trophäe wurde für den Fall ausgelobt, dass zwischen dem berühmten MTK Budapest und einem namhaften Prager Verein ein Freundschaftsspiel zustande käme – ein Unterfangen, das angesichts des momentanen Zerwürfnisses zwischen Ungarn und der Tschechoslowakei nahezu aussichtslos erschien.

Die letzte Veränderung, die Bensemann nach dem Gespräch mit Katharina vornahm, betraf ihn direkt: Er ging wieder auf Reisen, mit der alten Neugier und Begeisterung, auch wenn in jenen Nachkriegsjahren die Fahrt in überfüllten, oft heruntergekommenen Eisenbahnwagen wenig angenehm war. An seinen Exkursionen ließ er die Leser des »Kicker« teilhaben, indem er hinterher ungeniert und detailliert darüber berichtete. Im März begleitete er die schweizerische Nationalelf nach Mailand zum Länderspiel gegen Italien, gab Anekdoten von der Zugfahrt preis (»Schmidlin produzierte Sandwiches mit Leberwurst, die einen tiefen Eindruck auf Ernestos zartes Gemüt machten«) und dokumentierte die Menüfolge beim Empfang: »Consommé Royale. Truites bouillies. Sauce Hollandaise. Aspic de volailles à la gelée. Tournedos Rachel. Soufflée Surprise. Friandises. Café. Vins: Cortese blanc. Chianti en carafe. Champagne Mumm Cordon Rouge.« Die offiziellen Reden, kommentierte er genüsslich, seien »schmalzig« gewesen, hätten für die ethischen und erzieherischen Werte des Fußballs jedoch »mit einem Feuereifer« geworben, »der sogar einen kgl. Bayerischen Reservatrechtsrat aus seinem Kyffhäuserschlaf geweckt hätte«.

Wenig später machte er sich auf den Weg, seine diversen Korrespondenten zu besuchen und sie den Lesern vorzustellen: in München beispielsweise Josef Kirmaier, der »auf der alten Bahn der Tugend und des Alleinseins wandelt« (und dennoch die Nacht mit seinem Herausgeber durchzechte), oder in Nürnberg den geheimnisvollen »August, das Urviehch von der Noris«, über den er schrieb: »Es war tief ergreifend, was der berühmte Asket über die Fußballgrößen in seinem Sprengel zu sagen wusste … Es ist schön, wenn man ohne priesterliche Weihen das einfache Volk so begeistern kann! Und sind wir nicht alle einfaches Volk gegenüber jenem komplizierten Apparat, genannt August?«

Woche für Woche verdichtete sich das Netz der Korrespondenten, die für den »Kicker« arbeiteten und dessen Spalten lebendiger machten. Der Berliner Weggefährte von 1899, Paul Neumann, berichtete »Aus Spree-

Athen«, der alte Freund Julius Hübner schickte »Karlsruher Annalen« und Bensemanns ehemaliger Internatsschüler Sammy den »Englischen Kalender«. Ein »Bohemicus« schrieb aus der Tschechoslowakei, ein »Periskopoulos« aus dem Saarland und Artur Steiner aus Wien. Aus Göttingen gab es Briefe vom »Schorse vom Hainberge«, und ein »Carolus« schickte solche »Aus der Boxbeutelstadt« Würzburg. Wer sich ein Pseudonym zugelegt hatte, zumeist ein Vereinsfunktionär, höherer Beamter oder betuchter Bildungsbürger, hütete sich, es zu lüften, wie etwa der unbekannte M. W., der »Offenbacher Pfeffernüsse« verteilte, »Odysseus«, der die »Schweizer Chronik« verfasste, »Puck« mit seinem »Binger Schwätzerchen« oder der »Jockey« aus Frankfurt. Die beeindruckendste Namensschöpfung war neben dem Nürnberger »Urviehch« zweifellos dem »Pfiffel jerri en aéro« gelungen, der aus Straßburg berichtete. Angesichts der Bensemann'schen Privatdiplomatie gegenüber dem Elsass sollte des Pfiffels Tarnung allerdings nicht lange halten.

Die Idee, ausgerechnet den Elsass für ein symbolträchtiges Spiel gegen eine deutsche Mannschaft zu gewinnen, war ebenso nahe liegend wie heikel. Zu Recht konnte sich Bensemann als Pionier der Fußballbewegung in Straßburg fühlen, denn er hatte dort 1893 den ersten Fußballverein gegründet. Zudem hatte er eine ähnliche Idee – ein deutsch-französisches Match auf elsässischem Boden – bereits damals verfochten, um einen Austausch zwischen den verfeindeten Nationen zu befördern. Doch inzwischen hatte sich die politische Situation grundlegend verändert. Im Versailler Vertrag nach dem Weltkrieg war das Elsass wieder Frankreich zugeordnet worden, und jeder Versuch von deutscher Seite, dieser Region eine Sonderrolle zuzuschreiben, wurde von den maßgeblichen Kreisen in Straßburg mit größtem Argwohn betrachtet: Man vermutete dahinter versteckte Gebietsansprüche auf die seit Jahrhunderten umstrittene Provinz.

So war es kein Wunder, dass Bensemanns Vorschlag eines »Friedenspokals« in Straßburg auf kühle Ablehnung stieß. Der Sportfunktionär René Dumoulin erklärte: »Jeder wahre elsässische Sportsmann sieht dieses Angebot als eine bekannte rechtsrheinische Unverschämtheit an.« Und der einflussreiche Journalist Alfred Lévy schrieb: »Der Fehler, den Herr Bensemann begeht, besteht darin, dass er aus dem Elsass eine Region machen will, die im französischen Sport eine Sonderstellung einnehmen und ihre besonderen ausländischen Spielabschlüsse machen soll.« In keiner Veröffentlichung wurde ein Zweifel daran gelassen, dass weder der

Plan noch dessen Urheber in Straßburg willkommen wären. Doch der kam nun erst recht.

Ein Länderspiel zwischen dem Elsass und Luxemburg hatte Bensemann im April 1921 den Anlass geboten, beim französischen Konsulat in Karlsruhe eine zweitägige Aufenthaltsgenehmigung zu beantragen, die ihm anstandslos gewährt wurde. Julle Zinser, der als Architekt inzwischen mehr vorzuweisen hatte als jene wackelige Holztribüne am KFV-Platz, brachte ihn in seinem Wagen bis zur Rheinbrücke bei Kehl, wo der Pfiffel, im Hauptberuf angesehener Notar, mit seinem Auto bereits wartete. Durch die Rheinebene ging ein schneidender, kalter Wind, der sie auch im Innenraum des Autos noch streifte, und sie waren froh, dass die Passformalitäten in drei Minuten erledigt waren und sie Straßburg erreichten. Die Fahrt durch die nunmehr französische Stadt, die Bensemann vor fast drei Jahrzehnten als deutsche erlebt hatte, war mit einigen Erinnerungen verbunden, an denen er in redseliger Nostalgie den Pfiffel teilnehmen ließ. Heiter registrierte er, dass aus einem seiner einstigen Stammlokale, dem »Germania«, nunmehr das »Gallia« geworden war, und dass sein Straßburger Korrespondent ihn in einen anderen Ort der Erinnerung einquartiert hatte, dem Hotel »Rote Hüs«. Dessen Wirt kannte beide Gäste und würde sich mit seiner Rechnung daher an den Pfiffel halten.

Bensemanns Besuch beim Länderspiel war von ihm angekündigt in der Erwartung, dass man einen ausländischen Gast in Straßburg letztendlich mit Aufmerksamkeit empfangen werde, was auch geschah, freilich in höchst unterschiedlicher Weise.

Drei Persönlichkeiten standen stellvertretend für die politischen Strömungen im elsässischen Fußball jener Tage. Der erwähnte Alfred Lévy verkörperte die Mehrheitsmeinung, für die eine Anbindung an die französischen Sportorganisationen außer Frage stand und die deutschen Hinweisen auf eine Sonderrolle des Elsass mit Misstrauen, wenn auch ohne revanchistische Pose begegnete. August Neff, der Bensemann noch als Student im Fußballdress gesehen hatte, stand für das im Elsass nach wie vor verbreitete Bewusstsein, als Elsässer sei man ein wenig deutsch, ein wenig französisch, vor allem aber elsässisch. Den Antipoden dazu gab Jean Netter, ein glühender Patriot Frankreichs, der aus den Überfällen von 1870 und 1914 den Schluss gezogen hatte, die Deutschen ausnahmslos zu hassen. Bensemanns Idee eines Friedenspokals hielt er schon deshalb für einen perfiden Propagandatrick, als sich der »Kicker« zuweilen kritisch über das sportliche Niveau des Straßburger Fußballs geäußert hatte. Netter sah das als arrogante Einmischung und war entschlossen, den feindlichen »Boche« den Straßburger Volkszorn spüren zu lassen.

Während des Spiels, das zur Enttäuschung der Zuschauer vom Luxemburger Team gewonnen wurde und das Bensemann nahezu unbeachtet auf einem der Pressesitze verfolgte, lud man den Deutschen zum Empfang für Mannschaften und Offizielle, wo er sich mit den Luxemburgern bekannt machte und schließlich mit Neff und Lévy ein vertrauliches Gespräch führen konnte.

»Ich habe das Gefühl«, erklärte er auf Französisch, obwohl seine Gegenüber Deutsch wie eine Muttersprache beherrschten, »dass meine Initiative missverstanden wurde. Ich bin Sportsmann, kein Politiker. Ich verdamme den Krieg als eine traurige Folge diplomatischer Stümperhaftigkeit, und ich verdamme ebenfalls den Krieg nach dem Krieg. Ich sehe in der Wiederaufnahme sportlicher Beziehungen zwischen dem Elsass und Deutschland das beste, ja das einzige Mittel, eine Völkerversöhnung anzubahnen. Das ist der alleinige Grund für meinen Vorschlag, einen Pokal auszuspielen.«

Lévy wollte antworten, da setzte Bensemann noch hinzu: »Messieurs, dies sind die Ansichten eines Mannes, der im Krieg doppeltes Leid erfuhr, denn ich habe auf *beiden* Seiten gute Freunde verloren.«

Eine Weile herrschte Schweigen, dann entgegnete Lévy: »Ihre Absicht, Monsieur Bensemann, ist ohne Zweifel honorable. Dennoch können wir auf den Vorschlag nicht eingehen. Sie wissen selbst, dass es für den französischen Verband eine Conditio sine qua non gibt: Deutschland muss erst in den Völkerbund aufgenommen werden, muss also wieder ein respektiertes Mitglied der europäischen Staatenfamilie sein, bevor es Sportveranstaltungen zwischen französischen und deutschen Vereinen geben kann. Vorher kann Ihr Pokal nicht ausgespielt werden. Denn heute sind französische und elsässische Mannschaften dasselbe. Das muss in Deutschland zur Kenntnis genommen werden.«

»Das bestreitet niemand. Aber dennoch spielt das Elsass eine symbolhafte Rolle zwischen Frankreich und Deutschland. Und deshalb kann gerade in Straßburg eine Verständigung zwischen Paris und Berlin angebahnt werden, die nicht auf Paragrafen und Geschacher aufgebaut ist, sondern aus dem Herzen kommt.«

Doch selbst Neff schüttelte den Kopf. »Genau das ist in diesem Moment noch nicht möglich. Der Krieg hat zu viele Wunden gerissen. Erst wenn die Erinnerung daran verblasst ist und der Hass sich gemildert hat, kann der Sport wieder ins Spiel kommen und dazu beitragen, dass die Nationen sich wieder achten lernen.«

Die Unterredung trat bald auf der Stelle. Es war klar, dass Bensemann sein Ziel, ein Spiel abzuschließen, nicht verwirklichen konnte, auch wenn das Gespräch als erster Schritt einer Entspannung angesehen wurde. Von der Straße her drangen plötzlich Rufe und das Lärmen einer Menge in den Raum. Neff stand auf und blickte hinaus.

»Da sehen wir es. Nicht alle Herzen sind so gestimmt, wie wir es gerne hätten. Ich fürchte, diese Menschen dort draußen sind nicht gekommen, um unsere Freunde aus Luxemburg zu verabschieden. Vielmehr scheint es mir, dass Monsieur Netter ganze Arbeit geleistet hat.«

Tatsächlich hatte sich unter den Neugierigen auf dem Tivoliplatz vor dem Hotel eine größere Gruppe formiert, die lautstark den Rauswurf des »Boche« forderte.

»Es wäre besser, wenn Sie das Gebäude unauffällig durch den hinteren Eingang verlassen«, schlug Neff vor. »Ich lasse meinen Wagen dorthin bringen.«

»Ich habe nicht die Absicht, vor dem Mob davonzurennen«, beharrte Bensemann. »Ich gehe dort hinaus, wo ich auch hereingekommen bin.«

Doch das war nicht ungefährlich. Neff, Lévy, Pfiffel und einige Offizielle umringten den Deutschen, als er vor die Tür trat. Aus der Menge erklangen zornige Rufe, Fäuste wurden gereckt. Neffs Wagen stand auf der anderen Seite des Tivoliplatzes; um dorthin zu gelangen, mussten sie durch die Menschenmasse hindurch. Es gab Geschiebe, Drängen, Proteste. Mit zornig-rotem Gesicht hieb einer der Demonstranten über den schützenden Kordon hinweg auf Bensemann ein und traf ihn an der Brust und im Gesicht. Lévy konnte den Mann abdrängen, und Neff zerrte den Deutschen zu seinem Wagen.

»Jetzt fohrt er wieder nach Dütschland und schriebt in sinne Drecksblott, doss d' Elsässer net Füssball spiele könne«, hörten sie noch, dann setzte sich der Wagen in Bewegung.

Der Pfiffel wischte sich den Schweiß von der Stirn. »Das war knapp. Wir haben weiß Gott mehr Feinde hier, als ich mir habe träumen lassen.«

Bensemann zuckte die Schultern. »Das ist in Deutschland nicht anders. Aber allen Fanatikern hüben wie drüben kann ich versichern: Ich werde mich nicht ändern. Auf keinen Fall. Sonst wäre ich kein Sportsmann.«

Im »Kicker« hatte er vor seinem Besuch in Straßburg an die Fußballbewegung beider Länder ein wenig pathetisch appelliert: »Helfen Sie, der mürben und zerrissenen Welt den wahren Frieden wiederzugeben, der einzig und allein auf dem Sichverstehen der Nationen beruhen kann und dessen Symbol der welterobernde Liebling und das Heilmittel der Jugend: der kleine gelbe Lederball, ist, war und sein wird.«

Jetzt saß neben ihm der Pfiffel, schüttelte resigniert den Kopf und brummte vor sich hin: »Tu vas trop vite, mon ami, tu vas trop vite.«

Mochte auch die Diplomatie des »Kicker«-Herausgebers nicht im Sinne seiner deutschnationalen Kritiker sein, so korrigierte der Eklat in Straßburg sein Bild in der Öffentlichkeit dennoch erheblich. Zufrieden registrierte Bensemann, dass man ihn zunehmend in einer Weise wahrnahm, in der er selbst sich sah: als knorrigen, unbeugsamen Fußballpionier, der für das Wohl seines Sports bereit war, sich mit jedermann anzulegen. Vor allem im Ausland festigte dieses Bild sein Renommee als Botschafter einer kosmopolitisch inspirierten Sportbewegung. Nun, da ihm die Situation im »Kicker« Zeit zu gelegentlichen Reisen ließ, nahm er diese Rolle mit der ihm eigenen Leidenschaft an. Er besuchte im Mai die österreichische Nationalelf bei ihrem Gastspiel in Fürth, er fuhr im Juli mit der süddeutschen Auswahl zu Spielen in Budapest und Prag, er sah im Oktober das Länderspiel zwischen der Schweiz und Italien, und er war zur Stelle, als im Dezember der MTK Budapest, damals wohl einer der spielstärksten Vereine des Kontinents und tief verwurzelt im jüdisch-assimilierten Milieu Ungarns, zu Besuch nach Nürnberg kam. Mit dessen Geschäftsführer Dr. Heinrich Fodor verband ihn bald eine enge Freundschaft.

Bei solchen Gelegenheiten trat Bensemann weniger als Journalist denn als Diplomat auf, indem er es verstand, die Gesprächsfäden auf sich zu konzentrieren und seine Gegenüber durch Sprachkenntnisse, Offenheit und Insiderwissen zu beeindrucken. Ob es um die Aufstellung der englischen Nationalelf, um bürokratische Schikanen gegen bayerische Sportvereine oder um die Qualität einer Weinkarte ging: Er zeigte sich wohl informiert und nie um eine Anekdote, ein altgriechisches Zitat oder einen Ratschlag verlegen. Und je später es am Abend wurde, umso mehr kam er in Fahrt.

Von seinen Begegnungen berichtete er in den Glossen nur, was ihm aus Gründen des Taktes und der Taktik angemessen erschien. Die eigentliche Berichterstattung überließ er den Korrespondenten oder Müllenbach, den er gewöhnlich im Schlepp hatte. Er selbst kaprizierte sich auf das gesellschaftliche Drumherum, über das er in Sarkasmen, ironischen Andeutungen, zuweilen aber auch mit naiver Begeisterung urteilte. Als Meisterstücke seiner Formulierkunst betrachtete er selbst jene Artikel, die ihm gleichermaßen das Lob alter Sportsmänner wie Schricker, schöngeistiger Fußball-Laien wie Katharina und politischer Enthusiasten wie Imgraben einbrachten. Ein solcher Artikel war sein Reisebericht zu der eher unbedeutenden Begegnung zwischen dem FC Bayern München und dem holländischen Verein Blauw Wit, den Katharina, wie sie wieder einmal versicherte, zur Erbauung ihrer Freundinnen im Salon herumreichte.

»In Ulm wird dem D-Zug Stuttgart-München ein Speisewagen angehängt, der zweimal, vor und nach Dinkelscherben, Nahrung und Trank spendet. Während der Zeit des ersten sowie des zweiten Mahles ist es unmöglich, in diesen heiligen Wagen herein- oder aus ihm herauszugelangen, denn beide Türen sind abgeschlossen – daher der Name D-Zug –, und für den, der, wie es manchmal im Leben so geht, ein menschliches Rühren verspürt, bleibt als einziges Mittel das Fenster. Wer für diese ausgezeichnete Einrichtung verantwortlich ist, entzieht sich natürlich meiner Kenntnis; der Umstand beweist aber nur, dass wir noch nicht das gesamte Hornvieh an die Entente abgeliefert haben. [...]

Das Spiel der Holländer gegen die Bayern bot keine große Sensation. Wir wollen vorausschicken, dass die Holländer verdient gewannen, denn sie waren entschieden besser als die Rothosen. Die kleinen, körperlich unterlegenen Bayern waren den fair spielenden, aber energisch draufgehenden Gegnern nicht gewachsen. Sogar Schorschl Schneider hatte nicht seinen besten Tag, und alles in allem genommen konnte man sehr gut begreifen, warum [Bayern-Trainer] Dori Kürschner mit resigniertem Gesicht den Gang des Spieles verfolgte. Der ausgezeichnete Sportlehrer hat alle Eigenschaften, die einer Mannschaft von Nutzen sein können; nur eine einzige fehlt ihm, und das ist die, in der Wüste nach Wasser zu suchen. Er muss bedenken, dass Bayern, um auf die Höhe zu kommen, zwei bis zweieinhalb Jahre brauchen wird. Wenn sowohl er, wie die Mannschaft, wie die Vereinsleitung dies einsehen, erledigt sich das Problem ganz von selbst. Übrigens ist München kein so schlechter Ort zum Durchhalten, von den Kalbshaxen bis zum noblen Gebäck im Café Ungerer. [...]

Die Aufmachung stand unter dem Zeichen des alten Regimes. In der Festloge saßen Exzellenz von Kahr und Exzellenz von Ludendorff, der in Abwesenheit des Monarchen die Schildführer der beiden Mannschaften zu sich entbot und ihnen mitteilte, dass er in unserem Sport ein Novize sei. Das Publikum bestand ebenfalls zu großen Teilen aus Novizen, die das Spiel mit dem pfiffig überlegenen Lächeln eines unterfränkischen Bäuerleins, der zum ersten Mal in seinem Leben einen 5-Uhr-Tango und Mannequins sieht, betrachteten. Am meisten Aufsehen erregten die traditionellen Blauhosen des Schiedsrichters, die in Süddeutschland so bekannt sind wie die Hosen des Herrn von Bredow in Ostelbien. Das Schicksal hatte mir einen Platz neben einer Dame der besten Gesellschaft beschert. Die hohe Frau war ganz selig, wenn einer der Verteidiger einen Raketenstoß abgab. Aber [Schiedsrichter] Niederberger interessierte sie mehr als der sonnengebräunte Schorschl oder die Saltos von Kienzler. ›Was macht denn der Mann mit den blauen Hosen wieder? Ach so, der pfeift.‹ Ringsherum fragten die Leute, wie lang so ein Spiel dauert, wie viele Tore gemacht werden müssen, bis es zu Ende geht, und warum der Schiedsrichter blaue Hosen hat. Fünf Minuten vor der Pause erhob sich Exzellenz von Ludendorff und verließ den Platz. Allgemeines Erstaunen; aber die Lösung des Rätsels war eine sehr einfache. Schaffers Anwesenheit hatte sich herumgesprochen, und der bekannte Heerführer sah ein, dass der Platz der Teutonia die beiden bekanntesten Leute von Europa nicht zugleich beherbergen konnte. [Schaffer war einer der populärsten Fußballer jener Zeit.]

Vor dem Spiel, während desselben, nach demselben umkreisten die bekanntesten Asse unserer Kriegsstaffel das Spielfeld. Udet und Richthofen waren erschienen, und Letzterer warf in eleganter Pirouette den Ball knapp über die Köpfe der Mannschaft mit einer netten Widmung auf das Spielfeld. Damit alle Zuschauer auf ihre Rechnung kamen, fanden auch Aufmarsch und leichtathletische Wettkämpfe der berühmten Münchner Turn- und Sportvereine statt, bei denen Fritz Kutzner mit Stentorstimme die Heerschau abnahm. Es war alles sehr schön und interessant, aber zu kompliziert für ein einfaches Fußballergemüt.

Den Abend verbrachten wir als Gäste der gastfreundlichen Bayern in den Drei Raben und hatten Gelegenheit, die außerordentlich netten und feinen Holländer als Menschen kennen zu lernen. Gutes Essen, eine sehr gute Rede Kurt Landauers mit holländischer Erwiderung und Überreichung von Münchner Hofbräuhauskrügen, die der Verlag des ›Kicker‹ den lieben Gästen für ihr Clublokal spendete. Die Unterhaltung mit den Amsterdamern war schwierig, aber desto interessanter, und die Herzlichkeit auf allen Seiten verdeckte linguistische Mängel.«

Nachdem er Katharinas begeisterten Brief empfangen hatte, schlug Bensemann die Zeitung auf und las seinen Bericht noch einmal mit Befriedigung. Zweifellos war ihm der Text gelungen. In sportlicher Hinsicht hatte er Dori Kürschner, den mit ihm befreundeten Bayern-Trainer, von der Verantwortung für die Niederlage entlastet, ohne die Mannschaft allzu sehr zu beleidigen. Das obskure Rahmenprogramm, mit dem offenbar zusätzliches Publikum angelockt werden sollte, hatte er sinnfällig mit der angenehmen Atmosphäre des anschließenden Commers kontrastiert. Vor allem hatte er es geschafft, die diversen eitlen Kriegshelden wie Ludendorff, Udet oder Richthofen der Lächerlichkeit preiszugeben, ohne direkt politisch zu werden. Exzellenz von Ludendorff, Kriegsherr und Antisemit, überlässt das Feld unfreiwillig dem großen Alfred Schaffer, jenem internationalen Fußballzigeuner, der in Budapest, Nürnberg, Basel und München gespielt hat – dieses Bild war zwar ein wenig konstruiert, aber von trefflichem Symbolwert. Und Udet und Richthofen, die beiden Fliegerhelden, »umkreisen« das Spielfeld und machen die Clowns.

Wer sonst im Sport konnte so schreiben? In Deutschland sicherlich keiner. Schon gar nicht, wie er sich in einer Mischung aus Bedauern und Befriedigung eingestand, Müllenbach.

Längst hatte er eingesehen, dass der junge Mann kein Format einbrachte. Müllenbach war ein gewissenhafter Organisator und ein solider Berichterstatter, doch im Denken wie im Schreiben fehlte ihm jene Souveränität, die aus einem Bericht eine leichte Reportage, einen gestochenen Leitartikel oder eine bissige Satire machten. Bensemann hatte sich angewöhnt, den Adlatus »Bürochef« zu nennen, was dieser in seiner üblichen Beflissenheit als Titel annahm und vermutlich als Auszeichnung verstand. In Wahrheit war es ein Prädikat für Müllenbachs Mittelmäßigkeit, als Journalist wie als Mensch.

Ich habe mich in ihm getäuscht, als ich ihn mit John verglich, dachte Bensemann. Er reicht an ihn nicht heran, denn ihm fehlt die Seele, die jener so reich besaß. Bis auf wenige kurze Momente hat John nie das Leben geführt, nach dem er sich sehnte. Er hatte nie die Kraft, sich den Pflichten, die man von ihm verlangte, zu entziehen. Er ließ sich zur Militärschule zwingen, zur Teilnahme am Burenkrieg, zur Übernahme des väterlichen Erbes, zur Heirat. Aber er war sich immer darüber im Klaren, dass es nicht sein Leben war, das er führte. Er war fähig, an sich selbst zu leiden, und der Tod auf dem Schlachtfeld vollendete die schreckliche Logik dieses Lebens.

Müllenbach dagegen passt sich nicht nur äußerlich an, sondern ordnet auch sein Inneres nach den Gegebenheiten. Er rebelliert weder gegen Konventionen noch gegen die eigene Beschränktheit, sondern scheint in völliger Übereinstimmung damit zu leben. Er schuftet zwölf oder 14 Stunden am Tag, um den Redaktionsbetrieb zu führen, und vielleicht auch, um es mir recht zu machen. Aber in Wahrheit bin ich ihm gleichgültig, weil er sich selber gleichgültig ist.

Bensemann blickte von seinem Schreibtisch hinüber ins Nebenzimmer, wo eine hagere Gestalt bei Lampenlicht mit zielstrebiger Geduld Berge von Papier bearbeitete. Die Hoffnungen, die er vor zwei Jahren in den jungen Mann gesetzt hatte, waren nur Projektionen gewesen. Seither war Müllenbach ihm im gleichen Maße entbehrlich geworden, wie er für die Zeitung unentbehrlich war. Aber vielleicht hatte dieser Gegensatz sein Gutes: Müllenbach war seine rechte Hand, die funktionierte, ohne sein Herz zu erreichen.

Überraschend meldeten sich im Mai 1922 die Luxemburger, die er in Straßburg getroffen hatte: Im Rahmen eines Friedenskongresses sollte in Esch ein internationales Fußballturnier stattfinden, mit einer luxemburgischen Mannschaft, einer französischen, einer holländischen und eben auch einer deutschen, um deren Vermittlung man bäte. Das Turnier war auf das Wochenende vor dem deutschen Meisterschaftsendspiel terminiert, also kurzfristig und in eine Zeit, in der Bensemann ohnehin ständig auf Reisen war. Aber er konnte die Stuttgarter Kickers, deren Gründungsväter von 1899 er kannte, zur Teilnahme überreden. Er selbst musste von Prag, wo er ein Spiel der Glasgower Celtics verfolgt hatte, fast ohne Zwischenstopp nach Luxemburg durchfahren, um danach wenigstens für zwei Tage in der Redaktion zu arbeiten, bevor er zum Finale nach Berlin aufbrach. Am späten Abend, nachdem er seine Artikel diktiert und die Korrekturfahnen durchgesehen hatte, schrieb er einen Brief an Katharina: Er war ihr über den ersten greifbaren Erfolg seiner Diplomatie einen Bericht schuldig.

Luxemburg, so begann er ein wenig ausholend, sei zwar ein kleines Land, eher eine Enklave zwischen Frankreich, Belgien und Deutschland, doch gerade darum geeignet, Grenzen zu überwinden. »Gebildete Leute, die mehrere Sprachen können, sind niemals Chauvinisten«, habe ihn schon im Zug ein Luxemburger belehrt, und das sei der Geist, den auch das Turnier beherrscht hätte. Die Stuttgarter Elf habe gewonnen, doch das sei ohne Bedeutung, denn das Bedeutsame sei, dass die Veranstaltung überhaupt stattgefunden habe, dass man dort miteinander Sport getrieben, geredet und gefeiert habe, immerhin zum ersten Mal seit dem Krieg. »Zum Beweis, liebe Katharina, dass meine bescheidene Diplomatie trotz der vergeblichen Mühen in Straßburg nicht ganz nutzlos war, lege ich Ihnen einige Artikel aus internationalen Zeitungen bei, in der auch meine Person erwähnt wird.«

Es war die »Luxemburger Sportzeitung«, die geschrieben hatte: »Dem wackeren Herrn Bensemann wird wohl das Herz im Leibe vor Freude gehüpft haben. Seine Versöhnungspolitik-Aktien sind um mindestens 50 Prozent gestiegen, und wir Luxemburger können es uns zur hohen Ehre anrechnen, ihm dabei wertvolle Handlangerdienste geleistet zu haben. Was wird die Fédération française dazu sagen?«

Und, nicht ohne eine gewisse Eitelkeit, fügte Bensemann dem Brief auch noch Ausschnitte aus Prager Zeitungen bei, die ihn bei seinem vorausgegangenen Besuch dort selbst ein wenig überrascht und, wie er nicht verhehlen wollte, auch geschmeichelt hatten.

Die »Prager Presse« schrieb: »Walther Bensemann erfreut sich bei uns einer großen Popularität dank seiner unerschrockenen Tätigkeit für Völkerfrieden im Sport, besonders Fußball. Bereits Jahrzehnte vor dem Weltkrieg betätigte sich Bensemann auf diesem Gebiete, und er kann mit Befriedigung auf viele Erfolge zurückblicken.«

Die »Bohémia« meldete seine Ankunft »mit Gefolge« und meinte: »Interessant wird es sein, die Meinung dieses hervorragenden Fachmannes und Kenners des englischen Fußballsports über die Celtics zu hören.«

Die »Ceské Slovo« rühmte: »Dieser Mann hat einen hervorragenden Anteil daran, dass er sich in jenen Zeiten, an die wir nicht gern zurückdenken, in dem gegentschechischen Feldzug, welcher besonders im Fußball zur Geltung kam, entschlossen hinter unsere gerechte Sache stellte. Das darf unser Sport dem wackeren Walther Bensemann nie vergessen!«

Und selbst die kommunistische »Rudé Pravo« zierte sich nicht: »Walther Bensemann, der populäre Sportjournalist, kommt dieser Tage nach Prag, um dem Spiel Celtic gegen Sparta persönlich beizuwohnen. Wir begrüßen den ausgezeichneten Fachmann auf das Herzlichste.«

Bensemann stopfte die Artikel in den Briefumschlag, dachte nach und holte sie wieder hervor. »Lass den ganzen Kram setzen«, sagte er zu Müllenbach. »Wenn ich's mir recht überlege, gehören diese Stimmen in den ›Kicker‹. Soll sich über meine Eitelkeiten aufregen, wer da will.«

»In die nächste Ausgabe?«

»In die nächste Ausgabe.«

»Seite eins, nehme ich an?«

»Du kennst mich gut, mein Freund. Seite eins, in der Tat. Aber nicht ohne Kommentar.«

Und darin schrieb er: »In der Tschechoslowakei hat man ein gutes Gedächtnis, denn man hat es dort nicht vergessen, dass die Ideologie, welche sich seit zwei Jahren im ›Kicker‹ ausdrückt, auch schon bestanden hat, als die äußeren Umstände durchaus andere waren [...] Dass das gegenseitige Sichverstehen der Völker am besten durch internationale Begegnungen geschehen kann, das sind alte Grundsätze des Schreibers dieser Zeilen, die heute vielleicht Aussicht auf Verwirklichung haben, die aber vor 17 Jahren teilweise als Fantasien eines Schwärmers belächelt, teilweise auch als antinationale Gesinnung gebrandmarkt wurden. [...] Jeder Mensch wahrt seine nationalen Interessen am besten, wenn er im internationalen Verkehr als Leitmotiv die Höflichkeit der Form, die Unwandelbarkeit der Staatsangehörigkeit und vor allen Dingen das Prinzip der Gerechtigkeit walten lässt. Nur dann wird die Idee der Gleichberechtigung und der gegenseitigen Wertschätzung einen dauernden Triumph über den Chauvinismus, diese Eintagsfliege im Weltensystem, davontragen.«

Am nächsten Morgen reiste Bensemann zum Meisterschaftsfinale nach Berlin. Er bestieg den Zug in Stuttgart, denn dort befanden sich inzwischen die Redaktionsräume des »Kicker«. Die Druckerei Reuss & Itta hatte ihren Produktionsort gewechselt, und mit den Druckmaschinen musste auch die Zeitung umziehen. Obwohl ihn mit Stuttgart wenig verband, hatte Bensemann den Wechsel eher gleichgültig hingenommen: Auch in Konstanz hatte er sich nicht heimisch gefühlt, hatte wie ein Durchreisender im Hotel gewohnt und als das wichtigste Gebäude den Bahnhof empfunden. Was ihm in Stuttgart fehlte, war der weite Blick über den See, war die Nähe zu den Alpen und die Nachbarschaft zur Schweiz. Andererseits wurden die Verbindungen in die Metropolen des Fußballs bedeutend kürzer, und auch nach Berlin kam Bensemann vom Stuttgarter Hauptbahnhof um einige Stunden schneller als von Konstanz aus.

Im Zentrum der deutschen Hauptstadt hatten Krieg und Nachkriegszeit längst einer kulturellen Revolution Platz gemacht, die neue Künstlercafés, Cabarets und Revuetheater in die Viertel um den Kurfürstendamm gezogen hatte. An den Litfaßsäulen lockten Plakate zu Boxkämpfen, exotischer Artistik und Nackttanzdarbietungen. Wer unter den Künstlern und Journalisten en vogue sein wollte, traf sich im Gedränge des Romanischen Cafés an der Gedächtniskirche, und dorthin verzogen sich auch Walther Bensemann und Ette Boxhammer. Sie waren vor der Hektik in den Räumen des Berliner Verbandes geflüchtet, wo die Organisationsfäden für das morgige Endspiel zusammenliefen und kaum ein Gespräch möglich war. Selbst Paul Neumann, der zwischen zwei klingelnden Telefonen saß, hatte sie nur kurz begrüßen können, während Felix Linnemann nicht mehr als ein knappes Kopfnicken zustande brachte.

»Der wird nie dein Freund«, kommentierte Boxhammer, als sie Kaffee geordert und begonnen hatten, die Rauchschwaden im Romanischen Café durch eigene Produktion zu vermehren. »Linnemann agitiert hier in Berlin auffallend oft gegen den ›Kicker‹ und gegen deine Person. Vor allem seit du dich bei meinem Strauß gegen den DFB auf meine Seite geschlagen hast.«

Noch vor dem Krieg war Boxhammer, der alte Berliner Patriarch, in den Bundesvorstand des DFB aufgerückt, hatte das Amt aber nach sechs Jahren wieder aufgegeben, da er sich mit der nationalistischen Tendenz seiner Vorstandskollegen nicht arrangieren konnte. Nun tat er sich in den Berliner Sportzeitungen zuweilen als sturköpfiger Kritiker der DFB-Politik hervor – ein einsamer Prediger, der das gesellschaftliche Parkett hasste und von den Idealen seiner Pionierzeit nicht lassen mochte. Wie anno 1899 legte er wenig Wert auf vornehmes Äußeres und beließ es dabei, seine groben Gesichtszüge durch einen schlecht sitzenden Anzug zu unterstreichen. Seine bissige Intelligenz und Scharfzüngigkeit hatte er allerdings ebenfalls beibehalten.

Bensemann verzog spöttisch das Gesicht. »Deine Kritik an der mangelnden Demokratie im Bundesverband war völlig gerechtfertigt. Und meine an seiner katastrophalen Außenpolitik auch. Ich habe Linnemann in Zürich erlebt, wie er auf internationalem Parkett umherschlidderte. Seitdem will er mich nicht mehr als Zuschauer haben.«

»Mag sein. Vermutlich stehst du ihm auch zu oft in den Zeitungen.«

»Als Herausgeber einer Wochenzeitung stehe ich nun einmal jede Woche in der Zeitung.«

»Ich meine nicht den ›Kicker‹. Sondern eher die ausländische Presse. Die Prager zum Beispiel.«

»Du weißt selbst am besten, warum sie mich in Prag mögen. Schließlich haben wir ihnen vor 20 Jahren die Engländer gebracht, alter Freund.«

»Das ist es nicht allein. Du hast zum tschechischen Verband bessere Beziehungen als der DFB.«

»Hör zu, Ette, wenn sich mit den Glasgower Celtics zum ersten Mal seit dem Krieg eine britische Mannschaft dorthin wagt, wo Deutsche leben, und der DFB gibt sich die Ehre, dem Ereignis fernzubleiben, hat offensichtlich sein Außenpolitiker versagt, nämlich besagter Herr.«

»Du hast völlig Recht. Dilettantismus und Engstirnigkeit sind vermutlich die wesentlichsten Voraussetzungen für eine Karriere beim DFB. Aber du solltest Linnemann nicht unterschätzen. Er wird beim Bund als der kommende Mann gehandelt.«

»Das, mein lieber Ette, ist dem Bund durchaus zuzutrauen. Ich halte genau wie du den größeren Teil der Vorstandsherren für unfähig, und gäbe es eine Urabstimmung, so würden wohl nur wenige dieser kleinen Machthaber am Ruder bleiben. Aber natürlich kleben sie im Amte und pflegen einen Nepotismus, der nicht mehr zu überbieten ist. Linnemann ist ein Meister darin.«

Bensemann knöpfte sich Weste und Kragen auf, denn in dem überfüllten Café herrschte eine drückende Schwüle. »Übrigens hat der Herr mir kürzlich gleich zweimal geschrieben. Es sei eine Erholung für ihn, mit mir die Waffen zu kreuzen. Und dass er sich wegen meines Prag-Besuches gerne mit mir unterhalten würde. Ich habe ihm geantwortet, dass das schwierig wird, weil vermutlich alle DFB-Vorstandsmitglieder in den Himmel kommen, ich aber lieber bei meinen Freunden bleiben will, und die säßen alle anderswo.«

Boxhammer seufzte: »So werden wir denn auf unsere alten Tage wieder die Outsiders, die wir in unseren jungen auch schon waren. Aber das ist nicht die schlechteste Ecke, in der man sitzen kann.«

Das Endspiel um die 14. deutsche Fußballmeisterschaft wurde am 18. Juni 1922 zwischen dem 1. FC Nürnberg und dem Hamburger Sportverein ausgetragen, und für Bensemann war es keine Frage, dass seine Loyalität den Süddeutschen gehörte. Der 1. FC Nürnberg, allenthalben nur »Club« genannt, hatte sich in den vergangenen Jahren zum führenden deutschen Fußballverein entwickelt. Vor dem Krieg hatten Berliner und badische

Mannschaften die Meisterschaftsrunden dominiert, darunter die Phönix sowie der Fußball-Verein aus Karlsruhe, die 1909 und 1910 Meister geworden waren. Aber als nach dem Krieg die erste Endrunde ausgespielt wurde, zeigte sich, dass die alten Hochburgen im Umbruch der Generationen und der sozialen Verhältnisse ihre sportliche Überlegenheit eingebüßt hatten. Die Zeit der reinen Akademikerteams war vorbei. Fußball war ein Volkssport geworden, dem sich mit Erfolg nun auch Arbeiter und Lehrlinge widmeten.

Der 1. Fußball-Club aus der Arbeiterstadt Nürnberg war zwar eine Gründung von Gymnasiasten und Studierten, doch von Beginn an hatten hier auch Lehrlinge und Handwerker mitgekickt. Die beiden populärsten Spieler der großen »Club«-Elf verkörperten die sozialen Pole der Fußballbewegung: der gewaltige Mittelläufer Hans Kalb, der noch während seiner aktiven Zeit promovierte und Zahnarzt wurde, und Torwart Heiner Stuhlfauth, der zunächst eine Lehre als Elektromonteur absolvierte und mit Flickenbällen kicken lernte, bevor die sportlichen Erfolge seine gesellschaftliche Stellung veränderten und er Wirt in der Sebaldusklause wurde. Die Mannschaft um diese beiden Spieler zählte bereits zu den erfolgreichsten in Bayern, als sie im Juli 1919 den berühmten MTK Budapest zu sich einlud, mit 0:3 unterlag, aber den Budapester Mittelfeldstar und schon damals »Fußballkönig« geheißenen Alfred Schaffer zum Bleiben überreden konnte. Schaffer gastierte nur ein halbes Jahr, aber in dieser Zeit gab er der Mannschaft und vor allem Kalb jenen spielerischen und taktischen Schliff, der sie zur unbestritten besten Elf in Deutschland werden ließ.

1920 konnte der »Club« erstmals den Meistertitel erringen und im Jahr darauf souverän verteidigen. Kalb und Stuhlfauth, beide erst Anfang 20, stiegen zu nationalen Fußballhelden auf. Und in den gesamten zwanziger Jahren sollte es nur zwei Vereine geben, die annähernd an die Klasse des »Club« heranreichten: die benachbarte Spielvereinigung Fürth sowie der Hamburger Sportverein, der Gegner in dem bevorstehenden Finale.

Am Abend vor dem Spiel fand traditionell ein Bankett für Journalisten und Funktionäre statt, zu dem auch Boxhammer und Bensemann geladen waren. Sie kamen nach ihrem Rundgang durchs lärmende Berlin hungrig zum Russischen Hof und sahen zu, dass sie das Buffet rechtzeitig ansteuerten, bevor der DFB-Vorsitzende Gottfried Hinze seine Rede zu Ende gebracht hatte.

»Nun habe ich wieder das Pech, im nächsten ›Kicker‹ über ein Bankett berichten zu müssen«, sagte Bensemann genüsslich kauend zu seinem

Freund. »Meine Leser sind ohnehin schon der Ansicht, der Beruf des Sportjournalisten sei eine ungetrübte Folge von Ragouts und Entremets. Dabei erhaschen wir geplagten Diener der Massen nur ab und zu einige Brosamen vom Vorstandstisch.«

Er füllte sich den Teller mit polnischem Geflügelsalat und blickte zufrieden durch den weitläufigen, klassizistisch gestalteten Saal, der nach Hinzes sehnlich erwartetem Schlusssatz von Applaus und Stimmengewirr erfüllt wurde.

Nach und nach füllte sich die freie Fläche vor dem Buffet. Friedrich Grolms kam vorbei, der Redakteur des westdeutschen »FuL«, wie immer mit einer beiläufigen Stichelei auf die politische Linie des »Kicker«. Hinze begrüßte sie leutselig, und Paulchen Neumann starrte frustriert auf die lange Schlange der Wartenden, in die er sich mit leerem Teller einreihen musste. Schließlich erblickte Bensemann das Ehepaar Bauwens am Saaleingang, er ging auf sie zu und lotste sie an seinen Tisch.

Bauwens, den sie in Berlin den »schwarzen Kölner« nannten und der mittlerweile als bester Schiedsrichter in Deutschland galt, schrieb inzwischen gelegentliche Kolumnen für den »Kicker«. Wie schon in den beiden Jahren zuvor war er als Unparteiischer für das Endspiel nominiert. Seine junge Frau begleitete ihn zum ersten Mal zu einem solchen Ereignis, eine Vorwitzigkeit, die beiden ein wenig peinlich schien. Dennoch war es Elisabeth, die mit neugierigen Fragen nach den Nürnberger Helden die Unterhaltung rasch in Gang zu bringen verstand.

Zu ihrer Enttäuschung würde der große Hans Kalb nicht spielen. Er hatte sich vor kurzem bei einem Gastspiel in Frankfurt ein Bein gebrochen. »Ohne Kalb – ›Club‹ nur halb«, hieß es unter Anhängern wie Gegnern der Nürnberger, doch das war übertrieben: Selbst ohne seinen Mittelstürmer zählte der »Club« nicht weniger als sieben Nationalspieler in den eigenen Reihen.

Natürlich gehörte auch Heiner Stuhlfauth dazu, der berühmte Torhüter. Die Geschichten über ihn waren bereits Legende, und Bensemann wusste sie zu erzählen. Beispielsweise die folgende: Auf dem Bankett nach dem Länderspiel gegen die Schweiz unternahm ein schweizerischer Offizier den absurden Versuch, Stuhlfauth mit Sekt unter den Tisch zu trinken. Jedes Mal wenn eine Flasche leer war, haute ihm der Major freundlich auf die Schulter und fragte: »Na, trink mer noch eine?« Und der lange Heiner schlug jedes Mal mit einem freundlichen »Jawoll, Herr Major« zurück, aber mit solcher Wucht, dass der Offizier immer mehr in sich zusammensank. Irgendwann war er dann ganz unter den Tisch gesunken, und der Heiner hatte noch immer Durst.

Das unerschütterliche Selbstbewusstsein, das Stuhlfauth nicht nur auf dem Fußballplatz ausstrahlte, stand im Mittelpunkt solcher Geschichten, aber ebenso die rustikale Bodenständigkeit, die er trotz diverser Auslandsfahrten mit seiner Mannschaft nicht abgelegt hatte.

Als der »Club« vor einigen Monaten zu Gastspielen nach Spanien gefahren war und dabei Frankreich durchquerte, schickte Heiner Stuhlfauth seinen Mannschaftskameraden Wolfgang Strobel ans Fenster des Abteils: »Geh, Wolferl, schau hinaus, wie die Station heißt!« Der Wolferl schaut hinaus und sagt: »Wir sind in Sortie.« Die nächste Station aber hieß auch »Sortie«. Jedes Mal wenn Strobel bei einer Station hinausschaute, sah er das große Schild mit diesem Namen. Da wunderten sich die beiden: »Ja, heißen denn in Frankreich alle Ortschaften ›Sortie‹ …«

»Trotzdem«, rief Bensemann in das Gelächter hinein, »ist der Heiner nicht nur ein guter Torwart, weil er lang ist und Pranken hat wie Bratpfannen. Er hat eine eigene Philosophie, nämlich dass ein fähiger Keeper nicht nur sein Tor bewachen soll, sondern mitspielen muss. Keiner wagt sich so weit aus seinem Strafraum heraus wie Stuhlfauth. Er scheint die merkwürdige prophetische Gabe zu besitzen, immer genau zu wissen, wohin der Ball kommt, und damit den gegnerischen Stürmern immer einen Schritt voraus zu sein. Natürlich ist das nicht nur Intuition. Er kennt genau die Gewohnheiten der Stürmer, ihre Stärken und Schwächen, das macht sein Können aus. ›Ein guter Torwart wirft sich nicht‹, pflegt er zu sagen. ›Wenn ich nach einem Ball hechten muss, habe ich zuvor etwas falsch gemacht.‹ Sie werden es morgen erleben: Der Heiner hat keine Sturzflüge nötig. Er scheint die Bälle geradezu anzulocken. Und den Hamburgern wird es so ergehen wie anderen Stürmern: Vor Stuhlfauths Tor ergreift sie eine geradezu hypnotische Angst. Statt zu schießen, spielen sie ihm den Ball direkt in die Arme.«

Doch es war ausgerechnet der große Stuhlfauth, der am nächsten Tag dazu beitrug, die Masse der 25.000 Zuschauer im weiten Grunewaldstadion gegen die Nürnberger aufzubringen. Kurz nach Beginn war er über 20 Meter einem Hamburger Stürmer entgegengeeilt, doch diesmal kam er nicht den berühmten Schritt zuvor. Beide stießen im Kampf um den Ball zusammen und wälzten sich am Boden. Das Publikum pfiff erbost: Stuhlfauth hatte Tull Harder attackiert, den Liebling der Fußballwelt in Norddeutschland. Wenn sie jemandem zutrauten, die Übermacht und die dritte Meisterschaft der Nürnberger zu verhindern, dann ihm.

Das Spiel wurde härter, vor allem durch die Aktionen der »Club«-Spieler, und jeder Tritt, jedes Foulspiel brachte das Publikum ein Stück weiter auf die Seite des HSV.

»Sie sollten sich auf ihre Technik besinnen«, knurrte Bensemann unzufrieden Paul Neumann ins Ohr, der neben ihm auf der Tribüne saß. Für einen Moment setzte er sein Fernglas ab, durch das er ansonsten so konzentriert starrte wie ein Biologe durch sein Mikroskop. »Wenn sie so weitermachen, spielen sie nicht nur gegen elf Hamburger, sondern auch noch gegen die öffentliche Meinung. Und dabei können sie nur verlieren.«

»Als Vertreter der öffentlichen Berliner Meinung«, erklärte Neumann, »hätte ich nichts dagegen.«

Nach 19 Minuten geschah es: Harder passte zu Rave, und Stuhlfauth musste sich werfen. Vergeblich – der Ball landete im Tor, 1:0 für den HSV. Das Stadion jubelte. Bauwens pfiff wieder an. Träg, der hartgesottene Nürnberger Halbstürmer, schnappte sich am Mittelkreis den Ball, dribbelte drauflos – und schoss ein: Ausgleich. Und dann sogar die Führung: Popp verwandelte eine Flanke.

»Nun also«, erklärte Bensemann in der Halbzeitpause, »jetzt können wir hoffen, dass sie ihr gewohntes Spiel zeigen.«

Wie üblich saß er ohne Notizblock auf der Tribüne, das Spielgeschehen im Gedächtnis festhaltend und in eigene Analysen formend, bei denen es wenig darauf ankam, ob ein Spielzug in der 24. oder der 29. Minute stattfand. Es war das Gesamtereignis, das ihn interessierte. Für Bensemann begann ein Spiel mit der Anreise der Akteure, der Funktionäre und der Zuschauer, und es endete erst, wenn die Berichte in den Zeitungen standen. Dazwischen lagen Debatten und Bankette, lagen Stil und Blamage, lagen Lust und Zorn, Kampf und Versagen, Gegnerschaft und Versöhnung. Eine Mannschaft mochte ein Spiel mit 12:0 für sich entscheiden – ob sie das Ereignis damit siegreich bestanden hatte, war noch nicht ausgemacht. Hatte sie lustlos agiert, unfair gespielt oder auf gesellschaftlichem Parkett versagt, so wogen das auch zwölf Tore nicht auf.

Nach der Pause erfüllte sich Bensemanns Hoffnung auf ein besseres Spiel der Nürnberger nicht, auch wenn sie jetzt Sonne und Wind im Rücken hatten und noch immer führten. Der HSV, unterstützt von fast allen der 25.000 Zuschauer, griff immer gefährlicher an. Die »Cluberer«

wehrten sich mit Härte. Bark stieß den stürmenden Halvorsen um, Böß trat Torhüter Martens, der mit dem Ball am Boden lag. Pfeifen und Johlen gegen die Nürnberger, Anfeuerung für Tull Harder. Aus dem Spiel war ein verbissener Kampf geworden, in dem Technik und Ästhetik nicht mehr zählten, sondern nur noch der Besitz des Balles, das Näherrücken an des Gegners Tor, der entscheidende Treffer. Stuhlfauth war es, der das Ergebnis rettete. Er lief hinaus, schlug den Ball fort, faustete, hechtete und fing.

Und dennoch musste er sich kurz vor Schluss geschlagen geben. Breuel drosch eine flache Flanke aus vollem Lauf ins Tor, unhaltbar. 2:2, und fünf Minuten später war das Spiel zu Ende. Es musste verlängert werden; zweimal 15 Minuten, und das in brütender Hitze, die sich am Grund des Stadions festgesetzt hatte.

Unverändert ging es weiter – der Lärm auf den Rängen, das Ringen auf dem Rasen. Immer wieder musste die Partie unterbrochen werden, weil ein Spieler verletzt auf dem Platz lag und Sanitäter herbeieilten. 23 Spielunterbrechungen zählte am Ende Paul Neumann, der neben Bensemann saß und mit dem Eifer des Chronisten alles notierte. 19-mal musste ein Spieler durch Helfer behandelt werden: Blutergüsse, Krämpfe, Prellungen, ausgeschlagene Zähne.

Doch die Verlängerung blieb torlos. Nach dem Reglement musste weitergespielt werden, zweimal zehn Minuten. Nun waren auch die Zuschauer erschöpft, hatten sich heiser geschrien und müde getobt. Eine merkwürdige Stille legte sich über das weitläufige Stadion, geheimnisvoll eingefärbt durch das Zwielicht der hereinbrechenden Dämmerung. Fernab der Zuschauer, irgendwo jenseits der schrägen Radrennbahn und der breiten Aschenbahnen, irrten dort unten keuchende Gespenster umher.

Als Erste ergaben sich die Hamburger in ihre Erschöpfung. Sie zogen sich zurück, verlegten sich darauf, den Weg zu ihrem Tor zu blockieren. Wie im Training tausendfach geübt, kombinierten jetzt die Nürnberger, spielten mechanisch und scheinbar überlegen ihre kurzen Pässe, aber ohne jede Effektivität.

Auch die zweite Verlängerung brachte keine Entscheidung. Doch es ging weiter: Nun musste gespielt werden, bis ein Tor fiel. Auf den Rängen wusste es jeder: Hier würde es keinen Treffer mehr geben, keinen Sieg, keinen Meister. Bensemann bemerkte eine erregte Debatte bei Gottfried Hinze; Grolms und andere Journalisten waren schon dort. Man bestürmte den DFB-Vorsitzenden, das Spiel abzubrechen. Doch Hinze weigerte sich: »Das ist nicht meine Zuständigkeit. Hier muss der Schiedsrichter entscheiden.«

Bauwens hatte die Partie souverän geleitet. Zwar würde man ihm später vorwerfen, die erhitzten Gemüter nicht rechtzeitig durch einen Platzverweis abgekühlt zu haben, doch er hatte darauf vertraut, sich durch Ruhe und energische Ermahnungen den Respekt der Spieler zu verschaffen. »Von 100 Schiedsrichtern«, erklärte Bensemann zu Neumann, »hätten heute 99 versagt, nervlich oder physisch. Bauwens ist wirklich ein hervorragender Leiter, auch wenn er manchmal härter durchgreifen sollte.« Um das Spiel abzubrechen, brauchte der Schiedsrichter jedoch einen plausiblen Grund.

Plötzlich sank Bauwens zu Boden. Vor Erschöpfung, wie es schien; Sanitäter eilten hinüber, behandelten einen Wadenkrampf. Inzwischen waren 170 Minuten gespielt, und doch pfiff der Schiedsrichter wieder an. Völlig sinnlos wankten sie über den Platz, ohne Hoffnung auf eine wirkliche Siegeschance, von niemandem mehr angefeuert, in der Dämmerung kaum noch zu erkennen. Und nur dem Reglement genügend. Dann endlich, und beinahe schon wieder überraschend, der Schlusspfiff. Auch Bauwens hatte die Spielzüge fast nicht mehr sehen können. Abbruch wegen Dunkelheit. Endlich war das Spiel, der Kampf, die Sinnlosigkeit zu Ende: nach drei Stunden und fünf Minuten.

»Es war das traurigste aller Endspiele um die Meisterschaft«, erklärte beim abendlichen Bankett Bensemann in die diskutierende Runde, doch Stuhlfauth, ein Glas Wein in der Hand, behauptete, die Hamburger hätten mit dem unfairen Spiel angefangen: »Fünf Zähne wurden Kugler ausgeschlagen.«

»Lieber Heiner, das erinnert mich an die Antwort jenes Mannes, dessen Hund beschuldigt wurde, ein Kaninchen gefressen zu haben: ›Das Karnickel hat mit dem Klamauk angefangen.‹ Und glaube mir, genau so werde ich es schreiben. Mit dem, was ihr vorhin gezeigt habt, habt ihr nicht nur dem Verein geschadet und dem süddeutschen Fußballsport, sondern der ganzen Bewegung.«

Neumann und Boxhammer traten hinzu mit der Mitteilung, die Hamburger würden das Bankett boykottieren. »Die Herren Hanseaten weigern sich, mit solchen Proleten wie den Nürnbergern an einem Tisch zu sitzen.«

»Da hast du es«, grinste Stuhlfauth. »Kein Sportsgeist auf dem Platz und keiner nach dem Spiel. In Nürnberg hätten wir die Dinge bei ein paar Schoppen Wein geregelt. Aber so …« Er tippte mit dem Fingernagel gegen sein leeres Glas, dass es hell erklang. »… müssen wir es wohl beim Rückspiel klären.«

»Hoffentlich nicht«, erboste sich Bensemann. »Mein Bedarf an Endspielen ist gedeckt.«

Tatsächlich sollte, sieben Wochen später in Leipzig, das Wiederholungsspiel eine ähnliche Holzerei bringen wie in Berlin, wieder in die Verlängerung gehen und wieder nichts entscheiden: Beim Stande von 1:1 würde Bauwens das »unendliche Endspiel« abpfeifen, weil vier Nürnberger verletzt oder vom Platz gestellt waren. Einen Deutschen Fußballmeister 1922 würde es niemals geben.

Bensemann aber setzte im »Kicker« vor den dramatischen Bericht über das Berliner Spiel auf die drei ersten Seiten ein langatmiges Referat, das er am Morgen vor dem Finale im Presseclub gehalten hatte. Thema: »Der Wert des Sportes für die schulpflichtige Jugend«. Darin hatte er formuliert: »Alle jene Eigenschaften, welche den menschlichen Verkehr angenehm und nutzbringend gestalten sollen, zieht der richtig betriebene Sport groß; jene Idee des Fair Play, die auf der Schule in die Seelen der Kinder gepflanzt werden muss, ist auch der alleinige Gradmesser im späteren Leben.«

Als die Zeitung gedruckt vorlag, blätterte er sie zufrieden durch. »Die eine Hälfte unserer Leser«, sagte er zu Müllenbach, »wird diese drei Seiten gelangweilt überspringen und sich auf die Kriegsberichterstattung vom Finale werfen. Die andere Hälfte aber wird sich fragen, wie das bloß alles zusammenpasst.«

XI

»Kuhwedel aus Treuenbrietzen«

Stuttgart im Frühjahr 1922

»Heute kommt Kuhwedel zu Besuch«, verkündete ein aufgeräumter Bensemann, als er morgens die engen Redaktionsräume des »Kicker« betrat, und freute sich über die Verwirrung der Sekretärinnen: »Für wann wird er denn erwartet?«

»Er ist schon da, nämlich in meiner Jacke«, sagte er und zog ein umfängliches Manuskript hervor, das Produkt einer längeren Bahnfahrt. »Moribond Kuhwedel himself. Um der Wahrheit die Ehre zu geben, war er sogar schon hier. Es drängte ihn bereits seit längerem, diesen Fußballgral und namentlich den Herausgeber kennen zu lernen. Also machte er sich von seinem Wohnort Treuenbrietzen mit einem Billett vierter Klasse auf, zu uns nach Stuttgart zu kommen. Er ließ sich durch diese heiligen Hallen führen, und hinterher war er so beeindruckt, dass er einen Bericht verfasste. Nämlich diesen hier!«

Er schwenkte die Papiere, und die Damen lächelten gehorsam.

»Kuhwedel ist sein Alter Ego«, erklärte Müllenbach. »Eine Fantasiefigur, die ab und zu in seinen Artikeln auftaucht und so etwas wie den typischen Deutschen vorstellen soll.«

»Wenn er mein Alter Ego wäre«, meinte Bensemann, »dann hieße ich Linnemann. Aber lassen wir das. In Wirklichkeit gibt es viele Kuhwedels, es ist eine höchst verzweigte Sippschaft, und Moribond ist etwas aus der Art geschlagen. Er ist nämlich Wanderjournalist, Pazifist und Buddhist in einer Person.«

Hinter ihm tauchte Simon Rosenberger auf, der seit einigen Monaten als neuer Redakteur eingestellt war, ein knapp 40-jähriger, nüchtern denkender Fachmann mit runder Brille, Glatzkopf und eigenem Stil. »Was hat den Herrn denn so beeindruckt?«, fragte er ironisch.

»Nun, zunächst einmal die Großzügigkeit der Räumlichkeiten, die ihn an die Spiegelsäle von Versailles erinnerte. Als Erstes muss er in den Empfangsraum nebenan geraten sein, für den wir leider noch keine Möbel erstehen konnten, denn er schreibt – ich zitiere: ›Der erste Saal, den wir betraten, war nach Ansicht meines Führers im maurischen Stil gehalten. Nichts als Mauern.‹ Nun ja.«

»Sehr komisch«, kommentierte Rosenberger.

Bensemann blickte ihn beleidigt an. »Es geht ja weiter. ›An der Türe, die zum nächsten Saale führte, befand sich ein großes Plakat mit der Aufschrift ›Nur für Geschäftsfreunde‹. Im Saale selbst saßen etwa 30 Herren im besten Mannesalter, die gerade vesperten. ›Gerichtsvollzieher‹, flüsterte mein Führer. ›Tagschicht. Sie werden jeden Abend um acht abgelöst. Wir haben hier nämlich ein ganz merkwürdiges Verfahren. Alle Rechnungen, die der ›Kicker‹ erhält, werden in diesem großen Waschkorb, der in der Mitte liegt, aufgespeichert. An einem bestimmten Tage des Kalenderjahres zieht einer der süddeutschen Staatspräsidenten drei derselben auf gut Glück heraus; diese werden dann bezahlt, was nicht ohne großen Pomp und großes Zeremoniell abgeht. In diesem Jahr erwarten wir Lenin zur Ziehung.‹«

»Au weia«, machte eine der Frauen.

Müllenbach blickte skeptisch. »Ich weiß nicht, ob wir mit diesem delikaten Aspekt so nonchalant umgehen sollten.«

»Oh, wie Moribond Kuhwedel erfahren muss, gehen wir mit allen delikaten Aspekten nonchalant um, aber mit diesem besonders. Hören Sie seinen Bericht: ›Es folgte ein Raum mit etwa 40 bis 50 Skeletten, die alle mit Namen versehen waren: Willy Meisl, Urviehch, das Pfiffel und so weiter. ›Sehen Sie‹, sagte mein Führer, ›das sind alles auswärtige Korrespondenten von uns, die verhungert sind. Der Verlag lässt alle Skelette herbringen, um die schreiblustige Jugend zu neuen Opfern anzufeuern.‹«

»Der Bericht nähert sich der Realität«, meldete sich der untersetzte Rosenberger. »Seit ich beim ›Kicker‹ arbeite, habe ich den Verlust von drei Pfund Körpergewicht zu beklagen.«

»Die haben Sie mir überlassen, werter Rosenberg, wie sich das für einen getreuen Mitarbeiter gehört. Obwohl ich mir auf Anraten des Arztes weitere Zuwendungen dieser Art verbeten muss. Aber hören wir uns an, was Kuhwedel noch in unseren Geschäftsräumen vorfand: ›Tief ergriffen betraten wir den nächsten Raum, überschrieben ›Völkerversöhnungshalle‹. Dort hingen ganz reizende Gemälde lustwandelnder Paare, von einem bekannten Münchner Künstler entworfen. Unter Rosenhecken wandelten Angehörige der verschiedensten Nationen und Weltbekenntnisse. Ludendorff ging mit Béla Kun, Poincaré mit Helfferich, de Valera mit Horatio Bottomley und Angelo Rossi mit Henny Porten. Die überwältigende, feierliche Stille dieses Saales löste in mir ein Gelübde aus: in Treuenbrietzen ein Ähnliches zu schaffen. Stilvoll und gehaltvoll.‹«

»Ich vermisse ein Bild von Ihnen, lustwandelnd mit Nohe«, bemerkte Rosenberger.

»Sie sind heute etwas giftig, mein Herr. Aber ich gebe zu, es hätte gepasst. Freilich kommt meine Wenigkeit in dem Bericht natürlich noch vor, bescheidenerweise als Höhepunkt der Visite. Nachdem Kuhwedel also auch Buchhalterei, Expedition, Spedition, Edition und Addition sowie Schreibmaschinenkammer begutachtet hat und in der Anzeigenabteilung eine Viertelseite auf lebenslänglich buchen musste, klopft er an meine Tür, tritt ein, stellt sich vor und fragt: ›Sind Sie der Herausgeber?‹ – ›Das schon‹, sage ich, ›aber ich kann nur auf fremde Devisen herausgeben. Wenn Sie Fränkli, Gulden oder Kronen haben, können wir handelseinig werden.‹ Er guckt ein wenig indigniert und fragt mich nach dem größten Fußballer der Welt. ›Toni Ströbele aus Konstanz‹, sage ich. Den kannte er natürlich nicht. Ströbele ist übrigens Hoteldiener und an die 70 Jahre alt. ›Wo spielt der denn?‹, fragt Kuhwedel. ›Er spielt überhaupt nicht‹, erwidere ich, ›das ist ja gerade sein großer Vorzug.‹ Sie sehen, meine Lieben, Kuhwedel hatte es nicht leicht mit mir. Aber lassen wir ihn selber sprechen: ›Vom Sport gingen wir auf die Politik über. Auf die Frage nach seiner Ansicht über die heutige Lage erwiderte Herr Bensemann, sie sei sehr schwierig; man habe augenscheinlich den Wirth ohne die Rechnung gemacht, und das sei immer ein verkehrtes Prinzip. Als wir bei dem Thema Völkerversöhnung anlangten, zeigte mir der Journalist die verschiedenen Biss-, Kratz-, Schuss- und Messerwunden, die er bei besonders pazifistischen Gelegenheiten erhalten hatte, meinte aber, es sei jetzt weniger gefährlich als vor einem Jahr, gewisse Länderspiele zu besuchen.‹«

»Damit meint er seinen Besuch in Straßburg«, erklärte Müllenbach stolz den Sekretärinnen.

»Attention, meine Damen, der Bürochef kennt das Leben seiner Mitmenschen mit all ihren Geheimnissen. Übrigens fragte Kuhwedel auch nach der finanziellen Lage des Unternehmens. Was meinen Sie, habe ich ihm geantwortet?«

Die Runde schwieg verlegen, bis Rosenberger meinte: »Es ist das Prinzip bei allen Zeitungsunternehmen, mit nichts anzufangen und mit noch weniger aufzuhören.«

Bensemann sah ihn erstaunt an. »Rosenberger, so gefallen Sie mir besser. Das ist eine Weisheit, auf die ich auch hätte kommen können. Meine Damen, bevor Sie mein Geschreibsel freundlichst abtippen, werde ich das Bonmot unseres Redakteurs noch einflechten. Und dann ab damit in die Setzerei.«

»Wie immer für Seite eins?«, fragte Frau Gedern, die schon einige Monate dabei war.

»Wie immer«, knurrte Bensemann und verschwand in seinem Büro. Dann steckte er noch einmal den Kopf zur Tür herein. »Und zwar unter dem treffenden Titel ›Der schönste Tag in meinem Leben‹.«

Bensemanns Anspielungen auf die Finanzlage des »Kicker« waren begründet, denn wieder einmal hatte sich die Lage der Zeitung dramatisch verschlechtert. Das durch Katharina von Steinhof zugeschossene Kapital war längst aufgezehrt, und Bensemanns private Zuwendungen aus der Erbschaft wurden durch die Inflation zunehmend entwertet. Zudem entwickelte sich das Geschäft weder bei den Abonnements noch bei den Anzeigen zufrieden stellend. Die Wirtschaft im Deutschen Reich war nur in Schwung gekommen, weil sie von Staatsaufträgen profitierte und die Notenbank immer mehr Geld herausgab. Die daraus resultierende Entwertung der Mark machte nicht nur Bensemann zu schaffen. Sie vernichtete die Sparanlagen der Bürger und verringerte die Löhne der Arbeiter. Zunehmend beschränkte man die eigenen privaten Ausgaben auf das Notwendigste, und dazu zählte nicht unbedingt eine Sportzeitung.

Seit der ersten Nummer arbeitete der »Kicker« mit Defizit, obwohl der Preis für das einzelne Heft von anfangs 1,50 Mark auf 15 Mark im Sommer 1922 geklettert war. Ohne die zahlreichen Abonnenten im Ausland, deren Zahlungen in kostbaren Devisen erfolgten, wäre das Unternehmen längst bankrott gewesen. Manche Gönner im Ausland, mit denen Bensemann persönlich bekannt war, zahlten weit überhöhte Abonnement-Preise oder halfen ungefragt mit kleineren Darlehen aus. Dennoch brachten die enorm steigenden Druck- und Papierkosten immer neue Probleme. Ende 1922 musste Bensemann den Preis seiner Zeitung auf über 100 Mark anheben; doch da die Abonnementrechnungen auf drei Monate im Voraus bezahlt wurden, nutzte das nicht viel.

»Wer im Sommer den ›Kicker‹ abonniert hatte«, rechnete er in Montreux dem Juwelier Albert Mayer vor, »zahlte für das ganze Quartal, also für 13 Ausgaben, gerade doppelt so viel, wie heuer im Herbst eine einzelne

Ausgabe kostet. Im Grunde muss ich froh über jeden Abonnenten sein, der die Zeitung kündigt. Denn er kostet mich nur Geld.«

Wie von Bensemann vorhergesehen, hatte Albert Mayer eine glänzende Karriere sowohl als Geschäftsmann wie als Sportfunktionär begonnen. Obwohl er ein enthusiastischer Fußballer blieb, dominierten in all seinen Unternehmungen ein nüchterner Realismus und die Fähigkeit, zukünftige Entwicklungen vorauszuahnen. Zudem erwies er sich als geschickter Diplomat mit den zurückhaltenden Manieren alten Geldadels, dessen Fähigkeiten und dessen Vermögen umso mehr beeindruckten, je stärker er sie im Hintergrund hielt. Die Beziehungen zwischen ihm und Bensemann waren nie abgerissen, und nachdem sie erst den greisen Grunot und später auch den alten Mayer zu Grabe getragen hatten, wurden sie intensiver als zuvor. Mayer vergaß nie die naive Verehrung, die er in jungen Jahren dem weltgewandten Pionier entgegengebracht hatte, und Bensemann nicht die nahezu väterlichen Hoffnungen, mit denen er Alberts Erwachsenwerden begleitet hatte.

Der junge Schweizer hatte den deutschen Gast in sein großzügiges Privatbüro der Bijouterie geführt und das Vorzimmer angehalten, alle Anrufe und Besucher abzuweisen.

Über die wirtschaftlichen Verhältnisse in Deutschland war Mayer gut unterrichtet: Die Inflation hatte noch längst nicht ihren Höhepunkt erreicht. Für ein Zeitungsunternehmen wie den »Kicker« machte es daher weder Sinn, das Erscheinen für einige Nummern einzustellen, noch konnte es auf deutsche Kapitalgeber hoffen: Die Geldvermögen waren nichts mehr wert, und die Sachvermögen wurden für bessere Zeiten gehortet. Das Einzige, was wirklich helfen konnte, war ausländisches Kapital in harter Währung.

Albert Mayer wusste, warum Bensemann gekommen war. Schon wiederholt hatte er dem Herausgeber finanzielle Hilfen angeboten, die dieser jedoch abgelehnt hatte, um die Eigenständigkeit seiner Zeitung nicht zu gefährden. Doch jetzt, da die Lage ausweglos war, blieb ihm keine andere Wahl.

»Meine Bitte fällt mir nicht leicht«, erklärte Bensemann. »Wie du weißt, bin ich einen anderen finanziellen Hintergrund gewohnt. Vor 30 Jahren habe ich die süddeutsche Fußballbewegung zu nicht unbeträchtlichen Teilen aus meiner eigenen Tasche finanziert, heute muss ich mich selber mehr und mehr einschränken. Selbst Katharina werde ich auf der Rückfahrt mit leeren Händen besuchen müssen, obwohl ich diesbezüglich an eine Brosche gedacht hatte, die unten dein Schaufenster schmückt. Aber lassen wir diese unbedeutenden Nebenaspekte. Unter den obwaltenden Umständen wäre ich dir jedenfalls dankbar, wenn ich dich als meinen Teilhaber im Verlag begrüßen könnte.«

»Wäre nicht ein Darlehen angebrachter?«

»Ich will offen sein, Albert. Ich weiß nicht, ob ich das Geld jemals werde zurückzahlen können. Ein Darlehen wäre eine verlogene Angelegenheit. Zudem drängt meine Druckerei darauf, dass der Verlag zusätzliches Gesellschaftskapital erhält und nicht zusätzliche Schulden.«

»Ich verstehe«, sagte Mayer nachsichtig.

Was er nicht wissen konnte, war ein weitaus delikaterer Grund für Bensemanns Bitte. Der Herausgeber brauchte das Geld als Deckung für ein Darlehen, das er mit seinem alten Karlsruher Freund Karl Geppert ausgeheckt hatte. Geppert, der zuweilen »Badische Glossen« im »Kicker« veröffentlichte, fungierte inzwischen als erster Vorsitzender des Süddeutschen Fußballverbandes und hatte der Zeitung als kurzfristiges Darlehen 15.000 Mark aus der Verbandskasse zugesagt, sofern Devisen als Sicherheit vorlägen. Angesichts der galoppierenden Inflation war die Rückzahlung dieses Darlehens für Bensemann kein Problem – die 15.000 Mark würden in wenigen Monaten nur noch einen Bruchteil ihres ursprünglichen Wertes betragen. Es schien ihm allerdings nicht sinnvoll, den jungen Mayer in solche Details einzuweihen: Es war ein Agreement unter zwei alten Pionieren, das den Zeitläuften geschuldet war und von dem sonst keiner erfahren musste.

Freilich war für den »Kicker« die Aufnahme ausländischer Kapitalgeber auch aus politischen Gründen heikel, zumal Bensemann mit dem prominenten holländischen Schiedsrichter und Geschäftsmann William S. Boas ein ähnliches Arrangement wie mit Mayer getroffen hatte. Die Redaktion stand ohnehin unter dem Generalverdacht, allzu freundlich gegenüber dem Ausland zu sein, und die vermeintlichen Hintermänner der Zeitung wurden im Westen wie im Osten verortet. Kürzlich hatte eine Zeitung gemutmaßt, der »Kicker« lebe von elsässischem und tschechischem Kapital und betreibe »systematische Auslandspropaganda«. Solche Kritiker würden sich durch den Eintritt eines Schweizers und eines Holländers als »Kicker«-Gesellschafter zweifellos bestätigt fühlen.

»Aber das sind die Leute, die mich ohnehin verdächtigen, egal ob sie Tatsachen vorlegen können oder nicht«, sagte Bensemann und hob mit großer Geste resignierend die Arme. »Das lässt mich vollkommen kalt.

Lass uns lieber über mein zweites Anliegen sprechen, Albert, leider ebenfalls eine Bitte finanzieller Natur. Wie du sicher weißt, trifft die derzeitige Krise in Deutschland keineswegs nur die Unternehmen. Vor allem ist die große Masse von Arbeitern und Arbeitslosen betroffen. Es gibt genügend Kinder, die kaum zu essen haben. Diese Tatsache ist nicht nur vom moralischen Standpunkt verheerend. Sie kann auch unwägbare politische Konsequenzen haben. Radikale aller Couleur werden versuchen, ihren Profit daraus zu schlagen. Ich bin sicher, dass weitsichtige Philanthropen diese Gefahr erkennen und ihr zu begegnen wissen. Der ›Kicker‹ beabsichtigt, in Stuttgart einen täglichen Freitisch für einige Dutzend Kinder einzurichten, als Signal dafür, was getan werden muss und getan werden kann. Es geht um nicht mehr als ein bescheidenes Mittagessen und ein paar Weihnachtsgeschenke für unterernährte Schulkinder. Freilich übersteigt selbst dieses bescheidene Ziel die Mittel unseres Unternehmens, weshalb wir auch hier auf Spenden angewiesen sind.«

Mayer lehnte sich entspannt zurück. »Mir scheint, dabei geht es um einen wohltätigen Zweck, dem sich auch deutsche Freunde nicht verschließen werden.«

Bensemann schnaubte verächtlich. »Ich habe in Stuttgart genügend goldene Klinken geputzt. In den Kreisen der dortigen Großindustrie kennt man keinen Altruismus. Diese Raffkes waren schon vor dem Krieg der Ansicht, dass Wohltun zu Hause beginnt, und wenn man für eine Wohltätigkeitsaktion hausieren ging, fand man nur bei dem allhöchsten Hochadel und den allerfürstlichsten Geldfürsten eine offene Tür. Du musst wissen, Albert, der deutsche Industrielle ist kein Zoon politikon wie sein englischer Kollege, denn ihm ist auf keiner Schule eingeimpft worden, dass ein großer Teil seines Verdienstes sozialen Zwecken gehören muss. Allein eine englische Hilfsaktion für das Erdbeben in Japan hat 200.000 Pfund eingebracht, man bedenke, vier Millionen Goldmark …«

»Ich hörte davon«, unterbrach ihn Mayer lächelnd. »Wenn ich hoffen kann, dass solche Summen nicht als Maßstab für meine bescheidenen Möglichkeiten unterstellt werden, will ich meinen Beitrag gerne leisten. Sie können auf mich zählen. Aber nun, lieber Freund, lassen Sie uns von erfreulicheren Dingen sprechen.«

Das taten sie, in einer vertraulichen und respektvollen Art, die über viele Jahre zwischen ihnen gewachsen war. Als Bensemann einige Stunden später den Zug nach Zürich bestieg, begleitete ihn das angenehme Gefühl, die nähere Zukunft seiner Zeitung gerettet sowie eine Basis für die öffentliche Kinderspeisung gelegt zu haben. Und ganz nebenbei freute er sich darauf, Katharina mit jener Brosche zu überraschen, die Albert Mayer ihm beim Abschied diskret zugesteckt hatte.

Noch immer ging man durch unruhige Zeiten, und die Antagonismen der Politik hatten machtvoll den Sport erfasst. Die nationalistische Tonart in Vereinen und Verbänden klang beinahe so laut wie dereinst im Weltkrieg, und dazu beleidigt, zumal als Frankreich im Januar 1923 das Ruhrgebiet besetzte und die Inflation absurde Ausmaße annahm. In den großen bürgerlichen Sportclubs tobte der Streit, ob man in diesen Zeiten überhaupt Verkehr mit dem Ausland pflegen sollte. Kurt Landauer, der noch immer den FC Bayern München führte, zählte zu denen, die in solchen Sportbegegnungen einen konkreten Versöhnungsweg sahen. Noch vor wenigen Monaten hatte er Bensemann darum gebeten, seinem Verein ein Gastspiel in Prag zu vermitteln, nachdem er selbst bereits Vereine aus Ungarn, Holland und der Schweiz in München empfangen hatte; auch Einladungen nach England waren verschickt. Nicht selten half dabei der Umstand, dass einige der besten Kontinentalvereine von Männern geführt oder gefördert wurden, die wie er und Bensemann jüdischer Herkunft waren. Vielleicht war dies ein zusätzlicher Grund dafür, dass solche internationalen Spiele in gewissen politischen Kreisen auf heftige Kritik stießen.

Als der »Kicker«-Herausgeber im Frühjahr 1923 beim FC Bayern zu Gast war, zog Landauer ein Papier aus der Schreibtischschublade und zeigte es Bensemann: »Es wird Sie interessieren, wie andere Kameraden über diese Fragen zu denken belieben.«

Es war ein Vorstandsprotokoll des Lokalrivalen 1860 München. Dr. Ernst Müller-Meiningen, der erste Vorsitzende des Turn- und Sportvereins von 1860, hatte unter einmütiger Zustimmung seiner Vorstandskollegen dekretiert: »Sportliche Kämpfe dürfen zurzeit nicht nur nicht mit Frankreich und Belgien, sondern auch nicht mit Italien, Polen, Tschechoslowakei usw. ausgetragen werden. Wer nicht so viel nationalen Stolz hat, schadet der deutschen Turn- und Sportbewegung und gibt denen Recht, die in dieser Bewegung zersetzende Einflüsse feststellen möchten. Jetzt heißt es: nationale Interessen über alles andere!«

»›Hier werden noch weitere Kriegserklärungen angenommen‹, hieß es 1914!«, so kommentierte Bensemann den Beschluss später bissig im »Kicker«. Landauer freilich versicherte ihm, Müller-Meiningen spreche durchaus repräsentativ für die herrschende Stimmung, die sich namentlich in München seit 1918 vor allem in Extremen ausdrücke.

»Es kommt vom Bier, mein lieber Landauer. Es ist nicht die Münchner Bevölkerung selbst, die Anlass zu irgendwelchen roten oder weißen Prätorianererhebungen geben würde. Vielmehr eignet sich das köstliche Bier allzu gut zur Verdauung der verschiedensten Prinzipien der Intoleranz, die einstmals die Schwabinger Literaten und jetzt wieder die Sturmtruppgarde der Erbpachtnationalen unserem braven Münchner mundgerecht zu machen wussten. Und zwar so überzeugend, dass er es als sein eigenes Produkt anschaute.«

»Nett gesagt«, kommentierte Landauer, »aber ich fürchte, die nächste Prätorianererhebung wird weder rot noch weiß sein, sondern braun. Es wäre falsch, in diesen ›Erbpachtnationalen‹, wie Sie sie nennen, nichts als Überbleibsel des alten Systems zu sehen. Hitler predigt nicht die Rückkehr zur Monarchie, sondern eine Diktatur. Er träumt davon, es Mussolini gleichzutun.«

»Genau deshalb wird er scheitern. Unsere Deutschnationalen werden sich hüten, einer solchen Farce von einem Duce zu folgen. Nein, nein, es ist auch nicht die politische Meinung an sich, die mich an Müller-Meiningen ärgert. Ich teile sie keineswegs, aber seine Meinung bleibt ihm unbenommen. Was mich gewaltig stört, ist der Umstand, dass er den Sport mit seinen Ansichten behelligt. Der Sport muss von jeglicher politischen Durchsickerung freigehalten werden.«

»Sie dürfen nicht vergessen, dass Müller-Meiningen eher Turner als Sportler ist«, entgegnete Landauer.

»Dann soll er bei seinem Leisten bleiben. Die Turnerschaft hat es von jeher als ihre Aufgabe betrachtet, Mitglieder in vaterländischem Geiste zu erziehen. Der Sport sollte darauf bestehen, dass er sich nicht als eine sittliche Gemeinschaft im Jahn'schen Geist begreift. Kurz gesagt: Die Turnerschaft ist national, der Sport international. Aber international kann er nur bleiben, wenn sich die Politik heraushält.«

Landauer nickte bedächtig. »Das mögen wir Sportler so sehen. Aber was ist, wenn sich die Politik nicht daran hält?«

Bensemann begleitete Landauer zum Teutonia-Platz, wo am Nachmittag ein Spiel des FC Bayern gegen die Spielvereinigung Fürth stattfand. Die Bayern verloren erwartungsgemäß, begünstigt allerdings durch einen Fehler ihres Torwarts, der einen einfachen Ball durchrutschen ließ.

»Dieser eine Ball vermochte zwar nicht den Elan der Rothosen zu schwächen, aber er bildete doch infolge der Routine und des Rufs der Gegner ein solches Handicap, dass er wie der kleine Fleck auf der weißen Hand von Lady Macbeth nicht mehr zu tilgen war«, legte Bensemann sich den Kernsatz seines Artikels zurecht, den er später, im Zug nach Wien, zu schreiben gedachte, und ließ sich sofort nach dem Spiel zum Bahnhof chauffieren. Als er dort ausstieg, hallten Rufe über den belebten Vorplatz. Einige SA-Leute hatten sich aufgebaut, hielten Spruchtafeln hoch und verteilten Flugschriften. Bensemann nahm seinen Koffer und ging schnurgerade durch die Demonstranten Richtung Eingang.

»Die Juden sind unser Unglück«, rief mit monotoner Stimme der Uniformierte, der die Schriften verteilte, jedem Passanten zu, dem er sie aufdrängte.

»Die Juden sind unser Unglück!« Er hielt Bensemann einen Zettel hin. Der blieb kurz stehen und sagte: »Unser Unglück, mein Junge, ist die Dummheit.«

Dann ging er weiter und wartete auf eine Reaktion. Es dauerte einige Sekunden, dann schrie der SA-Mann hinter ihm wütend: »Sau-Jude!«

Bensemann grinste. »Eine erstaunlich lange Bedenkzeit für solch eine Antwort«, murmelte er vor sich hin. »Ich hoffe, der Kerl gehört nicht zu den Lesern des ›Kicker‹. Meinen Satz über Lady Macbeth würde er zweifelsohne entweder nicht verstehen oder falsch interpretieren.«

Doch als wenig später der Zug einfuhr und seine hell gekleidete Gestalt sich in den Fenstern der vorbeirollenden Waggons spiegelte, ertappte er sich, wie er sich selbst forschend betrachtete und dabei prüfte, ob er als Jude erkennbar wäre.

Hugo Meisl lachte, als Bensemann ihm einen Tag später die Begebenheit erzählte. »Verehrter Freund, bei Ihrer Physiognomie haben Sie wahrhaftig nichts zu befürchten. Niemand hält Sie für einen Israeliten. Was soll ich da sagen?« Seine Augen blitzten schalkig. »Schauen's mich an: Was sehen Sie? Die antisemitische Karikatur eines typischen Juden!«

Hugo und Willy Meisl, mit denen Bensemann im traditionsreichen Ring-Café zusammensaß, waren das bemerkenswerteste Brüderpaar, das die Fußballbewegung auf dem Kontinent hervorgebracht hatte. Wie Bensemann waren sie Söhne eines wohlhabenden jüdischen Kaufmannes, und wie ihm war ihnen ursprünglich eine bürgerliche Karriere im Bankwesen vorbestimmt. Hugo Meisl arbeitete tatsächlich formal als Bankbeamter für die Österreichische Landesbank, hatte aber längst auf eine höhere Karriere in der Finanzwelt verzichtet, um sich dem Fußball zu verschreiben. Der klein gewachsene Hugo war zum energischsten Organisator der Wiener Fußballszene geworden, ein unkonventioneller Macher, der englische Trainer ins Land holte und für die Einführung des Profitums stritt. Zudem betreute er seit einigen Jahren die aufstrebende österreichische Nationalmannschaft, deren berühmte Schönspielerei er zwar nicht austreiben, aber doch effektiver gestalten wollte. »Net so viel schiabn – schiaß'n müsst ihr!«, redete er seinen Spielern zu. Es sollte nicht lange dauern, bis er damit sein Nationalteam zum besten des Kontinents machen würde.

Hugos um 14 Jahre jüngerer Bruder Willy stand im Tor des großen Wiener Intellektuellen-Vereins Austria, brachte es zum Nationaltorwart und hatte noch als aktiver Spieler eine steile Journalistenkarriere begonnen. Glänzend verstand es der junge Publizist, Fachkenntnis und Formulierungskunst zu verbinden. Der Name Meisl, rühmte Bensemann im »Kicker« den älteren wie den jungen Bruder, wird »in der Sportliteratur durch keinen anderen übertroffen«. Tatsächlich galten die beiden in Österreich als die Männer mit dem unbestritten größten Fußballsachverstand.

Doch es waren noch andere Gemeinsamkeiten, die Bensemann mit den Brüdern verband und die ihn veranlasst hatten, Willy Meisl als Kolumnist für seine Zeitung zu gewinnen – und die Willy Meisl wiederum überzeugt hatten, das Angebot trotz erbärmlicher Honorierung anzunehmen. Ähnlich wie der Deutsche betrachteten die Meisl-Brüder den Fußball als kosmopolitane Angelegenheit, als einen Sport, der die nationale Schwere meiden und in einem liberalen, weltoffenen Milieu gedeihen sollte. Wie viele österreichische Intellektuelle assoziierten sie dieses Milieu gerne mit dem Dunst der zahlreichen Kaffeehäuser in ihrer Hauptstadt, wo sie sich nicht scheuten, über die Spiele der bürgerlichen Austria oder der jüdischen Hakoah stundenlang in der gleichen Ernsthaftigkeit zu diskutieren wie Musikkritiker über eine Premiere der Wiener Oper.

Es lag also nahe, dass sie mit ihrem Gast ins Ring-Café zogen, denn sie wussten, dass ihn dort jene Mischung aus Boheme und Noblesse erwarten würde, die er schätzte. Tatsächlich fand Bensemann den Kaffee stark genug, das Cognacglas ausreichend vorgewärmt und die Bedienung im Übrigen tadellos. Absichtsvoll hatte er seine Bestellungen auf Französisch aufgegeben, doch auch dieser Sprachtest war vom Personal glänzend bestanden worden.

»Man kann nicht behaupten, dass es noch viele solche Häuser in Deutschland gibt«, urteilte er, nachdem der Ober ihn mit einer Havanna versorgt hatte. »Bei uns streikten kürzlich die Kellner, und selbst wenn sie arbeiten, kommt ihr Verhalten einem Streik nahe. Für einen, der im Café de Paris von Monte Carlo, im Adelphi von Liverpool oder im Paillard zu Paris die Künstler ihrer Branche aufwarten sah, ist die heutige Mode der Bedienung in Deutschland eine Karikatur.«

Er blickte sich in dem weitläufigen Saal um, dessen ehrwürdige Einrichtung im gedämpften Licht nostalgischen k.u.k.-Charme verbreitete. »Hier dagegen erhält man eine Impression davon, dass die eine oder andere gute alte Sitte sich in die neue Zeit hinüberretten könnte.«

»Freilich«, entgegnete Willy Meisl. »Aber leider ist das Ring-Café nicht Wien. Lassen Sie sich vom rissigen Blattgold dieser Stadt nicht täuschen, verehrter Freund: Was Sie am Münchner Hauptbahnhof erlebten, könnte Ihnen auch am Wiener widerfahren. Ihr Herr Hitler, dessen Anwesenheit in Deutschland wir Ihnen keineswegs wünschen – ohne dass wir ihn zurückhaben wollen –, der Herr Hitler jedenfalls kommt ja von hier und wird einiges von seinem Senf schon im Gepäck gehabt haben, als er nach Deutschland ging.«

»Um diese Nationalsozialisten macht auch Landauer, von dem ich herzlich grüßen soll, einiges Aufhebens. Zu viel der Ehre, wie mir scheint.«

Willy Meisl nickte. »Mag sein. Was mir nicht gefällt, ist die Tatsache, dass diese Leute sich berechtigte Hoffnung machen können, mit ihrem Antisemitismus auf fruchtbaren Boden zu stoßen. Ich würde sogar ernstlich vermuten: Selbst hier im Kaffeehaus sitzt der eine oder andere, der seinen Mokka schlürft und sich fragt, was haben die Meisls hier zu suchen.«

Dass im Wien jener Jahre antisemitische Erscheinungen auf den Fußballplätzen deutlicher zutage traten als anderswo, war auch eine dumpfe Reaktion auf die großen Erfolge jüdischer Fußballer in Österreich. Fast zehn Prozent der Wiener Einwohner waren Juden, und schon im Jahre 1909 hatten sie den Sportverein Hakoah gegründet, inzwischen einer der stärksten österreichischen Clubs. Auch bei der großen Austria spielten assimilierte jüdische Sportler und Förderer eine wesentliche Rolle. Wenn Austria auf gegnerischen Plätzen auflief, hörte man nicht selten von den Rängen ein »Da kommen die Juden« oder gar: »Haut's es eini, die Juden, dann sind's dort, wo's hingehören«. Häufiger allerdings war die Hakoah antisemitischen Anfeindungen ausgesetzt. Die »Wiener Morgenzeitung« hatte über eines ihrer Spiele gegen eine andere Wiener Mannschaft berichtet:

»Was sich beim letzten Spiel Admira – Hakoah zugetragen hat, übertrifft alle noch so fantastischen Vorstellungen. Schimpforgien, in denen das Wort ›Saujud‹ immer wiederkehrte, und wilde Drohungen konnte man von allen Seiten vernehmen. Es vergeht fast kein Wettspiel, bei dem die Hakoahner nicht in der niedrigsten Weise beschimpft und bedroht werden. Auf dem eigenen Sportplatz in der Krieau muss eine Kolonne berittener Wachleute aufgeboten werden, um die Zuschauerhorden in die Schranken zu weisen.«

»Menschen, die im gewöhnlichen Leben sicherlich die Regeln des Anstands und der guten Sitten verfolgen, benehmen sich bei Spielen der Hakoah wie übelste Rassisten«, kommentierte Hugo Meisl solche Berichte und zog, offenbar aus Gewohnheit, mit dem Löffel kunstvolle Kreise durch seinen Café au lait. »Man hört dann Sprüche von ihnen wie ›Wann die g'winnen, gibt's an Pogrom!‹. Geschmackvoll, nicht wahr? Oder auch: ›Vazupf di nach Galizien, ostjüdisches Schwein!‹ Außerhalb Wiens ist es fast noch schlimmer. In Tirol flüchtete neulich sogar die gesamte Mannschaft von Hakoah Innsbruck vom Platz, nachdem zwei ihrer Spieler von Zuschauern verletzt wurden. Und ein Teil der Wiener Sportpresse reißt ihre antisemitischen Witzchen darüber.«

»Ich kann Ihnen solche Artikel zeigen«, ergänzte Willy Meisl. »Es ist immer das gleiche Lied. Wenn ein Spiel im Streit endet, wenn die Zuschauer pöbeln, was auch immer an Unglück geschieht, wer ist dran schuld? Natürlich – der Jud'! Der Binkeljud', der Saujud', um genau zu sein. Jedenfalls nicht etwa die antijüdischen Hetzer. Ich befürchte schon, dass darin eine neue Qualität von Bedrohlichkeit liegt.«

Bensemann dachte eine Weile nach. »Ich gebe zu, dass es solche Besorgnis erregenden Erscheinungen gibt. Allein, die Feststellung dieser Tatsache hilft uns nicht weiter. Was aber wäre zu tun, um solche Stimmungen zu vermeiden? Vor allen Dingen sollte der Sport selbst Differenzierungen in religiöse oder politische Weltanschauungen vermeiden. Von seinem Wesen her ist der Sport ein Ausgleicher, und deshalb muss gerade er den freien Geist der Toleranz und der Humanität ausatmen, der Christen ebenso wie Juden einschließt, Nationalkonservative ebenso wie Sozialisten. Aus diesem Grund lehne ich die so genannten Arbeitersportvereine genauso ab wie die christlichen oder jüdischen. Wenn Juden ihre eigenen Vereine und Verbände pflegen, dann mag das verständlich sein, aber es trägt Wasser auf die Mühlen der Gegner, die ja immer behaupten, dass Juden nicht national denken können. Von dort ist es bis zu den Ausbrüchen, die Sie mir eben beschrieben haben, nicht mehr weit.«

»Wollen Sie damit sagen, dass die Hakoah-Leute zumindest teilweise mitschuldig sind an ihren Bedrängnissen?« Hugo Meisl rührte schneller und irritiert in der Pfütze seiner Kaffeetasse.

Energisch schüttelte Bensemann den Kopf. »Sie missverstehen meine Argumentation. Die Leidensgeschichte des jüdischen Volkes ist zweifellos ein Schandfleck der Geschichte, und allein sie sollte dazu führen, Humanität und Toleranz als Prinzipien gelten zu lassen. Aber gerade um diesen Prinzipien Nachdruck zu verleihen, sollten wir dort, wo Konfession und Politik keine Rolle spielen, nämlich an den Schulen, im Beruf oder eben im Sport, nicht differenzieren, sondern mischen. Und, meine Freunde, seien wir ehrlich: Es gibt ja den Juden nicht nur als gebildeten Philanthropen, der sich akklimatisiert hat und als Förderer der schönen Künste daherkommt. Es gibt auch nicht nur solche, die in Kaffeehäusern sitzen und über Wein, Literatur und das Unheil der Welt diskutieren. Es gibt, wie Sie wissen, eine Reihe unserer israelitischen Freunde, die durch eine intensive soziale Vermischung mit Andersgläubigen nur gewinnen kann.«

»Und umgekehrt«, warf Willy Meisl ein.

»Und umgekehrt«, gab Bensemann zu.

Sie schwiegen eine Weile und sahen Hugo Meisl zu, dessen Hand mit dem Kaffeelöffel ratlos über der leeren Tasse innehielt. Plötzlich blickte er hoch und lächelte sie strahlend an. »Fürs Kommunique gesprochen«, sagte er, »haben Sie natürlich Recht, Kollege Bensemann. Der Fußball ist unabhängig. Überparteilich. Überkonfessionell. Nicht wahr?« Er lutschte den Löffel genüsslich ab und stocherte damit in der Luft herum wie mit einem Taktstock. »Natürlich sieht die Wahrheit ganz anders aus, und ich wundere mich darüber, dass die Herren vom antisemitischen Lager noch nicht darauf gekommen sind. Die Wahrheit ist: Der Fußball ist jüdisch unterwandert, und die Hakoah-Vereine sind nur ein infames Ablenkungsmanöver. In Deutschland mag das nur eingeschränkt gelten. Aber selbst da sehe ich: Bensemann! Landauer mit seinen Bayern, die womöglich eines Tages noch Deutscher Meister werden! Außerdem David Rothschild und Konsorten in Frankfurt! Julle Hirsch und Gottfried Fuchs, die Nationalspieler! Die Karlsruher überhaupt!«

»Und Tennis Borussia in Berlin«, ergänzte Bensemann lächelnd. »Die Kickers in Stuttgart und Würzburg.«

»Nun eben. Und erst sonst in Europa: Tschechoslowakei! Ungarn mit seiner MTK Budapest! Belgien! Von Österreich rede ich erst gar nicht! Aber auch Holland mit Ajax Amsterdam oder Blauw Wit! Und sogar in

Übersee: Ich nenne nur Gus Manning in den Vereinigten Staaten. Überall Juden oder Judenfreunde an der Spitze der Verbände. Und finstere jüdische Geschäftsleute, die sie mit Geld füttern!«

Er hob sein Cognacglas, als wolle er darauf anstoßen. »Meine Herren, ich darf feststellen, das Gerede vom internationalen jüdischen Finanzkapital ist nur leeres Geschwätz. Die wahre jüdische Weltverschwörung, die Europa ins Chaos der Humanität und der Rassendurchmischung führen soll, ist – der Fußball! Lassen Sie uns darauf trinken.«

Zwei Tage später besuchte Bensemann das Spiel Niederösterreich gegen Süddeutschland, das vor 60.000 Zuschauern im Wiener Stadion an der Hohen Warte stattfand; Hugo Meisls Österreicher gewannen 4:2, und Bensemann fiel ein junger, schmächtiger Stürmer auf, fast noch ein Knabe, der so ungestüm über den Platz hüpfte wie ein Gummiball. Er betrachtete ihn lange durch sein Glas und las dann, das Programmheft dicht an die Augen haltend, den klein gedruckten Namen: »Matthias Sindelar«.

»Von dem werden wir noch viel hören«, meinte er später zu Hugo Meisl, als sie im »Sacher« das Spiel diskutierten. »Ich habe noch keinen gesehen, der so früh seine Meisterschaft verriet. Er führt den Ball wie kein anderer.«

Meisl nickte. »Trotz seiner Jugend«, sagte er, »fordern ihn die Schmieranskis schon seit Monaten.«

»Schmieranskis?«

»Na, die Journalisten. Mein kleiner Bruder zum Beispiel. Aber ich gebe zu, wenn er noch das Toreschießen lernt, wird er der beste Spieler, den ich je gesehen habe.«

Bevor Bensemann am nächsten Morgen die Heimreise antrat, suchte er das Büro des Grossisten auf, der in Wien einige der großen Zeitungsläden mit dem »Kicker« versorgte. Er ließ sich die Abrechnung der letzten Wochen zeigen und kassierte den fälligen Betrag in Hunderttausenden von Kronen, so dass er sich mit einigen Zigarren sowie dem Billet für die Rückfahrt ausstatten konnte.

Die Reise mit der Bahn war noch immer beschwerlich. Hatte die Fahrt von Wien nach München vor dem Krieg lediglich acht Stunden gedauert, so waren es nun 14. In den Waggons war es eiskalt, und obwohl sich die Reisenden in Wolldecken wickelten, kroch ihnen die Kälte unangenehm in den Körper. Der langsam durchs Land zuckelnde Zug hielt zudem ständig an, und zwar, wie Bensemann gegenüber seinen Begleitern zürnte, »an jedem Bahnhof, wo ungefähr die Tante eines Eisenbahnbeamten, mit einer schmalzigen Freikarte versehen, einsteigen könnte«. Resigniert betrat er schließlich den Speisewagen, wo er lustlos im Essen stocherte, kritisch den Ganymed musterte und ihm zur Begleichung der Zeche schließlich das restliche Bündel Kronen zuschob.

»Übernehmen Sie das Geld und die Rechenoperation«, sagte er. »Vermutlich werden Sie dabei nicht zu kurz kommen, aber das Sortieren dieser unzähligen Nullen überfordert meinen von der Reise mitgenommenen Verstand.«

Zu seiner Erleichterung erreichte die Bahn am Abend endlich München, wo er preiswert übernachtete und sich am nächsten Morgen den neuen »Kicker« besorgte. Obwohl die Papierqualität des Blattes erneut schlechter geworden war, hatte sich der Preis der Zeitung seit der letzten Woche auf 800 Mark verdoppelt. Bald kann sich der Herausgeber sein eigenes Blatt nicht mehr leisten, dachte er grimmig und stieg in den Zug nach Stuttgart.

Es war schon früher Nachmittag, als er dort ankam, und daher versäumte er es wieder einmal, rechtzeitig zum Mittagstisch der Kinderspeisung einzutreffen. Sie hatte in einem kleinen Nebenraum des Bahnhofsrestaurants Platz gefunden, denn Eugen Bürkle, der Pächter des Restaurants, war ein guter Bekannter Bensemanns und begeisterter Leser des »Kicker«. Einen großen Raum seines Restaurants hatte er daher »Kicker«-Saal getauft und bot dort, wenn auch nicht ohne geschäftliche Interessen, durchreisenden Sportmannschaften Gelegenheit zum Aufenthalt. Bensemann traf ihn in seinem kleinen Büro neben der Küche an und erkundigte sich nach dem Fortgang der Hilfsaktion.

»Nicht gut«, antwortete Bürkle nüchtern. »Zurzeit reichen die eingehenden Gelder gerade aus, um zehn Kinder satt zu bekommen. Wir halten uns nur durch die ausländischen Spenden über Wasser. Wenn deutsche Beträge eingehen, sind sie gering und infolge der Inflation nach einigen Tagen ohnehin nichts mehr wert.«

»Wir sollten dazu übergehen, Papiergeld zu essen«, brummte Bensemann. »Dann würde niemand Hunger leiden.«

Auch die Situation seiner Zeitung wurde von Woche zu Woche stärker durch die rapide Geldentwertung geprägt. Die Handverkäufer waren angewiesen, das eingenommene Bargeld noch am gleichen Abend abzurechnen, und Sandmann, der pedantisch den Vertrieb überwachte, holte bei den Grossisten der näheren Umgebung persönlich die Wochenerlöse ab.

»Bald werden wir dazu übergehen müssen, täglich abzurechnen«, klagte er nervös, als Bensemann schließlich in den Verlagsräumen aufgetaucht war und interessiert zusah, wie Sandmann Bündel mit Geldscheinen sortierte. »Zudem müssen Sie mit der Druckerei sprechen. Sie wollen nur noch gegen Vorauskasse drucken. Ich weiß nicht, wie ich das bewerkstelligen soll.«

»Halten Sie sie hin«, erwiderte Bensemann und stopfte einige der Notenbündel in seine Manteltaschen. »Ich bin nur auf der Durchreise. Sobald ich die Post durchgesehen und meine Artikel geschrieben habe, muss ich zum Zug nach Holland.«

Sandmann sah ihn bekümmert an. »Nach Holland, herrje! Ich weiß nicht, ob wir die notwendigen Reisespesen aufbringen können.«

»Ist schon passiert«, erklärte Bensemann, rief nach Müllenbach und Rosenberger und verschwand mit ihnen in seinem Büro.

Es wurde eine kurze Besprechung. Sie gingen die Fotos durch, die auf den Bilderseiten erscheinen sollten, und wählten einige Korrespondentenberichte und Leserbriefe für die nächste Ausgabe aus. »Das Einzige, was ich zu kommentieren gedenke«, sagte Bensemann, »ist die Idiotie des Bundes, die Spiele gegen Ungarn und gegen Schweden platzen zu lassen. Der DFB ist wahrhaftig nicht in der Situation, wählerisch zu sein und die wenigen Verbände, die ihm für internationale Spiele zur Verfügung stehen, auch noch vor den Kopf zu stoßen. Das ist typisch für Blaschke, Linnemann und Konsorten. Nun ja, ich mache es kurz, denn ich brauche meine Zeit für den Bericht über das Spiel in Wien. Aber beim Lesen werden sie merken, dass es nicht das letzte Wort ist. Und nun an die Arbeit, meine Herren.«

Rosenberger hatte noch etwas: »Sie wissen, mein Buch über die Spielregeln …«

Er verfügte über eine lange Erfahrung als Schiedsrichter und hatte ein umfängliches Handbuch für seine Kollegen verfasst.

»… verkauft sich schlecht, wie in diesen Zeiten zu erwarten, nicht wahr?«

Rosenberger nickte. »Ich dachte, eine Anzeige im ›Kicker‹ könnte vielleicht den Verkauf unterstützen.«

»Genehmigt«, erklärte Bensemann. »Sonst noch was?«

»Können Sie mir einen Rat geben, welchen Preis ich für das Buch nennen soll? Er ändert sich ja nahezu täglich.«

»Dieses Schicksal teilt Ihr Buch mit Bratwürsten, Automobilen und meinem Friseur. Schreiben Sie einfach: ›Verkauf zum Tagespreis, letzte Woche beispielsweise …‹«

»3.000 Mark.«

»Mon Dieu. Sagen Sie, wie viel kostet denn inzwischen die Eintrittskarte für ein Spiel des VfB?«

»1.000 Mark.«

»Nun also, dann sind 3.000 für ein Buch nicht zu viel. Und der ›Kicker‹ nächste Woche?«

»Sandmann sprach ebenfalls von 1.000.«

»Unsinn. Sagen Sie ihm, bis auf Widerruf macht der ›Kicker‹ diese Hysterie nicht mit. Es bleibt bei 800 Mark. Und jetzt lassen Sie mich gütigst meine Arbeit tun, damit mir wenigstens noch Zeit bleibt, im Hotel die Hemden zu wechseln. Ich habe nämlich nicht weniger als eine 30-stündige Zugfahrt vor mir und will nicht als Landstreicher aus meinem Abteil vertrieben werden.«

»Lieber Leser, kennst du die Geschichte vom Moritzchen, das im Examen stand? Zu Hause wartete die ganze Familie in stolzer Angst auf ihren Kandidaten, der das Resultat melden sollte. Als das Moritzchen endlich eintrat, schrie alles: ›Nun, wie ist's gelungen?‹, worauf Moritzchen antwortete: ›Die Hauptsache ist, dass wir alle gesund sind.‹«

William S. Boas lächelte, als Bensemann ihm die einleitende Passage seiner Reportage vorlas. »Ich weiß, worauf Sie hinauswollen. Jahrelang haben Sie Ihren Lesern die Corinthians als das Nonplusultra des englischen Fußballs angepriesen …«

»… und dann kommen sie auf den Kontinent und verlieren drei Spiele in Folge!«, knurrte Bensemann. »Ergo bin ich meinen Lesern eine kleine Erklärung schuldig. Nun, immerhin sind ja auch die Corinthians gesund in Den Haag angekommen, was schließlich die Hauptsache ist.«

Sie saßen am späten Abend in Boas' geräumigem, von einem mächtigen Kamin beheizten Arbeitszimmer, wo Bensemann sich hinter dem Schreibtisch des Freundes ausgebreitet hatte, während der rundliche Boas in einem der bequemen Sessel versunken war. Sie kannten sich seit vielen Jahren, schon in seiner England-Zeit war Bensemann des Öfteren vorbeigekommen, wenn er den Kanal Richtung Kontinent überquert hatte. Boas, ein betuchter holländischer Kaufmann, galt jetzt als einer der einflussreichsten kontinentalen Fußball-Diplomaten, woran sein Ruf als internationaler Schiedsrichter nicht geringen Anteil hatte. Wie seine Kollegen Langenus und Bauwens war der Holländer als vermögender Mann in der Lage, seine Spesen bei Länderspielen selbst zu bestreiten, was wesentlich dazu beitrug, dass die FIFA Männer wie ihn als Unparteiische bevorzugte. Boas pflegte in allen Spielen, die er leitete, eine Baskenmütze zu tragen, die sein Erscheinen aber merkwürdigerweise nicht ins Lächerliche zog, sondern ihm eine altvordere Würde verlieh. Mit souveräner Ruhe verstand er es, auch kritische Spielmomente in der vollendeten Haltung eines Gentleman zu überstehen. Als Fußball-Mäzen hatte er Mannschaften aus Prag, Wien, Nürnberg und Fürth nach Holland geholt und, wie man rühmte, »glänzend bewirtet«. (Nur Hugo Meisl, so berichtete Boas irritiert, habe sich aus gutem Essen nichts gemacht; offenbar sei der Fußball doch dessen einzige Passion.)

Nun hatte Boas sogar die berühmten Corinthians über den Kanal gelockt, wo die Gentleman-Amateure gegen belgische und holländische Mannschaften antraten. Das alleine wäre für Bensemann Grund genug gewesen, die beschwerliche und kostspielige Reise anzutreten. Doch es kam noch etwas hinzu: Boas wollte die Engländer überzeugen, demnächst auch in Deutschland anzutreten und damit das Zeichen für einen Neuanfang in den englisch-deutschen Sportbeziehungen nach dem Krieg zu setzen. Der Zufall fügte es, dass der Captain der Corinthians niemand anders war als jener Geoffrey Foster, den Bensemann 16 Jahre zuvor auf der neuen Holztribüne am KFV-Platz in Karlsruhe Prinz Max von Baden vorgestellt hatte. Die Herren also kannten und schätzten sich. »Foster ist kein Fanatiker«, resümierte Bensemann, »sondern ein großzügiger Kopf, dem die pazifistische Idee des universellen Völkersports als Leitmotiv vorschwebt.«

»Eine treffliche Charakterisierung«, erwiderte Boas. »Sie sollten sie Ihren Lesern nicht vorenthalten.«

Bensemann nickte und beugte sich über seine Papiere. Eine Weile war es still in dem Zimmer, man hörte nur das Ticken der Wanduhr und gelegentlich ein Kratzen der vom Journalisten unablässig geführten Feder. Schließlich räusperte sich Boas. »Wenn schon«, sagte er, »ein Artikel der Zeitung, zu deren Gesellschafter ich zähle, in meinem Hause entsteht, wird man mir die Neugier verzeihen, wenn ich nach dem Inhalt frage. Mich interessiert beispielsweise schon, wie Sie Ihren Lesern die anfänglichen Niederlagen der Corinthians erklären wollen.«

Bensemann, der solche Störungen im Allgemeinen verabscheute, nickte geduldig. »Natürlich gibt es den einen oder anderen profanen Grund, der aufgeführt werden kann. Bei den Engländern fehlten einige gute Leute, die Reise war beschwerlich, und das Niveau des kontinentalen Fußballs ist allgemein gestiegen. Das wäre das Ceterum censeo. Aber wichtiger scheint mir, was Foster zum Spielverständnis seines Teams gesagt hat.« Er las vom Blatt ab. »›Es wäre uns natürlich lieber‹, zitiere ich also Foster, ›wenn wir siegen, aber der Sieg ist nicht die Hauptsache, denn für uns scheint ein großer Teil unserer Mission darin zu stecken, dass wir den kontinentalen Vereinen zeigen, wie Sportsleute ein Spiel verlieren sollten. Auf dem Kontinent hat sich die Ansicht noch nicht befestigt, dass eine vornehm aufgenommene Niederlage weit wertvoller ist als ein mit üblen Mitteln und durch Protestieren und Johlen gewonnener Sieg.‹ So weit Foster. Wenn ich an das letztjährige deutsche Endspiel zwischen Hamburg und Nürnberg denke, dann kann ich seine Worte nicht hoch genug schätzen. Genau dieses Ideal des Fair Play ist es, was einen englischen Sportsmann ausmacht und unseren heutigen Mannschaften auf dem Kontinent fehlt. Ich denke, Sie stimmen mir da zu.«

Boas wehrte ab. »Meine Meinung ist an dieser Stelle nicht von Interesse. Ich wollte keine Diskussion beginnen, sondern nur ein kleines Privileg genießen. Sie berichten aber doch auch ausführlich über die beiden Spiele gestern und heute, bei denen sich die Engländer rehabilitiert haben?«

»Sie haben zweimal gewonnen, aber rehabilitiert haben sie sich nur heute in Amsterdam, zum Glück vor 30.000 Zuschauern. Da zeigten sie endlich ihre überlegenen technischen Fähigkeiten, die Kunst des Täuschens und des Ballstoppens beispielsweise, aber auch ihr vorbildliches Stellungsvermögen und ihre hervorragende körperliche Ausbildung. Da bewiesen sie, was nach wie vor meine feste Überzeugung ist, nämlich dass auch die heutigen Corinthians in ihrer vollständigen Besetzung für jeden Festlandclub und für jede Landesvertretung einen nicht zu schlagenden Gegner abgeben.«

Boas und sein Gast schwiegen, und Bensemann eilte nach einem kurzen Moment des Bedenkens wieder mit der Feder über die Blätter. Plötzlich lachte er leise und zog ein bedrucktes, arg zerknittertes Papier aus der Rocktasche: »Das«, sagte er, »muss ich natürlich bringen.«

Boas blickte ihn fragend an. »Die Menüfolge«, erklärte sein Gast. »Ich werde meine Leser hungrig machen mit einer Aufzählung dessen, was Sie den Mannschaften und uns freundlicherweise haben servieren lassen: Frivolités Moscovite, Lanson Sec Américain, Crêmes Boieldieu, nicht zu vergessen die Tranche de Saumon du Rhin avec Sauce Persil, Pommes Vapeur sowie Graves Monopole Dry, anschließend die Tournedos sauté à la Rossini, garnie Richelieu mit dem ausgezeichneten Châtreau Maran, gefolgt von Chapon de Bréda rôti und schließlich Compôte Niçoise, wahlweise auch Glace Fantaisie oder Fruits Assortis mit jenem vorzüglichen Lanson Sec Américaine, der das Menü bereits eröffnete.«

»Ich weiß, was ich geordert habe«, antwortete Boas. »Ich weiß aber nicht, ob es schicklich ist, diesen Aspekt so in den Vordergrund zu rücken.«

»Das ist es, lieber Boas, glauben Sie mir. Die Deutschen sollen sehen, was es heißt, ausländische Gäste angemessen zu empfangen. Meine Landsleute haben auch in dieser Hinsicht erheblichen Lernbedarf.«

»Wenn Sie meinen.« Boas zuckte die Schultern. »Nur lassen Sie bitte meinen Namen in diesem Zusammenhang aus dem Spiel.«

»Auch dafür sehe ich keinen Grund. Das gute Beispiel eines Philanthropen in Holland sollte zum Vorbild werden.«

»Mein Name wird mir in dieser Hinsicht ein wenig zu oft genannt. Erst neulich musste er in einer Hamburger Zeitschrift für ein Spottgedicht herhalten.«

Boas stand auf und holte aus dem Zeitungsständer eine Ausgabe der »Hanseatischen Sportzeitung«. »Hier«, sagte er und schlug das Blatt auf, »beschwert sich ein Redakteur über die Geldknappheit seines Verlages. Und bringt dann folgenden Reim zustande: »Wär ich doch ›Kicker‹-Referent / damit ich Gulden kriegen könnt! / Ach lieber Konrad-Hanf-Verlag / sag, kommt nicht auch für uns der Tag / bekommst du keinen Aufsichtsrat / mit Boas aus Valutastaat?«

Bensemann lachte. »Ich kenne das Opus«, erklärte er. »Und ich habe schon dementiert.«

»Das müssen Sie gar nicht. Ich bin durchaus stolz darauf, Ihnen und dem ›Kicker‹ zu helfen. Nur lege ich keinen Wert darauf, meinen Namen allzu oft in der Zeitung zu lesen.«

Bensemann legte die Schreibfeder ab. »Werter Freund, was Sie für den internationalen Sport tun, ideell, finanziell und organisatorisch, ist von unschätzbarem Wert. Wie viel es wert ist, weiß man vor allem, wenn man aus Deutschland kommt und einen DFB-Außenpolitiker namens Linnemann hat, der ständig umherirrt auf der Suche nach Porzellan, das er zerschlagen kann. Ich sehe nicht ein, dass die Öffentlichkeit nicht erfahren soll, dass es Fußballdiplomaten von anderem Kaliber gibt.«

»Ich hoffe«, entgegnete Boas resigniert, »Sie lassen wenigstens die Dinge unerwähnt, die Sie und ich mit Foster bezüglich einer deutsch-englischen Begegnung besprochen haben. Spätestens an diesem Punkt müsste ich als Hauptgesellschafter Ihres Unternehmens leider intervenieren.«

»Selbstredend. Jede direkte Erwähnung der ins Auge gefassten Pläne würde dieselben durchkreuzen. Ich schreibe nur, dass allgemein über die deutsch-englischen Beziehungen im Fußballsport gesprochen wurde. Freilich schien mir ein indirekter Wink nützlich, um zu demonstrieren, welche Einstellung Foster zu dieser Frage hat.«

»Und der wäre?«

»Eine Anekdote, die Sie meines Wissens nicht mitbekommen haben. Foster berichtete, er habe auf der letzten Vorstandssitzung der Football Association Hugo Meisl als Schiedsrichter des Länderspiels England gegen Schweden vorgeschlagen. Natürlich kam der Einwurf, dass Meisl ja Österreicher sei, also ehemaliger Kriegsgegner, und als solcher offiziell noch dem Boykott unterliege. Daraufhin erwiderte Foster schlagfertig: ›Das stimmt schon, aber Meisls sportliche Auffassung ist in vielen Punkten englischer als die vieler Engländer.‹ Die Einwände wurden zurückgezogen.«

»Vortrefflich«, lächelte Boas. »Genau das ist Foster. Er ist zweifelsohne der Mann, auf den wir bauen können.«

Ein Jahr später würden die Corinthians nach Deutschland kommen und gegen den Deutschen Meister Hamburger Sportverein spielen, wobei sie eine Begegnung verlieren und eine gewinnen würden. Der »Diplomat Boas« und der »Idealist Foster« würden im »Kicker« als die Männer gepriesen werden, die dieses, wie Bensemann meinte, »größte sportpolitische Ereignis seit dem Kriege« arrangiert hatten. Foster würde auf dem Bankett ein Loblied auf Bensemann anstimmen, und dieser wiederum im »Kicker« eines auf die Ideale der Corinthians und den Mut des HSV: »An jenem Tag, an dem Deutschland wieder in den sportlichen Völkerbund der Nationen eintrat, hat der Deutsche Meister sein Meisterstück geliefert. Der Empfang der Corinthians in Hamburg war von jener Großzügigkeit, die zu einer neuen Epoche des sportlichen Friedens unter den Völkern die einzig richtige Dekoration bilden konnte.«

Und zur eigenen Rolle würde Bensemann schreiben: »Die Tendenz des ›Kicker‹ war es von jeher, zerrissene Fäden wieder anzuknüpfen. Da der Fußball Völkererkenntnis vermittelt, legt er auch den Grundstein zur Völkerversöhnung.«

Nachdem er in beschwerlicher Fahrt von Holland nach Stuttgart zurückgekehrt war, den jammernden Sandmann abgeschüttelt, die Druckerei mit 2.000 Gulden aus Boas Schatulle beruhigt und den neugierigen Müllenbach aus seinem Büro geschoben hatte, fand Bensemann auf seinem Schreibtisch einen Brief von Felix Linnemann vor. Er öffnete ihn, las ihn zunächst verblüfft, dann schmunzelnd durch und griff alsbald zum Telefonhörer, um sich mit Ivo Schricker verbinden zu lassen. Er las ihm den Brief vor. Schricker, wie üblich gut informiert, kannte die Hintergründe: Beim DFB-Vorstand war man über die Bensemann'sche Privatdiplomatie und über seine Kritik an den Spielabsagen gegenüber Ungarn und Schweden empört. »Doch bekanntlich bist du nicht der Einzige, der sie dafür gescholten hat«, meinte Schricker, »und schließlich sind den Herren in Berlin die Werturteile der diversen Blätter doch noch in die Nase gezogen. Sie haben Linnemann angehalten, die mulmige Suppe, die er sich da eingebrockt hat, auch selber auszulöffeln. Nach dem, was ich von dir höre, hat er sich bei diesem Versuch keineswegs mit Ruhm, sondern mit ebenjener Suppe bekleckert. Ich nehme an, du wirst den Brief abdrucken?«

»Sollte es daran Zweifel geben?«

»Lieber Walther, ich kenne dich zu lange, um daran Zweifel zu hegen.«

So wurden einige Tage später die Leser des »Kicker« verwunderte Augenzeugen einer auf Seite eins ausgetragenen Fehde zwischen dem Außenpolitiker des Deutschen Fußball-Bundes und dem Herausgeber der Zeitung.

»Nun aber, Herr Bensemann, ein offenes Wort an Sie persönlich. Ich weiß, dass die Bundesleitung in der nächsten Zeit noch manche schlimme Kritik von Ihnen erhalten wird, denn Ihr dringlichster, schon jahrealter Wunsch, selbst Außenminister des Bundes zu werden, ist nicht in Erfüllung gegangen, trotzdem der von Ihnen schon lange durch immer währende Kritiken vorbereitete Wechsel in dieser Postenbesetzung eingetreten ist. Das werden Sie dem Bunde so schnell nicht, vielleicht nie vergessen. [...] Sie, Herr Bensemann, würden für den von Ihnen erstrebten Posten wohl wertvolle Verbindungen mit dem Ausland mitbringen, aber abgesehen von einigen persönlichen Mängeln haben Sie einen schweren Nachteil. Für einen Außenminister eines doch immerhin deutschen Bundes denken Sie zu international. Sie wissen ja selbst, dass Sie nicht nur in fremden Sprachen träumen, Sie fühlen leider nach meinem Empfinden auch zu stark in fremder Mentalität. […] Ich weiß weiter, dass es Sie einige Überwindung kosten wird, meinen Brief an Sie im Wortlaut abzudrucken, dass ich das letzte Wort in dieser Aussprache nie erhalten werde. Daher ist in dieser Materie der Briefwechsel zwischen uns trotz der noch zu erwartenden, für mich abfallenden Pflaumenfülle nunmehr für mich beendet.«

Und Bensemann antwortete:

»Herr Linnemann, es kostet mich durchaus keine Überwindung, Ihren Brief an mich im Wortlaut abzudrucken, denn Ihr Urteil über meine Person und meine Qualität tangiert mich nicht im Geringsten. Durch Ihre Bemerkungen haben Sie nur bewiesen, was Sie schon durch Ihr Verhalten den Schweden und den Ungarn gegenüber klargelegt hatten, dass Sie zu der Rolle, die Sie sich im internationalen Sport anmaßen, durchaus nicht geeignet sind. […] Ihr Brief an den ungarischen Verband war ein Kabinettstück von Taktlosigkeit, das nicht nur bei der obersten Budapester Behörde, sondern in ganz Budapest die allergrößte Verstimmung hervorgerufen hat. […] Dieser Ton war genau der Ton, den man im Ausland so ungern hört: der Ton eines sich überhebenden Wesens, und das einem Verbande gegenüber, der unserem an Spielstärke nicht nachsteht und der ihn an Gastfreundlichkeit übertrifft.

[…] Inzwischen wird man Ihnen wohl in Berlin klar gemacht haben, dass ich nicht der Einzige bin, der Ihnen Mangel an Diplomatie in der schwedischen und ungarischen Angelegenheit vorwirft, und wenn ich die vielen [dem ›Kicker‹] zustimmenden Meinungsäußerungen aus der Berliner und Hamburger Sportpresse nicht publiziere, dann mag Ihnen das als deutlicher Beweis dafür gelten, dass ich es durchaus nicht notwendig habe, mir irgendwo anders Unterstützung zu suchen. Ihre Angriffe auf mich sind vollkommen deplatziert; Sie selbst sind der Angegriffene, und Ihre einzige Verteidigung kann darin bestehen, dass Sie die Beziehungen, die Sie törichterweise ausgerenkt haben, so schnell wie möglich wieder einrenken.«

Sandmann saß übermüdet hinter seinem Schreibtisch im Büro des »Kicker« und sah resigniert dem Geldboten der Druckerei hinterher, der mit einer prallen Tasche voller Bargeld zur Tür hinausstapfte. Die Kosten für die technische Herstellung der Zeitung hatten mittlerweile die Trillionengrenze überschritten, eine Zahl, die gestern unvorstellbar, heute gigantisch und morgen lächerlich gering erscheinen würde. Im November 1923 hatte die Inflation absurde Sphären erreicht. Wer am Kiosk den »Kicker« kaufte, musste 40 Milliarden Mark bezahlen. Es würde nicht lange dauern, bis sie gezwungen sein würden, die Zeitung einzustellen.

Hinter der Tür, die zum Büro des Herausgebers führte, erklang plötzlich wütendes Gemurre; kurz darauf tobte Bensemann herein und bebte im heiligen Zorn der Gerechten. In jeder Hand hielt er ein Formular der Postverwaltung. Sandmann wusste, was es damit auf sich hatte. Das eine Papier war der bisher verwendete Vordruck, mit dem die Post für den »Kicker«-Verlag säumige Abonnementsgelder per Nachnahme einzuziehen pflegte. Ohne Vorwarnung hatte die Postverwaltung nun einen neuen Vordruck eingeführt und den alten für ungültig erklärt – mit der merkwürdigen Folge, dass alle Geldbeträge, die in den letzten Tagen mit dem alten Formular eingetrieben, aber noch nicht an den Verlag ausgezahlt worden waren, von der Post einbehalten wurden. Begründung: Sie seien ja mit dem falschen Formular und damit unrechtmäßig erhoben worden.

Es hatte eine Weile gedauert, bis Bensemann die Mitteilung der Post begriffen hatte, doch dann war sein Wutausbruch umso heftiger.

»Was bildet sich diese Postbehörde ein, Sandmann? Will sie die Geschäftsleute, die heutzutage allesamt um ihre Existenz kämpfen, endgültig ruinieren? Haben die dort nicht mitbekommen, in welchen Zeiten wir leben? Das Scheckwesen funktioniert nicht mehr, ebenso wenig die Banküberweisungen. Also vertraut man der Post – und findet sich übel getäuscht. Jetzt liegt unser Geld auf dieser Behörde und wird mit jedem Tag, ach was, mit jeder Stunde weniger wert, bis man es genauso gut als Klopapier verwenden kann. Wissen Sie, Sandmann, was mir neulich auf der Reise nach Prag passierte? Ich war nicht einmal 48 Stunden dort und musste auf der Rückfahrt erfahren, dass sich der Fahrpreis in dieser Zeit glatt vervierfacht hatte. Im Speisewagen hätte ich hungern müssen, wenn mir nicht ein gütiger Oberkellner 200 Milliarden vorgeschossen hätte. So sind diese Zeiten, und was hat unsere Post für Sorgen: Formulare! Formulare! Ganz abgesehen davon, dass wir die alten Formulare selber drucken mussten und jetzt auf Bergen unnützem Papier sitzen, während wir gleichzeitig kaum Papier für den Zeitungsdruck auftreiben können.«

Bensemann legte beide Vordrucke übereinander, riss sie mitten durch und schmiss sie weg. »Auf diese Art«, fluchte er, »werden die Herren

Beamten unser Beschwerdeschreiben vermutlich in ihr Archiv, sprich in den Papierkorb befördern. Wir werden trotzdem eines aufsetzen. Es ist skandalös. Landauer ruft mich aus München an, dass Hitler mit seinen Nationalsozialisten putscht. Boxhammer ruft mich aus Berlin an, dass der gute alte Paule Neumann gestorben ist. Bei der Kinderspeisung geht kaum genug Geld ein, um auch nur ein Dutzend Schüler satt zu bekommen. Die ganze Welt gerät aus den Fugen, und ich bin genötigt, mich mit den Absurditäten von Bürokraten zu befassen, die auf ihrem Bürostuhl dahinstauben.«

Trotz der überaus deftigen Eingabe, mit der Bensemann am gleichen Tage bei der Behörde vorsprach, lenkte die Postverwaltung halbwegs ein und gab die festgehaltenen Gelder frei. Als er in die Redaktion zurückkehrte, erfuhr er von Müllenbach, dass der Putsch in München gescheitert und Hitler verhaftet worden sei. »Na also«, brummte er zufrieden und ließ sich in einen Sessel fallen. »Ich wusste es: Bei den einen erreicht man etwas durch ein offenes Wort, bei den anderen durch Schloss und Riegel. Natürlich musste dieser Hitler scheitern. Er ist ein Wirrkopf, der in den Biergärten durch seine primitive Ehrlichkeit einigen Eindruck macht, aber eben kein politischer Stratege.«

Bensemann grinste behaglich und knöpfte seine Weste auf. »Dennoch war er nicht dumm. Landauer erzählte mir, Hitler habe den Leuten die Herabsetzung des Bierpreises versprochen, und das ist in Bayern noch immer das Alpha und Omega aller Diplomatie. So besehen können wir uns glücklich schätzen, dass wir auch künftig 100 Milliarden Mark für einen Humpen Bier bezahlen dürfen.«

XII

»Grüezzi wohl, ehr liäbe Schwizer«

Stuttgart im Frühjahr 1924

»Hast du, lieber Leser, jemals, wenn du auf eine Reise gingst und nicht in deiner Aufmerksamkeit durch Handkoffer, Kinderwagen, Schmetterlingsnetze, Botanisierungstrommeln, Butterstullen, Rucksäcke, Alpenstöcke, Eispickel, Gletscherseile und Ähnliches abgelenkt wurdest, beobachtet – wie der Beamte an der Sperre dein Billett behandelt? Der Ansturm mag noch so groß sein; eine Kolonne von 300 mag anstehen wie bei der Margarine im Krieg: Er hat keine Eile. Behutsam nimmt er die Fahrkarte zwischen Daumen und Zeigefinger. Misstrauisch, als wenn dieses Stückchen Papier ein hochgradiger Bazillenträger wäre. Dann beginnt die Prüfung. Kein Kongoneger kann dermaßen über Glasperlen, Uhren und Leuchtkugeln staunen wie der Sperrbeamte über dein Billett. Erst hält er es gar weit von sich, gleichsam erstaunt, dass es überhaupt so etwas gibt und dass er den offiziellen Auftrag hat, so etwas zu beknipsen. Allmählich bringt er es näher, mit sichtbarem Widerstreben, eben wegen der Bazillengefahr, befühlt es, betastet es, prüft das Datum, belinst die Ausstellungsvermerke, bis du schließlich denkst, er wird dir mit allen Zeichen des Abscheus und der Entrüstung das kleine Dokument zwischen zwei Fingerspitzen wiedergeben. Du greifst danach und merkst auf einmal, dass eine seelische Wandlung eingetreten ist: Es fällt ihm schwer, sich von der Fahrkarte zu trennen. Gerade wie du danach schnappst, ist ihm noch etwas eingefallen. Sorgsam und misstrauisch geht die Prüfung von neuem los; du hörst seinen inneren Seufzer, dass er endlich von dem geliebten Billett ablassen muss, und gerade, wie ein Zug pfeift und du denkst, dass es gerade deiner ist, der sich in Bewegung setzt, bekommst du plötzlich, in dem Augenblick, wo du's am wenigsten erwartet hast, die teure Fahrkarte in die Hand gedrückt. Sei froh, mein Freund; der Staat steht hinter dir; das Auge des Gesetzes wacht; du bist geknipst, du kannst abschieben.«

Bensemann, den die späte Ankunft am Bahnhof und die übertriebene Sorgfalt der Bahnbeamten darum gebracht hatten, sich wie üblich mit Zeitungen einzudecken, kritzelte mit fröhlichem Grimm in seinem Notizblock: Wozu schließlich war er nicht nur Journalist, sondern obendrein Herausgeber der Zeitung, wenn er nicht die Freiheit hatte, seinen Ärger zur Erheiterung des Publikums in den »Kicker« und damit in die Welt zu setzen? Es war sein gutes Recht. Denn er saß nicht nur die 90 Minuten beim Spiel auf der Tribüne. Er trieb sich in den Umkleidekabinen herum, auf Banketts, im Hotel, in den Büros der Verbände, bei Freunden. Vor allem aber: Er war angereist, zuweilen 40 Stunden lang, nur eine Richtung gerechnet. Und was im Regen am Spielfeldrand, beim Bier auf der Siegesfeier oder beim Mokka im Speisewagen gemunkelt wurde, ja selbst die Qualität dieses Mokkas oder die Unaufmerksamkeit des Kellners waren zuweilen nicht minder interessant als das Spielergebnis.

»Aber, sagt der Spießer, das gehört ja gar nicht in eine Fußballzeitung herein, wir wollen doch vom Fußball hören und nicht vom Mokka mit Zubehör. Geh zu, Spießer, wenn dir es nicht gefällt, kauf dir ein anderes Blatt, wo nur vom Fußball drin steht, was du übrigens nie kapiert hast.«

Er schmunzelte zufrieden, blickte eine Weile auf seine Mitreisenden und setzte den Stift wieder an.

»Ich fuhr mit einem Hochzeitspaar, das gar nichts sprach. Mich interessierte die Sache, und ich fand auf Befragen, dass es sich nicht um Taubstumme handelte. Entweder hatten die jungen Leute schon während der Verlobung die laufende Konversation erledigt, oder sie wollten das, was noch zu sagen war, für die Zeit zwischen der silbernen und der goldenen Hochzeit aufsparen. Ich bin davon überzeugt, dass es Ehen gibt, in denen das einfache Beisammensein ein ewiges Lied ohne Worte ist.«

Wenn er auch ohne Lektüre und Konversation blieb, so räkelte sich Bensemann doch wohlig und gut gelaunt in den gepolsterten Sitz. In Bauwens' Kölner Villa hatte er gestern einen angenehmen Abend verbracht, den Bauwens' fröhliche Frau Elisabeth mit Klaviermusik und (wenn auch nicht mehr eigenem) Gesang gewohnt festlich gestaltet hatte und der ihn für die gestelzten Begegnungen mit den westdeutschen Kollegen und Offiziellen bestens entschädigte. Wie so oft ließen sie die Zusammenkunft in Bauwens' Weinkeller ausklingen, in dem Bensemann inzwischen fast jedes Fach kannte und die Weinmarke, die es barg. Dieses Mal hatte er einen

Pommard 1911 aufgestöbert, den er als den König aller Weine pries und der freilich den ausgezeichneten 1915er Oppenheimer Sackträger, den Bauwens bereitgestellt hatte, doch etwas abfallen ließ.

Die Zeiten waren, beinahe über Nacht, besser geworden. Durch die Währungsreform, in der eine neue Rentenmark gleich eine Billion der alten Papiermark ersetzte, war die Inflation überwunden worden, und die geschäftlichen Beziehungen begannen sich zu normalisieren. Der »Kicker« hatte, im Gegensatz zu manch anderen Blättern, die schwere Zeit nahezu unbeschadet überstanden, lediglich eine einzige Ausgabe war ausgefallen und der Seitenumfang einiger Nummern musste begrenzt werden. Zwar litt das Blatt noch immer unter einem Mangel an zahlungskräftigen Abonnenten, doch dieses Problem gedachte Bensemann am folgenden Tag bei seinem Besuch in Karlsruhe mit einem Schlag zu lösen. Er sah wieder einmal jeden Grund zum Optimismus und war überzeugt, dass die meisten seiner Landsleute ebenso hoffnungsvoll in die Zukunft blickten. Als in Siegburg eine opulente Dame pelz- und schmuckbehängt das Abteil enterte, erschien sie ihm geradezu als Sinnbild einer neuen Zeit, wenn auch als ein wenig verheißungsvolles. Denn die Dame beliebte zu plappern, was Bensemann erst durch höfliches Kopfnicken und schließlich durch Flucht in den Speisewagen beantwortete. Dort konnte er ungestört schreiben.

»Wenn man heute von Köln nach Stuttgart fahren will, so fährt man weder rechtsrheinisch noch linksrheinisch, sondern überhaupt nicht rheinisch. Frau Raffke würde in einem solchen Falle sagen: ›Wir reaumieren zuerst nach Gießen.‹ Lieber Leser, das verstehst du nicht. Allein, wenn man täglich von soundso viel Kilo Bildung überschüttet wird und ein schönes, dickes Armband trägt, in der Mitte ein Rabbiner und rundherum lauter Atheisten, dann kann man sich die verdammten Thermometerheiligen nicht so ohne weiteres merken. Also kurz gesagt, nicht wir Reaumur, sondern wir Fahrenheit nach Gießen, um von dort aus nach Frankfurt zu gelangen.«

Er blickte hoch, als der Kellner ihm lässig einen Kaffee servierte.

»Ist der wenigstens heiß?«

»Natürlich, mein Herr.«

»Natürlich ist das nicht, weil es nämlich hier im Speisewagen fürchterlich kalt ist.«

Der Kellner zuckte die Achseln. »Die Heizung hat ausgelassen«, meinte er kurz und verschwand.

»Es gibt Leute«, kommentierte Bensemann in seinem Bericht, »die eine besondere Fähigkeit besitzen, eine prekäre Situation präzis und klangreich darzustellen. Sie hatte wirklich ausgelassen.«

In Frankfurt trieb er sich eine Weile auf dem zugigen Bahnhof herum und überlegte, ob er Isenburger oder einen anderen Bekannten überraschen sollte. Wenn ihn Fahrten durch Städte führten, mit denen ihn Erinnerungen an frühere Pioniertage verbanden, liebte er es, mit alten Weggefährten in Reminiszenzen zu schwelgen und sich Bestätigungen zu holen. Ludwig Isenburger, der jetzt gelegentlich als Korrespondent des »Kicker« schrieb, hatte zu jenen gehört, denen er in Frankfurt Fußballkultur beigebracht hatte, und vor allem: Er hatte es nicht vergessen. Das war zu einer Zeit gewesen, als manch anderer, mit dem er sich jetzt herumschlagen musste, gerade erst oder nicht einmal geboren war. Oder noch am Reck hing.

Bensemann hatte nicht das Gefühl, dass der Fußball-Bund sich sonderliche Mühe gab, die Verdienste der »Alten« zu würdigen. Boxhammer galt als Persona non grata, er selbst als Ausländer, den nur der unglückliche Zufall seiner Geburt zum Deutschen gemacht hatte. Linnemann, dachte er, war gerade fünf Jahre alt, als ich meinen ersten Fußballverein gründete. Er und seinesgleichen kennen nicht den Geist, der die frühe Fußballgemeinde beseelte, und sie werden ihn nie begreifen.

Obwohl es am Bahnhof ungemütlich und die Verlockung groß war, mit Isenburger in einem Weinlokal zu verschwinden, entschied er sich dafür, auf den nächsten Zug nach Stuttgart zu warten. Am kommenden Tag hatte er das für die Zukunft seiner Zeitung entscheidende Gespräch mit Ivo Schricker in Karlsruhe, und vorher musste er noch in der Redaktion vorbeischauen. Er konnte die Zeitplanung nicht durch Eskapaden gefährden. So baute er sich unter den Wartenden auf dem Bahnsteig auf, eine massige Gestalt, die, seit er vor zehn Jahren mit dem aktiven Sport aufgehört hatte, beträchtlich an Gewicht und Umfang zugenommen hatte, doch durch Körpergröße, Hut und Maßmantel eher gravitätisch denn plump wirkte und die Umstehenden auf respektvoller Distanz hielt.

Dr. Ivo Schricker war ein Jahr zuvor zum neuen Vorsitzenden des süddeutschen Fußballverbandes gewählt worden. Hinter den Kulissen hatte Bensemann diskret für den Kandidaten geworben, dabei jedoch zumeist offene Türen eingerannt. Schricker verfügte über eigene Beziehungen, einen ausgezeichneten Ruf und organisatorisches Talent; seine Wahl war unangefochten.

Die beiden Freunde trafen sich inzwischen wieder häufiger, versorgten sich mit Interna aus der Fußballszene und besprachen Zukunftspläne; ein Mann für nostalgische Stunden war Schricker nicht.

In Schrickers Arbeitszimmer, in dem strenge Ordnung herrschte und schwere Nachschlagewerke die Regale füllten, eröffnete Bensemann ihm seinen überraschenden Plan für den »Kicker«: Das bisher unabhängige Blatt sollte zum offiziellen Zentralorgan des süddeutschen Verbandes werden. Von dieser Regelung erhoffte der Herausgeber sich eine beträchtliche Steigerung der Abonnentenzahl, vor allem unter den Vereinen. Der »Kicker« sollte endlich auf soliden wirtschaftlichen Füßen stehen. Allerdings hatte der Vorschlag einen Haken: Mit dem »Fußball«, der in München noch immer von Eugen Seybold herausgegeben wurde, besaß der Verband bereits ein amtliches Organ.

»Aber wie du weißt«, argumentierte Bensemann, »überwiegt im Verband die Unzufriedenheit mit Seybold.«

»Das ist mir bekannt«, antwortete Schricker. »Und ich erinnere mich, dass du ihn nach dem letzten Verbandstag vortrefflich in Schutz genommen hast, vor allem gegen die Kritik, es werde im ›Fußball‹ zu viel über ausländische Vereine und zu wenig über süddeutsche geschrieben. Mir scheint, dieser Umstand könnte auch für den ›Kicker‹ zutreffen.«

»Man wird sehen, Ivo. Es wird sich ein ausgewogenes Verhältnis finden lassen.«

»Dennoch kommt der Vorschlag ein wenig überraschend, zumal du immer energisch auf deiner Unabhängigkeit bestanden hast. Es ist kein Jahr her, dass du in der Diskussion um ein Zentralorgan verkündet hast: ›Der Kicker ist in dieser Frage vollkommen desinteressiert.‹ Waren das nicht deine Worte?«

»Das waren sie, und für den damaligen Zeitpunkt waren sie vollkommen korrekt. Während der Inflationszeit hätte ich zu Seybold keine Alternative bieten können. Wie er musste ich ein Blatt machen, das sich auch im Ausland verkauft. Jetzt aber hat sich die Situation geändert.«

Bensemann stand auf, schritt zum Fenster und sah hinaus in den trüben Spätwintertag, an dem der Regen verharschten Schnee in schmutzige Rinnsale verwandelte. Er spürte, dass seine Argumentation ein wenig scheinheilig klang. Mit dem Rücken zum Freund gewandt, fuhr er fort: »Ich muss an die Zukunft der Zeitung denken. Sie kann nicht ewig am Tropf ausländischer Gönner hängen. Sie braucht eine ausreichende Zahl von Käufern, vor allem Abonnenten. Solange aber das Geld bei Lesern und

Vereinen knapp ist, werden sie sich nicht mehr als eine Zeitung leisten, in der Regel das Zentralorgan. Der ›Kicker‹ ist unbestreitbar das beste Blatt in Deutschland. Aber es hat keineswegs die Anzahl von Lesern, die es verdient, und zwar einzig und allein aus den eben genannten Gründen.«

Schricker starrte nachdenklich auf den Sessel, in dem Bensemann bis eben gesessen hatte. »Gesetzt der Fall, der Vorschlag kommt zur Sprache. Es wird Einwände geben. Punkt eins: Der Verband wird nie und nimmer eine Zeitung zu seinem Organ machen, die sich überwiegend in ausländischem Besitz befindet. Und zwar, wie ich betonen möchte, vollkommen ohne Ansehen der betreffenden Personen.«

»Darüber kann ich dich beruhigen. Mayer und Boas sind nicht mehr Gesellschafter. Ich habe sie mit den letzten mir zur Verfügung stehenden Mitteln ausbezahlt. Das Blatt ist nun wieder in meinem alleinigen Besitz.«

»Gab es Differenzen?«

»Keineswegs. Weder wurde mir in die Leitung des Blattes hineinregiert, noch wurden Gewinnanteile beansprucht, die es im Übrigen auch gar nicht gab. Ich bleibe mit beiden in bestem Einvernehmen.«

Schricker nickte. »Gut, das wäre geklärt.« Er drehte seinen Stuhl hinter dem Schreibtisch, so dass er auf Bensemanns Rücken blicken konnte. »Punkt zwei. Wenn wir Seybold abwählen, wird er hinsichtlich der Abonnentenfrage in die gleiche unsichere Situation kommen, die du jetzt für dich beklagst.«

Bensemann zuckte mit den Schultern. »Es ist bekannt, dass Seybold über genügend private Finanzmittel verfügt, solche Situationen zu meistern. Diesbezüglich unterscheidet er sich leider von meiner Wenigkeit.«

»Das ist in der Tat bekannt, und ich denke, es wird als Argument ausreichen. Punkt drei wird schwieriger. Es wird einige geben, die dich hier im Süden als allzu streitbaren Geist kennen gelernt haben.«

Bensemann drehte sich um und sah den Freund empört an. »Ivo, ich arbeite seit über 30 Jahren für den süddeutschen Fußball, länger als jeder andere. Selbst als ich in England war, ist die Verbindung nicht abgerissen. Ich erinnere nur an die Tatsache, dass ich es war, der im Jahr 1907 in einer äußerst heiklen Situation zwischen dem DFB und dem süddeutschen Verband vermittelt hat. Damals stand die Existenz des Verbandes auf dem Spiel. Gut, ich habe mich manches Mal an dem einen oder anderen Offiziellen gerieben. Aber erstens habe ich dabei immer das Wohl des Verbandes im Auge gehabt. Und zweitens habe ich am Ende zumeist Recht behalten. Selbst Nohe hat das übrigens eingeräumt, als er den Ausschluss gegen mich aufhob. Es sind gerade meine Verdienste, die den Ausschlag für den ›Kicker‹ geben sollten, und ich wundere mich, dass ich das in diesem Zimmer höchstselbst betonen muss.«

Schricker lächelte. »Ich habe keineswegs meine Ansicht formuliert, Walther. Nur die Bedenken, die ich im Vorstand zu erwarten habe. Das trifft auch für den letzten Punkt zu. Niemand hat etwas gegen deine Querelen mit dem Bund oder mit den Westdeutschen. Jedenfalls solange du dabei süddeutsche Interessen nicht tangierst.«

»Dieser Streit betrifft vor allem die auswärtigen Beziehungen und die Profifrage. Diesbezüglich weiß ich mich mit dem süddeutschen Verband vollkommen einig.«

»Ich hoffe, es wird so bleiben.« Am Ende huschte über Schrickers Gesicht doch noch jenes ironische Glimmen, mit dem Bensemann längst gerechnet hatte. »Aber wir sind uns einig: keine Uebelhör-Pamphlete mehr? Keine Kuhwedels, die sich im Ausland zum Narren machen? Keine Rangeleien mit den Ordnungshütern?«

Bensemann stöhnte pathetisch: »Allmählich weiß ich, wie Faust sich fühlte, nachdem er den Pakt geschlossen hatte. Vergiss bitte nicht, dass die Pressefreiheit den höchsten Ausdruck unserer Zivilisation bildet.«

»Pressefreiheit gilt für die freie Presse, nicht aber für Zentralorgane.« Schricker erhob sich und klopfte dem Freund aufmunternd auf die Schulter. »Aber ich habe keinen Zweifel, dass du deine Freiheiten auch fürderhin zu wahren verstehst.«

Den Mittagstisch hatte Schricker passenderweise im »Landsknecht« reserviert, jenem Karlsruher Lokal, in dem fast 26 Jahre zuvor der süddeutsche Fußballverband gegründet worden war. Professor Imgraben war ebenfalls hinzugeladen worden, und der weißhaarige Gelehrte erwartete sie bereits. Imgraben schien kleiner geworden zu sein, der Bauch verschwunden, der Bart gestutzt, der Rücken gebeugt. Sichtbar hatte das Alter seiner Gestalt zugesetzt, aber nichts von ihrer Würde genommen: Sein Gesicht strahlte noch immer jenen rastlosen und zerstreuten Wissensdurst aus, mit dem er seit jeher durch Bücher und durchs Leben geeilt war. Er betrachtete Bensemann mit väterlichem Wohlgefallen: »Je erwachsener du wirst, desto stattlicher. Krieg und Notzeit haben dir ganz offensichtlich nichts anhaben können, mein Junge.«

Bensemann lachte. »Zuweilen treffe ich in meinem schicksalgeprüften Wüstendasein auf eine Oase, die mich anständig ernährt. In Nürnberg ist's das Grand-Hotel Fürstenhof, am Main der Frankfurter Hof. Und hier werde ich wohl auch satt werden.«

»Nicht nur das«, versicherte Imgraben. »Die Küche im Landsknecht ist durchaus vorzüglich. Ein wenig bodenständig, aber schmackhaft. Wem das nicht genügt, muss es sich leisten können.«

»Das eben ist der springende Punkt«, meinte Bensemann behaglich und griff nach der Speisekarte. »Zuweilen genügt es mir leider nicht. Aber dieses Problem wird mich erst tangieren, wenn ich mich zur Ruhe gesetzt habe und anders als Sie ohne jede Staatspension auskommen muss. Im Notfall werde ich Sokrates nacheifern, der kurz vor seinem Tod verlangte, auf öffentliche Kosten im Prytaneum gespeist zu werden – wohlgemerkt nicht verspeist, sondern gespeist. Aber über die Qualität von Henkersmahlzeiten weiß ich zu wenig, um beurteilen zu können, ob sie ein erstrebenswerter Ausweg sind.«

»Für heute kann ich dich beruhigen«, erklärte Schricker lächelnd. »Ihr seid natürlich meine Gäste, ohne dass ein Schierlingsbecher zum Dessert folgt.«

»Verbindlichsten Dank, mein Freund, auch wenn ich solche Nachricht lieber erst nach dem Essen erfahre: Ich kann dann skrupelloser auswählen.«

»Vor allem solltest du das auswählen, was deiner Gesundheit zuträglich ist.«

Imgraben horchte auf. »Was ist mit deiner Gesundheit, Walther?«

»Non-sense«, knurrte Bensemann. »Es gibt Ärzte, die behaupten, mein Blutdruck sei zu hoch. Vermutlich benutzen sie das als Vorwand, um mir einige Annehmlichkeiten des Lebens von der Speisekarte zu streichen.«

»Du solltest ihren Rat ernst nehmen, Junge.«

»Nun, sie raten mir, sowohl Aufregungen wie Alkohol zu meiden. Doch das widerspricht sich, denn bekanntlich beruhigt nichts so sehr die Nerven wie ein alter Bordeaux rouge, wie ich ihn hier auf der Karte sehe. In diesem Fall wäre dein Kriterium der Zuträglichkeit also gegeben, Ivo. Lasset uns bestellen.«

Auf Empfehlung des Kellners wählten sie Hirschgulasch, das dem Professor einige Probleme bereitete, da ihm die Fleischstücke zuweilen von der Gabel rutschten und auf der großen Serviette landeten, die er sich vorsorglich umgebunden hatte. Er nahm es mit der Gelassenheit eines Menschen, der die unabänderlichen Schattenseiten des Älterwerdens als unbedeutende Nebensächlichkeit eines ausgefüllten Daseins akzeptiert, und sah, obschon er sich mit der Mahlzeit intensiver befassen musste als seine Tischgenossen, keinen Grund, die Unterhaltung zu unterbrechen. Ihn interessierte alles, was den »Kicker« betraf, der Stand der Auflage und der Finanzen, Bensemanns Reisepläne und die Qualität der Zigaretten von Waldorf-Astoria, die unlängst eine ausgedehnte Anzeigenserie auf Seite eins des »Kicker« geschaltet hatte und damit nicht unwesentlich zu seiner Finanzierung beitrug. Vor allem aber interessierte er sich für den »unmöglichen Herrn Dr. Klein« und dessen »drei scharfe T«, mit denen Bensemann vor einigen Wochen sein Blatt besudelt habe.

Die »scharfen T« waren eine Kreation des Westdeutschen Spielverbandes, genauer gesagt, seines Vorstandes und insbesondere des Vorstandsmitglieds Klein. Dr. Josef Klein war ein fanatischer Verfechter eines idealisierten Sportlertums, und sein wichtigstes Ideal war die deutsche Volksgemeinschaft. Er wetterte gegen den zunehmenden Materialismus im Sport und sah in einer »Leibesspielbewegung« ein Heilmittel, die »Lebenskräfte des deutschen Volkstums« zu retten. Er beschwor die »Bewährungsprobe«, welche die deutsche Jugend »in den Schützengräben Europas« bestanden habe, und erregte sich über »das feige Gerede vom internationalen Verbrüderungszweck des Sports«. Sein Schlachtruf, mit dem er die Bühne der Sportpolitik betrat, lautete »Teutsch, treu, tüchtig« – die »drei scharfen T«.

Die »Fußball und Leichtathletik«, das kurz »FuL« genannte und von Friedrich Grolms redigierte Organ der Westdeutschen, hatte Kleins Pamphlet abgedruckt, und Bensemann nahm die Vorlage auf. Er druckte den Artikel ebenfalls nach, um ihn, wie er in der Redaktion verkündete, »gewissen Freunden zum Fraße vorzuwerfen«. Durch die folgenden Ausgaben des »Kicker« rauschten erzürnte Zuschriften.

»Lediglich Nohe«, erklärte Bensemann genüsslich, »konnte es nicht lassen, Herrn Klein zuzujubeln, weil er glaubte, darin die vertrauten Klänge und die wahren Ideale einer vergangenen Zeit herauszuhören. Wenn solche ideale Sportauffassung wieder Wurzeln schlage, schrieb er, möge er nicht verzagen an einer gesunden Weiterentwicklung des deutschen Fußballsports.«

»Ich habe den Unsinn gelesen«, empörte sich Imgraben und wischte sich mit der Serviette den Mund ab. »Und ich war nahe daran, den Herrn aufzusuchen und ihm meine Meinung zu verkünden. Gerade er als Pädagoge!«

»Eben das ist das Problem«, bemerkte Schricker. »Auch Klein sieht sich als Erzieher. Schließlich ist er beim westdeutschen Verband für die Jugendpolitik zuständig. Und er hat die volle Rückendeckung seiner Vorstandskollegen. Man wird da noch einiges zu erwarten haben. Ich hörte, er plane Jugendtage zur ›Pflege deutscher Volkskunst‹ und dergleichen. Nun wissen wir, was er damit meint.«

»Ist er politisch gebunden?«, fragte Bensemann.

Schricker zuckte verächtlich die Achseln. »Meines Wissens hegt er Sympathien für die Nationalsozialisten.«

»Tableau!« Der Professor hieb die Serviette auf den Tisch und schob den halb vollen Teller von sich fort, als wolle er eine störende Tätigkeit endlich beenden. Er geriet in Fahrt. »Genau das habe ich mir gedacht, als ich seinen Senf gelesen habe. Und das mit der Lupe, weil die Schrift im ›Kicker‹ zu klein für meine alten Augen ist. Wisst ihr, was es heißt, solchen Unsinn mit der Lupe zu lesen, wenn man vor Empörung kaum die Hand ruhig halten kann?«

Bensemann lachte. »Lassen Sie es sich von einem Deutschnationalen vorlesen, dann haben Sie's gleich in der richtigen Tonlage.«

»Ich finde nicht, dass es ein Anlass für Scherze ist, mein Junge.«

»Pardon, Professor. Selbstverständlich teile ich die Besorgnis, dass der Fußballsport auf diese Art mit deutscher Renaissance verflochten wird und daraus eine Bewegung entsteht, die uns allen über den Kopf wachsen kann.«

»Richtig, Walther, aber ich vermisste klarere Worte aus deiner eigenen Feder in der Zeitung.«

»Dieses Mal habe ich das Feld anderen überlassen und nur darauf geachtet, dass es die Richtigen sind. Aber wenn es Sie tröstet, Herr Professor, so kann ich zu meiner Entschuldigung anführen, dass Grolms und Klein meine Absicht sehr wohl durchschaut und gebührend gezetert haben. Der ›FuL‹ behauptet, ich hätte ›das ganze Heer‹ meiner ›Spottjournalistik aufgeboten, um Herrn Klein lächerlich zu machen‹. Und natürlich werfen sie mir ›Mangel an nationalem Schamgefühl‹ vor.«

Imgrabens Lächeln zog tausend kleine Falten über sein Gesicht. »Das lässt sich hören, mein Junge. Dennoch muss ich sagen: Der Einzige aus diesem Heer der Spottjournalistik, der mir wirklich aus dem Herzen gesprochen hat, war der Dr. Willy Meisl.«

Meisl hatte in seiner Zuschrift vor allem gegen die von Klein idealisierte »Bewährungsprobe in den Schützengräben« polemisiert und geschrieben: »Ich war dabei, bei dieser Probe, so ganz und dumm, wie irgendeine, ich erlaube mir heute, post ›festum‹, dagegen zu sein, dass ich dabei gewesen bin, und schon gar dagegen, noch einmal dabei zu sein. Ich verlange vom dritten T, vom ganz harten, vom ›tüchtig‹, dass es mich, mit allen anderen Millionen Mitsportlern und Menschen, vor einer ähnlichen ›Bewährungsprobe‹ bewahre und sich so bewähre.«

»Das«, rühmte der Professor, »ist wahr und mutig gesprochen. Genau wie sein gelungener Satz: ›Ein Achtstundentag ist wohl ruhmvoller als ein gelungener Gasangriff.‹ Das ist die Wahrheit auf den Punkt! Übrigens suchte ich auch von Ihnen vergebens eine Stellungnahme, Dr. Schricker.«

»Verehrter Professor, verzeihen Sie mir, aber ich bin ein Mann der Diplomatie und keiner der Propaganda. Schon vom Naturell her, aber auch des Amtes wegen. Als Vorsitzender des süddeutschen Verbandes kann ich mich schlecht in die Angelegenheiten der Westdeutschen einmischen.« Er zwinkerte Bensemann zu. »Aber ich versichere Ihnen, für solche Belange haben wir künftig ein ausgezeichnetes Sprachrohr.«

Die publizistische Fehde zwischen Bensemann und dem »FuL« zog sich schon seit Monaten hin. »Von Zeit zu Zeit verspürt Herr Friedrich Grolms das dringende Bedürfnis, mir eins auszuwischen«, schrieb Bensemann, als der »FuL«-Redakteur ihm vorwarf, er habe ausländische »Gesinnungslumpen« als Freunde, und diese Tirade mit einem verächtlichen »Pfui Teufel!« abschloss. Bensemann kritisierte seinerseits die ideologisch geprägten »Jugendtage« des WSV (»Derartige Tagungen, wie Sie sie proponieren, halte ich mit dem sportlichen Rahmen für unvereinbar«) und fragte ein wenig indiskret nach den Geldgebern der Veranstaltung, worauf sich Grolms »derlei taktlose Entgleisungen« verbat und »in seinen Randbemerkungen zu meinen Randbemerkungen zu seinen Randbemerkungen« (Bensemann) höhnte: »Wenn Sie persönlich Ihr Geld den Festbanketts ausländischer Mannschaften opfern (auch das steigert die Abonnentenzahl!), so ist das ganz allein Ihre Sache; andererseits ist es Sache des WSV, über seine Gelder zu disponieren, dabei steht Ihnen nicht einmal der Schein einer Kontrolle zu.«

Von Schricker und dem süddeutschen Verband erhielt Bensemann in diesem Streit Rückendeckung, denn man war auf den WSV nicht sonderlich gut zu sprechen. Ausländische, aber auch süddeutsche Mannschaften beklagten sich, sie würden im Westen wenig freundlich empfangen, und manche Gastspiele endeten im Streit und in Prozessen. »Es scheint mir fast so, als ob die auswärtigen Mannschaften im Rheinland keinen günstigen Boden finden«, kommentierte Bensemann im »Kicker«. »Empfangen Sie Ihre Gäste und behandeln Sie Ihre Gäste, wie es die gute alte rheinische Tradition mit sich bringt. [...] Das ist der aufrichtige Wunsch eines leider alt gewordenen Mannes, der trotz seiner internationalen Einstellung oder wohl gerade wegen derselben den deutschen Rhein stets geliebt hat.«

Dies war der nahezu versöhnliche Schluss eines Artikels, aber noch lange nicht das Ende der Debatte.

Mit dem Coup, den »Kicker« zum süddeutschen Verbandsorgan zu küren, glaubte Bensemann, die Finanzstruktur seiner Zeitung entscheidend verbessert zu haben. Tatsächlich stieg die Zahl der Abonnenten zunächst beträchtlich an, allerdings keineswegs in dem Ausmaß, wie er es sich erhofft hatte. Daher verfiel er auf den Vorschlag, die Mitgliedervereine des Verbandes sollten das Zentralorgan zwangsweise abonnieren. Die folgende Delegiertenversammlung, an originelle Ideen Bensemanns gewohnt, nahm ihm den Antrag zwar nicht krumm, lehnte aber mit großer Mehrheit dankend ab. Es blieb dabei, dass ein wesentlicher Teil der süddeutschen Vereine den »Kicker« nicht regelmäßig bezog.

Innerhalb der Redaktion war die enge Anbindung an den Verband umstritten. Vor allem unter den Korrespondenten, die nebenberuflich und oft ohne Bezahlung für die Zeitung arbeiteten, herrschte die Befürchtung, der »Kicker« könne seine Selbstständigkeit und damit jenen Biss verlieren, den sie schätzten und der ein nicht unwesentlicher Grund für ihre Mitarbeit war. August, das getreue »Urviehch von der Noris«, der mit Bensemann zuweilen liebevolle Sträuße in der Zeitung ausfocht, bemängelte bald, die Glossen des Herausgebers seien inzwischen »quantitativ und qualitativ mau« geworden. Bensemann antwortete ihm auf Seite eins: »Liebes Urviehch, quantitativ stimmt es ja, aber wie vermag jemand Qualität zu beurteilen, der, wenn er bei Langmann diniert, jedes Mal bestellt: recht viel von allem und Knödel dazu?«

Solche Stöße konnte er noch immer parieren, auch wenn sie vom Urviehch stammten.

Alles in allem blieb das Geld beim »Kicker« knapp, wozu auch der Umstand beitrug, dass Bensemann sich zumeist weigerte, diese Knappheit zur Kenntnis zu nehmen. Wann immer namhafte ausländische Mannschaften, vor allem aus Wien, Budapest oder Prag, zu Gastspielen in Süddeutschland auftauchten, ja selbst wenn sie lediglich auf der Durchreise in

Nürnberg oder Stuttgart Station machten, war er zur Stelle und zeigte sich nicht selten als großzügiger Gastgeber. Dabei festigte er seine vielfältigen Kontakte und Informationskanäle, riss aber zugleich beträchtliche Löcher in das Budget seiner Zeitung. Kaum weniger aufwändig waren seine eigenen Reisespesen. Da er es sich nicht nehmen ließ, zu wichtigen Fußballereignissen im In- und Ausland anzureisen, befand er sich nahezu ständig auf ruheloser Wanderschaft zu Endspielen, großen Freundschaftsspielen, Verbandstagen, Länderwettkämpfen oder FIFA-Kongressen. Auch wenn ihm dabei die eigene Gastfreundschaft oftmals großzügig entgolten wurde, so trieben doch die beträchtlichen Hotel- und Restaurant-Rechnungen, die nach solchen Fahrten auf Sandmanns Schreibtisch landeten, dem leidgeprüften Finanzmann Sorgenfalten ins Gesicht.

Allein um über das olympische Fußballturnier zu berichten, verschwand Bensemann im Juni 1924 mitsamt Müllenbach für fast zwei Wochen nach Paris, von wo aus er nicht nur enthusiastische Berichte, sondern eben auch Spesenrechnungen von erstklassigen Hotels schickte. Bekümmert hielt ihm Sandmann nach seiner Rückkehr einen Rundbrief des Vereins deutscher Zeitungsverleger vor, in dem dringend empfohlen wurde, von jeder Berichterstattung über die Fußball-Olympiade abzusehen, da der DFB die Veranstaltung ablehne: »Wir hätten eine Menge Geld sparen können, wenn wir uns daran gehalten hätten.«

»Richtig, Sandmann, das hätten wir. Aber dann hätten wir nicht nur den Genuss verpasst, mit den Uruguayern erstmals südamerikanische Ballzauberer kennen zu lernen, die alles in den Schatten stellen, was in Europa geboten wird. Zudem hätte ich nicht das Vergnügen gehabt, mit Mauro vom italienischen Verband, mit Boas aus Holland, Hugo Meisl aus Wien, Fischer aus Ungarn sowie mit einigen Herren aus der Schweiz, aus Polen, Schweden, Tschechoslowakei, Jugoslawien und Bulgarien in der Brasserie Moderne zusammenzutreffen und eine lebhafte Unterhaltung in nicht weniger als fünf Sprachen gleichzeitig zu führen. Allein das, Sandmann, war das Geld wert.«

Aber diese Lust an Reise und Geselligkeit war nur der eine Teil der Wahrheit, der den anderen überdeckte, denn wenn er abends nach Hause kam, empfing ihn zuweilen die Einsamkeit des Heimatlosen. In Wahrheit kam er nie nach Hause. Er kam in unpersönliche Hotelzimmer oder bestieg die Schlafabteile von Fernzügen, ein fragwürdiges Heim für eine Nacht, das durch die Dunkelheit raste. In solchen Stunden wusste er, dass die Elogen auf Festmenü und Weingenuss, das Hohelied auf alte Freunde und die Satiren auf biedere Kuhwedels aus einer Feder stammten, die unentwegt davoneilte, weil sie keinen Ort zum Bleiben fand. Selbst in Stuttgart wohnte er in einem Hotelzimmer, dessen Anonymität nur wenig gemildert wurde durch das Dutzend Reliquien, die er dort unterbrachte: Pokale, Wimpel, Halls Ölbild von Karlsruhe. Dieses Bild war, wenn er in sich selbst gekrochen war, die einzige Brücke hinüber in eine Zeit, in der er noch an Höhlen der Geborgenheit geglaubt hatte, und sei es nur an die Illusion davon, und in der die Heimlichkeit noch Geheimnisse hatte, die er teilen konnte.

Als er sich dann eingerichtet hatte in Alleinsein und Selbstgewissheit, in Wanderschaft und Diplomatie, in Streitlust und Genießertum, begann sein Körper zu rebellieren. Zunächst waren es nur gelegentliche Unannehmlichkeiten, Stiche in der Brust und erhöhter Puls, Erschöpfungen nach kurzen Nächten, doch die Ärzte prophezeiten ihm ernsthafte Herzprobleme. Das war der Moment, in der er die Brüchigkeit seiner Lebensordnung intensiver erfuhr als je zuvor und in der er das eigene Credo – das Credo eines auf sich allein Gestellten – schneller Wirklichkeit werden sah als geahnt: »Wenn Gesundheit, Schaffenskraft und Nerven gelitten haben, der Mensch nur Drohne ist, kommt der Augenblick, wo die Existenz zur Qual, die Auflösung zur Erlösung wird.«

Die kurzen Momente der Verzweiflung verdrängte er, da sich die Gebrechen noch verdrängen ließen, voller Koketterie, indem er sich zum alten Mann erklärte und darin auch Beruhigung fand: Alte Männer sind weise. Sie kennen die Geheimnisse der Welt. Sie haben keine Heimlichkeiten, sie sind geheimnisvoll. Sie haben sich bereits bewiesen und müssen es nicht mehr.

Mit der gleichen nach außen demonstrierten Souveränität, mit der er sich zum alten Mann erklärt hatte, setzte er einen Protestbrief in die Zeitung, mit dem ihn, wieder einmal, das Urviehch aus Nürnberg anstupste, obwohl der es besser hätte wissen müssen: »So brauchst du dennoch von dir nicht als von einem ›leider alten‹ Mann, wie du es in deinen letzten Glossen getan hast, sprechen. Einer, der dich nicht so genau kennt, könnte ja meinen, du fühlst dein Ende nahen. Dabei hast du doch erst 52 Jährchen auf dem Buckel, bist also im schönsten Alter und direkt noch heiratsfähig. Auch ist dein Herz ja noch auffallend jung. Denke nur an das Nachtlager bei Lord Georges vom Fürstenhof, wo du morgens drei Uhr mit dem Laufer Sepp einen Original-Jazz getanzt hast. So sehen die ›jetzt leider alten

Männer‹ aus! Vorspiegelung falscher Tatsachen! Du willst jetzt, scheint's, nach außen den ›Gesetzten‹ spielen, um dich deiner unbestrittenen Bedeutung entsprechend mit Würde zu umgeben. Mich täuschst du aber nicht. Früher oder später kriege ich dich ja doch wieder zu einem Jazz herum. Hei, wie da deine alten Knochen wieder fliegen werden!«

Da hat man nun, dachte Bensemann, das Urviehch in seiner ganzen trostreichen Ahnungslosigkeit.

Als »alter Mann«, der sich um sein Erbe sorgt, hatte er auch bei Schricker vorgesprochen und die Anbindung der Zeitung an den Verband erbeten. Die Verhältnisse im »Kicker« mussten sich ändern. Zwar sah Bensemann die Zeitung noch immer als sein persönliches Forum, aber er wollte eine Basis finden, die ein Fortbestehen auch ohne seine Person garantieren konnte. Aus dem »Kicker« sollte eine stabile Institution werden, und die Garantie dafür gaben in erster Linie die Formalität eines Verbandsorgans und zweitens die Person Müllenbachs. Er hatte seine Gründe, an Müllenbach festzuhalten: Er kannte den Jungen, denn er selbst hatte ihn geformt, soweit es dessen Mittelmäßigkeit erlaubte. Er mag kein Eckermann sein, aber er ist auch kein Brutus. Er spricht und schreibt, wie er denkt, dass er schreiben und sprechen soll, und so wird er es immer tun, ein unscheinbarer Paladin, den ein gütiger Zufall an einen Patriarchen geklebt hat. Der »Kicker« in 30 Jahren: Müllenbach schreibt Glossen, in denen er noch immer sein Vorbild zu imitieren sucht und doch nicht erreicht. Aber er wird sie schreiben.

Und der politische Preis, der an den süddeutschen Verband zu zahlen war? Nicht hoch, wie die Dinge inzwischen lagen. Wenn er sich auch zuweilen noch auf den Wegen des Outsiders wandeln sah, so waren es doch nicht mehr, wie ein Vierteljahrhundert zuvor, jugendlicher Übermut oder die rebellische Tat, die ihn stigmatisierten. Er würde keine Duelle mehr fordern.

Bensemann, der Diplomat, hatte es sich angewöhnt, die politischen Provokationen im Dienste seiner Politik zu dosieren. Längst war er mit diversen Größen der kontinentalen Fußballszene befreundet, mit Verbandspräsidenten wie mit Schiedsrichtern, vermeldete beiläufig-stolz die Begegnung mit ihnen – aber setzte kein Wort über das Besprochene in seine Zeitung. Er bahnte internationale Spiele an und versteckte, jedenfalls im »Kicker«, seine Rolle in Andeutungen. Er eilte zum FIFA-Kongress und verschwieg, was er hinter den Türen hörte. Keine Zeile darüber, dass er die heillos zerstrittenen Nationalspieler der verfeindeten Nachbarn in Nürnberg und Fürth in einer weinumnebelten Nacht zur Vernunft brachte. Nur spärliche Hinweise dazu, dass er einige Male durch die noch immer von den Franzosen verwaltete linke Rheinseite tourte und für die Wiederzulassung von Vereinen oder die Öffnung von Sportplätzen warb. Und nicht viel Aufhebens davon, dass er bei den französischen Behörden interveniert hatte, nachdem eine süddeutsche Mannschaft, die zu einem Freundschaftsspiel in Kaiserslautern antrat, dort »wegen Einreise ohne vorgeschriebenen Pass« für zehn Tage inhaftiert worden war.

Zweifellos hielt er jene »Würde«, die das Urviehch an ihm beklagte, in der Diplomatie doch für angemessener als Uebelhörs Attacken und eigene Polemik. Die Andeutungen, die er nach seinen Unternehmungen in den »Kicker« setzte, blieben diskret – und dennoch deutlich genug, um seine Rolle dem Publikum kundzutun.

Attacken freilich ritt er weiterhin: gegen jene in der deutschen Sportbewegung, die von seiner Idee eines kosmopolitischen Fußball-Universums nichts hielten. Dies galt vor allem dem Westdeutschen Spielverband, in dem sich, gefördert durch die anhaltende französische Besatzung, ein grollender Nationalismus entwickelte. Und es galt den DFB-Außenpolitikern, denen er ebenfalls nationalen Eigensinn, vor allem aber Dilettantismus vorhielt und die es zu seiner Empörung nicht einmal geschafft, vielleicht auch gar nicht gewollt hatten, den grandiosen, durch Europa tourenden Olympiasieger Uruguay für ein Spiel in Deutschland zu verpflichten. Dass den DFB auf internationalem Parkett nicht einer wie Hugo Meisl repräsentierte, sondern einer wie Felix Linnemann, empfand er nicht nur als peinlich. Er sah es auch als Bedrohung dessen, was er für sein Lebenswerk hielt. Und er war entschlossen, dieses Terrain nicht kampflos preiszugeben.

Müllenbach und Rosenberger waren zur Redaktionskonferenz bestellt in Bensemanns Zimmer, wo sie der Herausgeber, majestätisch hinter seinem Schreibtisch thronend, Platz nehmen ließ. Das kam selten vor und wies auf Gewichtiges hin.

»Wie Sie wissen, meine Herren, findet demnächst das Länderspiel statt, erstens gegen die Schweiz und zweitens hier in Stuttgart. Diese beiden Umstände können uns nicht gleichgültig sein.«

Bensemann schwieg einen Moment, fixierte nacheinander seine beiden Mitarbeiter und fuhr dann fort: »Wenn ein solches Ereignis sozusagen vor der Bürotür des ›Kicker‹ stattfindet, ist es nur natürlich, dass der ›Kicker‹ für Gelingen oder Scheitern der Veranstaltung mitverantwortlich gesehen wird. Damit meine ich natürlich nicht das sportliche Ergebnis. Ich meine die gesellschaftliche Seite, den Empfang der Gäste und die Organisation des Ganzen.«

Knarrend protestierte der Stuhl, als Bensemann seinen mächtigen Bauch verlagerte.

»Ich komme gerade aus Duisburg, wo das Spiel gegen Italien stattfand. Nicht nur, dass es 0:1 verloren ging. Das Rahmenprogramm war eine Katastrophe und alles andere als ein herzliches Willkommen. Ich habe es von den Westdeutschen übrigens kaum anders erwartet. Aber so etwas, meine Herren, wird sich in Süddeutschland nicht wiederholen. Zumal wenn die Schweizer erwartet werden, zu denen wir bekanntlich seit Jahr und Tag beste Kontakte unterhalten.«

Müllenbach und Rosenberger mussten sich vorbeugen, um ihn zu verstehen, denn Bensemann sprach beiläufig und nuschelig.

»Ich denke, der ›Kicker‹ wird sich des Matches nicht nur als Beobachter annehmen. Wir werden den Organisatoren auch praktisch beistehen, mit all unserer Erfahrung und unseren Verbindungen. Meine Herren«, Bensemann hob die Stimme, »das Spiel gegen die Schweiz muss ein Musterbeispiel an Organisation und Gastfreundschaft werden. Zum Maßstab für alle weiteren internationalen Spiele.«

Er blickte sie an und verfiel wieder in sein vorheriges Genuschel. »Ich bin überzeugt, Sie gehen mit mir d'accord und ich kann auf Sie zählen. Daher werden Sie auch vollkommen einverstanden sein mit den Regelungen, die ich für die nächsten zwei Wochen getroffen habe. Rosenberger, Sie werden das Pressekomitee führen. Niemand sonst in Stuttgart kann das. Ich erwarte beste Betreuung und Unterrichtung der Kollegen aus Deutschland und vor allem aus der Schweiz. Hans, du wirst die Redaktionsarbeit in dieser Zeit alleine führen müssen. Ich selbst falle weitgehend aus. Das Stuttgarter Organisationskomitee hat um meine Mitwirkung gebeten, und diese Arbeit wird mich vollständig beanspruchen. Du wirst also die Korrespondentenberichte alleine redigieren, die Post alleine durchgehen und selbst einen Teil meiner Glossen formulieren, natürlich nach meinen Vorgaben. Außerdem wirst du in den drei Tagen vor, während und nach dem Spiel die Redaktionsräume des ›Kicker‹ für das Publikum offen halten. So weit verständlich, meine Herren?«

Rosenberger nickte, Müllenbach forschte: »Wer wird über das Spiel selbst berichten?«

»Großes Aufgebot«, antwortete Bensemann. »Meine Wenigkeit, drei unserer besten Experten, nämlich Stoll, Wolschendorff und Hofmann, sowie du selbst, wenn ich dich damit beruhigen kann. Nun aber zu den ersten Problemen. Das Komitee hat beide Mannschaften ins Hotel Marquard einquartiert, was zweifellos gut gemeint ist, denn es ist das erste Haus am Platze. Was nicht bedacht wurde, ist der Umstand, dass die Schweizer ein ungeschriebenes Gesetz für Länderspiele haben – nämlich nie im gleichen Hotel zu wohnen wie ihre Gegner. Zweitens: Es gibt Befürchtungen, dass die Zuschauer zu einseitig die deutsche Mannschaft unterstützen, was einen ungünstigen Eindruck hinterlassen würde. Natürlich werden wir dem durch entsprechende Einstimmung vorzubeugen versuchen. Aber ich denke noch an etwas anderes. Wie Sie wissen, spielt in Stuttgart ein gebürtiger Schweizer namens Walter Müller einen ordentlichen linken Außenstürmer.«

»Das Walterle!«, warf Müllenbach ein.

»Ebender. Ich werde mich dafür verwenden, dass er für die Schweizer Ländermannschaft aufgestellt wird, was zweifelsohne das Publikum neutraler stimmen wird, denn er ist hier bekannt und beliebt. Um beides zu regeln, die Hotelfrage und das Walterle, werde ich noch heute in die Schweiz fahren, um mit meinen Freunden dort zu sprechen. Hans, meine Glossen mit einem Vorbericht zum Spiel sind so weit fertig, ich lasse sie dir hier. Was gab es sonst noch in der Post?«

Müllenbach räusperte sich. »Sie liegt dort auf Ihrem Schreibtisch.«

»Ich weiß«, brummte Bensemann und schob ihm den Stapel zu. »Aber ich hatte keine Zeit, sie durchzusehen. Referiere mir.«

Der Redakteur sah die Blätter durch. »Ein Brief von Josef Herberger. Er grüßt Sie herzlich und berichtet, seine Armverletzung aus dem letzten Länderspiel sei zum Glück kein Knochenbruch. Er hofft, in einigen Wochen wieder spielen zu können.«

»Das reicht nicht für das Spiel gegen die Schweiz. Schade, mit einem gesunden Herberger wäre unsere Elf stärker, er ist derzeit unser weitaus bester Mittelstürmer. Drucken Sie den Brief ab. Was macht die Sammlung?«

Für die im Spiel gegen Italien verletzten Anton Kugler und Josef Herberger hatte der »Kicker« ein »Ehrengeschenk« angeregt und dafür um Spenden gebeten.

»Läuft besser als die Sammlung zur Kinderspeise.«

»Nun denn. Füge bitte meine Bemerkung über Herberger noch in meinen Vorbericht ein. Sonst noch was? Heute keine Pflaumen vom ›FuL‹?«

»Im ›FuL‹ war nichts. Aber in der norddeutschen ›Turnen, Spiel und Sport‹ zieht Cordua gegen Ihre Kritik am Deutschen Sportbund zu Felde.«

Mit dem Deutschen Sportbund war ein neuer Dachverband der Sportorganisationen geschaffen worden, was im »Kicker« mehrfach missbilligt worden war. Offiziell hatte Bensemann sich darüber beklagt, dass mit dieser Organisation die Autonomie des süddeutschen Verbandes in Gefahr sei. Zwischen den Zeilen hatte er anklingen lassen, dass er den Sportbund als ein Projekt der deutschnationalen Kreise sah.

»Selbstredend, Herr Cordua, ein Mitglied der Firma Grolms, Klein und Co. Er hat mich schon im Weltkrieg bombardiert. Was schreibt er?«

Müllenbach zitierte verlegen: »Endlich einmal eine Tat, dieser Deutsche Sportbund. Im ›Kicker‹ allerdings wettert Bensemann über diese Gründung. Erstens, weil es sich um einen deutschen Sportbund handelt, während Bensemann nur für die internationale Verbrüderung zu haben ist, und zweitens, weil man ihn, Herrn Walther Bensemann, nicht gefragt hat. Wie …«

Bensemann lachte. »So kennt man ihn. Verschone uns von dem Mist, Hans, und referiere. Du brauchst nicht rot zu werden dabei.«

»Nun ja. Er meint beispielsweise, Süddeutschland werde auf Ihre Zersetzungstiraden nicht hereinfallen. Das ist sein Wort: Zersetzungstiraden. Und es sei betrüblich, dass dieser Bensemann, wie er schreibt, auch noch das amtliche Zentralorgan des süddeutschen Verbandes herausgebe.«

»Ein schlauer Wink mit dem Zaunpfahl, Mr. Cordua. Wir setzen seine Polemik ins Blatt, nahezu unkommentiert, ich habe jetzt keine Zeit für diesen Mist, auch wenn er ein anschauliches Gegenbild zu unserer Stuttgarter Veranstaltung abgeben wird. Schreibe nur zur Einleitung …« Bensemann dachte einen Moment nach. »Ja, schreibe: ›Aus dem reichen Schatze seines Qualsters speuzt Cordua folgendes saftige Artikelchen, nein, schreibe: saftiges Pöbelchen nach Stuttgart an meine Adresse.‹ Gut, und am Schluss bezüglich seines Zaunpfahls: ›Dieser Passus hält mich natürlich davon ab, Ihnen auseinander zu setzen, warum ich anderer Meinung bin als Sie.‹ So ähnlich, Hans, aber ironisch muss es klingen. Hast du das?«

Müllenbach, der eifrig notierte, nickte. Es klopfte an der Tür, und Sandmann wurde eingelassen. Der Buchhalter, wie immer von einem Hauch der Tragik und des Konkurses umgeben, brachte zwei Zettel.

»Das Hotel Marquardt hat eine Reservierungsbestätigung für 14 Zimmer geschickt. Ich nehme an, die sollte an den DFB als Veranstalter gehen.«

»Keineswegs, werter Herr Sandmann. Ich habe mir erlaubt, die noch freien Zimmer im Marquardt für meine Freunde zu reservieren. Als da wären Albert Mayer, Ludwig Isenburger, Nationalrat Dr. Enderli, Dr. Bauwens, Otto Nerz und einige andere. Hans, die Namensliste wird in den Glossen veröffentlicht. Und notiere dazu, dass weitere Zimmer im Marquardt nicht vorhanden sind. Schauen Sie nicht so entsetzt, Sandmann, es geht auf meine Privatrechnung. Was haben Sie uns noch zu bringen?«

»Ein Telegramm von Herrn Albert Mayer.«

Bensemann las es durch. »Es ist die Mannschaftsaufstellung der Schweizer. Das Walterle ist leider nicht dabei. Nun, das wird zu regeln sein. Und nun an die Arbeit, meine Herren. Morgen Nachmittag bin ich wieder retour.«

Im Vergleich zu anderen Ländern waren die Beziehungen des DFB zur Schweiz denkbar freundlich. Gegen das Nachbarland hatte Deutschland nicht nur sein erstes Fußball-Länderspiel überhaupt bestritten. Gegen die Schweiz waren die mit Abstand meisten Begegnungen zustande gekommen, und vor allem: Der Schweizer Verband war nach dem Weltkrieg der erste gewesen, der sich auf ein Länderspiel in Deutschland eingelassen hatte. Dennoch war das jetzige Treffen in Stuttgart nicht frei von Belastungen, und die Ursache dafür war die sportliche Situation beider Länder. Die Schweiz hatte beim olympischen Turnier in Paris das Endspiel erreicht, wo sie zwar den Uruguayern unterlegen war, sich aber dennoch, da andere internationale Vergleiche fehlten, mit einigem Recht zum »Europameister« ausrufen konnte. Diesen selbst erhobenen Titel hatte sie jetzt freilich zu bestätigen. Deutschland wiederum war dem Turnier fern geblieben und seither von einer Niederlage in die nächste gerutscht: 1:4 gegen Schweden, 1:4 gegen Ungarn, 0:1 gegen Italien. Der DFB fürchtete nichts mehr, als dass sich in Stuttgart diese unselige Serie fortsetzen könnte. Im Umfeld des Länderspiels bemühten sich besonnene Geister darum, der Begegnung die Brisanz einer Rivalität zu nehmen, und dieses Anliegen war es auch, das Bensemann in die Schweiz getrieben hatte.

Der Herausgeber kehrte erst nach zwei Tagen zurück, mit zufriedener Miene und guten Nachrichten. In der Hotelfrage hatte er einen Kompromiss erwirkt: Die Schweizer stimmten der gemeinsamen Unterbringung zu, sofern sie in einem separaten Teil des Hotels wohnen und dort einen eigenen Salon nutzen könnten. Und auf dem rechten Flügel ihres Teams würde Walter Müller auflaufen.

»Ich hoffe«, eröffnete er Rosenberger und Müllenbach, »dass hier die Dinge ähnlich gut liegen.«

»Das Programm steht so weit«, meinte Rosenberger. »Die Schweizer Delegation kommt Samstagabend um 8.32 Uhr mit dem Schnellzug an. Die Mannschaft wird nach einem kurzen Imbiss wohl ins Bett gehen, Journalisten und Offizielle haben im Kuppelsaal des Hotels noch Gelegenheit zur Abendunterhaltung. Sonntagvormittag ist der Empfang der Schweizer vor dem Rathaus, um zwei Uhr steigt das Spiel und am Abend das Bankett des DFB wiederum im Hotel Marquardt.«

Bensemann nickte. »Und was machen Offizielle und Ehrengäste zwischen Empfang und Spiel?«

Rosenberger zuckte die Schultern. »Ruhen, nehme ich an.«

»Unsinn, zum Ausruhen ist das Länderspiel nicht vorgesehen. Natürlich muss ein gemeinsamer Imbiss im angemessenen Rahmen stattfinden. Ich denke, wir können es im Turmrestaurant des Bahnhofs bei meinem Freund Bürkle durchführen. Einladen wird der ›Kicker‹. Ivo Schricker soll dabei präsidieren, das gibt dem Ganzen eine offizielle Note. Ich werde mit ihm sprechen. Weiter. Was ist mit der Transportfrage?«

»Sie meinen?«

»Ich meine, wie kommt der ganze Aufzug von einem Ort zum anderen?«

Rosenberger und Müllenbach schauten sich resigniert an. »Darüber ist im Organisationskomitee nicht gesprochen worden. Die Transportfrage ist, soweit wir wissen, immer von den jeweiligen Parteien selbst gelöst worden.«

»Wenn es so war, dann war es eine Unsitte. Natürlich müssen für Mannschaften und Offizielle genügend Fahrzeuge zur Verfügung stehen. Ich habe den Schweizern angekündigt, dass sie sich in dieser Hinsicht um nichts zu kümmern brauchen. Das wird sich ja wohl noch arrangieren lassen?«

»Ich denke ja«, brummte Rosenberger. »Nur, die Kostenfrage …«

»Entscheiden wir später«, unterbrach ihn Bensemann unwirsch. »Gibt es übrigens eine Speisenfolge?«

»Wird noch besprochen.«

»Gut, um das Dinner im Bahnhofsturm kümmere ich mich selber. Sagt dem Komitee, es solle um Himmels willen nicht Regensburger Würstle mit Sauerkraut oder Kalbshaxe mit Spätzle auffahren. Ein gutes Dinner ist nicht das Höchste im Leben, aber das Verständnis für gute Küche bildet einen Teil der menschlichen Ästhetik.« Er dachte nach. »Kein schlechter Satz, Hans, halte ihn fest für die nächsten Glossen. Also weiter. Was ist mit den Gastgeschenken?«

»Vom DFB gibt es üblicherweise Erinnerungsplaketten. Und die Spielvereinigung Trossingen hat 22 Mundharmonikas gestiftet, die an die Spieler übergeben werden sollen.«

Bensemann lachte, dass sein dicker Leib wackelte. »Das dürfte der Nachtruhe der Marquardt-Bewohner recht förderlich sein, wenn sich die Herren daran versuchen. Nun gut, besser als nichts. Ich werde Angelo Rossi bitten, in der Präsentfrage tätig zu werden. In seinem Tabakladen sollte einiges zu finden sein.« Rossi, ein ehemals international tätiger Schiedsrichter, betrieb in Stuttgart eine Tabakwaren-Vertretung, die den »Kicker« großzügig mit Zigarren-Inseraten versorgte.

Fragend deutete Bensemann auf die Papiere, die Müllenbach ihm auf den Schreibtisch gelegt hatte. »Hans, ich sagte dir, ich habe keine Zeit, den Krempel durchzugehen. Bitte, erkläre mir das Wesentlichste.«

»Zuvörderst eine Notiz von mir. Das Organisationskomitee bittet um deine Meinung in der Flaggenfrage. Sie wissen nicht recht, ob sie neben der schwarz-rot-goldenen Fahne auch die schwarz-weiß-rote aufziehen sollen.«

Der Herausgeber winkte verächtlich ab. »Ich kenne die Vorliebe der Herren vom DFB für die Farben des Kaiserreichs. Meines Wissens leben wir inzwischen in einer Republik, deren Farben nun einmal schwarz-rot-gold sind. Den Vorstandsherren vom DFB bleibt es vollkommen unbenommen, bei entsprechenden Anlässen an ihren eigenen Häusern die Kaiserfahne aufzuziehen, bei Bundesspielen aber gibt es nur die neue Reichsflagge. Das jedenfalls ist meine Ansicht. Sonst noch was?«

»Der ›FuL‹ hat die Polemik des Herrn Cordua nachgedruckt.«

»Das passt, das passt wunderbar ins Bild. Wir vermerken das und kommentieren es. Schreibe, dass wir Herrn Grolms diese Freude gönnen, dass aber unsere Engelsgeduld mit ihm nun bald zu Ende ist. Dass uns die Art und Weise, wie er und seinesgleichen seit Jahren gegen Süddeutschland in pharisäerhafter Art schimpfen, toben und wettern, jetzt reicht. Und dass wir erst dann wieder mit ihm reden, wenn er es versteht, Patriotismus, feine Sitten und sportliche Korrektheit miteinander in Einklang zu bringen. Das sollte vorerst reichen.«

Rosenberger mischte sich ein: »Das ist aber keine Erwiderung in der Sache.«

»In der Sache, Rosenberger, geben wir uns mit ihm nicht mehr ab. In der Sache erteilen wir ihm und allen anderen eine praktische Demonstration, wie man es besser macht. Und diese Demonstration wird auf Seite eins des nächsten ›Kicker‹ stehen. Es ist ja die Ausgabe, die zum Spiel selbst erscheint. Zunächst mal die Schlagzeile: ein Willkommensgruß an die Gäste. So groß es geht: ›Grüezzi wohl, ehr liäbe Schwizer!‹ Das als Einstimmung und, wie wir erläutern werden, als Danksagung an die Schweiz, die uns nach dem Krieg so oft geholfen hat, sportlich und auch anderweitig. Und noch eines kommt hinzu, Hans, das brauchst du nicht zu notieren, ich hab's während der Zugfahrt aufgeschrieben.«

Bensemann zog ein Papier hervor und las: »Hinzu kommt ein großer Respekt für die gesamten Institutionen der Schweiz, für die freiheitliche und aufgeklärte Gesinnung ihrer Bürger und nicht zum Mindesten für den Umstand, dass die helvetische Republik in ihrer eigenen Konstitution und Gestaltung das Sinnbild jenes schönen Ideals darstellt, das allen wahren Patrioten vorschweben muss: das Sinnbild der vereinigten Staaten von Europa, die trotz ihrer verschiedenen Sprachen und ihrer verschiedenen Anschauungen in Harmonie miteinander leben sollen.«

Zufrieden lächelnd nickte Rosenberger: »Wenn das erscheint, kann man sich in der Tat eine Erwiderung an den ›FuL‹ sparen.«

Der Zug mit den Schweizern kam pünktlich, oben am Bahnsteig standen die Deutschen bereit und unten die Autos. Am ersten Abend klappte alles hervorragend. Wie vorgesehen, scheuchte Paul Schmiedlin, der groß gewachsene Mittelläufer und Kapitän der Schweizer Elf, seine Mitspieler bald in den reservierten Trakt des Hotels, um für rechtzeitige Nachtruhe zu sorgen, während es sich Offizielle und Journalisten im Saal gemütlich machten. An einem der großen Tische hielt Bensemann seine Privatgäste beisammen, Schweizer und Deutsche bunt gemischt, und vor allem Albert Mayer wurde zum Bericht gedrängt. Es war nahezu ein Wunder, dass der junge Mann aus Montreux überhaupt nach Stuttgart gekommen war. Vor einem Monat war er bei einer Offiziersübung schwer mit dem Pferd gestürzt und hatte zwei Wochen im Lazarett verbracht. Kaum genesen, war er mit einem Freund zur Hochtour ins Gebirge aufgebrochen. Die beiden hatten sich in einer Felswand verstiegen und waren in größte Lebensgefahr geraten, aus der sie sich nur knapp befreien konnten. Der Leichtsinn der Abenteurer wurde im gleichen Maße gerügt, wie ihre Kühnheit gepriesen wurde. Mayer selbst, dem das Thema eher peinlich war, lenkte das Gespräch auf das bevorstehende Ereignis.

»Ihre Kritik an der deutschen Mannschaftsaufstellung«, sagte er zu Bensemann, »war ja überaus deutlich.«

»Wenn Onkel Bensemann nicht überaus deutlich wird, hält man es in Berlin für Zustimmung«, warf Otto Nerz dazwischen, ein Fußballer aus Mannheim, der in Berlin jetzt Tennis Borussia trainierte und gelegentlich Artikel für den »Kicker« schrieb.

Bensemann lachte. »Zu viel der Ehre, junger Mann. Aber was soll ich tun, wenn ich Spiel auf Spiel Recht behalte, aber der Spielausschuss keine Lehren zieht? Gegen Österreich und Holland haben wir mit einer rein süddeutschen Nationalelf gewonnen. Die letzten drei Spiele haben wir mit gemischten und zusammengewürfelten Teams verloren. Wann lernt man in Berlin, dass das Gerippe eines jeden Mannschaftsteils nur aus einem Verband kommen darf, weil es sonst nicht harmonisiert?«

Er drehte seinen rundlichen Kopf lebhaft hin und her, um alle Tischnachbarn im Auge zu behalten. »Im Tor kommt niemand anderes als Stuhlfauth infrage. Aber ist es ihm zuzumuten, mit einem Verteidigerpaar zusammenzuarbeiten, das er nicht kennt? Und umgekehrt: Tull Harder vom Hamburger SV ist zweifelsohne einer unserer besten Stürmer. Aber in einem ansonsten süddeutschen Sturm ist er noch nie zu seiner vollen Form aufgelaufen, weil im Norden nun einmal anders gespielt wird als im Süden. Ich bleibe dabei: Eine jegliche internationale Mannschaft, von den britischen Profis einmal abgesehen, muss auf Stilreinheit achten. Von mir aus soll der gesamte HSV-Sturm aufgestellt werden, das wäre besser als das Gemisch, das man uns morgen präsentiert.«

Ivo Schricker, der sich hinzugesellt hatte, sagte lächelnd: »Unser Freund Bensemann formuliert wie immer zwischen den Zeilen. Natürlich weiß er, dass ein ausschließlich Hamburger Sturm nicht infrage kommt.«

»Bliebe also nur ein rein süddeutscher«, führte Bauwens weiter. »Der Gedanke dürfte den Hamburgern nicht gefallen, denn sie haben genug am ›Kicker‹ zu kauen.«

Der norddeutsche Korrespondent des Blattes, der stets mit »L.C.M.« zeichnete, war berüchtigt für seine HSV-spöttischen Berichte.

»Dabei waren sie es doch, die den notleidenden ›Kicker‹ gerade erst mit 2.000 Mark gerettet haben«, rief Isenburger dazwischen, der untersetzte Frankfurter Korrespondent. »Oder waren es nicht doch 20.000?« Die Runde lachte laut. Vor kurzem war ein Gerücht umgelaufen, Bensemann habe vom HSV 2.000 Mark erhalten für die Zusicherung, dass »L.C.M.« fortan nicht mehr über den Verein berichten solle. Ursprünglich habe der »Kicker« in Gestalt von Simon Rosenberger sogar 20.000 Mark gefordert.

»Es wäre wahrhaftig eine neue Einnahmequelle für die verarmte Sportpresse«, grinste der Herausgeber. »Zum Glück ist Grolms nicht hier, sonst wäre kein süddeutscher Verein vor seinen Forderungen sicher.«

»Geben Sie's zu«, setzte Isenburger nach, »das Geld haben Sie längst gegen ein paar gute Flaschen Wein umgetauscht. Unser ›Kicker‹ hat sich da bekanntlich schon öfter verraten.«

Wieder lachten die Herren über Isenburgers Anspielung. Zuweilen war von Lesern kritisiert worden, dass Bensemann auf Fotos, die in der Zeitung abgedruckt wurden, im Kreise von Freunden vor leeren Flaschen gesessen hatte. Besorgte Erzieher befürchteten einen schädlichen Einfluss auf jugendliche Sportler.

»Oh, wenn Sie die berühmten Bilder von den Weinflaschen meinen«, konterte Bensemann, »so kann ich Ihnen versichern, dass mich der Umstand der Leere dieser Flaschen auch etwas bedrückt hat. Entweder wurden die Aufnahmen nach Restaurantschluss gemacht, oder der Ganymed hatte uns vergessen. Hoffen wir, dass hier für eine bessere Aufwartung gesorgt ist.«

»Keine Frage«, meinte Dr. Enderli, »die Bewirtung ist bestens, wie wir es von Ihrer Regie nicht anders erwartet haben.« Er lockerte, als Letzter am Tisch, seinen steifen Kragen ein wenig. »Aber natürlich spricht aus solchen Zuschriften auch echte Besorgnis. Zumal sich der ›Kicker‹ zu Recht immer in Fragen der Jugenderziehung engagiert hat.«

»Meinen Sie, verehrter Nationalrat, den Jungen ist nicht bekannt, dass Wein getrunken wird? Oh doch, selbst der kleinste Bube aus guter Familie weiß, dass das Bukett eines Burgunders oder eines Bocksbeutels lieblich duftet und dass das Verständnis eines guten Weines ebenso zur menschlichen Ästhetik gehört wie die Erfassung eines Shakespeare-Dramas. Es kann sich hier höchstens um die Frage der Quantität des Alkoholgenusses drehen. Ein Übermaß des Guten würde der Junge natürlich taktlos finden.«

»Weshalb die Jugend auch heute Abend ausgeschlossen ist«, rief Isenburger über den reichlich mit Flaschen gedeckten Tisch und hob sein Glas, aber Bensemann war noch nicht fertig.

»Im Übrigen frage ich ja auch nicht danach, wie die Moralapostel, die mich da kritisieren, ihr trauriges Leben hinbringen. Es kümmert mich nicht. Der eine liebt nun einmal das Muffige des gesetzlich geregelten Connubiums, der andere das duftende Aroma eines Pommard oder eines Niersteiner aus der guten alten Zeit.«

Und dem mochte an diesem Abend keiner mehr widersprechen, auch wenn unter den versammelten Herren die meisten durchaus dem gesetzlich geregelten Ehestand angehörten.

Die Schweizer hatten ihre Prinzipien, und nach der Stadtrundfahrt am nächsten Vormittag verschwanden die Spieler im Hotel, um sich in Ruhe auf das Match vorzubereiten. Der Empfang am Rathaus, wo sich einige Tausend Stuttgarter eingefunden hatten, musste ohne sie stattfinden, worüber sich auch Bensemann im Stillen ärgerte. Er stand am Fuß der breiten Treppe, die zum Portal hochführte, und zeigte sich angespannt und schlecht gelaunt.

»Diese Reklametafeln rings um den Platz«, murrte er zu Rosenberger, »musste das sein?«

Der Redakteur nickte. »Es ist die Gegenleistung für einige Zuwendungen, die wir von Stuttgarter Firmen erhalten haben«, sagte er. »Ohne dieses Geld hätte beispielsweise der Fahrdienst nicht organisiert werden können.«

»Trotzdem sieht es aus wie auf dem Jahrmarkt.«

Die Menge jubelte ihr Hurra, als die deutschen Spieler sich vor dem Rathausportal zeigten: die süddeutschen Idole Hans Kalb, Hans »Bumbes« Schmidt und natürlich Heiner Stuhlfauth aus Nürnberg, Josef Müller, Hans Hagen und Andreas Franz aus Fürth, dazu der eisenharte Albert Beier, der schon 35-jährige Kapitän Adolf Jäger mit dem berühmten Tull Harder aus Hamburg, schließlich Paul Paulsen aus Leipzig, Karl Höger aus Mannheim und am Ende der Altinternationale Max Breunig, der die Elf betreute. Sie winkten lässig herunter und grinsten ein wenig verlegen unter den marineblauen Kappen, die neuerdings zur einheitlichen Ausgehkluft der Nationalmannschaft gehörten.

»Diese Uniformen samt Marinemütze«, höhnte Bensemann, »scheinen mir ziemlich unpassend für einen Staat, dem eben erst sämtliche

Kolonien geklaut worden sind. Doppelt schade, dass die Schweizer nicht hier sind. Ein paar Zivilisten unter der Truppe hätten das Bild erträglicher gemacht.«

Er blickte sich um, ob er einen Offiziellen des DFB zu fassen bekam, sah aber nur in Isenburgers Grinsen.

»Heiner Stuhlfauth sieht damit genauso albern aus wie ein Harder in bayerischer Volkstracht. Mein Gott, man sollte meinen, die Spieler seien selbst in der Lage, eine passende Kopfbedeckung auszuwählen.«

Seine Anspannung wich auch nicht, als er im Turmrestaurant des Bahnhofs mit einem üppigen Imbiss für Freunde und Journalisten aufwartete. Wie oft unmittelbar vor großen Ereignissen, blieben die Gespräche oberflächlich und flüchtig. Man orakelte über das zu erwartende Spielergebnis, wobei die deutschen Journalisten auf die eigene Mannschaft setzten und die Schweizer auf die ihre. Das war üblich, doch die Vorhersagen schienen Bensemann dieses Mal ein wenig verbissener als sonst und ohne das spielerische Augenzwinkern derer, die auf das eine Team wetten, obwohl sie in Wahrheit dem anderen den Sieg zutrauen. Oder wünschen.

Plötzlich sah er Müllenbach mit besorgter Miene hereineilen.

»Eine schreckliche Panne. Die Autos sind weg.«

»Welche Autos?«

»Die bereitstanden, um die Schweizer Mannschaft zum Stadion zu fahren. Offensichtlich haben sich Hotelgäste einen Scherz erlaubt und sich als Fußballer ausgegeben, deshalb sind die Autos mit ihnen abgefahren. Jetzt stehen die Schweizer dort herum und sind wütend.«

»Verdammt.«

Bensemann requirierte eigenmächtig die Wagen, die den Journalisten im Turmrestaurant zugedacht waren, und dirigierte sie zum Hotel Marquardt. Müllenbach ließ er Droschken für die Journalisten auftreiben. Auch wenn er diese Anweisungen in äußerlicher Ruhe gab, so war er doch zutiefst empört: Zwar nahm er keine offizielle Funktion im Organisationskomitee ein, dennoch fühlte er sich für die Behandlung der Gäste persönlich verantwortlich. Jede Panne sah er als Affront gegen seinen Ruf als perfekter Gastgeber, jede Misshelligkeit als Gefahr für ein Bild ungetrübter Gastfreundschaft.

Noch war es nicht mehr als eine beinahe lächerliche Lappalie, aber er wusste, dass seine eigene Anspannung mit einer gewissen Verkrampfung zusammenhing, die über dem ganzen Spiel lag. Als er später im Stadion saß und die Mannschaften einlaufen sah, entlud sich diese Spannung zum ersten Mal: zunächst aufgestaut durch einen verhaltenen, bestenfalls höflich zu nennenden Applaus für die Schweizer Elf, dann freigesetzt in einem ohrenbetäubenden Beifall und »Deutschland über alles«-Rufen, mit denen die eigene Mannschaft von den 26.000 Zuschauern empfangen wurde. Das waren nicht die Ovationen, die üblicherweise ein Länderspiel zum fröhlichen Event machten. Der Beifall forderte: Ihr müsst gewinnen. Und Bensemann wusste, dass die Schweizer, die selbst ernannten Europameister, alles andere als verlieren wollten.

Das Spiel begann zerfahren und mit Fehlpässen. Der Rasen war ein fürchterlich unebener Acker, denn das Stadion des Sportclubs Stuttgart gehörte keineswegs zur ersten Garnitur der Sportarenen in Deutschland. Normalerweise fanden kaum mehr als 10.000 Zuschauer Platz, doch man hatte sich dem Argument gebeugt, dass der große Publikumsandrang hier besser zu bewältigen sei als im benachbarten Waldau-Stadion, das die Stuttgarter Kickers beherbergte und den Ruf einer vorbildlichen Anlage besaß. Was die Zuschauerränge anging, hatten die Helfer des Sportclubs in wenigen Wochen Wunderdinge vollbracht, doch in der Kälte des beginnenden Winters ließ sich am katastrophalen Zustand des Rasens nichts mehr ändern.

Die Schweizer kamen als Erste mit den Unregelmäßigkeiten des Platzes klar, sie stürmten mit Elan und kombinierten sicher mit langen Pässen. Schmiedlin, der Kapitän, sorgte dafür, dass das Mittelfeld und zuweilen sogar die Verteidigung nachrückten, wenn der Sturm das deutsche Tor belagerte. Das war häufig der Fall und brachte folgerichtig die verdiente 1:0-Führung. Nur Walter Müller hatte keine Bindung zum Spiel. Selten wurde er angespielt, und wenn, dann verstolperte er den Ball rasch wieder. Müller, so musste Bensemann einräumen, versagte in jeder Hinsicht. Weder spielte er gut, noch neutralisierte er die Zuschauer, die dem Schweizer Angriffsschwung zwar nicht feindselig, doch mit unbehaglicher Stille zusahen.

Völlig enttäuschend war das Spiel der deutschen Elf. Obwohl man zuweilen technisches Können aufblitzen sah, brachte sie keine geordneten Spielzüge zustande, zwischen Abwehr und Sturm klaffte eine riesige Lücke und zwischen den beiden Innenverteidigern häuften sich die Missverständnisse. Die meisten Spieler wirkten lethargisch, allein Stuhlfauth verhinderte eine höhere Führung der Schweizer.

Bensemann sah von den Pressebänken aus die Begegnung mit wachsendem Grimm. »Ich hab's ja gesagt«, rief er zu Isenburger hinüber. »Der

Mannschaft fehlt ein eingespieltes Gerippe, nichts passt da zusammen. Wann wird der Spielausschuss endlich von seinen unmöglichen Mischungen lassen?«

Plötzlich traf ihn eine halblaut gezischte Bemerkung: »Galizischer Schmierfink.« Bensemann zuckte zusammen, drehte sich aber nicht um. Die Beleidigung war halbrechts von hinten gekommen, wo, wie er wusste, die westdeutschen Journalisten saßen. Grolms war nicht unter ihnen. Er kannte keinen, dem er diese Bemerkung zugetraut hätte, die nicht anders als antisemitisch zu verstehen war. In das verlegene Schweigen drängte das Geschrei der Zuschauer, die gegen ein Foulspiel der Schweizer protestierten. Danach war die Gelegenheit für eine Replik vorüber; Bensemann hatte ohnehin keine Lust dazu.

»Ich nehme an, es war Guido von Mengden. Zu dem würde es jedenfalls passen«, klärte ihn wenig später Peco Bauwens auf, als das Spiel zur Halbzeitpause unterbrochen war.

»Kenne ich nicht«, antwortete Bensemann kurz.

»Das glaube ich Ihnen. Er hat erst vor einigen Monaten beim ›Rheydter Tageblatt‹ angefangen und ist ein fanatischer Anhänger von Kleins ›drei scharfen T‹. Er soll sich gut mit Grolms verstehen. Möglicherweise ist er sogar für den ›FuL‹ hier. Ich fürchte, Sie werden in Zukunft noch öfter von ihm hören.«

Bensemann musterte den nicht einmal 30-jährigen, schlanken Journalisten, der hinter den runden Brillengläsern arrogant um sich blickte.

»Und er zweifelsohne von mir«, knurrte er. Aber das Wort, das ihn getroffen hatte, blieb.

In der zweiten Halbzeit nahm das Spiel eine völlig unerwartete Wendung. Die Deutschen stürmten mit geradezu südeuropäischem Schwung und einer Schnelligkeit, die ihnen niemand mehr zugetraut hatte. Die Schweizer waren völlig überrumpelt, ihre Verteidigung klappte förmlich zusammen, zusätzlich irritiert durch eine zuweilen unfaire Aggressivität, mit der die Deutschen ihre Zweikämpfe bestritten und sich untereinander anstachelten. Als ob das Publikum alle Kraft für die zweite Hälfte aufgehoben hätte, feuerte es die eigene Elf nun fanatisch an, und in der 70. Minute sah es, was es sehen wollte: ein Tor für Deutschland. Tull Harder erzielte es, aber es sollte das einzige bleiben. Obwohl die Schweizer in Grund und Boden gespielt wurden, so wie diese es in der ersten Halbzeit mit den Deutschen getan hatten, blieb es am Ende bei einem 1:1-Unentschieden.

Bensemann seufzte zufrieden: Dies war das Ergebnis, das am wenigsten Unfrieden stiften würde. Doch so einfach lagen die Dinge nicht.

Als um 18 Uhr das Bankett des DFB im Hotel Marquardt begann, war es Heiner Stuhlfauth, der für einen Eklat sorgte. Bensemann bemerkte eine lautstarke Konfrontation am Eingang des Speisesaals und eilte hinzu. Der große Torwart stand dort, starrte wütend auf einige Offizielle vor ihm, und am Arm hatte er seine Frau untergehakt.

»Sie können Ihre Gattin nicht mit hineinnehmen«, erklärte Blaschke vom DFB-Vorstand erregt. »Ich sage es noch einmal: Damen sind beim Bankett nicht zugelassen.«

»Wou gibdds nen suwos«, tobte Stuhlfauth. Er rang um Fassung und Hochdeutsch. »Ich lasse die Liesel nicht alleine im Hotelzimmer sitzen, während ich hier unten feiere.«

»Es ist mit den Schweizern vereinbart, keine Damen mitzubringen. Alle anderen haben sich daran gehalten.« Blaschke schwitzte und versuchte die Lautstärke des Streits zu dämpfen.

Bensemann sprang ihm bei. »Heiner, es ist doch nur für zwei Stunden. Beim geselligen Abend im Museumssaal darf deine Frau natürlich mit.«

Liesel Stuhlfauth blickte verlegen zu Boden, aber ihr Mann war in Fahrt und fuchtelte wild mit seinen gewaltigen Torwartarmen umher. »Des bagg i nimmer! Wenn Liesel nicht hineindarf, gehe ich auch nicht rein. Was ist mit euch?« Er blickte seine Clubkameraden Hans Kalb und Bumbes Schmidt an, die grinsend neben ihm standen. Sie zuckten die Schultern. »Alle oder keiner«, sagte Kalb.

Stuhlfauth baute sich vor Blaschke auf. »Kannst dein feines Altherren-Bankett also alleine machen. Doldi, bläider!«

Er drehte sich abrupt um, knurrte noch einige unverständliche fränkische Urlaute und zog ab, seine Frau mit Kalb und Schmidt im Schlepp.

»Das wird Konsequenzen haben«, rief ihm Blaschke ein wenig lahm hinterher. Er wandte sich zu Bensemann um. »Was hat er eigentlich zum Schluss gesagt?«

»Oh, einige Nürnberger Spezialausdrücke, die ich aber, mit Verlaub, auch nicht kenne. Aber es klang durchaus versöhnlich, finden Sie nicht?«

Der Zwischenfall sorgte für einige Irritationen, doch die üblichen Festreden holten die Normalität aufs Bankett zurück, und die Hoffnung, dass bald der gesellige Teil beginnen würde. Dort, im Museumssaal, rückte dann auch ein gut gelaunter Heiner Stuhlfauth wieder an, und Bensemann konnte hoffen, dass alles ein angenehmes Ende finden würde. Er zog parlierend von Tisch zu Tisch, wobei ihn Marc Ott, der Präsident des Schweizer Fußballkomitees, beiseite nahm, emphatisch sein persönliches Engagement für das Länderspiel lobte und diesbezüglich ein Dankesschreiben versprach, das im »Kicker« abgedruckt werden könne. Die Spielvereinigung Trossingen erschien mit ihren 22 Mundharmonikas als Geschenk für die Spieler, was aus dem Fest vorübergehend eine begeistert quakende musikalische Übungsstunde machte. Und schließlich stapfte Angelo Rossi, der ehemalige Schiedsrichter, mit einer großen Kiste herein, aus der er nicht weniger als 5.000 edle Zigaretten der Marken Waldorf-Astoria und Wallruth & Co. an die Spieler verteilte. Als die Laienkünstler der Stuttgarter Kickers den musikalischen Teil des Abends eröffneten und der ausgelassene Stuhlfauth seine Liesel als Erster auf die Tanzfläche schleppte, schien alles in guter Laune zu enden, auch wenn der Heiner sich nicht verkneifen konnte, ein deftiges »Abgmölt!« Richtung Blaschke zu werfen, was dieser nicht verstand, aber sich denken konnte.

Als jedoch Walter Müller wenig später mit trauriger Miene an ihm vorbeischlich, spürte Bensemann, dass noch mehr in der Luft lag.

»Walterle, lass den Kopf nicht hängen. Jeder hat mal einen schwarzen Tag.«

Der kleine Müller sah aus, als würde er gleich in Tränen ausbrechen. »Es ist nicht nur das Spiel. Sehen Sie, hier beim Fest ist es genauso: Meine Mitspieler behandeln mich, als sei ich Luft. Ein fünftes Rad am Wagen. Vorhin haben sie mir keinen Ball zugespielt, jetzt spricht kaum einer mit mir. Dabei sind es doch meine Mannschaftskameraden.«

Mit einem unguten Gefühl blickte Bensemann zu den Schweizer Spielern hinüber, die sich in eine Ecke des Saales verzogen hatten und, im Gegensatz zu ihren Offiziellen, für sich blieben.

»Ich werde mit ihnen reden«, sagte er.

Paul Schmiedlin, der Schweizer Mannschaftskapitän, sah ihm stirnrunzelnd entgegen.

»Na, meine Herren, wie gefällt Ihnen das Fest?« Bensemann bemühte sich um Harmlosigkeit.

Die anderen Spieler blickten Schmiedlin an, der bedachtsam mit seiner Antwort begann. »Verehrter Herr Bensemann, ich weiß Ihre Gastfreundschaft zu schätzen. Sicherlich ist es mit Ihr Verdienst, dass wir mit Unterkunft und Verpflegung bestens versorgt worden sind. Aber schweigen wir vom Rest.«

»Keineswegs, Monsieur Schmiedlin, wollen wir schweigen. Wir können ganz offen miteinander reden. Ich wüsste keinen besseren Zeitpunkt als diesen.«

Der Kapitän zuckte die Schultern. »Wie Sie wollen. Zuerst: Ich nehme an, Sie kommen wegen Walter Müller. Zugegeben, wir haben ihn nicht gut behandelt. Aber objektiv gesehen gehört er nun einmal nicht in unsere Mannschaft. Ich kenne in der Heimat mindestens 15 Flügelleute, die besser sind als er. Aber das ist nur ein Schildbürgerstreich am Rande.«

Er wehrte eine Antwort des »Kicker«-Mannes ab. »Die Hauptsache ist dies: Das ganze Länderspiel war in Wahrheit ein Fiasko. Deutschland wollte unbedingt beweisen, dass wir zu Unrecht Europameister sind, und dass, wenn sie in Paris dabei gewesen wären ... Sie wissen schon. Daraus ergibt sich alles andere. Das Publikum war fanatisch eingestellt, wir hörten es gleich am Anfang und waren im Bilde. Obwohl die Deutschen unfair spielten, konnten wir das Match bestimmen. Sie werden selber wissen, dass die Deutschen eine völlig veraltete Schule praktizieren, kein geordnetes Spielsystem haben, zu langsam kombinieren und international hinterherlaufen. Aber egal. Entscheidend ist, was in der Pause passierte. Ich sage Ihnen klipp und klar: Die Deutschen bekamen in der Pause Doping.«

»Wie bitte?«

»Ganz recht, Doping. So wie die Deutschen in der zweiten Hälfte spielten, was sie sich an Unfairness nicht nur uns, sondern auch dem Schiedsrichter gegenüber und sogar untereinander leisteten, das alles kann man nur mit Doping erklären. Wenn man zu solchen Mitteln greift, Monsieur Bensemann, um einen Sieg um jeden Preis zu erringen, dann zeugt das von einer besonderen Mentalität. Das hat mit Sport nichts mehr zu tun. Wir täten besser daran, solche Spiele künftig zu unterlassen.«

»Wollen Sie diesen Vorwurf im Ernst erheben, Herr Schmiedlin?«

»Oh ja, das tue ich, im vollen Ernst. Und Sie können sich darauf verlassen, dass ich es auch öffentlich tun werde.«

Als Bensemann am nächsten Morgen ein wenig verkatert und erschöpft hinter seinem Schreibtisch Platz nahm, war er entschlossen, sein Länderspiel zu retten. Müllenbach und Rosenberger, die er hereingerufen hatte, gab er mit dem Anfang seiner Glossen die Marschrichtung vor, in die zu gehen war: »Es wäre nicht möglich, einen Ort zu finden, dessen Bewohner den Gästen der vergangenen Tage freundlicher gesinnt wären als die Stuttgarter den Schweizern. Kleine Contretemps gibt es überall, sie wurden spielend überwunden, da ein jeder nur das Bedürfnis hatte, dem anderen Angenehmes zu sagen.«

»Contretemps?«, fragte Rosenberger.

»Das einzig Erwähnenswerte ist die Panne mit den Autos«, erklärte Bensemann. »Im Übrigen sehe ich, verdammt noch mal, ein höchst gelungenes Fest. Vom pünktlichen Empfang angefangen bis zur Fidelität des tanzenden Stuhlfauth-Heiner. Den Schweizern gute Heimfahrt und auf ein frohes Wiedersehen. Noch Fragen?«

Die beiden Redakteure schüttelten stumm den Kopf.

Ein wenig entspannter lehnte sich Bensemann zurück. »Nun denn, zum Tagesgeschäft. Hans, du hast mit deinem Spielbericht zu tun. Die übrigen Herren, die ich um Beiträge zum Spiel gebeten habe, werden im obigen Sinne berichten. Rosenberger, übernehmen Sie bitte die Redaktion der Artikel. Was hat uns die Post gebracht, Hans?«

»Durchaus eine erfreuliche Mitteilung.«

»Nicht möglich.«

»Ein Brief an Sie von Slavia Prag. Sie freuen sich, Ihnen mitzuteilen, dass zwischen dem ungarischen und dem tschechoslowakischen Sport endlich Frieden geschlossen ist. Vor vier Jahren haben Sie ja einen Pokal für das erste Spiel zwischen einer Prager und einer Budapester Mannschaft ausgelobt. Nun, ein solches Spiel findet beim Neujahrsturnier in Wuppertal statt, am 4. Januar zwischen Slavia und MTK. Es wäre wohl angebracht, den Pokal dorthin zu bringen.«

Bensemann grinste genüsslich. »Das ist es. Ich hörte übrigens schon durch Peco Bauwens davon, er wird das Spiel leiten. Wir drucken den Brief ohne Kommentar. Besorge vernünftige Fotos für einen Vorbericht und kaufe uns Fahrkarten. Wir werden uns höchstpersönlich hinbemühen.«

»Wir?«, fragte Müllenbach resigniert.

»Du, lieber Hans und ich. Der Skiurlaub ist perdu. War sonst noch was in der Post? Nichts von unseren Freunden aus dem Westen?«

»Jede Menge. Gleich drei Polemiken im ›FuL‹, und eine im Hamburger ›Turnen, Spiel und Sport‹. Wollen Sie selber lesen?«

»Danke, ich war schon auf dem Klo. Tenor?«

»Nur ein Mensch ohne jedes Nationalgefühl könne an der Gründung des Deutschen Sportbundes Anstoß nehmen. Und Ihre Hetze gegen die Spieler Harder und Jäger schädige das Selbstvertrauen der Nationalmannschaft.«

»Impressionnant. Setze die besten Stilblüten ins Blatt unter der Rubrik ›Glösslein‹.«

»Glösslein?«

»Glösslein. Die Glossen sind mir zu schade dafür.«

»Unkommentiert?«

»Richtig. Das heißt, setze hinzu: ›Diese Stichproben sind ganz reizend, und ich wünsche ihren Urhebern fröhliche Weihnachten und herzliche Ostern.‹«

Müllenbach lächelte gequält. »Im Ernst?«

»Hans, mein Lieber, ich rede immer im Ernst. Und jetzt raus mit euch, ich muss meinen eigenen Senf zu Papier bringen.«

Keineswegs so euphorisch wie der »Kicker« berichtete die übrige Sportpresse über das Länderspiel, namentlich die schweizerische. Zu Bensemanns Ärger wurde das Rahmenprogramm kaum erwähnt, der Verlauf des Spiels dagegen in den Vordergrund gerückt. Nach Meinung der Schweizer Blätter hatte die eigene Elf, obwohl ersatzgeschwächt angereist, den besseren Fußball gezeigt, zumal sie »noch vor einem fremden Publikum spielen musste, das uns offensichtlich gar nicht gut gesinnt war«.

Eine Woche später erschien in der Clubzeitung des FC Bern die große Abrechnung des Mannschaftskapitäns Paul Schmiedlin, in der alle Vorwürfe wiederholt wurden, die er bereits auf dem Bankett geäußert hatte, insbesondere sein Doping-Verdacht. Das war ein unerhörter Vorgang: Nie zuvor hatte sich ein beteiligter Spieler derart kritisch über ein Länderspiel und seinen Gegner geäußert. Zwar verzichtete der Schweizer Verband darauf, Schmiedlins Vorwürfe zu übernehmen, dennoch war ein deutlicher Missklang auf das Stuttgarter Spiel und die deutsch-schweizerischen Fußballbeziehungen gefallen. Bensemann druckte Schmiedlins Artikel nach und mühte sich, die Vorwürfe zu entkräften. Aber er wusste, dass der Schweizer mit seinem Resümee Recht behalten würde, wenn auch anders als gemeint: Das Spiel, das zum Glanzpunkt hatte werden sollen, war zu einem vollkommenen Fiasko geraten.

Am Freitag, den 3. Januar 1925, bestiegen Bensemann und Müllenbach den Zug, der sie nach Wuppertal bringen sollte, und am Sonntagabend waren sie wieder zurück. Das große Versöhnungsspiel zwischen Prag und Budapest war einem einwöchigen Dauerregen zum Opfer gefallen, der den Platz vollkommen unbespielbar gemacht hatte.

»Wir haben momentan nicht gerade Glück mit unseren internationalen Spielen«, bemerkte Bensemann sarkastisch, als er mit seinen Redakteuren die kommende Ausgabe beriet.

»Die ganze Reise umsonst gemacht!«, bemerkte Rosenberger mitfühlend.

»Keineswegs umsonst, Herr Kollege«, grantelte der Herausgeber. »Vielmehr hat mal wieder der Sportjournalismus den Eisenbahnfiskus subventioniert. Und obendrein, um die Dinge abzurunden, ist dem Fußballspielerchen auf unserem wunderbaren Pokal noch ein Bein abgebrochen, als wir ihn in Wuppertal auspackten. Die Symbolik sollte uns zu denken geben.«

»Vielleicht ist das Bein gar nicht abgebrochen, sondern er hat es sich vor lauter Eifer selber ausgerissen?«

»Die Scherze, werter Rosenberger, mache ich hier. Jedenfalls können wir den geplanten Bericht über das Spiel abschreiben, es reicht gerade für eine kurze Glosse. Und selbst das nur, wenn ich diesen Kuhwedels eins auswischen kann, die uns mit ihrer Zahnstocherei den Aufenthalt im Speisewagen verleidet haben. Gibt es in dieser trostlosen Zeit Alternativen für den Leitartikel?«

»Oh, jede Menge Trost kommt von den Neujahrsbotschaften der diversen Verbände – Turnerschaft, Sportbund, Reichsausschuss et cetera. Das Übliche zum Jahreswechsel, wenn auch, sagen wir, etwas straffer in der Tonlage als sonst. ›Der deutsche Sport möge deutsch werden.‹ Meint beispielsweise der Schwimmverband, Pardon, der Deutsche Schwimmverband. Und die Turnerschaft will, ich zitiere, ›den Verkehr mit dem Ausland auf Stammverwandte und ›neutrale‹ Völker beschränken‹.«

»Wahrhaftig tröstlich scheint mir das für die Völker zu sein, die nicht unter diese Kategorien fallen. Und was sagt uns der DFB?«

»Nichts.«

»Gar nichts?«

»Kein einziges Wort.«

»Äußerst löblich. Beenden wir also, wenn auch um einige Tage verspätet, das vergangene Fußballjahr noch mit einer versöhnlichen Feststellung: ›Unter all den hoch geschätzten Neujahrsrednern hat unser Präsident Gottfried Hinze den Vogel abgeschossen. Er hat sich vollkommen in Schweigen gehüllt und dem deutschen Fußballsport damit einen unschätzbaren Dienst erwiesen.‹ – Hans, das hätte ich gerne wörtlich in die Zeitung. Hast du es notiert?«

XIII

»Die Beredsamkeit des Demosthenes«

Nürnberg im Herbst 1930

An einem ungemütlichen Novembertag des Jahres 1930 trugen sie den Professor zu Grabe. Der alte Mann war eines Morgens aus seinem Bett nicht mehr aufgestanden, weil er sich schwach und unwohl fühlte, hatte Nahrung und Arztvisite verweigert und war am gleichen Abend gestorben. Es war das friedliche Ende eines erfüllten Lebens. August Imgraben hatte viele Enttäuschungen erleben müssen, aber er war stets mit sich selbst im Reinen geblieben. Als Wissenschaftler wie als Mensch pflegte er die Überzeugung, dass der Zweifel ein mächtiges Instrument der Wahrheitsfindung sei, doch an seinen ethischen Grundsätzen zweifelte er nie. Nur seine Konfliktscheu und seine Gutmütigkeit verführten ihn zuweilen dazu, von diesen Grundsätzen abzuweichen. Eine Schwäche freilich, die er sich verzieh und die ihn dazu bewog, die menschliche Unzulänglichkeit ebenfalls in den Rang einer ethischen Regel zu heben.

Vielleicht war es das, was ihn bei Nachbarn, Freunden und selbst fernen Bekannten so beliebt gemacht hatte. Bensemann sah überrascht auf die große Trauergemeinde, die sich auf dem Karlsruher Friedhof versammelt hatte, um dem Professor eine letzte Hochachtung zu erweisen. Bensemann selbst stand nahe beim kranzgeschmückten Eichensarg, hinter ihm ein ernster Ivo Schricker, der die fassungslos weinende Katharina von Steinbach begleitete.

»Ich habe ihn noch im Mai bei bester Gesundheit gesehen«, berichtete Bensemann den beiden, als sie nach der Beerdigung im Saal des »Landsknecht« beisammensaßen. »Er disputierte mit mir so gelehrt und enthusiastisch, wie wir ihn seit jeher kennen. Kannten.«

Katharina nickte zerstreut. Sie hatte Imgraben öfter besucht als Bensemann und in ihm einen väterlichen Freund und Spiritus Rector gefunden, der ihre verträumte und sprunghafte Lebensenergie in ruhigere Bahnen lenkte. Unter seinem Einfluss hatte sie sich zur Philanthropin verwandelt, die verschiedene Waisenhäuser ebenso förderte wie das Rote Kreuz und einen elsässischen Tropenarzt namens Albert Schweitzer, der seit einigen Jahren im Urwald von Gabun ein Krankenhaus führte.

Sie schaute sich im Saal um. »Ich bin nicht sicher, dass den meisten Herrschaften hier klar ist, was sie an dem Professor tatsächlich hatten.«

»Das mag so sein«, antwortete Bensemann. »Vielleicht trieb manche nur ein schlechtes Gewissen hierher, dass da einer so war, wie sie es selbst nicht sind. Nehmen wir das dennoch als gutes Zeichen.«

Der Herausgeber zählte zu den Rednern, die nach dem Imbiss des Verstorbenen gedachten. Er erinnerte an seine langjährige Beziehung zu Imgraben und fuhr dann fort:

»Als ich vom Tod des Freundes hörte, erinnerte ich mich an eine Geschichte, die Marc Dufour zu erzählen pflegte, ein bekannter Arzt aus Lausanne. Sie ereignete sich vor vielen Jahren, als er in Berlin Assistent des alten Geheimrats Gräfe war, dem Begründer der modernen Augenheilkunde. Eines Tages hatte er mit seinem greisen Lehrer in der Klinik eine alte Frau besucht, die kurz zuvor eine schwere Augenoperation durchgemacht hatte. Als die beiden Ärzte vom zweiten Stock ins Parterre hinuntergestiegen waren, fiel dem Geheimrat etwas ein, was vielleicht der Genesung der Frau förderlich sein könnte. Dufour, der ja wusste, dass das Treppensteigen dem 70-Jährigen beschwerlich fiel, bot sofort seine Dienste an. Da sagte Gräfe: ›Wenn es eine reiche Patientin wäre, würde ich Sie schicken; aber da es eine arme ist, muss ich selber gehen.‹ Wie oft habe ich an diese Worte denken müssen, wenn ich während der letzten vier Jahrzehnte das Lebenswerk von Professor Imgraben betrachtete! Auch er hat die Sorgen für die Reichen anderen Leuten überlassen; für die Armen ist er sein ganzes Leben hindurch bis in das höchste Greisenalter treppauf, treppab gegangen. Vor 40 Jahren war er in Karlsruhe der erste und der einzige der damaligen Lehrergeneration, der für das von mir begründete Fußballspiel freundliche Worte fand, weniger aus eigentlicher Kenntnis der Materie heraus als aus einem beispiellosen Verständnis für alle Sparten jugendlichen Betätigungsgeistes. So vieles von seiner Lebensauffassung, so vieles von seinem ethischen Gehalt habe ich bewundert und zu beherzigen versucht, und vieles hat seinen Widerhall in meiner Zeitung gefunden. Gütige Beurteiler des ›Kicker‹ haben oft auf gewisse ethische Grundprinzipien hingewiesen, die immer wieder durch den Wust der Tagesereignisse hindurchdringen. Diese Grundanschauungen sind entstanden aus den Wirkungen einer 40-jährigen Freundschaft, bei der der Verstorbene stets der Gebende war. An ihm hatten wir ein Musterbeispiel für das wahre Wort, dass der Lehrer nicht durch das wirkt, was er sagt oder tut, sondern durch das, was er ist. In August Imgraben verbanden sich zwei seltene menschliche Eigenschaften: unendliche Güte und unendliche Würde. Solche Harmonie ist nur sehr wenigen gegeben, und wenn der Tod sie auflöst, dann tritt er als der Genius mit der Fackel und nicht als der unerbittliche Schnitter mit der Sense an das Bett des Sterbenden.«

Einige Stunden später gingen sie wortlos und ihren Gedanken nachhängend zum Karlsruher Bahnhof, wo sich zuerst Katharina von ihnen verabschiedete.

»Walther und Ivo, versprechen Sie mir eines«, sagte sie, bevor sie ihren Zug bestieg. »Handeln Sie bitte weiterhin so, als säße der Professor noch in seinem Arbeitszimmer und verfolge all das, was Sie tun und schreiben. Handeln Sie so, als würden Sie ihn am nächsten Tag besuchen und vor seinem Urteil bestehen wollen.«

Von ihrem Ernst und dem forschenden Blick beeindruckt, nickten die Freunde und winkten ihr lange nach, obwohl das Fenster ihres Abteils geschlossen blieb. Wenig später wurde auch der Zug nach Nürnberg angekündigt, mit dem Bensemann fahren würde. Ivo Schricker umarmte ihn zum Abschied.

»Wollen wir versuchen, unsere chère amie nicht zu enttäuschen«, bemerkte er mit gedämpfter Stimme. »Komm gut heim, alter Freund. Wir sehen uns in zwei Wochen zum Rapport bei Klose. Wappne dich dafür, auch wenn du im Moment anderes im Kopf haben magst als die Tagesgeschäfte.«

Bensemann wandte sich ab und stieg schwerfällig in den Eisenbahnwagen, stumm und in einer düsteren Stimmung befangen. Ihm war, als sei mit dem Tod des Professors das wichtigste Bindeglied zwischen ihm und seinen nächsten Freunden zerrissen worden. Er suchte sich in der ersten Klasse ein leeres Abteil, setzte sich hinein und schloss die Augen, ohne auf den zurückbleibenden Bahnsteig und die hohe, in einem dunklen Mantel reglos verharrende Gestalt Schrickers zu achten.

Die Fahrt nach Nürnberg war eine Heimreise. Vor vier Jahren war der »Kicker« in die altehrwürdige Reichsstadt übergesiedelt, nachdem ihn eine ebenso kurze wie unpassende Verbindung mit der Druckerei Waldkirch zuvor für einige Monate nach Ludwigshafen verschlagen hatte.

Im Oktober 1926 hatte eine neuerliche Finanzkrise des »Kicker« dazu geführt, dass Bensemann den Alleinbesitz an seiner Zeitung aufgeben musste, und diesmal auf Dauer. Ein Drittel der Gesellschaftsanteile blieben dem Herausgeber, ein weiteres Drittel übernahm der Süddeutsche Fußballverband, und auf dessen Drängen ging das letzte Drittel an den Nürnberger Druckereibesitzer Max Willmy. Der 40-jährige Willmy war ein umtriebiger Mann. Seit er vor einigen Jahren die Firma von seinem Vater übernommen hatte, war er zielstrebig darangegangen, sie zum führenden Druck- und Verlagsunternehmen in Franken zu machen. Das große Firmengebäude am Rande der Nürnberger Altstadt beherbergte eine ganze Reihe von Tages- und Fachzeitungen, und Willmy war ständig bestrebt, neue Unternehmen anzugliedern. Er gehörte einer Reihe von Vereinen und Wohltätigkeitsorganisationen an, von denen er sich wertvolle Verbindungen und Einflussnahme versprach, und obwohl es ihn eine nicht unbeträchtliche Summe kosten würde, hatte er um die Beteiligung am »Kicker« beharrlich gekämpft. In einer Zeit, da der süddeutsche Fußball prosperierte wie nie zuvor, erschien ihm die Zeitung als eine Investition mit glänzender Zukunft. Dass Bensemann schließlich in die Partnerschaft mit Willmy einwilligte, hatte allerdings weniger mit dessen Kapitalkraft zu tun. Was ihn lockte, war der Standort.

Nürnberg war Mitte der zwanziger Jahre die unbestrittene Hochburg des deutschen Fußballs, und den einzig ernsthaften Rivalen sah man in der Nachbarstadt Fürth. Mit den meisten Stars dieser Mannschaften pflegte Bensemann längst ein enges und persönliches Verhältnis. Vom »Urviehch von der Noris« bestens eingeführt, wurde er ein gern gesehener Gast ihrer Commerse und Mannschaftsabende, wo er mit einer Navy Cut im Mundwinkel die Runde mit Sarkasmen und Erzählungen aus alter Zeit unterhielt. Er zechte mit ihnen in Stuhlfauths Sebaldusklause oder lud sie zum Dinner in Böhms vornehmen »Herrenkeller«. In kürzester Zeit ergaben sich dabei Kontakte ins Nürnberger Bürgertum, zu den Spitzen der Verwaltung oder zu begüterten Unternehmern, die freudig den Einladungen des ungewöhnlichen Gesellschafters folgten, obwohl ihm der Ruf vorauseilte, dass er die Rechnung am Ende seinen Gästen überließ.

Bensemanns wertvollste Bekanntschaft in Nürnberg hieß Georges Richert und war der Besitzer des Grand Hotels Fürstenhof direkt gegenüber dem Hauptbahnhof. In dem Herausgeber und dem Hotelier trafen sich zwei Kenner der großen Häuser, Küchen und Weinkeller Europas, die endlos von ihren Impressionen aus Paris, St. Moritz, Wien oder London parlieren oder über die edelsten Weinjahrgänge und die geschmackvollsten Zigarrenblätter diskutieren konnten. Zudem begeisterte Richert sich für den Fußball, und nicht selten sah man ihn zusammen mit Bensemann in einer offenen Nobelkarosse vom Hotel aus zum Stadion in Zerzabelshof fahren, zum gewaltigen »Zabo«, wo der »Club« die Gastmannschaften zu demütigen pflegte.

Jedes Mal wenn Bensemann von Konstanz, Stuttgart oder Ludwigshafen kommend Nürnberg besuchte, stieg er im Fürstenhof ab, und es war nicht selten, dass Richert darauf verzichtete, ihm Übernachtung und Menü in Rechnung zu stellen. So ergab es sich beinahe als Selbstverständlichkeit, dass Bensemann, als der »Kicker« seinen Sitz nach Nürnberg verlegte, nirgendwo anders logierte als in Richerts Grand Hotel, wo ihm bald ein ständiges Zimmer zur Verfügung stand, das ihn nicht mehr kostete als eine gelegentliche Annonce des Hotels im »Kicker«.

Bensemann erwachte, als der Zug in Stuttgart einlief, wo er genügend Zeit hatte, in Bürkles Bahnhofsrestaurant ein kurzes Abendessen einzunehmen, bevor der Spätzug nach Nürnberg losfuhr.

Seine Gedanken waren weit zurückgeeilt, zu jenem Herbsttag des Jahres 1893, an dem er Professor Imgraben zum ersten Mal Ivo Schricker vorgestellt und die Idee internationaler Fußballspiele formuliert hatte. Wie üblich hatte es den Gelehrten gedrängt, die beiden jungen Männer mit den ethischen Implikationen ihrer Pläne zu konfrontieren. Es war ein merkwürdiger Zufall, dass gerade Ivo diese Ideale konsequenter verkörperte als jeder andere, klarer noch, wie sich Bensemann einräumte, als er selbst. Schricker glaubte nicht an Utopien, an denen sich der Professor zuweilen berauschte. Doch genau wie der alte Gelehrte war er der Überzeugung, dass die Ideale eines Menschen seine äußeren Pläne ebenso zu prägen hatten wie seine Persönlichkeit. In diesem unerschütterlichen Bewusstsein schien ihm alles zu gelingen, was er anstrebte. Wie er auf dem Fußballplatz einst als Mittelläufer unauffällig, aber letztlich entscheidend das Spiel seiner Mannschaft gelenkt hatte, so hatte er auch im weiteren Leben zurückhaltend, aber geradlinig den Erfolg angestrebt und erreicht, ohne die Fairness, die ihn einst als Fußballer ausgezeichnet hatte, aufgeben zu müssen. Er hatte promoviert und war ein hervorragender Jurist geworden, zur gleichen Zeit, als er beim Karlsruher FV erfolgreich Fußball spielte und als dessen Vorsitzender fungierte. Nach seinem mehrjährigen Aufenthalt in Ägypten war er bald zum Vorsitzenden des süddeutschen Verbandes gewählt worden, musste dieses Amt zwar nach einem Jahr wegen einer erneuten Versetzung nach Kairo wieder aufgeben, stieg aber nach seiner Rückkehr binnen kurzem in den Vorstand des DFB auf und gelangte schließlich in das Präsidium der FIFA. Jetzt, drei Jahre später, war der sprachgewandte und diplomatisch geschickte Schricker bereits als Generalsekretär des Weltverbandes im Gespräch. Bensemann unterstützte diese Kandidatur bei seinen Auslandsreisen diskret, doch insgeheim wusste er, dass Schricker auch dieses Mal solcher Hilfe nicht bedurfte.

Obwohl sie ehrliche Zuneigung und gleiche Zielsetzungen verbanden, war der Lebensweg der beiden Freunde vollkommen unterschiedlich verlaufen, und Bensemann war sich nicht darüber im Klaren, ob er Ivo dafür beneiden oder bemitleiden sollte. Eines, dachte er sarkastisch, ist jedenfalls klar: Ich darf nicht zu lange in seiner Nähe bleiben. Man hält mich sonst für seinen Hofnarren.

Viel mehr als Ivo hatte er mit seinem Temperament, seinen Neigungen und seiner Sprunghaftigkeit zu kämpfen gehabt, und vermutlich war Schricker der Einzige, der ihn durchschaute. Schricker wusste um jene Momente seiner Einsamkeit und seiner Verzweiflung, die selbst Imgraben oder Mayer verborgen geblieben waren. Niemals hatten sie darüber gesprochen; Schricker war ein diskreter Mann. Er hatte ihn vor drei Jahrzehnten als nächtlichen Wanderer in Karlsruhe und als ruhelosen Flaneur in den zweifelhaften Vierteln von Berlin erlebt, er wusste Bescheid. Es bedeutete ihm nichts, und das war wertvoller, als wenn er von allem nichts geahnt hätte.

Der Zug fuhr schnaufend in den Bahnhof von Nürnberg ein, und Bensemann, aus dem Halbschlaf aufgeschreckt, erhob sich unwillig. Müde und fröstelnd überquerte er die breite Straße, um zum gewaltigen Bau des Fürstenhofes zu gelangen. Der Empfangssaal war um diese späte Stunde leer, nur aus einer Ecke ertönte ein lautes, störendes Schnarchen.

»Der Herr wartet seit einigen Stunden auf Sie.« Der Nachtportier blickte verzweifelt auf einen der tiefen Ledersessel, die in der Lounge bereitstanden. Bensemann trat näher und entdeckte zu seiner Überraschung eine unwirkliche Erscheinung aus vergangenen Tagen: Vor ihm lag, im Sessel friedlich schlummernd und ungeniert die Nussholzmöblierung des Grand Hotels zersägend, niemand anderes als Des Barres.

Der Ire war, wie er am nächsten Morgen beim Frühstück erzählte, auf der Durchreise von Berlin in die Schweiz. Inzwischen in den Vorstand seines Unternehmens aufgestiegen, kam er nur noch selten auf den Kontinent; die geschäftlichen Interessen seiner Firma konzentrierten sich mittlerweile stärker auf die Neue Welt, wo amerikanische Bahnlinien mit britischer Signaltechnik ausgerüstet wurden.

»Man soll nicht glauben«, berichtete er, »wie viele old boys man dort drüben trifft. Übrigens soll ich dich von Gus Manning grüßen.« Des Barres zwinkerte über seine Kaffeetasse hinweg. »Er ist ein bemerkenswerter Mann. Er schafft es, dich im gleichen Satz zu verteufeln und zu lobpreisen.«

»Das gleiche Kunststück könnte ich über ihn auch fertig bringen«, lachte Bensemann. »Wie lange wirst du übrigens bleiben?«

»Bis übermorgen. Bevor ich es vergesse, ich habe dich zum Vertreter des russischen Eisenbahnministeriums ernannt. Einen zweitägigen Privaturlaub darf sich der Direktor einer Aktiengesellschaft während der Dienstreise nicht leisten. Aber dass ich einen Bolschewisten treffe, können sie mir nie widerlegen.«

Er schaute sich behaglich um. Als Des Barres eine halbe Stunde zuvor mit seinen Knickerbocker in den Frühstückssaal gestapft war, hatte er, ohne dass es ihn beeindruckte, einige diskret-erstaunte Blicke geerntet, denn im Fürstenhof pflegte man eine Atmosphäre dezenter Noblesse.

»Das Ambiente stimmt ja ohnehin für Geheimverhandlungen. Übrigens darf ich dir wohl gratulieren: Wenn du hier als Dauergast logierst, scheinst du ja dein Glück gemacht zu haben. Floriert die Zeitung?«

Bensemann winkte ab. »Nichts als Illusionen, mein Freund. Der alte Bismarck hat mal gesagt, Journalisten seien Menschen, die ihren Beruf verfehlt haben. Daran stimmt so viel, als Journalisten Männer sind, die nichts vom Geldverdienen verstehen. Nein, lieber Des Barres, die Zeitung gehört mir nur noch zum geringsten Teil, ich verfüge über einen Etat, der vorne und hinten nicht ausreicht, und das Hotel kann ich mir nur leisten, weil der Besitzer ein Gentleman ist. Er schreibt nur solchen Gästen eine Rechnung, die sie auch bezahlen können.«

Wie immer, wenn wichtige Besucher in Nürnberg waren, kümmerte sich Bensemann mehr um den Gast als um die Zeitung. Er zeigte Des Barres die Redaktionsräume, die zwar nicht eben stilvoll, aber in Willmys Verlagshaus doch ein wenig repräsentativer eingerichtet waren als die Räume in Konstanz oder Stuttgart. Simon Rosenberger hatte den »Kicker« inzwischen verlassen, um erst bei einer Kölner Sportzeitung und danach in Berlin eine Stellung anzunehmen, die seinen Fähigkeiten entsprach. An seine Stelle waren zwei Redakteure getreten, die unter der Leitung von Müllenbach die 40 Seiten jeder Ausgabe zu gestalten hatten. Acht Fotoseiten als Mantel und drei bis vier Seiten Glossen des Herausgebers waren vorgegeben, der Rest wurde mit Korrespondentenberichten und den Mitteilungen des Verbandes gefüllt.

»Nicht gerade komfortabel, eure Personalausstattung«, bemerkte Des Barres.

Müllenbach verbeugte sich beflissen und riskierte dabei einen neugierigen Blick auf die karierte Hosentracht des Iren. »Zwölf Stunden Arbeitszeit am Tag sind die Regel.«

»Klingt nach Manchester 1850«, grinste Des Barres. Er blätterte interessiert in der jüngsten Ausgabe und blieb bei einem Bericht aus England hängen.

»Stella Bloch? Eine Frau berichtet über Fußball?«

»Oh, sie ist bemerkenswert kompetent«, antwortete Bensemann. »Übrigens unsere einzige weibliche Korrespondentin. Sie versteht es vortrefflich, ihre Spieltagsberichte originell einzuleiten und dabei das Wesentlichste zu erfassen. Neulich begann sie ihren Bericht mit einer ausführlichen Klage über die auf der Insel grassierende Influenza, bevor sie auf die Begegnungen kam.«

»Amazing. Aber Langenus, diesen Namen kenne ich. Ist ein hohes Tier in der belgischen Regierung.«

»Kabinettschef der Provinz Antwerpen, um genau zu sein, und außerdem der beste Schiedsrichter auf dem Kontinent.« Bensemann sah den Iren lächelnd an. »Sein Markenzeichen sind übrigens Knickerbocker, Samtweste und Schirmmütze, die er bei allen Spielen trägt. Vor einigen Monaten leitete er in diesem Aufzug das Endspiel der Weltmeisterschaften in Uruguay. Und berichtete im ›Kicker‹ darüber.«

Des Barres blickte über seinen mächtigen Bauch auf die Beine herunter. »Du meinst, meine Kostümierung passt besser auf einen uruguayischen Sportplatz als in ein Nürnberger Grand Hotel? Mag sein, old boy, in der Mode wie beim Fußball bin ich nicht mehr so recht auf dem Laufenden. Ich sollte öfter deine Zeitung lesen.«

Er vertiefte sich wieder in den »Kicker«. »Otto Nerz kenne ich auch. Ist das nicht euer Reichstrainer?«

Bensemann nickte. »Er schreibt ebenfalls gelegentlich für uns. Früher übrigens oft über den englischen Fußball.«

Des Barres unterbrach ihn mit einem dröhnenden Lachen. »Cher ami Benses«, zitierte er, »sollst du das sein?«

»So beginnt unser elsässischer Korrespondent seine Briefe an mich, die zugleich Zeitungsberichte sind.«

»Wenn Bismarck Recht hat, haben alle diese erstaunlichen Menschen ihren Beruf verfehlt. Oder sie wünschen sich zumindest, sie hätten es getan. Schade, dass ich nicht dazugehöre, es scheint ein interessantes Volk zu sein. Aber meine schriftstellerischen Fähigkeiten reichen nicht einmal für den Bilanzbericht.«

»Darin gleichen wir uns, mein Freund. Bilanzen sind Sache von Herrn Sandmann, den ich dir als Letzten vorstelle. Er ist im Begriff, vom geprügelten Pfennigzähler zum wichtigsten Mann des Unternehmens aufzusteigen. Er teilt mir meine Spesen zu.«

Sie grüßten im Vorbeigehen den verdrossen blickenden Sandmann und verließen die Redaktionsräume. Draußen knurrte Des Barres: »Nimm dich vor diesem Kerl in Acht. Ich kenne die Sorte. Sie verdrehen dir die Abrechnungen wie ein Winkeladvokat das Gesetz. Nicht aus Bosheit, sondern weil sie keine andere Wahrheit kennen als Zahlen, Zahlen und nochmals Zahlen. Das sind die Schlimmsten. Schmeiß ihn bei nächster Gelegenheit raus, und du ersparst dir Ärger, glaube mir. Und nun, Mr. Benses, möchte ich die Stadt sehen. Ich hörte, die Kaiserburg sei einen Besuch wert.«

»Das kommt darauf an, ob du die interessantesten Häuser von oben oder von innen sehen willst.«

»In diesem Fall«, erklärte Des Barres, »verzichten wir natürlich auf die Burg.«

In der Nürnberger Altstadt roch es bereits nach Weihnachten, auf dem Hauptmarkt vor der Frauenkirche waren Verkaufsbuden errichtet, an denen rotnasige Händler würziges Gebäck, getrocknete Datteln, Zwetschgenmännlein, Hutzelbrot, bunt bedrucktes Papier und allerlei Holzschnitzereien anboten.

»Pleasant«, befand Des Barres, als sie über den Basar spazierten, und er erstand auf Bensemanns Rat eine große Blechdose mit Lebkuchen, die er seiner Familie in England mitbringen wollte. Punkt zwölf ertönte von der reich verzierten Gotik-Fassade der Frauenkirche her ein Trompetensignal, worauf sich sieben holzgeschnitzte Figuren unter der großen Uhr in Bewegung setzten.

»Das ist das ›Männleinlaufen‹«, erklärte Bensemann. »Sieben Kurfürsten huldigen Kaiser Karl IV., der in der Mitte thront und vor 600 Jahren diese Kirche bauen ließ.«

Des Barres schaute amüsiert an dem Bauwerk hoch. »Den Kerl kenne ich nicht. Hat er sich den Firlefanz verdient?«

Das wohl nur, wenn man lediglich einen Teil seiner Bilanz betrachtete. Karl IV. führte fast keine Kriege, stiftete Prag die erste Universität des Reiches und den Nürnbergern neben der Frauenkirche auch den Platz, auf dem sie gerade standen. Aber auf ebendiesem Platz hatte zuvor ein Judenviertel gestanden. Das wurde kurzerhand an allen Ecken angezündet. 600 Menschen verbrannten, weil man ihnen die Haustüren zugemauert hatte. Wer überlebte, wurde erschlagen oder ebenfalls verbrannt. Der Nürnberger Bürgersmann war's zufrieden, denn nun war er von der Pest des Judentums befreit und von den diversen Schulden, die er dort hatte. Vielleicht war dies einer der Gründe, warum Hitlers Partei sich ausgerechnet Nürnberg zu ihrer Hauptstadt erkoren hatte.

Doch Bensemann wollte den Freund nicht mit gewagten historischen Kontinuitäten behelligen. Seit die NSDAP bei Wahlen jede fünfte Stimme für sich gewinnen konnte, war im Ausland das Misstrauen über den brüchigen Zustand der deutschen Demokratie ohnehin gewachsen. Ihm war daran gelegen, solche Besorgnisse abzubauen, um zu einer Normalität zu finden, die ihm als verlässlichster Garant für stabile Verhältnisse erschien. Die SA-Uniformen hatten ihm heute den Gefallen getan, seinem Gast nicht über den Weg zu laufen. Er würde sich hüten, von sich aus auf das unliebsame Thema zu kommen. In der Nürnberger Innenstadt gab es Besseres zu sehen.

Bensemann führte den Freund durch die historischen Viertel, vorbei am barocken Rathaus, den prächtigen Kirchen, dem Dürerhaus und den alten Stadttoren. Vor einem gediegen wirkenden Schuhgeschäft blieb Des Barres stehen.

»Mir scheint, ich sollte mich mit neuem Schuhwerk ausstatten. Auf eure Temperaturen hier bin ich nicht vorbereitet, und spätestens in der Schweiz werden mir die Füße erfrieren wie Robert Falcon Scott in Lager fünf. Kannst du mir einen Laden empfehlen, wo es etwas Tragbares von der Stange gibt?«

»Natürlich, wir stehen geradewegs davor. Ich selbst wollte mich hier eindecken. Allein, Sandmann läuft mal wieder auf Sparstrümpfen herum…«

»Ah, Sandmann, natürlich! Aber es trifft sich gut, mir fehlt ohnehin ein Gastgeschenk.«

Bensemann wehrte ab. »Das kann ich nicht annehmen.«

Doch da hatte der Ire schon die Tür geöffnet.

Eine gute Stunde später betraten die beiden Herren, jeder von ihnen mit etlichen Paketen und Tüten beladen, ein romantisch, nahezu kitschig wirkendes Fachwerkhaus, an dem ein großes Schild hing: »Sebaldusklause«. In der gemütlichen, wenn auch nicht übermäßig geschmackvoll eingerichteten Weinstube fehlten um diese Tageszeit noch die Gäste, nur an einem hinteren Tisch saß Heiner Stuhlfauth, der groß gewachsene, ein wenig grobschlächtig wirkende Besitzer, und unterhielt sich mit einem jungen Mann, vor dem ein Schoppen Weißwein stand.

»Guten Tag, Heiner.« Bensemann legte ächzend sein Gepäck ab und setzte sich zu den beiden. »Darf ich euch Des Barres vorstellen? Er brachte mir vor ungefähr 200 Jahren in der Schweiz das Fußballspielen bei. Das muss anno 1886 gewesen sein, glatte zehn Jahre bevor du geboren wurdest, Heiner. Von unserem Jüngling hier ganz zu schweigen.«

Er blickte seinen Tischnachbarn an. »Was treibst du eigentlich um diese Zeit in Heiners Lokal?«

»Recherche.« Der junge Mann grinste verlegen.

Bensemann überhörte es. »Des Barres, ich darf dir Mr. Stuhlfauth vorstellen, den berühmtesten Torwart des großen Deutschen Reiches. Er pflegt die gegnerischen Mannschaften vor dem Spiel in sein Lokal einzuladen, und aus lauter Höflichkeit schießen sie dann an seinem Tor vorbei. Das ist das ganze Geheimnis seines Erfolges. Und dieser junge Rechercheur ist Richard Kirn, unser Korrespondent in Worms. Er hospitiert augenblicklich in der Redaktion, wenn er nicht gerade einen Schoppen Wein schnorrt. Junge Männer, die des Schreibens kundig sind, finden sich heutzutage recht selten, weshalb man ihnen alles nachsehen muss.« Er kniff Kirn gutmütig in die Schulter.

Des Barres schüttelte beiden die Hand und wandte sich an Stuhlfauth. »Sie sind internationaler Spieler, nicht wahr?«

Der Wirt nickte. »21-mal bisher. Aber ich fürchte, jetzt bin ich ausgemustert. Zu alt.«

»Es hätten ein paar Spielchen mehr sein können«, warf Bensemann ein. »Aber nachdem der Heiner den Herren des DFB auf gut Nürnberger Mundart seine Meinung erzählt hat, haben sie ihn über ein Jahr lang schmoren lassen, bis er wieder ins Nationalteam durfte.«

Des Barres freute sich. »Oh, worum ging es?«

»Er durfte seine Frau nicht mit aufs Bankett nehmen. Da verzichtete er lieber und ließ ein paar Anzapfungen vom Stapel, die er besser gelassen hätte, nicht wahr, Heiner?«

Stuhlfauth zuckte verächtlich die Schultern. »Des basst scho!«, behauptete er.

Bensemann lachte. »Er wird nicht gerne daran erinnert. Im Übrigen, lieber Des Barres, ist Heiner auch einer der Riesen im Nürnberger Team, dem bisher besten, das wir in Deutschland hatten. Ihren Erfolg verdanken sie nicht zuletzt der Tatsache, dass sie sich bei den Schotten das Flachpassspiel abgeschaut haben. ›Es wird flach gschbilld und houch gwunner!‹ ist ihre erste Devise.«

Der Ire, der leidlich Deutsch sprach, verstand kein Wort.

»Play low and win high«, übersetzte Bensemann. »Ihr zweites Erfolgsrezept ist die deftige Härte, vermutlich auch von den Schotten übernommen, oder besser gesagt von den Iren, wenn ich mich an deinen Stil in Montreux erinnere. Wehe dem Stürmer, der es wagt, in feindlicher Absicht vor Heiners Tor aufzutauchen. Er findet sich schneller auf dem Rasen liegen, als ihm lieb ist. Und wie heißt es dann, Heiner?«

Der Wirt grinste. »Ich weiß nicht, was du meinst.«

»Oh, das weißt du. ›Dridd draff, der zuggd no!‹, heißt es, was sagen soll: Kick him, he's still moving! Nicht gerade Gentleman-like, aber ziemlich effektiv.«

»Der Spruch stammt von den Fäddern«, protestierte Stuhlfauth.

»Er meint die Fürther, die Rivalen aus der Nachbarstadt. Aber wenn ein Cluberer einem Fädder was in die Schuhe schiebt, glaube ich ihm kein Wort.«

»Völlig falsch«, erklärte Stuhlfauth, »und die typische Spitzfindigkeit eines Zug'roasten. Wenn's beliebt, lasse ich uns in der Küche einen Imbiss zubereiten.« Er erhob sich gemächlich und schritt davon.

»Vergiss nicht, eine gute Flasche 27er Jahrgang zu öffnen«, rief Bensemann ihm nach und nickte zu Des Barres hinüber. »Der Heiner hat hervorragende Frankenweine im Keller. Sie helfen einem über seine Küche hinweg.«

»Kraut, I presume. Dazu braucht es wahrhaftig einer guten Begleitung.«

»Oh, täusche dich nicht. Manches ist durchaus empfehlenswert. Stuhlfauths liebe Frau Liesel fabriziert beispielsweise eine bemerkenswerte fränkische Nudelsuppe – die einzige in der Welt, in der ein Löffel senkrecht stehen bleibt.«

In bester Laune knöpfte sich Bensemann den jungen Kirn vor. »Mir scheint, du hast viel Zeit, deshalb habe ich einen kleinen Spezialauftrag für dich. Wie du weißt, liegen wir beim ›Kicker‹ ständig in Fehde mit dem ›FuL‹, namentlich mit dessen Schriftleiter, dem Herrn von Mengden. Da den Verbänden die Sache inzwischen ein wenig zu bunt wird, soll es eine kleine Aussprache mit Ivo Schricker und Herrn Klose, dem alten Vorsitzenden des westdeutschen Verbandes, darüber geben. Ich bitte dich, bis morgen Mittag ein wenig in alten Heften zu blättern und aus den Glossen herauszusuchen, was sie mir diesbezüglich vorhalten können. Und was ich Herrn von Mengden unter seinen Zinken reiben kann. Meinst du, ich kann das deinem unschuldigen jugendlichen Gemüt zumuten?«

»Sie meinen den letzten Jahrgang?«

»Ich meine die letzten sechs Jahrgänge. So lange ist der Herr im Amt und wirft mit Schlamm nach mir. – Verlegerschicksal«, erläuterte er knapp zu Des Barres hin. Der nickte beiläufig und vertiefte sich dann wieder interessiert in das fränkische Kauderwelsch der Speisekarte.

Als sie wenig später bei Bratwürsten, Sauerkraut, bestem Wein und alten Geschichten angelangt waren, betrat ein großer, breit gebauter Mann das Lokal, der mit der Selbstverständlichkeit des Stammgastes den Raum durchquerte und an ihren Tisch trat.

»Hans Kalb!«, rief Bensemann. »Des Barres, du hast das Vergnügen, einen weiteren deutschen Fußballgott kennen zu lernen. Er ist der beste deutsche Mittelläufer seit der aktiven Zeit von Ivo Schricker. Leider neigt sich auch seine Karriere dem Ende zu. Aber er hat vorgesorgt, denn nebenbei ist er noch Zahnarzt, Skiläufer und ein begnadeter Schafkopfspieler, der schon manchen von Heiners Tischen ruiniert hat, wenn er seine Trümpfe auf die Platte knallte.«

Er und der Ire erhoben sich zur Begrüßung, die Kalb knapp hielt.

»Papa Bensemanns alte Freunde lohnen immer das Kennenlernen. Aber für den Moment müssen die Herren verzeihen, das Training ruft. Heiner, bist du so weit?«

»Nur die Ruhe«, kaute Stuhlfauth. »Setz dich und trink ein Glas mit uns.«

Kalb wehrte ab: »Wir sind schön spät dran. Heb dich.«

»Ich werde sowieso nicht mehr aufgestellt«, brummte der Wirt mürrisch. »Da macht es nichts, wenn ich ein paar Minuten zu spät komme.«

»Aber es bringt das Training durcheinander. Also komm, alter Knabe.«

Stuhlfauth trank resigniert sein Glas leer und stand auf.

»Wir sehen uns heute Abend im Fürstenhof?«, fragte Bensemann und erläuterte nebenbei zu Des Barres: »Dort treffen wir uns jede Woche zum Dinner, wenn die neue Ausgabe des ›Kicker‹ aus der Druckerei kommt.«

»Wir sehen uns«, nickten die beiden Spieler.

Von Richard Kirn ein wenig ehrfürchtig beobachtet, verabschiedeten sich vier Herren voneinander, deren beeindruckende Ausstrahlung sich in der Gruppe summierte: Alle vier waren von fast gleicher, ungewöhnlicher Körpergröße, und der mächtige Leibesumfang der Älteren demonstrierte einen Zustand von Stattlichkeit und Autorität, dem die Jüngeren zielsicher entgegenstrebten. Auf den jungen Kirn wirkten sie wie Denkmäler zweier Epochen, von denen eine bereits Legende und die andere auf dem Weg dorthin war.

Im Februar 1925 hatte der DFB einen Beschluss gefasst, der ihm für einige weitere Jahre harsche Kritiken im »Kicker« sichern sollte. Überraschend wurden auf einer Vorstandssitzung in Hannover den Vereinen Spiele gegen ausländische Profimannschaften generell untersagt und Ausnahmen von der ausdrücklichen Zustimmung des Bundesvorstands abhängig gemacht. Offiziell wurde dieser Schritt mit der Sorge begründet, solche Begegnungen könnten den Sportbetrieb in den Ruch des Kommerziellen bringen und einen Vorwand dafür liefern, sämtliche Fußballspiele mit einer Lustbarkeitssteuer zu belegen. Es gab allerdings kaum jemanden, der diesem Argument Glauben schenkte. Denn auf der gleichen Sitzung hatte der DFB-Vorstand die merkwürdige Regelung getroffen, Ausländern eine Spielgenehmigung für deutsche Vereine erst zu erteilen, wenn sie zwei Jahre in Deutschland gelebt hatten. Allgemein war man davon überzeugt, dass die beiden »Hannoveraner Beschlüsse« sich gegen den Professionalismus in Österreich, Ungarn und der Tschechoslowakei richteten und ihre tiefe Ursache in einem verbohrten Amateurideal des Bundesvorstandes hatten: Man wollte sich gegen den zersetzenden Einfluss des mitteleuropäischen Profitums abschotten.

Die unseligen Beschlüsse trafen vor allem die süddeutschen Vereine, die mit den Proficlubs der Nachbarstaaten einen regen und einträglichen Spielverkehr pflegten. Der Herausgeber des »Kicker« konnte daher auf die volle Rückendeckung seines Verbandes setzen, als er begann, in dieser Frage gegen den DFB zu polemisieren. »Dieser Beschluss ist so ungeheuerlich«, schrieb er als erste Reaktion, »dass es mir heute an der nötigen Seelenruhe fehlt, um ihn zu kommentieren«, was er dann freilich doch ausgiebig tat. In erster Linie befürchtete er einen kaum zu behebenden Schaden für die Idee des internationalen Sports.

»Leute, die viel intelligenter sind und natürlich auch viel patriotischer als der Schreiber dieser Zeilen, halten die Idee der Völkerversöhnung durch den Sport für eine Utopie; sie vergessen dabei, dass erstens einmal jedes Ideal utopisch ist, und bekunden gleichsam eine Abneigung gegen das Große, weil es uns heute noch unerreichbar erscheint. Zudem haben die Verfechter einer pazifistischen Sportidee nie geglaubt, dass der Sport jemals einen Krieg verhindern oder verdrängen wird. Er ist eben dazu da, um verloren gegangene Fäden wieder anzuknüpfen und die Idee der reinen Menschlichkeit allen Ländern wieder und wieder vor Augen zu führen. Und jedes Mal wenn eine deutsche Mannschaft in Frankreich oder eine ungarische in der Tschechoslowakei erscheint, wird es Hunderte von Vernünftigen geben, die sich fragen, ob dieser schöne Zustand nicht ewig bleiben könne und ob der Sport nicht ein Sinnbild einer höheren Kultur und auch einer höheren Lebensanschauung sei, bemüht, Differenzen auf friedlichem Wege auszugleichen.«

Bensemann war klar, welche verheerende Wirkung die Haltung des DFB in den Sportlerkreisen der betroffenen Länder haben musste.

»In einem einzigen Punkt herrscht Einigkeit, das ist in der Beurteilung der hannoverschen Beschlüsse. Als ich nach Prag kam, hatte ich die Empfindung, die mir während des Krieges den Aufenthalt in Holland und in der Schweiz vergällt hatte: das Gefühl der Erbitterung, der Verachtung gegen Deutschland. Diesmal handelt es sich nicht um politische, sondern um rein sportliche Fragen, aber die Erbitterung war nicht weniger intensiv, und sie wurde dieses Mal auch von unseren alten politischen Freunden und Gutsagern in Deutschböhmen, den Österreichern und Ungarn vollauf geteilt. Am Freitagabend saß ich mit den leitenden Kapazitäten der deutschen Sportbewegung in Prag zusammen; es waren Männer darunter, die schon seit 30 Jahren im Dienste der guten Sache stehen. Das vernichtende Urteil dieser Männer über die derzeitige Politik des DFB ließ in mir keinen Zweifel darüber aufkommen, dass wir uns auf dem FIFA-Kongress in Prag in einer Isolation befinden werden, die alles eher als glänzend ist. Es wird sich herausstellen, dass die überaus große Majorität der FIFA-Verbände durchaus nicht gesonnen ist, am deutschen Sportwesen zu genesen.«

Mit ähnlichen Formulierungen zog der »Kicker«, übrigens im Gleichklang mit vielen anderen Sportzeitungen, auch in den folgenden Jahren gegen die Hannoveraner Beschlüsse zu Felde. Er nannte sie eine »Kampfansage« und einen »Boykott« und »die Form, in welcher er in die Welt hinausposaunt wurde, taktlos und überheblich«: »Der DFB ist in Dingen der Außenpolitik ein ungehobelter Geselle«, der von einem »Missionsdrang« geprägt sei: »Maßgebend war allein der Wunsch, auf die irregeführten, räudigen Schäflein in Wien, Prag und Pest eine ethische Wirkung auszuüben, auf dass sie von dem bösen Profitum ließen und sich mit dem Rufe: ›Hab Sonne im Herzen und nix in der Taschen‹ an unsere Brust stürzten.«

Mehr als über die Beschlüsse selbst zerstritt sich in jenen Jahren die Fußballgemeinde über das zugrunde liegende Problem, den Professionalismus. Ihn geißelten die Gralshüter des Amateurgedankens als Verrat aller Ideale des Sports, wogegen sie die sittliche Reinheit der deutschen Turn- und Sportbewegung beschworen, deren erzieherischer Wert durch jede Form von Materialismus gefährdet sei. Bensemann sah sich in dieser Frage zwischen allen Stühlen. Auf dem Altar seiner Pioniertaten vor der Jahrhundertwende hatte er den idealen Amateur stets hell erstrahlen lassen, freilich in einem anderen Licht als jene deutschnationalen Gralshüter. Sein Vorbild war der in den Corinthians verkörperte britische Gentleman-Amateur, der weder Trainer noch Verband, womöglich nicht einmal Verein oder Stadion brauchte, sondern sich aus freien Stücken zu einem Team zusammenfügte, das sich allein vom sportlichen Ehrgeiz seiner Mitglieder und vom Gedanken der Fairness leiten ließ.

Doch er wusste, dass die Zeit über diesen Idealzustand hinweggegangen war. Er selbst hatte dafür gestritten, möglichst viele Schüler an den Fußball heranzuführen, den Sport zu demokratisieren, um, wie er hoffte, in der ganzen Jugend die Ideale des Fair Play zu verankern. Das Resultat war eine Proletarisierung des Fußballs. Jeder Schritt, der das Spiel popularisierte, bedeutete zugleich eine Abkehr von den Ursprüngen. Ohne Vereine, Stadien, verbindlichen Ligabetrieb, Tabellen und Meisterschaften war der Fußball nicht mehr denkbar, und vor allem galt inzwischen: »Der Sport ist nicht nur für die Söhne der Reichen geschaffen, sondern für alle Leute.«

Damit aber stellte sich die Frage einer wie auch immer gestalteten Bezahlung der Spieler fast von selbst:

»Der Glaube an die gute alte Zeit darf nicht dazu führen, dass man sich den Wirklichkeiten der bösen neuen Zeit verschließt. Wenn der deutsche

Fußballsport heute so wäre, wie er zur Zeit der Bundesgründung war, dann könnte man die Bedenken gegen eine Kontamination mit den Profis gut und gern begreifen. Aber der Sport ist anders geworden; er ist nicht mehr Sache des freien Willens, sondern des Zwanges, und ich nehme es den jungen Leuten, die Sonntag für Sonntag in Aktion treten müssen, ob sie wollen oder nicht, gar nicht übel, wenn sie eine Vergütung für diese Gewohnheitspflicht erhalten.«

Natürlich gab es in den zwanziger Jahren bereits solche Forderungen seitens der Spieler, und natürlich gab es Vereine, die diese Forderungen erfüllten. Kein Spitzenverein kam ohne Spieler aus, die er mit allerlei materiellen Vergünstigungen anlocken oder halten musste. Alle wussten davon, allerdings ahndete der DFB solche Verstöße selten und nach einer kaum durchschaubaren Logik. Etablierte bürgerliche Vereine waren davon selten betroffen, aufstrebende Arbeitervereine hingegen schon, wie beispielsweise der 1930 schwer bestrafte FC Schalke 04, dessen erste Mannschaft wegen verbotener Zahlungen vom Spielbetrieb ausgeschlossen wurde. Im »Kicker« plädierte Bensemann in solchen Fällen für Milde und Amnestie, denn es schien ihm auf Dauer unmöglich, den Forderungen der Spieler eine gewisse Berechtigung abzusprechen:

»Die Fußballspieler der ersten Mannschaften sind die Geldbringer, die allein den Betrieb des Vereins ermöglichen, allein die großen Verwaltungskosten von Club, Verband und Bund aufbringen. Verlangt man nun von diesen jungen Leuten, die zum großen Teil mehr Kinderschuhe als Kinderstube verraten, dass sie Sonntag für Sonntag ihre Haut zu Markte tragen in dem Bewusstsein, dass es schön ist, für die Allgemeinheit zu spielen? Sollen diese Wohltäter, nachdem sie durch ihre Kunst Tausende von Mark verdienen halfen, in ihr klebriges Hemd schlüpfen und sich mit einem Abendessen, zwei Glas Bier, einem Freifahrtschein für Zug oder Trambahn und dem Bewusstsein einer guten Tat begnügen? Sollen sie Sonntag für Sonntag ihre Familie, ihr eigenes Selbst aufgeben, damit die Allgemeinheit Sport treiben, Reisen machen, dekretieren und verwalten kann? Verlangt man von diesen Leuten, die zum Teil arbeitslos sind, zum Teil in großer häuslicher Misere stecken, ethische Gefühle unter Ausschluss der leiblichen Bedürfnisse? [...]

Man verschone uns in Zukunft mit dem Popanz eines Amateurismus, der keiner ist, mit Rubriken, die nichts besagen, mit Phrasen, die nichts bedeuten, mit Definitionen, die längst außer Kurs sind, kurzum mit jenem Wust alten Gerümpels, auf das niemand mehr Wert legt.«

Freilich glaubte Bensemann auch zu wissen, warum dieser Popanz sich in feurigen Traktaten und nostalgisch gestimmten Verbandstreffen so zählebig zeigte:

»Etwas stimmte mich traurig: die einsame Insel als Symbolik. Da wurden Schatten gejagt, Schatten, die sich stets verflüchtigten, bis sie wieder ein redegewandter Mann einfing und mit Fleisch und Blut und Schlagworten auffüllte. Ich musste an die Auswanderer denken, die von Deutschland nach Amerika fahren und als Bindestrich-Yankees an ihrem alten Hausrat hängen; treu und bieder bildet für sie der vergilbte Farbenstich, das zerbrochene Vogelbauer, die Scherbe eines Blumentopfs, von geliebter Hand geschenkt, die Troddel einer großmütterlichen Nachtmütze eine Erinnerung, die Erinnerung, die sie an die teure Heimat kettet. Es ist auffallend, wie leicht sich der Deutsche an Symbolen begeistern kann und wie schnell er, trotz alledem, vergisst!«

Nein, er sah keinen Grund, das ehrwürdige Amateurideal in der heutigen Zeit zu strapazieren, auch keinen ethischen: »Der Berufs-Fußballspieler, wie er uns in englischem Gewande erscheint, ist weniger vornehm als der Oxforder Student oder der Offiziersaspirant von Sandhurst, aber ein Makel, eine Dissonanz haftet ihm nicht an. Nur der verkappte Berufsspieler, der Mann, von dem man ganz genau weiß, dass er von irgendeiner Quelle sein Leben fristet und dass er eben keinen anderen Beruf hat als den des Fußballspielers, der vermag das Ideal der Jugend, den Glauben an die Wahrhaftigkeit des Sports, zu zerstören.«

So faszinierend ihm jedoch der britische Profifußball erschien, der jedes Wochenende Hunderttausende in die Stadien zog und beim Cupfinale ein ganzes Land in Aufregung versetzte, so skeptisch beurteilte Bensemann die Chancen für einen professionellen Fußballbetrieb auf dem Kontinent. Er hielt ihn, zumal in Zeiten wirtschaftlicher Depression, für unbezahlbar und daher von vorneherein zum Scheitern verurteilt. Mit den Plänen einer deutschen Profiliga, für die etwa Peco Bauwens und andere gute Bekannte eintraten, konnte er sich daher nicht anfreunden. Er öffnete dem Für und Wider die Spalten des »Kicker«, hielt sich selbst auffallend mit eigenen Meinungen zurück und bezog schließlich einen moderaten Standpunkt: den Ligabetrieb im Grundsatz beizubehalten, den Spielern eine nach Leistung und Beanspruchung gestaffelte Aufwandsentschädigung zu zahlen und vor allem bei jeder Neuregelung, wie auch immer sie gestaltet sei, die Großvereine als Hauptbetroffene in die Entscheidung mit einzubeziehen. Von Letzterem aber hielt der DFB-Vorstand ganz und gar nichts, und das war der Grund, weshalb Bensemann sich in jenem November 1930 entschlossen hatte, in der neuesten Ausgabe des »Kicker« seinem Groll gegen die Bundespolitik freien Lauf zu lassen.

Wie üblich, war das Urviehch der Erste, der den Nebenraum des Grand Hotels betrat, in dem Bensemann das wöchentliche Dinner zum Erscheinen seiner Zeitung abzuhalten pflegte. Einer alten Gewohnheit folgend, erkundigte sich das umtriebige Urviehch bei Gustav, dem Chefportier, ganz im Vertrauen nach der Speisefolge und bereitete sich darauf vor, sie jedem Neuankömmling als Geheimnis auszuplaudern. Bensemann erschien zusammen mit dem eleganten Georges Richert sowie mit Des Barres, dem er einen Ehrenplatz neben sich am Kopf der Tafel zuwies. Zu viert warteten sie auf die Ankunft der weiteren Stammgäste, unter ihnen einige Nürnberger und Fürther Spieler oder Vorständler, Stadtrat Dürr, Staatsanwalt Vialon, Müllenbach nebst einigen örtlichen Journalisten – kurzum jener Kreis, mit dem Bensemann in den Nürnberger Weinlokalen engen Kontakt pflegte, die er in seiner Zeitung zuweilen liebenswürdig erwähnte und die ihm mit Informationen und Verbindungen nützliche Dienste erwiesen. Als Letzte kamen geräuschvoll Stuhlfauth und Kalb mit ihrem ungarischen Trainer Jenö Konrad, und Bensemann erhob sich zur Begrüßungsrede.

Zuvörderst und dramaturgisch ein wenig übertrieben stellte er Des Barres vor, der ihn im Jahre 1886 als damals jungen Schüler in der Schweiz für den Fußballsport begeistert habe, nannte ihn schon deshalb bemerkenswert, vor allem aber, weil er irischer Abstammung und in Neuseeland aufgewachsen sei, wo ihm, dem Briten, die Maoris das Fußballspielen beigebracht hätten. Natürlich fehlte der Hinweis nicht, den mancher im Saal schon kannte, dass nämlich der Ire die Angewohnheit gepflegt habe, ohne Schuhe zu spielen, und manch anderes aus den Kindertagen des Fußballs, bei dem der Heiner die Augen verdrehte. Bevor der Redner zur unvermeidlichen Schlussapotheose kam, folgte noch der Hinweis auf Des Barres' berufliche Position nebst dem gutmütigen Rempler, nun also sei aus dem eckigen Vorstopper, an dem so leicht keiner vorbeikam, ein runder Vorständler mit derselben Eigenschaft geworden.

»Mit diesem Freund«, so schloss Bensemann, »verbinden sich vielleicht meine schönste Erinnerungen an eine Zeit, da ich selbst der Lernende war und den damals völlig neuen und unbekannten Sport wie Kraft spendenden Nektar in mich aufsog. Vielleicht ist das einer der Gründe, warum es mich immer wieder an den herrlichen Genfer See zurückzieht, und es mag sein, dass ich zum Ende meines Lebens am Sportplatz von Montreux stehe und Knaben dort spielen sehe, wie ich selbst es einst tat. Im Fußball geht es nicht anders zu als im Leben: On revient toujours à ses premiers amours. Des Barres war es, der mir diese premier amour eingefädelt hat. Da er also einer meiner Lehrmeister war und ich wiederum den Fußball in Süddeutschland begründete, seht ihr, liebe Freunde, in gewisser Weise einen der wahrhaftigen Urväter unserer großen süddeutschen Fußballbewegung vor euch.«

Die Runde klatschte höflich Beifall und sah den Iren erwartungsvoll an. Des Barres erhob sich und grinste.

»Solche trefflichen Worte«, sagte er auf Englisch, »wie Mr. Bensemann sie findet, sind nicht meine Sache. Auch habe ich längst mit dem Sport aufgehört, aber ich kann sagen, dass ich eine meiner wichtigsten Weisheiten dem Fußball verdanke. Als wir in Montreux unser erstes Wettspiel gegen ein benachbartes Internat bestritten, hatte ich den gegnerischen Mittelstürmer zu bewachen, der ausgerechnet der Direktor der Lehranstalt war. Ich, als Schüler, traute mich natürlich nicht an ihn heran, und so schoss er ein Tor um das andere. Da er aber nun ein Gentleman war, ermunterte er mich in der Halbzeit, ihn doch während des Matches nicht als Schuldirektor, sondern als gewöhnlichen Spieler anzusehen. Ich hielt mich daran, und der Herr gewann fortan keinen Stich mehr. Sehen Sie, das habe ich mir gemerkt: Wenn du etwas erreichen willst, musst du notfalls auch dem Direktor auf die Füße treten.« Er räusperte sich und machte eine kleine Pause. »Das Kuriose ist: Inzwischen bin ich auf diese Art selbst Direktor geworden und muss mir von anderen auf die Füße treten lassen. Aus diesem Grund …« Er hob sein linkes Knickerbocker-Bein hoch, so dass man einen der neu gekauften Schuhe sehen konnte, »… gehe ich inzwischen auch nicht mehr barfuß.«

Die Runde lachte herzlich und applaudierte, und in das anschließende gedämpfte Stimmengewirr tönte plötzlich noch das laute, sonore Lachen von Heiner Stuhlfauth. Der Torwart hatte sich Des Barres' Rede von Kalb übersetzen lassen und die Pointe nun begriffen.

Diskret dirigierte Richert alsbald die Menüfolge, die mit einer schwäbischen Maultaschensuppe begann, gefolgt von einer Kalbspastete sowie Beefsteak mit Pommes frites und Leipziger Allerlei nebst Burgunder Rotwein. Den Abschluss bildeten eine Portion Eis mit Sahne, Gebäck und Kaffee sowie, zu Ehren des Gastes, ein irischer Whiskey. »Leider kein alter

Marlfield«, wie Bensemann bedauernd feststellte, »aber doch ein guter Jahrgang, der sich trinken lässt. Wir haben gerade noch genug Zeit, ihn zu genießen, bevor um acht Uhr der ›Kicker‹ endlich kommt. Wie ich mit Freuden sehen konnte, hat dein Appetit nicht gelitten in all den Jahren.«

»Und deiner scheint mir eher noch gewachsen«, entgegnete Des Barres. »Du kannst wahrhaftig mit den Recken eures Nürnberger Wunderteams mithalten.«

»Man übt sich«, erklärte Bensemann, »und da man im Training ist, gibt es immer noch eine Reserve. Freilich spendiert mir Freund Richert diesen Abend, da darf ich mich über die Portionen nicht beklagen. Aber du wirst sehen, dass sich ein Teil der Gesellschaft gegen Mitternacht noch in Heiners Sebaldusklause bei einem fränkischen Bauernschinken wiederfindet, wozu merkwürdigerweise ein guter Moselwein bestens passt.«

Schmunzelnd nickte Des Barres. »Und dieses erstaunliche Training bedeutet in Körpergewicht?«

»Volle 100 Kilogramm«, lachte Bensemann stolz. »Leider reiche ich damit noch nicht an dich heran, aber des werd scho noch, wie der Franke sagt.«

Von hinten trat einer der Kellner heran, die das Geschirr abräumten, und griff nach Bensemanns Dessertteller, der mit Kuchenresten unbeachtet vor ihm stand.

»Ça ne sont pas des manières, ca!«, herrschte der Herausgeber ihn an. »Georges, Sie sollten Ihr Personal anweisen, die Gäste in Ruhe zu Ende speisen zu lassen.«

Richert lächelte verbindlich, den Kellner durch eine rasche Handbewegung zum Rückzug auffordernd. »Der Mann ist neu, aber bei Ihnen wird er den nötigen Schliff sicherlich erhalten.«

In diesem Moment kam der livrierte Gustav herein, unterm Arm einen Packen Zeitungen, den er vor Bensemann auf den Tisch legte.

Der Herausgeber erhob sich. »Liebe Freunde, der große Moment ist wieder einmal da. Ich selbst bin gespannt, denn ich kenne die Ausgabe kaum, sie ist ganz wesentlich das Werk unseres verlässlichen Müllenbach. Wie immer empfehle ich euch die wunderbaren Fotos auf den Bilderseiten, wie ich sehe, diesmal mit Szenen aus den süddeutschen Meisterschaftsspielen. Höchst lesenswert sind sicherlich die drei prominenten Stellungnahmen für eine Einführung des Berufsfußballs. Letzte Woche hat, wie Sie wissen, Peco Bauwens plädiert, heute folgen der alte Pionier Westendarp, der schon 1899 gegen England spielte, dazu Dr. Rothschild vom Fußballverein Frankfurt und der Frankfurter Stadiondirektor Zeiß. Auch wer wie ich in dieser Frage anderer Meinung ist, sollte sich dafür interessieren, was kluge Leute dazu schreiben. Es war stets die Aufgabe des ›Kicker‹, seine Leser nie nach einseitigen Gesichtspunkten zu orientieren. Nun denn, in der Mitte der Zeitung finden Sie übrigens ein Preisrätsel, bei dem auch Sie Ihren Sachverstand beweisen können. Wer den Ausgang aller 15 Spielpaarungen des nächsten Wochenendes richtig errät, kann nicht weniger als 500 Reichsmark gewinnen. Was schließlich meine Wenigkeit und die Glossen angeht, so lesen Sie selbst. Bedauerlicherweise gab der DFB Anlass zu einiger Klage, wegen seiner Entscheidung, sich in der Profifrage um die Meinung der großen Clubs nicht zu scheren. Aber ich will nichts vorwegnehmen. Voilà – der ›Kicker‹, 11. Jahrgang, Ausgabe Nummer 47. Ich übergebe ihn Ihren kritischen Augen.«

Er schob zu beiden Seiten der Tafel je einen Stapel Zeitungen hin, die alsbald verteilt und aufgeblättert wurden.

Die meisten Anwesenden übersprangen rasch die Bilderseiten, um sich auf der ersten Textseite in die Glossen zu vertiefen. In das unbestimmte Gemurmel im Saal mischte sich zuweilen ein gedämpftes Lachen.

»Herrlich«, ließ sich Staatsanwalt Vialon vernehmen, ein energischer Mann, der zum Lesen ein Monokel benutzte, mit dem er jetzt auf eine Textstelle pochte. »Herrlich dieser Hieb Richtung DFB-Vorstand.« Er kniff das Monokel vors Auge und las vor: »Durch die ganzen Regierungsaktionen der großen deutschen Fußballwelt hat sich wie ein roter Faden das Prinzip gezogen, dass Weisheit nur wenigen gegeben sei, und zwar immer gerade denen, die am Ruder sind, und wenn neben der Existenz der Presse, dieses Ozeans von Druckerschwärze und Papier, der die Gemüter verwirrt, etwas als störend empfunden wurde, dann war es das Bemühen, durch temporäre Hinzuziehung irgendwelcher andren Kräfte, der Leute von einst oder der Leute von später, den Monopolzustand der gegenwärtigen Machthabenden in irgendetwas zu gefährden. Die Zeiten, in denen die Vorstände gewählt wurden, weil sie sich als gute Fußballspieler erwiesen hatten, sind vorüber, und man muss anerkennen, dass sich im Kreislauf der Jahre eine geistige Elite herausgebildet hat, die zur Führung prädestiniert schien und Qualitäten besaß. Manches besaß sie nicht, zum Beispiel die Erkenntnis des schönen Wortes von La Rochefoucauld: ›Es ist möglich, eine Zeit lang gescheiter zu sein als alle andern; es ist auch möglich, immer gescheiter zu sein als viele andere; es ist aber nicht möglich, immer gescheiter zu sein als alle andern.‹«

Vialon nahm das Monokel ab und reckte es hoch wie einen gelehrsamen Zeigefinger. »Lieber Bensemann, aus welchem Ärmel Sie auch immer Ihre literarischen Zitate schütteln, sie sind bemerkenswert, wirklich sehr bemerkenswert.«

Fritz Merk, einer der Journalisten, unterbrach ihn. »Du mutmaßt in deiner Glosse, dass es doch noch zu einer Aussprache zwischen dem Bundesvorstand und den Vertretern der Großvereine kommen wird. Darf man fragen, woraus du diese Vermutung beziehst?«

Bensemann lächelte geheimnisvoll. »Diese Mutmaßung beruht nicht auf Kenntnissen, was ich ja auch zugegeben habe. Sagen wir, sie entspringt jenem undefinierbaren sechsten Sinn, den die Fledermäuse in so hervorragendem Maße besitzen sollen.«

»Vielleicht heißt die Fledermaus ja Ludwig Franz«, meinte Merk, und die Runde lachte. Franz saß ihm gegenüber und war Vorsitzender des Nürnberger »Club«.

»Ich weiß von nichts«, beteuerte der, »und wenn, würde ich es allen oder niemandem sagen.«

»Dann hieß sie wohl Schricker«, murmelte Merk leise, aber doch hörbar.

»Wie auch immer«, ließ sich Vialon vernehmen, »der Schluss des Artikels fasst die missliche Sachlage in aller Klarheit zusammen: ›Wir brauchen einen ehrlichen Makler, der mit der Weisheit des Solon die Beredsamkeit des Demosthenes, die Diplomatie Macchiavellis und die Menschlichkeit des verstorbenen Generals Booth von der Heilsarmee verbindet.‹«

Des Barres verstand von alledem nichts. »Hat Stella Bloch wieder etwas über England geschrieben?«, fragte er.

»Sicherlich«, antwortete der Herausgeber und zeigte auf die Seite. Alsbald mühte sich der Ire, die Neuigkeiten von der Insel zu ergründen, wofür ihn die freudige Nachricht belohnte, dass die irische Amateurnationalmannschaft mit 3:1 gegen die Engländer gewonnen hatte.

Erneut platzte Stuhlfauth mit einem Lachen heraus. Er war, da ihn die Spitzfindigkeiten der Amateurfrage nicht mehr interessierten, auf eine andere Stelle der Glossen gestoßen.

»Dem hast du's aber gegeben. Heilanstalt …« Er lachte wieder, setzte sein Weinglas an, und Bensemann musste erläutern.

»Es handelt sich um die Zuschrift eines Lesers, der mir vorwirft, ich hätte nach dem Länderspiel in Kopenhagen zu den, wie er schreibt, ›gehässigen deutschfeindlichen Äußerungen der dänischen Presse‹ geschwiegen.

Das Ganze würzt er mit der Bemerkung: ›Sie haben also wieder einmal durch würdeloses Schweigen dem Ansehen des deutschen Namens im Auslande am besten zu dienen geglaubt.‹«

»Und wieso Heilanstalt?«, wollte Kalb wissen.

»Der Herr befindet sich momentan offenbar in einer Heilstätte, jedenfalls schrieb er mir von dort. Daher habe ich ihm ›in doppelter Hinsicht gute Besserung‹ gewünscht und dass sein Aufenthalt dort nur temporär bleiben möge. Zur Sache konnte ich nichts sagen, da ich trotz aller Bemühungen die inkriminierten dänischen Zeitungen nicht zu Gesicht bekam.«

Anstelle einer Wortmeldung räusperte sich Stadtrat Dürr vernehmlich. »Offen gesagt, verehrter Bensemann, finde ich das ein wenig polemisch dem Herrn gegenüber. Der Hinweis auf die Heilanstalt kann durchaus zu Missdeutungen führen.«

»Honni soit qui mal y pense«, behauptete Bensemann. »Nur ein Schelm denkt sich Böses dabei. Ich habe nur getan, was der Anstand mir gebietet, nämlich ihm gute Besserung zu wünschen.«

Es wurde wieder einmal ein langer Abend, dessen offizieller Teil um Mitternacht endete und dessen inoffizielle Fortsetzung, wie von Bensemann vorhergesehen, im kleinen Kreis der hartnäckigsten Debattierer in Heiners Gaststube stattfand. Des Barres verstand nicht viel von dem, was rings um ihn verhandelt wurde, und als der angetrunkene Wirt begann, ihm ausführlich von den taktischen Finessen seiner Elf zu berichten, konterte der Ire schließlich notgedrungen und auf Englisch mit technischen Details aus dem Eisenbahn-Signalbau, was sich Stuhlfauth kopfnickend und geduldig anhörte, um schließlich verständnisvoll zu antworten: »Des bassd scho!«

Die Querelen zwischen dem »Kicker« als Organ des süddeutschen und dem »FuL« als dem des westdeutschen Verbandes speisten sich aus mehreren Quellen. Auf Seiten des Westens spielten sicherlich Minderwertigkeitskomplexe eine Rolle: Der süddeutsche Verband war traditionsreicher, größer und vor allem sportlich erfolgreicher als der westdeutsche, der sich zudem durch die französische Besatzung lange Zeit in seiner Entwicklung gestört fühlte. Hinzu traten die bereits erwähnten politischen Differenzen sowie erhebliche persönliche Animositäten zwischen den Schriftleitern der jeweiligen Verbandsorgane. Schon mit Grolms hatte sich Bensemann niemals anfreunden können, mit dem jüngeren und aggressiveren Guido von Mengden war das Verhältnis von Anfang an zerrüttet. Von Mengden, der auch unter dem Pseudonym »Guido Trutzburg« schrieb, hatte im Frühjahr 1925 sein Amt angetreten und sich sogleich mit einem Seitenhieb auf den »Kicker«-Herausgeber eingeführt. Bei seinem Bericht über ein Spiel der Corinthians berichtete er vom Aufwärmtraining der Spieler, »wobei die ›pikantesten‹ Schüsse neben oder über den Torkasten flitzten und einer – ganz programmgemäß – gegen den Fotografenkasten von Papa Bensemann knallte, der sich ja überall an- und vorbeizudrängeln pflegt – ich meine natürlich den Fotografenkasten …«

»Und«, fragte Bensemann den grinsenden Richard Kirn, »habe ich das auf mir sitzen lassen?«

»Natürlich nicht. Sie antworteten: ›So ein Simpel. Ich meine natürlich den Fotografenkasten.‹«

Sie saßen im Büro des Herausgebers, Bensemann hinter seinem großen, von Papieren überladenen Schreibtisch und der junge Kirn auf einem Stuhl davor. Ein wenig verkatert hatte Bensemann am Morgen noch Des Barres zum Bahnhof gebracht, wobei sich der Ire von der vergangenen Nacht weit weniger angeschlagen zeigte als der Deutsche. Beim Abschied versprachen sie sich ein Wiedersehen, ohne es zu konkretisieren, und mit einem heiteren »Mach's gut, du alter Bolschewist« war Des Barres in den Zug Richtung Schweiz gestiegen. Jetzt mühte sich Bensemann hinter seinem Schreibtisch, Unwohlsein und Kopfschmerz zu verdrängen und dem Vortrag seines Hospitanten zu folgen.

Kirn balancierte einen Stapel alter Zeitungen auf seinen Knien, die er in der vergangenen Nacht herausgesucht hatte. »Wollen Sie alle Duelle hören oder nur die bedeutsameren?«

»Letztere«, meinte Bensemann. »Ich brauche keine Statistik, sondern Munition.«

»Nun gut. Die Geschichte mit dem Fotografenkasten fand ich 1925 in Heft 16, und den nächsten größeren Strauß einige Monate später in Heft 26.«

»Thema?«

»Es ging um das in Wuppertal ausgetragene Spiel MTK gegen Slavia, soweit ich weiß, das Spiel, bei dem Sie endlich Ihren Friedenspokal losgeworden sind. Mengden hielt es, ich zitiere, ›für ein Verbrechen, dass ausgerechnet das verelendete deutsche Volk diesen Professionals die Gelder gibt‹, und ohnehin werde in Prager Kreisen alles gehasst, was deutsch ist. Ich meine, es ist wohl kein Zufall, dass Mengden sich gerade diese Begegnung ausgesucht hat. Er wusste ja von Ihrem Pokal.«

Bensemann winkte ab: »Fasse dich kurz und spar dir deine Kommentare, es geht momentan ausschließlich um meine. Was habe ich dem Kerl erwidert?«

»Dass er Sport in die Politik hereinbringen und ›großgoschige Tiraden‹ führen würde. Daraufhin hat Mengden im nächsten ›FuL‹ zu einem Rundschlag gegen Sie ausgeholt. Er behauptete, bei Ihnen dürfe man ›sämtliche Völkerstämme des Weltalls nennen, nur möglichst wenig seinen eigenen‹. Und Sie seien derjenige, ›welcher sehr viel in Sportpolitik macht, allerdings nicht in deutscher‹. Ansonsten wärmt er den Quark von Kleins Traktat ›Treu-teutsch-tüchtig‹ auf und kommt dann noch mit der Unterstellung, Sie hätten in Berlin einer Pariser Mannschaft die Halbweltlokale zeigen wollen.«

»Ich erinnere mich an den Unsinn. Soweit ich weiß, habe ich aber den Fehdehandschuh nicht aufgenommen, sondern ihn an die Gebote der Fairness erinnert.«

»So ist es, allerdings nannten Sie ihn in Heft 41 desselben Jahres auch einen ›bekannten Rabiatiker‹.« Kirn blickte auf seine Notizen. »Es folgen dann einige kleinere Scharmützel, aber die können wir vielleicht übergehen. Ich springe ins Jahr 1927, wo Sie in Heft 41 Dr. Klein tüchtig einschenken. Beim Empfang am Rande eines Spieles zwischen Süddeutschland und Westdeutschland habe er eine deprimierende Rede gehalten. Sie schreiben: ›Es ist natürlich für einen Sprecher von so prononcierter Mentalität sehr schwer, sich in die Mentalität anderer hineinzudenken.‹«

»Das scheint mir ein ziemlich mildes Urteil. Können wir also übergehen. Weiter.«

»Ich lasse wieder die Petitessen aus. Meistens geht es jetzt um die Profifrage und die Hannoveraner Beschlüsse. Im Jahr 1928 wird es dann heftig. Sie sprechen in Heft 14 davon, Mengden führe eine ›Kampagne gegen Andersdenkende‹. Er polemisiert wieder einmal gegen den Materialismus im Sport und zählt Sie zu den Leuten, ich zitiere, ›die Krämer und Geschäftsmacher mit Volksseele und Volksgemüt sind‹. Den Rest seiner Rabulistik erspare ich Ihnen.«

»Ich habe sie ohnehin noch im Ohr. Wenn ich mich recht erinnere, habe ich auch hier verhalten geantwortet.«

»Sie sprechen von ›ungezogenen Anwürfen‹ und davon, dass die Westdeutschen durch die Art ihrer Polemik eine ganz unnötige Bitterkeit in den Streit hineingetragen‹ hätten. Übrigens hat Paul Klose, der Vorsitzende des westdeutschen Verbandes, wenig später einen ähnlichen Vorwurf gegen Hugo Meisl erhoben. Er nannte ihn ›geschäftstüchtig‹, auf den ersten Blick vielleicht eine harmlose Bemerkung, aber, wie mir scheint, genau wie Mengdens Polemiken gegen die ›Krämer und Geschäftemacher‹ mit einem gewissen antisemitischen Unterton. Es sind jedenfalls die Begriffe, mit denen die Hitler-Leute nach Juden werfen, wenn es ihnen an Argumenten fehlt.«

Bensemann schaute den jungen Mann scharf an. »Man soll die Dinge nicht überinterpretieren. Ich habe mich darüber aufgeregt, weil Hugo nun der Letzte ist, der am Sport Geld verdienen will. Er ist ein Fußballnarr, der in Wahrheit seine erklecklichen Verdienstmöglichkeiten einem Phantom opferte.«

»Immerhin nannten Sie Kloses Wort eine ›unnötige Provokation‹, eine ›Anrempelung‹ und eine ›Anzapfung‹. Zudem sei das ›Epitheton ornans ziemlich unglücklich gewählt‹, und man brauche nicht zu den Eingeweihten zu zählen, um zu merken, ›dass mit diesem Ausdruck dem österreichischen Bundeskapitän eins ausgewischt werden sollte‹. Alles zusammengenommen, dürften einige Leser dabei ähnliche Assoziationen haben wie ich. Zumal ...« Er blätterte wieder in seinen Unterlagen. »... die Angelegenheit ja weiterging. Der ›FuL‹ titulierte den österreichischen Verband als ›Mausfallenhändler‹, der ›aus den Ländern um Galizien‹ stamme. Deutlicher kann man kaum werden.«

Der Herausgeber nickte resigniert und schloss die Augen. »Das war in der Tat ein gewaltiger Schritt zu weit. Wenn ich mich recht erinnere, habe ich den Austritt Süddeutschlands aus dem Bundesverband angekündigt für den Fall, dass die Westdeutschen sich nicht mäßigen könnten.«

»Richtig, das war hier in Heft 47, also vor genau zwei Jahren. Selbstredend haben die Westdeutschen in Gestalt ihres Vorsitzenden Klose sich mächtig darüber aufgeregt und von einer ›hemdsärmeligen Drohung‹ gesprochen. Sie haben recht versöhnend geantwortet, wie man überhaupt feststellen kann, dass Ihre Polemik Richtung Westen im Laufe der Jahre an Pfeffer verloren hat.«

Bensemann sah den jungen Kirn überrascht an. »Lieber Richard, wenn ich nicht so große Stücke auf dich hielte, würde ich dich vor die Tür setzen. Dein Urteil ist erstens überflüssig und zweitens ganz und gar unangemessen. Aber da vielleicht aus dir noch etwas werden kann, will ich's dir erklären. Polemik, mein lieber Freund, ist nicht dazu da, dass sich der Urheber an seiner eigenen Sprachkunst berauscht. Polemik muss etwas bewirken, und wenn sich zeigt, dass ein mildes Urteil mehr bewirkt als aufgewärmte Polemik, dann hat dieselbe ausgedient. Herr Trotzkopf oder Trutzburg, jedenfalls Herr von Mengden mag das nicht begriffen haben, und er ist umso aufgeregter geworden, als die tatsächliche Entwicklung ihm keineswegs Recht gegeben hat. Wie wir wissen, mussten die Westdeutschen in der Profifrage einen vollkommenen Schwenk machen, und sie fordern nun neben dem reinen Amateurbetrieb noch eine professionelle Liga. Und zwar mit der gleichen Lautstärke, mit der sie vorher behauptet haben, das Profitum sei der Untergang des Deutschen Reiches. Das hat zu einiger Unruhe und zu verärgerten Austritten im Vorstand geführt, aber die Chamäleons sind natürlich noch übrig und reinen Gewissens. An dieser Stelle, verehrter Herr Hospitant, wäre Polemik völlig überflüssig. Wenn wir den Herren eins auswischen wollen, dann sind feine Ironie und ein abgeklärter Rat das beste Mittel. Nehmen Sie den ›Kicker‹ von heute, wo ein weiterer Austritt aus dem westdeutschen Vorstand vermeldet wird. Was schreibe ich dazu?«

»Sie sprechen die Hoffnung aus, ›dass die Sehnsucht nach Privatleben bei den führenden Köpfen des Westdeutschen Spielverbandes nicht epidemisch wird‹.«

»Richtig, und ich wünsche mir Ruhe im westdeutschen Verband. Und was schrieb ich vergangene Woche dem Herrn von Mengden ins Tagebuch, als er wieder einmal auf die Süddeutschen eindrosch?«

Kirn überflog die Glossen der letzten Ausgabe. »Sie nennen ihn einen ›langjährigen Propagandisten eines ausgefransten Amateurismus‹, der ›heute die alleinige Rettung im Verkünden des Professionalismus‹ sehe.«

»Die Stelle meine ich nicht. Schau oben in der Spalte nach.«

Der junge Mann las vor: »Eine gute Tat ist der andern wert, und so zögere ich nicht, Herrn von Mengden herzlich dafür zu danken, dass sein Optimismus und seine geistige Elastizität ihm gestatten, so fröhlich den Weg von den westdeutschen Balken zu den süddeutschen Splittern anzutreten. Wie beruhigend wirkt es auf alle Betroffenen, wenn das eigene Haus brennt und man begütigend zum Nachbarn herüberruft: ›Seien Sie nur vorsichtig und machen Sie keine Dummheiten.‹«

»Nun also, merkst du es? Jeder weiß, was gemeint ist, Herr von Trotzkopf ärgert sich fürchterlich, aber es ist milde gesagt und gibt mir anschließend in meinem Artikel die Gelegenheit, sachlich meinen Standpunkt darzulegen. Ganz abgesehen davon, dass es mich in die Lage versetzt, dem Gespräch mit Herrn Klose mit einem vollkommen reinen Gewissen entgegenzusehen.«

Überraschend zeigte sich Klose tatsächlich versöhnlich. In erster Linie mochte dies an der Anwesenheit Ivo Schrickers liegen, dessen Auftreten nahezu zwangsläufig ein Klima der Diplomatie und der Verständigung schuf. Doch auch die Artikelsammlung des »Kicker«-Herausgebers tat ihre Wirkung, denn es war kaum abzustreiten, dass in erster Linie von Mengden für die Schärfe in der Tonart verantwortlich war. Klose, ein schmächtiger und letztlich nüchtern denkender Bankdirektor, versprach, seinen Chefredakteur zur Mäßigung anzuhalten, solange Bensemann seinerseits den Waffenstillstand einhielte.

Zum Schluss des Gesprächs hatte Klose allerdings eher beiläufig eine Frage aufgeworfen, die den Herausgeber selbst schon seit einiger Zeit beschäftigte. »Was mich wundert«, hatte Klose zu ihm bemerkt, »ist die Tatsache, dass bei allen unversöhnlichen Gegensätzen zwischen Dr. Klein und Herrn von Mengden auf der einen Seite sowie Ihnen auf der anderen in manchen Fragen doch große Einigkeit besteht. Ich meine das Thema Jugenderziehung, das Sie beide mit Recht in Ihren Zeitungen immer wieder anschneiden, und hier im Besonderen den Wehrsport. Wie Sie wissen, legen unsere Jugendführer hier in Westdeutschland größten Wert auf diesen Aspekt. Es hat mich überrascht, dass auch Sie für den Wehrsport eintreten, wenn auch nur im Allgemeinen. Vielleicht sollten Sie diese Frage einmal ausführlicher beleuchten, es mag dazu beitragen, die Gegensätze zwischen dem ›Kicker‹ und dem ›FuL‹ abzubauen.«

Weder Schricker noch er hatten auf der Rückfahrt Kloses Bemerkung aufgegriffen, denn sie war an sich nebensächlich. Doch Bensemann blieb daran hängen. Es stimmte, dass er im »Kicker« immer wieder auf pädagogische Fragen zu sprechen kam; er hielt dies für einen Aspekt, der mit dem Sport eng verwandt war, und zudem fühlte er sich als ehemaliger Lehrer durchaus kompetent, dazu Stellung zu nehmen. Da während der ersten »Kicker«-Jahre an vielen Schulen der Sport, namentlich der Fußball, noch verboten oder verpönt war, propagierte er zunächst den Sportunterricht als solchen, verwies dabei auf das englische Vorbild und bediente sich eines Arguments, das, wie er fand, auch konservativeren Kreisen einleuchten musste: Im Versailler Friedensvertrag war dem Deutschen Reich eine allgemeine Wehrpflicht untersagt worden. Im Sportunterricht könne ein Äquivalent dafür geschaffen werden, wenn auch eingeschränkt durch ein Primat, das Bensemann für unerlässlich hielt: Dieser Unterricht müsse freiwillig sein und den Schülern größtmögliche Selbstverwaltung einräumen.

Inzwischen waren Schulsport und Sportvereine im Reich weitgehend etabliert, doch die Diskussion um eine Wehrerziehung längst nicht verstummt. Die im militärischen Drill bekundete Bereitschaft, der Gemeinschaft, dem Staatswesen selbstlos zu dienen, erschien nicht wenigen als unerlässliches Erziehungsziel für eine Jugend, die im Deutschland der Weimarer Republik von staatsbürgerlichen Pflichten weitgehend unbehelligt blieb. Zwar hatte Bensemann wenig übrig für die erzkonservativen Tonlagen in dieser Debatte, wie sie von national gesonnenen Sportlerkreisen zu hören waren: Dort sollte »Eisen ins Blut« gegossen werden, um deutsche Weltgeltung zurückzuerlangen, dort standen die vermeintlichen Feinde, gegen die es sich zu rüsten galt, nicht nur an Deutschlands Grenzen, sondern in Gestalt von Alkohol, Nikotin, Masturbation und anderen Verdammnissen auch noch im Inneren. Doch seit er an den englischen Internaten das System von Gehorsam und Disziplin als pädagogisches Instrument schätzen gelernt hatte, sah er in einem militärähnlichen Drill nichts per se Preußisches oder Militaristisches – es kam eben auf die Melodie an, die dabei gespielt wurde.

Er hatte Bilder im Kopf: Englische Schüler, die in den großen freiwilligen Kadettenverbänden mit Spielzeugwaffen hantierten. Die Schweizer Schulmiliz, die in militärischer Ordnung zu Geländeübungen ausrückte. Die französischen Préparations militaires, die am Nationalfeiertag in Pseudo-Uniformen paradierten. Er sah die Schuljugend marschieren in Ländern, denen er alles andere als Kriegslüsternheit und Militarismus unterstellte, und er empfand es als ungerecht, dass die alliierten Siegermächte dem Deutschen Reich untersagt hatten, seine Jungen nach den gleichen Prinzipien zu erziehen.

Dass man ihn seit jener Zeit, da der »Kicker« in nahezu jeder Ausgabe die Fahne der Völkerversöhnung geschwenkt hatte, als Pazifist betrachtete, beruhte auf einem Irrtum: Als solcher fühlte er sich nicht und hatte mit dem alten Imgraben manchen mitternächtlichen und weinbeladenen Streit darum geführt. Die pazifistische Idee sah er im Sport verwirklicht, in der Politik hielt er sie für eine sympathische Schrulle, auch wenn er jeden Krieg verabscheute. Doch er war davon überzeugt, dass nicht Wehrlosigkeit, sondern Abschreckung den Frieden erhalten müsse, und setzte darauf, »dass binnen ganz kurzem die Technik weit genug vorgeschritten sein wird, um einerseits alle Kriege zu inhibieren und damit andererseits jedem Volk seine Rechte und seine Lebensmöglichkeiten durch Furcht vor dem Kriege besser zu garantieren, als es durch Hoffnung auf den Krieg jemals möglich gewesen wäre«. Furcht vor einem Krieg aber konnte ein weitgehend wehruntüchtiges Deutschland seinen Nachbarn kaum vermitteln.

Hatte der Bankdirektor Klose also Recht, wenn er ihn in der Frage der Jugenderziehung mit dem scharfen Dr. Klein und dem rabiaten von Mengden in einer Front wähnte? Gegen diese Vorstellung sträubte er sich, obwohl es zuweilen bequem war, aus diesem einen Punkt heraus wahren Patriotismus zu reklamieren, wenn man ihn als vaterlandslosen Gesellen anklagte. Jenem Leserbriefschreiber aus der »Heilanstalt«, der ihm »wieder einmal würdeloses Schweigen« gegenüber dem Ausland vorwarf, hatte er ja auch entgegengehalten, »dass ich z. B. seit Jahren die restlose Aufhebung des durch den so genannten Versailler Vertrag verhängten Wehrkraftverbots für Mittelschulen verlangt habe«, und hielt das für eine geschickte Volte. Aber sein ureigener Patriotismus war nun einmal, auch wenn er ihn auf Deutschland bezog, ein britischer oder schweizerischer, kein deutschnationaler jedenfalls, da er von dem Verständnis ausging, »dass die wahre nationale Gesinnung und das Weltbürgertum sich durchaus miteinander vertragen« und niemand »zuerst einmal deutsch, und dann international denken« solle.

Nein, mit den westdeutschen Scharfmachern, die mit dem Wehrsport Preußens Gloria, deutsche Weltgeltung und die »drei scharfen T« verbanden, hatte er nichts gemein, aber vielleicht war es kein Zufall, dass einer wie Klose das anders sah. Die äußerste Rechte hatte über Begriffe wie »Patriot«, »Nation« und »Wehrkraft« ihr Netz geworfen und sie an sich gezogen wie eine Beute; wer auch immer die Begriffe benutzte – er schwamm dort mit. Vielleicht hatten die gemäßigten Kreise zu wenig getan, das zu verhindern. Und so fasste der Herausgeber den eigensinnigen Entschluss, die Leser seiner Zeitung nach der bevorstehenden Winterpause über seine eigene Version einer Wehrerziehung aufzuklären.

Doch vorher würde er, wie zu jedem Jahresausklang, eine einsame Reise unternehmen. Lange Zeit vor dem Professor war der alte Grunot gestorben, in dessen festlich geschmücktem Haus Bensemann als Schüler und Student gewöhnlich den Heiligabend verbracht hatte. Als er sich am 22. Dezember des Jahres 1930 durch Schneewehen den Weg vom Nürnberger Grand Hotel zum Hauptbahnhof bahnte, hieß sein Fahrtziel auch diesmal die Schweiz, doch es erwartete ihn keine kerzenbeleuchtete Festlichkeit im Familienkreis. Oft genug war er eingeladen worden, von Katharina oder

der Familie Mayer, aber jedes Mal hatte er abgelehnt und der Freundin geschrieben: »Der Zauber der stillen, heiligen Nacht mit dem obligaten Baumschmuck, Pfefferkuchen, Marzipan und Nüssen hat mich nie in seinen Bann gezogen; ohne anderen die Poesie der Weihnacht zu missgönnen, habe ich sie seit Jahrzehnten am liebsten allein verbracht, ohne Ketten und Lichter, Gutseele und andern Appendix, auf der See, der Alp oder beim Valentin – wie es gerade kam. Der Weihnachtsabend ist so für mich der Tag des seelischen Jahressaldos geworden, des Abrechnens mit dem vergangenen Kalenderjahr, der Diagnose des Künftigen, und dazu brauche ich das Alleinsein.«

Als der Zug den Bahnhof verließ, fielen die Schneeflocken so dicht, dass Bensemann aus dem Fenster kaum noch die zurückweichenden Stadtviertel und die vorbeiziehende Landschaft sehen konnte. Er genoss die Fahrt, da das Abteil angenehm beheizt und er mit Zeitungen ausreichend versorgt war, und kam nach einigen Stunden in Karlsruhe an, wo ihm eine Einladung von Karl Geppert vorlag, der Gattin, Kinder und erworbenen Wohlstand vorstellen wollte. Nach Besuchen bei Schricker und den Langers sowie einem nachdenklichen Blick auf Imgrabens Haus, wo nun auch die energische Wirtschafterin Alma Katner nicht mehr regierte, verbrachte er also am 24. Dezember einen angenehmen Nachmittag im Kreis der fröhlichen Familie Geppert. Obwohl der getreue Karl, der es inzwischen zum Regierungsrat gebracht hatte, ihn zum Bleiben drängte, verließ Bensemann die Runde gegen Abend mit der Begründung, er müsse seinen Zug in die Schweiz erreichen.

Auch in Karlsruhe lag der Schnee hoch, und zwischen gemütlich erhellten Fenstern und den menschenleeren Straßen war nichts zu hören als das leise Knirschen, das seine einsame Wanderung durch die dunkle Stadt begleitete. Seinen Abschied von den Gastgebern hatte eine Ausrede begleitet, denn es fuhr kein Nachtzug mehr am Heiligabend, daher hatte er sein Programm ändern und sich auf den Frühzug am nächsten Morgen verlegen müssen, sein Gepäck jedoch in die Aufbewahrung des Bahnhofs gegeben – es würde sich eine Gaststätte finden, wo er die Stunden bis zur Abfahrt verbringen konnte.

Ziellos lief er durch die Stadt, überließ die Quartiersuche dem Zufall und erinnerte sich plötzlich an jene Nacht vor fast drei Jahrzehnten, als er schon einmal durch Karlsruhe geirrt und die Nachtstunden unter der großen Kastanie des Engländerplatzes verbracht hatte. Damals war er vor der naiven Mütterlichkeit der Frau Langer geflohen, die Fragen gestellt hatte, die er nicht beantworten konnte und die deshalb besser ungestellt blieben. In der Erinnerung lächelte er über die jugendliche Romantik, mit der er seinerzeit beschlossen hatte, ein Wanderer zu werden, wenn er auch heute zugeben musste, dass sein Leben in jenen Bahnen geblieben war, die der 19-Jährige betreten hatte. Vielleicht aber hatte er damals auch in Wahrheit gar keinen Entschluss gefasst, sondern nur den Schluss gezogen aus Umständen, die unvermeidlich waren.

Nach einer Stunde gleichgültiger Suche musste Bensemann feststellen, dass das einzige geöffnete Lokal an diesem Abend das Bahnhofsrestaurant war, in dessen kahlem, ungeschmücktem Speiseraum er neben einem gelangweilten Kellner zwei Herren antraf, die trübsinnig an einem Tisch saßen und, da sie sich offenbar nicht viel zu sagen hatten, den Neuankömmling hoffnungsvoll anstarrten. Bensemann nahm an einem Nebentisch Platz und bestellte ein Bier.

»Sie sind doch der Benses.« Die Feststellung kam eher zögernd und als Frage. Bensemann blickte hinüber, doch er kannte keinen der beiden.

»Wie meinen?«

»Der Fußballer vom Engländerplatz!«

Der Herausgeber nickte lächelnd: »Das ist lange her. Mit wem habe ich die Ehre?«

»Meyerling. Der Sohn vom Schupo. Selbst Fußballer geworden, wenn auch nur in der dritten Mannschaft, und sogar das ist lange her.«

»Freilich, ich kannte Ihren Vater. Unsere Beziehungen waren lange Zeit nicht die besten, und einige Male wollte er mich beinahe einlochen. Es freut mich, zu hören, dass sich seine Familie mit dem Fußball ausgesöhnt hat.«

Die Herren luden Bensemann an ihren Tisch, es wurde neues Bier bestellt, die alte Zeit hervorgeholt, und Bensemann erfuhr die andere Seite der Geschichte, nämlich den verzweifelten Kampf des Gendarmen gegen die aufmüpfigen Sportler, welche die eine Hälfte des Karlsruher Bürgertums mit ihrem Ballspiel traktierten, während sie von der anderen protegiert wurden – und dazwischen stand, gleichermaßen von den Anzeigen wie von den Beschwichtigungen vornehmer Herrschaften geplagt, der arme Meyerling.

»Ich trage Ihrem Herrn Vater das keineswegs nach«, meinte Bensemann. »Es ist das Recht der Jugend, aufmüpfig zu sein, aber es ist das Recht und die Pflicht der Älteren, die Jüngeren in ihre Schranken zu verweisen.«

Der junge Meyerling war Friedhofsgärtner geworden, allein stehend wie sein Bekannter, der ihn zu Weihnachten besuchte und erkennen musste, dass ein trostloser Abend zu zweit kaum besser ist als das Alleinsein. So waren sie aus der allzu stillen Wohnstube ins Restaurant geflohen, hatten erfolglos ein Gespräch mit dem Kellner versucht und sich schließlich aufs Trinken, Rauchen und Bestellen verlegt.

»Und was treibt Sie am Weihnachtsabend in diese armselige Herberge? Keine Familie, mit der Sie feiern können?«

»Keine Familie«, brummte Bensemann.

»Verwitwet?« Meyerlings Freund insistierte mit schwerer Zunge. Ihn plagte offenbar eine Erkältung, denn er hustete zuweilen und zog geräuschvoll den Schleim in der geröteten Nase hoch.

»Nicht verwitwet. Sehen Sie, ich bin ein Junggeselle, dem zum Glück die Frau fehlt.«

Meyerling ächzte unbestimmt, der Rotnasige stierte ihn gedankenvoll an, bis er plötzlich loslachte. »Zum Glück die Frau fehlt, das ist gut gesagt, ja, wirklich gut gesagt.« In seiner Nase gurgelte es. »Drei Bier«, rief er.

»Sie wohnen aber nicht mehr in Karlsruhe?«, fragte Meyerling.

»Keineswegs, ich bin nur auf der Durchreise. Da kein Nachtzug fährt, hänge ich fest bis morgen früh, dann geht es in die Schweiz.«

»Ah, zum Wintersport?«

»Soweit mir das noch möglich ist, ohne dass ich Lawinen auslöse.«

Der Rotnasige lachte wieder. »Sie sind ein lustiger Vogel. Wo bleibt das Bier?«

»Muss eine Menge Geld kosten, so ein Wintersporturlaub in der Schweiz!«, stellte Meyerling fest.

Bensemann zuckte die Schultern. »Wenn man die richtigen Leute kennt, wird man eingeladen. Aber erzählen Sie mir von Karlsruhe, ich war ja einmal hier zu Hause. Was macht der Fußball?«

»Es ist bergab gegangen«, brummelte Meyerling. »Früher waren wir ja Deutscher Meister, zweimal gleich, mit Phönix und dem KFV. Aber seitdem geht es nur bergab.«

»Aber die Jugend spielt doch noch?«

»Nun ja, es ist weniger geworden. Im Sommer rennen jetzt alle ins neu gebaute Rheinbad. Da kann man die hübschen jungen Damen in ihrer Bademode sehen, wenn Sie verstehen, was ich meine.«

Die beiden Herren lachten, und als der Kellner endlich mit den gefüllten Biergläsern kam, stießen sie an. Der Rotnasige beugte sich zu Bensemann vor. Wenn er sprach, stoben kleine Speicheltropfen von seinem Mund ab.

»Prosit, der Herr, auf Weihnachten und auf den Sommer mit den hübschen jungen Damen, nicht wahr?« Er zwinkerte und trank. »Schmeckt wunderbar, das Weihnachtsbier.«

»Jedes Bier ist gut«, erwiderte Bensemann und rutschte ein Stück ab. »Aber ich gebe zu, manches Bier ist besser als anderes Bier.«

»Genauso ist es!«

»So einen Winterurlaub kann sich aber nicht jeder leisten.« Meyerling blieb dabei.

»Ich jedenfalls nicht«, erklärte sein Bekannter. »Bin nämlich arbeitslos. Seit '29.« Er hustete. Über dem Tisch hing der Rauch von vielen Zigaretten und einer Zigarre.

»Ja«, sagte Bensemann, »es ist eine schwierige Zeit, in der wir leben.«

»Schwierig vor allem für unsereins«, stellte der Rotnasige fest. »Die Aktionäre meiner alten Firma hat noch keiner entlassen. Prost.«

»Es muss sich was ändern in Deutschland«, entgegnete Meyerling und starrte Bensemann an. »Die Bonzen raffen immer mehr zusammen, und den kleinen Leuten geht's dreckig.«

»Genauso ist es!«, rief wieder der Rotnasige. »Es muss mehr Gerechtigkeit herrschen.«

Alle drei stierten auf ihre halb vollen Gläser.

»Der Hitler würde schon Ordnung schaffen.« Meyerling hatte das Schweigen unterbrochen.

»Hitler – geh!«, protestierte sein Freund und zog Nasenschleim hoch. »Ein Hetzer ist das und hat keine Ahnung.«

»Bei dem würden die Bonzen sich umsehen und die Juden und die Sozis.«

»Den Bonzen kriecht er in den Hintern, dein Hitler.«

»Stänker nur rum, wirst schon sehen.«

»An Weihnachten«, erklärte Bensemann, »wird sogar in den Kirchen gestänkert. Das gehört wohl zum Fest.«

Dieses Mal begriff der Rotnasige die Pointe nicht, und er lachte auch nicht. Er hatte den Kopf auf seine Arme gelegt und begann leise gurgelnd zu schnarchen. Meyerling starrte verbiestert vor sich hin. Bensemann dachte an die einsame Stille eines Hotelzimmers, vor der er dieses Jahr geflohen war und die er in diesem Moment schmerzlich vermisste. Er konnte nicht weg – zu kalt, um unter Kastanien zu sitzen. In jener Nacht vor drei Jahrzehnten waren ihm Shakespeares Verse aus »Othello« durch den Kopf gezogen, die er, ein wenig pathetisch, auf sich selbst bezogen hatte. Ich bin nicht, was ich bin. Manchmal schien es ihm so, als sei er in all den Jahren danach nicht viel klüger geworden, doch er weigerte sich, darüber nachzudenken. Er sagte nichts mehr und hoffte darauf, einzudösen.

Im Erste-Klasse-Abteil des Frühzuges schlief er, bis die schweizerische Grenze erreicht war. Auf der Weiterfahrt nach Montreux beobachtete er das näher rückende Alpenpanorama. Die schneebedeckten Berge hatten nichts von der trüben Sentimentalität einer verschneiten Stadt, ihre weißen Gipfel leuchteten als eine strahlende Krone über der malerischen Landschaft. Bensemann schaute hinauf, bis das Bild ihn schmerzhaft blendete, und lehnte sich dann zufrieden in seinen samtbezogenen Sitz zurück.

Am späten Nachmittag erreichte er das Grand Hotel von Montreux, wo er für den nächsten Tag mit Albert Mayer und dessen Bruder Otto verabredet war. Den Abend verbrachte er an einem Einzeltisch des Speisesaals, und als er sich in sein Zimmer zurückgezogen hatte, notierte er als Splitter für die nächsten Glossen im »Kicker«:

»Es ist Weihnachtsabend. Seit Dezennien dienen mir diese Stunden zur Rekapitulation des verflossenen Jahres. Der Komplex der Gedanken ist zuerst schwer greifbar; am Nebentisch schnattert eine Mrs. Chatterboy aus irgendeinem englischen Treuenbrietzen unaufhörlich ihr execrables Französisch mit Kellner und Ober. ›Görsong‹, tönt es wieder. ›esquill n'y ea pe de le seladde ce soar?‹ Dann vernimmt man mit Erstaunen und dankbarem Augenaufschlag zum Völkerbund, dass Graf Alexander von Hochberg, der zweite Sohn des Fürsten Pieß, in St. James' Palace beim Prinzen von Wales eingetroffen ist und in Oxford studieren soll. Now, is not that perfectly charming? Und so, von den Horsd'œuvres bis zum Obst. Aber unter dem Einfluss der Speiseakademie von Maître Wirth und Maître Weiß ordnen sich die Gedanken zu logischer Reihenfolge und klarer Übersicht, und wie ich gegen Mitternacht das Fazit ziehe, ergibt sich, dass die beiden Ideen, die mir während meines Lebens erstrebenswert schienen, trotz aller Hemmungen an Boden gewonnen haben: die Idee des Sports als Leitmotiv der Gesinnung und die Idee der Selbstbestimmung von Völkern und Menschen.«

In der Ausgabe des »Kicker«, die am 20. Januar 1931 erschien, wurden die Leser in kaum zu übersehender Form mit den Wehrkraft-Ideen des Herausgebers konfrontiert. Bensemann hatte zwei der Fotoseiten seiner Zeitung mit Bildern von milizähnlichen Jugendgruppen aus verschiedenen europäischen Ländern bestückt, die meisten aus der Schweiz, aber auch solche aus England, Frankreich, Sowjet-Russland und Italien.

Wie Bensemann erwartet hatte, löste die Veröffentlichung eine Flut von Reaktionen aus. Als er sie durchsah, musste er zugeben, dass er, wie zehn Jahre zuvor beim Abdruck des Uebelhör-Artikels, die Heftigkeit der Ablehnung unterschätzt hatte. Natürlich gab es auch zustimmende Beiträge, die meisten allerdings in einer Tonlage verfasst, die ihn von einem Abdruck absehen ließ – man hatte ihn offenbar falsch verstanden. Schließlich entschloss er sich dazu, lediglich ablehnende Zuschriften im »Kicker« abzudrucken, darunter einen von Ernst Werner, dem eher national gewandeten Herausgeber der Berliner »Fußballwoche«:

»Dass ausgerechnet von einem Sportblatt auf diese Weise ›hohe Politik‹ zu treiben versucht wird, ist etwas, das wir nicht begreifen und noch viel weniger billigen können. Überdies denken wir, dass die deutsche Jugend sehr gut ohne Soldatenspielerei auskommt, dass die Pflege unserer so genannten Wehrkraft die am allerwenigsten dringliche Aufgabe ist, die Deutschland hat.«

Die links eingestellte »Freie Sportwoche« zitierte seine Ansicht, es »wäre traurig um Deutschland bestellt, wenn der Sport nicht das köstliche, unantastbare Gemeingut, der Verjüngungsborn, das rein menschliche Allgemeingut der ganzen Nation bliebe«. Dazu merkte die Zeitung an:

»So urteilt ein Mann, der mit seinen Ansichten zwischen Himmel und Erde baumelt und nicht sieht oder sehen will, wie es in Wirklichkeit in der deutschen Sportbewegung bestellt ist. Nach Bensemanns Meinung sind – um ein Beispiel zu nennen – die ›sportlichen‹ Taten der nationalsozialistischen Sportabteilungen (SA), die mit Dolch und Revolver ihre Gegner um die Ecke bringen, auch ein ›Verjüngungsborn‹ der Nation.«

Voller Enttäuschung reagierte Perséh, der langjährige Basler Korrespondent des »Kicker«. Er warf Bensemann vor, eine »ziemlich bemerkenswerte Frontänderung« vollzogen zu haben«, und schrieb: »Wir haben zwar glücklicherweise ein vierjähriges Völkermorden nur als Zuschauer mitgemacht, aber das hat uns genügt, um uns unauslöschlich diese Überzeugung einzuprägen: dass man sich an einer Jugend und an einer Menschheit versündigt, der man militärischen Drill als etwas Erstrebenswertes anpreist und aufzwingt! Wir sehen unsere vornehmste Aufgabe nicht darin, unsere Jugend militärisch zu erziehen, sondern darin, ihr die

Begriffe der Humanität, der Achtung vor dem Mitmenschen beizubringen. In unserer Ethik hat das Wort ›Drill‹ keinen Platz.«

Zwei Anrufe waren es schließlich, die den Herausgeber darüber zweifeln ließen, ob der Abdruck des Artikels und der Bilderseiten nicht doch ein Fehler gewesen sei. Ivo Schricker verlor über das Thema an sich kein Wort, erinnerte ihn allerdings in seiner gewohnt unterkühlten Art an die Abmachung, keine politischen Polemiken mehr im »Kicker« abzudrucken, solange er als süddeutsches Verbandsorgan fungiere: »Keine Uebelhörs mehr, mein Freund, das war freilich eine inoffizielle Abmachung, aber ich gehe davon aus, dass du dich dennoch in Zukunft daran halten wirst.«

Einen Tag später hatte er eine empörte Katharina am Telefon. »Wie können Sie so etwas abdrucken, lieber Freund. Es ist verwerflich, in hohem Maße verwerflich.«

Bensemann scheuchte Müllenbach aus dem Büro, mit dem er gerade die nächste Ausgabe besprach. »Verehrte Freundin, beruhigen Sie sich. In dem, was ich geschrieben habe, sehe ich nichts, was Ihren Zorn rechtfertigen könnte.«

»Das sehen Sie nicht? Schauen Sie sich Ihre Fotos an. Sie machen Propaganda für einen fürchterlichen Militarismus.«

»Sie täuschen sich, Katharina. Ich habe expressis verbis geschrieben, die Wehrerziehung, die mir vorschwebt, solle patriotisch, aber keinesfalls militaristisch sein. Expressis verbis, wohlgemerkt.«

»Unser gemeinsamer Freund Perséh hat dazu geschrieben, was zu schreiben ist. Ich stimme ihm vollkommen zu.«

»Das freut mich zu hören, denn ich tue es auch. Der gute Perséh fordert, man dürfe der Jugend keinen militärischen Drill aufzwängen. Voilà, genau diesen Zwang lehne ich auch ab. Wehrsport sollte eine vollkommen freiwillige Veranstaltung sein. Ich gehe noch weiter. Auch ich sehe natürlich die Buben lieber Fußball spielen als in Uniformen marschieren. Es geht dabei um eine allgemeine Notwendigkeit, Katharina, um nichts weiter. Von einer militaristischen Einstellung oder einem fanatischen Soldaterlesspielen kann ebenso wenig die Rede sein, als wenn man zum Spaß zum Zahnarzt geht, oder bei einer Versicherungsgesellschaft die Jahresprämie einbezahlt.«

Katharinas Stimme wurde wütend. »Das ist kein Thema für Scherze. Sie mögen mir dies und jenes erklären, aber es bleibt am Ende doch, dass Sie unschuldige Kinder in Uniformen stecken und Krieg spielen lassen wollen und damit erst auf Gedanken bringen, die sie vorher vermutlich gar nicht hatten. Schauen Sie die Bilder an, sie sprechen für sich.«

»Die Bilder, verehrte Frau von Steinbach, sind zur Hälfte in der Schweiz aufgenommen, wenn ich Sie daran erinnern darf. In der ach so friedliebenden, alles Militaristische ablehnenden Schweiz, wo es zudem eine Volksmiliz gibt und jeder männliche Bürger während der Militärzeit sein Gewehr im Haus hat. Es ist ihr eigenes Land, über das Sie sich so empören!«

»Das ist doch alles Unsinn, völliger Unsinn!« Katharina war außer sich. »Wie können Sie so naiv sein, die Verhältnisse der Schweiz auf Deutschland zu übertragen? Wie klein ist die Schweiz und wie groß Deutschland! Hat die Schweiz jemals einen Krieg angefangen? Ist sie über Frankreich hergefallen? Ist nicht der preußische Militarismus freudestrahlend in den Weltkrieg marschiert? Wie können Sie so ignorant sein, das alles zu übersehen? Es ist schade, zu schade, dass der alte Professor nicht mehr lebt, er würde Ihnen seine Meinung sagen. Oder vielleicht ist es besser so. Er würde sich im Grabe umdrehen, wenn er davon wüsste. Und sich schämen, dass Sie sein Schüler waren.«

Bensemann wurde wütend. »Frau von Steinbach …« Doch sie ließ ihn nicht zu Wort kommen. »Und zu den Bildern aus der Schweiz sage ich Ihnen: Mit Fotos können Sie alles beweisen, auch die größte Lüge. Es gibt nur eine Hand voll Schulen und Vereine bei uns, die so etwas praktizieren. Die können Sie natürlich hundertmal fotografieren, aber was beweist das? Nichts! Es ist Unsinn, wie der ganze Artikel.«

Bensemann begann sie zu überschreien. »Unsinn, Lüge, naiv, ignorant – Frau von Steinbach, was soll ich mir noch von Ihnen anhören? Wissen Sie, was ich Perséh geschrieben habe, als er mir mit der angeblichen Fotomanipulation kam? Ich schrieb ihm, und das brauchen Sie natürlich keineswegs auf sich persönlich zu beziehen, nicht wahr, ich schrieb ihm: ›Natürlich besagen die Bilder nichts. Natürlich log der Spiegel, als er einer alten Jungfer Runzeln vortäuschte, die sie in Wirklichkeit gar nicht besaß‹.«

Im Hörer vernahm er ein Knacken, Katharina von Steinbach hatte aufgelegt. Lange starrte er nachdenklich auf den schwarzen Telefonapparat und bemühte sich, das aufkommende Gefühl einer Scham zu verdrängen. Schließlich musste er zugeben, dass er sich vollkommen blamiert hatte. Zweifellos hatte er Recht und Katharina hatte Unrecht, und zweifellos hatte sie den Streit als Erste eskaliert. Aber als Gentleman hatte er versagt.

Einige Minuten saß er unschlüssig und schwitzend vor Ratlosigkeit. Dann nahm er den Hörer ab und ließ sich mit Zürich und dem Anschluss von Steinbach verbinden. Als die Haushälterin sich meldete, wünschte er Katharina zu sprechen. Gedämpftes Getuschel. »Frau von Steinbach ist nicht im Hause.«

Nahezu erleichtert legte er auf. Er hatte es versucht, und damit war der Fall abgeschlossen.

XIV

»Das herrlichste Geschöpf der Welt«

Nürnberg im Sommer 1932

Natürlich hätte er Sandmann rausschmeißen sollen. Des Barres hatte ja Recht, aber dazu besaß er keine Kompetenz. Formal gewiss, er führte die Geschäfte, aber Sandmann war der Mann von Willmy, der das Kapital hatte, und von Kartini, dem mächtigen Vorsitzenden des süddeutschen Verbandes. Deshalb war nichts zu machen. Wenn er Geld brauchte und die privaten Reserven erschöpft waren, musste er zu Sandmann, und der würde ihn verzweifelt anschauen, die Hände in Unschuld waschen und die Augen nach oben drehen, dahin, wo im Stockwerk über ihnen Max Willmy residierte und den Tresor bewachte.

Neulich hatten sie ihn dort abgefertigt, Kartini und Willmy, seine Kompagnons. Sie hatten eine Aufstellung vor sich liegen, die ohne Zweifel von Sandmann stammte, mit all den Auszahlungen, die Bensemann in den letzten Monaten in Anspruch genommen hatte, und mit all den schludrigen Spesenabrechnungen, die der Herausgeber beigebracht hatte. Dazwischen klafften etliche Lücken, und nicht nur das war es, was Kartini und Willmy auf die Palme brachte. Sie warfen ihm vor, er pflege einen Lebensstil, der mit der Ertragskraft der Zeitung keineswegs in Deckung zu bringen sei, und schlimmer noch, er brüste sich mit seinem Luxusleben ständig und penetrant in seinen Kolumnen. Kartini schwenkte den »Kicker« vom Januar durch die Luft, in dem sich der Reisebericht über jene Schweiz-Fahrt befand, die im Karlsruher Bahnhofsrestaurant so unselig begonnen hatte.

Was soll der einfache Fußballer, hatte Kartini streng erklärt, der einfache Leser also denken, vielleicht ist er arbeitslos, vielleicht verdient er einen kärglichen Lohn, der vorne und hinten nicht reicht, was soll er also denken, wenn er liest, wie der Herausgeber seiner Zeitung eine geschlagene Woche im teuersten Hotel des teuren Urlaubsortes Montreux sitzt und Abonnentengelder verprasst? Und, nur als Exempel, so dreist ist, die

Menüfolge seines Silvesterdinners abzudrucken. Kartini las sie vorwurfsvoll aus der Zeitung vor: Canapés de Caviar et de Foie gras – Fruits Cocktails – Real Turtles Soup – Langouste Thermidor Riz Pilaf – Médaillon de Ris de Veau chasseur, Petits Pois fines fleurs, etcetera, und das sind erst die ersten von neun Gängen, dazu als Wein wahlweise Haute Sauternes 1919, Corton Clos du Roy 1921 oder Pol Roger brut 1921. Willmy nickte heftig, und es nutzte wenig, dass Bensemann empört vorbrachte, das Dinner sei von Mrs. Josephine Ebling aus Neuyork gegeben und er selbst geladen gewesen; ebenso wenig beeindruckte die charmante Anekdote, wie er der großzügigen Gastgeberin gleich zu Beginn auf die Schleppe ihres Ballkleides getreten sei und die elegante Mrs. Ebling, wie er sagte, mit lächelndem Mund eine Schöpfung von Paquin scheiden sah. Die launige Geschichte verfehlte ihre Wirkung, Kartini kannte sie schon aus dem »Kicker« und argumentierte, gerade so etwas verstärke den Eindruck, der Herausgeber der Zeitung lebe auf allzu großem Fuß und inmitten einer allzu vornehmen Gesellschaft.

Am Ende hatten sie ihm den Spesenetat zusammengestrichen, seine Reisepläne überprüft und stirnrunzelnd von Stockholm erfahren: Muss das sein, und dann noch zu zweit? Aber Stockholm war der FIFA-Kongress, und gegen die FIFA kamen sie nicht an. Die FIFA-Kongresse machte er seit Jahren, 1925 war es nach Prag gegangen, die Jahre darauf nach Rom, Barcelona, Budapest, Berlin. Und vor Berlin, im April 1931, war der FIFA-Vorstand zur vorbereitenden Sitzung nach Nürnberg gekommen, wohl nicht zufällig. Rimet aus Frankreich, Hirschmann aus Holland, Seeldrayers aus Belgien, Fischer aus Ungarn, Mauro aus Italien, Schricker und all die anderen hatten sich natürlich bei Richert einquartiert, einige der Herren besuchten die Redaktionsräume des »Kicker«, man spazierte durch die Stadt und traf sich in der Sebaldusklause oder auf Einladung Bensemanns in Böhms Herrenkeller. Die FIFA war sein Parkett, da spielten Kosten keine Rolle. Die FIFA ist das herrlichste Geschöpf der Welt, hatte er danach geschrieben, halb im Scherz, halb im Ernst, und herrlich würde es in Stockholm werden, denn Johanson, der schwedische Gastgeber, war sein Freund, und Ivo Schricker würde zum Generalsekretär gewählt werden. Das hatte er mit eingefädelt, seit Jahren schon.

Natürlich würde er im Mai nach Stockholm fahren, schon wegen Schricker, der ja immerhin einmal Vorsitzender der Süddeutschen gewesen war. Willmy und Kartini ließen ihn ziehen, drückten die Spesen und strichen den Mitfahrer. Müllenbach musste zu Hause bleiben.

»Mittwoch. Die Reise von Nürnberg nach Berlin bietet wenig Erfreuliches. Ich glaube, die drei Eisheiligen haben die ganze Baumblüte mit Stumpf und Stiel aufgefressen. Nur um Jena herum winkt es rot und weiß von den Bäumen. Dafür ist durch Lektüre reichlich gesorgt, dass die Zeit vergeht.«

Nach zwei Stunden legte Bensemann sein Buch zur Seite, die Betrachtung des jungen Wissenschaftlers Dr. Klaus Mehnert über »Die Jugend im Sowjetstaat«. Der Herausgeber hatte gehofft, einige Informationen über den Fußball in Russland zu finden, war aber enttäuscht worden. Dennoch fesselte ihn das Buch, denn es enthielt einige originelle Betrachtungen über den Wert der menschlichen Individualität, die zwar als Kritik am Sowjetstaat gedacht, aber zugleich als Mahnung gegen rechte und linke Totalitäten in anderen Ländern verstanden werden konnten. Bensemann beschloss, die Anmerkungen in seine Reiseglossen aufzunehmen.

»Bei aller Anerkennung des Geleisteten verschweigt Mehnert nicht, dass jeglicher Individualismus unter dem Regime der Sowjet-Machthaber fast erstorben ist; wo er sich noch findet, dient er nicht dem Einzelnen, sondern der Totalität. Ich zitiere: ›Der Bolschewismus führt den Kampf gegen das Individualistische, nicht gegen das Individuelle. Mit anderen Worten: Seine Führer sind sich darüber im Klaren, dass es unter den Menschen, ebenso wie unter den Tieren und Pflanzen, immer individuelle Verschiedenheiten geben wird, die beseitigen zu wollen töricht und sinnlos wäre. Unterdrückt wird die individualistische Kultivierung dieser individuellen Verschiedenheiten, die etwa in dem Wunsch nach Absonderung zum Ausdruck kommt. Man anerkennt das Individuum als Tatsache, aber bekämpft den Individualismus als Tendenz. Oder: Der eine soll ruhig anders sein als die anderen; er soll es nur nicht anders haben wollen; er soll nicht danach streben, etwas für sich, im Gegensatz zu andern, aufzubauen; er soll nicht den Zusammenhang mit der Allgemeinheit und mit dem sozialistischen Aufbau verlieren.‹ Man sieht: Die Grenze für die Persönlichkeit ist leicht erreicht; die Freiheit der Gesinnung, die dem West- und Mittel-Europäer von Kultur als das Höchste gilt, diese Freiheit hat der Russe nicht. Er ist Diener der vorgeschriebenen Idee, und damit ist alles gesagt. Das Buch ist sine ira et studio geschrieben, und wer zwischen den Zeilen lesen kann, wird mit dem Inhalt zwei angenehme Stunden verbringen.«

Bensemann hätte gerne gewusst, was Katharina zu diesem Text gesagt hätte. Zweifellos wäre sie über die Kritik an der Sowjetunion nicht sonderlich erfreut gewesen, hätte aber zugeben müssen, dass die Passage ansonsten dem alten Professor aus der Seele gesprochen hätte, insbesondere der

Hinweis, man müsse das Buch zwischen den Zeilen lesen. Aber vermutlich würde er die Meinung der Schweizerin niemals erfahren; sie meldete sich nicht mehr, obwohl er jenes Thema, das ihr Zerwürfnis gebracht hatte, im »Kicker« seither nahezu gänzlich mied.

Mit geringer Verspätung lief der Zug am Anhalter Bahnhof ein; dort wurde Bensemann von Berliner Kollegen begrüßt.

»Wir gehen im Bristol speisen; essen wäre ein armseliger Ausdruck für die immer noch hervorragende Küche der Dynastie Uhl.«

Das war als Gruß an Willmy und Kartini gedacht; er überlegte eine Weile, ob er es wagen solle, ließ es aber stehen. Die Quittung musste er ohnehin vorlegen.

Der Zug Richtung Norden ging vom Stettiner Bahnhof, dort stieg auch Felix Linnemann ein, zum Glück in Begleitung seiner Frau, weshalb Bensemann sich abseits halten konnte. Linnemann hatte ihm die alten Streitigkeiten nicht verziehen und auch nicht die Bemerkung, mit der Bensemann vor einigen Jahren seine Wahl zum DFB-Vorsitzenden kommentiert hatte: Linnemann sei der einzige Berliner Prominente, mit dem er sich nie vertragen konnte. Das galt noch immer, daher gingen sie sich, nach einer knappen Begrüßung, auf der Fahrt nach Möglichkeit aus dem Wege.

»Die Schweizer Delegierten und die Vertreter von Polen und Luxemburg schließen sich in Berlin oder auf der Reise an, und so hat man doch wenigstens etwas Zerstreuung.«

In Sassnitz betrat Bensemann zum ersten Mal seit vielen Jahren wieder eine große Fähre, und er genoss die vierstündige Passage nach Trelleborg. Sie erinnerte ihn an seine häufigen Überfahrten nach England, die letzte davon vor 18 Jahren. Seit er damals auf dem Kontinent vom Weltkrieg überrascht worden war, hatte er die Insel gemieden, zunächst des Krieges wegen, dann aufgrund des Zerwürfnisses mit Frederick J. Wall und später, als das sich geglättet hatte, weil er befürchtete, dass die Verhältnisse ihm fremd geworden seien. Dennoch schien es ihm, als er auf dem Oberdeck an der Reling stand und vor ihm die Küste aus dem Dunst des Morgens wuchs, als könne es keine andere als die englische sein, als sei er übers Meer zwei Jahrzehnte zurückgefahren und kehre nach langer Abwesenheit zurück ins Zuhause seines Internats.

»Donnerstag. Von Trelleborg bis Stockholm ist noch ein kleiner Katzensprung von 600 bis 700 Kilometern; jede Stunde wird gezählt, registriert und dann in den Papierkorb geworfen. Eine Szene aus jener endlosen Fahrt ist mir im Gedächtnis geblieben: Wir haben im Speisewagen zu Mittag gegessen und Kaffee getrunken; da der Kaffee ausgezeichnet ist, bestelle ich eine Tasse nach, und da ich vorher schon bezahlt habe, lege ich für die zweite Tasse 50 Oere auf den Tisch und gehe weg. Aber der Speisewagenkellner sucht mich durch den ganzen Zug, findet mich, legt 50 Oere auf den Tisch und sagt: Beim Kaffee geben wir immer zwei Tassen, Sie haben 50 Oere zu viel bezahlt. Heute, wo ganz Europa vom großen Trog zu fressen sucht, ist solche schwedische Ehrlichkeit typisch. Wo, außer in der Schweiz und in Schweden, kann man noch sein Haus offen, seine Zimmer unverschlossen, seine Kostbarkeiten der öffentlichen Anständigkeit preisgeben, liegen und stehen lassen?«

Wie stets auf seinen Auslandsfahrten fühlte Bensemann sich verpflichtet, das Gastgeberland in ein angenehmes Licht zu rücken; er sah es als eine Dankesschuld des Geladenen, die er von seinen eigenen Gästen in gleichem Maße erwartete. In Schweden, dem Fußballreich von Anton Johanson, fiel es ihm leicht.

»Es gibt Länder, in denen ein Name, eine Persönlichkeit ein Programm bildet, in denen der Gastfreund nie versagt, gleichviel ob es sich um eine Auskunft, eine weiße Krawatte, eine halbe Flasche Whiskey, ein Auto, eine Adresse, einen Eilbrief oder sonst etwas handelt. Ein solcher Mann war der unvergessliche Hans Gamper: dieser Riese von Mensch mit dem zart fühlenden, teilnahmsvollen Herzen, der beste aller Schweizer und Spanier, der König des Barcelonenser Fußballs, ein Sportprinz in seiner Adoptivstadt. Eine solche Persönlichkeit ist der Ingenieur Fischer von Budapest, in den feinen Künsten gewürfelt, hoch gebildet, eine Replika des verstorbenen Aristide Briand, eine Zierde jedes Fußballkongresses und besonders seiner Heimat, die nur eine Fischerbastei und nur einen Fischer aufzuweisen hat! Und ist der kriegerische Hugo anders? Wandelt er nicht immer im Hotel treppauf, treppab, um die Gäste seines österreichischen Fußballbundes komfortabel zu machen; und, obgleich ihm außer an Fußballpolitik an nichts in der Welt viel liegt, sorgt er dafür, dass die Billetts pünktlich eintreffen, dass man zum Bummel in Wien Gesellschaft hat, dass der weich geklopfte Kaffee pünktlich auf dem Tisch steht und das Paprikahuhn bei Meißl und Schadn soigniert wird wie in der Zeit vor dem Kriege. Auch den Dr. Xandry wollen wir nicht vergessen, der imstande ist, eine Vierteilung an sich selbst vorzunehmen, um hilfsbereit und zweckdienlich zu gleicher Zeit bei Lindemann im Russischen Hof, im Esplanade und im

Stadion zu erscheinen. [...] Alle diese Leute sind von Natur aus völlig verschieden in Einstellung, Lebensart, Bedürfnissen oder Bedürfnislosigkeiten; eines haben sie gemeinsam: Ohne sie ginge es eben nicht; sie haben jenen notwendigen, altruistischen Zug um den Mundwinkel, der stets besagt: Armer Freund, wo fehlt es dir; fasse Mut! Ich komme.«

Und genauso sah er Johansons Gastfreundschaft.

Gemeinsam mit den offiziellen Delegierten stieg Bensemann im Grand Hotel Royal ab, wo er Hugo Meisl, Ivo Schricker und Peco Bauwens zu finden hoffte und auch fand. Noch vor dem offiziellen Empfang zogen sie sich in eine Sesselgruppe des Foyers zurück, wo Meisl berichten konnte, dass die Wahl Schrickers zum Generalsekretär der FIFA wohl perfekt sei; auch Frankreich hätte zugestimmt und beschlossen, den gebürtigen Straßburger nicht als abtrünnigen Elsass-Deutschen, sondern als Beinahe-Franzosen anzusehen. Der listige Hugo nutzte die Gunst der guten Nachricht, um eine heikle Forderung seines Verbandes anzusprechen, die Verminderung der Zahl der FIFA-Vizepräsidenten – Schricker, der aufsteigen würde, wäre ja nicht betroffen.

Eben deshalb könne er kaum zustimmen, erklärte Ivo vorsichtig und mit Unterstützung von Bauwens, der gleichfalls leise Töne anschlug. Bisher hatte man die beachtliche Zahl der Vizepräsidenten als probates Mittel geschätzt, um die Eifersüchteleien der Nationalverbände zu befrieden.

»Natürlich sucht jeder Nationalverband seinen Mann durchzubringen«, notierte Bensemann in sein zum Abdruck vorgesehenes Reisetagebuch, »und wenn wir Geld hätten, wie wir keines haben, wäre daran auch gar nichts auszusetzen. Leider sind wir alle übel daran, und der Hugo erklärt mit Recht, dass dem österreichischen Fußballbund, der sich ohnedies mit seinen vielen Proficlubs schwer tut, die jährliche Ausgabe von einigen tausend Schilling für die FIFA eine unerträgliche Belastung erscheint. Aber andererseits muss man auch etwas für Repräsentation tun; das schönste Haus ist nichts ohne Fassade, und auch hier heißt es ›il faut souffrir pour être beau‹. Übrigens ist dies ja ein diskutabler Punkt, der durch Diplomatie und guten Willen leicht geregelt werden kann. Natürlich wäre es am schönsten, wenn die FIFA 40 Vizepräsidenten hätte, und sie wäre ja m. E. leichter imstande dazu, das Geld aufzubringen, als der Völkerbund, der unter einer Depression ohnegleichen leidet und der sicherlich nicht die innere Zusammengehörigkeit, den Kontakt von Mensch zu Mensch besitzt wie die Fédération Internationale. Die Unterschiede zwischen den Nationen sind heute bei der FIFA völlig verschwunden; kein Teufel fragt mehr danach, ob die leitenden Herren aus Deutschland, Frankreich, Uruguay oder Japan sind: Es kommt eben nur auf den Menschen an und gar nicht auf die Nationalität.«

Später wurde das Buffet eröffnet; man parlierte mit einem Teller in der Hand, und Bensemann, der trotz der langen Reise keine Müdigkeit mehr spürte, ging von Gruppe zu Gruppe, um in gewohnter Zungenfertigkeit alte Freunde aus Rom oder Barcelona, Amsterdam oder Budapest zu treffen, die er bei internationalen Spielen kennen gelernt hatte und die inzwischen in ihren Verbänden nach oben gestiegen waren. Jede herzliche Begrüßung war wie eine Bestätigung, dass er auf diesem Parkett auch ohne Amt und Titel zählte – ein Outsider, der dazugehörte.

Als er am nächsten Morgen sein Tagebuch weiterführte, fand er diesen Aspekt berichtenswert. Sicherlich musste der »Kicker« auch einen referierenden Bericht des Kongresses geben, den Bensemann, da Müllenbach dieses Mal ausfiel, einem Berliner Kollegen übertragen hatte. Seine Tagebuch-Notizen erschienen ihm wichtiger. Nicht nur dass sie mehr Leser finden würden. Man las sie ja nicht nur des Tratsches und seiner Formulierkünste wegen, sondern auch, weil man spürte, dass auf den FIFA-Tagungen keineswegs immer die Tagesordnung und die Beschlusslage im Mittelpunkt stand, sondern die Begegnung an sich, der Disput am Rande und die Atmosphäre des Tete-a-Tete. Was war wichtig vom ersten Abend, da der Kongress noch gar nicht begonnen hatte? Gewiss Hugos Mordplan gegen die Vizepräsidenten. Was noch? Dass man sich wiedergesehen, gut getrunken und parliert hatte – vor allem aber: bestens gespeist.

Was war zu schreiben über die Eröffnungsrede des Kronprinzen im Rathaus am nächsten Vormittag? Dass es eine »formvollendete französische Rede« war, mehr nicht, denn Französisch war die Sprache der FIFA, und damit schien alles gesagt. Vielleicht noch dies: »Im Laufe des Mittags ließ der Kronprinz sich die Delegierten vorstellen, plauderte mit den meisten in freundlicher und ungezwungener Weise. Als ihm Anton Johanson erzählte, der ›Kicker‹ sei das beste Sportblatt des Kontinents, meinte er, es müsse heute nicht leicht sein, eine Zeitung auf dem Niveau zu halten, da es uns in Deutschland ja auch nicht zum Besten ginge.«

Am Freitagnachmittag begann der Kongress; über die Präliminarien kamen die Delegierten nicht hinaus, und Bensemann sparte sich jedes

Wort darüber. Stattdessen hielt er die Aufführung für wichtig, die am Abend in der Königlichen Oper und in Anwesenheit der königlichen Familie besucht wurde und einen adeligen Glanz über die ganze FIFA-Versammlung warf. »Keine andere Art von Bühne hätte stimmlich und orchestral Derartiges bieten können; in seiner Suprematie passte es so ganz und gar zu jenem Abendbankett im Wintergarten des Hotels Royal, wohl weitaus dem schönsten Saal der europäischen Hotellerie.«

Den ganzen Samstag über setzte der Kongress im Rathaus seine Beratungen fort, während Bensemann, der hinten im Saal saß, seine Leser über die monumentale Konstruktion des Gebäudes aufklärte, in der die nordische Sagenwelt der Riesen und Trolle ihren architektonischen Ausdruck gefunden hätte. Die Verhandlungen selbst schienen ihm fürs Erste durch eine Anekdote ausreichend zusammengefasst:

»Julius Rimet, der geistreiche Causeur, erzählte beim großen Festessen im Grand Hotel folgende Parabel: Ich komme mir vor wie jene beiden Handwerksburschen, die spät nachts von Wirtsleuten auf ihrem Boden einquartiert wurden. Gerade als sich der Schlaf auf ihre Lider zu senken begann, hörten sie, wie der Wirt ein Messer wetzte und die Frau mit schrecklicher Stimme sagte: ›Glaubst du, dass wir sie beide schlachten müssen?‹ Entsetzt warteten die Handwerksburschen der kommenden Dinge; allein es geschah nichts; ruhig verging die Nacht, und am andern Morgen fanden die beiden Wanderer zum Frühstück zwei gebratene Hühnchen vor. So erging es mir mit Anton Johanson, dem seit vielen Jahren der Ruf eines Diplomaten und Verschwörers anhaftet. Ein klein wenig gebückt geht er durch den Saal; flüstert den Leuten ins Ohr, redet leise, so dass ich mir schließlich sagte: ›Um Gottes willen, was wird uns hier geschehen?‹ Aber es geschah gar nichts; es gab immer nur neue Festlichkeiten, neue Bankette, neue Empfänge, neue gebratene, junge Hühner.«

»Sonntag. Es ist so gekommen, wie ich geschrieben habe: Schricker wird FIFA-Sekretär.« Und Peco Bauwens rückte in den Exekutiv-Vorstand – zwei seiner besten deutschen Freunde auf dem Fußball-Olymp. Ihren Erfolg sah Bensemann auch als seinen: Als weit gereiste, sprachgewandte Polyglotte verkörperten sie für ihn das Gegenbild zu all den Kuhwedels im DFB, zu Linnemann vor allem, den er in Stockholm spöttisch den »verehrten Präsidenten« nannte und den er nun, da die Wahlen so glänzend verlaufen waren, herantreten sah.

»Unser verehrter Präsident hat mich gestern Abend nach meiner Meinung über diese Konferenz gefragt, und ich habe es nicht vermocht, über die Frage mit einem flüchtigen Achselzucken hinwegzugehen. Rimet ist unser großer Aktivposten. Er erinnert mich bisweilen an den alten Kaiser Franz Joseph, der die wacklige Monarchie nur noch durch seine Person zusammenhielt. Jetzt haben wir noch ein anderes Bindeglied bekommen: den neugebackenen Sekretär; aber dieser muss sich erst in seinem neuen Amt so durchsetzen, wie es dem göttlichen Julius seit fast einem Menschenalter gelungen ist. Ohne Zweifel wird Schricker wesentlich zum Kitt der FIFA beitragen; aber sonst ist in diesen Tagen zu ebendiesem Kitt nichts geschehen; lose fuhr der Mörtel in allen Ecken und Winkeln herum.«

Der letzte Satz ging gleich wieder gegen Linnemann. Der deutsche Delegationsleiter hatte sich mit der Forderung durchgesetzt, dass jeder Nationalverband in Amateur- und Profifragen absolut autonom entscheiden könne. Die FIFA von der Regelung dieses Problems auszuschalten bedeutete einen Rückschlag für all jene, die darauf gehofft hatten, mithilfe des internationalen Verbandes einen Kompromiss auch in Deutschland zu etablieren. Nun hatte Linnemann mit einem geschickten Schachzug nicht nur die Diskussion unterbunden, sondern sich selbst völlige Handlungsfreiheit gesichert. »Man will offenbar die ganze Frage ad absurdum führen und überlässt es für die nächste Zukunft den Verbänden, ihren Amateurstatus selbst zu regeln. Et nous verrons ce que nous verrons! Es wird aber nicht rosig ausschauen«, notierte Bensemann in sein Tagebuch.

Mit Linnemann gestaltete sich das Gespräch an diesem Abend kühl, mit Hugo Meisl dagegen umso lebhafter. Freundschaftlich lächelnd erklärte er dem Wiener, seine scharfzüngige Rede auf dem Kongress sei die einzige gewesen, bei der er es bedauert habe, selber kein Rederecht zu besitzen, denn es habe ihn gedrängt, zu antworten, und wie! Denn Meisls Sparpläne in Richtung FIFA schienen ihm an die Substanz der Fédération zu gehen. Mit zwei statt bisher sieben Vizepräsidenten könne man ja leben. »Eigentlich wäre dies gar nicht so wichtig, aber manchen lang gedienten Präsidenten ist der Abschied von ihrem Titel doch nahe gegangen. Es fehlt ihnen etwas; Herr Vizepräsident klang reizend; Herr Mitglied klingt nach Balkan.«

Doch Hugo Meisls Forderungen reichten noch weiter: Der FIFA-Kongress sollte statt jährlich nur noch alle zwei Jahre stattfinden. Dass diese Idee durchkam, war eine Enttäuschung; dass gerade Meisl sie aufbrachte, eine noch größere. Wenn der hauptsächliche Wert der FIFA-Kongresse in der Begegnung als solcher lag, im Gewähren und Genießen von Gastfreundschaft, im vielsprachigen Plausch am Buffet, dann hatte sich dieser Wert halbiert. Als Entscheidungsgremium wurde die FIFA vielleicht nur alle zwei Jahre gebraucht. Als sportlicher Völkerbund aber konnte sie nicht oft genug tagen.

Hätte Linnemann die Idee aufgebracht, so wäre ihm der Zorn des »Kicker« gewiss gewesen. Doch gegen Hugo Meisl konnte er keine Polemiken schreiben. Hugo war ein Football Man, englischer als viele Engländer, wie Foster einst gesagt hatte. Und seine Nationalelf, die er aufgebaut hatte und die allenthalben »Wunderteam« genannt wurde, war die beste auf dem Kontinent, vielleicht sogar besser als die Engländer. Sie hatte die Schotten in Wien mit 5:0 vom Platz gefegt, die Deutschen in Berlin mit 6:0, die Ungarn sogar mit 8:2. Hugo Meisl war als Trainer wie als Funktionär schon jetzt eine Legende, und gegen solch einen Mann war es schwer, Polemiken zu schreiben. Es war unmöglich für den, der ihn noch dazu als Freund betrachtete.

Selten hatte Bensemann länger an Formulierungen gefeilt, mehr Passagen verändert oder Geschriebenes wieder durchgestrichen. Schließlich verschob er es auf die Rückfahrt; er hatte ohnehin noch ein anderes Problem zu lösen. Denn ebendieser Rückfahrt sah er mit einer beängstigend leeren Geldbörse entgegen; trotz aller Großzügigkeit der Gastgeber hatten seine Ausgaben die ihm genehmigten Spesen längst aufgezehrt. Es war nicht das erste Mal, dass ihm das passierte, und in der Regel fand sich eine helfende Hand. Doch nun war Schricker untergetaucht in seinem neuen Amt, Bauwens packte bereits für eine gemeinsame Ferienreise mit seiner Frau, und Meisl fiel als Gläubiger natürlich aus, wenn er ihn im »Kicker« noch rupfen wollte. Ein wenig verlegen klopfte er in letzter Minute bei Bauwens an, um ihm unter den belustigten Augen seiner Gattin die Situation zu schildern. Nach der ersten Andeutung bedeutete der Schiedsrichter ihm zu schweigen, fragte nach der benötigten Summe und händigte sie ihm mit der Bemerkung aus, nichts sei ihm teurer als eine gute Presse.

Die Episode hatte aber auch ihr Gutes, dachte Bensemann, als er auf der Rückfahrt, den Block auf die Knie gestützt, sein Tagebuch zu Ende schrieb: Sie gibt mir für meinen Strauß mit Hugo den notwendigen Sarkasmus. Denn zuerst geht es dabei ums Geld, und das ist ein Thema, über das nur ein armer Teufel seinen Spott treiben darf.

»Nur noch alle zwei Jahre soll der FIFA-Kongress in Zukunft stattfinden, warum? Da haben wir uns also jetzt von Jahr zu Jahr durchgerungen, Sizilianerwein getrunken, Wildsäue gejagt, vom Tividabo auf Barcelona geschaut und vice versa; auf allen Hügeln Roms haben wir gefrühstückt und dem Bürgermeister von Frascati seinen Keller leer gesoffen, und das soll nun der Dank sein für unser heißes Bemühen! Ich muss Ihnen sagen, meine Herren: Ein Kongress, der nicht jedes Jahr zusammentritt, hat seinen Beruf verfehlt. Und Hugo Meisl, der uns gestern wieder so schön erzählt hat, wie die Amerikaner die österreichischen Profis klauen, und dass er nur Wiener und Grazer brauchen kann, aber um Gottes willen keine Engländer, also der Hugo will uns glauben machen, dass man aus Sparsamkeitsrücksichten nur noch alle zwei Jahre tagen soll. Ich aber sage: Wenn die Nationalen kein Geld mehr haben, um ihre Delegierten zu einem FIFA-Kongress zu schicken, dann lasst uns alle in den Kyffhäuser ziehen und warten, bis die Raben nicht mehr um den Berg fliegen. Wo soll da der Kontakt bleiben? Wo soll Linnemann seine schön ziselierten, logisch aufmarschierenden Gedankenquadern niederlegen? Wo soll Mauro vor versammeltem Kriegsvolk beweisen, dass er in seinem konzisen Satzaufbau nur das Erbteil juristisch geschulter Ahnen übernommen hat? Wo sollen alle die Führer Trost und Labsal, Nektar und Ambrosia, Befruchtung und Ansporn schöpfen, wenn sie sich nicht in gegenseitigem Gedankenspiel ergehen können. – Und jetzt kommt mir ein fürchterlicher Gedanke: Diese zweijährige Karenzzeit ist nur wegen der Journalisten eingeführt worden, damit sich die armen Teufel während zweier Jahre nicht satt essen können! Das sieht diesen Weltregenten ähnlich: der siebenten Großmacht nichts gönnen, sie kaltstellen. Wir werden uns rächen.«

Auf der Fähre nach Rügen kaufte er sich die »Vossische Zeitung«, für die seit einiger Zeit auch Willy Meisl schrieb, doch blieb er nicht im Sportteil hängen, sondern im politischen, der mehr als die üblichen schlechten Nachrichten brachte. Groener war entlassen worden, der Innenminister, der einen Monat zuvor die SA verboten hatte. Die politische Lage, die nach Hindenburgs Wahlsieg über Hitler stabilisiert schien, war wieder völlig ungewiss; die braunen Horden, die sich von dem Verbot ohnehin wenig beeindrucken ließen, würden frecher auftreten denn je. In Hindenburgs Wahl zum Reichspräsidenten hatte Bensemann noch die Bestätigung dafür gesehen, dass die NSDAP zwar Proteststimmen sammeln, aber niemals an die Macht gelangen werde, auch wenn Freunde wie Landauer oder Meisl ihm vorhielten, Hitler, der Judenfeind, habe zwar die Wahlschlacht verloren, aber über 13 Millionen Stimmen gewinnen können.

Groeners Entlassung allerdings beunruhigte ihn zutiefst. Denn sie bewies ihm, dass die bürgerliche Mitte der extremen Rechten nicht einheitlich begegnete und dass diejenigen verdrängt wurden, die den Spuk energischer bekämpfen wollten. Hitlers Macht begann, von der Straße und den Biersälen ins politische System hineinzuwirken. Zwar würde er, wenn er in die Regierung einträte, zweifellos bald domestiziert werden und den propagandistischen Ankündigungen wenig Taten folgen lassen können. Doch für die politische Linke würden die Zeiten schwieriger werden. Und für die Juden, die an allem ja schuld waren, wohl auch. »Unser Strandhotel ist judenrein«, hatte er fünf Tage zuvor auf einer Werbetafel am Hafen von Sassnitz gelesen, bevor er die Fähre nach Schweden bestiegen hatte. Was alles würde man sonst noch judenfrei machen?

Wie auf der Hinfahrt, so erwartete Bensemann auf dem Oberdeck stehend das Näherrücken der Küste. Und wie er sich vor einigen Tagen mit heiteren Gedanken der Kanalpassagen früherer Jahre erinnert hatte, so dachte er auch dieses Mal zurück, jedoch in düsterer Stimmung. Auf seiner letzten Überfahrt nach Ostende hatte ihn damals, im Juli 1914, die Nachricht vom Kriegsbeginn erwartet und jede Rückkehr in sein vertrautes englisches Leben unmöglich gemacht. Dieses Mal verließ er das glückliche Schweden und das herrlichste Geschöpf der Welt, und es überkam ihn eine unbestimmte Ahnung, dass dies alles hinter ihm im Meer versank und er genauso wenig dorthin zurückfinden würde wie seit 18 Jahren nach England.

In Nürnberg machte er nur kurz Station, diktierte aus seinen Aufzeichnungen den Bericht für den »Kicker«, wechselte im Fürstenhof rasch Garderobe und Handgepäck und reiste weiter. Sollte sich Müllenbach um den Alltag kümmern und Sandmann seine Erbsen zählen. Er sah sich in München das Spiel Süddeutschland gegen Niederösterreich an; es endete, obwohl die Österreicher nur in zweiter Garnitur spielten, 3:3, und abends saß man im Hotel Königshof beisammen. Hugo Meisl war da, der sich gut gelaunt über die Bensemann'sche FIFA-Glosse unterrichten ließ, und Kurt Landauer, der mit seinem Bayern-Team endlich sportliche Erfolge feiern konnte. Man redete heiter und mied das Politische, dafür wettete Bensemann mit Münchens Oberbürgermeister Scharnagl um fünf Mark: dass nämlich beim bevorstehenden Halbfinale zur Deutschen Meisterschaft nicht der FC Bayern, sondern der ruhmreiche Nürnberger »Club« gewinnen würde.

Am nächsten Morgen fühlte er sich matt und krank; er musste sich zum Aufstehen und Ankleiden zwingen und mied, da er heftige Übelkeit verspürte, das Hotel-Frühstück. Bensemann vermutete Herzstörungen, die ihn in letzter Zeit öfter befielen, doch die Herztropfen zeigten kaum Wirkung, der Puls blieb zu hoch und unregelmäßig. Er musste ausruhen, das Programm der letzten Tage war zu anstrengend gewesen, zumal er sich nach wie vor weigerte, dem Rat der Ärzte zu folgen und auf lange Nächte mit Zigarrendunst und guten Weinen zu verzichten.

Hätte er sich stärker gefühlt und jünger, wäre er mit Meisl weiter nach Prag gefahren, wo Österreich gegen die Tschechoslowakei spielte, die beiden besten Mannschaften des Kontinents also und ein Aufmarsch alter Freunde. Aber daran war nicht zu denken, ganz abgesehen davon, dass ihm die finanziellen Mittel für die Fahrt fehlten.

So reiste er zurück nach Nürnberg, anfangs schlecht gelaunt wegen der körperlichen Beschwerden, dann zunehmend wehmütig gestimmt. Prag würde nicht das letzte internationale Ereignis sein, das er streichen musste. In Wahrheit war es erst der Anfang: Er fühlte sich zu müde, um den gewohnten Takt seines Lebens zu halten. Damit stand er nicht allein. Mit ihm alterte und verblasste eine Epoche der Fußballbewegung, der er sich zurechnete und die ihm als die goldene erschien. Es war nicht zu verhindern, dass die Zeiten sich änderten. Aber er gestattete sich die Sentimentalität eines Menschen, der die eigene Generation mitsamt ihren Idealen schwinden sieht.

Die Wette gegen den Münchener Oberbürgermeister war eine solche Sentimentalität, denn tatsächlich ging die große Zeit der alten »Club«-Elf zu Ende; Bensemann wusste es und sah es wie ein Symbol. Die grandiosen Nürnberger Individualisten waren in die Jahre gekommen, konditionsschwach oder, wie Stuhlfauth, bereits ausgemustert. Gleich starke Nachfolger waren nicht zu sehen. Kalb das Zentrum ihres Spiels, schleppte einen halben Zentner Übergewicht aufs Feld, und Bensemann hatte schon vor zwei Jahren über ihn schreiben müssen: »Mit Kalb ist ein System gefallen, die letzte Hoffnung auf Jahre hinaus.«

Unbestreitbar war der Spielstil des »Club« antiquiert. Die Epoche der klassischen Mittelläufer, die das Zusammenspiel der Mannschaft als offensiv ausgerichtetes Zentrum organisierten, war vorbei. In England spielte man inzwischen das so genannte W-M-System, das schematischer durchkonstruiert und defensiver ausgerichtet war. Nichts für die Galerie, aber ungemein effektiv. Als wahrer Sportler, so hatte Kalb, der Akademiker, getrotzt, dürfe man sich nicht in Schablonen pressen und dressieren lassen wie ein Polizeihund. Schlimmer als eine Niederlage sei es, sich zu blamieren. Und das »Mauern« im W-M-System hielt er für eine der größten Blamagen. Das sahen die britischen Profis schon lange anders. Ihre Aufgabe war es nicht, schön zu spielen, sondern zu gewinnen. Oder wenigstens nicht zu verlieren. Dafür war das »W-M« genau das geeignete System, und nicht wenige Trainer in Deutschland neigten dazu, von dem neuartigen System zumindest dessen defensive Grundausrichtung zu übernehmen.

Wenn Bensemann früher durch sein Fernglas ein Spiel von der Tribüne verfolgte, so hatten ihn meist die Möglichkeiten interessiert, die sich daraus für die Zukunft ergaben: eine überraschende Taktik, ein aufstrebender Spieler, ein vermehrter Zuschauerzuspruch. Wenn er heute in Nürnberg, München oder Frankfurt in den Stadien saß, dann drängte es ihn nach Vergleichen mit der Vergangenheit. Es wurde Zeit, Fazite zu ziehen. Er war alt geworden, und es war die Pflicht des Alters, Erfahrungen zu resümieren und dabei Milde walten zu lassen.

Während der Zugfahrt überwand Bensemann die körperliche Schwäche, holte im Speisewagen sein Frühstück nach, und als er in Nürnberg ausgestiegen war, ging er nicht die wenigen Schritte hinüber ins Grand Hotel und auch nicht in die nahe Redaktion. Er betrachtete den Fahrplan. Morgen würde im Zabo das Spiel einer DFB-Auswahl gegen Engländer stattfinden, und die Gäste kamen mit dem Zug von Hannover her. Er beschloss, seiner Müdigkeit zu trotzen und ihnen bis Würzburg entgegenzufahren, wo ein Zwischenstopp eingeplant war. Zwar war Müllenbach dafür vorgesehen – cui bono! Man musste sie empfangen, wie früher die Oxforder oder die Corinthians. Auch wenn es keine Gentleman-Amateure mehr waren, die aus dem Mutterland des Fußballs eingeladen wurden, sondern die Professionals des FC Everton, des reichsten Clubs der Welt, soeben siegreich aus dem berühmten englischen Cup-Final hervorgegangen und nun auf den Kontinent ausgeschickt, um den sportlichen Erfolg in hartes Geld zu verwandeln.

Das war freilich eine andere Mission, als sie Bensemann und Wall 1899 oder Foster und Boas 1923 verfolgt hatten, und es war für den Herausgeber ebenso schwierig wie reizvoll, darüber zu schreiben.

»Jedes Jahr, wenn Sir Charles und Sir Frederick die hunderttausend Zuschauer des Endspiels freundlich anlächeln und ein Mitglied der königlichen Familie den Pokal überreicht, denken manche Clubvorstände ans Reisen. Besonders Ehrgeizige touren in Südafrika, in Kanada und überhaupt in fremden Weltteilen; wieder andere begnügen sich mit den Ländern des Alten Kontinents. Die Herren haben zum großen Teil nicht die Sorgen, die der gewöhnliche Feld-, Wald- und Wiesenbürger vor Antritt eines Abstechers im Geiste herumwälzt: Das nötige Kleingeld ist da, und hast du noch die Mannschaft dazu, einen Artilleriepark mit den neuesten Kanonen, dann ist doch der Rahmen gegeben, und dann fragen die Clubdirektoren bei den Herren Spielern an, ob die Herren so freundlich sein wollen und mitfahren, denn ein Profi ist kein Sklave, der beliebig und temporär auf den Kontinent exportiert werden kann. Die Saison ist vorbei, wer mitwill, darf mitfahren, wer aber ein dolce far niente oder etwas Cricket und Golf im eigenen Lande vorzieht, der bleibt daheim und nährt sich redlich von der Clubpfründe. Und so kommt es, dass die Direktoren, wenn sie auf dem Kontinent für ihren Club Eindruck schinden wollen, auf den guten Willen ihrer Spieler a priori angewiesen sind. So sieht der Profi aus, meine Herren.

Diese Spieler erwarten nun, wenn sie so lieb sind, sich den Herren Direktoren zur Verfügung zu stellen, dass sie dementsprechend behandelt werden. Zu dieser Behandlung gehören erstklassige Beförderung, erstklassige Hotels und erstklassige Freiheit, natürlich mit dem stolzen Bewusstsein, dass die Spieler genau wissen, was sie der Reputation ihres Clubs und dem Prestige des Inselreichs schuldig sind. Das wissen sie auch ganz genau; sie wissen ferner, dass jede Ware ihr Geld wert ist und umgekehrt, und sie wissen, dass man von ihnen heute mehr verlangt und mehr erwartet als beispielsweise vor 20 Jahren, wo eine Kontinentalreise ein fortgesetztes Freudenfest mit einigen unangenehmen Unterbrechungen von Matches darstellte. Aber, lieber Leser, die Hemmungen sind gefallen, das eiserne kaudinische Joch der Saison ist vorüber; nunc vino pellite curas! Die Zigarette schmeckt, das Pfeifchen duftet, ganz anders perlt das Pilsner Bier in der Schale als die landesüblichen Sorten von Bass und Stout, und dann der Wein: der spritzige Mosel, der gehaltvolle Rheinwein, der feurige Pfälzer, der Boxbeutel mit seinem lieblichen Erdgeruch und der König aller Weine, der Burgunder, der mich immer an den Herrgott in Frankreich glauben ließ; und dann die Tanzlokale und die feurigen Weisen der Kapellen und die Mägdelein in allen Farben und Dessins! Vor den

Erfolg haben die Götter den Schweiß gesetzt, sagen die alten Griechen, aber nicht den Schweiß des Genusses, sondern den der Entbehrung, und daher kommt es, dass jedes Jahr, wenn die merry boys of Old England auf Reisen gehen, wir es nicht mehr mit asketischen Profis, sondern mit wohl situierten Genießern zu tun haben, die auch einmal leben wollen.«

In Würzburg trafen sich alle; Otto Nerz reiste mit den Engländern von Hannover an, Müllenbach war schon da, und Bensemann kam gerade rechtzeitig, um vom örtlichen Empfangskomitee das Besuchsprogramm zu erfahren. Es war nicht gerade nach seinem Geschmack und seiner körperlichen Verfassung: Man sorgte dafür, wie er später ein wenig süffisant notierte, »dass den englischen Gästen in einer Stunde so viel Barock und Rokoko, so viel Flieder vom Glacis und Weihrauch von den Kirchen wie möglich entgegenduftete«, aber hierauf ging es ja nach Nürnberg, und da wusste man, was solchen Besuchern anstand.

»Sie waren in Breslau und in Dresden, in Berlin und Hannover glücklich und zufrieden gewesen, von den Bundesführern gut aufgenommen, von Otto Nerz, wie sie sagten, verwöhnt. Überall hatte es ihnen gefallen; aber Nürnberg, Nürnberg war das Tipfel auf dem i gewesen. Das Hotel, die Bedienung, die Zimmer, die Bar, die Stadt, die Kirchen, das Stadion, die Läden, die Brunnen, die Brücken, der Wintergarten, die Gemütlichkeit, das Prosit aus durstigen Kehlen, das Gsuffa, alles sagte ihnen zu. In drei Tagen hatten sie sich so eingelebt, dass Dr. Schricker ganz Recht hatte, als er sie als Deutsche vorstellte, die zufällig statt deutsch englisch sprächen.«

Der Rahmen stimmte noch, wenn dem Ganzen auch der Nimbus der Pioniertat fehlte und selbst Schrickers Rede mehr Routine als Glanz brachte. Es war kein Vergleich mit der Tournee der Engländer von 1899, aber schließlich zeigte sich hierin ja der größte Erfolg: dass aus dem einmaligen Ereignis Routine geworden war; man sang keine Hymnen, sondern betrieb business as usual. Vielleicht sollte es so sein. Selbst mancher Zuschauer kam nicht in erster Linie, um sagenumwobene Engländer spielen zu sehen, sondern um jenes Spielsystem zu studieren, das erst die britische Insel und jetzt den Kontinent erobern sollte und das den alten, geliebten »Cluberern« so gar nicht lag.

»Everton spielt Schablone, sagen die Weisen. Alles ist auf den Kult eines Stars zugeschnitten. Bei Everton heißt er Dean; bei Arsenal Jack und James, bei andern anders. Immer dasselbe System, immer dieselbe gute

Technik, immer dieselbe langweilige Taktik. Wenn der Star nicht leuchtet, liegt die Mannschaft im Dunkeln. Trotzdem war das Spiel ein Genuss, und es zeigte sich, dass auch das Ausfallen des Stars die Mannschaft wohl um den Sieg, aber nicht um das Prestige bringen konnte. System spielt heute jeder Club, ob in England oder auf dem Festland. Die finanzielle Lage bringt es mit sich, dass man sich auf Erfolg einstellen muss, denn wer mit den Moneten nicht mitkommt, der hat nicht nur auf dem Rasen ausgespielt. Nur die Corinthians verstehen es immer noch kraft ihrer Bildung, ihrer Intelligenz, langer Tradition und gewisser Imponderabilien, ihre Methoden zu wechseln. Wenn es mit den langen Pforzheimer Flanken nicht geht, dann kommt eine Viertelstunde Kurzpass, dann erfolgen die gefährlichen Lobs vor dem Tor, dann wird das Innentrio mobil gemacht, und dann füttert der Mittelläufer nur die Außenstürmer. Diese zermürbende Taktik ist das Geheimnis jener Gentlemen, die heute noch Fußball wie Schach studieren; aber auch dort hat sich gezeigt, dass ihre Vorgänger die Hauptmysterien der großen alten Zeit mit ins Grab genommen haben. Und immer wollen wir im Auge behalten, dass keiner imstande ist, mehr zu geben, als er hat, und dass nicht das Ideal, sondern der Erfolg heute König des Fußballs ist.«

Vielleicht waren das am Ende alles gleichgültige Fragen und überflüssige Betrachtungen. Vielleicht würde das alles bedeutungslos werden, wenn Hitler doch noch brutal über sie kommen würde, gewaltsamer noch als der Duce in Italien. Vielleicht hatten sie ja doch Recht, Meisl und Landauer, diese jüdischen Kassandras.

Es war drei Wochen später, in einer Nacht zwischen Freitag und Samstag, gegen ein Uhr. Bensemann saß im einsam erleuchteten Büro von Willmys Verlagsgebäude und schrieb an seinem Artikel über das Endspiel um die Deutsche Meisterschaft 1932, das im Zabo zwischen dem FC Bayern und Eintracht Frankfurt ausgetragen worden war. Die Münchener hatten im Halbfinale zuvor tatsächlich den »Club« geschlagen; Bensemann musste seine fünf Mark zahlen und die Wette fürs Finale erneuern, wieder setzte er gegen die Bayern. Die gewannen freilich auch das Endspiel, und der Herausgeber hatte gegen den Oberbürgermeister abermals fünf Mark verloren. Doch das war es nicht, was ihn in dieser Nacht beschäftigte.

Denn Jenö Konrad hatte mehr verloren. Er war nicht mehr Trainer des 1. FC Nürnberg. Vor zwei Jahren hatte man ihn, den ehemaligen Budapester Meisterspieler, zum »Club« geholt, damit er die Nürnberger an der

Spitze halten und eine Verjüngung der Mannschaft bewerkstelligen sollte. Konrad war Jude, und als sein Team jetzt aus der Meisterrunde unglücklich ausschied, warf sich die antisemitische Presse auf ihn. In Nürnberg kam Julius Streichers Hetzblatt heraus, der »Stürmer«, das Bensemann ebenso regelmäßig wie unfreiwillig las, weil Moosbacher, der mürrische, einarmige Nachtwächter, es ihm jede Woche nächtens auf den Schreibtisch legte, um ihn zu agitieren. Nicht dass Moosbacher Nationalsozialist war, im Gegenteil, er galt als heimlicher Linksradikaler und vermutete wohl mit einigem Recht, dass der »Stürmer« in seiner Primitivität gegen sich selbst sprach.

»Der Jude Anca Caen schändet mehr als 20 Nichtjüdinnen«, hatte die Zeitung in ihrer vorigen Ausgabe getitelt, wie üblich ein erfundenes Gräuelmärchen, und auf Seite zwei folgte ein anderes: »Der 1. Fußballclub Nürnberg geht am Juden zugrunde«. Das galt Konrad. »Ein Jude ist ja auch als wahrer Sportsmann nicht denkbar. Er ist nicht dazu gebaut mit seiner abnormen und missratenen Gestalt … Klub! Besinne dich und wache auf. Gib deinem Trainer eine Fahrkarte nach Jerusalem. Werde wieder deutsch, dann wirst du wieder gesund. Oder du gehst am Judentum zugrunde.«

Es war nur die kranke Stimme eines Fanatikers, aber Jenö Konrad fürchtete dennoch um sein Leben: Die SA-Schläger traten rücksichtsloser und gewalttätiger auf denn je. Der »Club«-Vorstand versuchte ihn zu halten, auch der mächtige Kalb, der mit ihm befreundet war. Doch Konrad, trotz der jüngsten Niederlage als brillanter Trainer anerkannt, ließ sich nicht umstimmen und entfloh nach Wien.

Also: Hatten Meisl, Landauer und mit ihnen Konrad am Ende doch Recht? War seines Lebens auch der nicht mehr sicher, der sich aus den Barrikadenkämpfen zwischen rechts und links heraushielt und sich zu keiner Seite zählte – aber eben Jude war? Musste man den Hitler-Leuten das Schlimmste zutrauen, wenn sie doch noch die Macht ergreifen konnten? Dass sie die schwärzesten Triebe einer verunsicherten Volksseele entfesseln würden?

Bensemann blickte hinaus auf die spärlich beleuchtete Straße, auf der die ersten Lieferwagen mit Willmys frisch gedruckten Tageszeitungen davonfuhren: Papen, der neue Reichskanzler, hebt das SA-Verbot auf. Er kündigt Reichstagswahlen an. Es wird mit einem Sieg der NSDAP gerechnet.

Das mochte ja sein, und es gab nicht wenige Momente, in denen Bensemann die Befürchtungen besorgter Freunde nur schwer und voller Zweifel verdrängen konnte. Zweifellos musste man sich vorübergehend auf Unannehmlichkeiten einstellen. Aber er blieb dabei: Hitler würde trotz allem darin versagen, woran vor ihm klügere Köpfe gescheitert waren: die Wirtschaft rotieren zu lassen, die Arbeitslosen von der Straße zu bringen, das Volk zu einen. Er konnte nicht alle zum Verstummen bringen, die gegen ihn waren, die Hälfte des Volkes und mehr. Er würde sich zugrunde richten an seiner eigenen Großspurigkeit. Sich mit den Kommunisten zu schlagen und Hetzreden zu halten war eine Sache, einen Staat zu führen eine andere. Daran war, auf der anderen Barrikade, ja schon Eisner gescheitert.

Sicherlich: Die Republik war noch jung und sich selbst ungewiss, aber es gab ehrwürdige oder jedenfalls alte Institutionen, die sich Hitler versagen würden. Die Gewerkschaften ohnehin, aber auch: die Kirchen, die Schulen, der Kulturbetrieb, natürlich der Sport. Der Fußball vor allem. Der »FuL« vielleicht würde jubeln, Klein und von Mengden voran. Aber niemals die Süddeutschen oder die Berliner, auch Linnemann und seine Leute nicht. Die waren national, vielleicht nationalistisch, aber keine antisemitischen Narren.

Nein, Konrads Flucht war so überflüssig wie schmählich. Sie verschaffte den Braunen einen Triumph, der schädlicher war als die Tirade selbst: Denn nun hatte sie gewirkt und war durch den Erfolg legitimiert. Es erschien wie eine Ermunterung, den nächsten Hieb zu führen.

Kein Wort sollte er im »Kicker« darüber verlieren. Konrad, der so viel für den »Club« getan hat, würde gehen, warum auch immer. Das war bedauerlich, denn der spielerisch noch immer rückständige deutsche Fußball konnte gute Trainer aus dem Ausland brauchen. So würde es in den »Glossen« stehen, und kein Wort zu Streicher: Dem war ein solcher Sieg nicht zu gönnen.

Fast zwei Uhr nachts.

Bensemann zwang sich zurück zum Schreibtisch und zum Redigieren seines Endspiel-Artikels. Er fühlte sich nicht wohl und hätte längst zu Bett gehen müssen. Vor einigen Tagen hatte er einen physischen Zusammenbruch erlitten, da er nach den Strapazen der Stockholm-Reise nicht nur den Besuch in München und die Bewirtung des Everton-Teams angeschlossen, sondern sich auch danach keine Pause gegönnt hatte. Nach

Mannheim war er zum Halbfinalspiel des »Club« gereist, einige Tage später zu einem lang geplanten Treffen alter Freunde in Stuttgart, und schließlich hatte er das Meisterschafts-Endspiel im Zabo besucht. In der Nacht, die diesem Finale folgte, überkam ihn eine nie zuvor erlebte Schwäche. Ein Arzt wurde hinzugezogen, der ihn dazu verurteilte, auf einige Tage das Bett zu hüten, behutsam umsorgt von altgedientem Personal des Fürstenhofes, das Richert ihm regelmäßig aufs Zimmer schickte. Nach 48 Stunden war er aus dem Gefängnis ausgebrochen, doch Müdigkeit und gelegentliche Schwindelanfälle begleiteten ihn. Da die glühende Hitze der vergangenen Tage nachgelassen hatte, wagte er längere Spaziergänge und stieg zur Nürnberger Burg hinauf, um den weiten Blick über die Stadtgrenzen hinaus zu genießen. Hier, abseits der schattigen Enge der Innenstadtviertel, legten sich die Verwirrungen und Verunsicherungen, die der Schwächeanfall in seinem Inneren hinterlassen hatte. Er fühlte sich noch immer ermüdet, aber doch wieder fähig, die unterbrochenen Fäden seiner Arbeit aufzunehmen, und das Endspiel, über das er zu berichten hatte, stand erneut klar vor seinen Augen.

Im Grunde war es nicht schlecht, dass er sich notgedrungen Zeit nehmen musste, seine »Betrachtungen zum Endspiel« niederzuschreiben. Alle Flankenläufe, alle Dribblings, alle Torschüsse waren inzwischen längst abgearbeitet, im »Kicker« und in anderen Gazetten. Jetzt, mit größerem Abstand, konnte er das Wesentliche des Spiels schärfer sehen, all das, was während des Spiels, im Moment der Spannung und des Mitfieberns, verdrängt wurde, was er auf der Tribüne erahnt, aber nicht durchdacht hatte. Als er inmitten von fast 60.000 Zuschauern gesessen hatte, erschien ihm diese Kulisse beinahe als Selbstverständlichkeit; die Zahl wurde als berichtenswert notiert wie die beiden Tore der Sieger, und nur für einen Moment war ihm die Einsicht durch den Kopf gezogen, welch ungeheure Entwicklung sich hinter dieser Zahl verbarg. Jetzt, als er nachts allein an seinem Schreibtisch grübelte, entschloss er sich dazu, diese Gesichtspunkte in den Vordergrund zu rücken. Er würde aus dem Spielbericht eine knappe Rückschau auf mehr als vier Jahrzehnte Fußball machen, das freundliche Resümee eines Alten und Kranken, wie er zweifelnd zugab, noch versöhnlicher im Urteil, als er es den Profis des FC Everton zugebilligt hatte. Nur eine winzige Ironie konzedierte er den politischen Zeitwirren: dass nämlich, wie er eingangs formulierte, »wir im Sport weit weniger Enttäuschungen als in der Politik erlebt haben«.

»In jenen zweieinhalb Stunden, die ich vor Beginn des Endspiels auf der Stadiontribüne verbrachte, rollte ein Film europäischer Fußballgeschichte vor meinem geistigen Auge vorüber. 43 Jahre waren vergangen, seitdem ich den Fußballsport in Süddeutschland eingeführt hatte. In diesen 43 Jahren hat er einen so ungeahnten Umfang genommen, dass das Wachsen der Bewegung nur aus dem Propagandazauber der ihr innewohnenden Kraft zu erklären ist. Wenn wir 1890 in Karlsruhe gegen die Heidelberger Colleges spielten, die, weil wir keine anderen Gegner hatten, uns zuliebe statt Rugby zeitweise Association betrieben, hatten wir, wenn es hoch kam, außer unseren Schulkameraden zehn, zwölf Zuschauer. 1898, als Berlin den Pariser Meister 7:0 schlug, waren wir höchst erstaunt, als sich 200 Leute eingefunden hatten. Und im nächsten Jahre bei England gegen Süddeutschland in Karlsruhe erschienen gar auf dem großen Exerzierplatz in Karlsruhe 2.000 Interessenten. 1907 konnten wir dann, wieder in Karlsruhe, an einem Montagnachmittag genügend Geld einnehmen, um die 1.400 Mark Reiseentschädigung der Universität Oxford und ein anständiges Abendessen für beide Mannschaften herauszuholen; aber auf über 3.000 Zuschauer hatten wir es immer noch nicht gebracht. Nun vergleiche man damit den beispiellosen Aufschwung des Sports bis zu jenem wohlgefüllten Nürnberger Stadion 25 Jahre später!

Natürlich lässt sich der innere Wert einer Bewegung, der so genannte moralische Kern, nicht an besonderen Massenveranstaltungen ermessen. Aber wenn mich jemand fragt, ob ich mit dem in 43 Jahren erreichten Aufschwung zufrieden bin, muss ich das unbedingt bejahen. Ich weiß, dass viele alte Sportsleute anderer Meinung sind. Ohne Zweifel hat eine Verschiebung der fußballtreibenden Schicht stattgefunden; ohne Zweifel sind die Ausübenden von heute nicht mehr so vorsichtig in der Wahl ihrer Väter gewesen, als dies einst der Fall war; allein ich bin mit Felix Linnemann der Ansicht, dass in der deutschen Fußballbewegung der gleiche ideale Kern steckt wie am Anfang. Natürlich gibt es einige Stars, die ihre Kunst nur teuer zu verkaufen gedenken; aber sie sind dermaßen in der Minderheit, dass sie nur die Ausnahmen der Regel bilden. Der Regel, dass Hunderttausende von Spielern eine solche Vereinstreue, eine solche Loyalität an den Tag legen, dass nur ein kompletter Narr ihnen die paar Groschen verargen kann, die sie zur Fristung ihres Lebens, zur Repräsentation ihres Clubs, und vor allen Dingen als Kompensation dafür brauchen, dass sie jahraus, jahrein ihre gesunden Knochen und einen wichtigen Teil ihres Familienlebens einer Idee opfern.«

Bensemann lächelte über seine Idee, Linnemann im gleichen Atemzug als Kronzeugen zu benennen und in der Amateurfrage dann doch auf seinem Standpunkt zu bestehen. Er würde am Ende damit Recht behalten, wie in vielem anderen auch. Hatte nicht auf der Tribüne, ganz in Linnemanns Nähe, der bayerische Kultusminister gesessen, der Letzte in einer langen Reihe von Regierungsgrößen, die den Fußball als schändliches Spiel an den Schulen verboten hatten? Die Jugend hatte sich nicht darum gekümmert und auch der Minister sah sich inzwischen gezwungen, Reverenzen zu erweisen und das Finale mit seiner Anwesenheit zu beehren. Vielleicht, so formulierte Bensemann, hat ihn das Spiel im Zabo »eines Besseren belehrt; vielleicht hat es ihm gezeigt, wo das Rinascimento eines jeglichen neuen Deutschland einzusetzen hat; vielleicht begreift er jetzt, dass es verkehrt war, unsern Buben das zu verbieten, was die englische und amerikanische Schule wegen seines ethischen Gehalts in den Mittelpunkt aller Pädagogik gesetzt hat«.

Das »neue Deutschland«: Nicht nur die Nationalsozialisten führten diesen Begriff im Munde, aber sie vor allem. Der Herausgeber zweifelte nicht daran, dass die Anspielung verstanden würde. Mehr Politik musste nicht sein. Schließlich hatte Dr. David Rothschild, der mit ihm befreundete alte Präsident des Frankfurter Fußball-Sportvereins, schon im vorigen »Kicker«-Heft ein wenig an Hitler gekratzt. Rothschild beschrieb die Anfahrt des Frankfurter Trosses zum Endspiel nach Nürnberg, eine »sportliche Mobilmachung«, wie er formulierte, »die ihresgleichen sucht«: In jedem Ort, durch den sie fahren, erwartet sie eine enthusiastische Menschenmenge, die mit wechselnden Sympathien für eine der beiden Finalteams Partei ergreift, und je näher sie Nürnberg kommen, umso gewaltiger wird die Mobilisierung. »Was sehen wir?«, schrieb Rothschild dann. »Da flitzt Hitlers Mercedes mit Eskorte uns entgegen; die Insassen erkennen, dass König Fußball die Massenbegeisterung in steigendem Maße erwirbt, trotz Reichstagsfieber und Notverordnungen.« Das schien Bensemann ein ebenso treffliches wie optimistisches Bild: Hitler verlässt unbeachtet jene Stadt, die er zu seiner Kapitale erklärt hat und die jetzt in einem wirklichen Volksfest vom Fußball erobert wird.

Er hätte das Gleichnis noch vertiefen können, als Antwort auf das Geschrei des »Stürmer«. Denn ausgerechnet das Finale von 1932 entlarvte dessen Hetze, Juden seien »als wahre Sportsmänner nicht denkbar«, als eine absurde Verdrehung der Tatsachen. Wer hatte sich denn auf dem Rasen des Zabo gegenübergestanden als die beiden besten Teams der Saison? Da war die Frankfurter Eintracht: Er selbst – ein Jude – hatte sie einst mitgegründet; Hugo Reiss – ein Jude – zählte derzeit zu den wichtigsten Köpfen im Vorstand; eine Schuhfabrik – mit jüdischen Besitzern – war ihr hauptsächlicher Mäzen. Und da war der FC Bayern München: auch er von jüdischen Fußballern mitgegründet. Kurt Landauer – ein Jude – führte ihn seit langer Zeit als Vorsitzender und hatte ihn groß gemacht. Richard Dombi – ein Jude – trainierte die Elf, die jetzt Meister geworden war. Otto Beer – ein Jude – war für die Jugendarbeit des Vereins zuständig, die wesentlich zum sportlichen Erfolg beigetragen hatte.

Das alles war nicht wirklich erwähnenswert: Sportsmänner definierten sich nicht über Religion oder Herkunft. Aber es waren Details, aus denen eine Realität entstand, die ihn in jener Nacht für einen Moment mit Befriedigung erfüllte.

Bensemann schrieb nichts davon in seinen Artikel. Den »Stürmer« und all jene, die ihn zustimmend lasen, interessierten keine Tatsachen, sondern nur die Namen neuer Opfer.

Die Uhr stand auf halb drei.

Auf dem Gang des menschenleeren Stockwerks näherten sich Schritte. Es klopfte, und Moosbacher, der alte Nachtwächter, trat herein. Mit einem knurrigen »Hab was für Sie« deponierte er die neue Ausgabe des »Stürmer« auf Bensemanns Schreibtisch und wandte sich dann wortlos zur Tür um.

»Einen Moment, Moosbacher.«

Der Einarmige blieb stehen und sah Bensemann halb spöttisch, halb verlegen an.

»Ich muss Ihnen sagen, werter Herr, dass ich mich keineswegs für dieses Senfblatt interessiere.«

Moosbacher verzog sein Gesicht zu einem merkwürdig griesgrämigen Lächeln.

»Sollten Sie aber.« Der Hausmeister deutete mit seinem einen Arm nach oben, dorthin, wo über ihnen Willmys Büro lag. »Er tut es nämlich auch«, knurrte er.

»Wer – er?«

»Nun, wer wohl?« Der Alte schien Rätsel zu bevorzugen.

»Sie sind verrückt, mein Herr. Wollen Sie allen Ernstes andeuten, Dr. Willmy plane eine Verbindung mit diesem Julius Streicher und seinem Hetzblatt?«

Moosbacher nickte verbissen. »Dafür bin ich Nachtwächter, dass ich im Dunkeln was sehen kann.«

»Ich weiß nicht, woher Sie Ihre Weisheiten nehmen, Moosbacher. Aber ich rate Ihnen, sie für sich zu behalten. Herr Willmy ist ein gebildeter Mann, der nicht nur Wirtschaftslehre und Jura studiert hat, sondern auch Philosophie und Kunstgeschichte. Außerdem gehört er, wie Sie vielleicht nicht wissen können, dem Verein zur Abwehr des Antisemitismus an. Mit primitiven Hetzern wie Streicher hat er nichts am Hut.«

»Der Herr Willmy ist in jedem Verein Mitglied, wenn er davon profitieren kann.«

»Es reicht jetzt, Moosbacher. Ich will solchen Unsinn nicht hören. Verschonen Sie mich damit, und in Zukunft auch mit Streichers Blättchen. Auf Wiedersehen.«

Der Nachtwächter zuckte gelassen mit den Schultern, grummelte in seiner fränkischen Mundart einige unverständliche Worte und verließ das Büro.

Schlecht gelaunt nahm Bensemann die Zeitung, um sie ungelesen in den Papierkorb zu werfen, als sein Blick auf eine Überschrift fiel: »Jud Konrad ist abgedampft«. Darunter ein widerlicher Hohngesang auf die Flucht des »Fremdrassigen« und »beschnittenen ›Trainers‹«. »Trainer« in höhnische Anführungszeichen gesetzt.

Keinen anderen Grund hatte es gegeben, gegen Konrad zu hetzen, als die Tatsache, dass er Jude war. Er war ein angesehener, weit gereister Mann, besaß große Fachkenntnis und Rückhalt in seinem Verein. Er lebte für die Idee des Fußballs, und abgesehen von der Tatsache, dass er in Deutschland Ausländer war, unterschied sich seine Lage kaum von der des Herausgebers.

In dieser Nacht spürte Bensemann eine Besorgnis, beinahe eine Furcht, die er zuvor nicht gekannt hatte. Er sah seinen ernsten und am Ende pessimistisch gestimmten Vater vor sich. Ohne dass er die Erinnerung gesucht hätte, fielen ihm die Worte ein, die ihm der alte Mann einst als Mahnung gegeben hatte: »Trete keinen Gegner, der vor dir besiegt am Boden liegt. An Menschen mit dieser Konfession müssen wir als Juden uns halten.« Bensemann hatte nie einen Zweifel daran gehabt, dass die Nazis zu dieser Kategorie nicht zu zählen waren. Doch die unsägliche Häme, mit der sie Konrad nachtraten, erschütterte ihn.

War etwas an dem, was der Nachtwächter dunkel angedeutet hatte? Dass Willmy mit den Nazis ins Geschäft kommen wollte? Bensemann hielt das für die absurde Fantasterei eines Linksradikalen, aber es war auch bezeichnend für die Zerrüttungen und Zweifel, die von der sendungsbewussten Selbstgewissheit der Hitler-Leute ausgingen. Man traute ihnen alles zu, und damit zogen sie Glücksritter an und solche, die alte Rechnungen zu begleichen hatten. Sicherlich begann so mancher, ein vorsichtiges Arrangement einzufädeln: Man wusste ja nie …

Am Zabo kursierte das Gerücht, niemand anderes als Heiner Stuhlfauth sei es gewesen, der die Hetze gegen Jenö Konrad inszeniert habe, aus Rache, weil der Trainer die nunmehr 36-jährige Torwartlegende aus der Mannschaft genommen habe. Stuhlfauth wehrte sich vehement gegen die Verdächtigung, und Bensemann glaubte ihm. Aber der Zweifel war gesät.

Jetzt also Willmy, dem der »Kicker« nur zu einem Drittel gehörte, der aber das Geld hatte und es spüren ließ. Verdächtigungen, Gerüchte und eigene Gedanken, die sich nicht aufhalten ließen: Es waren schlechte Zeiten für Freundschaften.

Mit plötzlicher Heftigkeit überkam Bensemann ein Gefühl des Verlassenseins. Von denen, die ihm wirklich nahe standen, waren nur wenige geblieben. John nur noch ferne Erinnerung, Boxhammer, Julle Zinser, Imgraben und Grunot gestorben. Des Barres trieb nur der Zufall vorbei, Ivo Schricker und Albert Mayer saßen fernab in der Schweiz, ebenso Katharina, mit der er sich entzweit hatte. Müllenbach war ihm fremd geblieben, und alle neuen Freundschaften, die er in Nürnberg zahlreich pflegte, besaßen keineswegs die Intimität der alten. Daran ließ sich nichts ändern: Dazu war er zu eigen, zu alt, zu müde und zu krank.

Zum ersten Mal in seinem Leben sehnte er sich nach einer Höhle, in der er sicher und jenseits aller Fehden ruhen konnte, nicht für Stunden oder Tage, sondern für den Rest seiner Zeit. Vielleicht hätte er diese Sehnsucht als grillenhafte Schwäche eines kranken Mannes abgetan, wenn sie nicht eine konkrete Gestalt gehabt hätte: die ruhige Majestät der Berge rings um den Genfer See, das tiefe Blau seines Wassers, die Geborgenheit der alten Häuser, die an seinem Ufer standen. Hätte Bensemann in seinem Leben eine Heimat zu definieren gehabt, es wäre dieser Ort gewesen. Das war schon lange so. Doch in jener Nacht entschied er endlich, dass bald die Zeit gekommen war, dorthin zurückzugehen.

Er nahm die Feder und setzte unter seine »Betrachtungen zum Endspiel« ein Postscriptum:

»Wenn ich am Ende meiner Bemerkungen etwas rein Persönliches bringe, geschieht dies aus der inneren Verbundenheit mit der Mehrzahl unserer Leser heraus. Mein Gesundheitszustand hat während der letzten Jahre derart unerfreuliche Rückschritte gemacht, dass meine Ärzte mir die Fortsetzung meiner Tätigkeit im bisherigen Umfange untersagt haben. Da ich nun keine Freude und keine Befriedigung an halben Maßregeln verspüre, habe ich mich mit ihnen geeinigt, meine bisherige Tätigkeit in vollem Umfange (unter Zuhilfenahme von sechs Wochen Ferien, die erst Mitte Juli beginnen werden) bis zum 1. Juli 1933 fortzusetzen. Deo volente wird dies auch gelingen. Zu diesem Termin werde ich den Aufsichtsrat bitten, mich von der Tätigkeit eines Chefredakteurs zu entbinden, weil ja alles in der Welt einmal ein Ende nehmen muss.«

Er dachte nach. Zweifelsohne würde Müllenbach als Schriftleiter nachfolgen, er selbst hatte das empfohlen. In ihm würde der süddeutsche Verband den willfährigen Partner finden, den er sich vermutlich wünschte. Vielleicht sollte er sich in vorsichtiger Ironie davon absetzen.

»Während dieses Jahres werde ich hinreichend Gelegenheit haben, meinen präsumptiven Nachfolger in seine neuen Pflichten einzuweihen, für deren wichtigste ich die prompte Erledigung der Schreiben unserer Verbandsvereine halte. Die Fortsetzung meiner schriftstellerischen Tätigkeit für den ›Kicker‹ nach dem 1. Juli 1933 würde bei so gut geschulten Adjutanten keine Spuren eines Überganges merken lassen. Ob dieselbe möglich sein wird …«

Er rang nach einer Formulierung, sah vor sich das besorgte Gesicht des Arztes, das herablassend-konziliante von Willmy und das mürrische von Moosbacher.

»… gehört heute noch zu den Imponderabilien der Zukunft.«

XV

»Entzückende Charade«

Nürnberg im Januar 1933

Noch zwei Stunden bis zum Aufstehen, und Bensemann fühlte sich elend. Im Takt des tickenden Weckers zählte er mit, wie die Sekunden vergingen: zu schnell für einen, der noch auf eine kurze Phase befreienden Schlafes hoffte, zu langsam für jemanden, der das Ende einer nutzlosen Nacht herbeisehnte.

Seit vor sechs Monaten die Krankheit offen hervorgetreten war und die Herzprobleme ihn nicht nur sporadisch, sondern ständig heimsuchten, sah er seine einfachsten Lebensfunktionen beeinträchtigt. Er spürte selten noch guten Appetit, vertrug kaum zwei Schoppen Wein, musste den Zigarren entsagen und schlief schlecht. Mehr als zehn Kilo Gewicht hatte er seither verloren; sein zuvor glattes, rundliches Gesicht begann tiefe Falten zu werfen. Im Herbst war es dem Arzt gelungen, ihn von einer Kurzkur zu überzeugen, aber Sauerstoffbäder und Diathermie hatten nur eine kurzfristige Linderung gebracht.

Nach wie vor war er entschlossen, die Leitung des »Kicker« wie geplant bis zum Juli des neuen Jahres auszuüben, und entgegen dem Rat seiner Freunde war er, begleitet von Müllenbach, zu Neujahr sogar nach Bologna zum Länderspiel Italien gegen Deutschland gereist, bei dem die deutsche Elf mit 3:1 überrollt wurde und Bensemann mit plötzlich aufflammendem Grimm die Stagnation im deutschen Fußball beklagt hatte. Doch nun machten sich die fehlende Weihnachtspause und die Strapazen der Reise heftig bemerkbar. Am Vorabend zur großen Feier seines 60. Geburtstags ging es dem Herausgeber gesundheitlich so schlecht wie nie zuvor.

Gegen fünf Uhr morgens stand er auf, trank einen Schluck Wasser und starrte aus dem Fenster seines Hotelzimmers eine Weile hinaus auf die dunkle Straße, auf der die ersten Fahrzeuge und eilende Fußgänger den Morgen ankündigten. Als er zu frieren begann, legte er sich wieder hin in der Hoffnung, das warme Bett nun behaglicher zu finden. Doch die ersehnte Entspannung stellte sich nicht ein.

Beunruhigender fast als das eigene Unwohlsein empfand er die besorgten Blicke der alten Freunde, die gestern Abend bereits eingetroffen waren: Ivo Schricker, der aus Zürich angereist kam, Wim Boas aus Holland, David Rothschild und Ludwig Isenburger aus Frankfurt, Fritz Langer, der inzwischen Oberstadtbaurat von Karlsruhe war, und viele andere. Manchen von ihnen hatte der Herausgeber längere Zeit nicht getroffen, und die entsetzt-verlegenen Mienen beim Wiedersehen waren ihm nicht entgangen. Es würde Mühe kosten, aus dem Geburtstagsfest keine Gedächtnisfeier zu machen.

Er selbst hätte weder Energie noch Mittel gehabt, die Festlichkeit auszurichten; das hatten die Freunde vom »Club der Alten« übernommen. Der CdA, wie er sich kurz nannte, war Bensemanns Schöpfung. Er hatte ihn vor fünf Jahren ins Leben gerufen, als einen losen Zusammenschluss alter Fußballpioniere, die vor 1900 bereits gespielt hatten, und nicht wenige waren darunter, die er selbst damals für das neue Spiel begeistert hatte. Im allzu raschen Wandel der sportlichen Ethik sollten diese »Alten« als Gralshüter der traditionellen Ideale wirken, als ein Rat der Weisen, dem die neuen Machthaber der Sportorganisationen in Streitfragen ihr Ohr schenkten. Bei den älteren Fußballern, zumindest in Süddeutschland, hatte die Idee Anklang gefunden, selbst ein früherer Gegner wie Nohe war beigetreten und die Liste prominenter Mitglieder lang: Schuldirektoren befanden sich ebenso darunter wie Regierungsräte, Beigeordnete ebenso wie Polizeipräsidenten, Bankiers und ein Generalmusikdirektor. Sogar Frederick J. Wall und Jules Rimet hatte man die Ehrenmitgliedschaft angetragen und wohlwollende Antworten erhalten.

Doch die Wirkung des CdA war bescheiden geblieben. Man traf sich zu Vorträgen und Exkursionen, spendete für wohltätige Zwecke, sprach rücksichtsvoll von Vergangenheit und Gegenwart und genoss das Gefühl dazuzugehören. Am Ende tagte man nur noch, um den Club am Leben zu erhalten. Die Festlichkeit zu Bensemanns Geburtstag war fraglos der Höhepunkt einer an Ereignissen armen Vereinsgeschichte.

Wieder wälzte er sich verzweifelt im Bett von einer Seite auf die andere und mühte sich, das Gefühl von Übelkeit und Ängsten zu verdrängen. Er beobachtete, wie eine weitere Fähigkeit seines gewohnten Lebensrhythmus verloren ging: den Moment zu genießen, da er im Kreis von Freunden im Licht stand, wohlgesetzte Lobesworte hörte und trefflich formulierte Repliken hielt. Drei Dutzend bestens situierter Herren würden in einigen Stunden vor ihm stehen, das Hohe Lied auf ihren Pionier singen und Bonmots erwarten. Und er hatte Angst davor.

Wertvoller wären ihm lange, intime Gespräche gewesen mit wenigen alten Weggefährten, am liebsten mit jenen, die bereits gestorben waren, wie Boxhammer und John, oder mit anderen, die er lange nicht gesehen hatte. Er erinnerte sich an die Versöhnung mit Wall, sieben Jahre war es her, da waren sie sich auf dem FIFA-Kongress in Rom begegnet. Längst hatte er dem englischen Sekretär nachgesehen, dass dieser nach dem Krieg das deutsche Reich sportlich boykottieren wollte, und längst hatte Wall ihm den empörten Brief verziehen. Sie hatten sich im Garten des Tagungshotels getroffen wie zwei suchende Wanderer und ferne Zeiten beschworen. »Man sagt zu Unrecht«, hatte Wall bemerkt, »dass die Engländer eine Nation sind, die keine Sentimentalität kennt. Dieser ganze FIFA-Kongress ist mehr oder minder eine sentimentale Angelegenheit; das Wichtige daran sind nicht so sehr unsere Debatten und Verordnungen, als der Umstand, dass sich alte Freunde aus allen Staaten treffen.« Sie waren auf ihre ersten Kontakte gekommen und auf das Treffen in London 1899, als die Tournee beraten und beschlossen wurde: Damals war die Fußballwelt noch klein und das Wort eines Gentleman genügte. »Und während wir die tempora acta loben«, hatte Bensemann danach geschrieben, »und den Tod von Alcock, Kinnaird, Crump und Woolfall beklagen, fällt uns ein, dass von allen unseren damaligen Weggenossen auf dem FIFA-Kongress nicht ein einziger zu finden ist. Und unwillkürlich wundert man sich, dass die Blumenbeete im Farbenton des Frühlings blühen, statt dass die welken Herbstblätter unter unseren Füßen knirschen. Wie lange noch?«

Wall immerhin stand noch. Einige Wochen nach Bensemanns 60. Geburtstag würde er seinen 75. feiern – aufrecht wie in fernen Tagen, mit der gleichen Melone auf dem Kopf, dem gleichen gewaltigen Schnauzbart unter der Nase und der gleichen grimmig-ironischen Miene im Gesicht. So würde er in hundert Jahren noch stehen und in aberhundert Jahren, ein in Bronze gegossenes Sinnbild seiner Epoche, an dem jeder der modernen Fußballfunktionäre mit ängstlich gesenktem Kopf vorbeischleichen würde. Als ihm dieses Bild vor Augen trat, lächelte Bensemann und fand endlich noch seinen Schlaf.

Es klopfte an seine Zimmertür, und es dauerte eine Weile, bis er merkte, dass dieses Klopfen nicht seinem Traum entsprang. Verwirrt rief er »Herein«, und Ivo Schricker trat durch die Tür, die Bensemann seit einiger Zeit auf Anraten des Arztes nachts nicht mehr abschloss.

»Mein Freund, es freut mich, dich in Seelenruhe schlummern zu sehen, aber ich fürchte, du verschläfst deine Feier«, lächelte Schricker.

»Mein Gott, wie spät ist es?«

»Zehn Minuten nach acht.«

»Verdammt!« Bensemann setzte sich gähnend auf. Im Grunde war er froh, verschlafen zu haben, denn er fühlte sich so kräftig und erholt, wie er es nach einer durchwachten Nacht nicht zu hoffen gewagt hatte.

»Sind die anderen schon beim Frühstück?«

»Natürlich, und weitere Gäste sind im Anmarsch. Dein Bürochef erschien als Postillion mit einer großen Tasche voller Briefe und Telegramme. Nun ja, nach dem letzten ›Kicker‹ konnte deinen Geburtstag wohl keiner mehr übersehen.«

Für die vergangene Ausgabe der Zeitung hatte Staatsanwalt Vialon, der ebenfalls zum CdA zählte, eine hymnische Würdigung an den »Grandseigneur des Fußballs« verfasst, die auf den ersten eineinhalb Textseiten abgedruckt wurde.

»Hat Wall geschrieben?«

»Wieso ausgerechnet Wall?«

»Ich träumte heute Nacht von ihm.«

»Ein Alptraum, nehme ich an. Natürlich hat Sir Frederick ein Telegramm geschickt, sogar seine Exzellenz Rimet. Alles Weitere dürfte Müllenbach dir referieren.«

Bensemann wusch sich das Gesicht und begann sich anzukleiden.

»Johanson und Fischer?«

»Höchstselbst«, antwortete Schricker. »Und ihre Verbände jeweils alle noch mal.«

Der Herausgeber nickte zufrieden. »Und die Österreicher, Italiener und Schweizer?«

»Du bist schlimmer als ein Kind vor der Weihnachtsbescherung. Doch, soweit ich weiß, waren sie auch dabei. Hugo Meisl natürlich nochmals privat. Freund Linnemann hingegen nur als DFB-Präsident mit gedruckter Karte.«

»Dann kommt vom Bund niemand persönlich?«

»Wie man's nimmt. Unser alter Freiburger Freund Glaser wird in drei Funktionen sprechen, einmal natürlich als alter Freund, dann als Vertreter der Süddeutschen und schließlich im Auftrag des DFB.«

»Sehr taktvoll gelöst«, stellte Bensemann fest und knöpfte seine Weste zu. »Wie sieht's mit den Vereinen aus?«

»Ich verweigere jede weitere Aussage. Mein lieber Freund, der arme Müllenbach hat Hunderte von Glückwünschen angeschleppt, ich kenne sie wirklich nicht alle auswendig. Nur zwei habe ich noch behalten: die Telefonzentrale des Nürnberger Grand Hotels sowie das Orchester desselben Etablissements. Sie werden wissen, was sie an dir haben. Und nun hurry up. Die Übrigen wollten mit dem Frühstück auf dich warten, jetzt sitzen sie da und schauen betrübt zu, wie der Kaffee langsam erkaltet. Wir sollten sie erlösen.«

»Aber ich habe mich noch nicht rasiert«, stellte der Herausgeber zerstreut fest.

»Hole es später nach«, erwiderte Schricker. »In deinem Alter sollte man ohnehin einen Vollbart tragen. Er verdeckt die Falten.«

Der Vormittag verging mit der Begrüßung immer neuer Gäste, bei der Bensemann, wie er erfreut feststellte, die Schwäche der vergangenen Tage vollends abstreifen konnte und sogar ein wenig Appetit auf das Mittagessen spürte. Ab 14 Uhr begann dann die Parade der Redner, die Regierungsrat Karl Geppert als Sprecher des CdA mit einem recht länglichen Rückblick auf das Leben des Jubilars eröffnete. Zwei Geschenke überreichte Geppert, die einiges Aufsehen erregten: eine Plakette, die eigens vom französischen Fußballverband angefertigt war und auf der einen Seite Fußballer zeigte, auf der anderen einen Engel mit Friedenspalme – »die Idee der Völkerversöhnung durch den Sport«, wie der Regierungsrat interpretierte. Das zweite Geschenk übergab er mit einiger Verlegenheit: einen ansehnlichen Geldbetrag, den er mit den Worten begleitete: »Ich habe die Bitte auszusprechen, Sie möchten diese Ehrenspende dafür verwenden, dass Sie etwas für Ihre Gesundheit tun.«

Bensemann steckte das Geld schmunzelnd in die Innentasche seines Smokings. »Dass mir Sandmann nichts davon erfährt«, raunte er später Müllenbach zu, der die Berichterstattung von der Feier übernommen hatte. »Sonst kürzt er mir meine Apanage noch weiter. – Oder doch, er soll es gerade erfahren, und die Leser auch, dass ich nun schon von Zuwendungen der Freunde abhängig bin. Schreib es ruhig.«

Nach Geppert redete Dr. Glaser für den FC Freiburg und die Fußballverbände, und ihm folgten in endloser Reihe Vereinsvertreter aus ganz Deutschland mit Bocksbeutel, Kölnisch Wasser, Zigarettendosen sowie diversen goldenen und silbernen Ehrennadeln. Die Karlsruher hatten eigens ein Bild in Auftrag gegeben, auf dem das »Engländer-Plätzle« dargestellt war, wie es vor vier Jahrzehnten anzusehen war: eine baumumstandene Wiese, an der Spaziergängerinnen mit abenteuerlichen Hüten entlangflanierten, und in der Mitte Jugendliche, die ungestüm einem Ball hinterherrannten. »Die Geburtsstätte des süddeutschen Fußball-Sports« stand darunter. »Nur den armen Meyerling habt ihr vergessen«, meinte Bensemann, aber er freute sich.

Vor dem Abendessen dankte er in knappen Worten, und nach dem Essen schlug die Stunde von Hans Dürr, dem in Nürnberg für Sport und Kultur zuständigen Stadtrat, der für den Ehrgeiz bekannt war, seinen Ruf als ausgezeichneter Redner zu pflegen. Souverän ließ er alles beiseite, was die Vorredner an biografischen Details ausgeführt hatten, um zum Wesen der Hauptperson vorzudringen.

»Zwei große Faktoren der menschlichen Bildung sind es, die auf den Jubilar mehr als auf andere eingewirkt haben: seine große Liebe zur Natur auf der einen, sein Verständnis und seine Verehrung für Kultur auf der anderen Seite. Natur und Kultur, diese großen Mächte, die den einen mehr, den andern weniger erfassen, haben das Leben Bensemanns durchdrungen. Die Kräfte der Schöpfung und die Kräfte des Menschen! Um das zu verstehen, muss man sich vorstellen, dass dieser Mensch am Genfer See aufgewachsen ist, wo die Natur schöner als anderswo lächelt, die Berge in ihrer Größe und Majestät den Menschen beeinflussen. Wie wahr sagt Morgenstern: Die große Ruhe und der tiefe Friede sind nur bei euch, ihr lieben fernen Berge! Hier saugte er in sich auf dieses unermessliche Streben der Natur nach immer neuer Entfaltung.«

Unglücklicherweise verschluckte sich der kleine, rundliche Isenburger in diesem Moment an seinem Pfälzer Schoppen und begann einen verzweifelten Kampf mit dem unvermeidlichen Hustenreiz, den er zunächst tapfer und mithilfe eines riesigen Taschentuches zu unterdrücken suchte, so dass sein Gesicht bald heftig gerötet und die Stirn schweißbedeckt war. Dem Ersticken nahe, musste er sich geschlagen geben. Er hustete laut und aus tiefster Lunge, bis der nebenan platzierte Bühnendirektor Holzberg ihm kräftig auf den Rücken hieb und, als dies nichts fruchtete, den Patienten unter einigem Aufsehen aus dem Saal führte.

»Mag es nun ein heroisches oder ein bescheidenes Werk sein, immer gilt aber, dass die großen Gedanken nicht aus dem Gehirn, sondern aus dem Herzen kommen. So erfreuen wir uns an Bensemanns begeisterten

Hymnen auf den Sportsmann. Ihre tiefere Quelle, der Kern dieses Lebens, entstammt aus der Verbundenheit mit der Natur, aus der Erfassung der Kultur setzte unser Freund sich dann die Aufgabe, dem Sport und dem Fußball zu dienen.«

Durch die Tür des Saales drang Isenburgers gewaltiges Husten herein und verursachte an den hinteren Tischen einige Unruhe und heitere Mutmaßungen über die Gefährlichkeit des Pfälzer Weines. Regierungsrat Geppert, der sich für die Organisation der Festlichkeit verantwortlich fühlte, sah besorgt hinüber.

»Unerschüttert und vorurteilslos geht Bensemann an die Dinge, und daher ist es verständlich auch, dass sein Weg manchmal nicht allen gefällt. Er zog aus als Knabe schon, als Student, als gereifter Mann in den Kampf, und das Leben wollte, dass er in Rüstung ging und dass er den Kampf bis in die letzten Tage nicht aufgeben konnte.«

Die Saaltür ging vorsichtig auf, und ein verlegener Isenburger kehrte samt Bühnendirektor zurück, begleitet von vielerlei Augen. Als er sein Weinglas ansetzte, um die gereizte Kehle zu beruhigen, beugten sich die Umsitzenden erwartungsvoll vor, doch er brachte den Schluck heil herunter und lächelte erleichtert.

»Die Erfolge, die dieser Mann in der Sportwelt errungen hat, können am besten dadurch bewiesen werden, dass überall, wo große Spiele stattfinden, man immer zuerst nach Bensemann fragt. Und das nicht bloß, weil man mit dem Manne ein paar Worte wechseln möchte, sondern weil man in ihm die Persönlichkeit schätzt und von ihm lernen kann.«

Der Rest der Ansprache verlief ohne Störungen, und als Stadtrat Dürr mit den Verszeilen »Herz schlägt und Stunde schlug – Bist auf der Bahn!« geendet hatte, brandete stürmischer Beifall auf, und man feierte, wie Müllenbach später formulierte, »den großen Redner, der so meisterhaft sein Geburtstagsgeschenk, die Festtagsrede, vorzutragen und mit unermesslich reichhaltigen Gedanken auszuschmücken verstand«.

Den späteren Abend hatte man als Biercommers deklariert, der freilich nicht ohne eine stattliche Zahl weiterer Ansprachen sowie einer Darbietung des Staatsopernsängers Kalnbach ablief, der sich als alter Fußballer vorstellte. Bensemann hatte sich mit Wein zurückgehalten und auf Bier völlig verzichtet, dennoch fühlte er allmählich, dass er müde wurde. Den ersten Reden hatte er aufmerksam und geschmeichelt zugehört, inzwischen begannen sie ihn zu langweilen. Diskret unterdrückte er ein Gähnen, empfand die Müdigkeit jedoch nicht als störend: Es war nicht die quälende Mattigkeit einer Erkrankung, sondern die angenehme Schwere eines langen Tages.

Er winkte Müllenbach zu sich. »Du hast dir die Ansprachen besorgt?«

Der Redakteur bejahte. Soweit sie schriftlich vorlägen, jedenfalls. Die übrigen habe er natürlich stenografiert.

»Gut. Die Reden von Gebhard, Glaser und Dürr drucken wir möglichst komplett. Wie viele Seiten sind für den Bericht reserviert?«

»Vier.«

»Gut. Sagen wir, fünf. Was bringen wir sonst über die Feier?«

»Vorgesehen sind zwei Bilderseiten, die ...«

»Vier«, unterbrach ihn Bensemann. »Zwei für Fotos von den Gästen sowie zwei für Reproduktionen, und zwar zum einen vom Bild des Engländer-Platzes und zum anderen von der Ehrenurkunde, die mir der ›Club der Alten‹ überreicht hat. Weiter.«

»Also, vier Bilderseiten, dazu noch die Gästeliste und ein Überblick über die Glückwunschschreiben.«

»Was heißt Überblick?«

»Nun ja, ich dachte, wir nennen die Anzahl und vielleicht die namhaftesten Absender.«

»Alle«, entschied Bensemann. »Alle Absender werden genannt.«

Müllenbach sah ihn entsetzt an. »Aber es sind mehrere Hundert!«

»Eben deswegen!«, erklärte der Herausgeber.

Zufrieden orderte er einen weiteren Wein, dieses Mal mitsamt Zigarre. Nun, da das Fest beinahe überstanden war, konnte er das Risiko eingehen.

Vor einem halben Jahr war Eduard Kartini gestorben, der ihm wenig wohlgesonnene Vorsitzende des süddeutschen Verbandes; bis zum nächsten Verbandstag war dessen Amt verwaist. Seither hatte es der Herausgeber ausschließlich mit Max Willmy zu tun, wenn es um die Finanzen der Zeitung ging, und das machte die Lage nicht besser. Willmy vermied es, die Redaktionsräume des »Kicker« zu betreten; dort reichte ihm Sandmann als Statthalter, um auf dem Laufenden zu sein. Stattdessen bat er Bensemann immer öfter hinauf in sein nussbaumgetäfeltes Büro, wo er ihn hinter seinem großen Schreibtisch sitzend empfing und die Bilanzen durchging. Die Zahlen waren wenig erfreulich, die Zeitung machte weiterhin Verluste und die Auflage stagnierte seit geraumer Zeit bei knapp 20.000.

»Seybold hat mit seinem ›Fußball‹ 10.000 mehr, bei steigender Tendenz«, bemerkte Willmy in seinem üblichen gedämpften Ton, bei dem kein Vorwurf mitschwang, sondern die Nüchternheit eines Staatsanwaltes.

»Der ›Fußball‹ ist halb so dick wie der ›Kicker‹ und kostet daher weniger«, antwortete Bensemann. »Der Preis ist ein gewichtiges Argument in Zeiten wie diesen, da so viele Fußballanhänger arbeitslos auf der Straße sitzen.«

»Gewiss«, sagte Willmy kühl. »Aber auch die ›Fußballwoche‹ in Berlin kommt auf 30.000 Exemplare.«

»Und was soll ich daraus schließen?« Bensemann saß im Besuchersessel und rang um Fassung. Anfangs, im Jahre 1926, hatte er den um fast 20 Jahre jüngeren Willmy als Partner gesehen, der sich um die Finanzierung der Zeitung kümmern würde, während er selbst die Redaktion besorgte. Formal waren sie gleichberechtigt, doch hatte es Willmy im Laufe der Zeit verstanden, aus den Lagebesprechungen Verhöre zu machen, in denen der Herausgeber Rechenschaft zu geben hatte. Bensemann sah kein Mittel dagegen. Er war nicht in der Lage, sich von seinem Partner freizukaufen. Willmy schon.

»Was man daraus schließen soll«, erklärte der Druckereibesitzer, »ist Folgendes: Die Zeitung muss attraktiver werden. Sie muss sich stärker nach den Wünschen ihrer Leser richten, dann wird sie auch gekauft werden und erreicht möglicherweise eine Auflage, die dem Lebensstil ihres Herausgebers angemessen ist.«

Bensemann überhörte das Letzte. »Der ›Kicker‹ wäre nicht der ›Kicker‹, wenn er sich nach den Erwartungen von Kuhwedel und Lieschen Müller richten würde. Der ›Kicker‹ hat von Anfang an auf Niveau gesetzt, nicht auf Masse, und er ist gut dabei gefahren. Nicht umsonst nennt man ihn das beste Fachblatt auf dem Kontinent.«

»Lob aus dem Ausland macht noch keine Auflage, und um die geht es hier. Abgesehen davon spricht auch niemand davon, das Niveau abzusenken, verehrter Kollege. Aber mir scheint, Sie unterschätzen die Auswirkung gewisser redaktioneller Gewohnheiten. Die ausführlichen Berichte über Verbandstage, insbesondere der FIFA – das interessiert nicht unbedingt. Ihre Leitartikel zur Jugendarbeit – ehrenwert, aber Gift für den Verkauf. Ihre Polemiken gegen die Kollegen in Westdeutschland – recht ermüdend auf die Dauer. Die allzu breite Berichterstattung aus dem Ausland – unerfreulich für alle, die mehr über deutsche Vereine lesen wollen. Und in den letzten beiden Nummern nicht weniger als elf Seiten über ihren eigenen Geburtstag – das ist denn wohl doch ein wenig überzogen.

Sie sehen, Herr Bensemann, es geht nicht um Qualität an sich. Es geht um Themensetzungen.«

»Darf ich das als Kritik an meinen Glossen verstehen?« Bensemann war ernstlich erregt, und es half ihm nichts, dass der Arzt ihm von jeder Aufregung abgeraten hatte. Er fühlte es an den Schläfen pochen.

Willmy schwieg einen Moment und betrachtete auf seinem Schreibtisch den bronzenen Herkules, der den Lampenschirm trug. Dann sah er den Herausgeber mit unbewegtem Gesicht an. »Wir haben uns des Öfteren über Ihre privaten Ausgaben unterhalten. Der Willmy-Verlag und der süddeutsche Verband sind nicht länger bereit, Themen zu finanzieren, die ganz offenbar auf Ihren Freundeskreis zugeschnitten und für die breite Leserschaft ohne Relevanz sind. Wir brauchen eine Zeitung, die dem heutigen Publikum Rechnung trägt und nicht nur einer Hand voll altgedienter Pioniere. Ich will in Ihre redaktionellen Zuständigkeiten keineswegs eingreifen, doch ich bin mir mit dem süddeutschen Verband einig, dass ein Wechsel an der Redaktionsspitze so schnell wie möglich erfolgen sollte. Überlegen Sie selbst, welche Schlüsse aus dieser Konstellation zu ziehen sind.«

Herkules und dahinter Willmy verschwammen vor Bensemanns Augen, er wurde von einem heftigen Schwindel erfasst, der ihn wortlos aufstehen und aus dem Raum flüchten ließ. Schwer atmend erreichte er sein eigenes Büro und ließ sich in einen Sessel fallen. Seine gesamte journalistische Kompetenz war angegriffen worden, und er hatte nicht die Kraft gefunden, sich zu verteidigen. Stattdessen hatte er Willmy seine Schwäche offenbart; eine Peinlichkeit, die ihn zutiefst demütigte. Was bezweckte Willmy? Warum wollte er ihn so plötzlich desavouieren? Es dauerte nur noch ein halbes Jahr bis zu jenem Zeitpunkt, der für sein Ausscheiden als Herausgeber öffentlich genannt worden war. Offensichtlich gab es in Willmy jemanden, der ihm diese Frist nicht gönnen wollte.

Als Bensemann sich langsam beruhigte und die Herztropfen ihre Wirkung zeigten, döste er in seinem Sessel ein, bis der beunruhigte Müllenbach nach ihm sah.

»Fühlen Sie sich nicht wohl?«

Bensemann schrak hoch. »Nein, nein, alles ist in Ordnung. Die Termine bei Willmy sind nur so überaus … ermüdend.«

»Ihre Glossen liegen dem Setzer noch nicht vor.«

»Ich weiß, ich mache sie jetzt fertig.«

Müllenbach sah sich besorgt um. »Soll ich Ihnen die Stenografin schicken?«

»Nein, nein, danke. Wie Sie wissen, schreibe ich lieber selbst. Allein.«

Der Redakteur verstand und zog sich zurück. Bensemann erhob sich mühsam und ging hinüber zum Schreibtisch, um seine Arbeit wieder aufzunehmen. Er hatte noch einige Nachträge zu seiner Geburtstagsfeier zu schreiben; das würde zwar die Zahl der von Willmy inkriminierten Zeitungsseiten um zwei weitere ansteigen lassen, schien ihm aber notwendig, da er auf die vielfachen Ehrungen bislang nicht mit eigenen Dankesworten und Reminiszenzen geantwortet hatte. Am Schluss dieses Rückblicks entschied er sich, auf seine angegriffene Gesundheit und sein angekündigtes Ausscheiden zum Juli 1933 einzugehen. »An mir«, formulierte er, »soll es nicht liegen, dass der ins Auge gefasste Termin des Abschieds innegehalten wird.«

Ausgerechnet Sandmann war es, der die Nachricht überbrachte, mit jener trostlosen Miene, die ihm unwandelbar ins Gesicht gezeichnet schien: »Der Reichspräsident hat Hitler zum Kanzler berufen.« Vielleicht schwang verborgene Freude in seinen Worten mit, vielleicht war die Äußerung selbst schon Ausdruck eines heimlichen Triumphes, denn nie zuvor hatte Bensemann es erlebt, dass Sandmann mit solch einer Nachricht das Büro betrat. Nachdenklich starrte er dem Buchhalter hinterher, der unsicher und still wieder zur Tür hinausschlich, nachdem er auf eine Reaktion gewartet und keine bekommen hatte.

Nun war das Erwartete also eingetreten. Seit die NSDAP bei den Reichstagswahlen zur stärksten Parlamentsfraktion geworden war, hatte man mit Hitlers Eintritt in die Regierung gerechnet. Der »Führer« hatte darauf bestanden, dies nur als Kanzler zu tun, und er hatte sich am Ende damit durchgesetzt.

Bensemann räumte ein, dass er das taktische Geschick des Nationalsozialisten unterschätzt hatte. Offenbar konnte er nicht nur in Biersälen regieren, sondern auch in den Hinterzimmern des Parlaments, wo er die Deutschnationalen nahezu mühelos auf seine Seite brachte. Völlig versagt hatten dagegen die bürgerlichen Parteien und die Sozialdemokratie. Sie hatten es nicht verstanden, der neuen Republik eine Identität zu verschaffen, die sie gegenüber den radikalen Parteien immun machte, und schon gar nicht hatten sie, vom längst verstorbenen Stresemann abgesehen, einen politischen Führer hervorgebracht, der diese Identität über die Parteigrenzen hinweg verkörpern konnte. »Ich lag nicht falsch damit, schon 1920 statt der reinen Republik eine Monarchie nach englischem Muster zu fordern«, hatte Bensemann kürzlich zu Ivo Schricker gesagt, einem der wenigen, mit dem er zuweilen politische Tagesfragen diskutierte. »Dann hätten wir beides: die Demokratie, aber auch eine Institution, welche die breite Masse eint. Es ist kein Wunder, dass diese Masse unter den gegenwärtigen Umständen nach einem Führer schreit, der sie aus diesem politischen Augiasstall erlöst. Ich kann es ihr nicht verdenken, denn ich sehne mich selber nach einem. Nur nicht gerade nach diesem.«

Ehrlicherweise musste Bensemann auch die Hoffnung aufgeben, Hitler und die NSDAP würden durch den Aufstieg an die Regierungsmacht und das Bündnis mit den Deutschnationalen domestiziert. Der Fanatismus, mit dem sie die Regierungsübernahme zur »nationalen Revolution« erklärten, ließ wenig Spielraum für Hoffnungen. Wenn die nächsten Reichstagswahlen Hitler bestätigten, würden sich die Linksparteien auf ernstliche Pressionen und die Juden auf unangenehme Diskriminierungen einzustellen haben. Aber beides war nicht neu in der deutschen Geschichte und würde nach einigen Jahren überstanden sein, wenn der Glanz des nationalen Aufbruchs in der Realität wirtschaftlicher Probleme verblasst war.

Für sich persönlich hegte Bensemann kaum Befürchtungen; er hatte sein Ausscheiden aus dem »Kicker« längst bekannt gegeben und zudem weder Gesundheit noch Vermögen zu verlieren. Da er vor allem im Ausland auf einflussreiche Freunde zählen konnte, würde man keinen Skandal riskieren, nur um ihn einige Wochen früher zu verdrängen. Aber er war besorgt um seine zahlreichen jüdischen Freunde und um die Zukunft seiner Zeitung, der noch immer der Ruf der Vaterlandslosigkeit anhing. Das von Freund und Feind missverstandene Plädoyer für den Wehrsport hatte daran ebenso wenig etwas geändert wie die vielfache Versicherung, auch ein guter Europäer könne mit Leib und Seele Deutscher sein. Noch immer ließen seine Kontrahenten kaum eine Gelegenheit verstreichen, ihm mangelndes Nationalgefühl vorzuhalten – erst kürzlich hatte die Berliner »Fußballwoche« empört kritisiert, der »Kicker« habe zum Länderspiel Ungarn gegen Deutschland »keinen Reichsdeutschen« als Berichterstatter geschickt, sondern einen Österreicher. Und dass er in der letzten Ausgabe ausgerechnet Jenö Konrad, den vom »Stürmer« aus Deutschland Vertriebenen, als Berater für die Nationalelf empfohlen hatte, dürfte auch Julius Streicher und seinem Gefolge aufgefallen sein. Im Grunde waren es Lappalien, doch Vorwürfe ließen sich immer konstruieren. Wenn der süddeutsche Verband und Willmy in den nächsten Wochen kein Rückgrat zeigten, war die Zukunft des »Kicker« ungewiss.

In Gedanken versunken starrte Bensemann noch immer gegen die Tür, die Sandmann, der Überbringer böser Nachrichten, geräuschlos hinter sich geschlossen hatte. Er würde Vorsicht walten lassen: in dem, was er sagte, und in dem, was er schrieb. Der Regierungsantritt Hitlers würde im »Kicker« unerwähnt bleiben wie zuvor der seiner zahlreichen und meist glücklosen Vorgänger: Schleicher, von Papen, Brüning, Müller, Luther, Schacht, Stresemann, Cuno, Wirth, Fehrenbach, Bauer, Scheidemann. Die neue Tonlage konnte man überhören, die neuen Farben übersehen, und der Sport würde ohnehin kaum betroffen sein. Vorerst jedenfalls. Es empfahl sich, abzuwarten und den Mund zu halten. Die »nationale Revolution«, gegen die so viel zu sagen war, würde im »Kicker« nicht existieren. »Mit keinem einzigen Wort«, wie der Herausgeber Müllenbach grimmig beschied.

Am Abend dieses Tages ging Bensemann auf dem direkten Weg ins Grand Hotel und verließ es bis zum Morgen nicht mehr. In den Straßen der Nürnberger Innenstadt brannten Fackeln und marschierten Männer in braunen Uniformen. Der Polizeidirektor der Stadt, Gareis, war nicht gerade bekannt dafür, gegen die Ausschreitungen der SA energisch vorzugehen. In dieser Nacht würde er ihr vollkommen freie Hand lassen, und sie würde noch selbstbewusster paradieren als sonst. Für Männer wie Bensemann war es ratsam, sich nicht in ihrer Nähe blicken zu lassen.

»Dieses Wochenende steht noch im Scheine der Fackeln, die in der denkwürdigen Nacht zum 31. Januar von vielen Hunderttausenden durch die Wilhelmstraße getragen wurden – vorbei an dem Herrn Reichspräsidenten und dem neuen Reichskanzler; und im Banne der großen politischen Umwertung, für die sich das Schicksal unsere Zeit ausgesucht hat, muss es dem Fußballreferenten doppelt schwer fallen, immer wieder von neuem die Drehungen des Lederballs und die dadurch im Fußballstaat jeweilig heraufbeschworenen Situationen in sachlich ernster Weise zu erörtern.«

Bensemann ließ das Blatt sinken, das Müllenbach ihm gereicht hatte.

»Was bringt unseren lieben Doktor nur auf so etwas?«, knurrte er. Der »Doktor« war Martin Schröder, der seit vielen Jahren als Korrespondent im »Kicker« die Rubrik »Berliner Sonntag« schrieb.

Er las den Artikel komplett durch. »Der Rest geht in Ordnung. Dass die Olympiade 1936 bescheiden ausfallen soll – meinethalben. Dass der Termin fürs Länderspiel Deutschland gegen Frankreich auf dem 5. März bleiben soll, obwohl zum gleichen Termin die Reichstagswahlen stattfinden – vollkommen in Ordnung. Nur dass er für die deutsche Elf einen Berliner Spieler verlangt, nur weil das Spiel in Berlin stattfindet, ist natürlich Unsinn. Füge mit meinem Kürzel eine Klammer ein: ›Das ist kein Argument bei einem solchen Spiel!‹ Der Herr Doktor wird mir die Rüge nachsehen. Und dann streiche um Himmels willen den ersten Satz.«

Der Herausgeber wandte sich hinter seinem Schreibtisch wieder der Arbeit zu, aber Müllenbach blieb vor ihm stehen. »Dr. Willmy ist der Auffassung, der Satz solle stehen bleiben.«

»Wie bitte?«

Müllenbachs Gesicht rötete sich. »Herr Willmy hat mir bestellen lassen, der Artikel möge komplett erscheinen.«

»Wie kommt Willmy dazu, so etwas anzuordnen? Woher kennt er überhaupt den fraglichen Artikel?«

Der Redakteur zuckte verlegen mit den Achseln. In die Stille, die danach entstand, klingelte das Telefon. Es war Hugo Meisl aus Wien.

»Ich bitte Sie um einen Moment, Hugo«, sagte Bensemann und legte die Hand auf die Muschel. »Also gut, wir bringen es als Situationsbeschreibung. Aber in Zukunft bleibt es dabei: Politik hat in unserem Blatt nichts verloren, ich werde mit dem Dr. Schröder darüber reden. Und schließe die Tür hinter dir. Danke.«

Er wartete, bis Müllenbach den Raum verlassen hatte. »Was verschafft mir die Ehre, Majestät?«

Meisl überraschte ihn mit einer Einladung: Die österreichische Nationalelf würde in einigen Tagen gegen Frankreich spielen. Dies sei doch immer eine Reise wert, und wenn nicht das Spiel, dann sicherlich Paris, wo es ausgetragen werde.

»Ich danke Ihnen herzlich, mein Freund«, erwiderte Bensemann. »Aber diese Fahrt dürfte mir der Verlag schwerlich finanzieren.«

»Frankreich spielt doch in zwei Wochen auch gegen die Deutschen«, argumentierte Meisl. »Da muss doch auch Ihr Kassenwart einsehen, dass es Sinn macht, die Mannschaft zu beobachten.«

»Von Fußball versteht der Kassenwart rein gar nichts, nur etwas von Bilanzen.«

Meisl seufzte vernehmlich durch den Hörer. »Es ist überall dasselbe. Aber ich habe es mir gedacht. Meine Einladung ist natürlich so zu verstehen, dass Sie unser Gast sind.«

»Inklusive Fahrt?«

»Inklusive Fahrt. Sie können in Straßburg unseren Schlafwagen entern, ab da wird für Sie gesorgt.«

Bensemann überlegte. In Straßburg würde er bei Freunden übernachten und in Paris bei den diversen Banketten sicherlich nicht verhungern. Im Notfall würde ihm Langenus aushelfen, der für das Spiel als Schiedsrichter nominiert war. Kurzum: Er konnte die Reise antreten, ohne sich vor Sandmann demütigen zu müssen, und das gab den Ausschlag.

Zwei Tage später stand er am frühen Morgen ein wenig ratlos auf dem Hauptbahnhof von Straßburg. Der Zug von Wien nach Paris war eingelaufen, der Bahnsteig leerte sich allmählich, doch kein Österreicher ließ sich blicken. Endlich kam ein Schlafwagenschaffner gelaufen, der ihn dezent musterte und dann verschwörerisch flüsterte: »Ich habe ein Billett nach Paris für Sie. Die Herren schlafen noch alle, nur der Herr Generaldirektor will in einer Stunde geweckt werden.«

Der Direktor konnte niemand anderes als Meisl sein, der tatsächlich nach einer Stunde, als der Zug noch durch das verschneite Elsass dampfte, verschlafen seinen Gast begrüßte und ihn zum Frühstück bat. Seit einer Operation benötigte Meisl, um seinen massigen Körper zu stützen, einen Gehstock, den er jetzt umständlich unter dem Esstisch verstaute.

»Es trifft sich gut, wenn wir zunächst unter vier Augen sprechen, und diese Zeit sollten wir nutzen. Wie Sie sich denken können, interessiert man sich in Wien lebhaft für die neue Situation in Deutschland.«

Bensemann nickte bedächtig, während er umständlich an seinem Brötchen kaute. »Im Grunde wissen wir nicht mehr als das Ausland. Es gibt natürlich Zeitgenossen, die ihren Mantel in den neuen Wind hängen, und die Rhetorik ist höchst unerfreulich. Aber noch hat die neue Regierung keine Maßnahmen getroffen, die zu echten Besorgnissen Anlass geben könnten. Ihr Bruder Willy sitzt doch in Berlin und dürfte besser unterrichtet sein als ich.«

»Er berichtete mir von Plänen, die SA zur Schutzpolizei zu ernennen.«

»Das wäre allerdings unerfreulich, aber im Grunde nur die Legalisierung des Vorhandenen. Die SA beherrscht ohnehin die Straße.«

»Lassen wir alle Diplomatie beiseite, lieber Herr Bensemann. Jedermann weiß, wie die Nazis zur Judenfrage stehen. Sie nennen uns Parasiten, Schmarotzer und belegen uns mit jedem Schimpfwort, das ihnen in ihr geschrumpftes Hirn kommt. Kurzum: Hitler hat den Mund voll genommen, und irgendwann wird er auch spucken müssen. Kann sich da einer wie Sie unter dem neuen Regiment noch sicher fühlen? Werden Sie nicht mit beträchtlichen Nachteilen zu rechnen haben?«

Der Herausgeber zögerte. Dann lächelte er. »Sehen Sie, Hugo, in England herrscht derzeit eine fürchterliche Grippewelle, und auch in Deutschland gibt es die ersten Opfer. Ich fühle mich wie einer, der Sorge hat, dass auch ihn die Grippe erwischt. Er weiß, es gibt eine Quelle für die Seuche. Er weiß, sie wird sich ausbreiten. Er weiß, sie wird Opfer fordern. Aber er weiß nicht, wie viele es sein werden und ob er dazugehört.«

»Und die Vereine? Der DFB? Sind sie schon angesteckt von dieser – Grippe?«

»Keinesfalls«, erwiderte Bensemann überzeugt. »Die Ansicht, dass die Politik im Sport nichts zu suchen hat, ist weit verbreitet und gefestigt. Hitler wird es nicht wagen, daran etwas zu ändern. Zweifelsohne würde er die Vereine gegen sich aufbringen. Und auch die Verbände, ja gewiss, auch die Verbände.«

Hugo Meisl rührte nachdenklich in seiner Kaffeetasse, und Bensemann fiel auf, dass er den Mann aus Wien selten ohne diese Marotte gesehen hatte.

»Unser gemeinsamer Freund Landauer in München ist anderer Ansicht.«

»Landauer ist in solchen Dingen Pessimist. Sein FC Bayern ist der amtierende Deutsche Meister. Es ist schlecht vorstellbar, dass gegen diesen Verein etwas unternommen wird, nur weil sein Präsident das falsche Gebetbuch in der Tasche trägt.«

»Gegen den Verein weniger. Aber vielleicht gegen den Präsidenten selbst?«

Bensemann schwieg. Dies alles waren Fragen, die er sich in den vergangenen Tagen selbst gestellt hatte, ohne eine Antwort zu wissen. Wenn die Spielregeln außer Kraft gesetzt wurden, wussten nur die Täter, was kommen würde, aber nie die Opfer.

Die Tür ging auf, und die ersten Spieler schlurften herein, jene Stars des »Wunderteams«, von denen die europäische Fußballwelt schwärmte: Sindelar, Hiden, Smistik, Rainer und andere, die der Herausgeber bei vielen Begegnungen freundschaftlich kennen gelernt hatte. Im Speisewagen nach Paris umlagerten sie Wurst stibitzend den Frühstückstisch, an dem Meisl und Bensemann saßen, und ihr ungeniertes Gähnen und ihr Wienerischer Schmäh verdrängten bald alle düsteren Fragen.

In Paris gab es am Gare de l'Est großen Bahnhof und abends einen Sektempfang beim »L'Auto«, der führenden französischen Sportzeitung, die 20-mal so viel Auflage machte wie der »Kicker« und der das neue Velodrome du Parc des Princes gehörte, in dem das Länderspiel stattfinden sollte. Bensemann fand seine Hoffnung bestätigt, dass er mehr zu erzählen als zu zahlen hatte, und wie bei seiner Geburtstagsfeier vergaß er körperliche Beschwerden, als die Unterhaltungen und Bonmots ihn in Fahrt brachten, so weit sogar, dass er sich zum Besuch des Casino de Paris überreden ließ, wo er sich, wie man versicherte, die berühmte Josefine Baker nicht entgehen lassen dürfe. »So gut sie tanzt, so schlecht singt sie«, befand Bensemann, doch das war nicht das einzige Urteil, das man von ihm hören wollte. Denn auch in den Samtsesseln des Revuetheaters interessierte man sich für Hitler.

»Für uns Franzosen macht er euch Deutsche wieder zu Boches. Warum sollte ich zum Länderspiel nach Berlin fahren? Ich habe nicht das Gefühl, dort willkommen zu sein.«

»Aber wieso nicht? Im Verhältnis zum Ausland wird sich nichts ändern. Der neue Reichskanzler hat bisher im Grunde nichts anderes gesagt als seine Vorgänger und Vorvorgänger. Sicher, die Tonart mag anders geklungen haben, aber die Substanz der Melodie ist geblieben, wie sie immer sein wird. Plus cela change, plus cela reste au même, chers amis.«

»Pardon, aber was sich in Deutschland auf den Straßen abspielt ...«

»... sind bedauerliche Zusammenstöße zwischen den Parteien. Die registriert man nur in solchen Vierteln, die ein Fremder kaum betritt. Mir ist kein Fall bekannt, dass ein Ausländer schikaniert oder belästigt worden wäre.«

»Hören Sie, Kollege, wenn Hitler wahr macht, was er angekündigt hat, wird es auf einen Krieg in Europa hinauslaufen!«

»Einen Krieg? Womit soll Deutschland einen Krieg führen? Mit schwerer Lübecker-Marzipan-Artillerie? Oder vielleicht mit Atombomben aus Sarotti-Schokolade? Meine Herren, wir sollten schon die Kirche im Dorf lassen, auch wenn's schwer fällt.«

So wand er sich in seinem Sessel, während auf der Bühne Sänger und leicht bekleidete Tänzerinnen vorbeizogen, und fühlte sich höchst unwohl. Von ihm, der als Freund der französischen Sprache und Kosmopolit bekannt war, erwartete man ausführliche und offene Klarstellungen, die er weder geben konnte noch wollte. Er war nicht der einzige deutsche

Journalist, der im Casino de Paris saß. Und noch mehr als die Furcht vor Denunziation hatte ihn die Sorge befallen, der verheerende Ruf der neuen Reichsregierung im Ausland könnte sich auf den internationalen Sportverkehr auswirken und Deutschland in eine Isolation bringen, die alles nur noch schlimmer machte. So wich er aus, schlängelte sich durch, bagatellisierte und gab Antworten, die in Wahrheit nur Hoffnungen waren. Jedes Mal wenn das Orchester eine exotische Melodie drosch oder eine Pointe von der Bühne mit schrägem Tusch belohnte, fürchtete er, dass seine Ausflüchte an diesem Ort nicht besser wirkten als die fade Parodie eines schlechten Kabarettisten. Zu später Stunde betrat ein Hitler-Imitator die Bühne des Casinos. Er gestikulierte wild und redete pathetisch in einer Sprache, die entfernt nach Deutschem klang, aber lediglich eine Abfolge bizarrer Wortlaute war, die dennoch ausreichten, um den verblüffend echten Eindruck einer Rede des »Führers« vorzutäuschen. »'eil 'itler!« Der Saal tobte vor Lachen, und Bensemann wünschte sich, er wäre im Hotel geblieben.

Frisch und befreiend war am nächsten Tag die kalte Brise, die ihn zusammen mit den 40.000 Zuschauern im Velodrome umwehte. Sie waren nicht gekommen, um ihre Elf siegen zu sehen – niemand auf dem Kontinent konnte zu jener Zeit gegen die Österreicher siegen. Sie kamen, um Hugo Meisls Wunderteam zaubern zu sehen, und sie wurden belohnt. In der ersten Halbzeit wehrte sich die französische Elf tapfer und mit guter Defensivtaktik. Doch in der zweiten Hälfte schlug die Stunde der Wiener Künstler. Sie flogen über den hart gefrorenen Rasen, dribbelten und rotierten mit kurzen Pässen die französische Abwehr schwindelig. Allen voran spielte einer, den der französische Kapitän Mairesse später »ein Phantom« nannte, »einen Schatten, der nicht zu halten ist«: Matthias Sindelar, der berühmte Mittelstürmer, den Bensemann schon elf Jahre zuvor bei seinem Debüt bewundert hatte und der mit seiner schmächtigen Gestalt und Leichtigkeit inzwischen als der »Papierene« bekannt geworden war. Es schien, als könne er dem Ball Befehle erteilen, wohin er zu rollen und zu fliegen habe. Sindelar schlug überraschende Haken, drehte sich listig, übersprang leichtfüßig gegnerische Beine – und immer folgte ihm der Ball auf eine wundersame Art, die alle Gesetze der Schwerkraft zu ignorieren schien. Nicht der Torerfolg war das Maß in Sindelars Kunst, sondern die Ästhetik des Augenblicks.

Dennoch war es Sindelar, der, beinahe wie unbeabsichtigt, in der 65. Minute das 1:0 erzielte und damit ein Schauspiel fußballerischer Fantasien einleitete. Das Wunderteam spielte sich in einen Rausch und nahm das staunende Publikum mit. Fünf Minuten später erzielte Zischek das 2:0, nur zwei Minuten darauf der lange Wesselik das 3:0, und in der 80. Minute Vogel das 4:0. Ein fünftes Tor wurde von Schiedsrichter Langenus, der wie üblich in seiner Schirmmütze angetreten war, nicht anerkannt – eine Fehlentscheidung, die den Zuschauern gleichgültig war. Sie hatten die Viertelstunde eines Zaubers erlebt, der durch nichts zu zerstören war.

Die Nachrichten, die ein ermüdeter Bensemann auf der Rückfahrt las, waren nicht günstig. Der von Willy Meisl angekündigte Erlass, der die SA-Horden zur Hilfspolizei erhob, war inzwischen in Kraft getreten, und es hatte erste, noch vorübergehende Zeitungsverbote gegeben, die auf einer »Presse-Notverordnung« der neuen Regierung beruhten. Die Maßnahmen schienen sich in erster Linie gegen die politische Linke zu richten, die sich der NSDAP offen widersetzte, aber auch die antisemitischen Töne waren unüberhörbar. Manch einer hoffte darauf, dass mit den Reichstagswahlen am 5. März der nationalsozialistische Spuk ein Ende nehmen könnte. Doch Bensemann zweifelte daran: Zu selbstbewusst klangen die Reden Hitlers, zu selbstverständlich übte er sein Amt aus. Es war nahezu undenkbar, dass er es nach wenigen Wochen wieder aufgeben würde.

In der Redaktion, die der Herausgeber in gedrückter Stimmung vorfand, wurde das Thema vollständig gemieden. Müllenbach sorgte dafür, dass die nächste Ausgabe mit dem üblichen Pensum gefüllt wurde.

»Und was hat unser lieber Doktor aus Berlin dieses Mal mitzuteilen?«, fragte ihn Bensemann.

»Er ist ein wenig beleidigt, dass das Länderspiel gegen Frankreich nun doch auf den 19. März verlegt wurde, wegen der Wahlen. Im Übrigen macht er business as usual.«

»Keine Politik?«

»Nichts dergleichen.«

»Na, siehst du, Müllenbach, man muss mit den Kollegen nur ernstlich reden, dann beruhigen sich auch die aufgewühlten Gemüter wieder.«

Aber das glaubte auch er schon zu diesem Zeitpunkt kaum noch, und als wenige Tage später der Reichstag in Flammen stand, war nichts mehr »as usual«. Hitler machte die Kommunisten für den Brandanschlag verantwortlich. Doch Moosbacher, der argwöhnische Nachtwächter, wusste es besser: »Hitler war's selber«, weihte er Bensemann verschwörerisch ein. »Jetzt schiebt er's uns in die Schuhe, um uns einzumachen.«

Wen er mit »uns« meinte, wollte er nicht sagen, aber zwei Tage später wurde er verhaftet, als er von der Nachtschicht nach Hause kam, und Bensemann sah ihn niemals wieder.

Aber er vergaß ihn nicht: Moosbacher hatte ihn gewarnt. »Willmy arrangiert sich bereits«, hatte er gemunkelt, wieder einmal in vagen Andeutungen und ohne die Quellen seines Wissens zu nennen. »Jetzt braucht er ein Lamm, das er denen opfern kann.«

»Und Sie wollen mir weismachen, dass ich dieses Opfer sei?«

Missmutig hatte der Nachtwächter mit den Schultern gezuckt. »Jedenfalls …«

»Jedenfalls was?«

»… interessiert man sich für Ihr Privatleben.«

Da hatte es Bensemann gereicht. »Es wäre besser, Sie würden sich um Ihre eigene Sicherheit kümmern, Moosbacher. Mir scheint nämlich, die neue Regierung interessiert sich vornehmlich für Leute wie Sie!«

Mit enttäuschter Miene, als habe er seine Warnungen bereits bereut, starrte Moosbacher ihn an, und diesen Blick spürte Bensemann noch, als der alte Mann längst den Raum verlassen hatte.

Am Tag darauf rief Ivo Schricker an und bedrängte ihn, für eine Weile in die Schweiz zu kommen, bis sich die Lage beruhigt habe. Doch Bensemann wehrte ab. Obwohl er zugeben musste, dass durch die Aufhebung aller Grundrechte nunmehr jede staatliche Willkür möglich war, klammerte er sich an die vage Hoffnung, dass die Verhaftungswelle und die Zeitungszensur ausschließlich die politische Linke treffen würde. Oder jedenfalls diejenigen, die lautstark politische Opposition äußerten.

»Und dazu«, sagte er, »kann man mich bedauerlicherweise nicht rechnen, Ivo.«

Der Freund blieb hartnäckig. »Vor allem bist du ein Mann, der an seine Gesundheit denken muss. Das allein sollte für dich Grund genug sein, schleunigst einen Kuraufenthalt in der Schweiz anzutreten. Wenn ich mich recht erinnere, hattest du das in absehbarer Zeit ohnehin vor.«

»Das hatte ich, in der Tat. Aber niemand wird mich daran hindern, vorher noch meinen Schreibtisch aufzuräumen. Ich habe es für Juli angekündigt, Ivo, und darauf werde ich bestehen.«

So blieb er also, störrisch alle Warnungen und die Krankheit ignorierend, auch wenn er wusste, dass jede Hoffnung auf die Wahlen trügerisch war, und Willmy ihn immer offener drängte, die Herausgeberschaft der

Zeitung offiziell niederzulegen. Der Verleger tat es in seiner nüchternen, emotionslosen Art: als Beobachter, der die Umstände abwägt und daraus seine Schlüsse zieht. Für den Fortbestand des »Kicker« sei es sinnvoll, die Strukturen zu ändern. Das alte Eigentümer-Triumvirat zwischen Bensemann, süddeutschem Verband und Willmy-Verlag habe sich ohnehin überholt, da Bensemann längst nicht mehr in der Lage sei, einen wirtschaftlichen Beitrag zu leisten. Zudem sei Paul Flierl, der künftige Vorsitzende der Süddeutschen, ein äußerst national denkender Partner, der die politische Linie des Blattes mit Argwohn betrachte. Natürlich solle Bensemann dem Blatt journalistisch erhalten bleiben, vorausgesetzt, dass er sich im Rahmen des Gebotenen bewege. Aber was seinen Status als Gesellschafter und Herausgeber angehe, nun ja ...

Bensemann weigerte sich, ihm direkt zu antworten oder gar in den Vorschlag einzuwilligen, selbst als Willmy, von der stummen Sturheit des Herausgebers genervt, allmählich seine Fassung verlor und laut wurde. Bensemann schwieg, aber er schickte dem Verleger in den nächsten Glossen eine merkwürdige Botschaft:

»In ganz vornehmen studentischen Kreisen in Erlangen ist ein neues, sinnreiches Spiel Mode geworden. Drei Leute sitzen zusammen; einer geht heraus, und die anderen raten dann, wer herausgegangen ist. Dieses Spiel empfehle ich allen denen, die über das allzu schnelle Tempo der neuesten Entwicklungen in der ganzen Welt klagen. Bei näherem Nachdenken wird man finden, dass die entzückende Charade keine allzu großen Anforderungen an den Geist stellt und die Nerven wesentlich beruhigt.«

Als er sich dazu entschloss, dieses Rätsel aufzuschreiben, war kurz zuvor aus Berlin die Nachricht über das Ergebnis der Reichstagswahlen gekommen. Die Nationalsozialisten hatten einen Sieg errungen; zusammen mit den bedeutungslosen Resten der Deutschnationalen verfügten sie nun über die absolute Mehrheit. Sie kündigten die Vollendung ihrer »nationalen Erhebung« sowie die Absetzung aller unbotmäßigen Landesregierungen an. Alles war nun endgültig entschieden.

Bensemann brachte seinen kurzen Text am späten Abend selbst hinunter in die Setzerei. Der Redaktionsschluss war längst verstrichen, aber er bestand darauf, dass die letzte Seite seiner Glossen ergänzt und neu umbrochen werde.

Den Siegesjubel der Nazis mochte Bensemann aus seinen Ohren sperren, aber er konnte Willmy nicht überhören, der ihm jetzt eine Frist setzte:

Innerhalb von zwei Wochen habe er sich zu entscheiden, ob er freiwillig den Rückzug antrete. Und auch den Korrespondentenbericht des Dr. Schröder aus Berlin konnte er nicht ignorieren, der, mit dem frischen Wind im Rücken, in seiner Kolumne dafür gesorgt hatte, dass den »Kicker«-Lesern der Ton der neuen Zeit nicht erspart blieb:

»An diesem 12. März – dem Volkstrauertag für die zwei Millionen Toten des Weltkriegs – leuchtet eine herrliche Sonne über dem Dächermeer der unendlichen Stadt. Allüberall an den Häuserfronten wehen unsere ruhmreichen Fahnen schwarz-weiß-rot, an vielen Stellen flankiert von der Kriegsflagge und dem Hakenkreuzbanner. Die Nation trauert um das riesige feldgraue Schattenheer. Wir sehen es als eine ewige deutsche Vision dahinziehen; wir hören das Klappern des Schanzzeuges, das Knarren des Lederzeugs; wir glauben das matte Blinken der Gewehrläufe, der Stahlhelme schmerzhaft klar zu sehen. Und wir wissen, dass in diesen marschierenden und kämpfenden Kolonnen Deutschland war in höchster Opferbereitschaft und daher in seiner höchsten und strahlendsten Verkörperung. Wir alten Soldaten, die wir mehr als vier Jahre mit der Waffe in der Hand für Deutschland kämpften, fühlen uns mit diesen unseren toten Brüdern besonders für immer verbunden. Mit stolzer Freude sehen wir in den Straßen, auf den öffentlichen Gebäuden, auf den größten Fabrikschornsteinen die schwarz-weiß-rote Fahne, die unser Symbol war im Kampfe gegen eine Welt und die uns immerdar heilig sein wird, weil im Glauben an sie Hunderttausende unserer Kameraden nach deutscher Art – still und ohne Aufhebens – in den Tod für ihr Land gegangen sind. Hoffen wir, dass unsere Jugend, die jetzt so oft das Wort Vaterland auf ihren Lippen trägt, ihre Vaterlandsliebe, wenn die Stunde wiederkommen sollte, in solcher Treue beweisen wird, wie die Toten von 1914 bis 18 und, ein wenig auch – wir Lebenden es tun durften.«

Das waren die »drei scharfen T« des westdeutschen Verbandes in reinster Form, und bitter erinnerte sich Bensemann, dass Schröder in der Debatte seinerzeit das Wort ergriffen und das nationalistische Getöse der Westdeutschen verdammt hatte: Es sei eine durch Vaterlandsliebe beschönigte Phraseologie, vor der sich der DFB hüten solle. Offensichtlich hatte er seine Meinung geändert.

»Warum, Herr Doktor, warum?«, knurrte Bensemann, als er die Zeilen las, so undeutlich, dass Müllenbach, der ihm auch dieses Mal das Blatt gereicht hatte, ihn nicht verstand.

»Verzeihung?«

»Nichts. Was meinst du, Hans, muss man das bringen?«

»Nun, ich würde sagen, man hätte es nicht schreiben müssen, aber nun, da es einmal geschrieben ist, muss man es wohl bringen.«

Bensemann nickte. »Klug gedacht, Hans. Was ist denn die Meinung von Herrn Willmy?«

Der Redakteur errötete leicht. »Ich weiß es nicht, ich nehme an, er wird auf einem Abdruck bestehen.«

»So wird es sein, Hans, und so werden wir es wohl tun.«

Er entließ Müllenbach und dachte nach. Weder konnte er den Abdruck verhindern noch offen dagegen Stellung nehmen, dennoch schien es ihm notwendig, ein Gegengewicht zu setzen. Die Frage war nur, womit.

Bensemann stand auf, griff sich Hut und Mantel und verließ die Redaktion, um wenig später, auf den Straßen Hakenkreuze und SA-Streifen übersehend, Stuhlfauths Weinlokal anzusteuern. Dort suchte er sich einen ruhigen Platz und begann zu schreiben. Auf dem Weg war ihm eine Idee gekommen. Er würde die Kriegserinnerungen des Dr. Schröder in seinen »Glossen« mit den eigenen konfrontieren. Es war eine harmlose Geschichte und der Aufhänger ein wenig weit hergeholt, aber wer sie aufmerksam las, der wusste, dass sie eine ganz andere Botschaft zum Volkstrauertag verbarg.

Gestern, auf einer Zugfahrt nach Frankfurt, hatte er wie üblich einen Stoß Zeitungen durchgeblättert und war dabei im »Daily Mail« auf eine kleine Meldung gestoßen, die jeder andere gleichgültig überlesen hätte und die einen gewissen Canon Lyttelton betraf, einen ehemaligen und längst verstorbenen Direktor des Eton College. Dieser Name brachte Bensemann zurück in die Zeit des Weltkriegs. Lyttelton hatte ihm seinerzeit über holländische Bekannte einen Brief zugespielt, in dem er behauptete zu wissen, unter welchen Bedingungen die britische Regierung einem Friedensschluss mit dem Deutschen Reich zustimmen werde. Er bäte um Vermittlung. Bensemann hatte den Brief an einen ihm bekannten Staatssekretär im Berliner Außenministerium weitergeleitet, doch die Sache verlief im Sande. Auch wenn die merkwürdige Mission erfolglos endete, so notierte er nun, sei Canon Lyttelton ihm doch als ein Mann im Gedächtnis geblieben, dem, »wie so vielen anderen, daran lag, den entsetzlichen Verlusten unter der ihm wohlbekannten heranwachsenden Jugend ein Ende zu bereiten. So sieht man, wie die Zeitungen alte Erinnerungen aufrühren, und sogar einen ›commis voyageur‹ für Fußball von seinem eigentlichen Thema abbringen können.«

Bensemann setzte den Bleistift ab und überlegte. Vermutlich würden die meisten Leser gar nicht realisieren, was er mit dieser verwickelten Geschichte bezweckte: Sie würden es für eine nostalgische Marotte halten, wie sie öfter in den Glossen zu lesen waren. Doch das ließ sich nicht vermeiden. Mehr als harmlos gekleidete Andeutungen konnte er sich nicht erlauben.

Er dachte zurück an die gestrige Fahrt, als er unter den argwöhnischen Augen eines Mitreisenden die ausländische Presse studiert hatte. Möglicherweise war der Zeitpunkt nicht mehr fern, an dem diese Lektüre keine Selbstverständlichkeit mehr war; am Zeitungsständer des Nürnberger Bahnhofs hatte er bereits tschechoslowakische Blätter vermisst. Und so stellte er, bevor er sich nach zwei Tafelwassern ein Glas Wein genehmigte, gleichsam als Schlüssel seinen merkwürdigen Kriegserinnerungen voran:

»In der Vorkriegszeit gab es auf dem Stuttgarter Polizeipräsidium einen viel geplagten Beamten, dessen Aufgabe darin bestand, die gesamte Presse auf Hoffähigkeit zu untersuchen. Diese Aufgabe war schwer, aber nicht unlösbar, da ja nicht alle Blätter zur gleichen Zeit erschienen und somit genügend Raum zum Denken gegeben war. Aber eines Tages passierte es, dass zwei bedeutende Zeitungen der Hauptstadt zu gleicher Zeit den Weg in das Büro des Vielgeplagten fanden, worauf dieser seufzend gesagt haben soll: ›I glaub, ihr wellet mi no vollends ganz himache!‹ An diese Fabel aus alten Tagen musste ich denken, als ich mir für die Fahrt Nürnberg-Frankfurt meine Lektüre zurechtmachte.«

Kaum jemandem in der deutschen Fußballgemeinde war bewusst, dass die Begegnung mit Frankreich, der Hunderttausende entgegenfieberten, um ein Haar nicht zustande gekommen wäre. Angesichts der politischen Entwicklung in Berlin hatte Jules Rimet ernsthaft erwogen, seine Équipe tricolore zu Hause zu lassen, und erst Ivo Schricker war es in langwierigen Telefonaten gelungen, den Franzosen umzustimmen. Bensemann gab seinem Freund Recht: Eine sportliche Isolation Deutschlands musste gerade in der jetzigen Situation vermieden werden. Dennoch reiste er mit der Sorge zum Länderspiel, dass die Nationalsozialisten dieses erste sportliche Großereignis nach ihrem Regierungsantritt zumal in Berlin zu einer politischen Kundgebung nutzen und damit den Ruf des DFB als verlässlichen Gastgeber gefährden würden.

Es war nur zwei Jahre her, dass endlich gelungen war, was Bensemann, »trop vite, trop vite«, gleich nach dem Krieg gefordert hatte: eine Normalisierung der Sportbeziehungen zwischen Frankreich und Deutschland. Im März 1931 war die deutsche Elf zum Hinspiel nach Paris gereist – ein Durchbruch wie das Spiel 1930 gegen England, und dennoch hatte Bensemann es vermieden, die Begegnung als versöhnungspolitische Pioniertat zu feiern. Zwar hatte er formuliert, man träfe sich »im Zeichen der Gleichheit und des Friedens und reiner Menschlichkeit«, doch gleich darauf angefügt: »Darüber hinaus geht unsere Mission nicht: Wir kommen lediglich als Fußballer und als gute Sportskameraden, aber weder um politischen Zwecken zu dienen, noch uns sportlich für den Krieg schadlos zu halten. Auf gut Deutsch: Wir predigen weder Verbrüderung noch Revanche, und aus diesem Grund darf dieses Spiel nur als das aufgefasst werden, was es wirklich ist: ein sportliches Ereignis.«

Längst betonte Bensemann bei internationalen Spielen das Unpolitische und Selbstverständliche solcher Treffen; das schien ihm der beste Weg, um einer unangenehmen Tendenz in fast allen größeren europäischen Staaten entgegenzuwirken: nämlich bei solchen Wettkämpfen das jeweilige nationale Prestige auf dem Spiel zu sehen. Vor allem in Deutschland, das sich durch das Kriegsende noch immer gedemütigt fühlte, gedieh diese Einstellung, und sie hatte auch 1931 das Spiel in Paris überschattet. Da war man nicht gekommen, um Freunde zu treffen, sondern um zu gewinnen, und die Niederlage, die man stattdessen kassierte, wirkte keineswegs versöhnend. National gesonnene Zeitungskommentatoren suchten ein Ventil und fanden es im vermeintlichen Versagen der französischen Organisatoren, die versäumt hätten, die deutsche Nationalhymne zu spielen. Entschlossen, dem Vorfall seine politische Brisanz zu nehmen, hatte Bensemann mit einer launigen Darstellung des Hymnen-Streits aufgewartet: »In Paris sollte das Spiel zuerst ohne Kapelle vor sich gehen, dann wurde nach Vereinbarung höchster und allerhöchster Stellen doch eine Kapelle gewünscht, dann stellte sich heraus, dass keine mehr frei war und nichts übrig blieb als ein Grammofon. Eine Schallplatte war nicht mehr aufzutreiben, und man begnügte sich, da man nichts anderes hatte, mit einer Potpourri-Platte, auf der zuerst ›Deutschland über alles‹, dann ›Ich bin ein Preuße‹ und dann ein drittes patriotisches Lied in den Nadeln steckten. Als die deutsche Mannschaft als Erste den Platz betrat, war der Beifall so unbeschreiblich, dass das Plättchen von den meisten nicht gehört wurde.«

Diese Version freilich hatte seinerzeit wenig Glauben gefunden; aus einer lächerlichen Petitesse war eine politische Affäre gewachsen, in der sich uralte Ressentiments austobten. Heute, im neuen Deutschland der Nationalsozialisten und am Vorabend des Rückspiels in Berlin, sprachen nicht wenige davon, dass endlich der Zeitpunkt gekommen sei, um diesen Affront, die sportliche Niederlage und die vielen politischen Demütigungen zu rächen.

Als er in Berlin aus dem Zug stieg, stellte Bensemann erleichtert fest, dass seine Befürchtungen offenbar grundlos waren. Die SA, die nicht zu Unrecht einen Ruf als brutale Schlägertruppe besaß, zeigte sich am Bahnhof und später im Stadion bemüht, ihrem frischen Rang als polizeilicher Hilfstruppe zu genügen. Sie sorgte für nichts anderes als Ordnung und politische Ruhe, es gab weder oppositionelle Kundgebungen noch antifranzösische Propaganda, und alles verlief in mustergültiger Organisation und Harmonie. Braune Uniformen bauten sich lächelnd auf, um sich von französischen Touristen fotografieren zu lassen, die Musikkapelle spielte artig beide Nationalhymnen und ließ sich anschließend gutmütig von einem Knirps verhöhnen, der sich hinter den Dirigenten geschlichen hatte und ein abgebrochenes Stuhlbein als Taktstock schwang. Die französische Elf wurde von den Zuschauern freundlich begrüßt, und selbst das Spielergebnis trug zur Entspannung bei. Zwar hatte die deutsche Elf schon 3:1 geführt, wobei sich Ossi Rohr, der junge Stürmerstar des FC Bayern, mit zwei Toren hervorgetan hatte. Doch die Franzosen erreichten in dem sportlich ärmlichen Spiel noch kurz vor Schluss den Ausgleich, was vom Publikum zwar enttäuscht, aber nicht feindselig aufgenommen wurde und Jules Rimet hinterher fröhlich kommentierte: »Nichts Besseres hätte passieren können. Ein solcher Ausgang hinterlässt keine Bitterkeit.« Zu Bensemanns Überraschung sagte Major Breithaupt, der in der Ehrenloge die nationalsozialistische Regierung vertrat, nahezu wörtlich dasselbe, und so konnte der Herausgeber zufrieden resümieren, man habe in Berlin »keinen einzigen Misston« gehört, dafür aber »eine ganz vorzügliche Propaganda für den internationalen Sport gesehen«.

Natürlich gab es auch andere Eindrücke in Berlin: Dr. Schröder verbat sich jede Kritik an seiner Kolumne, der triumphierende Guido von Mengden führte das große Wort auf den Pressebänken, und Felix Linnemann feierte in seiner Bankettrede die neue Regierung und ihren vorbildhaften Kampf gegen den Bolschewismus. Das hörte sich mit unbewegter Miene auch Willy Meisl an, der Wiener Journalist, der noch immer in Berlin für die bisher angesehene und zum Ullstein-Verlag gehörende »Vossische Zeitung« schrieb und dort mit meisterhaft formulierten Betrachtungen glänzte. Meisl sah die Dinge bedeutend skeptischer als Bensemann: Die Nazis seien dabei, aus Sportveranstaltungen ein Nationaltheater zu machen, das auch das Ausland blenden solle. Im Übrigen würden sie barbarisch und unberechenbar bleiben, und ihre Maßnahmen richteten sich keineswegs nur gegen die Linke.

Meisl redete leise, und immer wenn er sich seine Sarkasmen nicht verkneifen konnte, senkte er die Stimme zu einem vorsichtigen Flüstern. Inzwischen sei ja Goebbels Propagandaminister, der seine Kleinwüchsigkeit durch ein großes Mundwerk auszugleichen suche, und bedauerlicherweise falle nun auch die Presse in seine Zuständigkeit. Gegen einige Zeitungen des Ullstein-Verlages seien bereits Verbote ergangen, wegen vorgeschobener Lappalien übrigens und in Wahrheit nur, weil der Verlag jüdische Besitzer habe. Weitere Repressalien würden folgen; man rechne damit, dass der gesamte Verlag schließen müsse; er selbst, obwohl als Österreicher vorerst ungefährdet, werde in diesem Fall wohl nach England gehen. Wie Schricker drängte Meisl den Herausgeber, bis auf weiteres in die Schweiz zu reisen, um dort die Dinge abzuwarten. »Schon um Ihrer Gesundheit willen«, fügte auch er besorgt hinzu, als er Bensemann, den gegen Mitternacht ein leichter Schwindelanfall überkam, ins Hotel geleitete.

Trotz allem war Bensemann, als er einige Tage später in Willmys Büro gerufen wurde, entschlossen, die Leitung des »Kicker« noch eine Weile zu behaupten. Die Frist des Verlegers hatte er kommentarlos verstreichen lassen, aber in seinem Blatt war er den neuen Zeiten so weit entgegengekommen, dass daraus keine Handhabe gegen ihn erwachsen konnte. Mit keinem Wort war Hitlers Regierung kritisiert worden, stattdessen hatte er Dr. Schröder gewähren lassen und selbst einen überaus positiven Bericht über den Ablauf des Länderspiels in Berlin verfasst. Tatsächlich sah er dieses Spiel als hoffnungsvolles Zeichen dafür, dass die Nationalsozialisten in gewissen Fragen auf die Meinung des Auslands Rücksicht nehmen würden. Der internationale Sportverkehr würde weitergehen, und ihn, den alten Pionier, würde man daraus nicht verdrängen können.

Dr. Max Willmy saß nicht allein in seinem Büro. In einem der Besuchersessel sah Bensemann einen jungen Mann, der ihm unbekannt war: ein unscheinbarer Beamtentypus in grauem Anzug mit kleinem Parteiabzeichen am Revers.

»Das ist Herr Laufenthal«, stellte Willmy vor. »Er gehört zu den Herren, die bei der bayerischen Polizei eine Abteilung nach dem Muster der preußischen Geheimen Staatspolizei aufbauen. Herr Laufenthal hat mit Ihnen zu reden und mich gebeten, bei dem Gespräch zugegen zu sein. Aber nehmen Sie doch Platz.«

Bensemann kannte die Berichte über die Gestapo, die in Preußen schon vor dem 31. Januar durch rechtsradikale Einflüsse und obskure Methoden ins Gespräch gekommen war, aber er entspannte sich, als Laufenthal ihn höflich begrüßte und dann die letzte Ausgabe des »Kicker« in die Hand nahm – daraus war wahrlich kein Strick zu drehen.

»Sie sind seit zwölf Jahren Herausgeber dieser Zeitung?«, begann Laufenthal.

»Seit nahezu 13«, antwortete Bensemann. »Ich habe sie gegründet.«

Laufenthal nickte. »Da fällt ein Abschied natürlich schwer. Allein, Sie werden wissen, dass der Zeitpunkt nun gekommen ist.«

»Ich habe meinen Rücktritt für Juli angekündigt. Ich denke, dabei kann es bleiben, soweit es meine Gesundheit zulässt. In welcher Form ich danach an dem Blatt mitarbeite, darüber muss noch befunden werden.«

»Ihre Gesundheit ist angeschlagen?«

Es sei das Herz, warf Willmy vom Schreibtisch aus ein, während Laufenthal unbeteiligt den Sitz seiner Bügelfalten korrigierte.

»Ah ja. Nun, Herr Bensemann, ich fürchte, Sie müssen sich damit abfinden, dass Ihre Zeitplanung obsolet geworden ist. Bedauerlicherweise bietet Ihre Person nicht die Gewähr dafür, dass der ›Kicker‹, der ohne Zweifel eine wichtige Sportzeitung ist, dem neuen Geist in unserem Volke Rechnung trägt.«

Bensemann spürte die plötzliche körperliche Schwäche wieder, die ihn schon vor einigen Wochen in Willmys Büro befallen hatte, doch er war entschlossen, dieses Mal dagegen anzukämpfen.

»Ich bitte Sie, Herr Laufenthal«, entgegnete er, »wenn Sie sich die letzte Nummer betrachten, die Sie in Ihren Händen halten …«

»… dann finde ich auf den ersten Seiten nichts als verdrehte, selbstgerechte und heuchlerische Bemerkungen eines Mannes, der in der alten Zeit lebt«, sagte Laufenthal mit plötzlicher Schärfe. »Eines Mannes, der nicht müde wird zu behaupten, niemand anderes als er selbst habe schon vor der Jahrhundertwende den Sportverkehr mit Frankreich eingeleitet und niemand anderem als ihm sei folgerichtig das diesjährige Länderspiel zu verdanken.«

»Das habe ich nie so geschrieben«, rief Bensemann empört.

»Aber durchblicken lassen. Kommen wir zu wichtigeren Aspekten. Lassen wir einmal den Lapsus beiseite, dass Sie vom ›Versailler Frieden‹ schreiben, wo es nicht um Frieden, sondern um ein schändliches Diktat ging. Lassen wir auch beiseite, dass Sie die beim Spiel anwesenden Regierungsvertreter höchst unterkühlt beim Namen nennen, die Abwesenheit von Minister Göring des Längeren breittreten und dass der einzige Ehrengast, für den Sie freundliche Worte finden, der FIFA-Vertreter aus Uruguay ist. Lassen wir sogar Ihren Schlusssatz unbeachtet, demzufolge die Berliner Veranstaltung nichts weiter war als eine, ich zitiere, ›kleine Kompensation für den herrlichen Empfang in Paris‹. Schon aus all dem, Herr Bensemann, spricht ein merkwürdiges Verhältnis zu unserem Vaterlande. Aber wie gesagt, lassen wir das beiseite, wir kennen solche Bissigkeiten ja zur Genüge von Ihren früheren Artikeln, in denen Sie noch sehr viel deutlicher geworden sind. Deutlicher, wohlgemerkt, leider nicht deutscher.«

Laufenthal ließ die schiefe Pointe ein wenig im Raum hängen, wischte ein unsichtbares Staubkörnchen vom Ärmel und deutete dann auf die erste Seite von Bensemanns Bericht. »Hier nun entlarvt sich Ihre ganze Schönschreiberei in einem einzigen Satz. Sie behaupten, die deutsche Presse hätte über den politischen Wandel der letzten Wochen falsch berichtet, ich zitiere: ›Unsere Zeitungen haben den Terminus technicus verwechselt und statt von einer Evolution von einer Revolution geschrieben.‹ Sie, Herr Bensemann, sind es, der etwas verwechselt. Momentan erleben wir wahrhaftig eine Revolution, eine nationale Erhebung, die in der Geschichte ihresgleichen sucht, und Sie wagen es, das zu bestreiten.«

»Ich wollte damit ausdrücken …«

»Belehren Sie mich nicht, was Sie damit ausdrücken wollten. Sie haben Angst vor der Heftigkeit des Wandels, der in unserem Vaterland vorgeht, und Sie haben Grund zu dieser Angst, denn Sie gehören zu denen, die unser Volk seit Jahren belogen und zerrissen haben.«

Laufenthals schneidende Stimme erfüllte den Raum, dennoch nahm Bensemann kaum wahr, was der Nationalsozialist sagte. Er verabscheute diesen Mann, er empfand Ekel nicht nur vor dessen Stimme und Gebaren, sondern vor seiner Präsenz überhaupt. Nichts an Laufenthal war ehrlich, seine anfängliche Höflichkeit so wenig wie sein plötzlicher Zorn, seine kühlen Argumente so wenig wie seine pathetischen Phrasen. Sicher war allein seine Selbstgewissheit, in diesem Raum die Tonlage vorzugeben – welche auch immer ihm beliebte.

Doch auch das war erschreckend: Laufenthal zeigte sich bestens informiert, als er Bensemanns Sündenregister aufzählte, angefangen von dessen versöhnlerischer Haltung nach dem Krieg, natürlich auch den Uebelhör-Artikel, den er hetzerisch nannte, über die verschiedenen Kuhwedel-Eskapaden bis zu den Hakeleien mit dem »FuL«, an denen er sich festbiss im Stile eines Inquisitors und nicht gewillt, Erklärungen des Delinquenten anzuhören.

»Die Polemiken gegen die Herren von Mengden und Dr. Klein waren nicht nur eitel und selbstgefällig, sondern verräterisch. Darin zeigte sich Ihr undeutscher Geist, genauer gesagt, der zersetzende Geist des Judentums.«

Nun war endlich heraus, womit Bensemann längst gerechnet hatte: der Kernpunkt einer Anklage, von der ihn niemand entlasten konnte. Er zwang sich zur Ruhe, als Laufenthal endlich den Mund hielt, sich in seiner zugeknöpften Jacke zurücklehnte und damit bedeutete, dass er nun reden dürfe.

»Ich weiß sehr wohl«, sagte Bensemann, »dass es sinnlos ist, um all dies mit Ihnen eine Debatte zu führen, obwohl einiges richtigzustellen wäre. Ich verzichte auch darauf, hinzuweisen, dass, wenn Sie mich einen Juden nennen, Sie vermutlich sehr wohl wissen, dass ich seit Jahrzehnten keine Synagoge von innen gesehen habe und daher mit einem solchen Vorwurf nichts anfangen kann. Aber ich möchte Sie auf eines hinweisen: dass es nämlich eine ganze Reihe von nicht unwichtigen Herren gibt, die mein Wirken völlig anders einschätzen, als Sie es tun. Herren, denen sehr wohl bewusst ist, dass ich es war, der den Fußball nach Süddeutschland brachte, der die ersten internationalen Spiele organisierte, der den süddeutschen Verband mit aufbaute und der nach dem Krieg mithalf, das Fußballspiel zu dem Volkssport zu machen, das es heute ist. Ich nenne beispielsweise Dr. Schricker, den Generalsekretär der FIFA, und ich nenne Dr. Bauwens, Vorstandsmitglied derselben Organisation, mit denen ich seit langem befreundet bin und die meine Verdienste bezeugen können. Ich könnte ebenso eine Reihe Prominenter im Ausland nennen, für die das Gleiche gilt, bis hin zu Jules Rimet, der neulich in Berlin in allen Ehren empfangen wurde. Sie können sicher sein, Herr Laufenthal, dass alle diese Herren es nicht unkommentiert ließen, wenn ich zur Demission gezwungen würde.«

Während Bensemann sprach, blickte der Gestapo-Mann geduldig, beinahe gelangweilt zu Boden, hielt die Arme verschränkt und die Beine übereinander geschlagen und nickte zuweilen: eine neue Pose, nicht weniger falsch als die anderen und genauso ungerührt. So viel war sicher: Er hielt noch etwas in der Hinterhand.

»Sollen wir das nun als Drohung auffassen?« Laufenthal wandte sich lächelnd zu Willmy hinüber, der sich hinter der Herkuleslampe seines Schreibtischs versteckte und raushielt. Doch nun gab er zu bedenken, dass Bensemann zweifellos einflussreiche Freunde habe.

»Und das ist eigentlich verwunderlich«, fügte Laufenthal an, »denn man sollte doch wissen, dass dieser ehrenwerte Herr längst in ein Gefängnis gehörte.«

Bensemann schwieg verunsichert.

»Oder meinen Sie, Ihre homosexuellen Neigungen seien nicht seit Jahren bekannt, Herr Bensemann?«

»Ich verbitte mir …«

Laufenthal wehrte ab. »Sparen Sie sich Dementis. Es gibt Zeugen. Und zwar nicht nur dafür. Es gibt Stimmen, die behaupten, einige Ihrer ›Partner‹ …« Er spie das Wort aus. »… seien noch recht jung gewesen. Allzu jung, Herr Bensemann. Wenn sich die Justiz dafür interessiert, dann käme auf den alten Fußballpionier ein höchst peinlicher öffentlicher Prozess zu, nicht wahr?«

Bensemann erstarrte, mühte sich, Haltung zu zeigen und die Gesichtszüge einzufrieren. In diesem Moment sah und hörte er nichts mehr, er fühlte in sich nur Empörung, Scham, Angst in schwindelnder Verwirrung, die ihn ratlos und stumm machte. Das Herz schlug schnell, viel zu schnell, und lähmte jedes Denken. Ich bin nicht, was ich bin. Es ist alles nur ein Missverständnis.

Er mühte sich um eine Floskel: »Das ist eine infame Verleumdung!«

»Das mag sein oder auch nicht«, antwortete Laufenthal gleichgültig. »Solche schmutzigen Details wollen wir hier nicht beleuchten. Dafür ist zu gegebener Zeit ein Gericht zuständig und natürlich die Presse. Der ›Stürmer‹ interessiert sich bereits, wie ich hörte. Sicherlich wird man Zeugen suchen, und man wird sie finden.«

»Wer? Wer beschuldigt mich derlei absurder Dinge?«

Der graue Jackenärmel strich bedächtig über das Hosenbein. Laufenthal ließ sich Zeit. »Nun, da wäre zu differenzieren. Ihre Homosexualität dürfte kein allzu großes Geheimnis sein. Was die übrigen Vorwürfe angeht, so werden Sie von mir nicht erwarten, dass ich zu diesem Zeitpunkt Namen nenne. Aber«, Laufenthal blickte ihn an, ohne seine Stimme zu heben, »ich kann Ihnen versichern, dass Personen aussagen werden, die Ihnen seit Jahren nahe stehen. Nicht wahr, Dr. Willmy?«

Der Verleger wirkte einen Moment unsicher, als wisse er nicht, was von ihm erwartet werde, und wich ihren Blicken aus. Er selbst, meinte er schließlich, könne zu den Vorwürfen keine Aussage machen. Aber die Sachlage sei ihm überzeugend geschildert und ein Zeuge benannt worden, der über jeden Zweifel erhaben sei. Es klang vage, aber es genügte: Willmy würde, wenn mit Dreck geworfen würde, zusehen und seine Hände in Unschuld waschen.

Bensemann erhob sich schwerfällig. »Dann bleibt nichts mehr zu sagen.«

»Sie setzen sich und warten, bis ich Sie entlasse!« Laufenthal raunzte – er war noch nicht fertig.

Bensemann ging nicht weiter zur Tür, aber er setzte sich nicht und blieb mitten im Raum stehen wie ein stiller Protest.

»Sie unterschätzen mich«, sagte der Mann gegenüber leise. »Sie sehen in mir einen jener wüsten SA-Proleten, für die Sie die Nationalsozialisten schon immer gehalten haben. Nun, diesen Fehler teilen Sie mit vielen der so genannten Intellektuellen, die sich vom Führer eines Besseren belehren lassen mussten. Wir denken radikal, Herr Bensemann, aber radikal bedeutet nicht unvernünftig. Herr Dr. Willmy beispielsweise, der im Übrigen um Ihr Schicksal äußerst besorgt ist, hat mir freundlicherweise einen vernünftigen Vorschlag unterbreitet, der Sie interessieren dürfte. Sie sollten ihn sich anhören, bevor Sie gehen.«

Eifrig nickend und ein wenig umständlich ausholend begann Willmy, sein Angebot zu erläutern: Die Anschuldigungen gegen Bensemann würden fallen gelassen, wenn er sich aus dem »Kicker« sofort zurückzöge. Auch der »Stürmer« werde nicht berichten, sofern der Herausgeber »taktvoll«, wie Willmy betonte, seinen Posten abgäbe: mit Hinweis auf seine angegriffene Gesundheit. Nachfolger werde, wie vorgesehen, Hans-Jakob Müllenbach.

»Damit wir uns verstehen«, griff Laufenthal ein, »dieses Arrangement bedeutet ein erhebliches Entgegenkommen unsererseits. Wir hätten andere Mittel und Wege, Sie aus dem Amt zu entfernen. Aber in der gegenwärtigen Situation scheint es uns sinnvoll, den sportlichen Neuanfang nicht mit alten Streitigkeiten zu belasten. Das bedeutet aber: Ein ›taktvolles Vorgehen‹, wie Dr. Willmy so schön sagte, wird von Ihnen nicht nur bei Ihrer Demission erwartet, sondern auch in der Zeit danach. Keine antideutsche Hetze, in welcher Zeitung auch immer und in welchem Land auch immer. Ich will dergleichen nicht mehr von Ihnen lesen müssen, Herr Bensemann. Ansonsten werde ich nicht verhindern können, dass die besagten Vorwürfe doch noch aktuell werden. Sie schreiben also noch heute einige Zeilen, in denen Sie den Lesern Ihr Ausscheiden erläutern, und dann verlassen Sie diese Redaktion und am besten auch diese Stadt ein für alle Mal.«

Bensemann blickte auf den gesenkten Kopf Willmys und den regungslosen, akkuraten grauen Anzug, dann nickte er langsam und wandte sich zum Gehen. Dieses Mal floh er nicht aus Willmys Zimmer, er ging, mühsam und kraftlos, als Geschlagener.

Auf dem Weg in sein Büro ignorierte er Sandmann und vermisste Müllenbach; keiner wusste, wo der Redakteur steckte. Es hatte keine Bedeutung. Bensemann setzte sich hinter seinen Schreibtisch, auf dem seine persönliche Post ausgebreitet war. Er sah sie kurz durch und schob sie zur Seite. Einzig den Brief von Ivo Schricker öffnete er: einige kurze Zeilen mit der Hoffnung auf ein baldiges Wiedersehen und, falls es notwendig werde, anbei eine Einladung nebst Fahrkarte in die Schweiz. Der Freund hatte es vorausgeahnt, und er war ein praktisch denkender Mensch.

Eine kurze Erklärung nur setzte er auf, nachdem er seine Gedanken gesammelt hatte, soweit er es vermochte: Den Befehlen der Ärzte folgend, werde er einige Wochen ausspannen, vielleicht in einigen Monaten wieder arbeiten können. In den vergangenen Tagen habe er den notwendigen Kuraufenthalt immer wieder verschoben, um wichtige Ereignisse, zuletzt das Spiel gegen Frankreich, nicht zu versäumen. »Jetzt ist insofern eine Pause eingetreten, als Besprechungen zwischen den Verbandsführern und der Regierung im Gange sind, bei denen die Sportpresse eine mehr referierende als kritische Aufgabe hat.« Wer weiß, ob sie ihm diese letzte Anspielung durchgehen lassen würden.

Dann steckte er die Fahrkarte ein, die Ivo ihm geschickt hatte, ging hinaus und ließ den Schreibtisch unaufgeräumt zurück.

XVI

»Die Freiheit des Herzens«

Montreux im Sommer 1933

Vor fast fünf Jahrzehnten, also beinahe einer Ewigkeit, war der alte Mann zum ersten Mal auf den Hängen über dem Genfer See gewandert, rascher und zielstrebiger als jetzt, da ihm die Ärzte nur kurze Spaziergänge am Ufer zubilligten und er dennoch kleine Abstecher bergauf unternahm, dorthin, wo er als Jugendlicher seine Erkundungen begonnen und die ersten Fußballspiele gesehen hatte. Noch immer kannte er all die Gipfel, deren Namen ihn Grunot einst gelehrt hatte, und ihm fielen die Mythen wieder ein, von denen er damals gehört hatte. Seine kurzen Gänge waren wie eine Rückkehr zu fern Vertrautem und zugleich ein Weg neuer Entdeckungen, denn immer wieder bemerkte er Unscheinbares – bizarr geformte Bergspitzen, mit Flechten bewachsene Felsen, seltene Pflanzen –, das er damals wohl gesehen, aber nicht in seiner Schönheit erkannt hatte.

An einem Steinbrocken beobachtete er eine kleine Echse, die reglos in der Sonne lag und ihren vom Regen ausgekühlten Körper wärmen ließ; nur ihre Augen verrieten Wachsamkeit. In seiner Jugend hatte er, meist vergebens, versucht, solche Echsen zu fangen – nicht um sie zu töten oder einzusperren, sondern allein der sportlichen Herausforderung wegen: schneller zu sein als das Reptil. Jetzt maß er sich mit ihm in der Fähigkeit absoluter Bewegungslosigkeit, mühte sich, in entspannter Haltung jede Regung zu vermeiden, ließ es am Rücken jucken und den Kopf von Mücken umschwärmen. Doch nach einigen Minuten unterlag er – als ein fairer Kämpfer und ohne der Versuchung nachzugeben, den Gegner durch eine rasche Handbewegung zur Aufgabe zu zwingen.

Auf diese Art genoss er die Pausen, die seine körperliche Schwächung auf den Exkursionen erzwang, und das Alleinsein, das seine Gedanken ungestört in die ferne Vergangenheit wandern ließ. Mit der tröstenden Vorstellung, dass sich mit der Rückkehr nach Montreux ein Kreis geschlossen habe, verdrängte er alles Belastende.

Vier Monate zuvor war Bensemann aus Nürnberg abgereist, gezeichnet von schwerer Krankheit, vom Verlust seiner Zeitung und von der Demütigung in Willmys Zimmer. Sein Gesicht war zerfurcht und eingefallen, der Körper gebeugt, die einst maßgeschneiderten Anzüge schlugen weite Falten. Vor allem waren sein Optimismus und seine herausfordernde Lebendigkeit verschwunden. Bensemann sah sich um sein Lebenswerk und seinen persönlichen Ruf betrogen, und nichts konnte seine Resignation dämpfen. Es war, als ergebe er sich in jene düstere Prophezeiung, die er selber vor Jahren ausgesprochen hatte: »Wenn Gesundheit, Schaffenskraft und Nerven gelitten haben, der Mensch nur Drohne ist, kommt der Augenblick, wo die Existenz zur Qual, die Auflösung zur Erlösung wird.« Selbst die Gewissheit, in der Schweiz eine behütete Zuflucht zu finden, schien ihn gleichgültig zu lassen. Als er bei seiner Ankunft in Zürich mühsam aus dem Zug stieg, erkannten ihn seine Freunde kaum wieder.

Albert Mayer, der inzwischen das Bürgermeisteramt von Montreux übernommen hatte, sowie Ivo Schricker, der in Zürich noch immer als FIFA-Generalsekretär fungierte, sorgten dafür, dass der Patient eine Aufenthaltsgenehmigung erhielt und in einer Klinik untergebracht wurde, wo alle Nachrichten aus Deutschland von ihm fern gehalten wurden. Dennoch kam er nur langsam wieder zu Kräften, blieb lange stumm, wenn es Fragen nach den Vorgängen in Nürnberg gab, und einige Zeit wusste niemand, ob er in Lethargie und starrer Einsilbigkeit verharren oder die Kraft finden würde, seine Depressionen abzuschütteln. Doch eines Tages hatte er sich genau dazu entschlossen.

»Ivo, du solltest mich genug kennen, um zu wissen, dass du mir statt Blumen besser Zeitungen mitzubringen hast. Solches Gemüse könnt ihr mir später aufs Grab legen.«

Schricker hatte gerade mit einem Strauß in der Hand die Tür zu Bensemanns Klinikzimmer geöffnet. »Ich freue mich wahrhaftig über jede Schelte, die dir wieder über die Lippen kommt, lieber Freund, denn es zeigt mir, dass du auf dem Wege der Besserung bist. Was hat dir den Schub verpasst, wenn man fragen darf?«

Bensemann versuchte sich mit einem Grinsen. »Heute Nacht ist mir im Traum der alte Des Barres erschienen«, behauptete er. »Der verrückte Ire meinte, wenn mir vor einem Quacksalber wie Hitler aus reiner Angst das Herz stehen bliebe, müsse er mich posthum von der Liste der old boys streichen.«

»Verstehe, und da hast du beschlossen, dein Herz wieder in Gang zu setzen. Nun, vielleicht haben die Ärzte auch ein wenig dazu beigetragen.«

»Unsinn! Die Weißkittel bemühen sich um meinen Körper, aber was mein Geist braucht, ist ein Volley-Schuss in seinen derrière.«

Bensemann stand mühsam auf und griff nach seinem Bademantel.

»Im Übrigen reicht mir der ganze Klinikbetrieb. Wenn man einen gewissen Punkt der Genesung erreicht hat, macht er einen krank statt gesund. Schau dir dieses Nachthemd an. Es ist hinten offen, und zwar gerade dort, wo der besagte derrière sitzt. Entspricht das der menschlichen Würde? Kann man so Gentlemen empfangen? Geschweige denn Ladys?«

»Du sollst hier keine Gesellschaften geben, sondern regenerieren.«

»Richtig, dafür brauche ich zuallererst geistige Nahrung und Informationen. Am besten besorgst du mir einen Stapel ›Kicker‹, alter Freund.«

»Wenn du dich über allerlei Unsinn empören willst, gerne. Leider ist dir jede Aufregung verboten.«

»Es reicht mir, wenn in Deutschland alles verboten wird. Die Schweiz ist ein freies Land, also her damit.«

Schrickers Zurückhaltung war berechtigt, denn unter der Leitung von Müllenbach hatte sich der »Kicker« mit beschämender Geschwindigkeit von den Idealen seines Herausgebers gelöst, und die Nachrichten, die über den Fußball gedruckt wurden, klangen nicht besser.

In der ersten Nummer nach Bensemanns Abgang verfasste Müllenbach »Ersatzglossen«, die im Wesentlichen aus Verlautbarungen der Fußballverbände bestanden: zum einen gegen die »Gräuelmärchen«, die im Ausland gegen Deutschland verbreitet würden, zum anderen gegen die nunmehr verbotenen Arbeitersportvereine, über die es hieß: »Niemand weine ihnen eine Träne nach.«

»Natürlich hat er sich jeder Kommentierung enthalten«, meinte Bensemann, »wie sollte er auch.«

Missmutig grummelnd las er dagegen in der folgenden Ausgabe, dass der Redakteur von der »nationalen Erhebung des deutschen Volkes« schrieb und darunter eine Erklärung der süddeutschen Großvereine abgedruckt hatte, worin diese versicherten, »insbesondere in der Frage der Entfernung der Juden aus den Sportvereinen« dem Willen der politischen Führer »mit allen Kräften« zu folgen. Eine entsprechende Forderung hatte es zu jenem Zeitpunkt seitens der staatlichen Stellen noch gar nicht gegeben, und dennoch hatten alle, denen Bensemann nahe stand, unterschrieben: der Nürnberger ›Club‹, die Spielvereinigung Fürth, Eintracht Frankfurt, Fußball-Sportverein Frankfurt, in Karlsruhe der KFV und die Phönix. Selbst der FC Bayern war dabei.

»Und Landauer?«, fragte Bensemann resignierend.

»Hat vor einiger Zeit schon den Vorsitz niederlegen müssen.«

Bensemann las kopfschüttelnd weiter. Als er ans Ende der »Ersatzglossen« gelangt war, lachte er gekünstelt.

»Hör dir das an, Ivo, das geht gegen mich. Müllenbach berichtet von einem Streit um die Aufstellung der englischen Nationalmannschaft und schreibt: ›Es ist also überall das gleiche Lied. Nicht nur in Deutschland, wo man gegen den Spielausschuss des DFB loszieht, wenn die Ländermannschaft nicht den Erwartungen entspricht.‹ Natürlich meint er mich. Erst ein paar Nummern zuvor habe ich geschrieben, es sei leichter, ein Ministerkabinett zu stürzen als das Auswahlkomitee. Als ob sich unser kleiner Brutus damals nicht diebisch darüber gefreut hat. Nun ja, das war vor der so genannten nationalen Erhebung, und jetzt muss er sich von mir absetzen.«

»Wieso Brutus?«

Unwirsch winkte Bensemann ab und nahm die nächste Ausgabe in die Hand, in der die Stellungnahmen noch klarer und die Distanzierung von ihm krasser ausfielen: Man sprach von »Asphaltliteraten, die das deutsche Wesen verunglimpft und teilweise allerdings nun die Flucht ergriffen haben«.

»Nicht unwahrscheinlich«, meinte Bensemann grimmig, »dass man dies einmal als Ehrentitel ansehen wird.«

Doch seine Laune verfinsterte sich weiter, als er in der gleichen Ausgabe einen Beschluss des DFB las: »Der Vorstand des Deutschen Fußballbundes und der Vorstand der Deutschen Sport-Behörde halten Angehörige der jüdischen Rasse, ebenso auch Personen, die sich in der marxistischen Bewegung herausgestellt haben, in führenden Stellungen der Landesverbände und Vereine nicht für tragbar.«

»Nun ist es also doch heraus«, sagte er.

»Ja«, sagte Schricker, »und längst in die Tat umgesetzt. Das und Schlimmeres. Die Nazis machen Ernst mit der Judenverdrängung, Walther. Mir scheint, du bist nicht zu spät hierher gekommen.«

»Wäre ich gesund gewesen, wäre ich geblieben.« Bensemann nahm einen Apfel vom Nachttisch und biss unzufrieden hinein. »Hier bin ich von jeder Einflussnahme abgeschnitten. Schon des unseligen Nachthemds wegen.«

»Das wärest du in Deutschland und im Smoking auch, mache dir keine Illusionen.«

Tatsächlich waren im Zuge der Gleichschaltung, im Sport wie in anderen Bereichen, die wenigen oppositionellen Kräfte längst ausgeschaltet worden. Der neue Vorsitzende des süddeutschen Verbandes, Paul Flierl, war eilig der NSDAP beigetreten, beim westdeutschen Verband war Dr. Klein als langjähriger Parteigenosse zum Führer gewählt worden, und Guido von Mengden, den ehemaligen Redakteur des »FuL«, hatte man zum Pressereferenten des DFB erhoben. Unter den neuen Verhältnissen würde er es weit bringen.

»Und Linnemann?«

»Hält sich noch, durch etliche Treueschwüre. Ich nehme an, er bleibt im Amt.«

»Hat er noch Einfluss?«

»Oberster Reichssportführer ist jetzt Hans von Tschammer und Osten.«

»Kenne ihn ein wenig. Ist zwar ein SA-Mann, aber erstaunlicherweise mit den Manieren eines Gentleman. Spricht mehrere Sprachen und weiß sich auf gesellschaftlichem Parkett zu benehmen. Mit ihm sollte zu reden sein.«

Ivo Schricker schaute ihn skeptisch an, worauf Bensemann ergänzte: »Vielleicht erinnerst du dich an München 1919. Damals sprach ich mit Eisner, auch ein Radikaler, freilich von der Linken. Ich konnte ihn davon überzeugen, dass der Sport sich nicht in die Politik einmischen werde, und er hat mir daraufhin umgekehrt das Gleiche zugesagt. Warum sollte man Tschammer nicht auch überzeugen können? Er scheint mir weniger verbohrt als andere. Vielleicht solltest du mit ihm reden. Oder ich, warum nicht ich?«

Lachend legte Schricker seine Hand auf die Schulter des Freundes. »Ich sehe, du schmiedest schon wieder Pläne. Aber schlage dir zu hohe Erwartungen vorerst aus dem Kopf. Erstens bist du im Reich jetzt Persona non grata. Und zweitens gehen die Nationalsozialisten radikaler vor als alles, was Deutschland bisher erlebt hat. Du hast es doch an dir selbst erfahren. Nicht umsonst flieht unsere geistige und kulturelle Elite vor ihnen, und zwar keineswegs nur Juden und Linke. Sogar Thomas Mann bleibt vorerst in der Schweiz, selbst seinen Nobelpreis hält er offenbar nicht für einen ausreichenden Schutz. Also bleib erst einmal hier und lasse dich pflegen, dann sehen wir weiter.«

Mit flüchtigem Anklopfen trat eine Krankenschwester ein und bat zum Termin; es seien Sauerstoffbäder angesetzt. Bensemann seufzte. »Sauerstoffbäder aus Schläuchen und in gekachelten Räumen, ist das nicht ein alberner Antagonismus? Mittlerweile denke ich, mein Freund, sollte ich vor allem aus dieser Kur hier fliehen. Sauerstoffbäder in der Luft des Genfer Sees wären bedeutend heilsamer für mich.«

So hatte er auf seiner Entlassung insistiert und sich in Zürich einzurichten gesucht, was nicht einfach war, da er weiterhin kränkelte, ohne jede Einkünfte blieb und die Abhängigkeit von finanziellen Gönnern selbst ihm, der freundschaftliche Spenden anzunehmen gewohnt war, peinlich wurde. Bald übersiedelte Bensemann nach Montreux, wo ihn die Familie Mayer aufnahm und für ärztliche Betreuung sorgte. Im ersten Stock ihres Hauses hatte sie ihm ein gemütliches Zimmer eingerichtet, dem seine wenigen Erinnerungsstücke, die er aus Nürnberg mitgebracht hatte, sowie Halls Ölgemälde an der Wand einen persönlichen Eindruck gaben und in dem er auch tagsüber viele Stunden allein verbrachte, oftmals ohne Lektüre und ohne zu schreiben. Zuweilen, wenn er sich gesund fühlte und das Tagesgeschäft des Fußballbetriebes vermisste, besuchte er Ivo Schricker in Zürich. Doch meistens genügten ihm das Refugium in Montreux und der immer gleiche Verlauf der kurzen Spaziergänge über die Hänge, bei denen er vor allem den Rückweg liebte, der ihm beim Gehen einen steten Blick ins Tal und über den See erlaubte. Kurz vor den ersten Häusern von Montreux kam ihm eines Nachmittags eine Gestalt in weißem Kleid entgegen, die sich bergan rasch näherte. Bensemann hielt an, um auf den Wanderstock gestützt auszuruhen. Die Frau verweilte ebenfalls, doch dann, wie nach einem Moment des Erkennens, lief sie auf ihn zu und nahm ihn in die Arme. Es war Katharina.

Sie gebot ihm zu schweigen, als es ihn drängte, nach über drei Jahren nun endlich seine Entschuldigung anzubringen: Es sei nicht mehr wichtig, völlig bedeutungslos angesichts dessen, was geschehen sei und ihm angetan wurde. Wichtig nur, dass er wieder hier sei, in der Schweiz, in Sicherheit und in der Obhut seiner Freunde.

»Das alles nützt freilich nichts, wenn Sie sich allein in den Bergen herumtreiben. Albert Mayer meinte, der Arzt hätte es Ihnen untersagt.«

»Schauen Sie sich um, Katharina. Wenn ich in den Hades fahre, dann am besten von diesem Ort aus. Kennen Sie einen schöneren?«

Sie lächelte, hakte sich unter und begleitete ihn in den Ort zurück.

Katharina von Steinbach war vor einigen Tagen von einer längeren Afrikareise zurückgekehrt, die sie an der Seite ihres Mannes unternommen hatte, und erst bei ihrer Rückkehr erfuhr sie von Bensemanns Flucht aus Deutschland. Umgehend machte sie sich auf, ihn zu besuchen, und war überrascht, ihn zwar gealtert, aber doch rüstig und ausgeglichen vorzufinden.

»Mir scheint, dass Sie sich bei den Mayers in besten Händen befinden.«

»Sie umsorgen mich wie einst den alten Grunot«, antwortete Bensemann heiter, als sie dem Haus des Juweliers zustrebten. »Aber zuweilen entwische ich ihnen.«

»Das habe ich bemerkt. Aber Ihre Gastgeber scheinen zu wissen, wo man Sie wieder einfangen kann: entweder im Teesaal des Grand Hotels oder am Fuß der Berge. Und sonntags zuweilen auf den Zuschauerbänken des Fußballplatzes. Ihre Gewohnheiten scheinen Sie also beibehalten zu haben.«

Bensemann seufzte ein wenig affektiert. »Was«, sagte er, »kann man von einem alten Mann auch anderes erwarten?«

Später, beim Nachmittagstee im Hause Mayer, ließ Katharina von Steinbach sich von den Ereignissen der vergangenen Monate in Deutschland unterrichten: KPD und SPD verboten, die Linke inhaftiert, die Presse zensiert, verfemte Bücher auf dem Berliner Opernplatz verbrannt. Und vor allem: die Juden diskriminiert. Gegen jüdische Geschäfte wurden Boykottaktionen organisiert, Juden fast ausnahmslos aus dem Staatsdienst, aus allen führenden Stellungen in Wirtschaft oder Kultur verdrängt und mit den absurdesten Repressionen belegt. Sie durften auf Wochenmärkten keine Stände mehr betreiben, durften keine Apotheken mehr führen, und es war sogar verboten worden, jüdische Namen zum Buchstabieren zu verwenden.

»Als sei Deutschland vor die Aufklärung und ins finsterste Mittelalter zurückgefallen«, kommentierte Katharina empört. Wenn sich auch ihr politischer Radikalismus früherer Jahre ein wenig gedämpft hatte, so kritisierte sie den Nationalsozialismus doch mit der ihr eigenen Vehemenz und schloss dabei auch jene ein, die aus Opportunismus oder Vorsicht mit den neuen Machthabern zusammenarbeiteten. »Wenn es stimmt, was Sie sagen«, erklärte sie, »wird es in Deutschland bald nur noch drei Sorten von Menschen geben: erstens die Nazis, zweitens die Kriecher und drittens die Gefängnis- oder Gettoinsassen. Der Schatz geistiger Vielfalt wird verschwinden, entweder verstummt oder entflohen.« Sie zögerte einen Moment. »Angesichts Ihrer Schilderungen wird es mir immer unverständlicher, warum auch Peco Bauwens in die nationalsozialistische Partei eingetreten ist.«

Bensemann fuhr hoch: »Was sagen Sie da?«

»Oh, ich dachte, Sie wüssten das. Bei meiner Rückkehr fand ich einen Brief meiner Freundin Elisabeth vor, Sie wissen, die Frau von Bauwens, Sie sind ihr in Zürich einmal in meinem Salon begegnet, als sie für uns gesungen hat.«

»Ich bin ihr oft begegnet«, sagte Bensemann.

»Jedenfalls schrieb sie mir, übrigens beiläufig als Postscriptum, ihr Mann habe Anfang Mai die Mitgliedschaft in der NSDAP beantragt. Allerdings sei er kein Nazi, sondern unternehme diesen Schritt nur, um sich und Elisabeth abzusichern. Wie Sie vielleicht wissen, ist sie jüdischer Herkunft.«

»Das scheint mir ein ehrenwerter Grund«, warf Albert Mayer ein, »wenn man bedenkt, dass eine Emigration für ihn kaum infrage kommt. Er kann seine Firma nicht im Stich lassen. Wenn er seine Familie auf diese Art schützen kann ...«

»Alle werden gute Gründe anführen können, warum sie zwar keine Nazis sind, aber dennoch deren Partei angehören müssen«, entgegnete Katharina. »Das ist genau das System, mit dem sich Hitler an der Macht hält: eine unbestimmte Ahnung der Angst zu verbreiten, die nicht nur eine Opposition, sondern sogar ein Heraushalten und Abseitsstehen als zu gefährlich erscheinen lässt. Am besten wirkt das natürlich auf Herren, die etwas zu verlieren haben: der eine seine Firma, der Zweite seine Stellung, der Dritte seine Sorglosigkeit. Den Einzelnen mag man mit seinen Ängsten verstehen, aber auch er müsste einsehen, dass es nur in einer Katastrophe enden kann, wenn der Opportunismus zum allgemeinen Prinzip wird.«

Die Empörung der Frau von Steinbach lief ein wenig ins Leere, da Bensemann teilnahmslos in seinem Sessel versunken war und Mayer sich bemühte, das Gespräch auf unverfänglichere Themen zu lenken. Schließlich sah Katharina sich gezwungen, die Neugierde der Gastgeber nach ihren Erlebnissen in Afrika und ihrem Besuch bei Albert Schweitzer zu befriedigen – eine Pflicht, der sie allerdings gerne nachkam, nachdem sie sich einmal in Fahrt geredet hatte. Währenddessen saß Bensemann wortlos und mit geschlossenen Augen dabei; die anderen glaubten, er sei eingeschlafen, und dämpften ihren Ton. Doch in einer Gesprächspause öffnete er plötzlich die Augen und sagte unvermittelt mit sanfter Stimme: »Um eines bitte ich euch. Es ist mir heute auf dem Spaziergang eingefallen, als ich Sie traf, Katharina: Wenn ich hier in Montreux sterbe, bitte ich euch um eine Grabstelle, von der aus das Tal und vor allem der Genfer See zu sehen sind. Es ist der schönste Ausblick, den ich kenne, und ein angemessener Ort für die ewige Ruhe.«

Mit einiger Bestürzung schaute man ihn an, versicherte, für derlei Gedanken sei es viel zu früh, und versprach ihm dennoch, selbstverständlich seinen Wunsch zu erfüllen. Als der alte Mann lächelnd nickte, hatte er die Augen bereits wieder geschlossen.

Am nächsten Morgen fühlte er sich zu schwach aufzustehen. Auch nach der Kur war sein Zustand instabil geblieben, was der Arzt auf die anhaltenden Unregelmäßigkeiten in der Herztätigkeit zurückführte, Katharina allerdings auch dem Gemütszustand des Patienten zuschrieb. Sie befürchtete, durch die Nachricht von Bauwens' Parteieintritt die neue Krise verursacht zu haben, und blieb an seinem Bett sitzen, um ihn aufzuheitern.

»Als ich hierher kam«, sagte sie, »war ich darauf gefasst, einen siechen Kranken zu treffen und nicht den rüstigen Wanderer, den ich gestern sah. Deshalb habe ich mich mit allerlei Vorlesestoff versorgt, und ich bin froh, wenigstens heute Vormittag ein wenig davon anbringen zu können, bevor Sie mir wieder nach draußen entfliehen.«

»Wenn's nur heute Vormittag wäre«, erwiderte Bensemann schwach, »wäre nichts dagegen zu sagen. Aber diese verdammten Schwächephasen dauern endlos. Man weiß nie, wann sie vorübergehen und ob überhaupt. Selbst für einen old boy ist das schwer zu ertragen, sogar wenn ihm der alte Des Barres im Nacken sitzt.«

»Von old boys verstehe ich nichts, aber als Frau, die Sie an Ungeduld um Längen übertrifft, kann ich Sie verstehen. Lieber Freund, mir hat vor einigen Jahren eine kleine Anekdote aus Ihren Glossen geholfen, Wartezeiten und Ungewissheit zu ertragen, und deshalb habe ich sie damals ausgeschnitten und aufgehoben und heute mitgebracht.«

Frau von Steinbach kramte ein Blatt Papier hervor und setzte eine Lesebrille auf.

»Der Rev. David Paulin, Pastor von Muckart in der schottischen Landschaft Perthshire, pflegte um die Jahrhundertwende folgende Geschichte zu erzählen. Er ging eines Tages mit dem Pastor von Glendevon am Ufer des Flüssleins, das seinen Kirchensprengel durcheilt, spazieren. Da bemerkten die beiden geistlichen Herren einen Mann, der am Ufer saß und seine Angel ins Wasser senkte. Eine ganze Stunde schauten die Pastoren dem Fischer zu, bis Mr. Paulin bemerkte: ›Jock, warum hängst du die Angel ins Wasser? Du fängst ja doch nichts, hier gibt es keine Fische.‹ Worauf Jock ärgerlich bemerkte: ›Hochwürden, es gibt schon welche, man muss nur Geduld haben. Gerade heute vor vier Jahren habe ich einen sehr schönen an der gleichen Stelle gelandet.‹«

Der Alte lächelte. »Ich erinnere mich daran. Es ging darum, dass es zuweilen nicht ganz einfach war, englische Mannschaften auf den Kontinent zu locken. Schön und gut, aber was soll ich aus der Geschichte beherzigen?«

»Natürlich dass Sie es halten sollen wie der geduldige Angler. Irgendwann wird er seinen Fang machen und den Pfarrer eines Besseren belehren. Er muss nur an sich glauben.«

»Mag sein, Katharina. In meiner Jugend wäre ich vor lauter Übermut selbst ins Wasser gesprungen, um den Fisch zu schnappen. Später habe ich mich aufs Angeln verlegt, mit abnehmendem Erfolg. Vielleicht sollte ich heute, wo nichts mehr zu fangen ist, einen Wechsel in der Perspektive vornehmen. Vielleicht sollte ich es machen wie der kluge Fisch: nämlich einfach an der Angel vorbeischwimmen.«

Wenn es nach Bensemanns Ausscheiden aus dem »Kicker« unter den Lesern Reaktionen gegeben hatte, so waren sie von der Redaktion ignoriert worden. Müllenbach erwähnte seinen Herausgeber nur noch einmal, und das auch nur indirekt, als er an dessen Plädoyer für den Wehrsport erinnerte und damit beweisen wollte, die Zeitung sei, zumindest in gewichtigen Punkten, schon immer für die Sache der Nationalsozialisten eingetreten. Dies war ein Trick, dessen sich viele Zeitungsredakteure bedienten, um sich zu halten: Sie prangerten jene an, die sich, wie der »Kicker« schrieb, dem neuen Reichssportkommissar wie »ein Haufen von vor Begeisterung heulender und vor Ergebenheit triefender Zeitgenossen entgegenstürzen«, um sich selbst als parteilose, aber altbewährte Bündnispartner anzudienen. Eugen Seybold vollführte in seinem Münchener »Fußball« den gleichen Tanz wie Müllenbach, als er in dem Grundsatzartikel »Hitler und wir« auf die neuen Heuchler eindrosch und auch die anti-jüdische Erklärung der süddeutschen Großvereine mit der Bemerkung konterte: »Wie war's denn bis jetzt? Waren denn diese Juden nicht eure Wortführer? Erinnert euch doch an die vergangenen Verbandstage!

Nein, ihr Herren, euer Versuch, euch an die Rockschöße der nationalen Regierung zu hängen, ist missglückt.«

Seybold selbst rühmte nicht weniger wendefreudig und triefend den Nazi-Führer Göring als »das Urbild des aus eigener Überzeugung ehrlich begeisterten Sportsmannes« beziehungsweise als die »vollendete Verkörperung kraftvollen, persönlichen Mutes«, konnte aber zu seiner Erleichterung nach längerem Kramen in alten »Fußball«-Ausgaben einen kleinen Zeitungsschnipsel aufspüren und an seine Fahnen heften: Im April 1932 hatte er eine kurze Bemerkung Adolf Hitlers über den Wert des Boxens zitiert, und diese »Äußerung eines in vorderster Linie stehenden, alles überragenden Kämpfers« diente ihm jetzt als Beleg für eine frühe Gefolgschaft. (Dass er jene Sentenz aus »Mein Kampf« seinerzeit kritisch kommentiert hatte, überging er nun lieber.)

Den Fortgang von Leuten wie Bensemann oder Landauer zu bedauern hätte in diese Versuche eines raschen Arrangements schlecht gepasst; verschämt strich daher der »Kicker« den Namen des Herausgebers aus dem Zeitungskopf, ohne dies näher zu begründen.

Erstaunlicherweise blieb es einem ganz anderen Kreis vorbehalten, zuweilen an die Verdienste Bensemanns zu erinnern: jenen, die den neuen Machthabern so nahe standen, dass sie keine Nachteile zu befürchten hatten, und die sich trotz aller politischen Differenzen dem alten Pionier und Journalisten in seinem Niemandsland noch kollegial verbunden fühlten. Vom »FuL« musste man dabei absehen. Doch Ernst Werner, Herausgeber der Berliner »Fußballwoche«, dessen rechte Gesinnung allerlei Fehden zwischen ihm und dem »Kicker«-Herausgeber heraufbeschworen hatte, schrieb im Mai 1933 unter der Überschrift »Lanze für Walther Bensemann«: »In der ›Südwestdeutschen Sport-Zeitung‹, die in Saarbrücken erscheint und deren Schriftleiter Menzel schon seit Jahr und Tag in den Gedankengängen lebt, die heute das ganze deutsche Volk beherrschen, lesen wir: ›… Aus der Schweiz vernimmt man die Kunde, dass der viel verehrte Herausgeber des ›Kicker‹ nach Nürnberg nicht mehr zurückkehren wird. […] Wenn Leute wie Walther Bensemann und Willy Meisl aus der deutschen Sportjournalistik verschwinden sollten, so sind's Verluste. W. B. war nicht nur einer der Begründer des deutschen Fußballsports, sondern auch einer der besten Architekten an diesem großen Bau.‹«

Und Werner hatte die Bemerkung hinzugesetzt: »Keiner ist so tief in das Herz des Sportes, der sportlichen Idee mit dem geschriebenen und gedruckten Wort eingedrungen wie er. Keiner im ganzen Lande vermochte es, seinen Abhandlungen über den Fußballsport solche geistige Vertiefung zu geben wie der ›Weise vom Nürn-Berg‹, wie ihn der Unterzeichnete einmal ironisch und doch mit verhaltener Hochachtung in einer Polemik apostrophierte. Es wäre in der Tat ein unersetzbarer Verlust, wenn die Stimme dieses weltklugen Mannes im Konzert der öffentlichen Sport-Meinung Deutschlands nicht mehr erklingen sollte.«

Die Vermutung, der Herausgeber werde »nach Nürnberg nicht mehr zurückkehren«, war das Gift im Apfel, dennoch fand Bensemann die unerwartete Anerkennung »beinahe rührend« und schöpfte zuweilen die hilflose Zuversicht daraus, eine Rückkehr sei trotz allem noch möglich. Doch solche Hoffnungsschimmer zerstoben rasch im Nachrichtenfluss, der ihn aus Deutschland erreichte und in dem der kalte Vollzug der antisemitischen Parolen immer deutlicher herauszulesen war. Unter anderem wurde ein »Schriftleitergesetz« vorbereitet, das für Chefredakteure und Verleger den Ariernachweis verlangte. 1.500 Verleger würden bis Ende des Jahres 1933 aus dem Zeitungs- und Buchwesen ausgeschlossen werden. Die Gedanken waren nicht mehr frei.

Inzwischen waren die Landesverbände des DFB aufgelöst, auch der süddeutsche Verband hatte gehorsam sein Dahinscheiden beschlossen, und der »Kicker« würde nun wohl allein Max Willmy zufallen. Bensemanns Versuche, seine Rechte geltend zu machen, blieben wirkungslos. »Die Zeitungssache schwebt noch immer. Zum Kotzen«, schrieb er am 11. Oktober wütend an Ivo Schricker, doch zu ändern war nichts mehr. Willmy arrangierte sich in kürzester Zeit mit den neuen Machthabern und konnte es sich leisten, Bensemanns Forderungen zu ignorieren. In Absprache mit dem »Stürmer«-Herausgeber Streicher, der jetzt das große Wort führte, wurde Willmy Vorsitzender der Nürnberger Verlegerkammer. In seiner Druckerei wurde bald darauf die nationalsozialistische »Fränkische Tageszeitung« gedruckt, und wenig später auch der »Stürmer«. »Bei einer wöchentlichen Auflage von zweieinhalb Millionen kein schlechtes Geschäft für Willmy«, kommentierte Bensemann sarkastisch. Der einarmige, kassandrahafte Nachtwächter Moosbacher, der jetzt vermutlich im Konzentrationslager von Dachau saß, hatte also Recht behalten.

Von der Straße vor Mayers Haus erklang das durchdringende Tröten einer elektrischen Automobilhupe, und Bensemann konnte sich denken, wer da kam. Vom Fenster des ersten Stocks blickte er hinab auf einen großen

Citroën, dem auf der einen Seite ein fröhlicher Des Barres, auf der anderen ein konsternierter Ivo Schricker entstiegen. Bensemann zog die Jacke über und eilte nach unten vors Haus.

»Willkommen, ihr Lieben, tausendmal willkommen in Montreux!«

»God bless you, Walther«, dröhnte Des Barres. »Wie ich sehe, ist dir vor diesem Quack das Herz nicht stehen geblieben, und wir können dich auf der Liste der old boys behalten.«

Bensemann starrte den lachenden Iren verblüfft an.

»Keine Sorge«, sagte Schricker, »dein Freund ist kein Hellseher geworden. Ich habe ihn auf der Fahrt hierher über deinen merkwürdigen Traum aufgeklärt. Dafür war ich es, dem der Herztod drohte, denn er ist gefahren wie Rudolf Caracciola beim Bergrennen. Als Alpinist schätze ich Abgründe, als Beifahrer versetzen sie mich in Angst und Schrecken.«

»Ich gebe zu, mein Citroën ist eher für die Champs Élysées gerüstet als für die schotterigen Haarnadelkurven der Berge, aber seit dieser Hitler in Deutschland herrscht, mag ich keinen Mercedes mehr fahren. Er hat's nicht verdient.«

»Das ist die Einstellung, die eines englischen Gentlemans würdig ist«, bemerkte mit leisem Spott Katharina von Steinbach, die sich an der Haustür im Hintergrund gehalten hatte. Des Barres sah sich erschrocken um.

»Da ich in Wahrheit Ire und kein Engländer bin«, rief er, »ist es doppelt unverzeihlich, dass ich eine Lady übersehen habe. Verzeihen Sie vielmals und erlauben Sie, mich vorzustellen.« Er küsste stürmisch ihre Hand.

»Nicht nötig, Mr. Des Barres«, erwiderte Katharina, »Ihr zurückhaltendes Wesen hat Sie ohnehin verraten.«

In die allgemeine Begrüßung wurden auch die Mayers einbezogen, die vor die Tür traten, um die kleine Gesellschaft ins Haus zu bitten. Man setzte sich zum Nachmittagskaffee und erzählte. Des Barres war bei einer geschäftlichen Schweizreise auf die spontane Idee verfallen, bei der FIFA den Austragungsort der Fußballweltmeisterschaft 1938 zu sondieren. »Es könnten sich gewisse geschäftliche Interessen im Verkehrswesen des betreffenden Landes ergeben«, meinte er. Zwar hatte ihm Schricker nicht helfen können, da erst in drei Jahren darüber entschieden würde, doch hatte er den Iren mit der Nachricht von Bensemanns Schicksal aufgeschreckt. Kurz entschlossen hatte Des Barres telefonisch sein Kommen avisiert, Schricker zur Begleitung überredet und mit seiner Nobelkarosse Montreux angesteuert. Mit einer Vorfreude, die niemand bremsen mochte, bestand er nun darauf, gemeinsam mit dem alten Freund die

Stätten ihrer Jugend aufzusuchen: das Internat von Burier, den Teesalon des Grand Hotels, wo sie die Vereinsgründung beschlossen hatten, die Wiese am Hotel Cygne, auf der sie ihre ersten Spiele absolviert hatten.

»Und falls uns der FC Montreux ein Denkmal gesetzt hat«, meinte Des Barres, »will ich das natürlich auch sehen.«

Mit Rücksicht auf Bensemanns Gesundheitszustand mussten sie für die meisten Wege den Wagen nehmen. Herbst und Weihnachtszeit hatte er leidlich überstanden, doch im Januar warf ihn ein schwerer Gichtanfall nieder; zwei Wochen lang konnte er, wie er berichtete, »nur das Bett hüten oder wie der alte Grunot ins Kaminfeuer starren«. Als er sich davon erholt hatte, begann er energischer Anteil zu nehmen am Geschehen in Deutschland. Er verschickte Briefe, vor allem an die Freunde vom Club der Alten, und musste erfahren, dass mancher davon ohne Antwort blieb. Immerhin hatte dessen Vorsitzender, der treue Karl Geppert, ihn kürzlich aufgesucht. Er war dankbar für jeden Besuch, der ihm ein Stück Vergangenheit nach Montreux brachte.

Natürlich saß Katharina von Steinbach mit im Citroën, als die Herrschaften zu ihrer Rundtour durch die inzwischen von Belle-Époque-Architektur veredelte Stadt aufbrachen; zwar kannte sie die besagten Stätten zur Genüge, doch sie schwärmte noch immer für schnelle Autofahrten und zudem, wie sie behauptete, »für den sentimentalen Tratsch alter Männer«. Von beidem bekam sie genug. Als sie den Iren schließlich zur Spritztour auf eine nahe gelegene Passstraße überredete, protestierten Bensemann und Schricker energisch, woraufhin sie am Grand Hotel abgesetzt wurden, um dort bei einem Glas Tafelwasser eine Stunde lang auf die Rückkehr einer begeisterten Katharina und eines stolzen Automobilisten zu warten.

»Nachdem wir nun«, erklärte Des Barres beim Abendessen, »das Fröhliche abgehakt haben, sollten wir sozusagen zum Geschäftlichen übergehen. Walther, du hast einige Pfunde verloren und einige böse Erfahrungen gewonnen. Der ›Kicker‹ ist für dich perdu?«

Bensemann, der sein Gratin kaum anrührte, nickte. »Was soll ich dort? Selbst wenn man mich als Herausgeber wieder akzeptieren würde – was ausgeschlossen ist –, es käme nicht mehr für mich infrage. Ich könnte nicht schreiben, wie ich wollte, und ich habe mich schon immer geweigert, auch nur eine Zeile zu Papier zu bringen, die nicht von Herzen kommt. Wenn es mir auch anfangs wirklich schwer gefallen ist, die Feder liegen zu lassen, nachdem ich sie zwölf Jahre lang fast ununterbrochen benutzt habe.«

Er tupfte sich mit der Serviette den Mund ab und legte sie über den gefüllten Teller. »Gegen besseres Wissen zu schreiben ist eine Schande, nicht aber, auf den Boulevards zu betteln, weil man für seine Überzeugung alles aufgeben musste.«

»Ein solcher Satz klingt im Speisesaal eines Grand Hotels ein wenig deplatziert«, meinte Katharina, »aber als abstraktes Postulat ist er natürlich richtig und edel.«

Des Barres wechselte seinen leeren Teller mit dem Bensemanns, pflückte die Serviette herunter und machte sich über das Gratin her.

»Edel oder nicht«, sagte er, »der Mensch muss essen. Du hast im Unglück das Glück, gute Freunde in der Schweiz zu haben. Das kann nicht jeder Deutsche von sich behaupten. Was macht der traurige Rest? Ich meine, abgesehen von denen, die Mr. Quack zujubeln.«

»Quack?«, fragte Frau von Steinbach.

»Quacksalber«, übersetzte Bensemann. »So nennt er aus unerfindlichen Gründen Hitler.«

»Du«, protestierte Des Barres, »du hast ihn so genannt, erzählte mir Mr. Schricker. Ich hab's von dir, aber es klingt treffend.«

»Es hat nämlich gleichzeitig die Bedeutung von Scharlatan, Marktschreier und auch von Quaken. Die Engländer lieben das Wort, und offenbar auch die Iren. Freilich trifft es Hitler nur dem Äußeren nach. Natürlich ist er schlimmer, selbst wenn man von der Judenfrage absieht. Er hat mit Goebbels, Schacht und anderen Konsorten einen Totalitätsstaat errichtet wie in Rom oder, wenn Sie mir das nachsehen, Katharina, wie in Moskau, und in einem solchen Staat ist kein Platz für Leute wie mich.«

Bensemann blickte ein wenig resigniert auf den leeren Teller vor sich.

»Ich bin ein alter Demokrat, der dort nichts verloren hat. Dies schreibe ich auch alten Bekannten in Deutschland, um diese Überzeugung am Leben zu halten, doch ob es ihnen etwas nützt in ihrer Lage, bezweifele ich. Wirklich, lieber Des Barres, ich weiß nicht, was der traurige Rest machen soll, ich bedauere ihn zutiefst. Ich kann nur für mich sprechen. Ich habe frei gelebt und will frei sterben, und ich bin meinen Freunden in der Schweiz unendlich dankbar, dass sie mir diese Gelegenheit geben.«

»Jedenfalls bist du in bester Gesellschaft. Die Amerikaner sind ganz entzückt davon, dass sie aus der Konkursmasse deutscher Kultur den Einstein und die Dietrich abbekommen haben. Ein paar gute Fußballer könnten ihnen freilich auch nicht schaden.« Des Barres grinste und wandte sich an Schricker. »Sie sind doch ebenfalls ein Deutscher. Wie verhalten Sie sich in dem ganzen Dilemma?«

Ivo Schricker, der in gewohnt steifer Haltung und ruhiger Reserviertheit zugehört hatte, antwortete leise. »Nun, Sie werden wissen, dass ich natürlich privilegiert bin. Ich bin zwar Deutscher, aber ich wohne in der Schweiz und habe mit der FIFA einen ausländischen Arbeitgeber. Zudem bin ich kein Jude, und ich arbeite für eine Organisation, mit der es sich die deutsche Regierung nicht verderben will. Insofern ist meine Position unanfechtbar.«

»Sie verfügen über ein internationales Renommee. Denken Sie nicht daran, diesen Umstand für ein politisches Plädoyer gegen den Nationalsozialismus zu nutzen, wie es andere Exilanten tun?«

»Ich bin kein Exilant«, erwiderte Schricker, »sondern Diplomat. Als solcher hat man politische Agitation tunlichst zu meiden.«

»Agitation vielleicht«, meinte Katharina von Steinbach, »aber doch nicht eine offene Meinung.«

»Was Ivo sagen will«, schaltete sich Bensemann ein, »ist Folgendes: Es ist nach wie vor ratsam, Deutschland in den internationalen Sportverkehr einzubinden. Würde das Land davon abgeschnitten, wäre der Sport unweigerlich noch stärker dem totalitären System unterworfen. Unter den Nationalsozialisten gab es durchaus Überlegungen, noch radikaler vorzugehen als ohnehin geschehen. Beispielsweise die Sportvereine abzuschaffen, beziehungsweise sie der SA anzugliedern. Oder den DFB aufzulösen. Man schreckt vor solchen Maßnahmen zurück, weil man es sich mit den internationalen Sportverbänden nicht verderben will. Deshalb ist hier die Diplomatie gefragt.«

»Ich will Ihnen ein Beispiel nennen«, ergänzte Schricker. »Hitler ist begeistert von der Aussicht, 1936 in Berlin die Olympiade durchzuführen. Zweifelsohne will er sie zur Propaganda für seinen Staat nutzen. Andererseits wird er zu Kompromissen gezwungen sein, wenn es bei Berlin als Gastgeber bleiben soll. Der Vorsitzende des deutschen Organisationskomitees ist mit dem IOC-Mitglied Theodor Lewald bekanntlich jemand, der einen jüdischen Vater hat und von der NS-Presse übelst beschimpft wurde. Hitler wird ihn dennoch nicht entlassen können, wenn er die Spiele behalten will. Ebenso hat er öffentlich versichern müssen, dass aus der deutschen Olympiamannschaft Juden nicht ausgeschlossen sein dürfen. Bis 1936 wird er im Sport also Maß halten müssen. Und danach – wer weiß. Die Deutschen sind stark daran interessiert, 1938 die nächste Fußballweltmeisterschaft auszutragen. Um das zu erreichen, werden sie zu einigem Entgegenkommen bereit sein.«

»Ganz abgesehen davon«, ergänzte Bensemann, »dass es von jeher meine Überzeugung ist, dass internationale Sportbegegnungen dazu angetan sind, die Spannungen zwischen den Völkern abzubauen.«

»Verstehe vollkommen«, erklärte Des Barres. »Man darf die Türen nicht zuschlagen lassen. So halten wir's im business auch.«

»Mr. Des Barres«, rief Katharina von Steinbach dazwischen, »wollen Sie damit sagen, dass Sie sogar mit der Hitler-Regierung Geschäfte machen würden? Sie, der gerade aus politischem Idealismus seinen Mercedes gegen einen nicht weniger komfortablen Citroën vertauscht hat?«

»Verehrte Lady Steinbach, man darf persönliche Überzeugung nicht mit business vermengen, wenn es die Situation erfordert. Das sehe ich als Geschäftsmann genauso nüchtern wie Mr. Schricker für seinen Sport. Natürlich wird sich Mr. Quack ohnehin hüten, englische Technik einzukaufen. Aber gesetzt den Fall, er täte es. Dann würden wir ihm das Geld aus der Tasche ziehen, unsere Arbeiter hätten zu tun, und die deutschen Eisenbahnreisenden könnten sicher sein, dass die Signale mit britischer Präzision tadellos funktionieren. Ich wüsste nicht, was daran verwerflich wäre.«

»Ich brauche einen Cognac«, verkündete Katharina düster. »Oder besser einen doppelten. Irgendwie muss ich mich distanzieren von der Nüchternheit, mit der Sie all diese Dinge betrachten.«

Da sie eine Lady war und die Herren Gentlemen, wechselten diese nachsichtig das Thema, doch als Bensemann später zur Nachtruhe die Gedanken schweifen ließ, erreichten ihn Katharinas Zweifel doch noch. Mit den Argumenten von Schricker und Des Barres ließ sich vieles rechtfertigen, vor allem aber das Fehlen jeglicher Konsequenz. Das hatte seinen Reiz für Leute, die sich entscheiden mussten, und er fragte sich, ob es am Ende nicht allein das Stigma seiner jüdischen Herkunft gewesen war, das ihn vor einem Pakt mit dem Teufel bewahrt hatte.

Was sich Hitler für die Olympischen Spiele vorgenommen hatte, das führte Mussolini im Jahr 1934 mit der Fußballweltmeisterschaft vor: Er machte sie zu einem gewaltigen Propagandaspektakel für sein faschistisches Regime. Als der Beschluss gefallen war, das Turnier nach Italien zu vergeben, unternahm die Regierung in Rom alles, der demokratischen Welt zu beweisen, wozu der Faschismus organisatorisch und finanziell in der Lage war. Überall im Land entstanden monumentale Stadien; das größte davon wurde für das Endspiel in Rom gebaut: das Stadio Nazionale del Partito Fascista. Der internationalen Presse bot man modernste Arbeitsmöglichkeiten, und Heerscharen von Carabinieri sowie Angehörigen faschistischer Organisationen sollten einen reibungslosen Ablauf garantieren. Das einzige Problem bestand darin, dass die italienische Nationalmannschaft keineswegs zum engen Favoritenkreis des Turniers zählte. Zwar fehlten bei der Weltmeisterschaft 1934 die starken britischen Teams, und auch Titelverteidiger Uruguay hatte abgesagt, verärgert darüber, dass vier Jahre zuvor so wenige europäische Teams seiner Einladung gefolgt waren. Unter den verbliebenen Turnierteilnehmern, darin war sich die Fachwelt allerdings einig, spielten die Mannschaften aus Österreich und der Tschechoslowakei den besten Fußball. Doch für den Duce war es undenkbar, dass er am 10. Juni 1934, dem Tag des Endspiels, einem anderem Team den Weltpokal überreichen sollte als dem italienischen.

Unter den 55.000 Zuschauern, die an diesem Tag das riesige Nationalstadion von Rom bevölkerten, saß mit verschlossenem Gesicht auch Walther Bensemann. Man hatte ihm einen bevorzugten Platz hinter den Offiziellen der FIFA und der nationalen Verbände eingeräumt, zu seiner Erleichterung ein gutes Stück entfernt von Linnemann und Guido von Mengden. Im Block daneben waren die Presseleute platziert; er kannte die meisten, winkte dem einen oder anderen dezent zu und suchte beinahe herausfordernd den Blick von Müllenbach, der ihn jedoch, wie mancher andere deutsche Kollege, ganz offensichtlich mied.

Es waren nicht die ersten Begegnungen; Bensemann hatte bereits einige Spiele des Turniers gesehen und sich dort prüfend im Hintergrund gehalten, ein unscheinbarer Schatten, der das Licht betrachtete. Lange Zeit hatte er geschwankt, ob er überhaupt kommen sollte, nicht nur aus Furcht vor der körperlichen Belastung, sondern vor allem aus Unsicherheit über seine Rolle bei diesem Ereignis. Er wollte nicht einsam am Zaun stehen, weder als Geächteter, noch als Geduldeter.

Doch zugleich wäre es ihm absurd erschienen, das Turnier aus der Ferne und als stummer Zuhörer am Radioapparat zu verfolgen, statt im Stadion dabei zu sein und die Erfüllung alter Utopien zu erleben. In der Fußballweltmeisterschaft sah er den Höhepunkt einer Tradition, die er selbst einst mit den internationalen Spielen seiner Karlsruher Kickers mitbegründet hatte. Als die FIFA auf ihrem Kongress 1928 erstmals für die Austragung eines Weltturniers votiert hatte, zählte er daher zu den enthusiastischen Befürwortern: »Ich halte diesen Beschluss, der mit starker Majorität gefasst wurde, für die wichtigste Tat der FIFA seit ihrem Bestehen.« Das erste Turnier, 1930 in Uruguay, war noch ein fernes Randereignis geblieben, doch jetzt, vier Jahre später, zweifelte Bensemann nicht daran, dass es der FIFA gelingen würde, mit der Weltmeisterschaft ein regelmäßig wiederkehrendes internationales Völkerfest zu schaffen. Eines Tages würden auch die Briten sich daran beteiligen und die Gegensätze zwischen Südamerika und Europa abgebaut sein. Eines Tages würde es ein sportliches Weltereignis darstellen, als eine große Bühne des friedlichen Wettstreits und den Olympischen Spielen ebenbürtig.

Ivo Schricker hatte in seiner nüchternen Art den Ausschlag gegeben, die Fahrt zu wagen. Als FIFA-Generalsekretär fungierte er zugleich als Organisator des Turniers und war für die Einladung der offiziellen Gäste zuständig. Eine der Personen, die er im Mai 1934 mit dieser Einladung bedachte, war Bensemann.

Es war ein Geschenk, das ihn beflügelte, denn es bot ihm nicht nur die Chance, das Turnier zu beobachten, sondern auch die Gelegenheit zur Genugtuung: Die FIFA erkannte seine Verdienste an. Er gehörte dazu. Er saß auf dem gleichen Zuschauerrang wie Rimet. Und Müllenbach war Presse: Der hockte auf härteren Bänken.

Schricker hatte dafür gesorgt, dass ihm die beschwerlichen Zugfahrten in Italien erspart blieben, indem er ihn in die Obhut von Laven gegeben hatte. Dr. Paul Laven war ein populärer Rundfunkkommentator für die noch kleine Gemeinde der Radiobesitzer. Er berichtete direkt von allen Länderspielen der deutschen Nationalelf und pflegte einen wortmächtigen Reportagestil. Bei mehreren Spielen war Bensemann ihm begegnet, auch in Stuhlfauths Sebaldusklause hatte man sich getroffen und fachsimpelnd schätzen gelernt; zudem hatte Laven einige Artikel im »Kicker« publiziert. Dennoch war der Kontakt lose geblieben und Schrickers Arrangement daher ein wenig überraschend. Auf den langen Autofahrten allerdings zeigte Laven sich als angenehmer und fürsorglicher Begleiter, der sich auf respektvoll-natürliche Art um den Älteren kümmerte und ihn vor manchen Unannehmlichkeiten der Reise schützte. Mit ihm war er auch nach Rom gekommen, hatte frühzeitig das Nationalstadion betreten und beobachtete nun, wie sich das gewaltige Oval langsam füllte.

Erstaunlicherweise würde das Stadion bei diesem Endspiel zwar gut besucht, aber nicht ausverkauft sein. An den Zuschauerzahlen gemessen, war die Weltmeisterschaft bisher eine Enttäuschung gewesen. Manche Spiele der Vorrunde hatten nur wenige Tausend Besucher angelockt, während das Finale des Giro d'Italia zur gleichen Zeit eine wahre Massenhysterie auslöste. Lediglich die Begegnungen der italienischen Elf liefen vor halbwegs gefüllten Rängen. Doch gerade dort zeigte sich das wahre Zuschauerproblem dieses Turniers: Das einheimische Publikum war parteiisch bis zur Unfairness; es pfiff gnadenlos die Gegner aus und bejubelte selbst die brutalsten Attacken der eigenen Spieler.

Und davon gab es genug. Die italienische Mannschaft von Trainer Vittorio Pozzo pflegte ein zwar technisch anspruchsvolles, aber äußerst defensiv angelegtes Kurzpassspiel, das seine Effektivität letztendlich einer überaus harten Spielweise verdankte. Die gegnerischen Spieler wurden unter dem Beifall der Ränge gedrückt, geschoben, umgestoßen oder einfach niedergerammt. Gegen Spanien hatten die Italiener das einzige Tor des Spieles nur dadurch erzielt, dass ihr Stürmer Meazza die spanische Torwartlegende Zamora im Strafraum rüde zur Seite gestoßen hatte. Zum Zeitpunkt dieses Treffers waren nicht weniger als sieben spanische Spieler verletzt, und der Schiedsrichter war offenbar nicht bereit, sie vor den Brutalitäten ihrer Kontrahenten zu schützen. Später wurde er dafür auf Lebenszeit gesperrt.

»Über diesem Turnier brütet ein gewisser Geist, wenn Sie verstehen, was ich meine.«

Jan Langenus, der berühmteste Schiedsrichter des Kontinents und ein alter Bekannter Bensemanns, war auf der Ehrentribüne auf ihn zugegangen. Er wischte sich die Stirn, denn seine korrekt zugeknöpfte Jacke ließ ihn in der Nachmittagshitze schwitzen.

Bensemann nickte und spielte zerstreut mit dem Gehstock zwischen seinen Knien. »Die Italiener wollen gewinnen, das ist nur natürlich. Sie lassen es allerdings allzu deutlich spüren.«

»Das ist es eben. Das einzige sportliche Ziel der Gastgeber ist der Turniersieg. Und das ist leider genau der falsche Geist. Ich habe etwas Ähnliches beim Turnier in Uruguay erlebt, aber dort blieben die Spieler dennoch fair. Hier jedoch … Wenn das Finale nicht eine Wende bringt, woran ich nicht glaube, dann wird das Turnier als sportliches Fiasko enden.«

Hugo Meisl, der Österreicher, und Anton Johanson, der Schwede, gesellten sich zu ihnen. Meisl hatte einige schwere Tage hinter sich, denn seine Elf war gegen Italien ausgeschieden. Noch im Viertelfinale hatte sie gegen die starken Ungarn mit atemberaubender Raffinesse gewonnen, aber im Halbfinale dann völlig versagt. Das überaus harte Auftreten der Italiener, das rasende Publikum und ein vollkommen einseitig urteilender Schiedsrichter hatten ihr nach wenigen Spielminuten allen Elan geraubt. Sindelar, den auf Schritt und Tritt der harte italienische Mittelläufer Monti verfolgte, war mit geschwollenen Knöcheln nur noch ein Schatten seiner selbst gewesen.

»Verlierer pflegen immer woanders die Schuld zu suchen«, knurrte Meisl. »Doch man sollte nicht vergessen, dass ich nach dem Spiel ein Lazarett statt einer Mannschaft hatte. Man darf auch nicht übersehen, dass der Schiedsrichter vermutlich der Einzige war, der beim Siegtreffer der Italiener kein Abseits bemerkt hat. Und man muss mit einigem Interesse hören, dass ebendiesem Schiedsrichter eine persönliche Einladung von Mussolini vorliegt.«

Er setzte sich neben Bensemann, der antwortete: »Monsieur Langenus ist ähnlicher Ansicht. In Ihre Aufzählung könnte man noch die Tatsache einfügen, dass einige der italienischen Spieler im Grunde gar nicht spielberechtigt sein dürften. Sie wurden aus Südamerika eingekauft und kurzerhand in Italien eingebürgert. Die FIFA ist dagegen machtlos.«

Der kleine, sonst so angriffslustige Meisl nickte bekümmert. »Das alles läuft der Idee eines internationalen Turniers vollkommen zuwider. Der eigentliche Fehler war, die Veranstaltung überhaupt nach Italien zu vergeben. Im Vertrauen …«

Meisl senkte die Stimme, so dass Langenus und Johanson sich bücken mussten, um ihn zu verstehen. »… Pozzo hat mir schon vor Monaten anvertraut, Mussolini betrachte einen Sieg bei der Weltmeisterschaft als Frage des persönlichen Prestiges. Bei einer Niederlage befürchtet er Unruhen im italienischen Volk. Ehrlich gesagt, halte ich das für Unsinn. Aber es zeigt, wie der Duce an die Sache herangeht und unter welchem Druck der arme Pozzo steht. In seiner Haut möchte ich nicht stecken.«

Meisls Worte gingen in einem ohrenbetäubenden Jubel und »Italia«-Rufen unter, die plötzlich im Stadion aufbrandeten. Die vier Herren sahen sich um. Soeben hatte Benito Mussolini seine Loge betreten, winkte lässig mit dem Faschistengruß und setzte sich, umgeben von einem Pulk seiner Lakaien. Auf den Rängen ringsum flatterten Tausende von Taschentüchern als Zeichen der Huldigung. Erst als Mussolini abwinkte, legten sich die Ovationen.

Nachdenklich starrte Bensemann auf den untersetzten Mann in dunkler Uniform. Es hatte eine Zeit gegeben, da er eine Art von Faszination für den Duce verspürte. Zwar missbilligte er dessen politisches Konzept und erst recht den Fanatismus, mit dem er es durchsetzte. Doch unzweifelhaft hatte Mussolini es verstanden, sein Land, das sich der parlamentarischen Demokratie ebenso wenig gewachsen zeigte wie Deutschland, aus einer lähmenden Zerrissenheit zu befreien. »Dieser Mann, der sein Land vor der Anarchie bewahrt hat, ist, wie einstmals Garibaldi, das Symbol Italiens geworden«, hatte er damals geschrieben. »Er ist in allen Dingen der Führer. Er hat Pünktlichkeit in einem Staat eingeführt, in dem sich jeder gern und reichlich Zeit ließ; er hat für Sauberkeit in einem schier unerhörten Maß gesorgt; er hat die Bettler verjagt, die Diebe verscheucht und seinen Faschisten etwas von jenem Credo der Pfadfinder eingeflößt, der jeden Tag eine gute Tat erheischt.«

In der persönlichen Begegnung hatte der Duce ihn beeindruckt, mit einer gewissen Jovialität sogar eingenommen, so etwa, als er Hugo Meisl als »mago di calcio« anredete, als »Fußballzauberer«, und die ausländischen Gäste mit einem Händedruck beehrte statt des üblichen Faschistengrußes. Zweifellos teilte die große Mehrheit der Italiener – jedenfalls der Teil, der weder sozialistisch noch liberal dachte – diese Faszination und war bereit, in Mussolini einen legitimen Erben des großen Cäsar zu sehen.

Dennoch war der Eindruck, den der Diktator bei Bensemann hinterließ, nie frei von Unbehagen gewesen. Ihn irritierte die offensichtliche Humorlosigkeit dieses Mannes und die Tatsache, dass er dem ansonsten sinnenfrohen Land eine unangenehme Freudlosigkeit verordnet hatte: »Rom ist in den späten Abendstunden eine tote Stadt; es fehlen Cabarets, Tanzdielen, Nachtklubs und dergleichen; Mussolini ist der Ansicht, dass seine Landsleute früh ins Bett gehen und vor allen Dingen sparen sollten. Eine derartige Pflege staatsbürgerlicher Tugenden erzieht die Jugend zum höchsten Pflichteifer; für das gereifte Alter mag sie schwer zu ertragen sein.«

Auch hierin zeigte sich jener politische Totalitarismus der Faschisten, den Bensemann persönlich missbilligte, in seiner Zeitung jedoch wie üblich nicht weiter thematisiert hatte. Aber er konnte nicht darüber hinweggehen, dass sich der Faschismus in Italien auch des Sports und des Fußballs bemächtigt hatte. Sowohl die Spieler wie die Zuschauer demonstrierten bei Länderspielen einen glühenden Patriotismus, die einen durch Kampfgeist und hartes Spiel, die anderen durch überzogene Parteinahme. »Die Azzurri fühlen sich überall, wo sie spielen, unter dem forschenden Auge Benito Mussolinis«, hatte Bensemann im »Kicker« notiert und eine

Kritik formuliert, die sein innerstes Credo der internationalen Sportbeziehungen berührte: Die Italiener seien dabei, »Politik und Sport miteinander zu vermengen«.

Letztlich war dieser alles durchtränkende Nationalismus seit langem ein Phänomen, das ihn bei Italienbesuchen nicht nur beeindruckt, sondern in gleicher Weise auch deprimiert hatte. Denn die Rückbesinnung auf das alte Imperium Romanum umfasste kaum verhüllt auch imperiale Träume und den Ruf nach äußeren Erfolgen. Und diese Tendenz, so begriff und warnte er, ergebe »natürlich Stoff zu tragischen Konstellationen, deren Auswirkung sich bis heute noch nicht übersehen lässt«.

Jetzt, da er nicht mehr Beobachter war, sondern zu den Opfern einer vergleichbaren Despotie zählte, sah er die Dinge klarer. Benito Mussolini war kein Cäsar, sondern ein Nero. Als Bensemann im Stadion von Rom dessen Herrscher-Pose beobachtete und zugleich hörte, wie die patriotische Euphorie der Zuschauer aus einem internationalen Sportfinale eine nationalistische Kundgebung machte, da spürte er das Verhängnis, das sich hinter all dem verbarg.

»Dieser furchtbare Aufsprung von Nationalismus …«, sagte er unbestimmt in die »Italia«-Chöre hinein.

»… hat, wie ich fürchte, leider nicht nur für den Fußball schlimmste Folgen«, ergänzte Anton Johanson neben ihm.

»Glaubt ihr, dass die Welt sich das alles gefallen lässt?«, fragte Bensemann, und als die Freunde schwiegen, fügte er, zum Duce hinüberblickend, ein wenig unvermittelt hinzu: »Wenn unserer Jugend bloß ein Krieg erspart bliebe.«

Jan Langenus nickte in die gleiche Richtung und antwortete: »Jedenfalls soll er seine Nationalmannschaft schon die ›Krieger der Nation‹ nennen. Es ist unsportlich und widerlich.«

»Man ist versucht, sich auf ganz unfeine Art eine Niederlage der Italiener zu wünschen«, ergänzte Hugo Meisl. »Wahrscheinlich ist das allerdings nicht, schon weil der Schiedsrichter derselbe ist, der sie im Spiel gegen uns ganz jämmerlich bevorzugte. Aber wer weiß, vielleicht siegt heute der Sport über die Politik, und die Tschechen holen den Titel.«

Die tschechoslowakische Elf hatte durch einen verdienten 3:1-Erfolg gegen Deutschland das Finale erreicht und galt im Vergleich zu den Italienern als die technisch reifere Mannschaft. Einige Wochen vor dem Turnier hatte sie sogar England geschlagen, das in Europa noch immer als das Maß aller Fußballkünste galt. Im Endspiel trafen somit zwei unterschiedliche Spielauffassungen aufeinander: die spielerische Eleganz der Mitteleuropäer gegen die kraftvolle Entschlossenheit der Italiener.

Als die Begegnung unter dem ohrenbetäubenden »Italia«-Jubel der Zuschauer angepfiffen worden war, zeigten sich die Tschechoslowaken tatsächlich als die überlegene Elf. Zwar wirkte ihr Spiel zuweilen langsam und umständlich, doch hinter jeder Kombination steckten Witz und Kalkül, die sich plötzlich in überraschenden Finten und öffnendem Zuspiel offenbarten und ihre Gegner konsternierten. Mit gekonnten Kurzpässen kombinierten sie sich einige Male vor das italienische Tor, scheiterten dort aber an der massiven Verteidigung, die zunächst überraschend fair spielte. »Sie haben eine Chance«, urteilte Bensemann, der das Geschehen durch sein unvermeidliches Fernglas verfolgte. »Wenn es so weitergeht, erzielen sie bald das erste Tor.«

Doch es ging nicht so weiter. Monti, der schon im Halbfinale Sindelar brutal traktiert hatte, gab seine Zurückhaltung auf, als der Druck der Tschechoslowaken stärker und ihr Spielwitz düpierend wurde. Rücksichtslos grätschte er in die Beine der gegnerischen Stürmer; der schwedische Schiedsrichter Eklind übersah es, während die Zuschauer jubelten. Als zur Halbzeit gepfiffen wurde, glich das Spiel auf unangenehme Art dem italienischen Halbfinale gegen Hugo Meisls Österreicher.

In der Pause blieb Bensemann auf seinem Platz sitzen; die schwüle Hitze im Stadion machte ihm zu schaffen. Plötzlich stand Ernst Werner vor ihm und streckte leutselig die Hand zur Begrüßung aus. Zurückhaltend ging Bensemann auf den Händedruck ein. War es echte Verbundenheit, die den Berliner Redakteur zu der Demonstration veranlasste? Oder die Besiegelung einer Wachablösung, in der er sich als neue Leitfigur der deutschen Sportjournalisten sah? Oder ein souveränes Schauspiel gegenüber den Kollegen, die noch immer ängstliche Tuchfühlung mit den neuen Machthabern suchten? Bensemann war sich unsicher darüber, wie schon bei der Laudatio, die Werner vor einem Jahr in sein Blatt gesetzt hatte. Doch er ließ den Berliner gewähren.

»Mit Sport hat dieses Spiel nicht das Geringste zu tun, nicht wahr?« Werner redete, als habe es das vergangene Jahr nicht gegeben. Er hatte sich neben Bensemann auf den freien Platz gesetzt, den Meisl verlassen hatte, um etwas Trinkbares zu besorgen.

»Tatsächlich könnte man sich einen besseren Abschluss des Turniers wünschen«, erwiderte der alte Mann vorsichtig.

»Seien wir ruhig offen«, setzte Werner hinzu und starrte ihm ins Gesicht. »Das Halbfinale Italien gegen Österreich wiederholt sich. Die Zuschauer geben sich verbohrt fanatisch, und die Italiener können sich vor einem solchen Publikum alles, aber wirklich alles erlauben: die offensichtlichsten Gemeinheiten und die peinlichsten Disziplinlosigkeiten. Falls Italien am Ende gewinnt, wird ein Schatten über diesem Sieg liegen. Und andere Nationen werden sich fragen, welchen Sinn Weltmeisterschaften noch haben, die unter solchen Bedingungen ausgetragen werden.«

»Vielleicht sollte man sich auch als Schmieranski fragen, welcher Geist die Italiener zu ihrer Haltung veranlasst hat.« Hugo Meisl war mit einer Flasche Mineralwasser zurückgekehrt. Werner sah hoch und machte eilfertig Platz.

»Ich kann speziell Ihre Verärgerung verstehen, Herr Meisl, wenn Sie auch der Presse gegenüber die Berechtigung des italienischen Sieges gegen Österreich anerkannt haben. Aber das war vielleicht nur die Höflichkeit eines Gastes.«

Meisl nickte unbestimmt und goss für Bensemann ein Glas Wasser ein.

»Ich kann Ihnen jedenfalls versichern«, fuhr Werner fort, »dass vor dem Finale den italienischen Spielern von Seiten der Führung ins Gewissen geredet wurde, fair zu bleiben und ein schönes Spiel zu zeigen. Offensichtlich hat es bei einigen Spielern nichts genutzt.«

»Offensichtlich hat man sich nicht klar genug ausgedrückt«, sagte Bensemann scharf. Er wollte Werner loswerden. »Offensichtlich gehen die italienischen Spieler davon aus, dass sie zwar fair spielen sollen, aber gewinnen müssen. Und ebenso offensichtlich sind sie darin überfordert, beides zugleich einzulösen. Man wird sehen, was die zweite Halbzeit bringt. Sie sollten Ihren Platz wieder einnehmen, Herr Werner, sonst verpassen Sie den Anpfiff.«

Es begann, wie die erste Hälfte geendet hatte: Mit Härte mühten sich die Italiener, den Spielfluss der Tschechoslowaken zu unterbinden. Monti trat mehr gegen gegnerische Beine als gegen den Ball, Ferrari sprang mit den Füßen voran den Linksaußen Puc an wie ein asiatischer Kampfsportler. »Italia«, schrien die Zuschauer euphorisch. Svoboda, der rechte Stürmer, konnte nach einem brutalen Foul durch Monti fast nur noch aus dem Stand spielen. »Italia!« Meazza rammte dem besten tschechischen Stürmer, Nejedly, seine Faust in den Bauch. »Italia!« Ferrari trampelte auf dem verletzt am Boden liegenden Puc herum, der vom Platz taumelte und sich nach einigen Minuten mühsam zurückquälte. »Italia!«

Doch die tschechoslowakische Mannschaft verhielt sich anders als die österreichische im Halbfinale. Zwar agierten vor allem die geschundenen Stürmer vorsichtiger und zeigten auch konditionelle Mängel. Aber sie ließen sich weder einschüchtern noch zur Revanche verleiten. Vor allem ließen sie sich nicht von ihrer Spielweise abbringen. Sie kombinierten planvoll, überlegt und zielstrebig. Und in der 70. Minute erzielten sie endlich das 1:0.

Ausgerechnet Puc, der am stärksten angeschlagen war, ausgerechnet Puc schaffte es, im Strafraum zwei italienische Verteidiger zu umspielen. Sein scharfer Schuss ins Netz schnitt zum ersten Mal in diesem Spiel den Lärm auf den Rängen ab. Schweigen senkte sich über das Stadion, nur eine Hand voll Prager Anhänger jubelte.

Bensemann stöhnte und setzte sein Glas ab. »Sie können es schaffen, wie ich es gesagt habe, sie können es schaffen!«

Er mühte sich, ruhig zu bleiben und seine Erregung niederzudrücken, doch es riss ihn mit.

»Wie lange noch?«

»20 Minuten«, sagte Langenus. »Sie sollten jetzt hinten dicht machen.«

»Nein, nein«, protestierte Meisl. »Weiterspielen wie bisher.«

»Vor allem nicht nervös werden«, rief Johanson aufgeregt.

»Sie brauchen ein zweites Tor«, meinte Bensemann und starrte wieder durch sein Glas.

Jetzt kamen die Italiener, sie waren konditionell überlegen und liefen mit der Entschlossenheit derer, die nichts anderes als siegen wollen, und sie wurden von den Zuschauern wieder frenetisch angefeuert: »Italia!« Endlich zeigte der italienische Sturm, dass auch er über technische Fähigkeiten und gute Schützen verfügte. Doch die Tschechoslowaken hatten Plánicka. Er war der beste Torhüter des Turniers, vielleicht in jenem Jahr der beste der Welt. Die Sicherheit, mit der er selbst schärfste Schüsse auf der Linie abfangen konnte, war legendär. Als er sich reaktionsschnell nach einem Ball warf, der ins linke obere Toreck gezielt war, und ihn mit den Fingerspitzen noch ablenkte, da zollten die italienischen Zuschauer zum ersten und einzigen Mal einem gegnerischen Spieler ihre Anerkennung.

75. Minute. Dem humpelnden tschechischen Stürmer Svoboda fiel überraschend ein Ball vor die Füße, er drosch Richtung Tor, der italieni-

sche Keeper Combi war erneut geschlagen – doch der Ball prallte an den Pfosten. Das Stadion stöhnte auf und fing sich wieder. »Italia!«

»Wie lange noch?«

»15 Minuten.«

Die Italiener stürmten.

»Wie lange noch?«

»Zehn Minuten.«

»Herrgott, sie können es schaffen, vielleicht ... vielleicht ... auch ohne zweites Tor.«

80. Minute. Guaita, einer der aus Südamerika importierten Spieler, passte zu Orsi, einem anderen Import. Der Außenstürmer täuschte einen Schuss mit dem linken Fuß an und hämmerte dann mit dem rechten aufs Tor. Plánicka warf sich dem Ball entgegen, er erreichte ihn mit den Fingern, doch er konnte ihn nicht mehr ablenken: Ausgleich!

Das Stadion explodierte. Wie entfesselt stürmten die Zuschauer von den Rängen Richtung Spielfeld, Carabinieri und faschistische Miliz bauten sich vor ihnen auf, verhinderten mit Mühe und unter Tumulten, dass der Platz von den Massen überflutet wurde. Das Spiel war unterbrochen.

»Aus, aus, alles vorbei!« Bensemann sank in seinem Sitz zusammen, das Fernglas baumelte vor seinem Bauch.

»Es ist erst der Ausgleich. Die Tschechen müssen Nerven bewahren.« Meisls Beschwörung fehlte die Überzeugungskraft. Langenus knurrte ein unverständliches Flämisch vor sich hin. Johanson schwieg konsterniert.

Auf dem belagerten Platz wurde das Spiel wieder aufgenommen, und jetzt drängte allein noch die italienische Elf. Mit Glanzparaden rettete Plánicka sein Team über die Zeit, doch es war offensichtlich, dass die Gegenwehr der Tschechoslowaken gebrochen war. Sieben Minuten nachdem die Verlängerung angepfiffen wurde, gelang Italien das 2:1, und jeder in dem gewaltigen Stadion wusste: Das war der Sieg, der Weltmeistertitel und der Triumph Mussolinis.

Lange nach dem Spiel, in dem als Presseraum hergerichteten Festsaal des Hotels Flora, zog sich Bensemann erschöpft und deprimiert auf einen abgeschiedenen Sessel zurück. Kollegen aus anderen europäischen Ländern, einige auch aus Deutschland, traten zu ihm hinüber, um ihn zu begrüßen und sich über das Spiel auszutauschen. Er antwortete freundlich, aber einsilbig. Nun, da die Erregung des Wettkampfes abgeklungen war, irritierte ihn das Gefühl, zum letzten Mal in die bekannten Gesichter zu blicken und einem solchen Ereignis beizuwohnen. Er würde kein großes Finale und keinen FIFA-Kongress mehr besuchen können, und jede Verabschiedung an diesem Tage würde ein Abschied auf immer sein. Über dem Gemurmel und Gewirre des Saales, das er wie aus der Ferne beobachtete, hing die Wehmut des Vergangenen.

Gegen Abend tauchte Vittorio Pozzo auf, der italienische Trainer. Als ehemaliger Sportredakteur kannte er die meisten von denen, die ihn sofort umringten, ihm kurz gratulierten und dann doch nur ein Thema ansprachen: die überaus große Härte seiner Mannschaft. Er verteidigte sich tapfer, aber es war nicht zu übersehen, dass er sich unwohl fühlte.

»Vittorio!«

Bensemann rief ihn an, doch seine Stimme drang nicht durch.

»Vittorio!«

Jetzt wurde Pozzo auf ihn aufmerksam, löste sich von den übrigen Journalisten und trat auf ihn zu.

»Erinnern Sie sich, Vittorio, was ich Ihnen vor einigen Jahren sagte? Dass die wahre sportliche Leistung aus der Freiheit des Herzens kommen muss? Und dass jeder Triumph vergänglich ist, den die Glut der ›Italia‹-Schreier entfacht hat, weil er die Menschen nicht verbindet, sondern ihre Gesichter vernebelt? Das ist es, Vittorio, was heute geschehen ist.«

Pozzo antwortete nicht. Er verbeugte sich vor dem Alten, drehte sich um und kehrte zurück ins Gedränge des Saales.

Am nächsten Morgen brach Bensemann zusammen mit Laven früh auf, um entlang der Apenninen Richtung Norden zu fahren. Sie sprachen nicht viel, und wenn, dann Belangloses über die Landschaft oder unverbindlich Lobendes über die deutsche Elf, die im Spiel um den dritten Platz die enttäuschten Österreicher geschlagen hatte. Vergeblich mühte sich Laven, eine Unterhaltung in Gang zu bringen. Meist lehnte sich Bensemann müde in den Beifahrersitz, doch anders als im eintönigen Dahinrollen eines Eisenbahnwagens konnte er während der unruhigen Autofahrt nicht schlafen. Stattdessen träumte er mit geschlossenen Augen und wanderte, wie er es sich in durchwachten Nächten angewöhnt hatte, durch ferne Regionen, von denen nur er wusste, zusammen mit Menschen, die längst gestorben waren.

Sie durchfuhren Florenz, die prächtigste Renaissancestadt der Toskana, ohne dass Bensemann ihr, trotz Lavens Ermunterung, größere Aufmerksamkeit schenkte, und überquerten am Nachmittag in unangenehmer

Hitze die Apenninen, um abends ein Hotel in Bologna zu erreichen, in dem sie mit italienischen Journalisten verabredet waren.

»Mir scheint, wir haben in ihnen Männer getroffen, die vom Sport mehr erhoffen als nur die Befriedigung nationalen Prestiges«, sagte Laven am nächsten Morgen bei der Weiterfahrt. Er war entschlossen, das Schweigen während der Fahrt zu durchbrechen.

Bensemann nickte. »Ich kenne sie seit vorigem Jahr, als Deutschland hier in Bologna gegen Italien spielte.«

»Das war im Januar '33, ich erinnere mich genau, es war das letzte Spiel in der Zeit der alten Reichsregierung. 1:3, eine fürchterliche Vorstellung der deutschen Mannschaft.«

Eine Weile dröhnte nur das Brummen des Motors und das Poltern der Reifen durch den Wagen, dann nahm Laven die Unterhaltung wieder auf.

»Damals schrieben Sie im ›Kicker‹ einen Reisebericht, den ich besonders aufmerksam las, schon weil ich die gleiche Reise ja auch unternommen hatte. Übrigens, seit Sie aus Nürnberg fort sind, fehlen mir Ihre Glossen. Manchmal, wenn ich sie zu lesen begann, kamen sie mir abseitig und nebensächlich vor. Aber am Ende gelangten sie dann doch an den Punkt, den man zuvor nicht gesehen hat und auf den es in Wahrheit ankommt. Dass Sport eben mehr ist als Tore und Rekorde.«

»Ich habe geglaubt«, sagte Bensemann, »dass er die Jugend zur Fairness erzieht und die Völker verbindet. Diese Überzeugung besitze ich noch immer, aber ich habe meine Mühe damit, sie nicht zu verlieren.«

Er betrachtete gleichgültig die Weinfelder, die sich in die Po-Ebene hinein erstreckten und Sonne schluckten.

»Dem Bericht zu Bologna, der mir aus dem vorigen Jahr im Gedächtnis geblieben ist, fehlen alle hehren Worte von Verständigung und Frieden, er wirkt auf eine ganz andere Art in die gleiche Richtung. Auch er zählt freilich zu den Texten, bei denen mancher sich anfangs fragt, was so etwas in einer Sportzeitung zu suchen hat.«

»An den Kalenden des Januar 1933«, hatte Bensemann vor jenem Länderspiel geschrieben, »werden wir in Bologna, der alten Residenz des Königs Enzio, der Stadt, in welcher so viele deutsche Studenten römisches Recht und Valpolicella einsogen, gegen Italien spielen. Bologna ist nicht die älteste Universität der Welt. Dieser Ruhm gebührt Messina, wo schon im Jahre 1204 sämtliche Fakultäten unter der Herrschaft der Hohenstaufen blühten. Es ist merkwürdig, wie sehr die ganze Halbinsel von deutschem Geiste durchtränkt ist; doch aber nicht so, dass es je gelang, auf längere Zeit oder gar auf Dauer die Epigonien des alten Rom zu unterwerfen. Roma aeterna hat es stets verstanden, das Joch der Knechtschaft abzuschütteln: die Gallier, die Karthager, die West- und Ostgoten, die Langobarden; sie alle sind der südlichen Sonne und dem Volkssinn der alten Gebieter des Landes zum Opfer gefallen. Und kann man es je vergessen, dass sich in der Lombardei und in Piemont das Bürgertum von der Feudalherrschaft um mindestens hundert Jahre früher befreit hatte, als dies in London oder Paris der Fall war? In dieses imposante Land, so reich an historischen Erinnerungen, so reich an Tradition, werden wir um die Jahreswende fahren: diesmal sicher nicht als Eroberer, sondern in der angenehmen Voraussicht, in der Stadt der schiefen Türme und der Papagalli eine kräftige Abfuhr zu beziehen.«

»Was uns ja dann auch gelungen ist«, brummte Bensemann.

Laven lachte. »Das ist wahr. Aber ich will Ihnen sagen, warum mir diese Glosse im Gedächtnis blieb. Es war der Geist, der in dem kleinen Artikel steckte und der mir als Fußball-Wandervogel aus der Seele sprach. Zunächst die Suche nach vertrauten Spuren, die jeder Reisende in einem fremden Land sucht. Dann die höfliche Verbeugung vor den Gastgebern und ihren Traditionen. Und schließlich das Wesentliche: Wir kommen nicht als Eroberer, sondern in der angenehmen Voraussicht, eine kräftige Abfuhr zu beziehen. Genügend ironisch, um zu zeigen, dass man natürlich lieber gewinnen will. Aber zugleich gelassen genug, um klar zu machen, dass man die erwartete Niederlage mit Anstand tragen wird. Das ist genau der Geist, der in den vergangenen Tagen gefehlt hat.«

»Sie zitieren einen alten Mann, dessen Stimme nicht mehr gehört wird.«

»Und doch werden Leute wie Mussolini diesen sportlichen Geist nicht austreiben; sie können es nicht, denn sie sind keine Männer des Sports. Wenn in 50 Jahren von Sindelar die Rede ist, dann wird man von ihm als großem Künstler sprechen und nicht davon, dass er gegen den brutalen Monti versagte. Wenn man sich dieses Endspiels erinnert, dann wird man nicht die siegreichen Soldatenspieler feiern, sondern den geschlagenen Puc, der Tritte einsteckte, ohne mit Tritten zu antworten, der verletzt vom Platz ging und wiederkam, um ein Tor zu schießen. Verstehen Sie, was ich sagen will? Ein missbrauchtes Turnier zerstört das Ideal des Fußballs so wenig wie eine Bücherverbrennung die Literatur.«

»Vielleicht haben Sie Recht«, antwortete Bensemann und schloss die Augen. »Auch wenn es in diesen Tagen nicht danach aussieht: Vielleicht ist es am Ende tatsächlich so, wie ich es immer gehofft habe: dass der Fußballsport international ist und andere Wege geht als die Politik. Es mag wieder eine Zeit kommen, wo der Sport sich auf sich selbst besinnt und an die Stelle nationaler Hysterie und übertriebener Championatssucht die alte Tradition der Amateure tritt. Es würde mich beruhigen, es zu wissen.«

»Ist es nicht auch genau das, was Sie vorgestern Abend Vittorio Pozzo zugerufen haben?«

»Ich habe Vittorio immer geschätzt«, sagte Bensemann, »aber ich weiß nicht, ob er mich noch versteht.«

Nachdem sie in Mailand erneut Station gemacht und die Stadt am nächsten Morgen hinter sich gelassen hatten, traten aus dem diesigen Horizont endlich die grauen Massive der Alpen hervor, auf die Bensemann schweigend seinen Blick richtete. Sie durchquerten das Piemont und fuhren auf schmalen Straßen ins Gebirge hinein wie in eine gewaltige Burg. Rechts und links stiegen steile Hänge, hinter ihnen schloss sich das Tal, und in der Ferne voraus blinkte der eisige Gipfel des Mont Blanc, dem Bensemann wie einem alten Freund zunickte. Laven musste langsam fahren und Pausen einlegen, damit der Motor seines Fahrzeugs in den steilen Serpentinen des St.-Bernhard-Passes nicht überhitzte. Als sie schließlich oben angelangt waren, hielten sie an, vor dem kleinen Wachhaus an der Grenze zwischen Italien und der Schweiz, um vom höchsten Punkt ihrer Fahrt das Panorama ringsum zu betrachten.

»Kommen Sie«, drängte Bensemann, »es treibt mich auf die andere Seite dieses lächerlichen Schlagbaums.«

So rollten sie ins Wallis hinunter, vorbei an Almen und Geröllhängen, und dem Genfer See entgegen. Zwei Stunden vor ihrem Ziel geriet der Wagen ins Schlingern und wurde von Laven mühsam zum Stehen gebracht. Durch die Belastung der Bergabfahrt war eine Feder gebrochen. Langsam rollten sie zu einer kleinen Werkstatt, wo man versprach, ein Ersatzteil zu beschaffen. Den Nachmittag über mussten sie im Gasthaus gegenüber warten, und dort plötzlich, in der Heimeligkeit rustikalen Gebälks, begann Bensemann wie befreit zu reden, als säße er im Kreis von Freunden wieder in der Sebaldusklause oder im Fürstenhof. Er erzählte von alten Schwänken, von zerbeulten Parapluies auf der Karlsruher Engländerwiese, von jolly good fellows in Berlin und von zerbrochenen Friedenspokalen in Wuppertal. Es strömte redselig aus seinem Mund und glomm schalkhaft in seinen Augen. Es zog ihn weit fort, und nicht nur ein

Gebirgszug lag zwischen ihm und dem Endspiel von Rom. Diesmal war es Laven, der zuhörte und ein stummer Beobachter blieb, als Bensemann schließlich schwieg und die kurzsichtigen Augen zusammenkniff, um durchs Fenster in die Dämmerung zu schauen. Dort winkte ihnen der Mechaniker, dass ihr Auto wieder bereit sei.

Bensemann hielt seinen Begleiter noch einen Moment zurück. »Sie fahren in ein Land zurück, in dem es die persönliche Freiheit nicht mehr gibt«, sagte er. »Alles Versöhnende, was wir mit dem Sport erstrebten, und alles Fröhliche, von dem ich Ihnen in den letzten Stunden berichtete, scheint unterzugehen. Wenn ihr Jungen das aushaltet, dann versucht später zu retten, was zu retten ist. Vergesst dabei nicht: Der Sport ist …« Er suchte nach Worten. »… ist ein Elixier. Eine Medizin, die Frohsinn in diese Welt bringt. Friedlichen Frohsinn, oder fröhlichen Frieden, wie man es nimmt. Schon deshalb darf man seine Seele nicht töten.«

Als Bensemann aufstand, um seine Jacke überzuziehen, wirkte sein faltiges Gesicht wieder müde und in sich gekehrt. Sie bezahlten die Reparatur und fuhren schweigend in den Schatten des Rhonetales. Als sie in Montreux ankamen, war es bereits dunkel.

Epilog

Am 12. November 1934 um 12 Uhr mittags starb Walther Bensemann in der Klinik Florimont von Montreux. Auf dem amtlichen Totenschein wurde keine Todesursache vermerkt und als Adresse angegeben: »Ohne Wohnsitz«.

Der »Kicker« meldete den Tod seines Gründers mit einem einzigen lapidaren Satz, während Ernst Werner in der »Sportwoche« einen kurzen Artikel des »Sport-Tagblatt« aus Wien über die Beerdigung nachdruckte:

»Heute Nachmittag wurde Walter Bensemann in einfachem, aber würdigem Rahmen auf dem kleinen Friedhof oberhalb Montreux zur Ruhe bestattet. Bei der Leichenfeier waren alle Schweizer Sportverbände und zahlreiche Schweizer Fußballklubs vertreten. Den Sarg bedeckten ungefähr 20 Kränze, darunter Blumengewinde der Fußballverbände von Österreich, der Tschechoslowakei, England, Holland, Ungarn, Frankreich, Italien und Deutschland. Von den deutschen Vereinen war nur Phönix-Karlsruhe vertreten. Nach der Zeremonie nahm Albert Mayer, langjähriger Freund Bensemanns, in dessen Haus er auch die letzten Wochen zugebracht hatte, von dem Verstorbenen Abschied. Er rühmte seine Verdienste um den Fußballsport der ganzen Welt und schilderte unter tiefer Bewegung der Anwesenden die vielen Vorzüge des Verstorbenen und sein Streben, den Sport als Instrument des Friedens und der Freundschaft zwischen allen Völkern auszubauen.«

Die »Vereinsnachrichten« der »Frankfurter Sportgemeinde Eintracht« berichteten ebenfalls vom Tod des »großen Herausgebers« und merkten an: »Auch er war in den Gründerjahren der Eintracht für uns ein vorbildlicher Mensch.«

Zu den wenigen weiteren Zeitungen in Deutschland, die von Bensemanns Tod Notiz nahmen, gehörte die »Badische Presse« in Karlsruhe, die am 14. November 1934 mitteilte, er sei »an den Folgen eines Gehirnschlags gestorben«, und mit querer Logik erklärte: »Walter Bensemann ist einer der großen Führer aus der Zeit, die ebenfalls nichts als Opfer verlangte.« Auf der gleichen Seite, auf der diese Todesnachricht stand, bedankte sich

»mit deutschem Gruß« Adolf Hitler dafür, dass ihm die Stadt Karlsruhe die Ehrenbürgerrechte verliehen hatte.

Während man in Deutschland für mehr als ein Jahrzehnt den Namen Bensemann nicht mehr lesen sollte, gab es in der Schweiz andere Überlegungen. Am Abend nach seiner Beisetzung trafen sich in Mayers Haus Bensemanns engste Freunde Albert Mayer und Ivo Schricker, dazu Weggefährten wie Dori Kürschner, einst Trainer des FC Bayern und jetzt der Grasshoppers Zürich. Die Runde beschloss, wie ein späterer Chronist vermerkte, »das Andenken an Walter Bensemann durch ein ›Internationales Junioren-Turnier‹ wach zu halten, das alljährlich die Fußballjugend Europas zusammenführen soll«.

Im Jahre 1937 fand ein solches Turnier unter der Bezeichnung »Tournoi international de Football-Juniors pro memoria Walter Bensemann« erstmals in Genf statt. Je ein Verein aus der Schweiz und der Tschechoslowakei, aus Frankreich und Italien nahmen daran teil; erster Gewinner wurde der AC Bologna. 1938 und 1939 folgten weitere Turniere in Straßburg und Zürich, bis der Weltkrieg dieser Idee ein vorläufiges Ende versetzte.

1946 wurde das Turnier dann wieder ausgetragen, diesmal in Zürich. 1951 fand es erstmals in Deutschland statt, in Karlsruhe; danach wurde es ungefähr im Zweijahresrhythmus wechselnd in den Städten Straßburg, Basel und Karlsruhe ausgerichtet und durch die UEFA finanziell unterstützt. Als im Jahr 1962 Schricker starb, erweiterte man die Veranstaltung zum »Internationalen Turnier p. m. Walter Bensemann – Dr. Ivo Schricker« und vereinte damit das Andenken an die beiden befreundeten und ähnlichen Idealen anhängenden Pioniere. Vorsitzende des Organisationskomitees waren 1937 bis 1961 Ivo Schricker, 1962 Albert Mayer, 1963 bis 1965 Dr. Peco Bauwens, 1966 bis 1974 FIFA-Präsident Sir Stanley Rous und nach 1975 der Schweizer Lucien Schmidlin.

Ein letztes Mal wurde das Turnier im Jahre 1991 durch den Karlsruher Fußball-Verein durchgeführt, der genau 100 Jahre zuvor von Bensemann gegründet worden war. Danach zog die UEFA ihre Bürgschaft für die Veranstaltung zurück, und das zuständige Organisationskomitee löste sich auf. Größere Jugendturniere in Deutschland heißen heutzutage McDonalds- oder Nokia-Cup und stehen vielleicht nicht gerade im Zeichen des Internationalismus, dafür aber der Globalisierung.

Dr. Ivo Schricker ist bis 1951 Generalsekretär der FIFA geblieben; in dieser Eigenschaft organisierte er noch die Weltmeisterschaftsturniere von 1938 und 1950. Nach dem Krieg trat er für die Wiederaufnahme des DFB in die internationalen Organisationen ein (was im September 1950 auch gelang.) In diesem Bestreben wurde er energisch unterstützt von einem ganz alten Bekannten, nämlich Dr. Gus Manning, dem ehemaligen Bensemann-Widersacher im Streit um die »Urländerspiele« gegen England. Manning, der 1905 in die USA emigriert und dort zur treibenden Kraft des US-Soccers geworden war, vertrat ab 1948 die USA im FIFA-Exekutivkomitee.

Gute Beziehungen zum FIFA-Generalsekretär pflegte Dr. Peco Bauwens, der ab 1932 für Deutschland im FIFA-Exekutivkomitee saß und diesen Sitz bis 1945 innehatte. Seine Rolle in der NS-Zeit ist noch weitgehend unerforscht. Den Briefwechsel, den er mit seinem Duz-Freund Ivo Schricker zwischen 1942 und 1945 führte, gab allerdings dem Sporthistoriker Arthur Heinrich einige Aufschlüsse. Offensichtlich bemühte sich Bauwens in Abstimmung mit den nationalsozialistischen Sportpolitikern darum, die Entscheidungsstrukturen innerhalb der FIFA so zu verändern, dass Deutschland und Italien ein stärkeres Gewicht erhalten hätten. Diplomatisch im Ton, aber hartnäckig in der Sache widersetzte sich Schricker als FIFA-Generalsekretär offenbar diesen Versuchen.

Bauwens' Ehefrau Elisabeth verübte am 16. September 1940 Selbstmord, was Bauwens später auf den »ständigen psychischen Druck der Nazis« zurückführte, nach Heinrichs Ansicht möglicherweise jedoch auch mit dem »eher lockeren Lebenswandel ihres Ehemannes« zusammenhing. Der Umstand, dass Bauwens sich nach 1933 nicht von seiner »nicht-arischen« Frau hatte scheiden lassen, trug – wie seine letztlich nicht zustande gekommene Parteimitgliedschaft – dazu bei, dass er nach 1945 als unbelastet eingestuft und bei der Neugründung des DFB am 10. Juli 1949 zu dessen Präsident gewählt wurde. Bei seiner Wahl pries er den deutschen Sport als Institution, die in der nationalsozialistischen Zeit »eine Insel der Menschlichkeit bewahrt« habe, und wirkte in diesem Sinne daran mit, dass ein Großteil der Funktionsträger aus der Nazi-Zeit auch im neuen Verband ihre Arbeit fortsetzten, darunter der ehemalige Vorsitzende des süddeutschen Verbandes Paul Flierl. Das einstige NSDAP-Mitglied Flierl wurde später DFB-Ehrenmitglied sowie Ehrenmitglied des süddeutschen Verbandes. Bauwens blieb DFB-Präsident bis 1962 und starb ein Jahr später.

Nach 1945 waren bei Bauwens eine Kiste und ein Koffer aufgetaucht, die Bensemann bei seinem Fortgang aus Deutschland 1933 im Nürnberger Grand Hotel zurückgelassen hatte. Georges Richert, der mit Bensemann befreundete Besitzer des Hotels, hatte sie später Bauwens übergeben, der sie im Beisein von Journalisten (vermutlich im Jahr 1949) öffnete. Zutage kamen unter anderem ein Zigarrenetui, eine Collegemütze mit den Initialen WB, eine 30 Pfund schwere Statuette des DFB, außerdem Wimpel, Ständer und Plaketten von vielen Fußballvereinen (etwa Sparta Prag), des Weiteren zahlreiche Fotos, Briefe, Telegramme und, wie ein Chronist bemerkt, »viel Mäusedreck«. Der Verbleib dieser Hinterlassenschaft eines Wanderlebens ist ungeklärt; das DFB-Archiv in Frankfurt weiß nichts darüber.

Albert Mayer gelangte 1946 für die Schweiz ins Internationale Olympische Komitee, sein um zehn Jahre jüngerer Bruder Otto wurde zur gleichen Zeit IOC-Kanzler. Beide verstanden sich auf dem internationalen Sportparkett der Nachkriegszeit als Versöhner zwischen den Kriegsschuldigen, insbesondere Deutschland, und den Kriegsopfern beziehungsweise Siegermächten. Ebenso wirkten sie im beginnenden Kalten Krieg als Vermittler zwischen Ost und West. Albert Mayer fiel im IOC unter anderem dadurch auf, dass er dem Gedanken einer gemeinsam aus BRD und DDR zu bildenden »gesamtdeutschen« Olympia-Mannschaft skeptisch gegenüberstand und früh mit dem Vorschlag einer getrennten Teilnahme beider deutscher Staaten sympathisierte. Als die Bonner Regierung 1965 über diplomatische Kanäle auf die einzelnen IOC-Mitglieder einwirkte, an einer gesamtdeutschen Mannschaft festzuhalten, machte Mayer diese – unerlaubte – politische Einflussnahme publik und sorgte dadurch mit für deren Scheitern: Am 8. Oktober 1965 wurde der DDR eine eigene Mannschaft für die Olympischen Spiele zugebilligt – seinerzeit ein deutliches Zeichen für eine Entspannung zwischen Ost und West.

Albert Mayer, der zeitweise Bürgermeister von Montreux war und bis ins hohe Alter im Gemeinderat der Stadt saß, starb 1968. Ein Datenblatt zu seinen Begräbnisfeierlichkeiten listet 28 öffentliche Funktionen sowie Vorstandstätigkeiten oder Ehrenmitgliedschaften in schweizerischen und internationalen Organisationen auf.

Kurt Landauer, seit 1913 mit einigen Unterbrechungen Präsident des FC Bayern und im März 1933 zurückgetreten, war nach der »Reichskristallnacht« 1938 für vier Wochen Häftling im KZ Dachau, bevor er im Mai

1939 nach Genf in die Schweiz emigrieren konnte. Vier seiner fünf Geschwister wurden von den Nazis ermordet, der Familienbesitz enteignet. Im Juni 1947 kehrte Landauer nach München zurück und wurde erneut zum Präsidenten des FC Bayern gewählt. Er bekleidete dieses Amt noch fünf Jahre lang.

Der Journalist Willy Meisl emigrierte Anfang 1934 nach England. Bis dahin hatte er weiterhin in der »Vossischen Zeitung« publiziert und unter anderem im April 1933 einen mutigen Artikel über die hervorragenden Leistungen jüdischer Sportler verfasst. In England, wo er auch nach dem Ende der Naziherrschaft blieb, galt er bald als einer der fähigsten Sportjournalisten seiner Zeit. »Es hatte jedenfalls seinen Grund«, schreibt der Fußballhistoriker Erik Eggers, »dass ihn die ›World Sports‹ anno 1954 stets (und unwidersprochen) als ›The World's No. 1 Soccer Critic‹ ankündigte.« Er starb am 12. Juni 1968 in Lugano.

Willys Bruder Hugo Meisl erlebte die Annexion Österreichs nicht mehr, die seine Emigration unvermeidlich gemacht hätte; er erlag am 17. Februar 1937 einem Herzinfarkt. Sein ehemaliges »Wunderteam« wurde aufgelöst und mit der deutschen Nationalmannschaft zu einer »großdeutschen« Elf zusammengelegt, die bei der WM 1938 kläglich versagte. Bei seinem letzten Auftritt, im so genannten »Anschlussspiel« nach der Annexion Österreichs, vollbrachte das »Wunderteam« seine letzte Glanztat, als es vor 60.000 Zuschauern und zahlreichen Nazigrößen in Wien die Elf des deutschen »Altreichs« mit 2:0 schlug. Das erste Tor erzielte Matthias Sindelar, der danach seinen Rücktritt von der Nationalmannschaft erklärte, vermutlich aus Widerwillen gegen das neue Regime. 1939 starb er unter mysteriösen Umständen an einer Kohlenmonoxidvergiftung. An ihn erinnerte der Wiener Schriftsteller Friedrich Torberg, in seiner Jugend aktiver Hakoah-Sportler und zeitlebens Sindelar-Verehrer, mit einem Gedicht, das die berühmten Zeilen enthielt: »Er spielte Fußball wie kein Zweiter, / er stak voll Witz und Phantasie. / Er spielte lässig, leicht und heiter. / Er spielte stets, er kämpfte nie. / [...] / Er war gewohnt zu kombinieren / und kombinierte manchen Tag. / Sein Überblick ließ ihn erspüren / dass seine Chance im Gashahn lag.«

Felix Linnemann trat 1937 in die NSDAP ein und wurde als Kripochef durch Zuordnung seiner Behörde zur SS zum SS-Standartenführer. Er blieb bis 1945 »Leiter des Fachamtes Fußball«, also faktisch Bundesvorsitzender des formal noch fortexistierenden DFB. In den letzten Jahren soll er allerdings stark an Einfluss verloren haben. Nach 1945 wurde er von den Briten sechs Monate lang interniert; er starb 1948 noch vor der Neugründung des DFB.

Wenig später, im Jahr 1949, starb auch Otto Nerz, der erste Reichstrainer. Während der NS-Zeit hatte er eine Direktorenstelle an der Deutschen Hochschule für Leibesübungen angenommen, nachdem er 1936 von Sepp Herberger abgelöst worden war. Nerz publizierte, wie der Herberger-Biograf Jürgen Leinemann herausfand, am 4. Juni 1943 im Berliner »12 Uhr Blatt« einen antisemitischen Hetzartikel, in dem es unter anderem hieß: »In der Krise vor 1933 war die Gefahr der Verjudung auch im Fußball sehr groß. Die großen Vereine waren stark verschuldet, und vielfach waren Juden die Gläubiger. Die Tendenz zum Berufsfußball war sehr groß, und der damalige Staat konnte der Sportführung keinen Halt geben, weil er selbst dem Juden hörig war. [...] Die besten Stellen bei den großen Zeitungsverlagen waren in jüdischen Händen. Die Journalisten trieben von ihrem Schreibtisch eine rein jüdische Politik. Sie unterstützten die zersetzende Wühlarbeit ihrer Rassengenossen in den Verbänden und Vereinen und setzten die Sportführung unter Druck, wenn sie ihnen nicht zu Willen war.«

Angesichts der Tatsache, dass Nerz eine Zeit lang regelmäßig in Bensemanns »Kicker« publiziert hatte und dass Bensemann bei aller Schelte am DFB dessen Trainer Nerz immer von seiner Kritik ausgenommen hatte, ist diese Hetze – von der allgemeinen Tonlage völlig abgesehen – schon erstaunlich.

Nerz starb im Internierungslager Sachsenhausen, das von den Sowjets auf dem Gelände des ehemaligen KZs eingerichtet worden war. Vor 1945 waren dort schätzungsweise 100.000 Menschen durch die SS ermordet worden. »Ein Volk nach dem anderen schüttelt das Joch der Juden ab. Am Ende steht das judenfreie Europa mit seinem judenfreien Sport«, hatte Nerz in dem erwähnten Artikel den Holocaust rechtfertigt.

Guido von Mengden, der ehemalige Schriftleiter des »FuL«, wurde im Juni 1933 zum Pressewart des DFB berufen und profilierte sich in der von ihm redigierten DFB-Zeitung »Deutscher Fußball-Sport« mit ideologisch geprägten Grundsatzartikeln, die ihn für höhere Weihen auszeichneten. Im April 1935 avancierte er zum Pressereferenten des Deutschen Reichsbundes für Leibesübungen, 1936 zum Generalreferenten des Reichssportführers von Tschammer und Osten und zum Mitglied des Deutschen Olympischen Ausschusses. In der SA stieg er zum Sturmbannführer auf.

Von Mengden fungierte nach 1938 faktisch als Führer des Reichsbundes für Leibesübungen, in dem alle früheren Turn- und Sportverbände gleichgeschaltet waren; der Sporthistoriker Hajo Bernett nannte ihn später den »Generalstabschef« des deutschen Sports.

Nach dem Krieg nahm von Mengden unter dem Pseudonym »Till van Rhyn« seine publizistische Tätigkeit wieder auf. Die Tarnung wurde bald überflüssig; einflussreiche Förderer sorgten dafür, dass Guido von Mengden in der Bundesrepublik eine zweite Karriere als Sportfunktionär beginnen konnte. 1951 wurde er Geschäftsführer der Deutschen Olympischen Gesellschaft, 1954 Hauptgeschäftsführer des Deutschen Sportbundes und 1961 Generalsekretär des Nationalen Olympischen Komitees. Biograf Bernett nannte ihn für diese Zeit die »graue Eminenz« des Sports in der Bundesrepublik.

Dr. Max Willmy, der Nürnberger Verleger, wurde 1937 auch formal zum alleinigen Besitzer des »Kicker«, den er seiner Firma einverleibte. In Willmys Entnazifizierungsurteil wurde später festgestellt: »Er stellte seine ganze Betriebskapazität vom ersten bis zum letzten Zuge dem Nationalsozialismus bereitwilligst zur Verfügung und gab der nationalsozialistischen Propaganda und ihrer vorgezeigten Rassentheorie eine wesentliche Unterstützung.« Im Februar 1948 erging das Urteil an ihn, demzufolge er für zwei Jahre zu Sonderarbeiten für die Allgemeinheit heranzuziehen war, sein Vermögen zu 50 Prozent eingezogen wurde und er für fünf Jahre das aktive und passive Wahlrecht verlor sowie das Recht, sich publizistisch zu betätigen.

Hans-Jakob Müllenbach blieb zunächst Chefredakteur des »Kicker« und fiel unter anderem 1938 durch seine energische Werbung für den »Anschluss« Österreichs ans Deutsche Reich auf. 1941 wurde er als Offizier zum Kriegsdienst einberufen und verunglückte 1944 auf dem Rückflug vom Heimaturlaub über Skandinavien mit dem Flugzeug tödlich. Unter seiner Leitung hatte sich die Auflage des »Kicker« von 20.000 auf 100.000 verfünffacht. Zwar stieg, auch bedingt durch Konzentrationsprozesse beziehungsweise das Verbot von Arbeitersportzeitungen, die Auflage vieler Sportzeitungen in der Zeit des NS-Regimes, doch eine solche Steigerung war überdurchschnittlich.

Sein Nachfolger als Redaktionsleiter wurde Dr. Friedebert Becker, den Dr. Fritz Weilenmann, der später beim »Kicker« mit ihm zusammenarbeitete, so beschreibt: »Er war ein kleiner, rundlicher und wenig sportlicher Mann. Er wirkte zunächst als Korrespondent für den ›Fußball‹ und den ›Kicker‹ in Prag, wo er studierte. 1941 wechselte er in die Chefredaktion des ›Kicker‹, was Müllenbach nicht verhindern konnte. Wie Bensemann war Becker sehr gebildet, international orientiert, lebte gerne gut, war aber kein extrovertierter Gourmet. Dr. Becker galt als sehr guter Schreiber und äußerst angesehener Fachmann. Die Leitung beim ›Kicker‹ verdankte er darüber hinaus der Tatsache, dass er sich mit allen Regimes arrangieren konnte. Privat war er eine friedliche Natur und hielt auch nach 1933 immer Kontakt zu jüdischen Bekannten.«

Dass er für Willmy als Redaktionsleiter infrage kam, lag wohl auch an dem Umstand, dass er sich zuvor beim »Fußball« einen Ruf als ausgezeichneter und effektiver »Zeitungsmacher« erworben hatte. Dr. Becker, als Soldat untauglich eingestuft, entschloss sich 1942 (nach anderen Quellen 1944), Deutschland vorübergehend zu verlassen und nach Italien zu ziehen, wo er sich vor den Kriegswirren sicherer glaubte.

Die Umstände des Weltkrieges erzwangen 1943 ein Zusammengehen des »Kicker« und des »Fußball« in einer gemeinsamen Kriegsausgabe. 1944 wurde auch diese Zeitung eingestellt. Friedebert Becker bemühte sich nach 1945 um eine Neugründung. Zunächst entstand im Olympia-Verlag die Zeitschrift »Sport«, aus der 1948 das »Sport-Magazin« wurde – der Titel »Kicker« war zu diesem Zeitpunkt noch gesperrt. Nach seinem Ausscheiden aus diesem Verlag betrieb Becker im Münchener Martens-Verlag das Erscheinen einer anderen Sportzeitung, die er nunmehr »Kicker« nennen konnte. Nach einigen Besitzerwechseln (unter anderem zu den Verlagen Hermann Bauer und Axel Springer) kehrte der »Kicker« 1968 zum Nürnberger Olympia-Verlag zurück und wurde mit dem »Sport-Magazin« zusammengelegt. Dr. Friedebert Becker war bis 1966 Herausgeber des »Kicker« geblieben und trat zurück, als der beginnende Profifußball in Deutschland (den er gefördert hatte) die Rolle und Arbeitsweise des Sportjournalismus veränderte. 1984 starb er.

Mit der Neugründung des »Kicker« hatte Becker bewusst an die von Bensemann begründete Tradition anknüpfen wollen. In der ersten Ausgabe des Nachkriegs-»Kicker« vom 10. Dezember 1951 schrieb er: »Gestatten Sie, dass wir uns vorstellen! Oder brauchen wir das gar nicht? Auch für den, der nicht englisch spricht, ist der ›Kicker‹ ebenso wie der Vereinsname ›Kicker‹ ein lang vertrauter Begriff. [...] Wir wählten ihn in ehrfürchtig-dankbarer

Erinnerung an jenen Mann, der Deutschlands Jugend vor mehr als einem halben Jahrhundert das ›Kicken‹ beibrachte und diese Millionenbewegung schaffen half: unserem großen Walther Bensemann, dem Vater des deutschen Fußballsports. In seinem Geiste möchte der ›Kicker‹ wie zu Bensemanns eigenen ›Kicker‹-Zeiten der Freund der alten und jungen Fußballherzen sein. [...] Doch wir glauben, dass selbst das anspruchsvollste und kritischste Auge von Nummer zu Nummer spüren mag, dass der ›Kicker‹ zwar im alten Bensemann'schen Geist, aber mit lauter neuen Methoden der Zeitungskunst langsam, aber ehrgeizig den eigenen Typ einer deutschen Fußball-Fachzeitschrift geformt hat.«

1953 erinnerte Becker nochmals an Bensemann, als er im Jahrbuch des DFB unter anderem schrieb: »80 Jahre alt wäre Walther Bensemann 1953 geworden. In seinen jungen Jahren wirkte er als der unermüdliche Gründer und Schöpfer von Fußballbewegungen. Wie viele Vereine, besonders im Süden, gehen in ihrem Ursprung auf Bensemanns Initiative zurück. Später wirkte sein Geist durch Deutschlands weltoffene Fußballzeitschrift ›Der Kicker‹, die er gründete, um zu seiner jungen Gemeinde wie ein beschwörender Apostel zu sprechen. Nicht lehrerhaft, nicht kanzelhaft, sondern plaudernd, amüsant, sarkastisch, voller Esprit und guter Laune. So wurde er zum Vater der höheren deutschen Sportjournalistik, die sich nicht im Aufzählen von Toren erschöpft. [...] Um auch nur einen Umriss seines Werkes zu geben, brauchte man nicht ein Kapitel, sondern ein Buch. Es gäbe ein herrliches Buch. Aus dem goldenen Zeitalter der Fußballschöpfung.«

Als der »Kicker« im Jahre 1995 zu seinem 75-jährigen Jubiläum eine Sonderbeilage herausgab, erinnerte Dr. Fritz Weilenmann (Redaktionsmitglied nach 1951) an den Gründer der Zeitung. Er schrieb:

»Wer das Blatt aufschlug und zu lesen begann, wurde ganz unmittelbar von dem Geist eingefangen, den die bedeutende Persönlichkeit Walther Bensemann allein schon in seinen unerschütterlich Woche für Woche erschienenen, in der ganzen Fußballwelt berühmt gewordenen ›Glossen‹ vermittelte. Keine andere Veröffentlichung jener Jahre stützte in gleicher Weise dieses im wahrsten Sinne des Wortes pionierhafte Eintreten für die Anerkennung des Sports und des Fußballs.«

1953 publizierte Dr. Paul Laven das Buch »Fußball-Melodie«, das von Reminiszenzen an Bensemann geprägt ist:

»Bensemann begab sich nach dem ›Umbruch‹ 1933 gleich in die Schweiz. [...] Dieser Schritt war folgerichtig. Denn der große, kurzsichtige Mann, Erzieher seiner Herkunft nach, der diesen Beruf auch lange Jahre an einer englischen Schule ausgeübt hatte, verstand unter Sport nicht nur Entspannung, fördernde Ausbildung von Körper und Geist zu einer athletischen Leistung hin. Er war einer der wenigen, die von Grund auf mit ihm auch eine Geisteshaltung verbanden. Er sah in dem schönen Spiel, das Jugend und Alter zu fesseln versteht, eine Brücke zwischen den Völkern. Das Verbindende des internationalen Sports hatte in ihm einen der leidenschaftlichsten Vorkämpfer. [...] Er wusste um die großen Werte, die ihm gerade in Beherrschung, Spielfreude, duldsamer Selbstüberwindung und kraftvoller Weltliebe im Sport verankert erschienen, und starb zutiefst gekränkt, doch zu aller Versöhnung bereit, in dem Bewusstsein, dass seine Ideale nicht untergehen konnten.«

Auch Richard Kirn, der in jungen Jahren Wormser Korrespondent für Bensemanns »Kicker« war, sich als Sport- und Kultur-Feuilletonist durch die NS-Zeit schlug und nach 1945 zu einem der bekanntesten deutschen Journalisten wurde, erinnerte bisweilen an Bensemann, den er zu seinen Lehrmeistern zählte. Noch 1977 schrieb er:

»›Benses‹, wie ihn seine besten Freunde nannten, [...], war ein Weltbürger. Er war in den Luxusherbergen Europas zu Hause, Mittelpunkt jeder gastlichen Tafel, schwermütiger Wanderer, vorbei an den Delikatessenläden der Großstädte, nie in einer bürgerlichen Wohnung zu Hause.

In Nürnberg lebte er als Dauergast im ›Grand Hotel‹, dessen Direktor Richert in Bensemanns Glossen immer wieder auftauchte. Diese Glossen waren Meisterstücke. Nie hat jemand im deutschen Sport geschliffener geschrieben.

[...] Als man ihn 1933, seiner jüdischen Mutter wegen, aus dem Verlag warf, war er besitzlos. Er lebte bei Freunden in der Schweiz, aber er starb schon im November 1934. Seinen Grabstein findet man auf dem Friedhof in Montreux. Sein Vorname ist falsch geschrieben, die Walther-Bensemann-Erinnerungsspiele, die sein Andenken ehren sollten, gibt es nicht mehr. Der Mann, ›der den Fußball nach Deutschland gebracht hat‹, ist so gut wie vergessen.«

Das berühmte Foto der Karlsruher Kickers, vermutlich von 1894. Stehend von links: König, Ernst Langer, Grenier, Roth, Strube, Moormann. Sitzend von links: Ivo Schricker, Erwin Schricker, Walther Bensemann, Hall, Fritz Langer.

Das »Engländer-Plätzle« in Karlsruhe, wie es in den 1890er Jahren ausgesehen haben soll. Egon Itta malte das Bild 1933 eigens zu Bensemanns 60. Geburtstag.

Walther Bensemann im Jahre 1896.

Das deutsche Team 1898 in Paris. In weißer Hose posiert Walther Bensemann, rechts neben ihm Ivo Schricker.

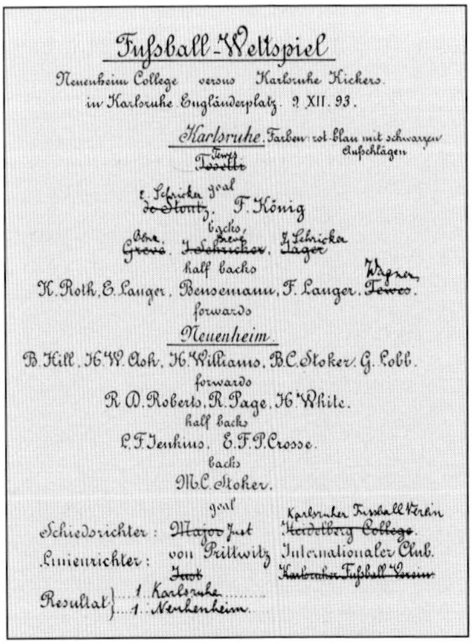

Fussball-Wettspiel

Neuenheim College versus Karlsruhe Kickers.

in Karlsruhe Engländerplatz. 9. XII. 93.

Karlsruhe. Farben: rot-blau mit schwarzen Aufschlägen

Tews ~~Toelle~~

goal

E. Schricker ~~de Stoutz~~. F. König

backs

~~Grove~~. ~~I. Schricker~~. J. Schricker ~~Jäger~~

half backs

K. Roth, E. Langer, Bensemann, F. Langer. Wagner ~~Tewes~~.

forwards

Neuenheim.

B. Hill. H. W. Ash. H. Williams. B. C. Stoker. G. Lobb.

forwards

R. D. Roberts. R. Page. H. White.

half backs

L. F. Jenkins. E. F. P. Crosse.

backs

M. C. Stoker.

goal

Schiedsrichter: ~~Major~~ Just Karlsruher Fussball Verein ~~Heidelberg College~~.

Linienrichter: von Prittwitz Internationaler Club.

~~Just~~ ~~Karlsruher Fußball Verein~~

Resultat } 1. Karlsruhe 1. Neuenheim.

Programm eines Spieles der Karlsruher Kickers gegen ein englisches Team des Neuenheim College, 9.12.1893. Bensemann bildete mit den Langer-Brüdern den Innensturm, Ivo Schricker spielte Läufer.

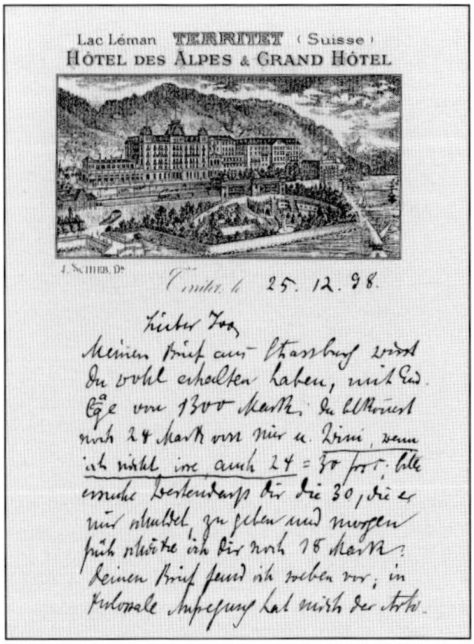

Lac Léman TERRITET (Suisse)

HÔTEL DES ALPES & GRAND HÔTEL

J. Schieb, Dr

Territet, le 25. 12. 98.

Lieber Ivo,

Meinen Brief aus Strassburg wirst Du wohl erhalten haben, …

Brief von Walther Bensemann an Ivo Schricker vom 25.12.1898 aus Montreux-Territet, in dem er (einmal mehr) seine Schulden abrechnet. In bemerkenswertem Kontrast dazu: der Briefkopf.

Das deutsche Team vor dem zweiten Spiel gegen die englische Auswahl, 24.11.1899 in Berlin. Stehend von links: Willy Langer, unbekannte Begleitperson, Wünsch, Ivo Schricker, Westendarp, Kohts. Sitzend von links: Link, Zierold, Bock, Jestram, Gruschwitz, Thanner.

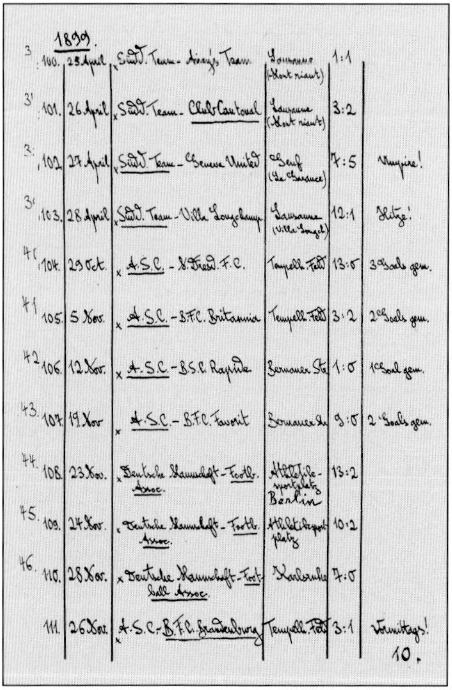

1899.

3	100.	25 April	x Stud. Team – Aimé's Team	Lausanne (Mont riant)	1:1	
3'	101.	26 April	x Stud. Team – Club Cantonal	Lausanne (Mont riant)	3:2	
3:	102.	27 April	x Stud. Team – Geneva United	Genf (La Gorance)	7:5	Umpire!
3(	103.	28 April	x Stud. Team – Villa Longchamp	Lausanne (Villa Longch.)	12:1	Hitze!
41	104.	29 Oct.	x A.S.C. – N. Dresd. F.C.	Tempelh. Feld	13:0	3 Goals gem.
41	105.	5 Nov.	x A.S.C. – B.F.C. Britannia	Tempelh. Feld	3:2	2 Goals gem.
42	106.	12 Nov.	x A.S.C. – B.S.C. Rapide	Bernauer Str.	1:0	1 Goal gem.
43.	107.	19. Nov	x A.S.C. – B.F.C. Favorit	Bernauer Str.	9:0	2 Goals gem.
44.	108.	23 Nov.	x Deutsche Mannschaft – Footb. Assoc.	Athletiksportplatz Berlin	13:2	
45.	109.	24 Nov.	x Deutsche Mannschaft – Footb. Assoc.	Athletiksportplatz	10:2	
46.	110.	28 Nov.	x Deutsche Mannschaft – Football Assoc.	Karlsruhe	7:0	
	111.	26 Nov.	x A.S.C. – B.F.C. Brandenburg	Tempelh. Feld	3:1	Vormittags!

10.

Eine Seite aus Ivo Schrickers Wettspielbuch. Mit den laufenden Nummern 108, 109 und 110 sind die »Urländerspiele« gegen eine englische Auswahl aufgeführt.

Szene aus dem zweiten Spiel gegen die englische Auswahl in Berlin. Nur etwa 500 Zuschauer waren am 24.11.1899 anwesend. Die deutschen Spieler traten in schwarzen Trikots an (v.l.): Kohts, Westendarp, Ivo Schricker.

Die Mannschaft des Schweizer Instituts Château de Lancy im Jahr 1900. Als Zweiter stehend von rechts: Walther Bensemann, der damals Lehrer an dem Institut war.

Walther Bensemann 1913 als Lehrer an der Birkenhead School in Liverpool.

Die erste Fußballmannschaft des Instituts Adam in Würzburg, ca. 1917.
Links Bensemann, der dort als Lehrer tätig war.

Die erste Ausgabe des »Kicker« erschien am 14. Juli 1920. Der junge Hans-Jakob Müllenbach schob einen Handwagen mit der Schweizer Auflage über die Grenze zwischen Konstanz und Kreuzlingen. Links neben dem Karren steht Herausgeber Bensemann.

Der Kicker

Nummer 1 — 14. Juli 1920

Aus Karlsruhe's Glanzzeit.

Die Kickers 1894.
W. Bensemann (1), Hall (2), Fr. Langer (3), E. Schricker (4), J. Schricker (5), König (6), E. Langer (7), Grenier (8), Roth (9), Strube (10), Moormann (11).

Der K. F. V. 1899
Von links nach rechts: Sauter, Heck, Kistner, W. Langer, Altenhein, Jüngling, E. Langer, F. Langer, Gutsch, Wetzler, Ruzek.

1921 war die österreichische Nationalelf zu Gast in Nürnberg und Fürth. In der Mitte sitzend Bensemann, hinter ihm Hugo Meisl, der österreichische Verbandskapitän.

Nachmittagskaffee mit Spielern und Funktionären von Sparta Prag im Nürnberger Grand Hotel Fürstenhof, 1921. (Stehend, Zweiter von rechts: Bensemann)

Walther Bensemann als Herausgeber des »Kicker«. Sein Traum von einer »Tageszeitung nach amerikanisch-englischem Muster«, für die er in der Anzeige unten nach Geldgebern suchte, erfüllte sich nicht. 1920 war die wirtschaftliche Lage im Deutschen Reich schlecht und die soziale Not groß. Der »Kicker« rief zu Spenden für die Berliner Jugend auf.

Schweizerische und deutsche Kommanditisten gesucht!

1. Zum weiteren Ausbau des „Kicker".
2. Zur Gründung einer Tageszeitung nach amerikanisch-englischem Muster.

Es kommen entweder stille Teilhaber oder kapitalkräftige allererstklassige Kaufleute mit langjähriger Buchhandlungspraxis in Betracht.

Offerten an:
Walther Bensemann, Verlag des „Kicker"
Konstanz i. B.

Der Kicker

eine illustrierte Fussball-Wochenschrift für Deutschland und die Schweiz

Nummer 20 ∙ 24 November 1920 Herausgeber Walther Bensemann Erscheint jeden Mittwoch

Quartalsabonnement 13.— Mk. Einzelnummer 1.50 Mk. Anzeigen die 4gespaltene Petitzeile 1.25 Mk. Adresse: Verlag des „Kicker", Reuss & Itta, Konstanz (Telefon 24 u. 154) u. Kreuzlingen. Postscheckkonto Karlsruhe 31750

Aufruf zur Kinderhilfe!

Das Elend und die Not in der Berliner Jugend sind gross. Der untenstehende Artikel des Grafen Harry Kessler gibt ein Bild davon. Schleunigste Hilfe tut not. Der „Kicker" appelliert an den D.F.B. und die Landesverbände sofort durch Wohltätigkeitsspiele helfend einzugreifen. Inzwischen leitet „Der Kicker" selbst eine Sammlung ein und bittet mitleidige Seelen in der Schweiz, in Deutschland und in andern Ländern ihr Scherflein für die darbenden Kleinen zu spenden. Beiträge sind mit der Aufschrift Kinderhilfe („Kickerfonds") per Scheck oder Postanweisung zu richten an:

Kantonalbank Kreuzlingen (Thurgau) für Sendungen aus der Schweiz, Spanien, Italien. Bankhaus Macaire & Co., Konstanz: für Skandinavien, Holland, Oesterreich, Ungarn, Deutschland.

Sämtliche Beiträge werden direkt von den Banken an den Oberbürgermeister von Berlin abgeführt und die Namen der edlen Spender im „Kicker" veröffentlicht.

Liebe Sportskameraden! liebe Leser! Sammelt bei euern Bekannten, sammelt schnell; sammelt eifrig! Tragt mit bei zur Linderung einer erschütternden Katastrophe!

Verlag und Redaktion des „Kicker".

Vor Eröffnung der ersten Liste zeichneten:

Verlagsdruckerei Reuss & Itta, Konstanz	200 M.
Bankhaus Macaire & Co.,	100 „
Hotel Krone	50 „
Verlag des „Kicker",	200 „

Die Kinderhölle in Berlin.

Von Harry Graf Kessler.

(Aus der Monatsschrift „Die Deutsche Nation".)

Hunderttausende von Deutschen, Millionen von deutschen Kindern leben heute in diesem Elend. Langsam ist es emporgekrochen: vom Lumpenproletariat zu den Arbeitslosen, von den Arbeitslosen zu den kleinen Handwerkern und Rentenempfängern, von diesen bis zu den auf mittleren Lohnstufen stehenden Arbeitern und Angestellten. Heute erreicht es schon Familien mit einem Wochenverdienst von 200 bis 250 Mark. Im Berliner Norden und Osten, am Wedding, am Gesundbrunnen, in den volkreichen Vierteln am Görlitzer und Schlesischen Bahnhof gibt es kaum ein Haus, in dem nicht mehrere Elendswohnungen sind, in dem nicht vielleicht die Mehrzahl der Familien nur noch krampfhaft sich am Rande dieser kalten, grauen Hölle hält. Den Umfang dieses Elends ahnt man, wenn man hört, dass es am 15. September in Deutschland 730000 Arbeitslose gab, und dass die Arbeitslosen heute bereits nur einen Bruchteil der in Elend verkommenden Deutschen bilden. Der Direktor des Statistischen Amts in Berlin-Schöneberg, Dr. Kuczynski, hat berechnet, dass das Existenzminimum einer Gross-Berliner Familie von vier Köpfen heute 19000 Mark beträgt, und dass noch nicht 10 Prozent der Gross-Berliner Familien über dieses Einkommen verfügen.

Die Einzelheiten dieses Schreckens sind in jedem dieser Totenhäuser des Berliner Ostens und Nordens, dieser Totenhäuser eines Volkes, die gleichen. In luftloser Enge, in viel zu wenigen Räumen viel zu viele Menschen. Dass vier oder fünf Erwachsene und Kinder durcheinander in einem Zimmer wohnen, ist fast die Regel. Ebenso, dass drei oder mehr Menschen in einem Bette schlafen. Das Mobiliar, die Tapeten, die Wände und Decken sind fast überall in einem Zustande fortgeschrittener Verwahrlosung. Kaum in einer einzigen Wohnung sind alle Scheiben ganz; man sieht von aussen in den langen Strassen der Arbeiterviertel ganze Reihen von Fenstern, die bloss mit Pappe oder Holz geflickt sind. Wäsche, auch Bettwäsche, ist überall eine Seltenheit. In Betten, die für drei oder vier Kinder als Lagerstatt dienen, besteht der nackte Bezug oft nur aus Lumpen. Sogar die Leibwäsche fehlt in zahlreichen Fällen fast völlig. Ebenso, namentlich bei den Kindern, Schuhzeug und warme Kleidung. Es gibt Kinder, die, weil sie überhaupt keine Wäsche, keine Schuhe, keine Kleidung irgendwelcher Art besitzen, nur in Tüchern gehüllt, über die Strasse getragen werden können! Selten sind Handtücher und Seife. Reinlichkeit ist in den

»Die Völkerversöhnung durch den Sport« war das Leitmotiv in vielen »Kicker«-Beiträgen. Hier zwei Beispiele von 1924.

Die Völkerversöhnung durch den Sport

Der „Kicker"-Pokal für das erste, nach dem Kriege stattfindende Wettspiel zwischen einer ungarischen und tschechischen Mannschaft

Der Pokal sollte am Sonntag zum Austrag kommen anlässlich des Wettspiels Slavia-Prag – F.T.C.; durch die Unnachgiebigkeit der ungarischen Regierung musste das Wettspiel unterbleiben. Der Pokal harrt nun seiner Austragung

Der Kicker

Illustrierte Fussball-Wochenschrift – Herausgeber Walther Bensemann

Nummer 50 •••• 9. Dezember 1924

Adresse: „Der Kicker", Stuttgart, Urbanstr. 12. Telephon 2341. - - Postscheckkonto Stuttgart 29823

Wien: Oesterreichische Vertriebsstelle: Hermann Goldschmiedt, G. m. b. H., Wien I, Wollzeile 11, verantwortlich für Oesterreich Dr. Emmerich Morawa, Wien I, Wollzeile 11. — Bankkonten: Stuttgart: Dresdner Bank, Depositenkasse, Königstrasse, — Kreuzlingen: Thurgauische Kantonalbank. — Prag: Böhm. Eskompte-Bank u. Credit-Anstalt. — Saarbrücken: Allgemeine elsässische Bankgesellschaft

Grüezzi wohl, ehr liäbe Schwizer!

Die Überschrift, die wir gewählt haben, ist keine leere Phrase, und die vielen Schweizer Gäste, die am Ende dieser Woche in Stuttgart weilen werden, mögen im voraus davon überzeugt sein, dass nicht nur die Fussballgemeinde, sondern die gesamte Bevölkerung der Hauptstadt Württembergs eine wirkliche herzliche Freude darüber empfindet, dass sich der Länderkampf Deutschland—Schweiz hier abspielt, und dass uns Gelegenheit geboten ist, einen winzigen Teil jener Dankesschuld abzu-

die Schweizer siegen, werden wir mit dem Beifall nicht kargen, und unsere Stimmung wird keine gedrückte werden, allein während des Kampfes werden sich unsere Zuschauer bemühen, Stimmung in die Elf zu bringen und sie zu grossen Taten gegen unsere grossen Gegner anzuspornen. Wir sind keine Fanatiker; allein es wird uns freuen, ehrlich freuen, wenn wir die starke, wohldisziplinierte, technisch, taktisch und physisch durchgebildete Schweizer Elf schlagen können. Es wäre unrecht, darüber einen

Die berühmte Mannschaft des 1. FC Nürnberg, die 1927 wieder Deutscher Meister wurde. Stehend von links: Popp, Stuhlfauth, Köpplinger, Kalb, Bumbas Schmidt, Winter. Kniend von links: Strobel, Reimann, Seppl Schmitt, Wieder, Träg.

Georges Richert (am Steuer) bei der Abfahrt vom Grand Hotel zum Stadion Zabo. Mit dem Besitzer des »Fürstenhof« war Bensemann (auf dem Foto hinten, im weißen Anzug) eng befreundet. Das noble Haus, Bensemanns feste Adresse ab 1926, inserierte häufig im »Kicker«.

Am Rande der FIFA-Tagung 1928 in Amsterdam: Bensemann mit den internationalen Schiedsrichtern Langenus (links) und Mutters (Zweiter von links) sowie dem schwedischen Verbandspräsidenten Johanson.

Die drei »Kicker«-Redakteure Hans-Jakob Müllenbach (links), Simon Rosenberger (Zweiter von links) und Bensemann mit einem Mannheimer Fußballfunktionär.

Ein gewohntes Bild: Bensemann (im hellen Anzug) als Gastgeber am Rande eines internationalen Fußballereignisses. Hier führt er 1928 Mitglieder des schottischen Klubs Cowdenbeath durch Nürnberg.

Die »Kicker«-Jubiläumsausgabe von 1930.

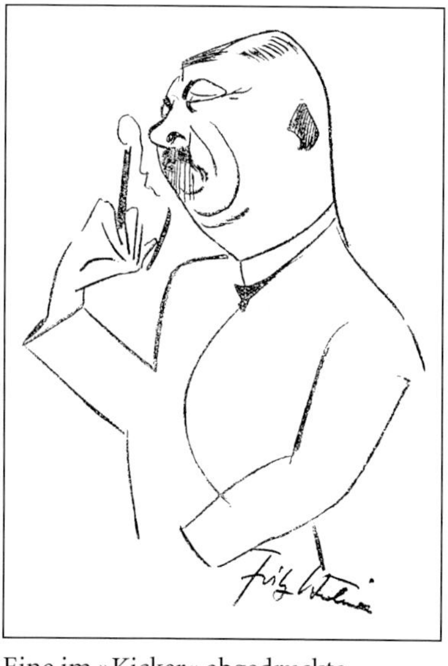

Eine im »Kicker« abgedruckte Karikatur des Herausgebers.

Sir Frederick J. Wall, der Generalsekretär der Football Association (links), und Hugo Meisl, der Vater des österreichischen »Wunderteams« (rechts), zählten zu den markantesten Erscheinungen in der Frühphase des internationalen Fußballs. Das Foto unten zeigt Wall zusammen mit seiner Frau und Bensemann (von rechts) bei einem Stadtrundgang durch Berlin, 1930.

Zwischen internationaler Fußballwelt und Nürnberger Idylle: Stuhlfauths Sebaldusklause war Bensemanns bevorzugtes Weinlokal, die FIFA sein geliebtes Parkett. Das obere Foto zeigt ihn beim FIFA-Kongress 1932 in Stockholm inmitten der Fußballgranden. Der »Kicker« markierte ihn als Nr. 1, die deutschen Delegierten Kartini und Dr. Peco Bauwens als Nr. 2 und 3. In der ersten Reihe außerdem zu erkennen: Hugo Meisl (ganz links), der Italiener Mauro (Dritter von links), der schwedische Verbandspräsident Johanson und FIFA-Chef Jules Rimet (Fünfter und Sechster von links) sowie Dr. Ivo Schricker (Dritter von rechts), der auf diesem Kongress zum Generalsekretär gewählt wurde.

Der von Bensemann gegründete »Club der Alten«, in dem überwiegend frühere Weggefährten versammelt waren, bei einer seiner ersten Sitzungen. Stehend von links: Fritz Langer, Dr. Wagner, Julle Zinser, Haberstroh, G. Mathis, Freve, Bensemann, Dr. Ivo Schricker, Kratochvil, Sohn, Heck, Trapp, Geppert. Vorn sitzend: Dr. Thalmann, Dr. Herrmann, Westendarp.

Walther Bensemann, vermutlich im Jahr 1933.

Dr. Ivo Schricker, bis 1951 Generalsekretär der FIFA.

Quellen: »Der Kicker« (verschiedene Ausgaben), DFB-Archiv, Privatarchiv, DFB (1954), Gillmeister (1997), Karlsruher Fußball-Verein (1991), Schmid (1953).

Anmerkungen

Die wichtigste Informationsquelle über das Leben Walther Bensemanns ist er selber. Seine ab 1920 wöchentlich im »Kicker« erscheinenden Glossen, die meist zwei oder mehr Zeitungsseiten umfassten, waren fast durchweg persönlich gefärbt und bildeten ein Gemisch aus aktueller Chronik, subjektiver Kommentierung, Reisebeschreibung und eigenen Erinnerungen. Sie enthielten immer wieder Daten, Ereignisse oder Anekdoten aus seinem Leben, insbesondere zu seiner Gymnasialzeit in Karlsruhe, den internationalen Spielen 1898 und 1899 sowie den »Kicker«-Gründungsjahren. Ebenso klärten sie die Leser kontinuierlich über die aktuellen Unternehmungen und den Lebensstil des Verfassers auf: wohin er (auch privat) reiste, wen er traf, wer zu seinem Freundeskreis zählte, ob ihn gerade eine Erkrankung plagte, ob er gut gegessen oder getrunken hatte etc. Bereits durch die »Glossen« ergibt sich eine Fülle biografischer Aussagen, die sonst nur durch Tagebücher vermittelt wird.

Andererseits fehlen weitgehend Dokumente rein privater Natur. Briefe wurden nur vereinzelt aufgefunden, eine persönliche Hinterlassenschaft, Tagebücher u. a. gar nicht. Was Bensemann selbst an Aussagen über sein Leben hinterließ, ist bei aller Vielfalt also (fast) nur das, was er selbst zur Veröffentlichung für geeignet hielt. Man muss davon ausgehen, dass dies auch für die Jahre, in denen die »Glossen« geschrieben wurden, lückenhaft ist; für die Zeit davor ohnehin. Ebenso war natürlich zu prüfen – zumal eingedenk der ausgeprägten Eitelkeit des Verfassers –, ob die gelieferten Informationen korrekt sind.

Im Allgemeinen bin ich davon ausgegangen, dass die von Bensemann niedergeschriebenen Fakten stimmig sind. Zwar kann vermutet werden, dass er, vor allem was die Vergangenheit anging, in einzelnen Fällen die eigene Rolle ein wenig in den Vordergrund gerückt hat. Andererseits war alles, was er schrieb, einer genauen Überprüfung durch seine Leserschaft ausgesetzt. Dies galt auch für Informationen über seine »Pionierzeit« vor 1900, denn die meisten Personen, die dabei eine Rolle spielten, lebten zum Zeitpunkt der Veröffentlichung noch und hatten vielfach eine wesentliche Funktion in den Sportverbänden inne. Wollte Bensemann die Glaubwürdigkeit seiner Zeitung nicht gefährden, konnte er über die Vergangenheit nicht fabulieren, sondern musste sich an Tatsachen halten. Für die Schilderung aktueller Begebenheiten galt dies erst recht.

Diese Annahme wird bestätigt, wenn man Bensemanns Aussagen mit den Darstellungen Dritter vergleicht, z. B. mit schriftlich erhaltenen Ausführungen von Freunden oder Schülern sowie alten Zeitungsartikeln, Chroniken etc. Nahezu an keiner Stelle haben sich dabei wesentliche Widersprüche ergeben.

Schwieriger war es, die Lücken in Bensemanns Darstellungen aufzuspüren, und nahezu unmöglich, sie zu füllen. Nirgendwo beispielsweise erwähnt er seine

Familie bzw. seine Eltern (lediglich entfernte britischstämmige Verwandte werden beiläufig genannt), ebenso wenig seine jüdische Herkunft. Bestimmte Teile seines Privatlebens waren in seinen Veröffentlichungen ebenfalls völlig ausgeblendet. In den Erinnerungen von Weggefährten findet sich beispielsweise oft der Hinweis, Bensemann sei zwar ein glänzender Unterhalter und Gastgeber gewesen, doch habe ihn stets auch ein melancholischer, nach innen gekehrter, zuweilen fast depressiver Zug geprägt. Davon findet sich in seinen eigenen Darstellungen nichts.

In diesem Zusammenhang spielt sicherlich die Frage nach seiner Homosexualität eine wesentliche Rolle. Er hat nie geheiratet, besaß nie eine eigene Wohnung, und es gibt nirgends Hinweise auf eine Liebespartnerschaft – was entweder bedeuten kann, dass er »nur für den Fußball« lebte oder dass es eben andere Gründe waren, die ihn von einem »normalen« bürgerlichen Leben abhielten.

Den interessantesten, wenn auch unbewiesenen Hinweis dazu lieferte mir (der im Februar 2003 leider verstorbene) Dr. Fritz Weilenmann. Er war der Einzige, den ich treffen konnte, der Bensemann noch persönlich erlebte, wenn auch nur als Kind. Dr. Weilenmann arbeitete Ende der dreißiger Jahre erstmals für den »Kicker«, trat 1951 dessen Redaktion bei und hatte fortan häufig mit Personen zu tun, die viel über Bensemann wussten, so etwa dem DFB-Präsidenten Dr. Peco Bauwens, dem DFB-Generalsekretär Dr. Georg Xandry oder dem »Kicker«-Chefredakteur Dr. Friedebert Becker. In einem ausführlichen Gespräch berichtete mir Dr. Weilenmann, der Bensemann außerordentlich schätzte, von Mutmaßungen, dieser sei homosexuell, zugleich aber auch von päderastischen Neigungen betroffen gewesen. Peco Bauwens habe ihm gegenüber erklärt: »Bensemann hat unter seiner Veranlagung gelitten. Er war ein großer Melancholiker und ein sehr einsamer Mensch. Er war oft verzweifelt und hat geweint.«

Von Dr. Weilenmann stammt auch die (ausdrücklich so bezeichnete) Spekulation, die Nationalsozialisten hätten die sexuellen Neigungen Bensemanns benutzt bzw. entsprechende Behauptungen dazu produziert, um ihn auszuschalten. Die Dynamik zwischen Tatsachen, zweckdienlich erhobenen Vorwürfen und späteren Gerüchten dürfte allerdings im Nachhinein kaum aufzuhellen sein, zumal für eine Zeit, in der Homosexualität allgemein als Strafdelikt geahndet und als »unnatürlich« stigmatisiert wurde.

Da es ansonsten diesbezüglich keinerlei Quellen gibt (bzw. sich mir keine erschlossen), muss dieser Aspekt, obwohl er für die Persönlichkeit Bensemanns eine wesentliche Rolle gespielt haben dürfte, ungeklärt bleiben. In meiner Darstellung bin ich davon ausgegangen, dass Bensemann keine heterosexuelle Veranlagung besaß; alles Weitere allerdings erschien mir unangemessene Spekulation.

Das vorliegende Buch beleuchtet keineswegs alle Aspekte des Bensemann'schen Schaffens, das sich aus den vorliegenden Publikationen ergibt. Sein Ehrgeiz in pädagogischen Fragen beispielsweise war sehr viel ausgeprägter, als es in meiner Darstellung zum Ausdruck kommt. Ebenso ist eine Vielzahl von Personen nicht erwähnt, die für sein Leben von Bedeutung waren. Die Auswahl der Fakten folgte zum einen natürlich »dramaturgischen« Überlegungen. Ich wollte dem Leser / der Leserin keine ausufernde Studie vorlegen, sondern ein interessant zu lesendes Buch, das die Frühzeit des Fußballs möglichst anschaulich erschließt. Dies betrifft sowohl die Pionierjahre am Ende des 19. Jahrhunderts wie auch die Jahre 1920 bis 1933, in denen der Fußball zum populären Massensport wurde, zum (vermutlich durch Bensemann erstmals so genannten) »König des Sports«. Vor allem diese Jahre waren u. a. geprägt durch heftige Diskussionen unter den Protagonisten der jungen Sportart: zwischen jenen, die den internationalistischen Ansatz in den Vordergrund rückten, und jenen, für die eine nationale Prägung beispielsweise in der Amateurfrage wichtiger war. Die Figur Walther Bensemanns eignet sich hervorragend dazu, diese Entwicklungen und Diskussionen lebendig werden zu lassen, zumal man ihn als wortmächtigen Journalisten selbst sprechen lassen kann. Seine schier unerschöpflichen schriftlichen Hinterlassenschaften habe ich dementsprechend auch als »Steinbruch« benutzt, um ihm oder anderen möglichst authentische Zitate in den Mund zu legen; an manchen Stellen fast wörtlich. Dort, wo aus Briefen oder Zeitungen zitiert wird, geschieht dies, wie bereits erwähnt, durchweg wortgetreu (wobei es sich bei einigen wenigen »Briefzitaten« allerdings um solche aus Zeitungen handelt). In der Regel wurden die Zitate in die neue Rechtschreibung übertragen.

Am Rande sei noch bemerkt, dass auch die eingestreuten fremdsprachigen Zitate zumeist von Bensemann übernommen wurden, der sie – ohne Übersetzung – seinem »Kicker«-Publikum vorsetzte. Wer ratlos davor sitzt, teilt in dieser Hinsicht vermutlich das Schicksal des größten Teils der Bensemann'schen Leserschaft. (Erspart habe ich den Lesern lediglich seine Ausflüge ins Altgriechische.)

Die um Authentizität bemühte Methodik und der angestrebte Erzählstil erzwangen eine Beschränkung der Themen und Personenkreise; ich habe diejenigen ausgewählt, die mir in der historischen Rückschau als bedeutsam und nachhaltig wirkend erschienen. Eine umfassende Biografie Bensemanns im wissenschaftlichen Sinne ist das Buch damit also nicht – schon deshalb nicht, weil es mir zuweilen sinnvoll erschien, Figuren oder Begebenheiten zu erfinden, welche die Person Bensemanns oder die Umstände der Zeit, in der er lebte, plastisch werden lassen. Auch diejenigen Personen, die »historisch« und für die Fußballgeschichte von Bedeutung sind – beispielsweise Ivo Schricker, Peco Bauwens, Felix Linnemann u. a. –, sind zwar dem historischen Vorbild nachgestaltet, ihre hier geschilderten Handlungen oder Gespräche aber im Detail weitgehend fiktiv. Das Buch ist nichts anderes als ein Roman, auch wenn es sich auf historische Quellen stützt.

Allerdings wird dem Leser / der Leserin in diesen Anmerkungen Gelegenheit gegeben, konkret nachzuvollziehen, welche Passagen des Textes erfunden und welche belegt bzw. zitiert sind. Zudem werden die Quellen benannt und oftmals zusätzliche Erläuterungen gegeben. Historische Bücher, in denen Faktisches und Fiktives für den Leser unentwirrbar vermischt sind, erscheinen mir dem Rezipienten gegenüber äußerst unfair. Zudem könnte das eine oder andere Detail, das mir bei den Recherchen über Bensemanns Leben begegnete, auch für die sporthistorische Forschung von Interesse sein; schon deswegen ist eine Quellenangabe sinnvoll.

Ein Großteil dieser Recherche bestand aus nachvollziehbaren Gründen aus dem Studium von Bensemanns Publizistik selbst, insbesondere der Glossen im »Kicker«. Darüber hinaus fand sich im DFB-Archiv ein Teil seines Briefwechsels mit Ivo Schricker, den ich dankenswerterweise einsehen konnte. Andere Versuche, bei den Nachkommen seiner Freunde schriftliche Hinterlassenschaften aufzuspüren, blieben leider fast ausnahmslos ohne Erfolg. Bis auf den erwähnten Dr. Fritz Weilenmann, den das (heutige) »kicker-sportmagazin« mir empfahl und dem ich für intensive, offene Auskünfte dankbar bin, fanden sich keine Zeitzeugen mehr.

Allerdings geistert Bensemanns Name häufig durch die Fußball-Literatur der 1920er Jahre, und auch nach 1945 erinnerten sich einige Sportautoren des alten Pioniers. Ich habe mich bemüht, diese Quellen möglichst vollständig zusammenzutragen und auszuwerten. Dies wäre nicht möglich gewesen ohne die fachkundige Mithilfe zahlreicher fußballhistorisch interessierter Sportjournalisten und -autoren, die von meiner Bensemann-Recherche wussten und mich großzügig mit Material versorgten. Ihnen allen möchte ich an dieser Stelle meinen Dank aussprechen. Vor allem bedanke ich mich bei Andrea Schwarzbach, Christoph Bausenwein, Bernd Siegler, Dietrich Schulze-Marmeling und anderen, die das Manuskript kritisch durchgesehen haben, bei Kai Precht und Helmut Lotz von der Edition diá für ihr sorgfältiges Lektorat sowie bei Ulrich Matheja, Hardy Grüne, Werner Skrentny und anderen für wertvolle Hinweise.

Mein größter Dank allerdings geht an die Hauptfigur dieses Buches selbst. Selten war eine Arbeit so anregend wie die, seinem Leben nachzuspüren, das so schillernd und atemlos erscheint. Und selten war ein Textstudium angenehmer als die Lektüre seiner meisterhaft verfassten Glossen. Ich hoffe, in diesem Buch einiges davon vermitteln zu können.

Zur Vorbemerkung und zum Prolog

Die Wortwendung, die diesem Buch seinen Titel gab, findet sich bei Kirn (1977), der über Bensemann schrieb: »Berühmt aber wurde er als der Mann, ›der den Fußball nach Deutschland brachte‹.« Richard Kirn, ein journalistischer Schüler Bensemanns, gab damit sicherlich eine spezifisch süddeutsche Sichtweise wieder. Allerdings war der Süden des Deutschen Reiches in den Pioniertagen des Fußballspiels nach Berlin das zweite dominierende Zentrum; in den 1920er Jahren, also in Bensemanns »Kicker«-Zeit, dann der unbestrittene Mittelpunkt.

Die letzte von Bensemann redigierte Ausgabe der Zeitschrift »Der Kicker« erschien am 28. 3. 1933. In den Tagen danach verließ er Deutschland Richtung Zürich; der genaue Tag ist nicht bekannt.

Während seiner Zeit in Nürnberg dürfte Bensemann mit Sicherheit im Grand Hotel Fürstenhof gegenüber dem Hauptbahnhof gewohnt haben. 1906 zum Luxushotel umgebaut, war es nach eigener Darstellung »für Prominente, Aristokraten und Industrielle das einzig infrage kommende Domizil für ihren Aufenthalt in Nürnberg«. Als Le Meridien Grand Hotel besteht das Haus noch heute.

Die von Bensemann in seinem Hotelzimmer zurückgelassenen Gegenstände sind beschrieben in der »Frankfurter Neuen Presse«, vermutlich im Jahr 1949 durch Richard Kirn; der Artikel fand sich ohne Nennung des Erscheinungstages oder eines Autors im Archiv des 1. FC Nürnberg.

Bensemanns düstere Bemerkungen über den Grenzübertritt zwischen Freiburg und Basel mit dem Hinweis auf Charon, den Totenschiffer, waren formuliert in einer seiner Glossen im »Kicker«, Ausgabe 17/1926.

Zu Kapitel I: Montreux im Herbst 1886

Walther Bensemann wurde am 13. 1. 1873 in Berlin geboren; der Eintrag des Amtsgerichts Berlin-Mitte (»vol, 56, Blatt 150 der Acten, die Beglaubigung der Geburten unter den Juden betreffend«) weist als Vater den »zur Religionsgesellschaft der Juden gehörigen Banquier Berthold Bensemann« aus, als Mutter »Eugenie, geb. Marckwald«. Der Vorname ist mit »Walter« eingetragen; Bensemann selbst schrieb ihn allerdings durchgängig mit »h«.

Über seine Jugendzeit in Montreux ist nicht allzu viel bekannt. Weder war exakt feststellbar, wann Walther Bensemann nach Montreux zog (die Darstellungen reichen von »kurz nach der Geburt« bis »im Alter von zwölf Jahren«, seine eigenen Äußerungen legen 1883 nahe, also im Alter von zehn Jahren), noch welche Schule er dort besuchte (Angaben beispielsweise: »englische Lehrer«, »englisches Internat« etc.).

Aus Bensemanns eigenen Beiträgen über diese Zeit (soweit mir bekannt) geht hervor, dass er vermutlich nicht in einem Internat wohnte, auch wenn er über Pflegeeltern keine Angaben macht; wahrscheinlich war er im östlichen Stadtteil Territet zu Hause. Mehrfach verbürgt ist seine spätere große Anhänglichkeit an diese Gegend, die er mindestens einmal im Jahr für längere Zeit aufsuchte. Vielfach beschrieben sind auch die sportlichen Aktivitäten, die er zu Jugendzeiten hier unternommen hat: vor allem Bergsteigen, Schwimmen und Mannschaftssport.

Dennoch ist vor allem zu Beginn des Kapitels manche Darstellung reine Fiktion. Dies betrifft seine Freundschaft zum (erfundenen) Internatsschüler John ebenso wie die geschilderten Vorgänge am (gleichfalls fiktiven) Internat von Burier. Allerdings wurden Walther Bensemann vom Autor zuweilen Überlegungen in den Mund gelegt, die er zu späterem Zeitpunkt geäußert hat, so etwa seine Gedanken zur Pünktlichkeit bzw. zur Disziplin an Internaten im Allgemeinen.

Die Schweiz war das erste kontinentale Land in Europa, das sich dem Fußball zuwandte. Dies hing mit der starken englischen Kolonie vor allem im französischsprachigen Teil der Schweiz zusammen, der von britischen Pensionären, Geschäftsleuten und vor allem Internatsschülern bevölkert wurde. Die Zöglinge der englischen Privatschulen waren es auch, die bereits Ende der fünfziger Jahre des 19. Jahrhunderts den neuen Sport importierten. In Lausanne entstand 1860 der erste »Football & Cricket-Club«. Die berühmten Grasshoppers Zürich, von denen in Kapitel III die Rede ist, wurden 1886 gegründet. Namensgeber war ein englischer Student namens Tom Griffith, der kurz vor der Gründungsversammlung eine Heuschrecke der Gattung »Acridiidae« beobachtet und sie zur Namenspatronin des Vereins erkoren hatte. Deutschland hinkte dieser Entwicklung hinterher. Dort entstand 1874 auf Bestreben des Braunschweiger Pädagogen Konrad Koch eine erste Schülermannschaft, doch es sollten elf weitere Jahre vergehen, bis sich mit dem Berliner »Fußball-Klub Frankfurt« erstmals ein wirklicher Fußballverein konstituierte.

Über die Anfänge des Fußballs in der französischsprachigen Westschweiz berichtete eine zur Weltmeisterschaft 1954 erschienene Chronik des Schweizer Fußballs: »Sicher ist, dass die Institute, insbesondere diejenigen der Westschweiz, zur Einführung des Fußballs in unserem Land im letzten Drittel des abgelaufenen Jahrhunderts Entscheidendes beigetragen haben. Es war jene Zeit, da Ausländer und insbesondere Engländer in großer Zahl ihre Ausbildung in schweizerischen Institutionen genossen. Die Lehrpläne dieser Bildungsstätten enthielten schon damals, als unsere staatlichen Schulen noch während Jahrzehnten jede sportliche Tätigkeit verpönten, bereits regelmäßige Sportstunden. Englische Lehrer und Schüler waren es denn auch, die sowohl den ovalen Ball (football rugby) als auch das runde Leder (football association) im Gepäck zu ihrem Schweizer Aufenthalt mit sich führten.

Das Rugby-Spiel war damals in der Westschweiz sehr verbreitet. Zuverlässige Berichte weisen darauf hin, dass an diesen Spielen oft tausend und mehr Zuschauer anwesend waren. Vermutlich wurde an vielen Instituten der Westschweiz zuerst Rugby gespielt, teilweise wahrscheinlich Rugby und Fußball nebeneinander. [...] Neben den [...] Instituten Château de Lancy und La Châtelaine waren es die Institute La Villa d'Ouchy, Bellerive de Montreux, Simon d'Yverdon und Rosey in Rolle, die untereinander Fußballspiele austrugen.« (Schmid 1953)

Bensemanns Vater Berthold hielt sich laut Auskunft des Montreuxer Gemeindearchivs einige Male vor Ort auf; auch spätere Aufenthalte sind verbürgt.

Die ihm in den Mund gelegte Regel »Trete keinen Gegner, der vor dir besiegt am Boden liegt« wurde von Walther Bensemann so oder ähnlich des Öfteren im »Kicker« angeführt. Die (in dieser Form erdachten) Äußerungen über den Antisemitismus jener Jahre spielen an auf ein 1879 veröffentlichtes und viel diskutiertes Pamphlet des Geschichtsprofessors Heinrich von Treitschke. Er hatte darin die Formel »Die Juden sind unser Unglück« als im Bürgertum weit verbreitete Einstellung beschrieben und damit entschuldigt, dies sei eine »natürliche Reaktion des germanischen Volksgefühls gegen ein fremdes Element«. 60 Jahre zuvor schon war mit Hartwig von Hundt-Radowsky der wohl erste »moderne«, rassistisch motivierte Antisemit in Deutschland aufgetreten. In seinem »Judenspiegel – ein Schand- und Sittengemälde alter und neuer Zeit« sprach er bereits von der »Rassenschande« und forderte: »Am besten wäre es jedoch, man reinigte das ganze Land von diesem Ungeziefer, und hierzu gibt es gleichfalls zwei Mittel: Entweder sie durchaus zu vertilgen, oder sie auch wie Pharao vom Land hinauszujagen.«

Zur gleichen Zeit wie Heinrich von Treitschke, also im Jahr 1879, polemisierte auch der Hofprediger Adolf Stöcker in einer Veranstaltung der Christlichen Arbeiterpartei in Berlin gegen die Juden und trug mit seinem volkstümlichen Auftreten wesentlich dazu bei, den Antisemitismus populär zu machen. Unter anderem unterschrieben rund 250.000 Deutsche eine »Antisemitismus-Petition«, in der beispielsweise der Ausschluss von Juden aus dem Schuldienst und anderen mittleren bzw. höheren Beamtenpositionen verlangt wurde. Beleuchtet wird diese politische Situation, die sich erst mit dem Ersten Weltkrieg vorübergehend änderte, durch eine prophetische Warnung des liberalen Politikers Eugen Richter, der 1880 im Deutschen Reichstag erklärte: »Erweckt die Bestie im Menschen nicht! Denn sie wird vor nichts Halt machen!« Ein halbes Jahrhundert später rückte die Tirade »Die Juden sind unser Unglück« in den Untertitel der nationalsozialistischen Zeitung »Der Stürmer«.

Grundsätzliche Gedanken zum Fußballspiel, wie sie in diesem und dem folgenden Kapitel dargestellt werden, formulierte Bensemann so oder ähnlich des Öfteren, etwa in der »Kicker«-Ausgabe 52/1921; Ähnliches gilt für das Hohelied auf die Engländer (»Kicker« 10 und 11/1920 oder 12/1926).

Bensemanns erste Schritte als Fußballer sind, so weit möglich, entsprechend der Quellenlage rekonstruiert. Von ihm selbst geschildert sind der Besuch des ersten öffentlichen Rugby-Spiels, die ersten Kontakte zum »Association Football« und die folgende Gründung des FC Montreux. (Der erwähnte Rugby-Spieler C. B. Moneypenny hat laut Bensemann, »Kicker« 4/1920, tatsächlich existiert und soll später als schottischer Nationalspieler berühmt geworden sein.) Die romanhafte Schilderung konkreter Ereignisse folgt hier in manchen Details Bensemanns Darstellungen im »Kicker«: Dies gilt beispielsweise für den kuriosen Verlauf der Vereinsgründung samt Mitgliederrekrutierung auf der Straße (das diesbezügliche Zitat im Brief an den Vater stammt wörtlich aus dem »Kicker« 37/1927; übrigens war »Clubsekretär« Bensemann zum Zeitpunkt der Gründung ganze 14 Jahre alt). Zitiert ist zudem die Behauptung des irischen Mitgründers Des Barres, er habe das Fußballspielen von den Maoris erlernt, sowie seine Abneigung gegen Fußballschuhe (ebenfalls 37/1927). Ansonsten haben die drei übrigen erwähnten Gründungsmitglieder mit den tatsächlichen nur Namen und Nationalität gemein.

Bensemanns enge und freundschaftliche Beziehungen zur Juweliersfamilie Mayer in Montreux sind im »Kicker« mehrfach dokumentiert, während sein »Pflegevater« Grunot reine Fiktion ist.

Über das erste Wettspiel des FC Montreux gegen La Villa wird in den »Kicker«-Ausgaben 4/1920, 6/1923 und 19/1924 berichtet; auch Schulleiter Dr. Max Auckenthaler wird dort als Mitspieler erwähnt und gewürdigt.

Der 1887 gegründete FC Montreux bestand übrigens nach Bensemanns Fortgang aus der Schweiz weiter und fusionierte 1904 mit dem FC Narcisse zum FC Montreux-Narcisse, bei dem auch der (in diesem Buch noch häufig erwähnte) Albert Mayer, der Sohn des Juweliers, eine wichtige Rolle spielte. 1920 wurde nach weiteren Fusionen der Name in Montreux-Sports geändert; in jener Zeit spielte der Verein in der 1. Liga der Westschweiz (vgl. Schmid 1953). Montreux-Sports existiert noch heute.

Die abschließende Hymne auf die Gegend um den Genfer See – nur eine von vielen, die Bensemann formulierte – findet sich (hier leicht abgewandelt) im »Kicker« 4/1920.

Zu Kapitel II: Karlsruhe im Herbst 1891

Es ist nicht genau bekannt, wann und warum Walther Bensemann nach Karlsruhe kam. Ausweislich seines Abiturzeugnisses wurde er im September 1889 in die Unterprima des Großherzoglichen Gymnasiums eingeschult, wobei vermerkt wurde: »Seine früheren Studien hat er privatim gemacht.« Der Schüler Bensemann wohnte damals tatsächlich bei einem Prof. August Imgraben, den er bis zu dessen Tod im Jahr 1930 als sozial und liberal eingestellten Menschen schätzte (vgl. »Kicker« 46/1930).

Über die »sportliche« Situation im Karlsruhe jener Jahre berichtete Bensemann später in einem Artikel für die »Badische Presse« (21. 9. 1929): »Vor 40 Jahren war der Rasensport in Karlsruhe etwas Unbekanntes. Es gab weder Fußball noch Hockey noch Leichtathletik. Der einzige Sport, der um jene Zeit getrieben wurde, war das Schwimmen in Maxau oder in der Militärschwimmschule, zu welcher man mit dem Bimmelbähnchen, das am alten Bahnhof abging, oder in einem Fünf-Kilometer-Marsch zu Fuß gelangen konnte. Auch für Bergsteigen und Wandern hatten die Jungen jener Zeit wenig übrig. [...] Vom Wintersport waren Rodeln, Skifahren und Bobsleigh in Mittelbaden gänzlich unbekannt. Die Zahl der jugendlichen Schlittschuhläufer war ziemlich beschränkt.«

Direktor Wendt galt in Karlsruhe als relativ fortschrittlicher Pädagoge, Prof. Julius Keller war nach vielen Quellen Bensemanns Klassenlehrer und offenbar ein Anhänger der Turnbewegung. Der anfängliche Disput zwischen ihm, Dr. Wendt und Bensemann ist erfunden, allerdings folgt die Argumentation von Prof. Keller in Diktion und Logik den Vorurteilen, welche die Deutsche Turnerschaft bis in die zwanziger Jahre des 20. Jahrhunderts gegen die Fußballer hegte. Bekanntestes Beispiel ist die viel zitierte Streitschrift von Prof. Karl Planck, die 1898 unter dem Titel »Fusslümmelei – über Stauchballspiel und englische Krankheit« erschien. Viele dem Professor in den Mund gelegte Begrifflichkeiten stammen hieraus; der »Kicker« zitierte übrigens noch in den zwanziger Jahren Klagen aus der Turnerschaft über das »gassenbubenmäßige Verhalten« der Fußballer (Ausgabe 15/1924). Die Argumente des Schülers Bensemann sind überwiegend späteren Texten aus dem »Kicker« entnommen, vor allem der Ausgabe 52/1921, aus der einige Sätze zum »esprit de corps« nahezu wörtlich zitiert sind. In Heft 13/1922 findet sich zudem Bensemanns Anmerkung, »dass Prof. Keller als Sportfanatiker galt, leider aber nur für die Periode, die sich von Homer bis zu Perikles erstreckte«.

Die Tatsache, dass Bensemann den Fußball nach Karlsruhe importierte, wird in vielen Quellen erwähnt, so in Jubiläumsschriften des DFB oder in der Festschrift zum 90-jährigen Jubiläum des Karlsruher Fußball-Vereins (KFV). Dort werden auch die Konflikte mit der Schule angedeutet und teilweise beschrieben. Bensemann selbst berichtete aus dieser Zeit u. a. in Artikeln im »Kicker« (z. B. 37/1928, 27/1929, 46/1930, 12/1931 oder 43/1931). Aus diesen autobiografischen Hinweisen stammen beispielsweise die Klagen über »den Engländer und seine Narrentracht«

sowie die Androhung einer Karzerhaft durch Prof. Keller (43/1931, Letzteres auch ergänzt bei Krämer 1963), ebenso die detaillierte Beschreibung der 24-Stunden-Wanderung nach Heidelberg (43/1931).

Im »Kicker« 27/1929 findet sich wörtlich die Schilderung, die Bensemann in seinem (fiktiven) Brief an John vom ersten Auftritt mit einem Ball in Karlsruhe gibt.

Erhalten ist auch die Darstellung eines Mitschülers von Walther Bensemann, der später über das Auftreten des jungen Pioniers schrieb: »Bensemann kam aus der Schweiz zu uns. Als er in unserer Unterprima eintrat, erschien er uns als das Urbild eines Engländers, etwas schlaksig und ungezwungen in seinem Auftreten und von unverkennbarer Welterfahrung. Er zeichnete sich in den Sprachen und Literatur aus und sprach das Englische sicher besser, d. h. englischer aus als unser Professor für diese Sprache. Er verfasste gute, über das gewöhnliche Maß eines Primaners hervorragende Aufsätze und beteiligte sich daher auch an dem Redeakt der von Wendt – Wendt war der Direktor des Humanistischen Gymnasiums in Karlsruhe und ist längst gestorben – mit ins Leben gerufenen Fichtestiftung und erhielt eine silberne Medaille.« (aus einem Brief, zitiert bei Geppert 1953)

Der Austritt der deutschen Schüler aus dem International Football Club (identisch mit dem Karlsruher Football Club) erfolgte ebenso wie die Gründung des Karlsruher Fußball-Vereins (KFV) im November 1891. Über die wahren Gründe ist nichts Näheres bekannt; die hier geschilderte Version ist Spekulation. Der KFV verlor (in hellblauen Hemden) das erste Spiel gegen den International Football Club mit 0:1, entwickelte sich später aber zu einem der besten deutschen Fußballvereine, wurde nach 1900 mehrfach Süddeutscher Meister und errang 1910 die Deutsche Meisterschaft. Heute spielt er nur noch im Amateurbereich.

Verbürgt ist die Figur des Lehramtspraktikanten Marx, der im Wesentlichen, wenn auch nicht im Detail, die hier bzw. im folgenden Kapitel beschriebene Rolle spielte. Die von ihm zitierte Polemik zu den herrschenden Vorurteilen gegen den Fußballsport wie auch einige seiner Trainingsanweisungen stammen aus einem 1898 herausgegebenen Buch des Stuttgarter Publizisten Philipp Heineken, »Das Fußballspiel«, in dem dieser mehrere seiner früher veröffentlichten Artikel zusammenfasste. (Heineken wurde 1900 in den Vorstand des neu gegründeten DFB gewählt.)

Auch die Familie Langer mit ihren fünf Söhnen existierte tatsächlich und gehörte zu den frühesten und wichtigsten Förderern des KFV; das Haus der Langers fungierte viele Jahre als Treffpunkt der örtlichen Fußballszene. Über die Mutter heißt es in einer Festschrift des KFV: »Frau Langer [...] unterstützte den jungen Verein mit Rat und Tat und blieb, von dem hohen Wert des Rasensportes einmal überzeugt, treu bei der Sache. Sie ging zu anderen Eltern, um sie aufzuklären, sie schrieb Briefe, wehrte sich temperamentvoll gegen die Meckerer, und so wurde ihr Haus, Karlstraße Nr. 17, zum Mittelpunkt des Kampfes gegen die Fußballfeinde.« (KFV 1981)

Ernst und Fritz spielten, wie hier und im nächsten Kapitel geschildert, mit Walther Bensemann erst im KFV, dann bei den Kickers und schließlich wieder im

KFV, wo sie später wesentliche Funktionen übernahmen, so etwa Fritz Langer als langjähriger Vorsitzender. Ausführlicher berichtet darüber der Verein selbst in der erwähnten Festschrift.

Dokumentiert ist auch die Episode um ein drohendes Spielverbot wegen der Löcher auf dem Engländerplatz. Das Schreiben stammt offenbar vom Karlsruher Forstamt; ob von Forstrat Langer direkt, ist nur Spekulation. Von Bensemann selbst (weitgehend wörtlich) so geschildert wurden dagegen die beiden Anekdoten, die er in unserer Geschichte auf der Abiturfeier bei Familie Langer zum Besten gibt: der Wortwechsel der Dialekt sprechenden Fußballer (»Kicker« 12/1931) sowie die Kollision mit dem Regenschirm samt Disput mit dem Polizisten (»Kicker« 43/1931). Dass viele Fußball spielende Schüler sich heimlich zum Engländerplatz schlichen, im Feuerwehrturm umzogen und ihre Trikots dort ließen, um sie vor den Eltern zu verbergen, berichtete Geppert (1953).

Reine Fiktion ist die Episode um Bensemanns Abiturnöte. Allerdings weist sein Abschlusszeugnis in Mathematik eine Vier und in Physik eine Fünf aus, in den Sprachen und geisteswissenschaftlichen Fächern dagegen gute Noten.

Samuel Hall ist eine erdachte Figur. Begegnet ist mir der Name Hall lediglich auf dem (im folgenden Kapitel) erwähnten Foto der Karlsruher Kickers, das ihn in einer vertraulichen Haltung neben Bensemann zeigt. Ob daraus auf eine engere Beziehung zwischen den beiden geschlossen werden kann, ist Spekulation. Hall wurde von Bensemann später nicht weiter erwähnt.

Die abschließend geschilderten Stationen des Studenten Bensemann in den Jahren 1892 bis 1895 sind dagegen weitgehend verbürgt. Über den Ausschluss aus dem Freiburger Studienbetrieb berichtet Gillmeister (1997); die Anpöbelung jugendlicher Juden im Deutschland jener Jahre dokumentiert beispielsweise Chernow (1996). Er schildert, wie der jüdische Bankierssohn Aby Warburg 1889 als Student in Straßburg auf der Straße des Öfteren mit dem Ruf konfrontiert wurde: »Da geht der Jud'!«

Zu Kapitel III: Karlsruhe im Herbst 1893

Der eingangs erwähnte Ivo Schricker ist eine der prägenden Figuren der deutschen Fußballgeschichte. Er wurde am 18. März 1877 in Straßburg als Sohn eines Geheimrats geboren und spielte zunächst beim Straßburger FC, wo er Bensemann kennen lernte. Von 1893 an verband ihn mit diesem eine lebenslange Freundschaft, daher wird er in den folgenden Kapiteln immer wieder erwähnt.

Schricker trat wie sein Bruder Erwin (»Wini«) den Karlsruher Kickers bei, spielte nach seinem Wechsel nach Berlin (wo er Jura studierte) dort weiter Fußball, kehrte zur Jahrhundertwende nach Karlsruhe zurück und wurde zwischen 1900 und 1906 beim KFV eine der beherrschenden Spielerpersönlichkeiten. Später machte er eine Karriere als Funktionär.

Schrickers elegante und souveräne Spielweise ist vielfach beschrieben, u. a. in den Jubiläumsschriften des KFV sowie in der Zeitschrift »Libero« (Heft D3). Er wird dort als einer der besten deutschen Spieler jener Zeit dargestellt, in der die Mittelläufer eine zentrale Rolle für die Spielgestaltung einnahmen.

Schrickers Bericht an Imgraben über die erste Begegnung mit Bensemann stammt nahezu wörtlich aus einem Interview, das er viel später, nämlich im Jahre 1962, dem Sportjournalisten Gerd Krämer gab (Krämer 1993). Die beiden Schricker-Brüder gehörten wie die Langer-Brüder Ernst und Fritz neben Bensemann zu den Mitbegründern der Karlsruher Kickers. Der unselige Entschluss des Lehramtskandidaten Marx, keine Wettspiele mehr durchzuführen, brachte den Karlsruher Fußball-Verein in eine ernste Existenzkrise, führte zum Austritt der weitaus meisten Mitglieder und beförderte die Gründung der Kickers (dargestellt in den Jubiläumsschriften des KFV).

Die Attacke der deutschen Armee gegen Straßburg zu Beginn des Deutsch-Französischen Krieges 1870/71 gilt als erste systematische Bombardierung einer Stadt in einem modernen Krieg. Innerhalb weniger Monate wurde Straßburg mit 200.000 Granatschüssen eingedeckt.

Bensemanns Plan eines deutsch-französischen Fußballspiels in Straßburg resultierte, wie er später betonte, tatsächlich aus dem Gedanken einer Versöhnung nach diesem Krieg. Die entsprechenden Überlegungen, die er hier im Gespräch bei Prof. Imgraben äußert, stammen aus einer späteren Darstellung im »Kicker« (36/1922).

Auch die weitere Gestaltung des Gesprächs im Hause Imgraben greift auf ältere Quellen zurück. Der damalige Straßburger »Unvereinbarkeitsbeschluss« gegen Burschenschaftler ist zitiert bei Krämer (1963). Die Polemik des Professors gegen das Verbindungswesen hielt in Wahrheit Heineken fast wörtlich in seinem mehrfach zitierten Buch von 1898. Und Imgrabens Plädoyer für einen sozial verantwortlichen Sport stammt, ebenfalls zum Teil wörtlich, aus einem Artikel, den Bensemann am 13. 1. 1900 in der Zeitschrift »Spiel und Sport« veröffentlichte. Da Bensemann später betont hat, dass er in der sozialen Frage von Imgraben beeinflusst gewesen sei, erscheint dieser Kunstgriff gerechtfertigt.

Die Figur des Engländers Hall ist, wie im vorigen Kapitel erwähnt, weitgehend Fiktion, die des Bensemann-Kontrahenten Ehlenburg vollständig. Erhalten und auf den Fotoseiten dieses Buches abgedruckt ist dagegen das erwähnte Foto, das die Karlsruher Kickers im Jahre 1893 (anderen Quellen zufolge 1894) zeigt und auf dem die Mannschaftsmitglieder in der beschriebenen Weise posieren. Über das Spiel gegen Villa Longchamps hat Bensemann selbst im »Kicker« mehrfach geschrieben; seine von mir skizzierte Spielweise ist allerdings bloße Vermutung. Im »Kicker« findet sich ebenfalls einiges über die Person des Chevalier, der hier nach Bensemanns Beschreibungen gezeichnet ist. Auch der Bericht über das Spiel des F.C. Lausanne gegen die Grasshoppers Zürich (samt des rabiaten Nachspiels) entstammt, größtenteils wörtlich, diesen Quellen (»Kicker« 4/1920 und 12/1922). Der Zuschauer-Slogan »Bensemann, wann holt dich der Sensenmann«, der hier Ehlenburg und seinen Anhängern zugedacht wird, ist in Wirklichkeit für eine Episode verbürgt, die sich einige Jahre später in Frankfurt zugetragen hat. Auch dort tat sich

Bensemann damit hervor, die Spieler der von ihm gegründeten Elf modern einzukleiden und bestens auszustatten, was den Zorn anderer Mannschaften hervorrief. Isenburger (1929) berichtete in diesem Zusammenhang von jenem Vers, der am Spielfeldrand skandiert wurde.

Der Umstand, dass Bensemann seinen Teams die Ausrüstung – vor allem Trikots – finanzierte, wird in mehreren Darstellungen erwähnt. Beyer (1985) erläutert am Beispiel des Karlsruher Vereins Phönix (dem auch Bensemann beitrat), welche Kosten mit solchen Anschaffungen verbunden waren: »Aus der Vereinsgeschichte des Fußballklubs Phönix wird uns Folgendes berichtet: ›Erwähnenswert ist noch eine Generalversammlung im Januar 1897, in der die Anschaffung von Blusen, schwarz-blau gefeldert, beschlossen wurde. Die Blusen (24 Stück) mussten damals in England bestellt werden und kosteten einschließlich Zoll 6,50 Mark per Stück.‹ [...] Um diesen Preis richtig einschätzen zu können, muss man sich vergegenwärtigen, dass beispielsweise der Eintrittspreis in das damals einzige Karlsruher Hallenschwimmbad in der Kaiserstraße (mit Wassertemperaturen von 16° und Duschen 10°) 7 - 14 Pfennige [...] betrug.«

Die am Ende des Kapitels geschilderten weiteren Aktivitäten der Kickers entsprechen der Quellenlage; über den Versuch, mittels Zuhängen des Platzes Eintrittsgelder zu erheben, berichtete Bensemann rückblickend am 21. 9. 1929 in der »Badischen Presse«. Dorther stammt auch die Bemerkung, man habe die Fußballer nunmehr als »reif für die Illenau« gehalten. Die nicht näher erläuterte Kurzmeldung »Der Footballklub Kickers in Karlsruhe gewann bei dem Fußballwettkampf die Kontinentalmeisterschaft« erschien am 4. 4. 1894 in der »Badischen Presse«.

Von Bensemann später selbst überliefert ist auch die Korrespondenz mit den Corinthians (»Kicker« 36/1922) und die martialische Antwort einer Pariser Sportzeitung (ebendort). Verbürgt ist gleichfalls die Rückkehr der Kickers in den Schoß des KFV und der folgende Aufschwung des Vereins. Über Art und Ausmaß des internationalen Spielverkehrs sowohl der Karlsruher Kickers wie des KFV finden sich in der historischen Literatur unterschiedliche Darstellungen. Bensemann selber behauptete im Januar 1900, er habe bis dahin »18 internationale Wettspiele und 2 Nord- und Süd-Matches« veranstaltet (»Spiel und Sport« vom 13. 1. 1900). Sicher scheint: Es gab zahlreiche solcher Begegnungen, die für die damalige Zeit noch ungewöhnlich waren und deren Zustandekommen ein erhebliches Engagement voraussetzte. Gut dokumentiert ist beispielsweise ein Gastspiel der Grasshoppers Zürich beim Straßburger F.C. am 26. 11. 1893, also kurz nach Gründung der Karlsruher Kickers, wobei sowohl Ivo Schricker (als Mittelläufer und Captain), Erwin Schricker (als linker Verteidiger) wie auch Walther Bensemann (als Mittelstürmer) für Straßburg spielten (siehe Dokument im »Kicker« 27/1923).

Ivo Schrickers »Wettspielbuch«, in dem dieser peinlich genau seine Einsätze auflistete und das im Archiv des DFB aufbewahrt wird, weist nach diesem Grasshoppers-Spiel bis November 1899 weitere 17 internationale Spiele auf, was sich mit der von Bensemann genannten Zahl deckt. Es ging dabei vor allem gegen Schweizer Klubs, aber auch gegen den DFC Prag (24.4.1898) sowie gegen eine Stadtauswahl von Lüttich (7.4.1899); für den 26.3.1899 ist sogar eine Begegnung »Schweiz-

Süddeutschland« in Zürich ausgewiesen. Als deutsche Teams werden von Schricker vor allem der Straßburger FC genannt, des Weiteren ein »Bensemann Team« (gegen Paris, vgl. Kap. IV) und eine »Deutsche Mannschaft« (gegen England, vgl. Kap. V).

Nur dreimal werden im »Wettspielbuch« die Karlsruher Kickers als deutsches Team aufgeführt, wobei der Gegner jedes Mal aus Basel stammte; die Kickers siegten in allen drei Begegnungen. Bei dieser Auflistung muss berücksichtigt werden, dass Schricker sicherlich nicht bei jedem Spiel der Kickers dabei war und dass auch die Spiele der Straßburger z. T. vermutlich über Bensemann arrangiert wurden. Dennoch wird deutlich, dass die Karlsruher Kickers in den zweieinhalb Jahren ihrer Existenz offenbar keine wirklich hochrangigen Treffen gegen internationale Gegner absolvierten. Die Bezeichnung »Meistermannschaft des Continents«, die Bensemann für die Kickers reklamiert hat, wirkt insofern stark überzogen.

Welch legendären Ruf die Karlsruher Kickers allerdings in Süddeutschland besaßen, wird auch daraus ersichtlich, dass sich einige süddeutsche Vereine in den folgenden Jahren ebenfalls Kickers (bzw. Cickers) nannten, so beispielsweise die 1899 gegründeten Stuttgarter Kickers. Die Festschrift des Vereins zum 25-jährigen Jubiläum erläuterte, warum sich die Gründer für diesen Namen entschieden: »Ihnen hatten es die Karlsruher Kickers angetan, die anfangs der neunziger Jahre unter Führung von Walther Bensemann so großes Aufsehen erregt hatten. Sie hießen nach ihrem Sieg über Cannstatt, Straßburg und Genf Kontinentmeister.« (Stuttgarter Kickers 1924) Wie übrigens auch die Frankfurter Kickers (gegr. 1900), Würzburger Kickers (gegr. 1907) und Kickers Offenbach (gegr. 1901), zählten die Stuttgarter Kickers zu jenen im bürgerlichen Milieu beheimateten Clubs, bei denen jüdische Sportler und Mäzene eine wesentliche Rolle spielten.

Nicht ganz zufällig ist in diesem Zusammenhang der Umstand, dass der Vereinsname »Kickers« im Zuge der anti-englischen Hetze während des Ersten Weltkrieges angegriffen wurde. So schrieb die Zeitung des Norddeutschen Fußballverbandes, die »Spiel und Sport« (nicht identisch mit der gleichnamigen Berliner Zeitschrift) am 1. Dezember 1914: »Bist du in einem Verein Mitglied, der sich ›Kickers‹ nennt (...) so veranlasse schleunigst eine Namensänderung deines Vereins, denn solche Vereinsnamen sind nicht nur undeutsch, sie sind auch geschmacklos.«

Kurz nach Gründung der frühesten Fußballvereine entstanden in Deutschland auch die ersten regionalen Dachverbände. Den Anfang machten 1890/91 im Fußballzentrum Berlin der »Bund Deutscher Fußballspieler« und der konkurrierende, anglophil geprägte »Deutsche Fußball- und Cricket-Bund«, an dessen Gründung der in Kapitel IV erwähnte englische Sportpublizist John Bloch wesentlichen Anteil hatte. 1893 entstand die »Süddeutsche Fußball-Union«, an deren Zustandekommen auch Walther Bensemann beteiligt war. Ein gemeinsamer Dachverband mit dem Deutschen Fußball- und Cricket-Bund scheiterte offenbar an Überheblichkeiten seitens der Berliner; jedenfalls ging die Süddeutsche Union nach nur zwei Jahren wieder ein und fand erst 1897 mit dem Verband Süddeutscher Fußballvereine (ab 1914 Süddeutscher Fußball- und Leichtathletikverband, SFV) einen Nachfolger (im Text meist als »süddeutscher Verband« bezeichnet). 1897 gab es mit dem Berliner »Verband Deutscher Ballspielvereine« eine erneute Gründung mit nationalem Anspruch. Er ist gemeint, wenn in den folgenden Kapiteln vom »Berliner Verband« die Rede ist. Der VDB beschränkte seine Ambitionen nach der DFB-Gründung 1900 auf die Region Berlin und taufte sich 1902 in Verband Berliner Ballspielvereine um.

Die geschilderte Tournee Berliner Spieler nach Karlsruhe hat auf Bensemanns Initiative 1894/95 stattgefunden; darüber berichtet die Festschrift des Torball- und Fußball-Clubs Victoria zum 25-jährigen Bestehen aus dem Jahre 1914. Aus dieser Quelle wird auch der Spielbericht zur Begegnung mit den Kickers zitiert. Die Victoria war in jenen Jahren die unbestrittene Elitemannschaft Berlins; zwischen 1893 und 1897 gewann sie alle fünf regionalen Meistertitel; später wurde sie zweimal Deutscher Meister.

In der erwähnten Victoria-Festschrift von 1914 wird der Vereinsbeitritt Bensemanns übrigens mit folgenden Sätzen kommentiert: »Am 4. März (1894) liegt dem Verein das Aufnahmegesuch eines Sportsmannes vor, welcher für den deutschen Sport von eminenter Bedeutung gewesen ist, des Herrn Walter Bensemann aus Straßburg im Elsass. Herr Bensemann, heute um seiner großen Verdienste willen unser Ehrenmitglied, ist der eigentliche Schöpfer des süddeutschen, der eigentliche Vater des Karlsruher Fußballsportes. Er hat sein ganzes Können und Wissen, sein ganzes Denken und Fühlen, ein Vermögen seiner Idee geopfert und hängt noch heute, wo ihn sein Beruf in England festhält, mit ganzer Liebe an seinem Sporte, unterstützt noch heute, wo es angeht, den deutschen Fußballbund, der ihm so viel verdankt, und seine Freunde von vor 20 Jahren, nicht zuletzt uns, mit warmem Herzen. Deshalb darf der Chronist Victorias an seinem Beitritt zu unserem Club nicht vorübergehen, ist er doch einer der Großen im Sporte, deren Namen unvergesslich sind.«

Bezüglich der Organisierung der Fußballbewegung propagierte Bensemann nach dem Scheitern der Süddeutschen Fußball-Union den Aufbau kommunaler Fußballverbände, in denen die Interessen der örtlichen Vereine gebündelt werden sollten. 1896 entstand beispielsweise der Karlsruher Fußballbund, drei Jahre später der Mannheimer. Der Bericht, den das spätere SFV-Vorstandsmitglied Karl Geppert über die Gründung des Mannheimer Bundes gibt, demonstriert den starken Einfluss, den Bensemann in jener Zeit in der südwestdeutschen Fußballszene genoss: »Nun berief von Karlsruhe aus Walther Bensemann am 11. 6. 1899 eine Versammlung der Mannheimer Vereine in den Saal der Liedertafel ein. Die Versammlung beschloss auf Walther Bensemanns Einwirken die Gründung eines Mannheimer Fußballbundes.« (Geppert 1953)

In welchen Städten Walther Bensemann zwischen 1893 und 1899 als »Fußball-Missionar« tätig war, ist nicht in jedem Einzelfall aufzuklären. Verbürgt sind neben Karlsruhe noch Straßburg und Frankfurt, genannt werden des Weiteren meist Baden-Baden, Freiburg im Breisgau, Mannheim, Marburg, Heidelberg, Gießen, Saarburg und München (vgl. beispielsweise jeweils die Laudatio auf Bensemann in den »Kicker«-Ausgaben 2/1923 und 2/1933).

Über die Frage, ob Bensemann auch an der Gründung des FC-Bayern-Vorläufers beteiligt war, existiert zwischen der Sporthistorikerin Eisenberg (1997 und 1999) und ihrem Kollegen Gillmeister (2000) eine kleine Kontroverse. Infrage kommt jedenfalls nicht die Mitbegründung des FC Bayern im Februar 1900, sondern die Einrichtung einer Fußballmannschaft im MTV München, die sich im Jahre 1897 konstituiert hatte und aus deren Reihen die späteren Gründungsväter des FC Bayern stammten. Zu jener Zeit hat Bensemann tatsächlich eine Zeit lang in München gewohnt, und zwar, wie er selber schreibt, »in jenem Viertel, wo die Schelling- und die Türkenstraße liegen. Mein Wirt war der Dienstmann Simon Daxberger, der eine Frau, genannt das Nilwiesel, und vier Kinder zu eigen zählte« (»Kicker« 5/1923). Über den Dienstmann Daxberger schreibt Bensemann in diesem Bericht einiges, zur Gründung einer Fußballmannschaft nichts. Das will allerdings nichts besagen, in der Auswahl seiner Erinnerungen war er immer eigen, und auch über seine (verbürgte) Rolle in Frankfurt hat er im »Kicker« m. W. nie geschrieben. Die Mitbegründung des Bayern-Vorläufers wird ihm jedenfalls von Simon Rosenberger zugeschrieben, der einige Jahre lang Redakteur des »Kicker« war (siehe dort Ausgabe 2/1923), ebenso von den Autoren des Jubiläumsbandes des DFB anlässlich dessen 25-jährigen Bestehens. Schließlich ist es unwahrscheinlich, dass Bensemann, der in seiner Studienzeit in erster Linie in Sachen Fußball unterwegs war, dieses Engagement nicht auch in seiner Münchener Zeit verfolgt haben soll. Dass er die Fußballmannschaft des MTV München und damit die Vorläufer der Bayern zumindest durch Rat und Tat gefördert hat, ist daher anzunehmen. Dies lässt auch das von ihm genannte Wohnviertel vermuten: Schelling- und Türkenstraße liegen in der Nähe der Münchener Universität in Schwabing (also dem Gründungsstadtteil des FC Bayern) und nur zehn Fußminuten entfernt von einem Sportplatz an der Clementstraße, den der FC Bayern 1901 als ersten Spiel- und Übungsplatz erhielt (vgl. Schulze-Marmeling 2003).

Dass übrigens Bensemann während seiner Münchener Zeit in Schwabing wohnte, war wohl kaum ein Zufall: Das Milieu dort dürfte ihm zugesagt haben. Der Autor Dietrich Schulze-Marmeling beschreibt es so: »Von 1890 bis 1914 war Schwabing das Zentrum der Münchener Künstlerszene schlechthin, vor allem jener bunten Boheme, die das gestandene Bürgertum durch ihren avantgardistischen Lebensstil und ihre eigenartigen, manches Mal gar revolutionären Ansichten verstörte [...] Schwabing wurde zum Mekka all jener, die gegen den Zeitgeist rebellierten. Idealistische Weltverbesserer und reale Revolutionäre, Künstler aller denkbaren Sparten: Literaten und Kabarettisten, Bildhauer und Maler lebten Tür an Tür.« (Schulze-Marmeling 1997)

Während seiner Studienzeit beschränkten sich Bensemanns Interessen im Übrigen keineswegs auf den Fußball, sondern erstreckten sich über eine beträchtliche Bandbreite, wie etwa Veröffentlichungen über Cäsars Militärwesen oder die Rosenkriege des 15. Jahrhunderts dokumentieren. Warum der sprunghafte Student seine akademischen Ambitionen in der Zeit nach 1900, als seine sportliche »Pionierphase« abgeschlossen war, nicht weiterverfolgte, bleibt im Dunkeln. Die wenigen Sporthistoriker, die sich gelegentlich mit Walther Bensemann befassen, neigen der

Ansicht zu, dass ihm, wenn er denn gewollt hätte, eine aussichtsreiche wissenschaftliche Laufbahn möglich gewesen wäre. Dr. Heiner Gillmeister (1997) würdigt seine »bemerkenswerte Intelligenz und Schreibgewandtheit, die in vielen Publikationen deutlich wird«. Gillmeister listet in seinem Beitrag eine Reihe von Schriften auf, die Bensemann als Student und Privatlehrer veröffentlicht hat, darunter:

- Public School und Gymnasium. Karlsruhe 1893 (Hasper'sche Hofbuchdruckerei)
- C. J. Caesars Unterfeldherren und seine Beurteilung derselben. Beiträge zur Casesarenforschung, I. Marburg 1896 (Kommissions-Verlag Oscar Erhardt Universitäts-Buchhandlung)
- In eigener Sache. Vom Verfasser von Duell und Verruf. Berlin 1897 (Verlag von Hermann Walther)
- Richard Nevil, der Königsmacher, 1428-1471. Ein Beitrag zur Geschichte der Kriege zwischen Lancaster und York. Straßburg 1898 (Ludolf Beust Verlagsbuchhandlung)

Zu Kapitel IV: Berlin im Winter 1898

An den Diskussionen um die ersten Olympischen Spiele der Neuzeit war Bensemann auf eine kuriose, wenn auch nicht ganz eindeutige Art beteiligt. Die hier gewählte Darstellung entspricht der Schilderung von Buschmann und Lennartz (1999). Eine etwas andere Version liefert Scherer (1970), demzufolge Bensemann das Schreiben von Coubertin gänzlich unbeantwortet ließ. Coubertin beschwerte sich wenig später darüber bei John Bloch, dem Herausgeber von »Spiel und Sport« (s. u.), woraufhin die Idee auch in Berlin Anhänger fand. Ob Bloch seinen jugendlichen Mitarbeiter mit dem Versäumnis konfrontierte, ist nicht bekannt; jedenfalls tauchte Bensemann am 16. 1. 1896 als Gast bei einer Versammlung des deutschen Olympischen Komitees auf (ebenfalls laut Scherer 1970). Im Ergebnis bleibt also unstrittig, dass Bensemann nach einigen Irritationen die olympische Idee frühzeitig befürwortete und auch praktisch unterstützte.

Dokumentiert ist ein Brief von Walther Bensemann an die Union des Sociétés Française de Sports Athlétiques vom 25.1.1894, der auf einen vorherigen Briefwechsel eingeht und vor allem seine Idee einer deutsch-französischen Begegnung anspricht. Dazu schreibt er: »Ich wäre Ihnen sehr dankbar, wenn Sie mir privat schreiben würden, ob der Racingclub aus politischen Gründen nicht zu uns kommen will. Derartige Gründe könnten aber einen ›Drawback‹ nicht rechtfertigen: Viele unserer französischen Sportler haben ihre Pferde ja auch in Baden-Baden. Ich bin eher der Ansicht, dass gute französisch-deutsche Fußballverbindungen in jeder Hinsicht wünschenswert wären. Es ist reichlich seltsam, dass alle unsere Briefpartner, die Fußball gegen die schweren, auf uns gerichteten Angriffe verteidigt haben, diesen Sport bisher noch nicht unter einem weltoffeneren Gesichtswinkel zu sehen vermochten.« (Zitiert nach Carl-Diem-Institut 1970)

Weiterhin dokumentiert ist der im Text angesprochene Artikel, der Anfang Januar 1896 in der »Frankfurter Zeitung« erschien, vom »Fußballklub Karlsruher

Kickers« (und damit mit Sicherheit von Bensemann) eingesandt worden war und in dem es hieß: »Die folgenden Mitteilungen dürften zur Genüge erklären, warum es für Deutsche unmöglich ist, sich in irgendwelcher Weise an dem Unternehmen des Herrn v. Coubertin zu betätigen. Im Juni vorigen Jahres wandte sich unser Club an den Baron Pierre de Coubertin, um ein Wettspiel zwischen Deutschland und Frankreich oder den Karlsruher Kickers und Paris zu ermöglichen. Wir schlugen damals als Spielort Straßburg, Baden-Baden, Karlsruhe oder Frankfurt a. M. vor. Am Sonnabend darauf stand in der bekannten Zeitung ›Les Sports Athlétiques‹ folgender denkwürdiger Satz: ›Pour jouer un match de football à Strasbourg il faudrait être certaine de la victoire.‹ Da wir den Parisern eine ›victoire certaine‹ nicht versprechen konnten, vielmehr damals glaubten und auch heute noch glauben, dass wir im Fußballspiel den Franzosen überlegen sind, so schlugen wir den bekanntesten Pariser Clubs, ›Stade français, Racing Club de France, White Rovers‹, ein Match in Paris vor, in der bestimmten Erwartung, dort nach dem Match Prügel zu bekommen. Die Pariser aber sagten sich: Keine Antwort ist auch eine Antwort. Inzwischen hatte der Sekretär der ›International Sporting Association‹, Mr. Philip Denys in London, bei uns angefragt, ob er ein Wettspiel mit Paris auf neutralem englischen Boden vermitteln sollte. Auf unsere Zusage schrieb er wieder nach Paris und bekam auf drei Briefe keine Antwort. In den ›Sports Athlétiques‹ aber stand zu lesen, dass die ›Union des Sociétés des Sports Athlétiques en France‹ beschlossen habe, nie und nirgends gegen deutsche Mannschaften zu spielen. Präsident aber dieser Union ist derselbe von Internationalität und Sportbegeisterung triefende Mr. Pierre de Coubertin, der uns seine Einladungskarten nach Olympia schickte, als sich bereits ein Komitee konstituiert hatte, in dem kein einziger Deutscher zu finden war.« (Zitiert nach Carl-Diem-Archiv 1970)

Laut Dr. Willibald Gebhard (s. u.) beruhte dieser Artikel im Kern auf einem Irrtum, »der jetzt als gehoben gelten darf«. Tatsächlich erklärte Bensemann bei einer Versammlung der Olympia-Befürworter am 16.1.1886 im »Norddeutschen Hof« in Berlin, »dass es die feste Absicht seines Clubs sei, sich wenn möglich mit einer Fußball-Mannschaft an den Wettkämpfen in Athen zu beteiligen«. (Protokoll zitiert nach Carl-Diem-Institut 1970)

Unabhängig von ihrem Bezug zu den Olympischen Spielen weisen diese Dokumente auf die beträchtlichen Anstrengungen hin, die Bensemann unternommen hat, um eine deutsch-französische Fußballbegegnung zustande zu bringen.

Im DFB-Archiv findet sich zudem ein Brief von Bensemann an Ivo Schricker (vom 21.1.1896), in dem er noch von einer Teilnahme an der ersten Olympiade ausgeht und in dem es heißt: »Lieber Schricker, ich bin beauftragt dir mitzuteilen, dass in der von Dr. Gebhardt, Oberstlieutenant von Egidy und Erbprinz von Hohenlohe einberufenen Versammlung ich mich im Sinne der Vertreter und des D.F.u.C. Bundes dahin aussprach, dass wir eine Mannschaft nach Olympia senden, um Deutschland dort offiziell zu vertreten. Ich hatte in der Frankfurter Zeitg. vor etwa 14 Tagen mich gegen die Beteiligung ausgesprochen, konnte aber diesen durch Taktlosigkeiten der Pariser Comités hervorgerufenen Standpunkt nicht weiter vertreten, nachdem mich das athenische Comité, die deutsche Colonie in Athen

und speciell Eug. von Rangabé noch einmal sehr herzlich ersuchten, nach Olympia zu gehen. In verschiedenen Sitzungen der Clubs Victoria, Allemania und Germania wurde die Mannschaft aufgestellt:
Mase (?) goal
Laube, Rüffer backs Victoria
Demler, J. Schricker, E. Schricker halves
O. Baudach Victoria links
Bensemann captain
Heine centre Vorwärts
F. Baudach, Victoria, W. Jestram, Germania rechts

Die Reise dauert vom 2-15 April ca, und wird vom Reisebureau Stangen geleitet. Die Kosten betragen pro Mann 135 Mark retour II. Klasse.

Das Geld ist bereits überzeichnet. Dr. Traun in Strassburg 3000, Major von Thoppin in Berlin ebenfalls, und ich auch einen namhaften Betrag; dabei sind die Herren der Comités noch nicht bei. 20.000 Mark werden mindestens zusammenkommen, da Dr. Gebhardt Zusicherungen auf diese Summe hat. Für Demler und dich kommt Hohenlohe beim Kaiser um Urlaub ein, was nach Hohenloher Ansicht keine Schwierigkeiten machen wird. Das ist wohl alles, was du wissen musst.

Mit bestem Gruß
Bensemann«

(Dr. Gebhardt war 1896 die treibende Kraft einer Olympia-Teilnahme deutscher Sportler; zu ihm und den anderen im Brief genannten Personen siehe Scherer [1970 und 1974]. Die Angabe von Buschmann/Lennartz, derzufolge auch Ernst Langer zum Auswahlteam gehörte, wird durch dieses Schriftstück nicht bestätigt.)

Wie aus einem weiteren Brief Bensemanns an Ivo Schricker vom 23. 12. 1898 hervorgeht, war sein Vater zu jenem Zeitpunkt tatsächlich ernsthaft erkrankt; allerdings befand er sich in Wahrheit in Montreux und wurde dort (und nicht wie hier dargestellt in Berlin) von seinem Sohn besucht.

Die Berliner Zeitungsmänner Bloch und Pitcairn-Knowles sind historische Personen; Bloch hatte zuvor mit der »Deutschen Ballspielzeitung« bereits die erste Fußballzeitung des Kontinents herausgegeben. Eisenberger (1997) berichtet über die beiden: »John Bloch, ein deutschstämmiger, in Birmingham aufgewachsener Jude, der in Berlin Anfang der 1890er Jahre mehrere Fußball- und Cricketorganisationen ins Leben rief, gab [...] seit 1891 ›Spiel und Sport. Organ zur Förderung der Interessen aller athletischen Sports‹ heraus. Und der Schotte Andrew Pitcairn-Knowles, ein ehemaliger Student der Fotochemie an der TH Charlottenburg, wagte 1895 mit ›Sport im Bild‹ das Projekt einer ganz mit Fotos ausgestatteten Sportillustrierten; flankierend publizierte er ›Sport im Wort‹ mit Ergebnislisten und ausführlichen Spielberichten.«

Über die Begegnung in Paris wird samt Vor- und Nachgeschichte entsprechend der vorliegenden Quellen berichtet. Laut Koppehel (1957) weilte Bensemann im Vorfeld des Spieles sogar so lange in Paris, dass er dort »als englischer Sprachlehrer wirkte«, doch findet sich für diese Angabe keine weitere Bestätigung. Allerdings war er nach eigenen Angaben mindestens einmal nach Paris gereist, um die Verhandlungen voranzubringen. Der fiktive Bericht Bensemanns an seinen Vater folgt teilweise dem im vorigen Kapitel erwähnten Interview Schrickers (vor allem hinsichtlich der kulturellen Aktivitäten und der Diskussion um die Dreyfus-Affäre), teilweise ist er Bensemanns eigenen Presseartikeln entnommen (»Spiel und Sport« von 1898, »Kicker« 48/1932 und 36/1932, dort z. B. die Anekdote um die Absinth-Leichen). Dass der kaiserliche Hofmarschall auf Demmlers Telegramm antwortete, erwähnt Koppehel (1957).

Ausführlich berichteten 1898 die Sportzeitungen »Spiel und Sport« und »Sport im Bild« über die Spiele und ihre Begleitumstände. In diesen Blättern wurde auch die folgende Pressefehde ausgetragen, die nach dem später geschilderten Spiel gegen die englische Mannschaft eskalierte. Soweit diesbezügliche Artikel zitiert werden, geschieht dies wörtlich.

Die Vorgänge um Bensemanns Duell-Forderung sind ebenfalls aus diesen Artikeln rekonstruiert: »Durch unsere Worte schwer in seinem Ehrgefühl gekränkt, besaß Herr Bensemann die seltene Unverfrorenheit, dem Verfasser jener Notiz eine Forderung auf ›Säbel ohne Binden und Bandagen‹ zu überreichen. Mut zeiget selbst der Mameluck!« (Pitcairn-Knowles in »Sport im Bild«, 51/1898) – »Ich habe aber Herrn Knowles noch Gelegenheit geboten, unsere kleine Differenz auf englische Art zu schlichten, indem ich ihn zwei Tage später in der English Bar ersuchte, sich mit mir auf einen Augenblick hinauszubemühen. So etwas lässt man sich nicht zweimal in England sagen; aber Herr Knowles lehnte wieder dankend ab.« (Bensemann in »Spiel und Sport«, 31.12.1898)

Erstaunlicherweise findet sich hier auch Bensemanns Aussage, Pitcairn-Knowles sei »ein Mann, der in Deutschland als Fremder nur die beschränkte Existenzberechtigung des geduldeten Gastes hat«, sowie seine Forderung, der Brite habe sich den deutschen Regeln zu fügen. Diese aus heutiger Sicht fast ausländerfeindlich klingende Formulierung steht im Kontrast zu Bensemanns sonstigem Internationalismus und speziell seiner Engländerfreundlichkeit und erklärt sich wohl aus seiner Empörung über Pitcairn-Knowles' Artikel. Allerdings verweist diese Aussage auch auf eine journalistische Regel, an die sich Bensemann als späterer Leitartikler des »Kicker« eisern hielt: nämlich ausländische Gastgeber nie – oder bestenfalls in äußerst diplomatischen Formulierungen – zu kritisieren.

Schrickers Verärgerung über die »100-Mark-Affäre« geht aus einem Briefentwurf von ihm hervor, der im DFB-Archiv liegt und aus dem hier z. T. wörtlich zitiert wird. Bensemann schrieb am 7. 1. 1899 zurück und versicherte, es handele sich um ein Missverständnis, denn »sonst hätte ich mich nicht der Blamage ausgesetzt, diesem Mann mein Bedauern ausdrücken zu müssen. Das war mir sehr unangenehm.«

Fritz Boxhammer (1873-1926), genannt »Ette«, gehörte zu den prägnantesten Figuren der Gründerjahre im Fußball. Aktiv war der Allround-Sportler beim FC Germania 88 Berlin, ab 1898 Vorsitzender des Verbandes Deutscher (bzw. Berliner)

Ballspielvereine, 1900 Mitbegründer des DFB und 1905-1911 dessen zweiter Vorsitzender; 1906-1907 Mitglied im FIFA-Präsidium als zweiter Schriftführer. Er galt als glänzender Organisator, der laut Lexikon »Deutscher Fußball« »maßgeblichen Anteil am Aufbau des ersten geordneten Fußball-Punktbetriebs in Deutschland hatte«. Im DFB, in dem bald deutschnationale Strömungen dominierten, fiel er u. a. dadurch auf, dass er den Sport als »erfolgreichsten Förderer der Friedensidee« pries. 1912 versuchte er (vergeblich) per Antrag den DFB zu bewegen, die Mitgliedschaft im militaristischen »Jungdeutschlandbund« aufzugeben. Den Beitritt zu dieser vom preußischen Militär initiierten Organisation hatte der damalige DFB-Chef Hinze 1911 ohne Rücksprache mit dem Bundesvorstand vollzogen (vgl. Heinrich 2000). Bensemann schrieb nach dem Tode Boxhammers: »Als Debatter, Journalist, Verwaltungsbeamter war Boxhammer eine große Autorität, vielleicht die größte, die wir besessen haben; als Mensch war er sehr menschlich. Gott sei Dank, oder vielleicht leider, hat ihm jeglicher Ehrgeiz gefehlt. Sein Steckenpferd, der Sport, hat ihn, wie so manche seines Schlages, am eigenen Leibe geschädigt. Statt ein wohlhabender Mann zu werden, hat er schwer um die Existenz kämpfen müssen. Allein, er pfiff auf die feinen Formen der eleganten Coterie, und so hoch sein Gedankenflug auch war, so schäbig erschien sein Gewand. Sokrates, Don Quichote, Cyrano gingen auch nie nach der Mode gekleidet.« Er habe mit ihm die Einsicht geteilt, »dass jedes Gefüge, das nicht auf der Basis unbedingter Wahrheit aufgebaut ist, jedes Gefüge, das von Kompromissen, Servilität und Schmonzes aller Art durchdrungen ist, Zeitströmungen zum Opfer fallen muss« (»Kicker« 17/1926).

Paul (»Paulchen«) Neumann (in älteren Jahren auch »Dicker« genannt) war ein Berliner Fußball-Pionier, der später ebenso im DFB Funktionen übernahm. Bekannt wurde er vor allem als internationaler Schiedsrichter, der drei Länderspiele leitete, u. a. 1908 die erste offizielle Begegnung Deutschland-England in Berlin (1:5). Der 1923 gestorbene Neumann galt überdies als glänzender Debattenredner (»mit unübertrefflichem kaustischen Mutterwitz«, Bensemann) und hervorragender Sportjournalist. Bensemann schrieb anlässlich seines Todes, er sei fast 30 Jahre lang mit ihm befreundet gewesen. Sein hier zitiertes Bonmot gegen »Olle Bartsch« stammt übrigens aus einer Erinnerung Bensemanns (»Kicker« 43/1928).

Auch Georg (»Hutti«) Demmler (1873-1931) gilt als Pionier der Berliner Sportszene, der sich frühzeitig für eine reichsweite Organisation des Sports engagierte und Vorsitzender der Deutschen Sportbehörde für Athletik wurde. Im DFB fungierte er als Obmann des Spielausschusses (1903-1904) und Streiter für eine Beteiligung an den Olympischen Spielen. Der spätere Architekt plante und erbaute mehrere Sportstadien.

Paul Kralle (1878-1948) war einige Jahre jünger als die übrigen Berliner Pioniere und sowohl bei den Spielen in Paris wie ein Jahr später gegen England als ausgezeichneter Verteidiger dabei. Er spielte bei Victoria 89 Berlin, mit der er 1907 Deutscher Vizemeister wurde.

Friedrich Wilhelm Nohe (1864-1940) kam 1898 nach Karlsruhe, nachdem er zuvor als Sprachlehrer an einer Militärschule in London gewirkt hatte, wo er auch den Fußball kennen lernte. Der streitbare und – für die Fußballszene – relativ alte Nohe wurde in der Stadt rasch zur wichtigsten Figur sowohl im Karlsruher Fußball-Verein als auch im örtlichen Dachverband, dem Karlsruher Fußballbund, und schließlich auch im Verband Süddeutscher Fußballvereine. In allen drei Organisationen wurde er erster Vorsitzender und war lange Zeit Gegenspieler von Bensemann und dessen Anhängern. 1904-1905 wurde er als DFB-Vorsitzender Nachfolger von Prof. Hueppe.

Die Darstellung von Bensemanns Aktivitäten in Frankfurt folgt vor allem den beiden Büchlein »Aus der Steinzeit des Frankfurter Fußballs« von Ludwig Isenburger (1929) sowie »Neue Ausgrabungen aus der Steinzeit des Frankfurter Fußballs« von Philip Wolf (1930). Aus letzterem stammt auch das angeführte Zitat. Beide Broschüren sind mit euphorischen Worten Bensemann gewidmet; Philip Wolf beispielsweise schrieb: »Dem Manne, der sich wohl die größten Verdienste um den deutschen, insbesondere aber um den süddeutschen Fußball erworben hat, Herrn Walter Bensemann, in alter Freundschaft und zur Erinnerung an gemeinsam verlebte schöne Stunden gewidmet.«

Der Fußballjournalist Ulrich Matheja schilderte in einer ausführlichen Chronik Bensemanns Wirken in Frankfurt folgendermaßen: »Weitere Impulse erhielt der Frankfurter Fußball durch Walther Bensemann, der auf seinen zahlreichen Reisen den Fußball schon in anderen süddeutschen Städten eingebürgert hatte. Bensemann [...] hatte schon 1896 mit Schülern der Klinger- und Adlerflychtschule auf der Hundswiese gekickt. Bei seinem zweiten Aufenthalt in Frankfurt 1899 sah man ihn immer häufiger auf der Hundswiese. Wie bereits in Karlsruhe und Straßburg scheute der nicht unvermögende Bensemann auch in Frankfurt weder Kosten noch Mühe, um seine Schützlinge mit allen notwendigen Fußballutensilien auszustatten. Das schicke Equipment erwies sich als wirksames Mittel der Mitgliederwerbung: Bald sah man immer mehr junge Leute in den weißen Blusen mit rotem Adler und schwarzen Hosen der ›Frankfurter Kickers‹.« (Matheja 1998)

Die Frankfurter Kickers fusionierten später mit anderen Vereinen zur Eintracht Frankfurt, einem der großen Traditionsvereine Deutschlands, dem es neben anderen Erfolgen gelang, 1960 als erster deutscher Verein ein europäisches Pokalfinale zu erreichen.

Der Burenkrieg, der in diesem wie im folgenden Kapitel als zeitgeschichtlicher Hintergrund eine Rolle spielt, nahm seinen Ausgang bereits 1877 nach der Annexion der Südafrikanischen Republik (Transvaal) durch die Engländer. 1881 brachten die aufständischen Buren (»Bauern«), Nachkommen von niederländischen und niederdeutschen Kolonisten, der englischen Armee eine schwere Niederlage bei und erkämpften sich eine bedingte Unabhängigkeit in Transvaal und Oranje-Freistaat. Die Folgezeit in der umstrittenen Region war geprägt durch Meldungen über Gold- und Diamantenfunde, eine zunehmend antibritische Stimmung sowie die Aufrechterhaltung des (1834 im Empire abgeschafften) Sklavensystems. 1899 kam es zum offenen Krieg mit England, der mit äußerster Härte geführt wurde und erst 1902 endete, nachdem die britische Militärverwaltung Farmen verwüsten sowie burische Frauen und Kinder in Konzentrationslagern zusammenpferchen ließ. In der Folgezeit bemühte sich das Empire um eine Versöhnungspolitik gegenüber den Buren.

Das Deutsche Reich fühlte sich in diesem Konflikt den teils deutschstämmigen Buren verpflichtet, zu denen gelegentlich persönliche Bindungen bestanden. Bensemann berichtet für seine Schulzeit von »Oranje-Freistaatlern«, die auf Schulen in Deutschland unterrichtet wurden und später nach Südafrika zurückgingen, um am Krieg teilzunehmen. Sein Schulfreund Walter Lückhoff, mit dem er die in Kapitel II beschriebene Wanderung von Karlsruhe nach Heidelberg unternahm, starb im Burenkrieg. Ein weiteres Beispiel: Bei der Gründungsversammlung des DFB am 28. 1. 1900 polemisierte ein Delegierter gegen einen Antrag, der den deutschen Fußballern aus dem tschechischen Böhmen das Stimmrecht entziehen sollte, mit den Worten: »Erst eingeladen und nachher von den deutschen Brüdern verstoßen, die doch für die noch entfernter stehenden Buren so große Sympathien haben.« Dies mag beleuchten, warum der ferne Konflikt auch in Deutschland zum Teil engländerfeindliche Emotionen hervorrief und eine Tournee englischer Fußballer durchaus heikel werden konnte.

Zu Kapitel V: Berlin im Sommer 1899

Im »Dusteren Keller« (zuweilen auch: »Düsterer Keller«) am Tempelhofer Feld wurde (u.a. laut DFB 1954) tatsächlich am 11.9.1897 der Verband Deutscher Ballspielvereine gegründet, alles weitere über diese Gaststätte Gesagte ist jedoch Erfindung. Allerdings spricht Bensemann davon, man habe nach dem Training die »Pinten« (»Kicker« 46/1923) am Tempelhofer Feld besucht, und erwähnt dabei auch den »Dusteren Keller«. Ebenso nennen Hartig/Weise (1997) dieses Lokal als Treffpunkt der frühen Berliner Fußballszene.

Zu seinen Motiven, die Begegnungen gegen eine englische Auswahl zu betreiben, führte Bensemann u. a. aus: »Gehoben kann der Sport nur werden, wenn wir bessere Mannschaften im Kampfe gegen uns sehen, um von ihnen so viel wie möglich zu lernen. Wir brauchen große, Aufsehen erregende Spiele, um das Publikum, vor allem die besseren Klassen, für den Fußballsport zu interessieren, wenn wir uns endlich über das Niveau der Mittelmäßigkeit erheben wollen.« (Zitiert nach Grüne in: Schulze-Marmeling 1999)

Zu den schärfsten Kritikern von Bensemanns Plänen zählten seinerzeit tatsächlich Gus Manning und sein Bruder Fred. Gustav Manning (1873-1953) war der Sohn des aus Frankfurt stammenden jüdischen Kaufmanns Gustav Mannheimer, der seinen Namen während eines mehrjährigen London-Aufenthaltes anglisiert hatte. »Gus« Gustav junior spielte während seiner Gymnasialzeit in Berlin Fußball (wie auch sein Vater und sein Bruder Fred) und nahm um 1897 in Freiburg ein Medizinstudium auf. Wie dargestellt, war er Mitbegründer und erster Vorsitzender des FC Freiburg, einem überaus erfolgreichen und noch heute existierenden Verein, der 1907 Deutscher Meister wurde. Ebenso war Manning Schriftführer des süddeutschen Verbandes und hatte diese Funktion für einige Monate im DFB inne, wo er maßgeblich an der Ausarbeitung der Statuten des jungen Verbandes mitwirkte. 1905 wanderte Manning in die USA aus, wo er 1913 den Nordamerikanischen Fußball Verband gründete und dessen erster Vorsitzender wurde. 1948 gelangte er als erster US-Amerikaner ins Exekutivkomitee der FIFA und setzte sich dort für die Wiederaufnahme des DFB ein (vgl. Gillmeister 1997 und 2001).

Gustavs zwei Jahre älterer Bruder Friderich (»Fred«) war Anfang der 1890er Jahre an den Fußballverbandsgründungen in Berlin beteiligt und besaß ab 1896 dort eine Firma für Sportstättenbau. Nach dem Ersten Weltkrieg ging er zurück nach England.

Übrigens schien auch Ivo Schricker dem Projekt der England-Spiele zunächst distanziert gegenüberzustehen, wie aus einem Brief Bensemanns an ihn vom Sommer 1899 hervorgeht: »Was die Angelegenheit D-land-England betrifft, so haben jetzt alle außer dir zugesagt, und ich bitte dich dringend, von deinem ersten Entschluss abzukommen. Du wirst selbst nicht allzu viel Arbeit haben, da ich Schriftführer bin. Du gehörst zu den wenigen Leuten in Deutschland, die für unparteiisch gehalten werden, und ich selbst lege aus Tradition, Aberglaube + persönlichem Zutrauen großen Wert auf deine Mitwirkung. Du wirst jedenfalls zum Captain der deutschen Mannschaft gewählt werden. In der Voraussetzung, dass du meinen Wunsch erfüllen + mich namentlich bei der Auswahl der Mannschaft unterstützen wirst, verbleibe ich mit besten Grüßen an dich + Wini – dein treuer W. Bensemann«.

Bensemanns Wertschätzung gegenüber dem englischen Sportsgeist ist vielfach dokumentiert. Die hier verwendeten Formulierungen stammen aus einem »Kicker«-Artikel der Ausgabe 12/1926.

Seine zitierte Rede vor dem F.A.-Komitee ist von ihm selbst dokumentiert in »Spiel und Sport« vom 21.10.1899. Die Darstellung des anschließenden Vier-Augen-Gespräches mit Wall ist reine Fiktion; allerdings wird aus Bensemanns Darstellung ersichtlich, dass die angeführten Diskussionspunkte größtenteils wohl thematisiert wurden.

Teils wörtlich, teils sinngemäß zitiert wird schließlich das Schreiben, mit dem die F.A. die Einladung Bensemanns annahm.

Sir Frederick F. Wall war von 1895 bis 1934 F.A.-Sekretär und spielte im englischen Fußball die hier beschriebene bedeutsame Rolle. In seiner aktiven Zeit als Spieler zählte er zu den »Gentleman-Amateuren« und pflegte dies mit der Anekdote zu illustrieren, er habe kurz vor einem Cup-Spiel noch ein riesiges Steak verschlungen, da er sich über den Ausgang der Begegnung nicht die geringsten Gedanken machte. Wall galt als snobistisch, erzkonservativ und voller Skepsis sowohl gegenüber dem kontinentalen Fußball als auch gegenüber dem Professionalismus; allerdings pflegte er als F.A.-Sekretär in beiden Fragen eher eine pragmatische Haltung.

Etwas unklar sind die Angaben über die finanziellen Aspekte der Tournee der Engländer. Im Schreiben der F.A. ist von 200 englischen Pfund als Garantiesumme die Rede; dies wurde zuweilen zu 2.000 Goldmark umgerechnet. Wahrscheinlich ist allerdings, dass die Forderung der Engländer nur einen Teil der vorab zu bestreitenden Kosten ausmachte. Andere Quellen sprechen daher davon, Bensemann habe 20.000 Mark aufwenden müssen; dies hätte etwa 100 durchschnittlichen Monatseinkommen jener Zeit entsprochen.

1931 schrieb Bensemann, die Engländer hätten 400 Mark als Garantie verlangt, wogegen ihre eigenen Kosten 8.000 Mark ausgemacht hätten (»Kicker« 6/1933). Diese Zahlen stimmen mit den Quellen von 1899 nicht überein; richtig ist aber wohl, dass die F.A. einen Teil der eigenen Kosten selbst bestritt.

Über die persönliche finanzielle Situation Bensemanns zu diesem wie zu späteren Zeitpunkten differieren die Angaben erst recht. Meist wird vermutet, Bensemann sei zeit seines Lebens ein vermögender Mann gewesen, der erst – als Folge des aufwändigen Lebensstils – kurz vor seinem Tod verarmt sei oder (laut anderen Quellen) sein Vermögen in der Weltwirtschaftskrise 1929 verloren habe. Andererseits finden sich immer wieder Hinweise darauf, dass Bensemann auch schon in jüngeren Jahren Mühe hatte, seine oft hohen Ausgaben zu bestreiten. Dies beweist auch die von Ivo Schricker erzählte Anekdote über die verzögerte Erbschaft und die folgende dramatische Geldbeschaffungsaktion zu den England-Spielen.

Der hochbetagte Schricker hatte im Jahr 1962 dem Journalisten Gerd Krämer berichtet: »Er [Bensemann] war, dem Widerstand der Verbände, die zum Teil nicht mitmachen wollten, weil sie eine zu hohe Niederlage befürchteten, zum Trotz, geradezu verbissen in die Idee. Ja, er verzichtete als ausgesprochener Gourmet sogar auf manch liebe Gewohnheit, nur um das Geld zur Durchführung der Länderspiele zur Verfügung stellen zu können. Endlich, nachdem alles glücklich so weit gediehen schien, tauchte Walther Bensemann, der den Engländern gegenüber die Einhaltung der übernommenen finanziellen Verpflichtungen garantiert hatte, bei mir auf. Völlig aufgelöst. ›Ich muss mich erschießen‹, stieß er hervor, ›wenn du mir nicht hilfst. Ich brauche für die England-Tournee sofort 2.000 Goldmark.‹ – ›Ich habe kein Geld‹, bedauerte ich. ›Aber wenn es so ernst ist, müssen wir zu meiner Mutter gehen. Sie ist die Einzige, die hier helfen kann.‹ So begab sich ein ziemlich zerknirschter Walther Bensemann, der in feierlichem Aufzug, Cut und Zylinder, als wolle er um die Tochter des Hauses anhalten, zur Frau Professor Schricker in Straßburg. Und er beichtete, dass er das Geld als Garantie des Engländer-Spiels im festen Vertrauen auf eine baldige Erbschaft zugesichert habe. Aber die besagte Erbtante hing zäher am Leben, als die Ärzte glaubten, und so war guter Rat teuer. ›Ich muss mich erschießen, gnädige Frau‹, wiederholte der verzagte Länderspielinitiator. Die Frau Professor, die das nun auch wieder nicht wollte, lieh ihm aus ihrer Privatschatulle ›bis zum Ableben der Tante‹ die 2.000 Goldmark.« (Krämer 1993; mit den 2.000 Goldmark meint Schricker vermutlich eine Summe von 20.000 Mark, siehe dazu Bensemanns Brief weiter unten. Die ganze Geschichte mag sich nach Sportlerlatein anhören, doch glaubhaft wird sie durch die Person des Erzählers: Schricker galt als äußerst korrekt und nicht gerade zum Fabulieren neigend.)

Es konnten keine verlässlichen Angaben darüber gefunden werden, welches Vermögen Bensemann von seinem Vater erbte und über welche regelmäßigen Zuwendungen er – abgesehen von seinem zeitweiligen Gehalt als Lehrer – verfügte. Die hier (im Gespräch mit dem Vater) genannten Angaben sind fiktiv. Es scheint mir aber gesichert, dass Bensemann einerseits auf großem Fuß lebte und gelegentlich größere Summen aufwenden konnte, dass er aber insgesamt keineswegs über das ihm zuweilen zugeschriebene beträchtliche Vermögen verfügte. Sicher ist ebenso, dass er sich immer wieder Geld leihen musste, und zwar auch schon in jüngeren Jahren.

Die deutlichsten Hinweise darauf liefern zahlreiche Briefe Bensemanns an Ivo Schricker, die vor allem aus den Jahren 1898 bis 1900 erhalten sind und im DFB-Archiv liegen. In fast jedem dieser Briefe sind finanzielle Transaktionen zwischen den beiden angesprochen, und zwar immer in eine Richtung: Bensemann muss Darlehen an Schricker zurückzahlen. Das betrifft auch kleinere Summen (z. B. 80 Mark), die Bensemann zuweilen nur unter Problemen aufbringen kann (»Ich habe zurzeit nur 4 Mark«), wobei er seine Versäumnisse immer wortreich entschuldigt.

Aus diesen Briefen wird auch ersichtlich, dass Bensemann sich bereits für die Paris-Visite von Schrickers Mutter Geld ausgeliehen hatte, dieses allerdings bereits im Januar 1899 zurückzahlte. Bezüglich der England-Spiele hatte er sicherlich gehofft, auf ähnliche Transaktionen verzichten zu können. Am 8.6.1899 erwähnte Bensemann erstmals gegenüber Schricker die erhoffte Erbschaft, und zwar in einem aus Karlsruhe, Hirschstraße 7, abgesandten Brief: »Lieber Ivo. Schreibe dir in Eile, nur um dir mitzuteilen, dass ich vorige Woche eine Erbschaft gemacht habe. Meine Tante, Witwe des Landgerichtsrats Ryck, ist gestorben und hat freundlicherweise ihre Familie nicht hinter anderen Leuten zurückgesetzt. Die Summe ist, wie ich glaube, 20.000 und wird Anfang Oktober ausbezahlt.«

Wie dargestellt, verzögerte sich diese Auszahlung erheblich, und das von Schrickers Mutter im November 1899 gewährte Darlehen wurde in Raten abbezahlt. Am 19.1.1900 schrieb Bensemann aus dem Hotel Terminus in Lausanne: »Lieber Ivo, vorläufig muss diese Beilage genügen; nächste Woche mehr, d.h. Geld oder notarielle Erklärung.« Wenig später war die Angelegenheit wohl bereinigt, denn am 1.2.1900 bat Bensemann dann per Brief (mit Absender »Leerbachstr. 51«, also Frankfurt) seinen Freund darum, »mir eine Quittung auszustellen, dass ich nichts mehr schulde, und die Schuldscheine mir einzusenden«.

Ob Prof. Dr. Ferdinand Hueppe (1853-1938) die England-Spiele persönlich unterstützte, geht aus den Quellen nicht eindeutig hervor. Allerdings war der aus Neuwied stammende Wissenschaftler, der seit 1889 an der Prager Karls-Universität das Fach Hygiene lehrte, schon damals in der deutschen Fußballszene von Böhmen eine einflussreiche Gestalt, und es ist unwahrscheinlich, dass solch eine wesentliche Entscheidung gegen seinen Willen gefällt worden wäre. Hueppe wurde beim Gründungskongress des DFB zu dessen erstem Vorsitzenden gewählt und übte dieses Amt bis 1904 aus, als die Mitgliedschaft auf im Reichsgebiet lebende Deutsche beschränkt wurde. Später wurde er Ehrenvorsitzender des DFB. Sein Engagement, die böhmische Fußballszene in die deutsche zu integrieren, hatte möglicherweise auch einen höchst problematischen ideologischen Hintergrund, auf den Erik Eggers am 24. 8. 2002 im Berliner »Tagesspiegel« hinwies: »So vergleicht er [Hueppe] in seinem 1897 erschienenen Werk ›Zur Rassenhygiene und Sozialhygiene der Griechen im Alterthum und in der Gegenwart‹ den bevorzugten ›arisch-hellenischen‹ Menschen mit dem niederen ›semitischen‹, Typ ›jüdischer Krieger‹.«

Julius »Julle« Zinser zählte zu jenen Schülern, die es durch die schillernde Figur Bensemanns zum Karlsruher Fußball-Verein gezogen hatte, wo er rasch zu einem der besten Spieler aufstieg. Nach den Querelen um die England-Spiele und nachdem er einige Zeit bei den Frankfurter Kickers gespielt hatte, machte Zinser seinen Frieden mit dem KFV, wurde mit ihm zweimal Süddeutscher Meister und 1905 Deutscher Vizemeister. Ob er und seine Mitstreiter für den Spieleinsatz gegen die Engländer tatsächlich wie angedroht vom süddeutschen Verband gemaßregelt wurden, ist nicht bekannt. Bensemann schrieb später, die Strafen seien »nomineller Natur« gewesen. Andererseits berichtet Krämer (1963) von einem Gespräch mit dem greisen Willy Langer, in dem dieser Sanktionen gegen ihn und die anderen Spieler bestätigte. Bensemann habe, nachdem er »inzwischen als Lehrer in die französische Schweiz übergesiedelt« sei, dafür gesorgt, dass Julle Zinser (»Den hatte er gleich mitgenommen«) sowie Wetzler und Willy Langer bei Genève United gegen ein englisches Team aufgestellt wurden: »So spielten wir zwei gesperrten Karlsruher repräsentativ für die französische Schweiz.«

Die weitere Darstellung der Konflikte vor den England-Spielen ist, so weit möglich, aus den vorliegenden Quellen, insbesondere den Ausgaben der »Spiel und Sport«, rekonstruiert, wobei Details natürlich erfunden wurden. Authentisch aber sind die diversen zitierten Artikel, Erklärungen und Beschlüsse. Der Des Barres zugeschriebene Aufsatz erschien am 13.11.1899 im »Sportsman«, natürlich nicht aus der Feder Des Barres', allerdings ohne Nennung eines Verfassers.

Wie stark Bensemanns Vorgehen seinerzeit vor allem die süddeutsche Fußballszene polarisierte, illustriert auch die Erinnerung von Dr. Karding, einem Mitbegründer des Freiburger FC. Er schrieb: »Sonst hielten wir uns international zurück, und dasselbe tat der süddeutsche Verband in bewusstem Gegensatz zu dem vielgeschäftigen Bensemann, der den dafür noch lange nicht reifen deutschen Fußballsport durchaus mit dem Ausland sich messen lassen wollte und dabei so selbstherrlich vorging, dass der Verband ihm scharf entgegentreten musste. In einer unserer unregelmäßig erscheinenden Bierzeitungen hieß es: ›Auf dem ersten Platz in unsrer schwarzen Liste / da steht ganz gewiss die Walter-Bense-Kiste. / In England drüben ist er hoch geehrt / und das ein' von beiden ist verkehrt.‹« (Karding 2001)

Die Mannschaftsaufstellungen und der Verlauf der England-Spiele bzw. der sie begleitenden Feierlichkeiten entsprechen der Quellenlage, insbesondere den zeitgenössischen Darstellungen in »Spiel und Sport« sowie »Sport im Bild«. Dies gilt auch in solchen Details wie der Gesangseinlage des amerikanischen Studenten, der englischen »Klage« über die zu gute Bewirtung, dem über den Burenkrieg herziehenden Komiker, der Verspätung der englischen Spieler beim ersten Match sowie dem fehlenden Ball im letzten. Den Quellen entnommen sind ebenfalls die einzelnen Hinweise auf die taktische und spielerische Überlegenheit der Engländer.

Das Resümee, das Bensemann Imgraben gegenüber zieht, folgt im Wortlaut der Analyse aus der 1914 erschienenen Jubiläumsschrift des Berliner Klubs Victoria zum selben Gegenstand. Dort heißt es: »Es schließt sich [...] die größte Sensation des alten Jahrhunderts an: das Erscheinen der ersten repräsentativen englischen Mannschaft in Berlin mit den glanzvollsten Namen englischer Fußballgeschichte. Auch hier ist Walter Bensemann die Triebfeder des ganzen Arrangements. Sie führte uns ihre Kunst vor auf dem neu angelegten Platze neben der alten Kurfürstendammrennbahn und spielt dort die Unsern in Grund und Boden. Sie offenbarte uns eine ganz neue Kunst, das genaue flache Zuspiel, das Zuspiel an den Hintermann, das exakte Stoppen des Balles usw., Eigenschaften, die man damals bei dem guten hohen alldeutschen Spiel absolut nicht kannte.« (Victoria 1914)

Ähnlich sahen es die zeitgenössischen Kommentatoren. Die Zeitung »Spiel und Sport« vom 2.12.1899 schrieb: »Walther Bensemann (hat) es uns ermöglicht, eine durchschnittlich international erstklassige Mannschaft auf kontinentalem Boden spielen zu sehen, ein Ereignis, das in der Fußballgeschichte noch nicht vorgekommen ist. [...] In zwei Tagen haben wir mehr Neues, mehr Kombination, mehr Tricks – faire und ehrliche –, mehr brillantes Einzelspiel zu sehen bekommen, wie in den verflossenen sechs Jahren zusammengenommen.«

Und die »Sport im Bild«, Nr. 49/1899: »Außerordentlich bemerkenswert ist es, dass die Engländer, sowohl die Stürmer und Halfbacks, als auch die Backs den Ball stets, bevor sie ihn passten, anhielten [...] Sie stoppten den Ball, wie er auch kam, mit bewundernswerter Sicherheit und dribbelten ihn dann nach vorn oder passten ihn am Boden entlang ihrem Nebenmann zu. [...] Große Bewunderung erregte das geschickte Kopfspiel der Engländer, dem gegenüber das bei uns übliche Kopfspiel als schwacher Abglanz erscheint.«

Über die engere Fußballszene hinaus dürfte auf örtlicher Ebene vor allem das letzte Spiel in Karlsruhe Aufsehen erregt haben. Die Behauptung, die Schüler dort hätten klassenweise gestreikt, um das Match gegen England zu sehen, stammt aus Bensemanns Darstellung im »Kicker« 43/1931, ebenso die Anekdote über das »Goetz-Zitat« Julle Zinsers samt Bensemanns Kommentar. Den Hinweis, in Karlsruhe seien Pritschenwagen als Tribünen benutzt worden, gab Geppert (1953), der vermutlich Augenzeuge war.

Der angesprochene F.C. Phönix, von dem ebenfalls einige Spieler zur Begegnung in Karlsruhe aufliefen, entwickelte sich um die Jahrhundertwende zu einem ernsthaften sportlichen Lokalrivalen des KFV. Beide Vereine zählten zu den herausragenden süddeutschen Clubs und spalteten die Karlsruher Fußballszene lange Zeit in zwei Lager. Legendär sind die innerstädtischen Duelle in den Endrunden um die Süddeutsche bzw. Deutsche Meisterschaft. Zum Entsetzen der KFV-Anhänger gewann der F.C. Phönix 1909 die Deutsche Meisterschaft, eine Schmach, die allerdings ein Jahr später getilgt wurde, als seinerseits der KFV Deutscher Meister wurde und dabei den Rivalen im Halbfinale ausschalten konnte (auf dem Platz des KFV vor 8.000 Zuschauern, bis dahin Rekord in Deutschland). Nach Fusionen bildete sich aus dem F.C. Phönix später der Karlsruher SC, der viele Jahre in der ersten Bundesliga spielte.

Aus diversen Artikeln, die im Dezember 1899 und Januar 1900 in »Spiel und Sport« erschienen, ist der lange »Monolog« Bensemanns zusammengesetzt. In seiner fiktiven Rede zitiert er aus dort veröffentlichten Beiträgen von Nohe, Manning und ihm selber. Soweit dort ein »Bund« bzw. die »Bundesseele« angesprochen wird, handelt es sich nicht um den erst später gegründeten Deutschen Fußball-Bund (DFB), sondern um den Karlsruher Fußball-Bund (KFB), wie erwähnt ein regionaler Dachverband der Karlsruher Vereine, in dem ebenfalls Nohe den Vorsitz innehatte. Der Umstand, dass der Artikel von Dr. Manning gekürzt wurde, weil er persönliche Beleidigungen gegen Bensemann enthielt und somit »uns sowie auch den Verfasser mit den Gesetzen in Berührung« gebracht hätte, wurde von der Redaktion der »Spiel und Sport« am 13. 1. 1900 als Erklärung veröffentlicht. Authentisch ist des Weiteren die von Schricker verlangte und von Manning zugestandene »Ehrenerklärung«.

Übrigens kann man die redaktionelle Zensur des Manning-Beitrags natürlich auch andersherum interpretieren: Gestrichen wurden Passagen, die für Bensemann ehrenrührig oder gar justiziabel gewesen wären. Für diesen Fall kann man über den herauszensierten Inhalt nur spekulieren. Da allerdings die übrigen Vorwürfe bereits heftig waren (Schuldenaufnahme, Zechprellerei, Aufwiegelung von Jugendlichen, Beleidigung, Nötigung, Falschaussagen etc.) ist kaum eine weitere persönliche Verfehlung denkbar, die in Betracht käme und zur Person Bensemanns passen könnte. Ein möglicher rassistischer Hinweis auf die jüdische Herkunft Bensemanns entfällt, da diese Herkunft für Manning selber zutrifft. Da aber, wie im vorigen Kapitel gezeigt, auch Pitcairn-Knowles sich in dunklen Andeutungen ergeht, mögen tatsächlich weitere persönliche Vorwürfe oder Vorurteile gegen Bensemann im Raum gestanden haben. Möglicherweise bezogen sie sich auf seine (mutmaßliche) Homosexualität. Doch wirkliche Indizien dafür gibt es nicht.

Da Bensemann in diesen meist persönlich gefärbten Auseinandersetzungen mit Manning auch einige grundsätzliche Anmerkungen zur Bedeutung und zu den gesellschaftlichen Aufgaben des Sports einfließen lässt, seien diese nochmals im Zusammenhang zitiert: »Mit unfruchtbarer Kritik ist noch nichts geschaffen worden; auch im Fußballsport, einem kleinen, winzigen Gebiete menschlichen Schaffens, harren große Aufgaben ihrer Lösung. Allein der klaffende Gegensatz der Stände, der sich zurzeit im deutschen Sport geltend macht, die Überhebung und Exklusivität der so genannten gebildeten Kreise in vielen Orten, die Forderung der Arbeiterschaft auf Gleichberechtigung, die oft in vulgärer und nicht zu billigender Weise ihren Ausdruck sucht, sind Faktoren, die zu ernstem Denken zwingen, zu einer Vermittelung veranlassen sollten. Daneben kommen große sozialpolitische Fragen: das Anbahnen eines menschenmöglichen Sportverkehrs des vierten Standes; der Kampf gegen das unberechtigte Vorgehen, in Kleinstädten Handwerker und Kaufleute am Sonntag ungebührlich lange zu beschäftigen; das Bemühen, die Begriffe der Freiheit, der Toleranz, der Gerechtigkeit im inneren Sportsleben, des Nationalgefühls ohne chauvinistischen Beigeschmack dem Auslande gegenüber zu wahren. Das sind die großen Dinge, die eine weise Verbandsleitung im Auge haben sollte, statt Unruhe und Gleichgültigkeit durch das Beispiel großzuziehen.

Auch ich habe recht offen gesprochen; beherzigen Sie meine Worte, Herr Doktor [Gus Manning], wenn es noch nicht zu spät ist – und ich glaube, es ist noch nicht zu spät; verwenden Sie lieber die Hälfte der Zeit, die Sie bisher mit wenig schönen und persönlichen Streitigkeiten ausgefüllt haben, dazu, etwas Dauerndes zu schaffen; setzen Sie an die Stelle der Illiberalität, der Negation, der Misswirtschaft ein System der Freiheit, Toleranz, Gerechtigkeit, und Ihnen wird manches verziehen werden, was Sie um den deutschen Sport gesündigt haben.« (»Spiel und Sport« vom 13.1.1900).

Die abschließend geschilderten Erlebnisse in der Schweiz sind fiktiv, ebenso die Person der Katharina Sanders, die hier stellvertretend für einige Schweizer(innen) vor allem in den so genannten besseren Kreisen steht, zu denen Bensemann im Laufe seines Lebens freundschaftliche Beziehungen knüpfte. Von besonderer Bedeutung war dabei die Juweliersfamilie Mayer in Montreux und, in späteren Jahren, vor allem deren Sohn Albert, der zu einem der engsten Freunde Bensemanns wurde. Als Erwachsener sollte Albert, wie später noch geschildert wird, eine der wichtigsten Persönlichkeiten im Schweizer Sport werden. Zwar ist die Unterhaltung im Hause Mayer fiktiv, doch stimmen die geschilderten Fakten mit der Quellenlage überein, insbesondere im Hinblick auf die Gründungsversammlung des Deutschen Fußball-Bundes, bei der Bensemann als Delegierter des F.C. Phönix anwesend war und für die letztendliche Namensgebung sorgte.

Im Verlauf des Jahres 1900 nahm er an einer weiteren Hauptversammlung des DFB teil, wo er sich massiv für eine Teilnahme der Fußballer an den Olympischen Spielen einsetzte. Bei dieser Gelegenheit übrigens machte Dr. Manning, wie Gillmeister (1997) anmerkt, »seinen Frieden mit Walter Bensemann«, indem er dessen Antrag pro Olympiade unterstützte, allerdings vergeblich. Da selbst der internationalistisch gesonnene Boxhammer mit Blick auf die Kassenlage des Verbandes eine Teilnahme an der Olympiade ablehnte, wurde der Antrag niedergestimmt.

Die goldene Ehrennadel der F.A., eine damals sehr seltene Auszeichnung, erhielt Bensemann »in recognition of his merits for the cause of international sporting« (so zitiert bei Gillmeister 1997).

Der abschließend angedeutete Entschluss Bensemanns, die Stelle eines Präfekten und Sportlehrers am Internat Château de Lancy in Genf anzutreten, ist zwar wohl nicht auf die Vermittlung des Schotten Tasker zurückzuführen, entspricht aber als solche den Tatsachen. Bensemann blieb dort allerdings nur bis 1901, trainierte die Schüler erfolgreich im Fußballspielen und ging kurz darauf nach Großbritannien (vgl. Anmerkungen zum folgenden Kapitel).

Die Tätigkeit in der Schweiz hielt Bensemann offenbar nicht davon ab, zuweilen noch in Süddeutschland gegen den Ball zu treten. Jedenfalls taucht er für den 9. 12. 1900 in einem Spielbericht der Frankfurter Kickers auf, die an diesem Tag

Viktoria 94 Hanau besiegten – und zwar durch ein Tor von Walther Bensemann (vgl. Matheja 1998).

Zu Kapitel VI: Schottland im Frühjahr 1902

Die Querelen um die Rückspiele eines deutschen Teams 1901 in England erschließen sich u. a. aus Briefen, die Bensemann aus Schottland an Ivo Schricker schickte. Dass es ihm dringlich war, geht aus der Häufigkeit seiner Schreiben und dem energischen Tonfall hervor (18.7.1901: »Ich muss umgehend die Namen der Mannschaft haben ...«; 25.7.1901: »Es ist also noch nichts geschehen ...«)

In den Briefen machte Bensemann, um die Karlsruher umzustimmen, eine Reihe von Vorschlägen, die offenbar mit Erfolg umgesetzt wurden; auch sein Rückzug aus dem »Comité« zählte dazu.

In einem Schreiben vom 18. 7. 1901 (ab Dollar Academy) dokumentiert er die Forderung von F.A.-Sekretär Wall nach einem erstklassigen deutschen Team: »My commitee will not case to guarantee 200 (pound), to get a second-class team over.« Interessant ist auch Bensemanns Hinweis im Brief vom 30. 7. 1901, demzufolge Wall sich an den DFB-Vorsitzenden Hueppe gewandt habe in der Hoffnung, »Hueppe werde seinen Einfluss dahin geltend machen, dass hinter der Erwägung, die beste Mannschaft möge spielen, alles andere zurücktrete«. Dies würde bedeuten, dass der DFB zumindest indirekt in diese (nicht anerkannten) »Länderspiele« involviert war. Übrigens bezeichnete der stets penible Ivo Schricker in seinem »Wettspielbuch« das eigene Team als »Deutsche Mannschaft«. (Weitere Hinweise zu diesen Spielen siehe DFB 1925 und 1954)

Das geschilderte Wiedersehen mit John ist natürlich fiktiv; über den englischen Krieg gegen die Buren wurde bereits in Kapitel IV einiges angemerkt.

Bensemanns »Laufbahn« als Lehrer gestaltete sich, u. a. nach einer Aufstellung im »Kicker« 48/1921, wie folgt:
1900: Internatspräfekt und Sportlehrer im Château de Lancy, Genf;
1901-1902: Dollar Academy, Schottland (wie im Folgenden vermutlich als Präfekt, als Sprachlehrer für Deutsch und Französisch sowie als Sportlehrer);
1902-1905: Denstone-College in Staffordshire;
1905-1909: verschiedene Tätigkeiten an Schulen in Harrow, Bedford (Elstow School), Croydon und Cheltenham;
1910-1914: Birkenhead School in Liverpool.

Über seine Zeit als Lehrer in Genf schrieb Bensemann im »Kicker« 4/1920:

»Als ich im Jahr 1900 nach Lancy kam, spielte die erste Mannschaft mit den anderen Schulen der welschen Schweiz um den Pokal des Sheriffs Dewar von London. Von 14 Wettspielen, die auszutragen waren, hatten meine Buben 7 gespielt und alle verloren. Am ersten Nachmittag ließ ich alle Schüler auf den Platz kommen, teilte ihnen mit, dass täglich Training sein würde, und versprach ihnen, dass, wenn sie mir aufs Wort folgten, wir den Pokal gewinnen würden. Der Kapitän, ein Spanier namens Adaro, sagte höflich und mit der Grandezza des Hidalgo: ›Monsieur, je suis le Roi de Football de Lancy, mais je crois que vous avez raison.‹ Wir trainierten jeden Tag, auch am Sonntag, und bei jedem Wetter; die XI lernte Ballstoppen, täuschen, decken, Eckbälle treten, Volleys und Halfvolleys kicken. Es war damals Sitte in der Westschweiz, dass Lehrer mit in der Mannschaft spielten; so konnte ich denn den Buben im Match beibringen, dass nur kurzes, flaches Zuspielen Chancen auf Erfolg bietet. Oft hatten wir schwere Gegner, namentlich in unserer Konkurrenzanstalt La Châtelaine, deren Direktor, Monsieur Charles Thudichum, selbst als Verteidiger mitspielte; aber wir gewannen jedes Mal, und der einzige Gegner, den ich noch fürchtete, war mein Direktor Dr. Brunel. Dieser war zwar mit dem Fußballbetrieb als solchem einverstanden, aber es war ein altes Schulgesetz, dass die Saison Ostern schließen müsse, und wir hatten noch 7 Spiele zu absolvieren. Ich kehrte mich nun nicht ganz an die Regel, und so kam er denn jeden Mittwoch und Samstag früh zu mir und klagte: ›Oh, monsieur, est-ce que vous n'allez donc jamais finir avec votre football? Vous me faites la révolution dans mon école, monsieur!« Ich beruhigte ihn durch die Aussicht auf den Pokal; aber er sagte immer wieder: ›Lancy hat in 30 Jahren keinen Pokal gewonnen und wird nie einen gewinnen.‹ Schließlich ist es mir denn gelungen, die noch fehlenden 7 Pokalspiele auszufechten, und ich muss sagen, als Adaro, Roi de Football, dem Herrn Direktor die ›Coupe Dewar‹ überreichte, strahlte das Gesicht dieses gutherzigen Mannes, der leider nicht mehr unter den Lebenden weilt, und er wies die Buben darauf hin, dass dies eine Lektion für sie sei: Man dürfe sich nie durch Misserfolge entmutigen lassen.«

Interessant ist, dass Bensemann für die Zeit um die Jahrhundertwende auch in der Schweiz vor allem durch sein internationales Engagement Renommee gewann. Eine (halb offizielle) Chronik zum Schweizer Fußball vermerkt: »Zwei Männer haben sich in der Frühepoche besonders für die Pflege der internationalen Beziehungen eingesetzt: François J. Dégerine und Walther Bensemann.« In Bezug auf Bensemann, der als »dieser große Pionier der modernen Fußballbewegung und gute Europäer« bezeichnet wird, heißt es weiter: »Um die Jahrhundertwende war Walther Bensemann im Institut Château de Lancy in Genf als Lehrer und Erzieher tätig. Im Juni 1900 führte er eine aus Spielern von Stellula, Lancy, Châtelaine und Yverdone gebildete Mannschaft nach Straßburg, Karlsruhe, Heidelberg und Mannheim, wo neben den Fußballkämpfen auch Tennisspiele ausgetragen wurden. Walther Bensemann, der in England gewesen war, suchte nicht nur das Fußballspiel, sondern auch englischen Sportgeist auf dem Kontinent zu verbreiten.« (Schmid 1953)

Zwei Briefe, die Bensemann im Jahr 1903 an Ivo Schricker schickte, charakterisieren seine persönliche Situation in Großbritannien und dokumentieren zugleich seinen vertraulichen Umgang mit Schricker. Daraus einige Passagen:

4.1.1903, Dollar: »Lieber Ivo, besten Dank für deine beiden Briefe; mit großem Interesse habe ich deine Matterhornbesteigung gelesen. Zu Neujahr gratulierten mir Abölfele, Julle [Zinser], Wini [Ivos Bruder Erwin] u. W. Bank; Letzterer scheint immer noch nicht auf dem Damm zu sein, soviel ich nach der Schrift urteilen kann. Der K.F.V. spielte Weihnachten in Holland u. wurde ziemlich stark abgesägt. Ich bin hier zu den Ferien u. gehe nächste Woche nach Denstone zurück. Denstone ist eine der großen englischen Schulen; zwischen I. u. II. Klasse; 315 Schüler, 20 Lehrer, fast alle Oxf. und Cambr. graduates u. ziemlich jung. Gehalt (Pfund) 120 u. alles frei, inclusive Wohnung u. Wäsche. Du siehst, ich mache mich. Ich bleibe dort bis 1904 u. gehe dann nach Lancing College – to reform the modern language departments. Ostern gehe ich mit einem Rugby-Team, Old Denstonians, nach F'furt, H'berg, Hannover. Nun hast du die hauptsächlichen Momente in knapper caesarianischer Schilderung.

Mit besten Grüßen u. in der Hoffnung, bald wieder von dir zu hören, verbleibe ich dein treuer W. Bensemann.«

18.3.1903, Denstone College, Staffordshire: »Lieber Ivo, deine Karte vom 18. 2. mit Dank bestätigt. Ich gehe am 15. 4. mit Old Denstonians auf Rugbytour nach Deutschland – Heidelberg, Hannover usf. Habe behufs Tennismatch bei A.L.O., Heidelberg, angefragt, aber von Wini noch keine Nachricht. Ich habe viel zu tun; bin der deutschen Fußballwelt ziemlich entwachsen u. gefalle mir in dieser Rolle ausgezeichnet. Denke nur an Link, Nohe [...] Paulchen Neumann, Manning u. Co, den getreuen Jeffke, Knofeles, Demler mit der Dosis [...] u.s.f.! Nicht zu vergessen Schmidtchen, der die dicke Diva immer im Hardtwald von hinten begatten musste. What fun! Lange nichts von ihm gehört; hast du?

Ich vermute, du kommst mit einer reichen, schönen Amerikanerin von Cairo zurück; viel Glück! [Anmerkung: Schricker ging damals beruflich nach Ägypten.] Cairo ist ein kolossales Saunest, wie mir Leute von Verstand mitteilen; dies zur Belehrung ...«

Bensemanns pädagogische Überlegungen sind im »Kicker« und anderen Schriften vielfältig niedergelegt, wobei es zuweilen schwer fällt, daraus ein geschlossenes Bild zu gewinnen. Es dürfte stimmen, was er selbst von sich behauptete, nämlich dass er seine pädagogischen Ansichten aus der Praxis gewann und eine theoretische Befassung damit für überflüssig hielt. Dies führte in späteren Jahren beispielsweise zu einer krassen, wenig begründeten Ablehnung reformpädagogischer Ansätze, denen er vor allem seine eigenen Erfahrungen entgegenhielt. Bensemanns Berichte aus seiner konkreten Lehrertätigkeit beschränken sich freilich auf wenige Anekdoten, aus denen nicht allzu viel geschlossen werden kann. Durchgängig ist nach 1920 eine äußerst positive Darstellung des englischen Internats- und Public-School-Systems, als deren wesentliche Elemente Bensemann die Erziehung zur körperlichen Härte, zur Selbstdisziplin und zur Toleranz ansah. Ein zentrales Instrument für eine solche Erziehung war in seinen Augen neben dem neusprachlichen vor allem ein umfangreicher Sportunterricht.

Ein Aufsatz aus dem Jahr 1910, der erst im DFB-Jahrbuch 1910 und danach in der Ausgabe 23/1910 der Schweizer Zeitschrift »Sport« veröffentlicht wurde, macht deutlich, dass Bensemann genau diese Überlegungen in seiner »britischen Zeit« entwickelt hatte. Unter dem Titel »Der Fußballsport als Kulturfaktor im englischen Volksleben« finden sich hier, wenn auch weniger ausgereift, die gleichen Ansichten wie noch zehn oder 20 Jahre später: »Fair play« als »der vornehmste Lebensinhalt«, »gentlemanlike« als »höchste Würde der Persönlichkeit«.

Die in diesem Buch von Bensemann geäußerten pädagogischen Überlegungen stammen (zumeist wörtlich) aus Aufsätzen in den »Kicker«-Ausgaben 1/1920, 10/1920, 52/1921 und 25/1922. Seine »Ansprache« an die Schüler findet sich, unwesentlich abgewandelt, ebenfalls in Ausgabe 10/1920.

Die in wörtlicher Rede geschilderte Anekdote um den Fußtritt gegen »Witzbold« Lumm ist Bensemanns Darstellung im »Kicker« 5/1922 entnommen; Arnold Lumm veröffentlichte später einen Roman über seine Schulzeit, der von Bensemann ins Deutsche übersetzt und im »Kicker« abgedruckt wurde.

Die Bezeichnung »Man-Mountain« für Bensemann zitiert Gillmeister (1997), allerdings für eine spätere Zeit am Institut von Birkenhead.

Die Posse um den ewig verspäteten Schüler schildert Bensemann im »Kicker« 1/1932. Allerdings spielte sie (wie auch die Geschichte mit Lumm) nicht 1902 in Dollar, sondern 1906 in Harrow. Der Darstellung im »Kicker« zufolge traf Bensemann den betreffenden Schüler einige Jahre später wieder. Der war zu diesem Zeitpunkt wegen fortgesetzter Unpünktlichkeit auf ein Jahr von seiner Militärschule suspendiert und äußerte nachträglich größtes Verständnis für die frühere Bestrafung.

Das Zitat »Pünktlichkeit ist die Höflichkeit der Könige ...« ist der gleichen Quelle entnommen. Es stammt übrigens vom französischen König Ludwig XVIII.

Der Bericht über das Unglück am 5.4.1902 beim Länderspiel in Glasgow folgt im Wesentlichen Bensemanns Darstellung im »Kicker« 15/1921, wobei die Zahlen über die tödlich Verunglückten anderen Quellen entnommen wurden. Einige nebensächliche Details sind erfunden, andere aus dem angegebenen Bericht übernommen. Letzteres trifft z. B. zu für:

- die Einladung an Bensemann durch den schottischen Verbandspräsidenten Mac Dowall;
- das Wiedersehen mit Alcock und anderen Offiziellen der englischen Delegation von 1899;
- das Zitat, am Morgen nach dem Bankett sei »die Erinnerung an den Heimweg so dunkel wie die Gassen der schottischen Metropole« gewesen;
- den Ablauf des Geschehens auf der Ehrentribüne (beispielsweise Mac Dowalls Kommentar: »They are mobbing the referee« sowie Alcocks Plädoyer für und Mac Dowalls Votum gegen einen Spielabbruch);
- Bensemanns Einsatz beim Transport der Verletzten;
- die Begegnung mit dem englischen Mannschaftskapitän Bloomer und dessen Entsetzen;
- den langen nächtlichen Fußmarsch von Perth zur Schule aufgrund der Tatsache, dass am Sonntagabend dort kein Zug verkehrte.

Interessant ist der Umstand, dass Bensemann seinen Bericht (nach 20 Jahren) offensichtlich allein aus der Erinnerung heraus schrieb und nicht auf schriftliche Quellen zurückgriff. Dies ist vor allem aus der Tatsache zu schließen, dass er das Unglück auf ein falsches Jahr datierte (1901 statt 1902). Ansonsten aber stimmt sein Bericht verblüffend genau mit späteren Darstellungen (z.B. Inglis 1996) überein, lediglich bei der Zahl der Toten gibt es eine geringfügige Abweichung. Dies mag einmal mehr als ein Indiz dafür gesehen werden, dass seinen historischen Exkursen im »Kicker« eine gewisse Verlässlichkeit zugesprochen werden kann (mit der Einschränkung, dass seine eigene Beteiligung an dem Geschehen natürlich in diesem Fall nicht verifiziert werden kann).

Zu Kapitel VII: Schweiz im Frühjahr 1908

Im »Kicker« 45/1929 erzählt Bensemann, er habe im Laufe seines Lebens 70 bis 80 Mal den Kanal überquert, was sich vor allem auf seine »englischen« Jahre beziehen muss. Seine Klassenfahrten mit Rugby-Mannschaften auf den Kontinent erwähnt er hin und wieder in seinen Glossen.

Über die Fahrt nach Italien (etwa 1906) berichtet Bensemann im »Kicker« 18/1926, über die nach Monte Carlo (1908) in Ausgabe 18/1920.

Über die Italienfahrt schrieb er: »Als ich zum letzten Male – vor 20 Jahren – hier [in Rom] war, sah ich die Welt mit andern Augen an; da musste von morgens früh bis abends spät, trotz sengender Augustsonne, alles besichtigt werden: Kirchen, Basiliken, Katakomben, Galerien, Paläste, die Campagna.«

Zur Fahrt nach Monte Carlo merkte er an: »1908 fuhr ich im Genf-Monte-Carlo-Express (Privatunternehmen) Schlafwagen erster, und das Licht ähnelte einer Nachtlampe. Der Schaffner erschien mit 4 leeren Flaschen und 4 Kerzen, die er hineinsteckte und anzündete; vor diesem merkwürdigen Hochaltar habe ich dann zahlenmäßig berechnet, wie man die Bank am besten sprengen kann.«

Über die Versöhnung mit Nohe und seine Aktivitäten für den Karlsruher FV berichtet Bensemann in den »Kicker«-Ausgaben 33/1924 und 43/1931. Weitere Informationen, u. a. auch über die merkwürdige Tribüne, liefern dazu Skrentny (2001) und der Jubiläumsband »25 Jahre DFB«. Dass die Trennung von »seinem« KFV letztlich versöhnlich vonstatten ging, zeigt seine Anmerkung im »Kicker« 43/1931: »Wir haben es so oft in unserem Fußballstaat erlebt, dass Autokraten nach kürzerer oder längerer Tätigkeit freiwillig oder gezwungen aus dem ihnen lieb gewordenen Amte scheiden. Meistens ist die Trennung mit unerfreulichen Begleiterscheinungen verbunden; der Scheidende kann nicht vergessen, dass seine Herrschaft zu Ende ist, und die vielen, denen er mehr oder minder sanft auf die Zehen trat, haben ebenfalls ein gutes Gedächtnis. Ich vermute, dass die Loslösung deshalb so schwer ist, weil beide Parteien in derselben Stadt bleiben und der Biertischklatsch, der dem Kaffeeklatsch um nichts nachsteht, die Differenzen je länger, je lieber akzentuiert. Mein Austritt aus dem KFV hat, wenigstens bei mir, weder eine Erschütterung noch eine Verärgerung hervorgerufen, was vielleicht bei längerem Aufenthalt in derselben Stadt der Fall gewesen wäre. So winkten mir und dem wieder konsolidierten Verein neue Aufgaben in verschiedenen Ländern.«

Bensemanns Kampf für einen Verbleib des SFV im DFB schilderte Karl Geppert später so: »Im Jahre 1907 wollte Nohe den Süden vom DFB spalten. Mit Entschlossenheit trat ihm W. B. entgegen. Ich habe diese Tagung, der ich als Delegierter beiwohnte und die wiederum in Karlsruhe [im Friedrichshof] stattfand, noch sehr gut in Erinnerung. Nohe hatte dadurch eine Chance, dass der DFB als seinen Bevollmächtigten Walter Sanss geschickt hatte, der den DFB denkbar ungeschickt vertrat. F. W. Nohe kämpfte wie ein Löwe für seine Idee. Fürwahr ein selten feiner Kampf. Hoch stehend im Sachlichen und blendend in der Rhetorik setzte zwischen F. W. Nohe und W. B. die denkwürdige Auseinandersetzung ein. Als W. B. das letzte Wort hatte, machte seine Schlussrede einen solch tiefen Eindruck auf die Verbandsvertreter, dass man vor der Abstimmung schon um das Ergebnis wusste: F. W. Nohe verlor, der DFB gewann und Walther Bensemann war der Sieger! Ein echter Sieger, der seinem persönlichen Freund in sachlicher Vornehmheit sofort die Hand reichte.« (Geppert 1953)

Bensemanns hier geschilderter Besuch in Montreux ist im Übrigen reine Fiktion. Die Beschreibungen sollen einen Eindruck von der Art Reise-Rezeption vermitteln, wie Bensemann sie später im »Kicker« pflegte. Daher sind in die Unterhaltung zwischen ihm, Katharina Sanders und Imgraben Passagen eingebaut, die weitgehend wörtlich späteren Bensemann'schen Glossen entnommen wurden. Die Bemerkungen über die verborgenen Hoteldirektoren finden sich in Heft 9/1931, die Namensliste der Grand-Hotel-Besucher sowie die Darstellung des Tanz-Tees (inklusive der Wein trinkenden Bauern und des tanzenden »Packers«) in Heft 34/1927 und die Anekdote über den schottischen Pfarrer in Heft 52/1927.

Die kritischen Anmerkungen über Kaiser Wilhelm II. sowie die »Offizierskaste« Anfang des 20. Jahrhunderts machte Bensemann, auch in der Schärfe der Wortwahl, die hier Imgraben in den Mund gelegt wird, in Ausgabe 22/1920.

In der Festschrift »25 Jahre DFB« findet sich ein (aus dem Jahrbuch von 1908 nachgedruckter) Bericht des Spielausschussvorsitzenden Hugo Kubaseck über das Länderspiel 1908 gegen die Schweiz, wobei auch Bensemanns Aktivitäten erwähnt werden (»Die Spieler fuhren hierauf zum Imbiss ins Hotel, während die Herren Dr. Thalemann, Buser, Devith, Behm, Dettinger und Kubaseck usw. einer liebenswürdigen Einladung des Herrn Bensemann zum Lunch in den ›Drei Königen‹ folgten.«).

Eine weitere, vielfach zitierte Quelle zu den Begleitumständen des ersten Länderspiels ist der (allerdings erst Jahre später entstandene) Bericht von Nationalspieler Fritz Becker, der u. a. in der Festschrift zum 60-jährigen Bestehen des DFB abgedruckt ist. Ausführlich geht Becker auch auf seine Bekanntschaft mit (dem ihm bis dahin nur flüchtig bekannten) Bensemann ein, den er als »väterlichen Freund« bezeichnet. Die meisten Details, die sich vorne in diesem Buch finden, sind den authentischen Darstellungen Beckers und Kubasecks entnommen, so etwa:

- der »Kneipenbesuch« der Funktionäre am ersten Abend;
- der »Kleiderappell« und die Stadtrundfahrt am Sonntagmorgen;
- die Tatsache, dass sich Kubasecks Ansprache an die Spieler nicht auf das Spiel, sondern das folgende Bankett bezog;

- das mittägliche Dinner auf Einladung von Bensemann (wobei das geschilderte Gespräch natürlich Fiktion ist);
- der Ablauf des Länderspiels;
- der Vorfall beim Bankett samt Verunreinigung von Beckers Smoking;
- die Tatsache, dass sich Becker noch einige Tage mit Bensemann in der Schweiz aufhielt.

Beckers Erzählungen über die Ereignisse im Vorfeld des Länderspiels sowie Bensemanns Kommentierung dazu (einschließlich seiner Einschätzung über den Fußball als »König des Sports«; wörtlich: »König der Spiele«) sind ebenfalls dem schriftlichen Bericht Beckers entnommen, Bensemanns Kritik an Defiziten im schulischen Sprachunterricht seinem Beitrag im »Kicker« 44/1931.

Übrigens endet Beckers Bericht mit folgender Passage:

»Walter Bensemann, der Kosmopolit reinster Prägung, hat mir ausführlich vorausgesagt, wie es [mit der Entwicklung des Fußballs] kommen werde und kommen müsse. Ich habe damals die von ihm gebrauchten Fremdwörter nicht alle verstanden – er besaß nicht nur als Journalist seinen eigenen Stil, sondern er war auch in seinen Gesprächen ein sprachlicher Feinschmecker –, aber schon bald ging mir auf, wie Recht er hatte, und diese Wahrheit wurde mir immer deutlicher.«

Zu Kapitel VIII: Würzburg im Winter 1916

Über Bensemanns Tätigkeit in der Birkenhead School, insbesondere den erfolgreichen »Prüfungsbetrug« und seine Dinner-Partys im »Adelphi«, berichtet Gillmeister (1997; s.a. OBS-Bulletin, 1998). Auch das Gerücht, das »Adelphi« habe schließen müssen, nachdem diese Partys ausfielen, wird dort zitiert. »The Britannia Adelphi« existiert allerdings noch immer am Ranelagh Place im Herzen Liverpools und gilt als das größte, traditionsreichste und vornehmste Hotel der Stadt. Auch die Birkenhead School selbst zählt noch heute zu den besseren Adressen unter den englischen Privatschulen.

Bensemanns polemische Analyse zur Vorkriegssituation im Deutschen Reich wurde, nahezu wörtlich, dem bereits im vorigen Kapitel angeführten Aufsatz »Die große Lüge« (»Kicker« 22/1920) entnommen. Das Gleiche gilt für die etwas später angeführte Äußerung über die »Krieger- und Stenographenvereine«.

Das Datum 28. Juli 1914 für seine Abreise aus England nennt Bensemann selbst (»Kicker« Nr. 36/1928) und führt als Grund die beginnenden Ferien an. Über die Vermittlung englischer Trainer und deren Internierung berichtet Bensemann im »Kicker« 2/1920, über den Spionageverdacht der englischen Geheimpolizei in 36/1928. Den »Weltbau«-Satz von Horaz zitiert Bensemann des Öfteren, meist mit ironischem Unterton (z.B.: »Kicker« 36/1931)

Die diffamierende Polemik der »Turnen, Spiel und Sport« aus den Kriegsjahren ist später von Bensemann im »Kicker« (Nr. 52/1925) erwähnt. In diesem in Hamburg erscheinenden offiziellen Verbandsorgan (vor 1917 hieß es noch »Spiel und Sport«) findet sich auch der zitierte Kriegsaufruf des Norddeutschen Fußballverbandes (Ausgabe vom 4.8.1914). Dass der Aufruf die Meinung der Redaktion traf, bewies diese in der Folge zur Genüge: Es wimmelte vor anti-englischen Hasstiraden etwa dieser Art: »Dieses Britenvolk, das ehrloseste der Welt, missgönnte uns die Früchte unserer Friedensarbeit...« (Leitartikel vom 29.12.1914) oder: »Wir lieben vereint, wir hassen vereint, wir haben alle nur einen Feind: England!« (Leitartikel vom 26.1.1915). Seitenlange Leserzuschriften vor allem in den ersten Kriegsjahren zeigten, dass dieser Tonfall durchaus die Stimmungslage vieler Sportler wiedergab.

Am Institut Adam in Würzburg war Bensemann nach eigener Darstellung von Ostern 1915 bis Herbst 1917 als Sportlehrer tätig; danach für kurze Zeit auch an einem »Evangelischen Pädagogium« in Bad Godesberg. Gillmeister (1997) verweist auf die jeweils von Bensemann mit einem Co-Autor verfassten und im Selbstverlag erschienenen »Französischen Sprachübungen für Anfänger« (Bad Godesberg 1918, mit Josef Bausenwein) und »Schlüssel zu den englischen Sprechübungen für Anfänger« (Würzburg 1918, mit Otto Schnellenberger).

Die (geringfügig abgeänderte) Ode auf Würzburg ist zu einem späteren Zeitpunkt geschrieben worden und findet sich im »Kicker« 3/1932. Der von Bensemann erwähnte Dichter Leonhard Frank wurde 1882 in Würzburg geboren und veröffentlichte seinen Gesellschaftsroman »Die Räuberbande« 1914. Als Pazifist und Sozialrevolutionär emigrierte er vorübergehend während des Ersten Weltkriegs und später auch in der Nazizeit aus Deutschland.

Das Motiv des an die Tafel geschriebenen Verses »Wanderer kommst du nach Sparta« ist natürlich aus einer Kurzgeschichte von Heinrich Böll plagiiert; man sehe darin weniger einen geistigen Diebstahl denn ein Zeichen meiner Verehrung.

Das erwähnte Foto findet sich im »Kicker« 48/1921. Neben Bensemann sitzt in der beschriebenen Haltung ein Schüler namens Dürr, über den mir aber nichts weiter bekannt ist außer der in der Bildunterzeile vermerkten Information, dass er im Krieg gefallen ist. Dass Erwin Langer gleichfalls im Ersten Weltkrieg ums Leben kam, dokumentiert die Broschüre »90 Jahre Karlsruher FV«.

Der offene Brief an Frederick J. Wall, der Bensemanns Erfahrungen aus dem Weltkrieg wohl am besten reflektiert, findet sich abgedruckt im »Kicker« 11/1920.

Zu Kapitel IX: Koblenz im Frühjahr 1920

Seine Begegnung mit dem bayerischen Ministerpräsidenten Kurt Eisner erwähnt Walther Bensemann in einem Brief aus Zürich vom 2.6.1933. Das USPD-Mitglied Eisner amtierte lediglich vom 7.11.1918 (Ausrufung der Republik) bis zum 21.2.1919 (Ermordung durch einen Attentäter) als Ministerpräsident. Über ihn wie über einige andere namhafte Sozialistenführer (Marx, Lasalle) äußerte sich Bensemann im Übrigen auch im »Kicker« zuweilen positiv (z. B. Heft 12/1920).

Den zweiten Kopf der Räterepublik, den Anarchisten Gustav Landauer, dürfte Bensemann zumindest flüchtig gekannt haben: Landauer machte ein Jahr vor ihm am Großherzoglichen Gymnasium von Karlsruhe sein Abitur. Gustav Landauer, ebenfalls Jude, wurde bei der Zerschlagung der Räterepublik ins Gefängnis geworfen und dort am 2.5.1919 brutal ermordet.

Ob der langjährige Präsident des FC Bayern, Kurt Landauer (mit Gustav Landauer nicht verwandt), oder überhaupt ein Dritter an dem Treffen mit Eisner teilnahm, geht aus Bensemanns Brief nicht hervor. Klar ist aber, dass Bensemann und Landauer sich über eine lange Zeit kannten und schätzten. Wie erwähnt, spielte Bensemann möglicherweise schon in seiner Studentenzeit, als er einige Monate in München lebte, in einem Vorgängerverein des FC Bayern.

Die Fakten, die in Bezug auf den »Kicker« als Zeitung und Unternehmen hier wie in den folgenden Kapiteln genannt werden, stimmen in aller Regel mit der Quellenlage überein. Alle aufgeführten Zitate aus dem »Kicker« oder anderen namentlich genannten Zeitungen sind authentisch.

Das eingangs geschilderte Treffen zwischen Bensemann, Karl Geppert, den Langer-Brüdern und Dr. Ivo Schricker hat tatsächlich in einem Karlsruher Weinlokal stattgefunden, wo man vor allem den vorgesehenen Titel »Der Kicker« kritisierte. Bensemann selbst verteidigte den Namen mit den hier aufgeführten Argumenten im »Kicker« 2/1920. Die Bedenken der Freunde werden vor allem verständlich angesichts der im Ersten Weltkrieg produzierten anti-englischen Hysterie in Deutschland, in der u.a. die »Ausmerzung« englischer Begriffe im Fußball gefordert worden war. Wie erwähnt war auch der Begriff »Kickers« als »undeutsch« verurteilt worden (vgl. das norddeutsche Verbandsorgan »Spiel und Sport«, Ausgabe vom 1.12.1914).

Karl Geppert erzählte den Vorgang im »Kicker« 3/1933 so: »Ich erinnere mich noch sehr gut, als er [Bensemann] mich vom Schreibtisch des Büros wegrufen ließ und in eine kleine Weinstube bestellte. Dort waren Fritz und Ernst Langer und Dr. Schricker versammelt. Bensemann trug uns seine Ideen vor, und wir alle haben vergeblich versucht, ihm die Bezeichnung ›Der Kicker‹ auszureden. Es ist alles abgeprallt.« (Vgl. auch die ähnliche Darstellung bei Geppert 1953)

Karl Geppert, geboren am 19. 1. 1884, erlebte als kleiner Junge die Anfänge des Fußballs in Karlsruhe. Mit 15 Jahren fungierte er bereits als Delegierter beim Karlsruher Fußballbund und betätigte sich selbst als Vereinsgründer. Später übernahm er zahlreiche Funktionen sowohl im DFB wie im SFV-Vorstand und wurde Ehrenpräsident des VfR Mannheim. Außerdem war er der Vorsitzende des von Bensemann gegründeten »Club der Alten« (vgl. Kap. XV).

Einige der Motive, die Bensemann für die Gründung der Zeitung anführt, sind dem programmatischen Artikel »Das Ulmer Niveau« in der ersten »Kicker«-Ausgabe entnommen, insbesondere der Hinweis auf die soziale, klassenschrankenüberwindende Funktion des Sports und die ablehnende Haltung einiger Parteien.

Die Produktion der ersten »Kicker«-Ausgabe muss, Bensemanns eigenen Darstellungen zufolge, so ähnlich abgelaufen sein wie hier beschrieben, wobei zu beachten ist, dass es sich bei Katharina Sanders (bzw. von Steinhof) wie erwähnt um eine Kunstfigur handelt. Felix Linnemann, Peco Bauwens und Hans-Jakob Müllenbach sind dagegen historische Personen, die in Bensemanns Wirken noch eine wesentliche Rolle spielen sollten. Während Bensemanns Verhältnis zum späteren DFB-Präsidenten Linnemann von Anfang an offenbar durch Meinungsverschiedenheiten getrübt war, wies sein Umgang mit Müllenbach zumindest äußerlich schon bald Aspekte einer Vater-Sohn-Beziehung auf.

Die Szene, wie die »Kicker«-Auflage im Handwagen über die Schweizer Grenze gebracht wurde, ist im »Kicker« und in anderer Literatur mehrfach geschildert worden; in Heft 28/1930 findet sich auch das erwähnte Foto.

Die genannte Zahl von Vorab-Abonnements stammt aus dem »Kicker« 2/1920. Bensemanns Anklage gegen das zurückhaltende Bestellverhalten der Sportvereine sowie seine Tirade gegen die Zerstörung von Spielflächen finden sich im »Kicker« 3/1920; die Glosse gegen den Runderlass des bayerischen Kultusministers im »Kicker« 7/1920. Der Leserbrief zum »erhobenen« »Kicker« stammt aus Heft 8/1920; das Gerangel mit der Polizei wegen des Reklameläufers beginnt in Heft 16/1920 und zieht sich über mehrere Ausgaben; erst in Heft 17/1922 erfolgt eine längere Dokumentation des Gerichtsurteils.

Der offene Brief an Wall ist, wie im vorigen Kapitel angemerkt, in Heft 11/1920 abgedruckt; der Zusatz mit der Anspielung »Wall und Wälle« in Ausgabe 13/1920. Mit dem Fußballverbot an Feiertagen in Baden befasst sich Bensemann in Heft 6/1921.

Die »Anmerkung des Setzers« findet sich in Heft 5/1921 – die Urheberschaft der Berliner »tageszeitung« für diese Form von (dort so genannten) »Säzzer-Anmerkungen« wäre damit widerlegt.

Bensemanns Traktat »Mangelnde Kinderstube« erschien in Heft 4/1921; der Beitrag von Dr. Max Uebelhör als Leitartikel in Heft 5/1921. (Uebelhörs Beziehung zu Imgraben ist fiktiv; allerdings wohnte der Universitätsdozent und politische Buchautor längere Zeit in Karlsruhe.) Die anschließenden Reaktionen aus der Leserschaft entsprechen dem hier Dargestellten und sind wörtlich aus dem »Kicker« zitiert. Dass infolge der Uebelhör-Polemik 500 Abonnements gekündigt wurden, hat Bensemann später selbst einmal behauptet (Ausgabe 36/1928). Die Zahl scheint allerdings recht hoch gegriffen, wenn man die vorherigen Klagen des Herausgebers über die geringe Abonnentenzahl bedenkt.

Zu Kapitel X: Konstanz im Frühjahr 1921

Dass Bensemann schon zu einem frühen Zeitpunkt fremde Finanzspritzen für den »Kicker« annahm, ist wahrscheinlich. In einer ganzseitigen Anzeige im Heft 10/1920 suchte er »schweizerische und deutsche Kommanditisten«, und zwar »1. Zum weiteren Ausbau des ›Kicker‹. 2. Zur Gründung einer Tageszeitung nach amerikanisch-englischem Muster. Es kommen entweder stille Teilhaber oder kapitalkräftige allererstklassige Kaufleute mit langjähriger Buchhandlungspraxis in Betracht.«

Über den Erfolg dieses Aufrufs ist nichts Weiteres bekannt.

Das Zitat, der »Kicker« sei »Symbol der Völker-Versöhnung durch den Sport«, stammt aus Heft 25/1920; es taucht in ähnlicher Formulierung vor allem in den

Anfangsjahren häufiger im »Kicker« auf. Bensemanns politische Äußerungen, die er (hier fiktiv) Katharina gegenüber macht, veröffentlichte er ausführlich und in teilweise gleichen Formulierungen im Heft 12/1921. Die Formulierung, der Sport sei eine völker- und klassenverbindende Religion, entstammt Ausgabe 34/1930.

Die »unangenehme« Aufgabenbestimmung für den im März 1921 eingestellten Redakteur Fischer findet sich in Heft 28/1921; die Auslobung der »Friedens-« bzw. »Versöhnungspokale« in Heft 13/1921. (Die Spannungen zwischen dem autokratisch regierten Ungarn und der Tschechoslowakei entstanden als Folge der staatlichen Neuordnung nach dem Ende des Habsburger Reiches.)

Über den Besuch bei »August dem Urviehch« wird in Heft 14/1921 berichtet. Auch die übrigen genannten Pseudonyme der »Kicker«-Korrespondenten sind authentisch, wobei eine Reihe von Akademikern mit richtigem Namen zeichnete, so Dr. Mayr aus Augsburg, Dr. Frieß aus Heilbronn oder Dr. Dietz aus Isenburg. Manche der Namen verweisen auf eine jüdische Abstammung, beispielsweise Narciss Süssermann, der das »Polnische Allerlei« besorgte, oder auch Simon Rosenberger, der 1921 zur Redaktion kam. Die Person des Frankfurter Korrespondenten »Jockey«, den Bensemann selbst in Ausgabe 28/1932 als Rechtsanwalt Dr. Josef Keil »enttarnte«, steht wohl exemplarisch für die Verbindungen, die Bensemann über und für den »Kicker« knüpfte. Keil unterhielt eine Anwaltskanzlei gemeinsam mit Dr. Paul Blumenthal, einem jüdischen Entracht-Frankfurt-Mitglied, und war zugleich Schriftleiter der Frankfurter Eintracht-Vereinsnachrichten. 1933 verlor Dr. Keil dieses Amt, u.a. nachdem er den langjährigen jüdischen Schatzmeister der Eintracht, Hugo Reiss, der wegen der Nazi-Machtergreifung zurücktreten musste, in der Vereinszeitung mit sehr viel Lob verabschiedet hatte (vgl. Skrentny in: Schulze-Marmeling, 2003).

Bensemanns Fahrt nach Straßburg ist weitgehend seiner Darstellungen in den Ausgaben 16-19/1921 entsprechend wiedergegeben; dies gilt vor allem für sein Treffen mit Neff und Lévy. Die wörtliche Rede bei Bensemann entspricht im Sinngehalt und zuweilen auch im Wortlaut seinem Bericht in der Zeitung; auch die Schilderung des Zwischenfalls vor dem Hotel folgt dieser Quelle.

Der (auszugsweise wiedergegebene) Bericht über das Spiel in München findet sich im »Kicker« 22/1921. Wie der MTK Budapest und der FC Bayern München war übrigens auch Blauw Wit ein Verein, bei dessen Gründung und Förderung jüdische Sportenthusiasten eine wesentliche Rolle gespielt hatten. Der 1902 entstandene Verein galt als Team der assimilierten Mittelschichtsjuden im Amsterdamer Süden und wurde 1922, also ein Jahr nach seinem Gastspiel in München, niederländischer Vizemeister.

Der in Bensemanns Bericht erwähnte General Erich Ludendorff beteiligte sich zwei Jahre später in München am gescheiterten Hitler-Putsch, was ihn nicht daran hinderte, 1924 deutsch-völkischer Reichstagsabgeordneter zu werden. 1925 kandidierte er für die Nationalsozialisten als Reichspräsident, überwarf sich aber später mit Hitler.

Der Ungar Alfred Schaffer zählte zu den populärsten europäischen Spielern jener Tage und galt als »Fußballkönig« und Frauenschwarm. Berühmt wurde er als genialer Mittelstürmer von MTK Budapest; er verließ das Land offenbar auch aus politischen Gründen – er stand den Kommunisten nahe. Schaffer heuerte 1919, schon damals eine Legende, beim 1. FC Nürnberg an und tingelte fortan als Vollprofi durch Europa, später auch als Trainer.

Auch der damalige Bayern-Trainer »Dori« (Izidor) Kürschner, dem Bensemann in den kommenden Jahren verbunden blieb, spielte zuvor in der Elf von MTK Budapest, mit der er 1904 und 1908 ungarischer Meister wurde. 1922 betreute er Eintracht Frankfurt und den 1. FC Nürnberg, später Mannschaften in der Schweiz.

Über die Fahrt nach Luxemburg berichtete der »Kicker« in den Heften 23 und 26/1922; über die Fahrt nach Prag ebenfalls in 23/1922. Aus diesen Ausgaben stammen auch die zitierten Presseartikel.

Der im Gespräch mit Boxhammer erwähnte beginnende Konflikt mit Linnemann findet sich in folgenden Heften: 18/1922, 20/1922 und 21/1922. Die Auseinandersetzung betraf noch andere, hier nicht behandelte Aspekte (wie etwa die Frage der damals organisierten »Kampfspiele«); wie die folgenden Jahre zeigten, war der Streit über die »Außenpolitik« des DFB aber letztlich der gewichtigste. Die von Bensemann zitierten Briefe Linnemanns sind ebenso wie seine Antworten in den genannten Ausgaben abgedruckt. (Zu Boxhammers Konflikten mit dem DFB sowie Bensemanns Nepotismus-Vorwurf vgl. auch Heinrich 2000 sowie »Kicker« 18/1922.)

Die mangelnde innerverbandliche Demokratie beim DFB war auch in der Folgezeit des Öfteren Gegenstand von Kritiken, die wiederum Sanktionen des Verbandes auf den Plan riefen. Als der renommierte Sportjournalist Willy Meisl in der überregionalen »Vossischen Zeitung« eine kritische Artikelserie zur Situation des DFB verfasste, intervenierten die Verbandsoberen beim Ullstein-Verlag, dem die Zeitung gehörte. Meisl nannte die Funktionäre daraufhin »Diktatoren ohne Begabung und Berufung«. (Vgl. zu diesem Thema auch Heinrich 2000)

Über das Endspiel 1. FC Nürnberg gegen Hamburger SV sowie das gesellschaftliche Randgeschehen berichtete Bensemann im »Kicker« 25/1922. Demnach traf er dort die auch hier im Text erwähnten Personen; die Unterhaltungen sind weitgehend fiktiv, zuweilen aber (beispielsweise bezüglich der Bemerkung über die »ungetrübte Folge von Ragouts und Entremets« oder des Disputs mit Heiner Stuhlfauth) geben sie Formulierungen aus Bensemanns Bericht wieder. Dessen Auslassungen über die sportlichen und geselligen Künste Heiner Stuhlfauths folgen seinen im »Kicker« publizierten Darstellungen sowie den Schilderungen von Riegler (1953) und Bausenwein u. a. (1996). Dasselbe gilt für den Verlauf dieses ungewöhnlichen Spiels, über das auch Skrentny/Prüß (1998) ausführlich berichten.

Dass Bensemann die dem Endspiel folgende »Kicker«-Ausgabe im Textteil nicht mit dem Bericht vom dramatischen Finale aufmachte, sondern mit seiner sich über drei klein gedruckte Seiten hinziehenden Rede vor der Pressetagung, ist nicht nur bezeichnend für seine persönliche Eitelkeit, sondern auch für die Sturheit, mit der er seine eigenen inhaltlichen Schwerpunkte setzte.

Zu Kapitel XI: Stuttgart im Frühjahr 1922

Simon Rosenberger trat im Juli 1921 in die Redaktion des »Kicker« ein und blieb dort bis März 1925. Zuweilen ist er im Impressum als »Verantwortlicher für Deutschland« benannt, in Einzelfällen erscheinen er oder Müllenbach auch als »Chefredakteur i.V.« Nach seinem Weggang vom »Kicker« übernahm Rosenberger zunächst die Schriftleitung der Kölner Zeitung »Westdeutscher Sport« (die aus wirtschaftlichen Gründen ihr Erscheinen bald einstellte) und dann die »Deutsche Schiedsrichterzeitung«. Er starb 1931.

Der mehrfach zitierte Beitrag »Der interessanteste Tag meines Lebens« erschien in Heft 9/1922 als Leitartikel.

Die in der »Völkerversöhnungshalle« aufgeführten Personen sind:

- Erich Ludendorff: preußischer General und im Ersten Weltkrieg enger Mitarbeiter Hindenburgs. Stand wie erwähnt Anfang der 1920er Jahre der deutschvölkischen bzw. nationalsozialistischen Bewegung Hitlers nahe.
- Béla Kun: ungarischer Kommunist und einer der Führer der kurzlebigen Räterepublik. Emigrierte 1920 in die Sowjetunion (wo er 1939 im Zuge der stalinistischen Säuberung hingerichtet wurde).
- Raymond Poincaré: französischer Staatsmann, in den zwanziger Jahren Ministerpräsident. Trat für hohe Reparationszahlungen und strenge Sanktionen gegen Deutschland ein (Besetzung des Ruhrgebiets).
- Karl Helfferich: Vorsitzender der Deutschnationalen Volkspartei. Lehnte die Reparationszahlungen, die sich aus dem Versailler Vertrag ergaben, ab.
- Eamon de Valera: irischer Nationalist und in den ersten Jahrzehnten des 20. Jahrhunderts einer der Anführer des Aufstands gegen die englische Herrschaft. Wurde 1932 Ministerpräsident der Republik Irland.
- Horatio Bottomley: englischer Politiker und Nationalist. Machte Anfang der zwanziger Jahre durch windige Finanz-Jonglagen Furore, für die er später ins Gefängnis wanderte.
- Angelo Rossi: ein damals in Stuttgart ansässiger internationaler Fußball-Schiedsrichter. Warum er hier in Gegensatz zu Henny Porten gebracht wird, ist nicht mehr nachvollziehbar; möglicherweise handelt es sich um eine nur Insidern verständliche Anspielung.
- Henny Porten: eine in den zwanziger Jahren populäre deutsche Filmschauspielerin. Da sie mit einem halbjüdischen Arzt verheiratet war, endete ihre Karriere in der NS-Zeit.

Der Satz »den Wirth ohne die Rechnung gemacht« enthält eine Anspielung auf den damaligen Reichskanzler Josef Wirth, einen Zentrumspolitiker, der zuvor Reichsfinanzminister war und vor allem aufgrund der hohen Reparationszahlungen (die er im Zuge einer Versöhnungspolitik erfüllen wollte) mit nicht unbeträchtlichen Finanzproblemen zu kämpfen hatte.

Zur finanziellen Lage des »Kicker« schrieb Bensemann Anfang Mai 1922 (Ausgabe 18/1922) anlässlich einer Preiserhöhung: »Persönlich muss ich konstatieren, dass der

›Kicker‹ enorm billig ist. Er wird dem deutschen Sportpublikum sozusagen geschenkt; wenn das zahlungsfähige Ausland nicht den größeren Teil der Herstellungskosten decken würde, dann wäre der ›Kicker‹ längst eingegangen, wie so viele andere Blätter auch. [...] Während der ersten 1½ Jahre seines Bestehens hat der ›Kicker‹ mit Unterbilanz gearbeitet; es war höchste Zeit, dass hierin eine Änderung eintritt. In den neunziger Jahren habe ich den Fußballsport gern aus eigenen Mitteln unterstützt; heute, da ich gezwungen bin, mit fremdem Kapital zu arbeiten, muss ich darauf sehen, dass die gelieferte Ware in entsprechender Weise bezahlt wird.«

Die Entwicklung der Einzelheftpreise des »Kicker« in den Jahren 1922 und 1923 stellte Matheja (1998) zusammen.

Über das merkwürdige Darlehen in Höhe von 15.000 Mark, das der Vorsitzende des süddeutschen Verbandes an Bensemann vermittelte, kam es auf dem Verbandstag 1923 zu einer Diskussion, in deren Verlauf Geppert offenbar kritisiert wurde (siehe »Kicker« 30/1923). Ob dieser Vorgang ein Motiv für seinen gleichzeitigen Rückzug vom Amt des Vorsitzenden war, ist nicht ersichtlich.

Im »Kicker« 45/1922 wurde annonciert, der Verlag sei zum 1. 11. 1922 in eine GmbH umgewandelt worden, mit W. S. Boas als »Vorsitzendem des Aufsichtsrates« und Bensemann als Geschäftsführer. In Heft 48/1922 erklärt Bensemann, die Besitzer des »Kicker« seien nunmehr »ein Holländer, ein Schweizer und meine Wenigkeit«. In Heft 33/1923 werden die Namen Albert Mayer sowie W. S. Boas neben Bensemann als Gesellschafter genannt.

Den Vorwurf, der »Kicker« werde von ausländischem Kapital finanziert und betreibe »systematische Auslandspropaganda«, zitiert Bensemann in Ausgabe 4/1923.

Die vom »Kicker« initiierte »Kinderspeisung« wird erstmals Anfang Dezember 1922 in der Zeitung erwähnt. Wiederholt wird über entsprechende Spendeneingänge berichtet; im Februar 1923 folgt ein Leitartikel mit der Überschrift »Hilfe!« zu diesem Thema. Ursprünglich war erklärt worden, die Aktion werde mit »leitenden Stuttgarter Großindustriellen« abgesprochen und solle ein tägliches Mittagessen für 60 Kinder garantieren; später wurde diese Zahl auf zehn reduziert. Im Juli 1923 wurde die Aktion mangels ausreichender Geldmittel ausgesetzt. In einem Resümee berichtet Bensemann: »Zusammenfassend will ich bemerken, dass die dazu notwendigen Beträge hauptsächlich von Philanthropen des Auslandes aufgebracht wurden. [...] Ein auffallendes Merkmal der ganzen Aktion war der Umstand, dass die Stuttgarter Großindustrie sich nicht mit einem Pfennig daran beteiligte.«

Bensemanns zitierte Bemerkungen über den mangelnden Altruismus deutscher Großindustrieller stammen (teils wörtlich) aus Heft 40/1923. Späteren Versuchen, die Speisungen wieder aufzunehmen, waren nur bescheidene Erfolge vergönnt. Eugen Bürkle, der Betreiber des Stuttgarter Bahnhofsrestaurants und Organisator der Speisung, wird in Heft 48/1922 erwähnt, ebenso sein »Kicker«-Saal.

Bensemanns Bemerkungen zur Situation in München im Februar 1923 finden sich in Heft 5/1923 des »Kicker« (inklusive des Beschlusses des TSV 1860 München, der

Bedeutung des Biers für die Politik sowie des Zitats zu »Lady Macbeth«); die Hinweise zum Konflikt zwischen Turnern und Sportlern in Heft 19/1922. Die zahlreichen internationalen Aktivitäten des FC Bayern werden bei Schulze-Marmeling (1997) erwähnt, die Bitte Landauers nach Vermittlung eines Spiels in Prag im »Kicker« 28/1922, wo es u. a. heißt: »Die erste Mannschaft von Bayern München beabsichtigt in Prag zu spielen und ersucht um meine Vermittlung. [...] Meine Herren von der Slavia, der Sparta, Union, Kladno und allen anderen erstklassigen Vereinen, bitte teilen Sie mir mit, ob Sie die beiden Termine für den sympathischen Münchener Club freihalten können, und machen Sie mir diesbezüglich eine Offerte, die ich dann der Expedition übersenden kann.«

Das Klagelied über die deutschen Kellner wird eindrucksvoll in der Ausgabe 20/1920 gesungen.

Hugo und Willy Meisl haben in der österreichischen Sportszene die beschriebenen Positionen eingenommen; von ihnen wird noch öfter zu lesen sein. Die hier zitierte Charakterisierung durch Bensemann (»durch keinen anderen übertroffen«) findet sich im »Kicker« 12/1923. Willy Meisl wurde wenig später Ressortleiter Sport bei der renommierten »Vossischen Zeitung« in Berlin. Die häufigen Kontakte zwischen Bensemann und den Brüdern Meisl sind u. a. im »Kicker« vielfach dokumentiert.

Über den Ort des hier geschilderten Treffens, das Wiener Ringcafé, heißt es bei Erik Eggers: »So selbstverständlich, wie in der Zwischenkriegszeit die Hochkulturen Literatur, Musik und Philosophie von den Intellektuellen in den zahlreichen Wiener Kaffeehäusern zum Gegenstand wurden, so selbstverständlich diskutierte man dort also auch den Fußball. [...] Das Ringcafé in der Bergstraße 9 war das intellektuelle Zentrum des österreichischen Fußballs. Dort wurden die elementaren Grundlagen verhandelt, neue Systeme diskutiert, Spieler bewertet, Auffassungen ausgetauscht. Präsidiert wurden diese fußballstrategischen Debatten von einigen wichtigen Sportjournalisten. Über allen indes thronte Hugo Meisl.« (Erik Eggers, in: Schulze-Marmeling 2003; dort finden sich weitere Informationen zu den Meisl-Brüdern.)

Die rein jüdischen »Hakoah«-Vereine (Hakoah heißt im Hebräischen »Kraft«) spielten im österreichischen Fußball jener Zeit eine bedeutende Rolle. Als in der Saison 1924/25 in Österreich eine Profiliga eingeführt wurde, hieß der erste Meister Hakoah Wien, der sich um starke Profis vor allem aus Budapest verstärkt hatte. Die hier zitierten Tiraden und Ausschreitungen gegen Hakoah werden vor allem bei John (in: Schulze-Marmeling 2003) berichtet, ebenso bei John/Schulze-Marmeling (1993) und Fischer (1999). Der angeführte Bericht der »Wiener Morgenzeitung« stammt vom November 1923.

In den gleichen Quellen sind auch die Beispiele von Diskriminierungen gegen Austria Wien angeführt. Die Austria hieß 1922 in Wahrheit übrigens noch »Amateur Sportverein« und änderte erst 1926 ihren Namen. Als »Amateure« erreichte der Verein die Vizemeisterschaft der Jahre 1921 und 1923 sowie die Meisterschaft der Jahre 1924 und 1926.

Im »Kicker« fanden sich nur selten Hinweise auf antisemitische Vorfälle. Ein Beispiel gab in Heft 49/1923 Willy Meisl, der damals als Wiener Korrespondent des Blattes fungierte. Er zitierte einen Artikel aus dem »Volksblatt« aus Baden bei Wien. Darin wurde gegen den Fußball als »dem rohen Spiel, welches von jüdischem Gelde erhalten wird, um die Leidenschaften der Massen aufzupeitschen und die rohen Instinkte der Menschen zu wecken«, gehetzt. Meisl kommentierte im »Kicker«: »No also, bitte! Ist er nicht an allem schuld? – Wer? – Blöde Frag': der Jud!«

Bensemanns im Disput mit Meisl dargelegte Ablehnung religiös bzw. weltanschaulich geprägter Vereine findet sich vielfach, u. a. (bezogen auf jüdische Vereine und an dieser Stelle teils wörtlich zitiert) in »Kicker« 43/1921. Später argumentiert er in ähnlicher Weise meist in Hinblick auf die Vereine der Arbeitersportbewegung.

Dass, wie hier Hugo Meisl ironisch in den Mund gelegt, die frühe Fußballbewegung in Kontinentaleuropa vielfach von jüdischen Sportlern geprägt wurde, ist plausibel, wenn auch wenig erforscht. Dies gilt vor allem für den »Donaufußball« in Österreich, Ungarn und der Tschechoslowakei, wo vor 1937 zusammengerechnet rund eine Millionen Juden lebten. In den Metropolen Wien, Budapest und Prag finden sich zahlreiche Belege für starke jüdische Beiträge, schon in Gestalt berühmter Spieler oder führender Funktionäre in den zwanziger und frühen dreißiger Jahren. Mannschaften wie die erwähnte explizit jüdische Hakoah Wien oder die stark von Juden getragenen Austria Wien oder MTK Budapest zählten seinerzeit zu den besten nicht nur ihrer Ländern, sondern des europäischen Kontinents; Letzteres galt auch für die Nationalteams dieser Länder.

In Deutschland waren es neben anderen Bayern München, Eintracht Frankfurt, Fußball-Sportverein Frankfurt, Stuttgarter Kickers, Würzburger Kickers, VfR Mannheim und Tennis Borussia Berlin, die durch jüdische Sportler oder Förderer mitgeprägt worden sind. Eine Ursache für das jüdische Engagement wird oft darin gesehen, dass jüdischen Sportlern der Zugang zu den traditionellen Turnverbänden aufgrund des dort herrschenden Antisemitismus vielfach verwehrt war bzw. dass sie sich diesen Tendenzen nicht aussetzen wollten. Daher suchten sie Anschluss an die neue Sportbewegung, die vor allem in der frühen Phase meist erheblich liberaler geprägt war. (Vgl. dazu ausführlich Schulze-Marmeling 2003)

Die u.a. genannten Julius Hirsch und Gottfried Fuchs waren prominente Nationalspieler, die 1910 mit dem Karlsruher FV auch Deutsche Meister geworden waren. Fuchs konnte 1937 emigrieren, Hirsch wurde 1945 im KZ Auschwitz ermordet.

Das erwähnte Spiel Niederösterreich gegen Süddeutschland fand wie beschrieben statt (März 1923) und wurde von Bensemann im »Kicker« 12/1923 geschildert. Dort finden sich auch seine Bemerkungen zu den Mühsalen der Zugfahrt. Bensemanns »Entdeckung« des jungen Matthias Sindelar erfolgte allerdings erst einige Monate später bei einem Länderspiel in der Schweiz. Laven (1953) berichtete darüber, und seine Darstellung wurde übertragen.

Die Passagen des Bensemann'schen Berichts von den Corinthians-Spielen stammen aus dem »Kicker« 15/1923. Dies gilt inklusive der »Moritzchen«-Anekdote, der aufgeführten Speisefolge sowie der kleinen F.A.-Kontroverse um Hugo Meisl als Schiedsrichter. Diesen Berichten zufolge spielten Boas und Foster beim Zustandekommen der Corinthians-Tourneen die hier behauptete Rolle. Das Spottgedicht der »Hanseatischen Sportzeitung« wurde im »Kicker« 48/1922 nachgedruckt. Darstellung und Zitate zum Corinthians-Besuch in Hamburg entstammen dem »Kicker« 17/1924.

Die anfänglichen Anmerkungen zu William S. Boas sind folgenden »Kicker«-Ausgaben entnommen: 13/1922, 45/1922, 39/1923 und 41/1924. Zu den internationalen Spielen, die Boas als Schiedsrichter leitete, gehörten beispielsweise das Länderspiel Deutschland - Schweiz (1922) sowie Begegnungen des FC Barcelona mit MTK Budapest (1922) und Slavia Prag (1923).

Die Posse um die Nachnahme-Formulare der Post ist nachzulesen im »Kicker« 46/1923, die Inflationserfahrung auf der Prag-Reise in Ausgabe 44/1923 und die Bemerkung über Hitler und die Bierpreise in Heft 43/1923.

Der Streit um das Zustandekommen von deutschen Länderspielen gegen Ungarn und Schweden zog sich über mehrere Monate hin; Bensemann kommentierte das Geschehen zunächst zurückhaltend, aber mit wachsendem Ärger. Offenbar führte der DFB Termin- und Geldschwierigkeiten gegen eine baldige Austragung der Spiele an, wobei er sich nach Bensemanns Auffassung zudem erheblich im Ton vergriff. Georg Blaschke war zu jener Zeit ehrenamtlicher Geschäftsführer des DFB und Delegationschef der Nationalelf. Felix Linnemann war seinerzeit im DFB-Vorstand für internationale Beziehungen zuständig.

Sein Brief sowie Bensemanns Antwort darauf finden sich – so zeitnah am holländischen Auftritt der Corinthians wie hier geschildert – im »Kicker« 16/1923 abgedruckt.

Die »Außenpolitik« des DFB in der Zeit nach dem Ersten Weltkrieg beurteilt beispielsweise Arthur Heinrich folgendermaßen: »Eine ungewöhnliche Konstellation: England wollte, unterstützt von den übrigen Ländern der Entente, die Kriegsverlierer ausgrenzen; die isolierten Deutschen hingegen klagten nach außen zwar bitterlich über ihre Diskriminierung, verspürten allerdings keinerlei Ambitionen, mit den ›Feindstaaten‹ sportliche Kontakte zu pflegen. Selbst vorsichtige englische Rückzugssignale verfingen beim Deutschen Fußball-Bund nicht. Als die F.A. Mitte 1920 auf diplomatischem Weg das halb offizielle Angebot unterbreitete, in Deutschland anzutreten und im Gegenzug eine deutsche Mannschaft nach London einzuladen, winkte der DFB ab. [...] England gestand den Zusammenbruch der Boykottpolitik Ende 1922 ein, als es der Schweiz die Bereitschaft zu Länderspielen bedeutete. Die Mitteilung des englischen Fußballverbandes an die FIFA, dass einer Normalisierung der Sportbeziehungen mit Deutschland, Österreich und Ungarn nichts mehr entgegenstünde, beendete dann endgültig den drei Jahre währenden Versuch der Ausgrenzung der Kriegsverlierer. Die Nachfolge Englands als Hauptgegner des DFB trat Frankreich an, das vor allem seitens des deutschen Fußballwestens scharf und unversöhnlich angegangen wurde.« (Heinrich 2000)

Das erste Länderspiel, das nach dem Kriege zwischen Deutschland und England ausgetragen wurde, fand allerdings erst 1930 in Berlin statt.

Zu Kapitel XII: Stuttgart im Frühjahr 1924

Neben den »Glossen« publizierte Bensemann häufig auch »Fahrtenbücher« im »Kicker«, in denen er von seinen unzähligen Reisen berichtete und teils in launiger Form, teils im Reportagestil über Erlebnisse, Begegnungen, Erinnerungen und Eindrücke plauderte und aus seiner Sicht kommentierte. Die meisten Berichte sind voller Anspielungen, Andeutungen und zuweilen sarkastischer Bemerkungen. Beim Lesen merkt man die (gelegentlich ins Eitle gleitende) Lust des Autors am Formulieren und Rezitieren. Fast immer steht der Anlass der Reise – meist ein Fußballspiel oder ein Funktionärskongress – im Mittelpunkt, zuweilen aber wird er nur am Rande erwähnt. Die »sachliche« Berichterstattung über das eigentliche Ereignis überlässt er, wie bereits dargestellt, meist einem redaktionellen Mitarbeiter. Die Reaktionen der Leser sind zwiespältig: Manche stören sich an den Abschweifungen, andere schätzen sie umso mehr.

Die Beschreibung des Billet-Kontrolleurs findet sich in Heft 36/1928; die Zurechtweisung der »Spießer« in Heft 43/1925; das stumme Ehepaar in Heft 3/1930 und der präzise Kellner in Heft 45/1929. »Frau Raffke« taucht in Ausgabe 9/1923 auf; das »Reaumieren« ist wohl eine Anspielung auf das offenbar falsch ausgesprochene und zudem falsch eingesetzte, aber vornehm klingende Fremdwort »removieren«. »Reaumur« ist wie »Fahrenheit« eine (heute veraltete) Gradeinteilung bei Thermometern. Über Bensemanns intime Kenntnis des Bauwens'schen Weinkellers berichtete Kirn (1949), über seine Teilnahme an Bauwens' Gesellschaften Weilenmann (1998).

Ob Bensemanns Betreiben, den »Kicker« zum Zentralorgan des Süddeutschen Fußball- und Leichtathletik-Verbandes zu erheben, so abgelaufen ist wie hier erzählt, sei dahingestellt. Mit der Wahl Schrickers zum Vorsitzenden dürften sich seine Beziehungen zum Verband allerdings weiter verbessert haben. Seine Aussage, er sei »in dieser ganzen Frage [des Zentralorgans] vollkommen desinteressiert«, findet sich in Ausgabe 30/1923, die zugleich von Schrickers Wahl berichtet. In Heft 12/1924 vermerkt Bensemann den Beschluss des SFV-Vorstandes, »dem ›Kicker‹ vom 1. April ab die Leitung seines Centralorgans zu übertragen«.

Zugleich vermeldet er die Auflösung der GmbH und die »Rückkehr des ›Kicker‹ in den Privatbesitz des Herausgebers«. Er dankt ausdrücklich W. S. Boas, der »mitten in der Inflationszeit mit einer für deutsche Verhältnisse damals sehr großen Summe beisprang; noch mehr aber (dafür), dass er während der ganzen Bestandzeit der GmbH es niemals versucht hat, in irgendwelcher Weise den Einfluss geltend zu machen, zu dem ihm sein finanzielles Übergewicht berechtigte. Wenn ich noch hinzufüge, dass er von vornherein auf jeden Gewinnanteil verzichtet hat, dann glaube ich, die richtige Ergänzung zum Bilde eines sportsman gegeben zu haben, zu einer Zeit, da der Sport zumeist nach Brot geht«.

Nicht erwähnt wird an dieser Stelle der bisherige Mit-Gesellschafter Albert Mayer, was angesichts der guten Beziehungen zu Mayer und der häufigen Erwähnung, mit der dieser ansonsten im »Kicker« bedacht wird, verwundert. Möglicherweise steckt dahinter, dass Mayer finanziell an dem Zeitungsunternehmen beteiligt blieb.

Die angesprochenen Differenzen zwischen DFB und SFV im Jahr 1907 wurden bereits in Kapitel VII erwähnt; sie drehten sich vor allem um die vom SFV geforderte Eigenständigkeit gegenüber dem Bund. Zeitweise drohten die Süddeutschen mit dem Austritt aus dem DFB. Laut »Kicker« 2/1923 wurde seinerzeit eine Kommission gebildet, der u. a. Bensemann und Boxhammer angehörten und die einen Kompromiss erwirkte.

Übrigens überlebte Seybolds »Fußball« seine Abwahl als Zentralorgan des SFV. Er blieb sogar für viele Jahre erheblich auflagenstärker als der »Kicker«.

Bensemanns Bemerkungen über sein »schicksalgeprüftes Wüstendasein« und Sokrates' Henkersmahl entstammen einer Glosse in Heft 13/1922, in der er das Loblieb auf den Service im Frankfurter Hof sang. Hinweise auf seine angegriffene Gesundheit finden sich ab 1924 wiederholt in den »Kicker«-Glossen, und zwar sowohl in Bezug auf aktuelle Krankheiten (des Öfteren: Grippe) wie auch auf chronische, die allerdings bis auf den Hinweis auf seine Blutdruckprobleme nicht näher konkretisiert werden. Öfter zitiert er allerdings den Rat seiner Ärzte, eine Kur zu absolvieren.

Über die Debatte zu den »drei scharfen T des WSV« berichten vor allem Arthur Heinrich (2000) sowie der Westdeutsche Fußballverband in seiner Jubiläumsschrift (1998). Die genannten Beiträge dazu erschienen im »Kicker« 16-19/1924, Bensemanns Begriff der im Fußball drohenden »deutschen Renaissance« erst im Heft 48/1924.

Die Zitate der nachfolgenden Fehde zwischen »FuL« und »Kicker« stammen aus dem »Kicker« 28/1924, 30/1924 und 44/1924 sowie dem »FuL« 27/1925.

Dr. Klein wurde, nachdem er zuvor auch beim DFB für die Jugendarbeit zuständig war, im Mai 1933 zum neuen »Führer« des Westdeutschen Spielverbandes (WSV) gewählt. Er saß von 1932 bis 1936 für die NSDAP im Reichstag. Später geriet er in Widerspruch zum nationalsozialistischen System, insbesondere zu dessen zentralistischen Tendenzen. 1942 wurde er verhaftet und für sechs Monate in einem KZ inhaftiert. Er starb 1952.

Die Fußball-Olympiade 1924 wurde außerhalb der eigentlichen Olympischen Spiele, aber gleichfalls in Paris durchgeführt und allgemein als eine Art Weltmeisterschaftsturnier angesehen. Mit Uruguay kam zum ersten Mal eine südamerikanische Mannschaft nach Europa, gewann auf Anhieb das Turnier und hinterließ ob seiner Spielkunst einen nachhaltigen Eindruck. Vier Jahre später wiederholten die Uruguayer den Erfolg bei der Olympiade in Amsterdam, 1930 gewannen sie die erste offizielle Fußball-Weltmeisterschaft.

Den Rundbrief des Vereins deutscher Zeitungsverleger, der zum Presseboykott des olympischen Turniers auffordert, erwähnt Bensemann im »Kicker« 24/1924. Eine Woche zuvor berichtet er über die »fünfsprachige« Unterhaltung in der Brasserie Moderne.

Bensemanns Antrag, die süddeutschen Vereine sollten den »Kicker« zwangsweise abonnieren, ist in Heft 26/1925 dokumentiert. Sein Strauß mit dem »Urviehch von der Noris« findet sich in Ausgabe 37/1924, dessen mahnender »Alte-Männer-Brief« in Heft 31/1924. (Bei dem Zitat ist eine Passage ausgelassen, bei der auf eine Erkrankung angespielt wird, aufgrund eines Grammatikfehlers aber nicht erkennbar ist, ob der Autor sich selbst oder Bensemann meint.) Mit dem vom Urviehch erwähnten »Lord Georges« ist Georges Richert gemeint, der Besitzer des Nürnberger Grand-Hotels Fürstenhof, mit dem Bensemann eng befreundet war; von ihm wird noch zu lesen sein.

In Heft 30/1924 erklärt Bensemann erstmals, der »Kicker« werde »zu angemessener Zeit auf Hans Müllenbach übergehen«, eine Versicherung, die in den folgenden Jahren mehrfach wiederholt wird.

Bensemanns düstere Äußerung über den Menschen als Drohne ist formuliert im »Kicker« 24/1920.

Die diplomatischen Aktivitäten Bensemanns werden im »Kicker« immer wieder angedeutet, die Freundschaft zu einigen hochrangigen internationalen Fußballfunktionären mehrfach angesprochen; zum Teil sind sie auch als Autoren für die Zeitung tätig. Ebenso bestätigte mir Dr. Weilenmann die vielfältige Diplomatie Bensemanns, die dieser – ganz im Gegensatz zu den gelegentlichen Poltereien in seinen Glossen – offenbar äußerst diskret betrieb.

Dr. Weilenmann (1998): »Bensemann war in diesen Kreisen der Katalysator, über den vieles lief. An ihn wandte man sich, wenn Streit zu schlichten war, wenn diskrete Arrangements zu treffen waren oder wenn man in einer persönlichen Klemme steckte. Auf seine Diskretion konnte man sich verlassen; dadurch wurde er Träger vieler Geheimnisse. Manchmal organisierte er Geheimtreffen in kleineren Hotels, um Aufsehen zu vermeiden. In dieser Funktion erlangte er Einfluss und informelles Wissen, das er wohl dosiert auch in seinen Artikeln einsetzte.«

Für Dr. Weilenmann spielte dabei auch die jüdische Herkunft Bensemanns eine Rolle, da, wie im vorigen Kapitel erwähnt, ein großer Teil der Fußballfunktionäre ebenfalls jüdischer Herkunft war. Weilenmann rechnet zum engeren Freundeskreis Bensemanns u. a.: Dr. Giovanni Mauro (italienischer Verbandspräsident), Dr. Josef Gerö (österreichischer Verbandspräsident), Hugo Meisl (österreichischer Verbandskapitän), Rodolphe Seeldrayers (belgischer Verbandspräsident und FIFA-Offizieller), Dr. Langenus (einflussreicher FIFA-Schiedsrichter, der das erste WM-Finale 1930 leitete, zugleich hochrangiges Regierungsmitglied in Belgien), Dr. Henrik Fodor (Geschäftsführer des MTK Budapest), Ing. Moritz Fischer (ungarischer Verbandspräsident), Anton Johanson (schwedischer Verbandspräsident). Mit Frederick J. Wall (englischer F.A.-Sekretär) unterhielt Bensemann nach einer Aussöhnung offenbar häufigen Briefkontakt, mit dem FIFA-Präsidenten Jules Rimet traf er sich gelegentlich.

Einige dieser Namen sowie eine große Reihe weiterer »Kicker«-Autoren werden übrigens aus Anlass des vierjährigen Bestehens der Zeitung in Heft 30/1924 aufgelistet und mit der Bemerkung kommentiert: »Eine Durchsicht dieser Namen vermag besser als alles andere den Werdegang und die *historische* Bedeutung des ›Kicker‹ zu illustrieren.« (Hervorhebung im Original)

Über die von Bensemann arrangierte Aussöhnung der zerstrittenen Nationalmannschaft aus Nürnberger und Fürther Spielern wird in verschiedenen Quellen berichtet, u. a. vom DFB (2000, S. 146). Die Akteure des »Club« wie der Spvg. Fürth bildeten in jenen Jahren das Rückgrat der Nationalelf. In zwei der 1924 ausgetragenen Länderspiele bestand die deutsche Mannschaft sogar ausschließlich aus Spielern dieser Vereine. Der Streit wurde vermutlich vor allem durch die lange sportliche Rivalität der benachbarten Spitzenclubs provoziert.

Über seine diplomatischen Bemühungen auf der französisch verwalteten linken Rheinseite (insbesondere Rheinland-Pfalz) berichtet Bensemann jeweils kurz im »Kicker« 15/1924, 26/1924 und 33/1927. Dass er internationale Spieler und Trainer nach Deutschland vermittelte, ist ebenfalls in vielen Quellen vermerkt, im »Kicker« u. a. in den Ausgaben 21/1924, 3/1925 und 20-22/1926. Über den Versuch, die Nationalmannschaft Uruguays nach Deutschland zu holen, berichtet er in Heft 25/1924; eine scharfe Kritik an der diesbezüglichen Ignoranz des DFB findet sich in 25/1925.

Der ironische Hinweis, die DFB-Oberen sollten die schwarz-weiß-rote Fahne des Kaiserreichs »an ihren eigenen Häusern« statt zu offiziellen Anlässen aufziehen, findet sich im »Kicker« 37/1924. Der Flaggenstreit zog sich im Übrigen über einige Jahre hin (siehe dazu Heinrich 2000).

In Heft 27/1924 findet sich das Gerücht, der »Kicker« sei vom HSV bestochen worden, sowie Bensemanns Kritik am einheitlichen »Repräsentationsanzug« der deutschen Nationalmannschaft. Die Leser-Schelte für die Weinflaschen auf Fotos im »Kicker« wurde in Heft 45/1922 abgedruckt und in der Weise von Bensemann beantwortet, wie dies hier dokumentiert ist, inklusive des Seitenhiebs auf das »Connubium«, also die Ehegemeinschaft.

Der Ablauf des Länderspiels Deutschland gegen die Schweiz am 14. 12. 1924 in Stuttgart ist im Wesentlichen der entsprechenden Berichterstattung des »Kicker« und des »Fußball« entnommen.

Der »Kicker« 48/1924 enthält eine unüberhörbare Kritik an der Organisation des vorangegangenen Länderspiels gegen Italien in Duisburg, insbesondere den Empfang der Gäste betreffend (»... jedenfalls hatten wir nicht ... das Gefühl des Willkommenseins«).

In Ausgabe 49/1924 finden sich: der Hinweis, die Schweizer pflegten nie dasselbe Hotel zu benutzen wie ihre Gegner, sowie der gefundene Kompromiss; die Hinweise auf den in Stuttgart spielenden Schweizer Walter Müller (wobei in Heft 53/1924 klar wird, dass das »Walterle« auf Anregung Bensemanns in die Schweizer Elf gelangte); der Brief Herbergers; die Hamburger Polemik gegen Bensemann in Sachen Sportbund (wobei die Zeitung ungenannt bleibt, vermutlich handelt es sich um »Turnen, Spiel und Sport«); die Namen der von Bensemann ins Hotel Marquard einquartierten »Sondergäste«; die Abenteuer Albert Mayers sowie das Telegramm mit der Aufstellung der Schweizer Elf.

In Ausgabe 50/1924 mit der Schlagzeile »Grüezzi wohl, ehr liäbe Schwizer!« sind enthalten: das Programm der Begegnung, Bensemanns Kritik an der deutschen Mannschaftsaufstellung und die Polemik mit dem »FuL«.

In Ausgabe 51/1924 finden sich: die Berichte zum Spiel und dem gesellschaftlichen Rahmen; Bensemanns Bemerkung über die gute Küche als »Teil der menschlichen Ästhetik«; der Tanz des Heiner Stuhlfauth.

Ausgabe 52/1924 berichtet über: die Stiftung der 22 Mundharmonikas und der 5.000 Zigaretten; den Dankesbrief des Schweizer Verbandes an Bensemann; die weiteren Polemiken mit »FuL« und »Turnen, Spiel und Sport«; den Brief aus Prag, in dem das »Versöhnungsspiel« zwischen Slavia Prag und MTK Budapest angekündigt wird.

In Ausgabe 53/1924 finden sich die Auseinandersetzung mit der Kritik des Schweizer Mannschaftsführers Schmiedlin, dessen Kritik an Walter Müller sowie der Disput um den Doping-Vorwurf. Diese Diskussion findet ihre Fortsetzung in Heft 1/1925, wo zudem die »Verschandelung« des Stuttgarter Marktplatzes durch die »abscheulichen Firmentafeln« beklagt wird.

Der Begriff »Doping« existierte zu jener Zeit bereits und wurde von Schmiedlin und im »Kicker« in der erwähnten Weise benutzt. Die Einnahme (vermeintlich) leistungsfördernder Stimulanzien war zu jener Zeit nicht offiziell verboten und daher ein gelegentlich zu beobachtendes Vorkommnis; man experimentierte mit Alkohol, aber auch diversen Giften wie Strichnin. Im vorliegenden Fall hält Bensemann (in Heft 53/1924) den Doping-Vorwurf für unberechtigt, da die Wirkung »übrigens nicht 45 Minuten anzuhalten (pflegt), und man die Erfahrung gemacht (hat), dass eine gedopte Mannschaft gegen Schluss des Spiels vollkommen abfällt«. Darüber hinaus mokiert er sich bezüglich des Verdachts: »Vielleicht ist das Rezept, wenn es solches wirklich besteht, bei Adolf Jäger in Hamburg oder Heinrich Stuhlfauth in Nürnberg erhältlich« – im Wirtshaus also.

Der geschilderte Eklat um Heiner Stuhlfauth und seine Frau wird in den »Kicker«-Berichten nach dem Spiel nicht erwähnt, sondern erst ein knappes Jahr später, in Ausgabe 42/1925. Offenbar trug Stuhlfauths Verhalten dazu bei, dass er über ein Jahr lang für die Nationalelf nicht mehr berücksichtigt wurde.

Ausgabe 1/1925 bringt auch die abschließend zitierte Umschau unter den »Neujahrsbotschaften« sowie Bensemanns ironische Bemerkung dazu, außerdem den Bericht über die Reise nach Wuppertal zum Spiel Sparta Prag gegen MTK Budapest, und zwar unter der Überschrift: »Das Spiel, das nicht stattfand«. U. a. heißt es darin: »Am Sonntag um 11 Uhr kamen wir in Elberfeld an; eine halbe Stunde vorher hatten die Herren Brull, Dr. Loos, Laufer, Closterhalfen und Arbeiter das Spiel wegen Beschaffenheit des Terrains abgesagt; sieben Tage Landregen hatten den Fußballplatz zu einem Schwimmbassin umgestaltet, und so blieb meinen beiden Begleitern, dem Bürochef und Hanns Strauss, nichts übrig, als an den frisch gespitzten Bleistiften andächtig zu lutschen. Ansonsten wäre zu melden, dass der Fußballspieler des ›Kicker‹-Pokals, als er aus der Hülle gehoben wurde, ein Bein brach. [...] Samstag acht Stunden, Sonntag zehn Stunden auf der Bahn; beides umsunscht. Die Hauptsache ist, dass der Sportjournalismus den Eisenbahnfiskus subventioniert und nicht umgekehrt.«

Die Begegnung mit Guido von Mengden während des Stuttgarter Spiels ist fiktiv. Tatsächlich aber trat um diese Zeit von Mengden erstmals als Journalist in Erscheinung; ab Sommer des Jahres redigierte er beim »Rheydter Tageblatt« die Ressorts Kunst und Sport, einige Monate später übernahm er die Schriftleitung des »FuL« und wurde Geschäftsführer des Westdeutschen Spielverbandes. Vor 1924 hatte von Mengden ein Studium als Landmesser und Kulturingenieur abgeschlossen, war einige Jahre in diesem Beruf tätig gewesen und hatte sich nebenbei zunächst als Aktiver, dann als Funktionär bei den Hockey-Spielern engagiert (vgl. ausführlich: Bernett 1976). Von Mengden wird noch auftreten.

Zu Kapitel XIII: Nürnberg im Herbst 1930

Über den Tod von Prof. August Imgraben berichtet Bensemann im »Kicker« 46/1930. Sein dort veröffentlichter Nachruf entspricht weitgehend wörtlich der in unserem Text aufgeführten Trauerrede.

Die unterschiedlichen Besitzverhältnisse beim »Kicker« referiert beispielsweise Verstegen (1991).

Über Bensemanns Lebensstil in Nürnberg gibt es (anders als über seine Zeit in Konstanz, Stuttgart oder Ludwigshafen) einige schriftliche Berichte, so bei Seifert (1973), Kirn (1953) und Luginsland (1971). Aber auch hier erweist sich letztlich der »Kicker« selbst als ergiebigste Quelle. Beispielsweise ist die Freundschaft zu Georges Richert dort vielfach dokumentiert, ebenso der enge Kontakt zu kommunalen Repräsentanten, insbesondere zum für den Sport zuständigen Stadtrat Dürr, der noch Erwähnung finden wird.

Bensemanns Talent, andere für sich bezahlen zu lassen, wird aus den oben angegebenen Quellen ersichtlich. Auch Dr. Weilenmann berichtete mir davon. Seiner Ansicht nach konnte Bensemann in seiner Nürnberger Zeit den aufwändigen Lebensstil nur durch private Zuwendungen Dritter beibehalten. Dr. Weilenmann nannte als Beispiel die hier beschriebene Szene eines Schuhkaufes. Auf Reisen sei Bensemann »immer Gast« gewesen, dennoch habe er seinen Reiseetat meist vor der Zeit aufgebraucht und dann Telegramme an Gönner versandt mit der Bitte, ihn »auszulösen«.

Während die Figur des Des Barres, wie erwähnt, weitgehend fiktiv ist, sind die im Weiteren auftauchenden Personen wie Stella Bloch, Langenus, Nerz, Stuhlfauth, Kalb und Kirn authentisch; dies gilt größtenteils auch für die ihnen zugeschriebenen Anekdoten. Von Bensemanns »Löffel-Lob« über die gehaltvolle Nudelsuppe, die Liesel Stuhlfauth in der Sebaldusklause zubereitete, erzählte mir beispielsweise der Sportjournalist Gerd Krämer (der es wiederum von Heiner Stuhlfauth erfuhr). Dass Richard Kirn, der für Bensemann zunächst aus Worms berichtete, in der »Kicker«-Zentrale hospitierte, ist allerdings Fiktion.

Bensemanns erste (Nicht-)Reaktion auf den DFB-Beschluss von 1925 (gegen den Spielverkehr mit ausländischen Profivereinen) steht im »Kicker« 7/1925, das Hohelied des internationalen Sportverkehrs sowie die Befürchtung vor einer sportpolitischen Isolation Deutschlands in Heft 9/1925. Die weiteren Zitate in dieser Sache stammen aus den Ausgaben 18/1928, 36/1928 und 46/1929.

Mit der allseits umstrittenen Frage des Professionalismus befasste sich der »Kicker« in jener Zeit nahezu kontinuierlich. Die hier angeführten Bensemann-Zitate entstammen den Ausgaben 38/1929 (»Söhne der Reichen«), 12/1928 (»böse neue Zeit«), 36/1930 (»Popanz«), 44/1928 (»Insel der Symbolik«) und 45/1924 (»Ideal der Jugend«). Die Behauptung von Brändle/Koller (2002), Bensemann habe »den britischen Profifußball sehr bewundert«, lässt sich daraus nicht belegen.

Über die Gewohnheit Bensemanns, allwöchentlich am Erscheinungsabend des »Kicker« für Freunde ein Dinner im Fürstenhof zu veranstalten, berichtet Seifert (1973) unter Berufung auf alte Nürnberger Journalisten. Die hier angeführte Speisefolge (nebst dem »Nachschlag« in der Sebaldusklause) wird von Luginsland (1971) als beispielhaft angeführt; er berichtet auch von den gewaltigen Mengen, die Bensemann bei solchen Gelegenheiten vertilgte. Die Gewichtsangabe (100 kg) stammt von ihm selber (»Kicker« 25/1930). Die Zurechtweisung des Kellners ist im Wortlaut einer Erinnerung von Laven (1953) entnommen.

Die hier beispielhaft besprochene Ausgabe 47/1930 des »Kicker« erschien am 18. November, also eine Woche nach dem Nachruf auf den eingangs erwähnten Prof. Imgraben. Die erwähnten Zitate sind authentisch; Bensemanns mündliche Antworten zum Teil ebenfalls der Ausgabe entnommen.

Die in den Zeitungsspalten des »Kicker« und des »FuL« ausgetragenen Duelle zwischen Guido von Mengden und Walther Bensemann lesen sich in den genannten Quellen wie geschildert. Dass der Hinweis im »FuL« auf »Galizien« eindeutig antisemitisch gemeint war, ergibt sich auch aus den in vorigen Kapiteln geschilderten Anpöbelungen jüdischer Fußballer in Österreich (vgl. John in: Schulze-Marmeling 2003). Über die wechselseitigen Attacken zwischen »Kicker« und »FuL« kam es tatsächlich einmal zu einer Aussprache zwischen Dr. Schricker, Paul Klose und Bensemann (erwähnt im »Kicker« 47/1928), die aber offensichtlich nur wenig fruchtete. Die in unserem Text erwähnte Zusammenkunft ist dagegen fiktiv.

Übrigens verbreitete unter den großen Fußballzeitungen der Weimarer Zeit nicht nur der »FuL« antisemitische Vorurteile. Auch Ernst Werner, Herausgeber der auflagenstarken »Fußballwoche« in Berlin, übte sich darin, als er Hugo Meisl in einem Bericht über den FIFA-Kongress 1928 in Amsterdam wie folgt charakterisierte: »Im Plenum ist Hugo Meisl, der Wiener Jude, mit der Geschmeidigkeit seiner Rasse und ihrem zersetzenden Sinn einer der größten Kartenmischer. Er und der deutsche Fußballführer Felix Linnemann – zu Hause ein geschätzter Kriminalist – sind die stärksten Gegensätze, die man sich denken kann. Der eine ein Vertreter des krassen Geschäftemachens mit Fußball, der andere ein Apostel des Amateurismus.« (zitiert nach Erik Eggers in: Schulze-Marmeling 2003).

Wie vorne dargestellt, war bei gleicher Gelegenheit dem österreichischen Verbandskapitän vom WSV-Vorsitzenden Klose »Geschäftstüchtigkeit« vorgeworfen worden war (»Kicker« 26/1928). Diese Angriffe waren auch als Reaktion der Deutschen auf Vorfälle bei der Amsterdamer »Fußball-Olympiade« zu verstehen, die zeitgleich zum FIFA-Kongress stattfand. Im Spiel zwischen Deutschland und Uruguay (1:4) hatte es Unsportlichkeiten und Platzverweise gegeben, in deren Folge es zu einem »unrühmlichen Höhepunkt chauvinistischer Ausfälle deutscher Funktionäre« kam (Eggers 2001). Diese richteten sich vor allem gegen den ägyptischen Schiedsrichter und mündeten in eine allgemeine Klage, auf internationaler Bühne als Deutsche (und beispielsweise im Gegensatz zu den Österreichern) benachteiligt zu werden. Im »Kicker« (26/1928) wiegelte Bensemann ab (»Alle Kombinationen, Permutationen und Variationen ändern an der Tatsache nichts, dass die Uruguayer besser Fußball spielen als wir.«) und mahnte: »Ich halte es für die Pflicht unserer Fußballführer, nach Kräften dafür zu sorgen, dass absolut unnötige Provokationen unsererseits vermieden werden.« Den von Klose angegriffenen Hugo Meisl übrigens ließ er in der übernächsten Ausgabe des »Kicker« eine ausführliche Analyse zum sportlichen Ergebnis der Amsterdamer Turniers verfassen.

Bensemanns Beiträge über erzieherische Fragen sind, ob im »Kicker« oder anderen Organen, wie in Kapitel VI bereits erwähnt, äußerst zahlreich. Schon in Heft 1 des »Kicker«-Gründungsjahrgangs plädierte er für den Schulsport und entwickelte in der Folge immer neue Modelle, in denen er den Sportunterricht auch als das »Äquivalent« einer Wehrerziehung (12/1920) betrachtet. Dies sei notwendig, da der Versailler Vertrag Deutschland eine allgemeine Wehrpflicht verbiete. Allerdings wolle er damit keinesfalls eine »Militarisierung des Sports« bewirken (48/1925 und 2/1926). Nahezu in jedem Beitrag zum Thema betont er zudem, ein solcher Wehrunterricht müsse auf freiwilliger Basis stattfinden. Darin grenzt er sich von konservativeren Positionen etwa der Sportfunktionäre Carl Diem oder Theodor Lewald ab: »Falls er [Lewald] die Absicht hat, die Sportverbände oder gewisse Sportverbände auch nur im Allergeringsten der militärischen Disziplin zu unterwerfen, wird er auf keine Gegenliebe rechnen dürfen« (2/1926). Zum weiteren Rahmen der Wehrkraftdebatte in den Sportlerkreisen jener Jahre siehe auch Heinrich (2000).

In den Ausgaben 9/1929ff und 51/1930 tritt Bensemann am bis dahin deutlichsten für eine »Wehrkraft-Erziehung« ein, und zwar nach dem Vorbild der Schweizer Schulmiliz bzw. der »British National Cadet Association«. Er polemisiert dort zugleich gegen die Artikel 177f des Versailler Vertrages, die es Schulen, Universitäten und Vereinen untersagten, sich mit militärischen Dingen zu befassen oder dazu auszubilden. Zehn Jahre nach Kriegsende sieht er darin gegenüber anderen Staaten eine Ungleichbehandlung, die nach seinem Urteil in Fragen der Jugenderziehung »unerträglich« sei. Hier findet sich auch die Behauptung, »dass diese Art von Vorbildung [nämlich Schulmiliz] sehr patriotisch sein kann, ohne im Geringsten militaristisch zu wirken«.

Die Einschätzung, dass »Furcht vor dem Krieg« effektiver sei als »Hoffnung auf den Krieg« (also das klassische Prinzip gegenseitiger militärischer Abschreckung), formuliert Bensemann im »Kicker« 9/1925, ebenso den Hinweis auf die Verträglichkeit von »wahrer nationaler Gesinnung« und »Weltbürgertum«.

Die »Kicker« 4/1931 sowie 6/1931 enthalten schließlich die geschilderten Bilderseiten sowie die daran entzündete Debatte, aus der hier wörtlich zitiert wird. Dies gilt auch für die »telefonischen« Äußerungen Bensemanns (beispielsweise das »Zahnarzt-Argument« oder der »Spiegel, der einer alten Jungfer Runzeln vortäuschte«). Ein Auszug aus der Bensemann'schen Argumentation in Heft 4/1931: »Und zwar soll der Sport, ohne obligatorisch zu sein, alle gesunden Buben der Anstalt umfassen, wogegen Wehrkraft und Pfadfindertum freigestellt werden. Die großen englischen Schulen haben, ohne Zwang, ein Kadettenkorps von über 40.000 Mann zusammengebracht, und jeder wirkliche Kenner der englischen Public-Schools wird die Versicherung abgeben können, dass die Buben den Sport als Unterhaltung und den Corpsdienst als ein notwendiges, aber heiliges Muss betrachten. Von einer militaristischen Einstellung oder einem fanatischen Soldaterlesspielen kann hierbei ebenso wenig die Rede sein, als wenn man zum Spaß zum Zahnarzt geht oder bei einer Versicherungsgesellschaft die Jahresprämie einbezahlt. Der Unterschied bleibt eben der, dass die englischen Knaben bereits auf der Schule zu Staatsbürgern erzogen werden, während die unsern nach wie vor Schüler bleiben.«

Ingesamt wirken Bensemanns Beiträge zum Wehrsportgedanken wenig schlüssig und auf naive Art von seinen Erfahrungen in England und der Schweiz geprägt. Damit, dass er vor allem das englische Bildungswesen für vorbildlich und überdies beide Länder über jeden Verdacht des Militarismus erhaben hielt, glaubte er alle Einwände vom Tisch wischen zu können, die auf die unselige militaristische Tradition Deutschlands verwiesen. Daher sah er seine Position auch nicht im Widerspruch zu seiner prinzipiellen Kriegsgegnerschaft. Als ihm sein Schweizer Korrespondent Perséh vorhielt, »dass man sich an einer Jugend und an einer Menschheit versündigt, der man militärischen Drill als etwas Erstrebenswertes anpreist und aufzwingt«, antwortete Bensemann: »Ich unterschreibe jedes Wort Ihres lapidaren Satzes und würde einen neuen Weltkrieg, aber ganz gleich, wie er ausginge, als etwas betrachten, das im Interesse der Menschheit und der Kultur unbedingt verhindert werden muss.« (4/1931)

Bensemanns einsame Stunden am Weihnachtsabend sind durch ihn selbst mehrfach belegt; allerdings beziehen sie sich in der Regel nur auf die Heilige Nacht selbst. Der »Brief« an Katharina entstammt (bis auf die letzten sechs Worte) einer Glosse im »Kicker« 24/1920, der (hier allerdings ziemlich ausgeschmückte) Bericht über den Weihnachtsabend im Karlsruher Bahnhofsrestaurant der Ausgabe 3/1930 und die abschließende Satire auf die feine Gesellschaft des Grand Hotels Montreux Heft 1/1928.

Bensemanns doppeldeutiges Sprüchlein, dass ihm als Junggesellen »zum Glück die Frau fehle«, findet sich einige Male im »Kicker«, die Bemerkung »Jedes Bier ist gut ...« in Heft 33/1931. Die Formulierung »Zu den Weihnachtsfreuden gehört, dass etwas gestänkert wird«, entstammt einer Antwort Bensemanns auf eine kirchliche Polemik gegen den Sport (2/1926).

Zu Kapitel XIV: Nürnberg im Sommer 1932

Von den finanziellen Querelen zwischen Bensemann, Max Willmy und Eduard Kartini (dem damaligen Vorsitzenden des süddeutschen Fußballverbandes) berichtet Seifert (1973), der diesbezüglich alteingesessene Nürnberger Journalisten befragte. Die hier von Kartini herangezogene »Kicker«-Glosse stand in Ausgabe 3/1930.

Über die FIFA-Vorstandstagung in Nürnberg, April 1931, berichtet Bensemann im »Kicker« 16 und 17/1931; aus Heft 22/1931 stammt der Satz, die FIFA sei das »herrlichste Geschöpf der Welt«.

Bensemanns Reisebericht nach Stockholm ist zum ganz überwiegenden Teil der Ausgabe 21/1932 entnommen, einige kurze Passagen der darauf folgenden Nummer. Kürzungen sind nicht gekennzeichnet.

Der Hinweis auf Linnemann als den »einzigen Berliner Prominenten, mit dem ich mich nie vertragen konnte«, findet sich in Ausgabe 41/1925.

Folgende bisher nicht oder wenig erwähnte Personen treten in diesen Berichten auf (nach der Reihenfolge ihres Erscheinens):
– Klaus Mehnert, liberaler Publizist und Politologe, der vor allem nach 1945 durch Bücher über die Sowjetunion und die Volksrepublik China in Deutschland bekannt wurde;
– Anton Johanson, schwedischer Verbandspräsident und Mitglied der FIFA-Exekutive;
– Dr. Georg Xandry, süddeutscher Fußballpionier, Geschäftsführer erst des süddeutschen Verbandes, ab 1928 auch des DFB (bis 1960). Galt als Vertrauter von Felix Linnemann;
– Hans Gamper, der wohl wichtigste spanische Fußballpionier. Der aus der Schweiz stammende Stürmer gründete 1899 den CF Barcelona und wurde fünfmal zu dessen Präsidenten gewählt;
– Ingenieur Moritz Fischer: Vorsitzender des ungarischen Fußballverbandes;
– Aristide Briand, französischer Staatsmann und Verständigungspolitiker. Zeitweilig Ministerpräsident, 1926-1932 zugleich Außenminister. Erhielt 1926 zusammen mit Stresemann den Friedensnobelpreis;
– Jules Rimet, 1920-1954 FIFA-Präsident;
– Dr. Giovanni Mauro, Präsident des italienischen Fußballverbandes und FIFA-Delegierter.

Dr. Peco Bauwens wurde bereits mehrfach erwähnt. Als renommierter Schiedsrichter war er bereits 1925 in die FIFA-Regelkommission gewählt worden, 1926 in den International Board, einer von der FIFA und den britischen Verbänden gemeinsam getragenen Regelkommission. 1932 erfolgte auf der hier geschilderten FIFA-Tagung die Wahl ins Exekutiv-Komitee.

Dass Bensemann auf Reisen zum Teil unangenehme finanzielle Engpässe erlebte und sich dann »von Gönnern auslösen« ließ, berichtete mir, wie bereits erwähnt,

Dr. Weilenmann. Ob Bauwens (wie hier behauptet) tatsächlich zu diesen »Gönnern« zählte, ist mir nicht bekannt, erscheint aber wahrscheinlich.

Die Tatsache, dass in den Seebädern an Nord- und Ostsee bereits in den 1920er Jahren offen damit geworben wurde, Strand oder Hotel seien »judenrein« bzw. »judenfrei«, veröffentlichte durch einen Artikel in der »Süddeutschen Zeitung« (16.7.2002) Michael Wildt, Historiker am Hamburger Institut für Sozialforschung.

Die Reportage »Süddeutschland - Niederösterreich« (mitsamt der Fünf-Mark-Wette) ist in Ausgabe 22/1932 des »Kicker« abgedruckt; der Spielbericht »DFB - Everton« in Heft 23/1932; die »Betrachtungen zum Endspiel« in Nürnberg in Ausgabe 26/1932. Dort findet sich auch Bensemanns abschließend zitierte Ankündigung, die Chefredaktion der Zeitung niederzulegen.

Bei Bausenwein u. a. (1996) wird Kalbs Kritik am »W-M-System« geschildert. Diese Spielanlage geht auf den britischen Trainer Herbert Chapman zurück, der mit Huddersfield Town 1924, 1925 und 1926 englischer Meister wurde sowie mit Arsenal London zwischen 1930 und 1934 vier weitere Titel holte. Gegenüber dem alten 2-3-5-System hatte er die beiden Halbstürmer ins Mittelfeld zurückbeordert, wodurch vorne eine »W«-Formation entstand. Der Mittelläufer spielte zurückhängend als Stopper; dadurch bildete sich in der Defensive eine »M«-Formation.

Chapman war ein Methodiker, der penibel an Taktiken feilte und ein Spiel durchplante. Seine defensiv orientierte Philosophie lautete: »Wenn es uns gelingt, ein Tor zu verhindern, haben wir einen Punkt gewonnen. Schießen wir zudem ein Tor, dann haben wir beide Punkte.« Kritiker bemängelten, Chapman habe dem Fußball das »individuelle Moment« ausgetrieben. Der Manager entgegnete: »Die Wahrheit ist, dass uns die Anforderungen des Spiels keine Alternative lassen. Wir sind dazu verdammt, auf Resultate hinzuarbeiten, die die Öffentlichkeit von uns verlangt.« (zitiert nach Schulze-Marmeling 2000). Ab Anfang der 1930er Jahre fand das W-M-System auf dem Kontinent Nachahmer. Mit gewissen Abwandlungen übernahm es die italienische Nationalelf bei ihrem Weltmeisterschaftssieg 1934.

Die Verfolgung des Nürnberger Trainers Jenö Konrad durch die Zeitung des NSDAP-Gauleiters Julius Streicher wurde durch den Nürnberger Journalisten Bernd Siegler recherchiert (veröffentlicht bei Bausenwein u. a. 1996). Jenö Konrads erzwungener Fortgang aus Deutschland wurde von Bensemann im »Kicker« nicht direkt kommentiert. In Heft 28/1932 wird die »Abreise« vermerkt und Konrad als jemand gelobt, »der so viel für den Club getan hat«. In den Ausgaben 5/1933 und 9/1933 finden sich erneut einige freundlich-unverbindliche Worte über ihn sowie das Bedauern, dass ausländische Trainer in Deutschland »abgebaut« worden seien. Das Gerücht, Stuhlfauth stecke hinter der Hetze gegen den Trainer, wird wiederum von Siegler zitiert (Bausenwein u.a. 1996). (Zur Person von Jenö Konrad, der vor seiner Trainerlaufbahn bei MTK Budapest und in der ungarischen Nationalmannschaft spielte, siehe vor allem Schulze-Marmeling 2003.)

Dass das Endspiel 1932 zwischen Bayern München und Eintracht Frankfurt den hervorragenden Beitrag jüdischer Trainer und Mäzene zum deutschen Fußball jener Jahre belegt, entspricht im Detail den Tatsachen und wird auch von Schulze-Marmeling (2003) hervorgehoben. Dr. Weilenmann berichtete mir davon, dass die Familie Rothschild nicht nur den Fußball-Sportverein Frankfurt (dessen Vorsitzender Dr. David Rothschild einige Jahre war), sondern auch die Frankfurter Eintracht finanziell gefördert habe. Bedeutender war aber wohl die erwähnte Unterstützung der großen Schuhfabrik J. & C. A. Schneider, die jüdische Besitzer hatte. Dort waren mehrere der wichtigsten Eintracht-Spieler angestellt, und von dorther rührt der berühmte Spitzname der Eintracht: »Schlappekicker« (von »Schlappen« = Hausschuhen).

Ob Bensemanns Ankündigung, die Chefredaktion des »Kicker« niederzulegen, tatsächlich im Zusammenhang mit den Angriffen gegen Jenö Konrad zu sehen ist, lässt sich nicht ermitteln. Konrad reiste nicht, wie hier aus erzählerischen Gründen konstruiert wird, unmittelbar nach dem Meisterschaftsfinale aus Nürnberg ab, sondern erst einige Wochen später. Allerdings wurde zu diesem Zeitpunkt bereits gegen ihn agitiert.

Andererseits ist es unwahrscheinlich, dass Bensemanns Entschluss ausschließlich durch seinen gesundheitlichen Zustand motiviert war. Ein Rücktritt aufgrund einer Erkrankung wird in der Regel nicht ein Jahr im Voraus angekündigt. Es erscheint plausibel, dass andere Motive eine Rolle spielen. Dazu gehören möglicherweise die Meinungsverschiedenheiten mit Willmy, sicherlich aber auch das zunehmend antisemitische Klima gerade in Nürnberg, das von den Nazis als eine ihrer Hochburgen und Heimstätte angesehen wurde. Der abschließende Hinweis auf die »Imponderabilien der Zukunft« ist sicherlich auch vor diesem Hintergrund zu sehen. Im Übrigen hat Bensemann, wie sich noch zeigen wird, auch seinen erzwungenen Abgang im März 1933 vordergründig mit Hinweis auf seine angegriffene Gesundheit erklärt und diese Legende nach außen hin noch eine Weile aufrechterhalten.

Zu Kapitel XV: Nürnberg im Januar 1933

Die Feierlichkeiten zu Bensemanns 60. Geburtstag sind in den »Kicker«-Ausgaben 2, 3 und 4/1933 ausführlich dargestellt worden. Die meisten Informationen ergeben sich hieraus.

Über die Gründung des »Clubs der Alten« wurde erstmals im »Kicker« 13/1928 berichtet, danach regelmäßig über dessen Tagungen. Aus diesen Berichten ergibt sich die im Text niedergelegte Einschätzung des CdA. Des Öfteren begab man sich auf Besichtigungsfahrten, und ebenso häufig hörte man sich (durchaus unterschiedlich gefärbte) Vorträge über das Erziehungswesen an. In sportpolitischen Fragen sah sich der CdA offenbar mehr als Debattenzirkel denn als intervenierendes Gremium.

Die Begegnung mit Wall während des FIFA-Kongresses in Rom schildert Bensemann in Heft 20/1926.

Der gefeierte »Festredner« Johann Dürr war als hauptamtlicher Stadtrat in Nürnberg seit 1928 zuständig für Sport und Schulwesen, daneben auch für die Durchführung von Festen, Ehrungen und Kongressen. In seine Amtszeit fiel u.a. das vom »Kicker« groß (und positiv) herausgebrachte »Arbeiter-Turn- und Sportfest« 1929. Dürr wird in den Bensemann'schen Glossen häufig und freundlich erwähnt. Nach der NS-Machtübernahme übernahm Dürr in Nürnberg das Referat für Allgemeine Kulturfragen – und dazu zählte auch die Zentralstelle für die Reichsparteitage der NSDAP. Letztere Aufgabe, so vermerkt es die Stadtchronik 1938 (Stadtarchiv Nürnberg, FZ Nr. 47/278), brachte für Dürr eine »außerordentlich starke und steigende Inanspruchnahme«. Der 1875 geborene Dürr starb 1940.

Der Konflikt mit Dr. Max Willmy ist in der geschilderten Form fiktiv. Allerdings gibt Bensemann in seinen Glossen zu jener Zeit einige dunkle Hinweise auf Streitigkeiten im Hintergrund, die zu der im letzten Kapitel erwähnten Feststellung von Seifert (1983) passen. In Heft 1/1933 spricht er von einem »redaktionellen Ärger«, betont aber, »dass natürlich meine Kollegen unter diese ärgerliche Rubrik nicht fallen«. Auch das erwähnte Zitat aus Heft 4/1933 (»An mir soll es nicht liegen ...«) ist in der Formulierung zweideutig. Einerseits weist es natürlich auf seine angegriffene Gesundheit hin, andererseits macht im Folgenden der unvermittelte Hinweis stutzig, bei einer Umorganisation der Redaktion bzw. vor seinem Ausscheiden müssten »auch die Wünsche von Hans Hädicke tunlichst respektiert werden«. Hans Hädicke war Vorsitzender des Mitteldeutschen Fußballverbandes, für den der »Kicker« inzwischen ebenfalls als Verbandsorgan fungierte, und galt als »Bensemannfreundlich«. Dass Bensemann die Meinung dieses Funktionärs öffentlich ins Spiel bringt (die der wichtigeren Entscheidungsträger Willmy und süddeutscher Verband dagegen nicht), muss als Hinweis interpretiert werden, dass es keineswegs ausschließlich um seinen Gesundheitszustand ging.

Im Übrigen drängt sich wegen des weiteren Verhaltens von Willmy während der NS-Zeit die Vermutung geradezu auf, dass es zwischen ihm und Bensemann ab einem bestimmten Zeitpunkt zu politischen Konflikten gekommen sein muss (vgl. folgendes Kapitel).

Bensemanns Forderung nach einer »Monarchie nach englischem Muster« findet sich im »Kicker« 22/1920. Später taucht diese Formulierung nicht mehr auf, wie er sich überhaupt im »Kicker« zu direkt politischen Fragen nicht äußert. Lediglich eine allgemeine Vorliebe für ein auf Toleranz und Liberalität aufgebautes System (erwähnt werden immer wieder England und die Schweiz) ist ebenso erkennbar wie eine Ablehnung radikaler Strömungen. Allerdings üben manche politischen Führer, die so genannten »großen Männer«, offenbar eine gewisse Faszination auf Bensemann aus. Diesbezüglich wurde bereits Eisner erwähnt, aber es gilt auf Seiten der Linken auch für Marx und Lasalle (vgl. Heft 12/1920) und auf Seiten der radikalen Rechten (mit Abstrichen) für Mussolini (dazu mehr im folgenden Kapitel).

Die Versicherung, man könne »mit Leib und Seele Deutscher sein und doch ein guter Europäer«, findet sich u. a. im »Kicker« 4/1933. Dort streift Bensemann übrigens erstmals wieder (wenn auch nur indirekt) seine Forderung nach einem Wehrunterricht, und zwar mit dem Hinweis: »Ein westschweizerisches Blatt, ›Le Sport Suisse‹, erwähnt u. a., niemand im Ausland habe mir mein stetes Eintreten für Schulkadettencorps übel genommen, weil man wohl wisse, dass eine gerechte Behandlung aller Teile stets ein Prinzip des ›Kicker‹ gewesen sei.«

Den Vorwurf der »Fußball-Woche«, der »Kicker« habe »keinen Reichsdeutschen« zum Länderspiel Ungarn-Deutschland entsandt, zitiert Bensemann in Heft 47/1932; das Plädoyer für Jenö Konrad und andere ausländische Trainer führt er in 5/1933.

Über den Beginn seiner Paris-Reise im Februar 1933 schreibt Bensemann im »Fahrtenbuch« (8/1933): »Am Mittwochabend kam die ehrenvolle Einladung, die österreichische Mannschaft von Straßburg nach Paris zu begleiten und dort drei Tage zu verbringen. Eine liebere Reisegesellschaft kann ich mir nicht denken [...] Es war kaum Zeit, das nötige Geld zur Reise zu beschaffen, und trotz aller Einladungen – in Stuttgart bei Bürkles [dem Besitzer des Bahnhofsrestaurants], in Straßburg bei Familie Mathis am Taulerring, bei den Österreichern in Paris, beim Präsidenten im Restaurant Prunier und beim französischen Verband im Continental – langte es gerade noch zum Fünfziger für den Dienstmann am Hauptbahnhof in Nürnberg.« Wie geschildert, übergab ihm in Straßburg der Schlafwagenschaffner das Billett nach Paris.

Die Argumente, die Bensemann in Paris gegen Befürchtungen vorbringt, Ausländer seien in Deutschland nicht mehr sicher, entsprechen ebenfalls der Darstellung des »Fahrtenbuches«, die Unterhaltung mit Meisl über dieses Thema ist hingegen Fiktion. Josefine Baker und andere Reisedetails sind der genannten Quelle entnommen (bzw. einem ersten Kurzbericht in der Ausgabe davor). Erstaunlich ist im Übrigen die Tatsache, dass der Begriff »Atombombe« Anfang 1933 bereits so verbreitet war, dass er kommentarlos von Bensemann verwendet wurde.

Die merkwürdige Glosse über das »sinnreiche Spiel« in den »ganz vornehmen studentischen Kreisen« ist im »Kicker« 10/1933 abgedruckt, unmittelbar nach den Reichstagswahlen. Natürlich ist der Text nicht mehr eindeutig zu interpretieren. Dass er eine »Botschaft« und Anspielung enthält, scheint klar, da er ansonsten keinen Sinn macht. Ob jedoch die hier vorgenommene Deutung zutrifft, ist letztlich nur Spekulation.

Der Bericht des Berliner Korrespondenten Dr. Martin Schröder über die Nacht nach Hitlers Ernennung zum Reichskanzler ist in Heft 6/1933 abgedruckt, seine Gedanken zum Volkstrauertag in 11/1933. Im gleichen Heft erschien auch das im Folgenden zitierte »Fahrtenbuch« Bensemanns mit seinen Reminiszenzen an den Weltkrieg sowie an den geplagten Zensor. Schröders frühere Stellungnahme zu den »drei scharfen T« ist in Ausgabe 18/1924 veröffentlicht; er richtet sich darin allerdings primär dagegen, dass ein Fußballverband Erziehungsfragen überhaupt mit Ideologie verknüpft, weniger gegen die Inhalte der Ideologie in den »3 T«

selbst. Ab August 1933 ist Dr. Schröder nicht mehr als Korrespondent des »Kicker« tätig; ob dies politische Gründe hatte, ist mir nicht bekannt.

Zu den ersten Maßnahmen der Hitler-Regierung sowohl gegen Juden, gegen sozialistische Organisationen sowie gegen die Presse vgl. vor allem: Walk (1981), Wulf (1964) und Storek (1972).

Bensemanns Anmerkungen zum Länderspiel Frankreich-Deutschland 1931 in Paris finden sich in den »Kicker«-Ausgaben 10 und 13/1931; über das Rückspiel Deutschland-Frankreich 1933 in Berlin wird in Ausgabe 12/1933 berichtet. U. a. findet sich dort auch die Darstellung, Rimet sei erst durch Ivo Schricker davon abgehalten worden, das Spiel abzusagen. Einige Details zum Länderspiel wurden auch der Ausgabe 13/1933 sowie den Berichten der »Fußballwoche« entnommen.

Die politischen Begleitumstände des Berliner Spiels schildern auch Eggers (2001) und Fischer/Lindner (1999). Letztere schreiben: »Die Durchführung der Begegnung schien das Ergebnis einer sorgfältig geplanten Propagandaaktion für die französische Öffentlichkeit gewesen zu sein. Die Sicherheitsvorkehrungen zum Schutz der französischen Besucher waren äußerst aufwändig, Polizei riegelte die Straßen in Dreierreihen ab, die Zuschauer wurden schon am Bahnhof mit Musik empfangen, die Straßen und das Stadion waren reich mit Hakenkreuzfahnen und mit den neuen alten schwarz-weiß-roten Flaggen behängt. Der wohl tatsächlich freundliche Empfang wird auch im Bericht des ›Völkischen Beobachters‹ ausdrücklich betont, genauso wie das respektvolle Abspielen der französischen Hymne und der freundliche Beifall für die Mannschaft. [...] Mit Erfolg hatten die Nationalsozialisten versucht, mithilfe dieses sportlichen Großereignisses von den tatsächlichen Vorgängen in Nazi-Deutschland abzulenken und das Bild eines friedliebenden, ordentlichen und stabilen Staates zu vermitteln, wo auch nur gewöhnliche, harmlose Dinge wie etwa Sportereignisse passieren. Die Unterdrückung von Sozialdemokraten und Kommunisten unter anderem durch die Notstandsgesetze im Vorfeld der Wahlen am 4. März sollte so aus dem Bewusstsein der ausländischen Öffentlichkeit verdrängt werden.«

Die letzte Ausgabe des »Kicker«, die einen Beitrag Bensemanns enthält, ist 13/1933. Dort findet sich u. a. seine Ankündigung eines Kuraufenthalts und der Hinweis, die Sportpresse habe nun eine »mehr referierende als kritische Aufgabe«.

Die Begegnung mit dem Gestapo-Mann Laufenthaler ist natürlich fiktiv. Sie folgt allerdings Mutmaßungen, die beim »Kicker« später über die Hintergründe von Bensemanns Abgang kursierten und von denen mir von Dr. Weilenmann berichtet wurde. Aus dem Gesprächsprotokoll: »Die Nationalsozialisten scheuten wegen Bensemanns internationaler Reputation und wegen der bevorstehenden Olympiade ein zu offenes Vorgehen gegen den Herausgeber. Beispielsweise gab es in der Schweiz Überlegungen, ein Komitee zu gründen, das Bensemann unterstützen sollte. Schließlich kam es zu einem wochenlangen Tauziehen um einen (scheinbar) ehrenhaften Abgang. Es könnte so gewesen sein: Man hat Bensemann über Mittelsmänner brutal gedroht: Wenn du nicht gehst, und zwar ohne Aufhebens, dann wird deine (angebliche) päderastische Neigung öffentlich gemacht und

Anklage erhoben. Diese Drohung bewirkte vermutlich auch, dass Bensemann sich im schweizerischen Exil nicht mehr zu Wort meldete.«

Auch Dr. Weilenmann betonte allerdings, dass schwer wiegende gesundheitliche Probleme hinzukamen. (Die Frage einer homosexuellen und/oder päderastischen Neigung Bensemanns wird eingangs dieser Anmerkungen angesprochen).

Zu Kapitel XVI: Montreux im Sommer 1933

Über Bensemanns letzte Monate in der Schweiz ist wenig bekannt, da er seine eigene publizistische Tätigkeit vollkommen einstellte und in Deutschland über ihn kaum berichtet wurde. Einige Hinweise belegen einerseits seinen körperlichen Verfall, andererseits aber auch die Tatsache, dass er an den Vorgängen in Deutschland und im internationalen Fußball noch Anteil nahm. Dass er in der Schweiz auf die Fürsorge vor allem Albert Mayers und Ivo Schrickers rechnen konnte, ist mehrfach belegt. Dennoch ist die Annahme berechtigt, dass ihm der erzwungene Abgang aus Deutschland bis ans Lebensende äußerst nahe ging und er sich zumindest zeitweilig so fühlte, wie es seine hier erneut zitierte »Prophezeiung« (aus »Kicker« 24/1920) ausdrückt.

Ob Bensemann, wie hier unterstellt, den größten Teil der Zeit zwischen April 1933 und November 1934 in Montreux verbrachte, ist mir nicht bekannt. Zeitweise hat er sich auch in Zürich aufgehalten, kurz vor seinem Tode allerdings wohnte er mit Sicherheit bei Albert Mayer in Montreux. Alle hier geschilderten Unterredungen sind natürlich fiktiv. Die Zitate aus dem »Kicker«, die im anfänglichen Gespräch zwischen Bensemann und Schricker erwähnt werden, stammen aus den Ausgaben 14, 15 und 16/1933. Die Aussage, es sei leichter, ein Ministerkabinett zu stürzen als den Spielausschuss des DFB, steht in Heft 51/1932.

Bensemanns positive Einschätzung von Reichssportführer von Tschammer und Osten sowie sein Hinweis auf eine ähnliche Situation im Jahre 1919 entstammen einem Brief Bensemanns aus Zürich vom 2. Juni 1933 an Herrn Kleinert, vermutlich einem Zeitungsredakteur. Offenbar ist der Brief für die Öffentlichkeit bestimmt und wurde auch in der (vermutlich badischen) Zeitung des Herrn Kleinert abgedruckt, denn die Abschrift enthält einen redaktionellen Zusatz. Herr Schwarz-Piech, der mir diese Abschrift dankenswerterweise zur Verfügung stellte, konnte sich an die Quelle leider nicht erinnern, doch Diktion und Inhalt des Briefes sprechen eindeutig für seine Authentizität. Bensemann bekräftigt darin, sein Ausscheiden aus dem »Kicker« sei lediglich vorübergehend und krankheitsbedingt. Er bescheinigt dem Reichssportführer, seine Reden seien »in einem Ton gehalten, den nur ein Gentleman zur Verfügung hat«, und erinnert an das Jahr 1919, »als ich den damaligen, mir völlig unbekannten Ministerpräsidenten von Bayern, in großer Sorge um unseren Sport, um eine Besprechung gebeten [habe] unter gleichzeitiger Mitteilung, dass ich nicht Mitglied seiner Partei sei. Herr Eisner hat mich dazu empfangen und mir zugesichert, unseren Sport in Ruhe zu lassen, falls ich ihn von dessen unpolitischer Tendenz überzeugen könne. Dies ist mir in dieser fast zweistündigen Unterhaltung gelungen.«

Zu seiner persönlichen Situation sagt Bensemann in dem Brief: »So steht man da mit der Vergangenheit belastet, mit ungeklärter Zukunft, aber mit dem herrlichen Gefühl, dass man sich mit den Renten, die man nicht hat [...] zurückziehen kann. Das will aber nicht bedeuten, dass meine Freunde nicht für mich sorgen. Sie sind alle außerordentlich nett.«

Reichssportführer Hans von Tschammer und Osten wurde zeitweise zu den eher umgänglicheren Führungskräften des nationalsozialistischen Personals gezählt. Er war SA-Gruppenführer und NSDAP-Reichstagsabgeordneter, allerdings erfahren auf internationalem Parkett, sprachgewandt, und galt als jovialer, charmanter Gesellschaftslöwe alten Schlages. So hat ihn offenbar auch Bensemann gesehen. Freilich schildern Fischer/Lindner (1999), der Reichssportführer sei vor seiner Berufung (28. 4. 1933) Sonderkommissar der obersten SA-Führung gewesen und in dieser Funktion zuständig für die Einrichtung der SA-Hilfspolizei, »was nichts anderes als die gnadenlose Verfolgung von Oppositionellen bedeutete. Etwa 100 Morde sowie zahlreiche Folterungen sollen unter seine Verantwortung fallen.«

Tschammers relative Beliebtheit in Sportlerkreisen hängt möglicherweise damit zusammen, dass er (obwohl selbst SA-Mann) sich der direkten Unterstellung der Sportorganisationen unter die SA widersetzte. Außerdem galt er bezüglich ideologischer Fragen als wenig interessiert. In dieses Vakuum rückte nach 1933 immer mehr Guido von Mengden vor, der schließlich zu einer Art Chefideologe des deutschen Sports wurde.

Die Informationen über das Verhalten der Repräsentanten des deutschen Fußballs nach dem 31. Januar 1933 stammen aus den Veröffentlichungen von Heinrich (2000) und Fischer/Lindner (1999). Arthur Heinrich informierte mich dankenswerterweise über seine detaillierten Recherchen zu Peco Bauwens' Eintritt in die NSDAP. Laut NSDAP-Zentralkartei im Bundesarchiv Berlin erfolgte diese zum 1. 5. 1933. Demnach wäre er ein »Märzgefallener«, also jener Personengruppe zuzurechnen, die nach den Reichstagswahlen vom 5. 3. 1933 politisch Anschluss suchte. Allerdings wurde er bei einer Mitgliederbestandsmeldung vom Mai 1934 nicht mehr als Mitglied geführt. Laut Heinrich wird dies vom Bundesarchiv so interpretiert, dass – aus welchen Gründen auch immer – die Mitgliedschaft nicht zustande gekommen sei. (Persönliche Mitteilung von Dr. Arthur Heinrich vom 10. 9. 2002)

Dass es Bensemanns Wunsch an Albert Mayer war, eine Grabstelle zu suchen, von der aus man den Genfer See sehen könne, berichtete Richard Kirn in der »Frankfurter Neuen Presse« (1949).

Die Glosse vom geduldigen Angler in Schottland findet sich im »Kicker« 24/1931.

Die Polemik des »Kickers« gegen die »vor Ergebenheit triefenden Zeitgenossen« steht in der am 2.5.1933 erschienenen Ausgabe 18/1933; Seybolds Grundsatzartikel »Hitler und wir« in den Anfang April erschienenen »Fußball«-Ausgaben 14 und 15/1933. Das kurze Zitat aus »Mein Kampf«, auf das Seybold 1933 stolz verweist, stand mit einem distanzierenden Zusatz im »Fußball« 17/1932.

Ernst Werners »Lanze für Walther Bensemann« findet sich in der »Fußball-Woche« 20/1933. Laut Weilenmann (1998) neigte Werner früh den Nationalsozialisten zu »und hat sich für den ›Umbruch‹ stark gemacht. Möglicherweise spekulierte er auch darauf, Chefredakteur beim ›Kicker‹ zu werden«. Zugleich sei er ein »Fachmann [gewesen], der sich auch auf dem gesellschaftlichen Parkett hervorragend bewegen konnte«.

In dem bereits zitierten Brief vom 2. 6. 1933 schreibt Bensemann: »Von Herrn Werner, gegen den ich so oft polemisiert habe, fand ich so freundliche Worte für mich geradezu rührend.« Möglicherweise haben ihn diese Freundlichkeiten darin bestärkt, zu jenem Zeitpunkt die Verhältnisse im deutschen Sport derart illusorisch zu sehen, wie es sein Brief vom 2. Juni vermuten lässt (s. o.).

Übrigens bekräftigt der von Werner zitierte Artikel der »Südwestdeutschen Sport-Zeitung« die Vermutung, dass Bensemann nicht in erster Linie aus gesundheitlichen Gründen Nürnberg verließ. Darin heißt es, er entstamme »in der Tat einer jüdischen Familie, und das ist wohl der äußere Grund für diesen durchaus europäisch gesinnten Mann und um das Ansehen des Sportjournalismus sehr verdienten Publizisten, dass er die Gastlichkeit der Schweiz im siebenten Jahrzehnt seines vielgewanderten Lebens mit seinem Vaterland vertauschen will«.

Ansonsten wurde der Fortgang Bensemanns nur vereinzelt öffentlich kommentiert. Bemerkenswert ist die Erklärung des Verbandes Mitteldeutscher Ballspielvereine, für den der »Kicker« seit Oktober 1932 als Zentralorgan fungierte und in dessen Jahresbericht 1932/33 es hieß: »Das Ausscheiden Walther Bensemanns aus der Redaktion des ›Kicker‹ wird auch in Mitteldeutschland lebhaft bedauert. Mit ihm scheidet nicht nur einer der ältesten Fußballpioniere aus der Bewegung aus, sondern auch der Nestor der Sportpublizistik im allgemeinen und der des Fußballsportes im Besonderen. Seine Verdienste sind eingegangen in die Geschichte des deutschen Sportes, und wir Mitteldeutschen freuen uns, mit W. Bensemann ein, wenn auch nur kurzes Stück Wegs zusammengegangen zu sein.«

Die Angaben zu Dr. Willmy für das Jahr 1933 sind dessen Entnazifizierungsurteil vom 20. 2. 1948 entnommen. Bensemanns in diesem Zusammenhang zitierter Brief (»... Zum Kotzen!«) vom 11. 10. 1933 an Ivo Schricker fand sich im Archiv des DFB. Es liegt nahe, diese Äußerung in Zusammenhang mit Bensemanns vergeblichen Versuchen zu sehen, seine Rechte als Miteigentümer am »Kicker« geltend zu machen oder zumindest eine Entschädigung zu erhalten. Eggers (2002) berichtet, »dass Bensemann von seinem dreiunddreißigprozentigen Anteil am ›Kicker‹ nie etwas sah«. (Ob nach dem Ende der Nazi-Herrschaft eine andere Regelung mit etwaigen Erben getroffen wurde, ist unbekannt. Eine Anfrage beim Bayerischen Staatsarchiv ergab allerdings, dass »kein Entschädigungsakt für Walter Bensemann existiert«.)

Im Übrigen wird in Bensemanns Brief an Schricker deutlich, dass er noch Anteil am Fußballgeschehen in Deutschland nahm; u. a. sorgte er sich um den Ex-National- und -Bayern-Spieler Oskar Rohr, der als Profi ins Ausland gegangen und in Deutschland, das nun einem reinen Amateurismus frönte, in Ungnade gefallen war. Seinen Fall kommentierte Bensemann in dem Brief an Schricker: »Man müsste untersuchen, ob Fußballer, die Amateure sind, Sklaven sind.« (Rohr spielte übrigens mehrere Jahre bei Racing Straßburg, bis man ihn nach der Okkupation Frankreichs verhaftete, in ein KZ steckte und schließlich »zur Bewährung« an die Ostfront kommandierte. Er überlebte nur mit viel Glück den Krieg.)

Ein anderer Brief Bensemanns deutet an, dass er inzwischen eine realistischere Einschätzung des NS-Regimes vornahm. Der Brief datiert vom 10. 12. 1933 und ist an Wilhelm (»Billy«) Weber und dessen Familie in Weinheim gerichtet, einem Mitglied des »Clubs der Alten«. Einige Passagen des Briefes sind in die (fiktive) Unterhaltung zwischen Bensemann, Schricker, Des Barres und Katharina von Steinbach eingebaut. Das Dokument findet sich bei Seifert (1973).

Einige originale Passagen des Briefes lauten: »Von meinem eigenen Standpunkt schrieb ich, dass es bitter, aber keine Schande sei, auf den Boulevards zu betteln, aber eine Sünde gegen den Heiligen Geist, auch nur eine Zeile zu Papier zu bringen, die nicht von Herzen kommt. [...] Ich bin ein alter Demokrat und habe in der neuesten ›freiesten‹ Demokratie der Hitler, Goebbels und Schacht nichts verloren. Ich habe frei gelebt und will frei sterben. [...] Ich kann mich für den Totalitätsstaat, ob Berlin, Rom oder Moskau, nicht erwärmen.«

Außerdem äußert Bensemann in dem Brief die Befürchtung, die Austragung der XI. Olympischen Spiele 1936 in Berlin sei gefährdet, falls Dr. Theodor Lewald nicht Präsident des Organisationskomitees bliebe. (Lewald war bei den Nazis umstritten, da er kein »Vollarier« war).

Über die weitere Tätigkeit des von Bensemann gegründeten »Club der Alten« (CdA) berichtete nach 1945 dessen Vorsitzender Karl Geppert: »Bald nach dieser Veranstaltung [zum 60. Geburtstag Bensemanns] musste mein Freund Walther Bensemann in die Schweiz emigrieren. Er lebte in Zürich, wo ich einige Tage besuchshalber mit ihm zusammen war. Im Jahre 1934 ist er bekanntlich in Montreux gestorben. Bei dem Besuch in Zürich habe ich mit Walther Bensemann abgesprochen, dass wir den CdA nicht auflösen, sondern ihn stillschweigend weiter bestehen lassen, um ihn nach dem Ende der Nazizeit in der alten Form wieder aufleben zu lassen. Hätten wir uns nicht so verhalten, dann wäre er zweifellos der Zwangsauflösung verfallen, da wir ja nach unseren Satzungen eine gesellige Vereinigung alter Fußballer waren, ohne irgendwelche politische, konfessionelle und wirtschaftliche Tendenzen. Dazu kam, dass wir den Rassegedanken ablehnten und in unsere Reihen Freunde aus der ganzen Welt aufnahmen. Zuletzt gehörten dem CdA, nachdem eine Mitgliederhöhung von 50 auf 100 beschlossen war, 96 Mitglieder an, von denen inzwischen 34 gestorben sind.« (»Sport Magazin« vom 15. 12. 1948)

Dem Sporthistoriker Werner Skretny zufolge (in: Schulze-Marmeling 2003) hat Geppert nicht nur Kontakt zu Bensemann gehalten, sondern »soll den in ärmlichen Verhältnissen lebenden Emigranten finanziell unterstützt haben«.

Bensemanns frühe und zustimmende Kommentierung zur Einführung einer Fußballweltmeisterschaft fand sich im »Kicker« 22/1928. Die Schilderung des Turniers

1934 in Italien folgt der zeitgenössischen Darstellung in den Sportzeitungen (vor allem »Fußball-Woche« und »Kicker«) sowie der neueren Literatur, vor allem Schulze-Marmeling/Dahlkamp (2001). Aus letzterer Quelle stammt auch der Kern der Gesprächsaussagen von Hugo Meisl und Jan Langenus, während die Ansichten von Ernst Werner dessen Beiträgen in der »Fußball-Woche« 23 und 24/1934 entnommen sind. Eine ähnliche Kritik an der überharten Spielweise der italienischen Mannschaft sowie des einseitigen Publikums fand sich übrigens auch bei Müllenbach im »Kicker«.

Dass Benito Mussolini auf Bensemann eine gewisse Faszination ausübte, zeigt schon die Tatsache, dass der »Duce« der einzige Staatsführer war, über den sich der Journalist in seinen Glossen gelegentlich ausließ. Stets schwankte die Beurteilung dabei zwischen Bewunderung und Skepsis, wobei die Erinnerungen von Laven (1953) deutlich machen, dass Bensemanns Kritik an den italienischen Verhältnissen privat stärker ausgeprägt war, als es in der Zeitung zum Ausdruck kam. Die zitierten Äußerungen Bensemanns stammen aus den »Kicker«-Ausgaben 20/1926 (»Dieser Mann, der sein Land vor der Anarchie bewahrt hat ...« / »Stoff zu tragischen Konstellationen«), 47/1928 (»Rom ist in den späten Abendstunden eine tote Stadt ...« / »... Fußballzauberer«), 5/1930 (»... Politik und Sport miteinander zu vermengen«) sowie 1/1933 (»... unter dem forschenden Auge Mussolinis«).

Die in diesem Kapitel abschließend zitierten Bemerkungen Bensemanns zur italienischen Historie und zur »kräftigen Abfuhr« standen im »Kicker« 51/1932; die Hoffnung auf die »alte Tradition der Amateure« in 3/1932 und der Appell, die »Seele des Sports« zu erhalten, bei Laven (1953, s. u.).

Über Bensemanns Anwesenheit bei dem Turnier fanden sich drei Quellen, deren Wortlaut im Folgenden zitiert werden soll:

Dr. Friedebert Becker, der spätere Chefredakteur des »Kicker«:

»Mir klingen noch seine [Bensemanns] Worte in den Ohren, die er einem zuflüsterte, damals 1934, auf der Tribüne von Rom, beim Fußball-Weltmeisterschafts-Endspiel, mit einem besorgten Blick zu Mussolinis Loge: ›Wenn unserer Jugend bloß der Krieg erspart bliebe ...‹ Noch im gleichen Jahr schloss er für immer die Augen.« (Becker 1953)

Richard Kirn, ehemaliger »Kicker«-Korrespondent und nach 1945 bekannter (Sport-)Feuilletonist:

»Der Sportfunksprecher Dr. Paul Laven ist einer aus der mittleren Generation, der Bensemann noch gut gekannt hat. Viele Male war er mit dem Herausgeber des ›Kicker‹ bei Länderspielen und anderen großen Repräsentationsspielen zusammengetroffen. Er ist einer der wenigen, die ihn noch kurz vor seinem Tode gesprochen haben. Das war 1934, als er ihn auf einer langen Autofahrt durch Italien begleitete, wo die Spiele um die Weltmeisterschaft in verschiedenen Städten durchgeführt wurden. Bensemann war aus seinem Schweizer Exil herübergekommen. Sehnsüchtigen Blickes saß der Alte auf den Ehrentribünen der verschiedenen Stadien. Er äugte unverwandt und wie Auskunft heischend durch sein Fernglas, wie ein Forscher über dem Mikroskop, zu der deutschen Mannschaft hin, die da unten ihr Bestes gab und zu schönen Erfolgen kam. Er konnte es nicht fassen, dass ein freiheitlich gesinnter, offener und allem Menschenverbindenden in der Welt zugetaner Geist seine Heimat verloren hatte und, wenn auch unter Freunden, so doch in der Verbannung leben musste. Er war versöhnlich genug, es den einzelnen Deutschen, vor allem aber den jungen Burschen, die ›seinen‹ Sport vertraten, nicht nachzutragen.« (Kirn 1949)

Dr. Paul Laven, langjähriger Radioberichterstatter von den Spielen der deutschen Nationalmannschaft (und Kommentator des ersten live übertragenen deutschen Meisterschaftsfinales von 1926):

»Ich sehe ihn noch im Hotel ›Flora‹ sitzen. Seine Freunde aus Deutschland scharten sich um ihn. Wie lange würde es dauern, dass die Freiheit tot sein würde? Wo würde sie weiter in Fesseln gelegt in der Welt? Der Alte, groß und in sich gekehrt daherschlenkernd, mit dem Stehkragen, dem doch so einprägsamen rund gewordenen Kopf, kniff die Augen zusammen. Er verschmähte es, eine Brille zu tragen [...]

Gleich fuhr er fort, zu Anton Johanson, dem schwedischen Fußballführer, gewandt: ›Anton, glaubst du, dass die Welt sich diesen furchtbaren Aufsprung des Nationalismus gefallen lässt?‹

[...] Oder damals, als er in Turin mit Vittorio Pozzo sprach, dem ›Stampa‹-Redakteur, der gerade die italienische Fußballmannschaft zu trainieren begonnen hatte. ›Vittorio, Vittorio – jeder nach seiner Fasson. Aber, wenn du mich fragst, dann sage ich, dass der Sport und seine Leistung aus der Freiheit der Herzen kommen muss und nicht aus der schwelenden Glut der Italia-Schreier. Die eine Quelle, die die frei aufblühende Jugend ans Licht bringt, läuft ewig. Die andere übernebelt oft die Menschengesichter und versiegt plötzlich.‹

[...] Das alles ist mir heute so lebendig wie damals, als wir in der Schweiz saßen, auf der Rückfahrt von Italien nach Zürich, wo ich ihn Dr. Ivo Schricker wieder übergeben sollte. Wir hatten uns damals Zeit genommen. Abends trafen wir Bekannte aus Florenz, in Mailand, in Lugano. Überall wob der alte Verbindungsmann des Sports an den Beziehungen der Menschen untereinander, die vom Sport mehr erhofften als nur die Befriedigung nationaler Prestigefragen.

Dann in einem kleinen Schweizer Ort, zwei Autostunden von Zürich entfernt, öffnete er sein Herz ganz. Mein Auto hatte eine Panne erlitten. Die Feder war bei den vielen Windungen die Bergfahrt hinunter gebrochen. Das Ersatzteil musste aus Basel herbeigebracht werden. Wir mussten warten.

In einem kleinen Gasthof gegenüber der Autowerkstatt saßen wir. Der Nachmittag verging mit dem Erzählen von Schwänken. Ein unerschöpflicher Born von Anekdoten vor allem des Sports sprudelte aus Bensemanns erzählungsfreudigem Mund.

Wir schauten zum Fenster hinaus. Im Dämmerlicht prägte ich mir die große Gestalt mit dem Gesicht voll Bonhommie noch einmal genau ein. Er kniff wie gewohnt die kurzsichtigen Augen zusammen und schaute zum Fenster hinaus. In Wahrheit äugte er in sich hinein. Dann sagte er: ›Was wir einmal mit dem Sport und seinem die Menschen erfreuenden Inhalt erstrebten, scheint alles unterzugehen. Das fängt an damit, dass es die persönliche Freiheit und damit irgendeine Verantwortung der Menschen als Einzelwesen nicht mehr gibt. Wenn ihr es aushaltet, ihr Jungen, dann versucht später zu retten, was zu retten ist. Lasst vor allem die Bande zu Gleichgesinnten draußen jenseits eurer so fremdartig geschmückten Grenzpfähle nicht abreißen. Der Sport ist ein Elixier friedlichen Frohsinns in der Welt. Wenn man ihm die Seele tötet, erlischt sein menschenbeglückender Glanz.‹

Die Falten zogen sich düster durch Bensemanns in sich gekehrte Züge.

Es war der Kopf einer der wenigen beispielhaften Pioniere des Sports in der Welt, der in sich beides verkörperte, die Liebe zur Leibesübung, aber auch den Drang, den Geist zu bilden und den Verstand zu schärfen.

Es war ein Mann von großer Haltung und ein Menschenfreund zugleich, von dem ich am nächsten Tag Abschied nahm, als ich ihn wieder zu Dr. Ivo Schricker nach Zürich brachte.

Die Hand war müde und schlaff, die er mir gab. Ich habe Walther Bensemann, der bald darauf starb, nicht mehr wiedergesehen. Aber alle seine Worte, sein Programm vom menschenverbindenden, die Herzen aufrichtenden Sport habe ich versucht zu beherzigen.« (Laven 1953)

Literatur

Baroth, Hans-Dieter: Als der Fußball laufen lernte. Essen 1992
Derselbe: Des deutschen Fußballs wilde Jahre. Essen 1991
Bausenwein, Christoph: Geheimnis Fußball – Auf den Spuren eines Phänomens. Göttingen 1995
Bausenwein, Christoph / Kaiser, Harald / Siegler, Bernd: 1. FC Nürnberg – Die Legende des Club. Göttingen 1996
Becker, Friedebert: Walter Bensemann – Porträt eines Idealisten. In: DFB-Jahrbuch, Frankfurt am Main 1953
Bernett, Hajo: Guido von Mengden – »Generalstabschef« des deutschen Sports. Berlin/München/Frankfurt am Main 1976
Beyer, Erich: Die Anfänge des Fußballsports in Karlsruhe. In: Wolfgang Buss / Arndt Krüger (Hg.): Sportgeschichte: Traditionspflege und Wertewandel, S. 123 - 129. Duderstadt 1985
Bitter, Jürgen: Deutschlands Fußball – Das Lexikon. Berlin 2000
Bohrmann, Hans (Hg.): NS-Presseanweisungen der Vorkriegszeit, Band 1: 1933. München 1984
Bollmann, Hans: Vom Werdegang der deutschen Sportpresse. Frankfurt am Main 1938
Brändle, Fabian / Koller, Christian: Goal! Kultur- und Sozialgeschichte des modernen Fußballs. Zürich 2002
Buschmann, Jürgen / Lennartz, Karl: Die Olympischen Fußballturniere, Band 1: Erste Schussversuche 1896-1908, hrsg. vom Carl und Liselott Diem-Archiv. Kassel 1999
Carl-Diem-Institut (Hg.): Dokumente zur Frühgeschichte der Olympischen Spiele. Köln 1970
Chernow, Ron: Die Warburgs – Odyssee einer Familie. Berlin 1996
Deutscher Fußball-Bund (Hg.): Geschichte des deutschen Fußballsports. Bearbeitet von Carl Koppehel, 7. Auflage. Frankfurt am Main 1954
Derselbe (Hg.): 25 Jahre DFB. Berlin 1925
Derselbe (Hg.): 60 Jahre DFB. Frankfurt am Main 1960
Derselbe (Hg.): 100 Jahre DFB. Berlin 1999
Eggers, Erik: Fußball in der Weimarer Republik. Kassel 2001
Derselbe: Lücke in der Mannschaft. Deutsche Sportjournalisten erinnern sich nur ungern ihrer jüdischen Kollegen von einst. In: Jüdische Allgemeine (JAW) vom 14. 8. 2002
Derselbe: Opfer für den Fortschritt. Über den DFB-Gründer Ferdinand August Theophil Hueppe. In: Der Tagesspiegel vom 24. 8. 2002
Eintracht Frankfurt (Hg.): »Es war nicht nur ein Name ...«, 50 Jahre Eintracht. Frankfurt am Main 1949

Eisenberg, Christine: Deutschland. In: Dieselbe (Hg.): Fußball, soccer, calcio. München 1997
Dieselbe: »English sports« und deutsche Bürger – Eine Gesellschaftsgeschichte 1800-1939. Paderborn 1999
Fischer, Gerhard / Lindner, Ulrich: Stürmer für Hitler – Vom Zusammenspiel zwischen Fußball und Nationalsozialismus. Göttingen 1999
Gay, Ruth: Geschichte der Juden in Deutschland. München 1993
Geppert, Karl: Entstehung und Entwicklung des Fußballsportes in Baden. In: Festschrift aus Anlass der Eröffnung der Sportschule Schöneck auf dem Turmberg. Hrsg. Badischer Fußball-Verband. Karlsruhe 1953
Derselbe: Erinnerungen eines alten Karlsruher Fußballspielers. In: Badische Presse vom 21. 9. 1929
Gillmeister, Heiner: The First European Soccer Match. In: The Sports Historian, Vol. 17,2 (1997)
Derselbe: The Tale of Little Franz and Big Franz – On the Foundation of Bayern Munich FC. In: Soccer and Society, Vol. 1, No. 2 (2000)
Göpel, Rolf-Harald: Die deutsche Sportfachpresse 1932-1934. Diss. Leipzig 1937
Grüne, Hardy: Vom Kronprinzen zur Bundesliga. Kassel 1998
Derselbe: Enzyklopädie der europäischen Fußballvereine. Kassel 2000
Derselbe: Die Deutsche Meisterschaft von den Anfängen bis heute. Göttingen 2003
Hartwig, Wolfgang / Weise, Günter: 100 Jahre Fußball in Berlin. Berlin 1997
Häupler, Heinz: Entwicklung und Wesen der Sportpresse. Diss. Nürnberg 1950
Heineken, Philipp: Das Fußballspiel. Association und Rugby. Stuttgart 1898 (Reprint: Hannover 1993)
Heinrich, Arthur: Der Deutsche Fußballbund – Eine politische Geschichte. Köln 2000
Derselbe: »Rücksichtslos deutsch«. Peco Bauwens, das Fachamt Fußball und die FIFA. In: SportZeiten. Sport in Geschichte, Kultur und Gesellschaft, Heft 2/2002
Hopf, Wilhelm (Hg.): Fußball – Soziologie und Sozialgeschichte einer populären Sportart. Münster/Hamburg 1994
Huba, Karl-H.: Fußball-Weltgeschichte. München 1998
Inglis, Simon: The Football Grounds of Britain, 3. Auflage. London 1996
Isenburger, Ludwig: Aus der Steinzeit des Frankfurter Fußballs. Frankfurt am Main 1929
John, Michael / Schulze-Marmeling, Dietrich: »Haut's die Juden!« – Antisemitismus im europäischen Fußball. In: Beiersdorfer u. a., Fußball und Rassismus. Göttingen 1993
Karding, Dr. E.: So fingen wir an! Die Gründungsgeschichte des Freiburger FC. www.freiburger-fc.de, 2001
Karlsruher Fußballverein (Hg.): 90 Jahre Karlsruher Fußballverein. Karlsruhe 1981
Derselbe (Hg.): 100 Jahre Karlsruher Fußballverein. Karlsruhe 1991
kicker-sportmagazin (Hg.): 75 Jahre kicker. Sonderbeilage zu Heft 82 vom 9. 10. 1995
Kirn, Richard: Aus der Freiheit des Herzens. In: Der Kicker vom 7. 12. 1953

Derselbe: Der große, alte Mann des Fußballsports. In: Frankfurter Neue Presse, ca. 1949 (ohne Angabe des Autors)
Derselbe: Große Namen der deutschen Sportjournalistik: Walther Bensemann. In: Internationale Sport-Korrespondenz. Lechfelden-Echterdingen, Juli 1977
Koppehel, Carl: Geschichte des Berliner Fußballsports. Hrsg. vom Verband Berliner Ballspielvereine e. V. Berlin 1957
Derselbe / Nerz, Otto: Der Kampf um den Ball. Berlin 1933
Krämer, Gerd: An Tagen, da das Endspiel war – 60 Jahre Deutsche Fußballmeisterschaft. Frankfurt am Main 1963
Derselbe: Gründerjahre. In: 100 Jahre VfB Stuttgart. Stuttgart 1993
Laven, Paul: Fußball-Melodie – Erlebtes und Erlauschtes. Bad Kreuznach 1953
Leinemann, Jürgen: Sepp Herberger – Ein Leben, eine Legende. Hamburg 1998
Lottermann, Stefan: Fußballsport in Deutschland. Trainingswissenschaftliche Analyse der Entwicklung im Hochleistungsbereich. Diss. Frankfurt am Main 1988
Luginsland, Peter: Das waren noch Zeiten! Erinnerungen eines Sportjournalisten, Band 3. Nürnberg 1971
Matheja, Ulrich: Eintracht Frankfurt – Schlappekicker und Himmelsstürmer. Göttingen 1998
Meißner, Toni Richard: Der politisierte Sport und seine Fachpresse unter besonderer Berücksichtigung ihrer politischen Propaganda während des nationalsozialistischen Regimes. Diss. München 1956
The Old Birkonian Society (Hg.): OBS-Bulletin, Summer 1998. www.obs.org.uk/Bulletins/Bulls98d.htm
Riegler, Theo: Als Stuhlfauth noch im Tor stand – Ein Buch vom deutschen Fußball. München 1953
Scherer, Karl Adolf: Der Männerorden. Die Geschichte des Internationalen Olympischen Komitees. Frankfurt am Main 1974
Derselbe: 75 Olympische Jahre. Hg. Nationales Olympisches Komitee für Deutschland. München 1970
Schmid, Gottfried (Hg.): Das goldene Buch des Schweizer Fussballs. Basel 1953
Schock, Harald / Hinkel, Christian: Ein Jahrhundert FSV Frankfurt 1899 e.V. Frankfurt am Main 1999
Schulze-Marmeling, Dietrich (Hg.): Davidstern und Lederball. Die Geschichte der Juden im deutschen und internationalen Fußball. Göttingen 2003 (darin vor allem die Beiträge von Erik Eggers, Michael John und Werner Skrentny)
Derselbe: Die Bayern – Vom Klub zum Konzern. Göttingen 1997
Derselbe (Hg.): Fußball für Millionen. Die Geschichte der deutschen Nationalmannschaft. Göttingen 1999
Derselbe: Fußball. Zur Geschichte eines globalen Sports. Göttingen 2000
Derselbe / Dahlkamp, Hubert: Die Geschichte der Fußballweltmeisterschaften. Göttingen 2001
Seifert, Peter: Walther Bensemann als Sportpublizist. Köln 1973 (Diplomarbeit)
Skrentny, Werner (Hg.): Das große Buch der deutschen Fußball-Stadien. Göttingen 2001
Ders. / Jens R. Prüß: Hamburger Sportverein – Immer erster Klasse. Göttingen 1998

Storck, Henning: Dirigierte Öffentlichkeit. Die Zeitung als Herrschaftsmittel in den Anfangsjahren der nationalsozialistischen Regierung. Opladen 1972
Stuttgarter Kickers (Hg.): Festschrift zur Feier des 25-jährigen Bestehens. Stuttgart 1924
Süddeutscher Fußball-Verband (Hg.): 100 Jahre Süddeutscher Fußball-Verband. Gersthofen 1997
Torball- und Fußball-Club Viktoria e. V. (Hg.): Festschrift zum 25-jährigen Jubiläum. Berlin 1914
Torberg, Friedrich: Die Erben der Tante Jolesch. 11. Auflage, München 2001 (darin das Kapitel: Lieben Sie Sport?)
Derselbe: Warum ich stolz darauf bin. In: John Bunzl (Hrsg.): Hoppauf Hakoah, Wien 1987
Verband Mitteldeutscher Ballspielvereine e.V. (Hg.): Jahresbericht 1932/33. Leipzig 1933
Verstegen, Guido: Das Kicker-Sportmagazin – Entstehung, Entwicklung, Inhalte. Eichstätt 1991 (Diplomarbeit)
Walk, Joseph (Hg.): Das Sonderrecht für die Juden im NS-Staat. Karlsruhe 1981
Weilenmann, Fritz: Walther Bensemann. In: kicker-sportmagazin (Hg.): 75 Jahre kicker. Sonderbeilage zu Heft 82 vom 9. 10. 1995
Derselbe: Protokoll eines Gespräches über Walther Bensemann. Unveröffentlicht, Göttingen 1998
Westdeutscher Fußballverband e. V. (Hg.): 100 Jahre Fußball im Westen. Kassel 1998
Wildt, Michael: Das frühe Brechen der Dämme. In: Süddeutsche Zeitung vom 16. 7. 2002
Wolf, Philip: Neue Ausgrabungen aus der Steinzeit des Frankfurter Fußballs. Frankfurt am Main 1930
Wulf, Joseph: Presse und Funk im Dritten Reich – Eine Dokumentation. Gütersloh 1964

Zeitungen / Zeitschriften (Auswahl)

Badische Presse, Karlsruhe, verschiedene Ausgaben 1894 bis 1934
Fußball, München, verschiedene Ausgaben 1920 bis 1934
Fußball und Leichtathletik, Elberfeld, verschiedene Ausgaben 1924 bis 1934
Fußballwoche, Berlin, verschiedene Ausgaben 1930 bis 1934
Der Kicker, Konstanz / Stuttgart / Ludwigshafen / Nürnberg, sämtliche Ausgaben der Jahrgänge 1920 bis 1934
Libero, Wiesbaden, verschiedene Ausgaben
Spiel und Sport, Berlin, Jahrgänge 1898 bis 1900
Spiel und Sport (bzw. Turnen, Spiel und Sport), Hamburg, Jahrgänge 1914 bis 1918
Sport im Bild, Berlin, Jahrgänge 1898 bis 1900

Walther Bensemann: Biografische Daten

13. Januar 1873: Geburt in Berlin. Die Geburtsurkunde des Amtsgerichts Berlin-Mitte vom 23. Januar 1873 (»die Beglaubigung der Geburten unter den Juden betreffend«) weist als Vornamen »Walter« aus und nennt als Mutter »Eugenie, geb. Marckwald«, als Vater »Berthold Bensemann, Banquier, zur Religionsgesellschaft der Juden gehörig«.

Vermutlich 1883: Übersiedelung nach Montreux, Schweiz. Besuch einer wahrscheinlich englischen Privatschule.

1883: Erster Kontakt mit dem Fußball (Rugby-Match englischer Schüler).

1887: Gründung des Footballclub Montreux, dessen »Sekretär« Bensemann wird.

Herbst 1889: Übersiedelung nach Karlsruhe, Schüler am Großherzoglichen Gymnasium. »Import« des Fußballspiels, erste Spiele auf der Engländerwiese.

September 1889: Gründung des »International Footballclub Karlsruhe« (IFC) als vermutlich erstem süddeutschen Club, der nach Association-Regeln spielt.

17. November 1891: Nach internen Reibereien Austritt aus dem IFC und Gründung des Karlsruher Fußball-Vereins (KFV).

März 1892: Erstes Wettspiel mit dem KFV (0:1 gegen den IFC); 14. September 1892 gegen FC Baden-Baden.

1892: Gymnasialabschluss in Karlsruhe. Beginn von Bensemanns »Wanderjahren« in Süddeutschland.

Ab 1892: Studium der Philologie (Sprach- und Literaturwissenschaften) vermutlich an den Universitäten Lausanne, Straßburg, Freiburg, Marburg, München. Veröffentlichung einiger historischer Studien.

1893: Ausschluss vom Studium in Freiburg wegen »Verführung« von Schülern zum Fußball und Alkohol.

1893: Gründung des Straßburger FC; Bekanntschaft mit Ivo Schricker.

1893 bis 1898: Mitgründer bzw. Initiator und Förderer weiterer Vereine in Süddeutschland, vermutlich u. a. in Baden-Baden, Frankfurt, Freiburg, Gießen, Heidelberg, Mannheim, Marburg, München, Saarburg.

Herbst 1893: Austritt aus dem KFV, da dieser auf Wettspiele generell verzichten will. Gründer und Kapitän der Karlsruher Kickers mit dem Ziel einer süddeutschen Auswahlmannschaft.

Herbst 1893: Erstes internationales Wettspiel (süddeutsche Auswahl gegen Villa Longchamps-Lausanne, in Karlsruhe, 2:1). Weitere internationale Spiele vor allem gegen schweizerische Vereine folgen.

1893: Bensemann lädt prominente englische (Corinthians) und französische Teams zu Spielen gegen eine süddeutsche Auswahl ein. Der Besuch der Engländer kommt aus finanziellen, der der Franzosen aus politischen Gründen nicht zustande.

Gründung der Süddeutschen Fußball-Union unter Beteiligung Bensemanns (Auflösung 1895).

1894: Bensemann erhält einen Brief von Baron de Coubertin bezüglich der Idee für Olympische Spiele. Ein direkter Kontakt kommt nicht zustande; Bensemann beteiligt sich aber Anfang 1896 an den deutschen Vorbereitungen für eine olympische Delegation. Er stellt ein Fußballteam zusammen, das jedoch nicht nach Athen fährt, weil das olympische Fußballturnier abgesagt wird.

Neujahr 1895: FC Victoria, der Berliner Meister, besucht auf Einladung Bensemanns Süddeutschland. Die Karlsruher Kickers verlieren 1:5 und 0:6.

1895: Auflösung der Karlsruher Kickers, Rückkehr zum KFV, der bald zur stärksten Mannschaft Süddeutschlands wird.

1896: Erster Aufenthalt in Frankfurt; Gründung einer Spielvereinigung auf der Hundswiese mit Schülern der Adlerflycht- und Klingerschule.

1897: Aufenthalt in München. Seine Beteiligung an der Gründung einer Fußballabteilung beim MTV in München, aus der 1900 der FC Bayern entsteht, ist wahrscheinlich.

1898 und 1899: Häufige Aufenthalte in Berlin.

Dezember 1898: Auf Initiative von Bensemann fährt eine Auswahl vornehmlich Berliner Spieler nach Paris.

12. Dezember: Deutsche (Berliner) Auswahl gegen White Rovers Paris, 7:0.

13. Dezember: Deutsche (Berliner) Auswahl gegen Auswahl Paris, 2:1.

1899: Zweiter Aufenthalt in Frankfurt am Main. Gründung der Frankfurter Kickers, einem Vorläuferverein von Eintracht Frankfurt.

November 1899: Auf Initiative Bensemanns reist erstmals eine nationale englische Auswahlmannschaft auf den Kontinent. Nach heftigen Streitigkeiten unter den Regionalverbänden in Deutschland spielen inoffizielle Auswahlmannschaften gegen das englische Team.

23. November, Berlin, Platz am Kurfürstendamm: Deutsche Auswahl gegen England Amateure, 2:13, 1.000 - 1.500 Zuschauer.

24. November, Berlin: dito, 2:10, 500 Zuschauer.

25. November, Prag: Deutsch/österreichische Auswahl gegen England Amateure, 0:8, 4.500 Zuschauer.

28. November, Karlsruhe, Exerzierplatz: Deutsche Auswahl gegen England Amateure, 0:7, 1.500 - 2.000 Zuschauer.

November 1899: Mehrjähriger Ausschluss Bensemanns aus dem süddeutschen Fußballverband wegen der Differenzen um die England-Spiele. Als erster Deutscher erhält Bensemann die goldene Ehrennadel der Football Association (F.A.).

28. Januar 1900: Teilnahme als Delegierter am Gründungsakt des DFB in Leipzig. Bensemann beantragt dort den Namen »Deutscher Fußball-Bund« (statt »Allgemeiner Deutscher Fußball-Bund«).

1900: Internatspräfekt und Sportlehrer im Château de Lancy, Genf.

1901 bis 1902: Lehrer für neuere Sprachen an der Dollar Academy (Schottland).

1902 bis 1905: Lehrer am Denstone-College in Staffordshire.

1905 bis 1909: »Wanderjahre« als Lehrer in Harrow, Bedford (Elstow School), Croydon und Cheltenham.

1910 bis 1914: Lehrer an der Birkenhead School in Liverpool.

Juli 1914: Bei einem Ferienaufenthalt in Deutschland wird Bensemann vom Ausbruch des Weltkriegs überrascht und kann nicht nach England zurückkehren.

Ostern 1915 bis Herbst 1917: Lehrer am Institut Adam in Würzburg.

1917: Fremdsprachen-Lehrer am »Evangelischen Pädagogium« bei Godesberg.

1919/1920: Redaktionelle Tätigkeit für die Münchner Sportzeitung »Fußball«.

Juli 1920: Gründung des »Kicker« in Konstanz. Bensemann fungiert zunächst als alleiniger Besitzer, Herausgeber und Chefredakteur der Zeitung. »Der Kicker« erscheint wöchentlich mit zunächst 20 Seiten Umfang, der später schrittweise auf 40 anwächst.

Februar 1921: »Der Kicker« veröffentlicht einen polemischen Gastbeitrag von Dr. Max Uebelhör gegen den deutschen Militarismus, der stark debattiert wird und zu empörten Reaktionen sowie angeblich 500 Abo-Kündigungen führt.

März 1921: Der »Kicker« stiftet einen »Friedenspokal« für ein Spiel zwischen MTK Budapest und einer Prager Mannschaft. Gleichzeitig wird vom »Kicker« ein Pokal im Werte von 3.000 Mark ausgesetzt für das Wettspiel eines elsässischen gegen den badischen bzw. bayerischen Meister. Beide Pokale finden zunächst keine Abnehmer. Bei einem Besuch in Straßburg wird gegen Bensemann demonstriert.

Oktober 1921: Der »Kicker« zieht nach Stuttgart um. Seine finanzielle Lage ist anhaltend schlecht.

Mai 1922: Gründung des »Bundes der deutschen Sportpresse« auf Betreiben Bensemanns.

November 1922: Die Finanzkrise beim »Kicker« führt dazu, dass neben Bensemann mit Albert Mayer (Schweiz) und William S. Boas (Holland) zwei weitere Kapitalgeber vorübergehend in eine neue GmbH eintreten.

Dezember 1922: Im »Kicker« ruft Bensemanns zur Sammlung zwecks »täglicher Speisung von 60 Kindern« auf. Solche Sammlungen werden (mit abnehmendem Erfolg) in späteren Jahren wiederholt.

Frühjahr 1923: In einer der zahlreichen Fehden zwischen Bensemann und dem DFB kritisiert dessen »außenpolitischer« Sprecher (und spätere Bundesvorsitzende) Felix Linnemann, Bensemann denke »zu international«.

August 1923: Wegen der Inflation kämpft der »Kicker« um das wirtschaftliche Überleben, eine Ausgabe fällt aus.

1. April 1924: Der »Kicker« wird das offizielle »Zentralorgan« des Süddeutschen Fußball- und Leichtathletikverbandes (SFV).

1924: Gründung eines »Internationalen Presseverbandes für Sport« auf Betreiben Bensemanns.

Mai 1924: Bensemann initiiert im »Kicker« eine Debatte um die »3 scharfen T«, ein reaktionär-nationalistisches Pamphlet des westdeutschen Fußballfunktionärs Dr. Josef Klein. In den folgenden Jahren kommt es immer wieder zu Kontroversen zwischen dem »Kicker« und dem westdeutschen Verbandsorgan »Fußball und Leichtathletik« (»FuL«), vor allem mit dessen Schriftleiter Guido von Mengden, der einen nationalistischen Kurs verficht.

Mai 1924: Besuch der »Fußball-Olympiade« in Paris.

Dezember 1924: Bensemann tut sich als inoffizieller Mitorganisator des Länderspiels Deutschland-Schweiz in Stuttgart hervor.

1925: In der Festschrift »25 Jahre DFB« wird Bensemann mehrfach positiv erwähnt.

März 1925: »Der Kicker« zieht nach Ludwigshafen um.

Erneute Umwandlung in eine GmbH, Teilhaber: Bensemann sowie die Druckerei Julius Waldkirch & Co. GmbH.

Hans-J. Müllenbach, der seit der Gründung des »Kicker« in verschiedenen Funktionen zur Belegschaft gehört, wird neuer »technischer Leiter« des »Kicker«.

Ab Frühjahr 1925: Polemiken Bensemanns im »Kicker« gegen die »Hannoveraner Beschlüsse« des DFB, die sich u. a. gegen Begegnungen mit ausländischen Profimannschaften richten.

Mai 1925: Besuch beim FIFA-Kongress in Prag.

Juni 1925: Bensemann scheitert beim SFV mit dem Antrag, alle Vereinsmitglieder sollten zwangsweise den »Kicker« abonnieren.

Mai 1926: Besuch beim FIFA-Kongress in Rom. Bensemann tritt als Sprecher der internationalen Presse auf.

1. Oktober 1926: Der »Kicker« übersiedelt nach Nürnberg und wird künftig in der Druckerei Franz Willmy hergestellt, dessen Besitzer ebenso Teilhaber des »Kicker« wird wie der SFV.